【传世经典 文白对照】

资治通鉴纲目

五

〔宋〕朱 熹 编 撰

孙通海 王景桐 主 编

王秀梅 朱振华 副主编

中华书局

目录

第五册

资治通鉴纲目

资治通鉴纲目卷二十四

起辛亥（411）晋安帝义熙七年，尽丁卯（427）宋文帝元嘉四年、魏太武帝始光四年。凡十七年。

辛亥（411）　义熙七年秦弘始十三，魏永兴三年。

春正月，秦王兴以其子弼为尚书令。

秦广平公弼有宠于秦王兴，为雍州刺史，镇安定。姜纪谄而附之，劝弼结兴左右以求入朝。兴召以为尚书令，弼遂倾身结纳朝士，收采名势，以倾东宫。国人恶之。

西秦复降于秦。

秦使太尉索稜镇陇西，招抚西秦。乞伏乾归遣使谢罪请降。秦拜乾归河南王，太子炽磐平昌公。

秦王兴命群臣举贤才。

秦王兴命群臣搜举贤才。右仆射梁喜曰："臣累受诏而未得其人，世可谓乏才矣。"兴曰："自古帝王之兴，未尝取相于昔人，待将于将来，随时任才，皆能致治。卿自识拔不明，安得远诬四海乎！"群臣咸悦。

夏攻秦杏城，斩其守将姚详。遂攻安定、东乡，皆克之。

秦姚详屯杏城，为夏王勃勃所逼，南奔大苏。勃勃追斩之，遂攻安定，破杨佛嵩，降其众数万，进攻东乡，下之。

辛亥（411） **晋安帝义熙七年**后秦弘始十三年，北魏永兴三年。

春正月，后秦王姚兴任命儿子姚弼为尚书令。

后秦广平公姚弼受到后秦王姚兴的宠爱，任为雍州刺史，镇守安定。姜纪谄媚并依附于姚弼，劝说他结交姚兴身边的侍臣，以便求得入朝做官。姚兴征召姚弼为尚书令，于是，姚弼倾尽身心结纳朝中官员，沽名钓誉，收买权势，用以排挤东宫太子。因此，后秦国民厌恶姚弼。

西秦再次降附于后秦。

后秦让太尉索棱镇守陇西，招抚西秦。西秦王乞伏乾归派遣使臣向后秦谢罪，请求降附。后秦授命乞伏乾归为河南王，太子乞伏炽磐为平昌公。

后秦王姚兴命令群臣荐举贤能人才。

后秦王姚兴命令大臣搜求荐举贤能人才。右仆射梁喜说："臣下多次接受诏命而没有得到贤能之辈，真可谓世间缺乏人才。"姚兴说："自古帝王的兴盛，从不曾在过去的人中拔取宰相，也不会坐等未来挑选大将，他们随时选任英才，都能够达到太平盛世。你自己不能明察识拔人才，怎么可以诬蔑天下无才呢！"大臣都心悦诚服。

夏国进攻后秦杏城，守将姚详被杀。夏国随之进攻后秦安定、东乡，都攻克下来。

后秦姚详驻守杏城，被夏王刘勃勃逼迫，南逃大苏。刘勃勃追杀了姚详，进攻安定，打败杨佛嵩，收降数万部众，又进兵攻克东乡。

秦镇北参军王买德奔夏,勃勃问以灭秦之策,买德曰:"秦德虽衰,藩镇犹固,愿且蓄力以待之。"勃勃以为军师中郎将。

刘藩等克始兴,斩徐道覆。　北凉拔姑臧,遂攻南凉,不克。

北凉王蒙逊拔姑臧,执焦朗,以弟挐镇之。遂攻南凉,围乐都。不克,取质而还。

南凉攻北凉,大败而还。

南凉王傉檀欲伐北凉,护军孟恺谏曰:"蒙逊新并姑臧,凶势方盛,不可攻也。"不听,发兵五道俱进,至番禾、苕藋,掠五千余户而还。将军屈右曰:"今既获利,宜倍道旋师,早度险厄。蒙逊若轻军猝至,大敌外迫,徙户内叛,此危道也。"又不听。俄而昏雾风雨,蒙逊兵大至,傉檀败走。蒙逊进围乐都,复取其子染干为质而还。

三月,刘裕始受太尉、中书监之命。

裕以刘穆之为司马。穆之举孟昶故吏谢晦,裕以为参军。晦博赡多通,裕深加赏爱。

夏四月,卢循寇番禺,不克,走交州,刺史杜慧度击斩之。

卢循行收兵至番禺,遂围之,孙处拒守二十余日。沈田子言于刘藩曰:"番禺本贼巢穴,恐有内变。且孙季高兵力寡弱,不能持久。"乃引兵击之,循兵屡败,遂奔交州。至龙编津,刺史杜慧度悉散家财以赏军士,与循合战。掷雉尾炬焚其舰,以步兵夹岸射之。循舰然众溃,自投于水。

后秦镇北参军王买德投奔夏国,刘勃勃向他询问灭秦的方法,王买德说:"秦的德施虽然衰失,但是地方势力仍很坚固,我希望你暂且积蓄力量等待时机。"于是刘勃勃任命王买德为军师中郎将。

东晋刘藩等人攻克始兴,斩杀徐道覆。　北凉攻占姑臧,进而征伐南凉,没有成功。

北凉王沮渠蒙逊攻占姑臧,生擒焦朗,任命弟弟沮渠挐镇守姑臧。于是,北凉乘胜进攻南凉,围困乐都。久攻不下,索取南凉人质后撤兵。

南凉进攻北凉,结果大败而归。

南凉王秃发傉檀准备征伐北凉,护军孟恺直言规劝说:"沮渠蒙逊刚刚吞并姑臧,凶猛气势方兴未艾,不可发兵进攻。"秃发傉檀不听劝告,兵分五路,同时进发,行至番禾、苕藋,掳掠五千多户归返。将军屈右说:"如今既然获得利益,应当赶快撤军,尽早脱离险境。如果沮渠蒙逊的轻装部队猝然而至,强敌在外围逼压,迁徙的民户在内部叛乱,这是危险的途径。"秃发傉檀还是不听。不久,天昏地暗,重雾弥漫,风狂雨骤,沮渠蒙逊的大队人马追来,秃发傉檀败逃。沮渠蒙逊进兵包围乐都,再次取得秃发傉檀的儿子秃发染干为人质,方才收兵离去。

三月,刘裕开始担任太尉、中书监。

刘裕任命刘穆之为司马。刘穆之举荐孟昶旧时的部将谢晦,刘裕任命为参军。谢晦见识广博,刘裕十分赏爱。

夏四月,卢循进犯番禺,没有攻下,逃奔交州,被交州刺史杜慧度击败斩首。

卢循在撤退中收拾兵卒来到番禺,便包围了番禺,孙处守城抵抗二十多天。沈田子向刘藩进言道:"番禺原是贼兵的根据地,恐怕发生内变。况且孙处势单力薄,不能长期坚守。"于是,沈田子率兵进攻卢循,卢循的军队多次败北,便逃往交州。卢循来到龙编津,交州刺史杜慧度将全部家财分赏给军士,与卢循交战。杜慧度指挥军队投掷雉尾炬焚毁卢循的战舰,用步兵在渡口两岸射击敌军。卢循军队的战舰着火,部众溃散,卢循投水自杀。

慧度取尸斩首，函送建康。

诏刘毅兼督江州军事。

初，刘毅在京口贫困。与知识射于东堂，司徒长史庾悦后至，夺其处，众皆避之，毅独不去。悦厨馔甚盛，不以及毅，毅从悦求子鹅炙，悦又不与。至是，悦为江州刺史，毅因求兼督江州，诏许之。毅即奏："江州内地，以治民为职，不当置军府耗民力，宜罢军府移镇豫章。惟寻阳接蛮，可即州府千兵以助郡戍。"于是解悦都督，徙镇豫章。而以亲将赵恢守寻阳，悦府文武三千悉入毅府，符摄严峻。悦忿惧而卒。

秋七月，柔然献马求昏于燕。

柔然可汗斛律遣使献马求昏于燕，燕王跋命群臣议之。素弗曰："前世皆以宗女妻六夷，公主不宜下降非类。"跋曰："朕方崇信殊俗，奈何欺之！"乃以其女妻斛律。

跋勤于政事，劝课农桑，省徭役，薄赋敛，每遣守宰，必亲引见，问为政之要，以观其能。燕人悦之。

西秦攻南凉，败其兵。　北凉袭西凉，不克。

北凉王蒙逊帅轻骑袭西凉，西凉公暠曰："兵有不战而败敌者，挫其锐也。蒙逊新与吾盟，而遽来袭我，我闭门不战，待其锐气竭而击之，蔑不克矣。"顷之，蒙逊粮尽而归，暠遣兵邀击，大败之。

杜慧度捞取他的尸体割掉头颅,装在匣子里送到建康。

东晋朝廷诏令刘毅兼管江州军事。

当初,刘毅住在京口,家境贫困。一次,他和朋友在东堂比试射箭,司徒长史庾悦后来,却强占东堂,大家都退避而去,唯独刘毅没有离开。庾悦置办的美味佳肴很丰盛,却不让刘毅享用,刘毅向庾悦央求一块烤制的小鹅肉,庾悦还是没有给他吃。至此,庾悦为江州刺史,刘毅因而请求兼管江州,朝廷下诏允许。刘毅便上奏称:"江州属于内地,刺史应以治理民事为职责,不该设置军府耗费民力,因而应当撤除军府,移至豫章镇守。只是寻阳接近蛮夷居地,可以从州府的军队中抽调一千名兵士来协助该郡的防卫。"于是,罢免庾悦的都督职权,转移到豫章驻镇。刘毅让亲信部将赵恢戍守寻阳,庾悦府衙的三千文官武将全都归属刘毅统辖,对庾悦下令严酷,横加催迫。庾悦既恨又怕,一命呜呼。

秋七月,柔然向北燕献马、求婚。

柔然可汗郁久闾斛律派遣使臣向北燕献马、求婚,北燕王冯跋命令群臣商议。冯素弗说:"前代都是将宗室的女儿嫁给夷人为妻,公主不应该下嫁地位不相称的人。"冯跋说:"我正要对蛮夷异邦增强信任,怎么能欺骗他们呢!"于是将自己的女儿许配给郁久闾斛律。

冯跋勤于政事,督责百姓务农种桑,减少徭役,降低赋税;每次派任地方长官,必定亲自召见,询问他们施政的纲领,以便观察他们的能力。北燕百姓爱戴他。

西秦攻打南凉,打败了南凉的军队。　北凉袭击西凉,没有攻克。

北凉王沮渠蒙逊率领轻装骑兵袭击西凉,西凉公李暠说:"打仗有不战而胜的人,就是挫败敌人的锐气。沮渠蒙逊刚刚与我们结盟,却立即来突袭我们,我们关闭城门不出战,等到他们锐气枯竭时再出击,战无不胜。"不久,沮渠蒙逊的军队因粮食耗尽而撤兵,李暠派兵截击,大败北凉军。

西秦攻秦柏杨堡、水洛城，皆克之。

壬子（412） **八年**秦弘始十四，魏永兴四年，西秦王炽磐永康元，北凉玄始元年。

夏四月，以刘毅都督荆、宁、秦、雍军事。

荆州刺史刘道规以疾求归，诏以刘毅代之。道规在州累年，秋毫无犯，及归，府库帷幕俨然若旧；随身甲士二人迁席于舟中，道规刑之于市。

毅刚愎，自谓功与裕埒，虽权事推裕而心不服，及居方岳，常怏怏不得志。裕每柔而顺之，毅骄纵恣甚，及败于桑落，知物情去已，弥复愤激。裕素不学，而毅颇涉文雅，故朝士有清望者多归之，与仆射谢混、丹阳尹郗僧施深相凭结。既据上流，阴有图裕之志，求兼督交、广，以僧施为南蛮校尉，毛脩之为南郡太守，裕皆许之。复表求至京口辞墓，裕往会之。将军胡藩言于裕曰："公谓刘卫军终能为公下乎？"裕默然，久之曰："卿谓何如？"藩曰："连百万之众，攻必取，战必克，毅固以此服公。至于涉猎传记，一谈一咏，自许以为雄豪，是以缙绅白面之士辐凑归之。恐终不为公下，不如因会取之。"裕曰："吾与毅俱有克复之功，其过未彰，不可自相图也。"道规寻卒。

六月，西秦乞伏公府弑其君乾归。秋，世子炽磐讨杀之，而自立。

乞伏公府弑西秦王乾归及其子十余人，走保大夏，炽磐遣其弟智达讨之。秦人多劝秦王兴乘乱取炽磐，兴曰：

西秦相继进攻后秦柏杨堡、水洛城,都攻打了下来。

壬子(412) 晋安帝义熙八年后秦弘始十四年,北魏永兴四年,西秦王乞伏炽磐永康元年,北凉玄始元年。

夏四月,东晋朝廷任命刘毅都督荆、宁、秦、雍四州诸军事。

东晋荆州刺史刘道规因病请求还都,朝廷诏命刘毅取代他。刘道规在荆州任职多年,丝毫没有侵占官民利益,他返京时,连政府仓库的帷幕都一如既往;随身两名卫兵把一条草席带到船上,竟被斩首于街市。

刘毅性情傲慢固执,自认为功劳堪与刘裕匹敌,虽权且推重听从刘裕而内心不服,他身居地方长官之后,常常怏怏不乐,苦不得志。刘裕每每对他安抚顺从,刘毅更加骄横恣纵,等到桑落洲战败后,刘毅深感失去人心归向,更加愤怒激动。刘裕平素不读书,而刘毅却颇爱好文墨雅事,所以朝中许多名望清高的官员归顺刘毅,其中与仆射谢混、丹阳尹郗僧施交情笃厚,相互依赖。刘毅占据长江上流地区后,暗中有图谋刘裕的决心,便请求兼掌交州、广州的军权,推举郗僧施为南蛮校尉,毛脩之为南郡太守,刘裕全都答应了他的要求。刘毅又上表请求到京口向祖先的坟墓告别,刘裕前往与他相会。将军胡藩对刘裕说:"您认为刘毅能永久地做您的部属吗?"刘裕沉默良久,说:"你说该怎么办?"胡藩说:"您统率百万大军,攻无不克,战无不胜,刘毅本来以此佩服您。至于博览群书,高谈低吟,他自许为雄才豪杰,因此官绅书生云集归附。恐怕他终将不会甘居您的属下,不如趁相会之机收拾他。"刘裕说:"我和刘毅都有光复国家的功劳,他的罪行尚未显露,不能自相残害。"刘道规不久去世。

六月,西秦乞伏公府杀害国君乞伏乾归。秋季,乞伏乾归的长子乞伏炽磐征讨杀掉乞伏公府,自立为王。

乞伏公府斩杀西秦王乞伏乾归及其十几个儿子之后,逃到大夏而依附于大夏,乞伏炽磐派遣他的弟弟乞伏智达率兵讨伐。后秦许多人劝后秦王姚兴趁西秦动乱攻取乞伏炽磐,姚兴说:

“伐人丧,非礼也。”夏王勃勃欲攻之,王买德曰:“炽磐吾之
与国,今遭丧乱,吾不能恤而又伐之,匹夫且犹耻为,况万
乘乎!”勃勃乃止。七月,智达击破公府,获而辗之于谭郊。
八月,炽磐自立为河南王,迁都枹罕。

皇后王氏崩。 **葬僖皇后。** 冬,太尉裕帅师袭荆州,
杀都督刘毅。

毅至江陵,多变易守宰,辄割豫、江文武兵力万余人以
自随。会疾笃,郗僧施劝毅请从弟兖州刺史藩以自副,刘
裕伪许之。藩自广陵入朝,裕以诏书罪状毅与藩及谢混共
谋不轨,赐藩、混死。

遂帅诸军发建康,王镇恶请给百舸为前驱,昼夜兼行,
扬声言刘兖州上。

十月,至豫章口,去江陵城二十里,舍船步上。舸留一
二人,对舸岸上立六七旗,旗下置鼓,语所留人:“计我将至
城,便鼓严,令若后有大军状。”又分遣人烧江津船舰。镇
恶径前袭城,未至五六里,毅乃觉之,行令闭诸城门。未及
下关,镇恶已驰入,与城内兵斗。穴其金城而入,城中兵
散。毅帅左右突出,夜投佛寺,寺僧拒之,乃缢而死。

初,谢混与毅款昵,混从兄澹常以为忧,渐与之疏,且
谓弟璞曰:“益寿此性,终当破家。”至是果验。

毅季父镇之闲居京口,不应辟召,常谓毅及藩曰:“汝
辈才器足以得志,但恐不久耳。我不就尔求财位,亦不同

"趁他人丧乱前去讨伐，不合乎礼义。"夏王刘勃勃想攻伐乞伏炽磐，王买德说："乞伏炽磐是我们的友好邻邦，如今遭遇丧乱，我们不能给予救济，反而发兵讨伐，这样连普通平民都羞于做的事，何况您是万乘之国的大王呢!"刘勃勃这才停止行动。七月，乞伏智达打败乞伏公府，俘获乞伏公府后，在谭郊城将其车裂而死。八月，乞伏炽磐自立为河南王，迁都至枹罕。

东晋皇后王氏去世。　安葬僖皇后王氏。　冬季，太尉刘裕率军袭击荆州，杀死都督刘毅。

刘毅到江陵后，多次撤换地方长官，擅自抽调豫州、江州的文武兵力一万多人随从自己到荆州。正赶上刘毅病重，郗僧施劝说刘毅请求朝廷委任堂弟兖州刺史刘藩为自己的副职，刘裕假装应许。刘藩从广陵入朝，刘裕以皇帝的名义下诏公布刘毅和刘藩、谢混等人共同图谋不轨的罪状，赐令刘藩、谢混自尽。

随后，刘裕率领各路大军从建康出发，王镇恶请求拨给一百艘战船为先锋，日夜兼程，扬言称刘藩西上。

十月，王镇恶抵达豫章口，距江陵城二十里，便下船徒步西进。每船留一二人，停船的岸上树立六七面战旗，旗下放置战鼓，告诉留下的人说："估计我们将要到达江陵城时，就擂响战鼓，使人觉得后面好像有大军的样子。"又分别派人去火烧江津的船舰。王镇恶径直前去袭击江陵城，当行至城外五六里处，被刘毅发觉，便下令关闭各个城门。还没来得及关闭城门，王镇恶率兵已经迅疾入城，与守城的士兵展开激战。王镇恶从牙城掘洞进入，城内兵士溃散。刘毅率领卫兵突围出城，连夜投奔佛寺栖身，寺中僧人拒之门外，只好上吊自杀。

当初，谢混和刘毅感情诚挚亲密，谢混的堂兄谢澹常常为之忧虑，日渐与他疏远，而且对弟弟谢璞说："谢混这样下去，最终要家破人亡。"至此果然应验。

刘毅的小叔父刘镇之闲居在京口，不应朝廷的征召入朝为官，曾对刘毅和刘藩说："凭你们的才能器局足以得心如愿，但是恐怕不会长久。我不依靠你们求取财帛地位，也不同你们一起

尔受罪累。"每见毅、藩导从到门，辄诟之。毅甚敬畏，未至宅数百步，辄屏仪卫。至是，裕奏征为散骑常侍，固辞不至。

十一月，裕至江陵，杀郗僧施。毛脩之素自结于裕，故特宥之。裕问毅故吏申永曰："今日何施而可？"对曰："除宿蔽，倍惠泽，叙门次，擢才能，如此而已。"裕用其言，荆人悦之。

秦杨佛嵩攻夏，夏王勃勃与战，破之。　北凉迁于姑臧。

蒙逊始称河西王，置官僚。
十二月，遣益州刺史朱龄石帅师伐蜀。
刘裕谋伐蜀，以龄石有武干，练吏职，欲以为元帅。众皆以龄石资名尚轻，难当重任。裕不从，以龄石为益州刺史，率将军臧熹、蒯恩、刘钟等伐蜀。熹，裕之妻弟，位居龄石之右，亦使隶焉。

裕与龄石密谋曰："往年刘敬宣出黄虎，无功而还。贼谓我今应从外水往，而料我当出其不意犹从内水来也。如此必以重兵守涪城，以备内道。若向黄虎，正堕其计。今以大众自外水取成都，疑兵出内水，此制敌之奇也。"而虑此声先驰，贼审虚实。别有函书封付龄石，署函边曰："至白帝乃开。"诸军虽进而未知处分所由。

太尉裕自加太傅、扬州牧，复辞不受。

受罪牵累。"他每当看见刘毅、刘藩前呼后拥地路过家门,就辱骂他们。刘毅非常尊敬而又害怕叔父,回家时,在离家宅数百步远的地方,就全部屏除仪仗卫士。刘毅死后,太尉刘裕上奏征召刘镇之为散骑常侍,刘镇之坚辞不就。

十一月,刘裕到达江陵,斩杀了郗僧施。由于毛脩之一向暗自结交于刘裕,所以被特殊赦免。刘裕垂问刘毅的旧时属吏申永说:"今天可以做些什么呢?"申永回答说:"消除旧时的怨恨,加倍施加给吏民恩惠,按照次序叙录门第的高下,公开选拔贤才,不过如此而已。"刘裕采纳了他的建议,荆州百姓十分欢悦。

后秦雍州刺史杨佛嵩进攻夏国,夏王刘勃勃率兵接战,大败后秦军。 北凉的都城迁到姑臧。

沮渠蒙逊开始号称河西王,设置官吏。

十二月,东晋朝廷派遣益州刺史朱龄石率军讨伐蜀地。

刘裕计划征伐蜀地,以为朱龄石具有军事才能,而且熟练吏任职责,就打算任用他为元帅。大家都认为朱龄石的资历名望还轻浅,难以当此重任。刘裕执意不从,便任命朱龄石为益州刺史,统率将军臧熹、蒯恩、刘钟等人讨伐蜀地。臧熹是刘裕的内弟,位居朱龄石之上,也让他隶属朱龄石。

刘裕与朱龄石密谋说:"过去刘敬宣舍弃黄虎,没有建立功业就退兵了。敌人认为我们这次应从外水前往,然而也可能预料到我们出其不意仍从内水进来。这样,他们必定用重兵把守涪城,以防备内道。如果我们向黄虎进军,正中敌人的诡计。现在,我们以大部队从外水进取成都,另派迷惑敌人的军队出现在内水,这是克敌制胜的奇策。"他担心这个计划事先传扬出去,让敌人观察出虚实,便另有一封书信密封后交付朱龄石,并在函套上写道:"到白帝城才能拆开。"所以各军虽然开进,却不知道这样安排的缘故。

太尉刘裕自我加授太傅、扬州牧,再次佯装推辞不受。

癸丑（413） **九年**秦弘始十五，魏永兴五年，夏凤翔元年。

春，太尉裕还建康，杀豫州刺史诸葛长民。

初，裕之西征也，留长民监留府事，而疑其难独任，乃加刘穆之建武将军，置吏给兵以防之。既而长民骄纵贪侈，为百姓患，惧裕归按之。闻刘毅被诛，谓所亲曰："'往年醢彭越，今年杀韩信。'祸其至矣！"问穆之曰："人言太尉与我不平，何以至此？"穆之曰："公溯流远征，以老母稚子委节下，若一豪不尽，岂容如此！"长民意乃小安。

弟黎民说长民："因裕未还图之。"长民犹豫未发，既而叹曰："贫贱常思富贵，富贵必履危机。今日欲为丹徒布衣，岂可得耶！"因遗冀州刺史刘敬宣书曰："盘龙专恣，自取夷灭。异端将尽，世路方夷，富贵之事，相与共之。"敬宣报曰："下官常惧福过灾生，方思避盈居损。富贵之旨，非所敢当。"且使以书呈裕，裕曰："阿寿故为不负我也。"

穆之忧长民为变，问参军何承天，承天曰："公昔年自左里还入石头，甚脱尔。今还宜加重慎。"穆之曰："非君，不闻此言。"

至是，裕自江陵东还，前刻至日，而每淹留不进。长民与公卿频日奉候于新亭。二月晦，裕乃轻舟径进，潜入东府。三月朔，长民闻之，惊趋至门。裕伏壮士丁旿等于幔中，引长民却人闲语，平生所不尽者皆及之。长民甚悦。

癸丑(413) **晋安帝义熙九年**后秦弘始十五年,北魏永兴五年,夏凤翔元年。

春季,太尉刘裕回到建康,杀害豫州刺史诸葛长民。

当初,刘裕西征刘毅时,留下诸葛长民监太尉留府事,但又担心他难以独自胜任,于是加授刘穆之为建武将军,设置官吏,配给兵力,以防意外。不久,诸葛长民开始骄横恣纵,贪侈无厌,祸害百姓,也畏惧刘裕西征归来受到查办。他闻听刘毅被杀的消息后,对亲近的人说:"'去年把彭越做成肉酱,今年杀了韩信。'我要大祸临头了!"他又问刘穆之说:"大家都说太尉对我不满,这是为什么?"刘穆之说:"刘公逆流远征,将老母幼子委托您关照,若有丝毫的不信任,哪能是这样呢!"诸葛长民心中才稍有安定。

诸葛长民的弟弟诸葛黎民劝说他:"趁刘裕尚未归来的机会设法对付他。"诸葛长民犹豫不决,没有动手,随后叹息说:"贫贱时常常想念富贵,富贵时必然遭受危机。我今天想做一名丹徒平民,怎么能可以呢!"他于是给冀州刺史刘敬宣写信说:"刘毅专横跋扈,自取灭亡。如今,叛逆凶贼行将灭绝,世道方才太平,未来的富贵,让我们共同享受。"刘敬宣回信说:"我常常害怕福分太过灾祸降临,因而正想避开多余的福分,甘居受损的境地。至于富贵的旨意,我实在不敢承当。"而且他又将信转呈刘裕,刘裕说:"刘敬宣还是不辜负我。"

刘穆之担心诸葛长民发动叛乱,便问参军何承天怎么办才好,何承天回答说:"刘公过去从左里城回到石头城,非常轻脱随便。这次回来应加倍谨慎。"刘穆之说:"如果不是你,就听不到如此忠言。"

到这时,刘裕从江陵东下,在预定抵达建康的日期之前,每每滞留不按期行进。诸葛长民和公卿大员连日在新亭恭候。直到二月的最后一天,刘裕才乘轻舟快速进发,暗中回到东府。三月初一,诸葛长民听到消息,慌忙赶到东府晋见。刘裕命令壮士丁旿等人埋伏在幔帐中,然后迎入诸葛长民,屏退别人,二人私谈起来,凡是平生言不尽意的话题全都涉及了。诸葛长民十分喜悦。

昕自幔后出拉杀之,舆尸付廷尉。并杀其三弟。

修土断法,并省流寓郡县。

太尉裕上表曰:"大司马温以'民无定本,伤治为深',《庚戌》土断以一其业,于时财阜国丰,实由于此。今渐颓弛,请申前制。"于是依界土断,诸流寓郡县多所并省。

秦索稜以陇西降西秦。　夏筑统万城。

夏王勃勃以叱干阿利领将作大匠,发夷、夏十万人筑都城于朔方黑水之南。曰:"朕方统一天下,君临万邦,新城宜名'统万'。"阿利性巧而残忍,蒸土筑城,锥入一寸即杀作者而并筑之。勃勃以为忠,委任之。凡造兵器成呈之,工人必有死者:射甲不入则斩弓人,入则斩甲匠,由是器物皆精利。

勃勃自谓其祖从母姓刘非礼,乃改姓赫连氏,言其徽赫与天连也。其非正统者为铁伐氏,言刚锐如铁,堪伐人也。

秋七月,朱龄石入成都,谯纵走死。诏龄石监六州军事。

龄石等至白帝,发函书曰:"众军悉从外水取成都,臧熹从中水取广汉,老弱乘高舰从内水向黄虎。"于是诸军倍道兼行。谯纵果使谯道福以重兵守涪城备内水。

龄石至平模,去成都二百里,纵遣侯晖夹岸筑城以

不料丁旿从幔帐后闪出，用杖击杀诸葛长民，他的尸体被车子载送给廷尉。同时杀掉了他的三个弟弟。

东晋朝廷下诏重申"土断法"，合并或撤销寄居别郡的郡县。

太尉刘裕向朝廷上表奏请说："大司马桓温因为'民众没有固定的根基，必然造成对国家治理的极大危害'，所以，颁布《庚戌》诏令，规定按照现行住所，确立流亡居民的籍贯，让他们安居乐业，当时之所以财富殷盛，国家丰足，实在是因为这个缘故。如今渐次颓败废弛，请求重申从前的这项法令。"于是，依照州郡地界的现行居民，重新核定他们的籍贯，许多寄居在别郡之上的郡县，或合并或撤除。

后秦索稜献出自己据守的陇西，向西秦投降。　夏国修筑统万城。

夏王刘勃勃任命叱干阿利兼任将作大匠，征发夷人和汉人十万之众，在朔方黑水的南面建筑都城。刘勃勃说："我正要统一天下，统辖全国各地，因此新城应当命名为'统万'。"叱干阿利生性乖巧而残忍，他用蒸过的土修砌城垣，查验时，若铁锥能插进一寸，即把工匠杀掉并将尸首砌入墙中。刘勃勃却认为他忠诚，便委以重任。凡是兵器造成后呈送叱干阿利过目，制作兵器的人必定有处死的：弓箭射不透铠甲则斩杀做弓的人，射穿铠甲则斩杀做铠甲的工匠，因此武器什物都非常精良坚利。

刘勃勃自认为他的祖先沿用母姓刘氏不合礼法，于是改姓赫连，意思是说他的显赫盛美与天相连。那些不是直系亲属的人，改姓铁伐，意思是说他们刚强锐利如铁，可以攻伐别人。

秋七月，朱龄石进入成都，谯纵出奔自杀。朝廷诏命朱龄石监六州军事。

朱龄石等人进抵白帝，打开信函，上面写着："大军都从外水进取成都，臧熹从中水进取广汉，老弱残兵乘高大的战船从内水直向黄虎。"于是，各路军队分头向既定的目标兼程前进。谯纵果然派遣谯道福用重兵把守涪城，用来防备晋军从内水进犯。

朱龄石到平模，距成都二百里，谯纵命侯晖沿江夹岸修城堡来

拒之。龄石谓刘钟曰:"今贼严兵固险,攻之未必可拔;且欲养锐以伺其隙,何如?"钟曰:"不然。前声言大众向内水,道福不敢舍涪城。今重军猝至,侯晖之徒已破胆矣。所以阻兵守险,是其惧不敢战也。因而攻之,其势必克;若缓兵相守,彼将知人虚实。涪军忽来,并力拒我,求战不获,军食无资,二万余人悉为谯子虏矣。"龄石从之。

七月,攻其北城,克之,斩侯晖。南城亦溃。于是舍船步进,贼营望风相次奔溃。谯纵弃城出走,尚书令马耽封府库以待晋师。龄石遂入成都,诛纵宗亲,余皆按堵,使复其业。纵出辞墓,其女曰:"走必不免,只取辱焉,死于先人之墓可也。"不从,去投道福不纳,乃缢而死。龄石徙马耽于越巂,耽曰:"朱侯不送我京师,欲灭口也,吾必不免。"乃盥洗而卧,引绳而死。诏以龄石进监梁、秦州六郡诸州军事。

冬,魏遣使请昏于秦。　　以索邈为梁州刺史。

初,邈寓居汉川,与别驾姜显有隙,凡十五年而邈镇汉川,显乃肉袒迎候,邈无愠色,待之弥厚。退而谓人曰:"我昔寓此,失志多年,若仇姜显,惧者不少。但服之自佳,何必逞志!"于是阖境皆悦。

甲寅(414)　**十年**秦弘始十六,魏神瑞元年。是岁,南凉亡。大二小五,凡七僭国。
春三月,太尉裕废谯王文思为庶人。
荆雍都督司马休之颇得江、汉民心。子谯王文思在

抵抗晋军。朱龄石对刘钟说:"眼下敌兵严阵以待,坚守天险,进攻未必得胜;我想暂且养精蓄锐,窥测可趁之机,怎么样?"刘钟说:"不行。先前我们扬言大军开赴内水,谯道福不敢舍弃涪城。如今大军从天而降,侯晖之徒已经吓破贼胆。他们之所以拥兵守险,是因为害怕而不敢迎战。趁机发动进攻,势必克敌制胜;假如延缓进兵,相互持守,他们就会了解我军的虚实。这样,涪城守军忽然征调过来,联合力量抗拒我们,我们再求战不得,军粮无着,两万多人必将全部被谯氏俘获。"朱龄石听从了他。

七月,朱龄石率军攻克江北的城堡,斩杀侯晖。南城守军也自发溃败。于是,朱龄石离开战船,徒步向成都行进,敌营一个个望风溃逃。谯纵放弃成都出逃,尚书令马耽封锁府库,等待晋军的到来。朱龄石于是进入成都,杀害谯纵的同祖亲属,其余的人全都安定如常,让他们各复其业。谯纵出城后向祖墓辞别,他的女儿说:"逃跑也一定不免于死,只能自取侮辱,您可以死在先人的墓地。"谯纵不听,去投奔谯道福,不被接纳,于是上吊自杀。朱龄石把马耽放逐到越巂,马耽说:"朱龄石不送我到建康,是想杀人灭口,我必定难逃厄运。"于是,洗沐卧床,自缢而死。朝廷下诏晋升朱龄石执掌监梁、泰州六郡诸军事。

冬季,北魏派遣使节向后秦求婚。 东晋朝廷任命索邈为**梁州刺史**。

当初,索邈寄居在汉川,与梁州别驾姜显有矛盾,十五年后,索邈镇守汉川,姜显于是袒露着上身迎候索邈,而索邈毫无怨怒之色,对他更加宽厚。索邈在姜显离去后对别人说:"我过去借居此地,多年不得志,如果忌恨姜显,畏惧的人必然不少。只要他顺服就行了,何必要逞强快意呢!"于是,梁州全境都很欢悦。

甲寅(414) **晋安帝义熙十年**后秦弘始十六年,北魏神瑞元年。这一年,南凉灭亡。大国两个,小国五个,共七个僭国。

春三月,太尉刘裕废黜谯王司马文思为庶人。

荆雍都督司马休之很得江、汉百姓的心。其子谯王司马文思在

建康,性凶暴,好通轻侠。刘裕恶之。有司奏文思擅杀国吏,诏诛其党而宥文思。休之上疏谢罪,请解所任。裕不许,而执文思送之,令自训厉,欲使杀之。休之但表废文思,以书陈谢。裕不说,使江州刺史孟怀玉兼督豫州六郡以备之。

夏五月,秦尚书令姚弼有罪免。

秦广平公弼有宠于秦王兴,言无不从,兴左右掌机要者皆其党也。仆射梁喜等言于兴曰:"父子之际人所难言,然君臣之义不薄于父子,故臣等不得默然。广平公弼潜有夺嫡之志,陛下宠之太过,无赖之徒辐凑附之。道路皆言陛下将有废立之计,信有之乎?"兴曰:"岂有此邪!"喜曰:"苟无之,则陛下爱弼适所以祸之。愿去其左右,损其威权,非特安弼,乃所以安宗社也。"兴不应。

会兴有疾,弼潜聚众欲作乱,将军刘羌泣以告兴。梁喜等复请诛弼,兴不得已,乃免弼尚书令还第。姚宣入朝,流涕极言,姜虬亦上疏请斥散凶徒以绝祸端。皆不听。

西秦袭灭南凉,以傉檀归杀之。

唾契汗、乙弗等部叛南凉,南凉王傉檀欲讨之。孟恺谏曰:"今连年饥馑,南逼炽磐,北逼蒙逊,百姓不安。远征虽克,必有后患。不如与炽磐结盟通籴,慰抚杂部,足食缮兵,俟时而动。"傉檀不从,谓太子虎台曰:"蒙逊不能猝来,

建康，性情凶残暴戾，喜爱结交那些轻生重义的侠客。刘裕讨厌他。有关部门报告司马文思任意杀害封国的官吏，朝廷下诏诛杀他的帮凶却赦免了司马文思。司马休之为此上疏朝廷，承认罪过，请求解除他的都督职权。刘裕不许，却将司马文思押送给司马休之，让他自己教诲鞭策，打算让他杀掉儿子。而司马休之只上表请求废黜司马文思，写信给刘裕述说谢意。刘裕很不高兴，任命江州刺史孟怀玉兼督豫州六郡，用来戒备司马休之。

夏五月，后秦姚弼因罪被免除尚书令职务。

后秦广平公姚弼受宠于后秦王姚兴，凡有进言无不采纳，姚兴身边执掌机要的大臣都是姚弼的党羽。仆射梁喜等人对姚兴说："在父子之间，别人难以说道，然而君臣大义却不比父子亲情菲薄，因而我们不能缄默。广平公姚弼暗中有夺嫡之志，陛下对他过于宠爱，一些无赖之徒争相归附。大家都说陛下将有废长立幼的打算，确有此事吗？"姚兴说："哪有这回事！"梁喜说："假如没有这等事，那么陛下宠爱姚弼正是给他带来祸害。希望除去他身边的无赖之徒，削弱他的威势和权力，这样不仅是保全姚弼，而且使宗庙、社稷也得以安定。"姚弼没有答复。

正赶上姚兴有病，姚弼偷偷聚集部众准备发动叛乱，将军刘羌哭着向姚兴如实禀告。梁喜等再次请求诛杀姚弼，姚兴无奈之下，才免去姚弼的尚书令职务，让他回到自己的府第。姚宣入朝，痛哭流涕，极力上言，姜虬也上疏奏请驱散姚弼的帮凶党徒，以根绝祸端。姚兴一概不听。

西秦攻灭南凉，秃发傉檀归附后被杀。

唾契汗、乙弗等部落背叛南凉，南凉王秃发傉檀准备前去讨伐。孟恺直言相劝说："现在连年饥荒严重，而且南部有乞伏炽磐威逼，北部有沮渠蒙逊胁迫，百姓不得安生。发兵远征虽然能够取胜，但是必会遗留后患。不如和乞伏炽磐缔结盟约，通购粮食，抚慰各个部落，丰衣足食，整治军队，等待时机再行动。"秃发傉檀执意不从，对太子秃发虎台说："沮渠蒙逊不会突然到来，

炽磐兵少易御,汝谨守乐都,吾不过一月必还矣。"乃帅骑七千袭乙弗,大破之。

西秦王炽磐闻之,帅步、骑二万袭乐都。虎台凭城拒守,炽磐四面攻之。一夕城溃,炽磐入乐都,徙虎台及其文武百姓万余户于枹罕。

傉檀兄子樊尼驰告傉檀。将士闻乱皆逃散,唯樊尼不去。傉檀曰:"四海之广,无所容身,与其聚而同死,不若分而或全。汝吾长兄之子,宗部所寄。蒙逊方招怀士民,存亡继绝,汝其从之。吾老矣,所适不容,宁见妻子而死!"遂归于炽磐,唯阴利鹿随之。傉檀谓曰:"吾亲属皆散,卿何独留?"对曰:"臣老母在家,非不思归,然委质为臣,忠孝之道难以两全。臣不才,不能为陛下泣血求救于邻国,敢离左右乎!"

傉檀诸城皆降于炽磐,独尉贤政屯浩亹固守不下。炽磐使人谓之曰:"乐都已溃,卿妻子皆在吾所,独守一城,将何为也?"对曰:"受凉王厚恩,为国藩屏,虽知乐都已陷,妻子为禽,不知主上存亡,未敢归命。妻子小事,何足动心!若贪一时之利,忘委付之重者,大王亦安用之!"炽磐乃遣虎台以手书谕之,贤政曰:"汝为储副不能尽节,面缚于人,弃父忘君,堕万世之业,贤政义士岂效汝乎!"闻傉檀至左南,乃降。

炽磐闻傉檀至,遣使郊迎,待以上宾之礼。岁余,使人鸩

乞伏炽磐兵少容易抵御，你只要好好守卫乐都，我不超过一个月就一定凯旋。"于是率领七千骑兵袭击乙弗，一举大败乙弗。

西秦王乞伏炽磐听说秃发傉檀出击乙弗，他就率领两万名步兵和骑兵进攻乐都。秃发虎台据城坚守，乞伏炽磐从四面围攻。一天晚上，乐都城防崩溃，乞伏炽磐进入乐都，将秃发虎台及其文武官员和百姓共一万多户迁移到枹罕。

秃发傉檀长兄的儿子秃发樊尼急忙向秃发傉檀报告。他的官兵听说乐都失守都四处逃散，只有秃发樊尼没有离开。秃发傉檀说："天下之大，却无容身之地，与其相聚同死，不如分开或可保全性命。你是我长兄秃发乌孤的儿子，是我们宗亲部族的希望寄托。沮渠蒙逊正在招抚士人百姓，存亡继绝，你应该投奔他。我已经老了，所到之处，无人容留，宁愿见到妻子儿女后死亡！"于是，他向乞伏炽磐归降，唯有阴利鹿一人随从。秃发傉檀对阴利鹿说："我的亲属全部离散，你为什么独自一人留下来？"阴利鹿回答说："我家有年迈的老母，不是不想回家，然而既然委身为臣，忠义孝道就难以两全其美。我是无能之辈，不能为陛下极其悲痛地向邻国哭诉求救，岂敢离开您的身边呢！"

秃发傉檀所辖的各个城池全都投降了乞伏炽磐，唯独驻扎在浩亹的尉贤政固守不降。乞伏炽磐派人告诉他说："乐都已经陷落，你的妻儿老小都在我这里，你独守一座孤城，想干什么呢？"尉贤政回答说："我蒙受凉王的厚恩，作为一国的藩篱屏障，虽然明知乐都已经陷落，妻子儿女被擒，但是不晓得主上的生死存亡，仍不敢归附受命。妻子儿女毕竟是小事，怎么能够使我动摇信念呢！假若贪图一时小利，而忘却国主托付的重任，大王又怎能擢用我呢！"乞伏炽磐于是命令秃发虎台亲笔写信让他投诚，尉贤政说："你作为王储不能保守节操，受人挟制，背弃父王，忘记国君，毁坏国家万代伟业，我尉贤政是忠义之士，岂能效法你呢！"直到他听说秃发傉檀抵达左南城，才向乞伏炽磐投降。

乞伏炽磐听说秃发傉檀到了，便派遣使者到郊外去迎接，用上宾的礼节对待他。一年多之后，乞伏炽磐派人用毒酒害死

之,并杀虎台。复称秦王,置百官。

柔然步鹿真逐其可汗斛律而自立,大檀杀而代之。

柔然可汗斛律将嫁女于燕,兄子步鹿真谓诸大臣曰:
"斛律欲以汝女为媵。"大臣恐,遂执斛律与女皆送于燕,而
立步鹿真为可汗。大檀者社仑季父之子,领别部,得众心。
或告步鹿真,国人欲立大檀。步鹿真发兵袭之,兵败见杀,
而大檀遂自立。斛律至和龙,燕王跋待以客礼。斛律请
还,跋遣万陵帅骑送之。陵惮远役,杀之而还。

秋八月,魏遣于什门如燕。

魏主嗣遣谒者于什门使于燕,至和龙,不肯入见,曰:
"大魏皇帝有诏,须冯王出受,然后敢入。"燕王跋使人牵逼
令入。什门不拜,跋使人按其项,什门曰:"冯王若拜受诏,
则吾自以宾主礼见,何苦见逼邪!"跋怒,幽执什门,欲降
之,什门终不屈。久之,衣冠弊坏略尽,虮虱流溢。跋遗之
衣冠,什门不受。

九月朔,日食。 冬十一月,魏遣使者巡行诸州。

校阅守宰资财,非家所赍者,悉簿为赃。

十二月,柔然侵魏。

柔然可汗大檀侵魏,魏主嗣击之。大檀走,魏兵追之,
遇大雪,士卒冻死、堕指者什二三。

秃发傉檀,同时杀掉秃发虎台。乞伏炽磐再次自称秦王,设置文武百官。

柔然郁久闾步鹿真逐除可汗郁久闾斛律,自立为可汗;郁久闾大檀杀掉郁久闾步鹿真,取代为可汗。

柔然可汗郁久闾斛律准备把女儿嫁给北燕王冯跋,他的侄儿郁久闾步鹿真对大臣们说:"斛律可汗打算让你们的女儿做陪嫁的婢妾。"大臣们异常恐惧,便抓住郁久闾斛律和他的女儿一起都送给了北燕,于是拥立郁久闾步鹿真为柔然可汗。郁久闾大檀是郁久闾社仑小叔父的儿子,统率其他部落镇守西部边境,颇受众人拥戴。有人告诉郁久闾步鹿真,国人想另立郁久闾大檀为可汗。于是,郁久闾步鹿真带兵袭击郁久闾大檀,郁久闾步鹿真兵败被杀,郁久闾大檀便自立为可汗。郁久闾斛律抵达和龙,北燕王冯跋以宾客的礼节对待他。郁久闾斛律请求回到自己的国家,冯跋便派遣万陵率领骑兵护送他。万陵害怕远途劳顿,在途中杀害郁久闾斛律就回去了。

秋八月,北魏派遣谒者于什门出使北燕。

北魏明元帝拓跋嗣派遣谒者于什门出使到北燕,到了和龙,于什门却不肯入宫拜见,他说:"大魏国皇帝有诏书,必须冯王亲自出来受诏之后,我才敢进去。"北燕王冯跋让人强拉他进来。于什门见到冯跋又不行拜礼,冯跋让人按着他的脖子,于什门说:"冯王如果先拜受诏书,那么我自然会以宾主的礼仪谒见,何必这般苦苦相逼呢!"冯跋勃然大怒,把于什门幽禁起来,想迫使他投降,于什门始终没有屈服。天长日久,他的衣帽几乎完全破坏,浑身生满虮虱。冯跋送给他崭新的衣帽什物,于什门拒不接受。

九月初一,出现日食。 冬十一月,北魏派遣使者巡视各州。

使者核查各州地方官的资产财富,凡不是从自己家里带来的财物,全部按赃物记入簿籍。

十二月,柔然人进犯北魏。

柔然可汗郁久闾大檀率兵进犯北魏,北魏明元帝拓跋嗣奋起迎击。郁久闾大檀败逃,魏兵追击,路遇大雪,冻死或冻掉手指的士兵达十分之二三。

乙卯（415） 十一年秦弘始十七,魏神瑞二年。

春,太尉裕帅师击荆州,都督司马休之距战。众溃。

正月,刘裕收司马休之次子文宝、兄子文祖,赐死。自领荆州刺史,将兵击之。以将军刘道怜监留府事,刘穆之兼右仆射,事皆决焉。雍州刺史鲁宗之自疑不为裕所容,与其子竟陵太守轨起兵助休之。

二月,休之上表罪状裕,勒兵距之。裕密书招休之录事韩延之,延之复书曰:"辱疏,知以谯王前事亲帅戎马,远履西畿,良增叹息! 司马平西体国忠贞,款怀待物。以公有匡复之勋,家国蒙赖,推德委诚,每事询仰。谯王见劾,自表逊位,又奏废之,所不尽者命耳。而公以此遽兴兵甲,所谓'欲加之罪,其无辞乎'! 刘裕足下,海内之人,谁不见足下此心,而欲欺诳国士! 自谓'处怀期物,自有由来'乎。夫刘藩死于阊阖之门,诸葛毙于左右。甘言诧方伯,袭之以轻兵,今又伐人之君,啖人以利,真可谓'处怀期物,自有由来'矣! 吾诚鄙劣,尝闻道于君子,以平西之至德,宁可无授命之臣乎! 假令天长丧乱,九流浑浊,当与臧洪游于地下耳。"裕视书叹息,以示将佐曰:"事人当如此矣!"延之以裕父名翘字显宗,乃更其字曰显宗,名其子曰翘,以示不臣刘氏。

裕遂使参军檀道济、朱超石将步、骑出襄阳,江夏太守

乙卯（415）　晋安帝义熙十一年后秦弘始十七年,北魏神瑞二年。

春季,东晋太尉刘裕率军进攻荆州,都督司马休之负隅抵抗。司马休之兵败溃逃。

正月,刘裕逮捕司马休之的次子司马文宝、侄儿司马文祖,赐令他们自杀。刘裕自兼荆州刺史,率兵进攻司马休之。刘裕任命将军刘道怜监留府事,刘穆之兼右仆射,朝廷事务都由刘穆之裁决。雍州刺史鲁宗之怀疑自己终究不会被刘裕所宽容,便与儿子竟陵太守鲁轨起兵声援司马休之。

二月,司马休之上表陈说刘裕的罪状,同时统率军队抵御刘裕。刘裕用密信招引司马休之的录事韩延之,韩延之回信说:"你屈尊给我写信,我才明白由于谯王司马文思过去的事情,使你亲自统率军马,踏上遥远的西部疆土,实在让人增加许多感叹! 司马休之忠贞爱国,以诚待人。因为你有匡复朝廷的勋劳,国家大事仰赖你鼎力辅佐,所以推重你的德行,奉献赤诚之心,每件事都向你咨询和依赖。谯王司马文思受到弹劾,司马休之自我上表请求辞职,又奏请废黜司马文思,所不尽人意的只是保全了一条性命而已。可是你却因此突然兴师问罪,正所谓'欲加之罪,何患无辞'! 刘裕足下,四海之内,谁人看不出你这番伎俩,还想欺骗蒙蔽国内士人! 你来信称'诚心待人,自有由来'。刘藩死在皇宫的阊阖门,诸葛长民毙命于你的侍卫手下。用甜言蜜语蒙骗地方长官,然后用轻装军队袭击他们,如今又征伐别人的君王,写信以利诱人,真称得上'诚心待人,自有由来'! 我诚然是鄙陋劣弱之辈,也曾经受到君子的教诲,像司马休之这样道德高尚的人,怎么可以没有舍生取义的臣下呢! 假如上天注定要延长死丧祸乱的时日,各派之间的纷争混浊不堪,那么我当然要和臧洪一道优游于黄泉之下。"刘裕看到此信,赞叹不已。他把信出示给将官说:"作为属下就应当如此!"韩延之因为刘裕的父亲名刘翘,字显宗,于是把自己的字改为显宗,他的儿子取名为韩翘,用来表示不向刘裕臣服。

刘裕令参军檀道济、朱超石率步、骑兵出击襄阳,江夏太守

刘虔之聚粮以待,鲁轨袭击杀之。裕又使婿徐逵之统蒯
恩、沈渊子出江夏口,与轨战败,皆死。裕怒甚。

三月,帅诸将济江,休之兵临峭岸,裕军士无能登者。
裕自被甲欲登,诸将谏不从,怒愈甚。主簿谢晦前抱持裕,
裕抽剑指晦曰:"我斩卿!"晦曰:"天下可无晦,不可无公!"
将军胡藩以刀头穿岸,劣容足指,腾之而上,随者稍众,直
前力战。休之兵稍却,裕兵乘之,休之兵遂大溃。裕克江
陵,休之、宗之皆走,轨留石城。

秦遣姚弼将兵守秦州。
秦广平公弼谮姚宣于秦王兴,兴遣使就杏城,收宣下
狱,命弼将三万人守秦州。尹昭曰:"广平公与太子不平,
今握强兵于外,陛下一旦不讳,社稷必危。"兴不从。

**夏攻秦杏城,拔之。　北凉攻西秦,拔广武。　青兖
参军司马道赐杀其刺史刘敬宣。**
道赐,宗室疏属也。杀敬宣以应司马休之,为敬宣府
吏所杀。
司马休之出奔秦,秦以为扬州刺史。
刘裕遣兵攻破石城,休之与鲁宗之、轨等俱奔秦。宗
之素得士民心,争为之卫送出境,追兵尽境而还。休之至
长安,秦王兴以为扬州刺史,使侵扰襄阳。寻复使宗之将
兵寇襄阳,未至而卒。

**太尉裕剑履上殿,入朝不趋、赞拜不名。　北凉遣使
上表内附。**

刘虔之积聚粮食等待他们到来,鲁轨袭击并杀害了刘虔之。刘裕又命女婿徐逵之统率蒯恩、沈渊子等人出击江夏口,与鲁轨交战败北,全都被杀。刘裕非常恼火。

三月,刘裕率领诸位大将渡过长江,司马休之兵临陡峭的江岸,刘裕的军队无人能攀登上去。刘裕身披铠甲想亲自攀登,各个将领上前劝阻,刘裕拒绝听从,更加怒不可遏。主簿谢晦前去抱住刘裕,刘裕抽出佩剑指向谢晦说:"我杀了你!"谢晦说:"天下可以没有谢晦,却不能没有您!"将军胡藩用刀头凿击岸石,刚能容下脚趾,便踩着跃上江岸,尾随的人渐渐增多后,直冲敌阵,拚力死战。司马休之的军队节节败退,刘裕的军队乘胜进击,司马休之的部队于是一败涂地。刘裕攻克江陵,司马休之、鲁宗之全都逃走,只有鲁轨留守石城。

后秦派遣姚弼率兵镇守秦州。

后秦广平公姚弼向秦王姚兴进谗言中伤姚宣,姚兴派遣使者到杏城,逮住姚宣投入狱中,命令姚弼率三万人守卫秦州。尹昭说:"广平公与皇太子不和睦,如今让他掌握强兵镇守在外,陛下一旦驾崩,国家就危险了。"姚兴不听。

**夏国攻打后秦杏城,攻取下来。　北凉攻克西秦广武郡。
东晋青、兖二州参军司马道赐杀害刺史刘敬宣。**

司马道赐是晋朝宗室的远亲。他为了响应司马休之而杀害了刘敬宣,又被刘敬宣的文武佐吏所讨杀。

司马休之出逃到后秦,姚兴任命他为扬州刺史。

刘裕派兵攻破石城,司马休之与鲁宗之、鲁轨等人都逃往后秦。鲁宗之平素颇受士民爱戴,争相护卫他出境,追兵赶到边境就返回了。司马休之抵达长安,秦王姚兴任命他为扬州刺史,让他去侵犯骚扰襄阳。不久,又让鲁宗之率兵进攻襄阳,没等到达就去世了。

东晋太尉刘裕被诏许佩剑穿鞋可以上殿,入朝时不必急走、司仪在宣读行礼仪式时不直呼其名。　北凉派遣使节向东晋朝廷上表,以示附从。

益州刺史朱龄石遣使诣北凉,谕以朝廷威德。北凉王蒙逊遣使诣龄石,且上表言:"伏闻车骑将军裕欲清中原,愿为右翼,驱除戎虏。"

秋七月晦,日食。　八月,太尉裕还建康。　以刘穆之为左仆射。　魏荐饥。

魏比岁霜旱,云、代之民多饥死。太史令王亮言于魏主嗣曰:"案谶书,魏当都邺,可得丰乐。"嗣以问群臣,博士祭酒崔浩、特进周澹曰:"迁都于邺,可救今年之饥,非长久计也。山东人以国家居广漠之地,人畜无涯,号曰'牛毛之众'。今留兵守旧都,分家南徙,不能满诸州之地,情见事露,恐四方皆有轻侮之心,且百姓不便水土,疫死必多。而旧都兵少,屈丐、柔然将有窥窬之心,朝廷隔恒、代千里之险,难以赴救,此则声实俱损也。今居北方,山东有变则轻骑南下,布濩林薄之间,孰能测其多少! 百姓望尘慑服,此国家所以威制诸夏也。来春草生,湩酪将出,兼以菜果得及秋熟,则事济矣。"嗣曰:"今仓廪已竭,若来秋又饥,则若之何?"对曰:"宜简饥贫之户,使就食山东。若来秋复饥,当更图之,但方今不可迁都耳。"嗣悦从之。嗣又躬耕藉田,劝课农桑。明年大熟,民遂富安。

初,浩为嗣讲《易》《洪范》,嗣因问天文、术数,浩占决多

东晋益州刺史朱龄石派遣使节出使北凉,向他们晓谕东晋朝廷的威权和德行。北凉王沮渠蒙逊派遣使臣拜见朱龄石,并且进呈奏表说:"恭听车骑将军刘裕准备扫清中原,我愿意为右翼力量,驱除戎族敌寇。"

秋七月的最后一天,出现日食。 八月,太尉刘裕回到建康。东晋朝廷任命刘穆之为尚书左仆射。 北魏连年发生饥荒。

北魏连年发生霜旱,云中、代郡的很多百姓因饥饿死去。太史令王亮向北魏明元帝拓跋嗣进言:"按照谶书的说法,我们魏国应该在邺城建都,才能得到丰足安乐。"拓跋嗣为此向群臣征求意见,博士祭酒崔浩、特进京兆周澹说:"迁都到邺城,可以救济今年的饥荒,而不是长久之计。崤山以东的民众认为国家居于辽阔大地,人畜无数,号称'多如牛毛'。现在如果留下军队戍守旧都,分出一些人南迁,无法充满各州的土地,这样,人少的情势昭然若揭,恐怕周围的邻国都会产生轻侮之心,再说百姓不服水土,因疾疫而死的人必定不少。而且旧都兵力不足,屈丐、柔然等就会有趁机打劫的想法,南迁的朝廷远隔恒山、代郡千里险关,难以前赴救援,如此则名望与实际都将受到损失。现在我们居住北方,崤山以东一旦有什么变故,轻装骑兵南下,流散在林野之间,谁能知道有多少人!百姓望见铁骑扬起的尘土就会惊恐万状,俯首听命,这就是我国之所以能够用威力制服汉人的原因。等到明年春天草原茂盛,乳汁奶酪将会随之出现,加上蔬菜水果,得以维持到秋收时节,那么我们面临的饥荒便可以克服了。"拓跋嗣说:"眼下粮仓已经颗粒无存,假如明年秋季再歉收,那该怎么办呢?"崔浩等回答说:"我们应当挑选出饥寒贫困的人家,让他们到山东一带谋取活路。假若明年秋天再闹饥荒,再想方设法应付,只是如今不可以迁都。"拓跋嗣愉快地答应下来。他还亲自耕种农田,勉励人们务农养蚕。第二年庄稼丰收,国民于是富裕安乐。

当初,崔浩为拓跋嗣讲授《易经》和《尚书·洪范》,拓跋嗣因而问及有关天象、术数等方面的问题,崔浩占卜的结果大都

验,由是有宠,凡军国密谋皆预之。

秦姚弼谋作乱,其党唐盛等伏诛。

秦王兴药动。广平公弼称疾不朝,聚兵于第。兴闻之怒,收弼党唐盛、孙玄诛之。将杀弼,太子泓流涕固请,乃赦之。泓待弼如初,无忿恨之色。

荧惑不见八十余日,复出东井。秦大旱。

魏太史奏:“荧惑在匏瓜中,忽亡不知所在,于法当入危亡之国,先为童谣讹言,然后行其祸罚。”魏主嗣召名儒数人与太史议荧惑所诣。崔浩曰:“《春秋传》‘神降于莘’,以其至之日推知其物。今荧惑之亡,在庚午、辛未二日之间,庚午主秦,辛为西夷。荧惑其入秦乎?”后八十余日,果出东井,留守句己久之乃去。秦大旱,昆明池竭,童谣讹言,国人不安,间一岁而亡。

冬十月,秦送女于魏,魏以为夫人。

丙辰(416)　**十二年**秦主姚泓永和元,魏泰常元年。

春正月,太尉裕自加都督,二十二州军事。　秦姚弼、姚愔作乱,伏诛。秦王兴卒,太子泓立。

秦王兴如华阴,使太子泓监国。兴疾笃,还长安。弼党侍郎尹冲谋因泓出迎杀之,奉兴幸弼第作乱,皆不果。

兴既入宫,命泓录尚书事,东平公绍典禁中兵。收弼

应验，从此受到拓跋嗣的宠信，凡是国政或军事的秘密计划，他都参与其中。

后秦姚弼阴谋作乱，他的党徒唐盛等人被杀。

后秦王姚兴药性发作。广平公姚弼声称有病，不入朝晋见，并把武装士兵聚集到自己的府第。姚兴得知此事，禁不住愤怒，便将捕获的姚弼党徒唐盛、孙玄等人杀掉。将要斩杀姚弼时，太子姚泓哭着多次求情，赦免了他。姚泓对待姚弼一如既往，无愤恨之色。

八十多天没有出现的火星，再现于井宿附近。后秦发生大旱。

北魏太史上奏说："火星原在鹑瓜星座中，忽然消失不知去向，依照推占的常理，它应当进入处于危亡的国度，先行编造童谣讹传，然后再发生祸乱以示惩罚。"北魏明元帝拓跋嗣召集数位著名的儒士与太史一起讨论火星所到的方位。崔浩说："《春秋左氏传》有'神灵降在莘地'的说法，根据它降落的日期可以推断这个神灵。现在火星在庚午、辛未两天之间消亡，庚午指的是秦国，辛指的是西方的夷族。火星进入秦国了吗？"八十多天后，火星果然出现在井宿附近，在那里若隐若现，很久才离去。后秦出现严重旱情，昆明池水枯竭，童谣和讹传四起，国民惶恐不安，时隔一年，后秦灭亡。

冬十月，后秦王姚兴遣送女儿到北魏，北魏明元帝拓跋嗣封她为夫人。

丙辰（416） **晋安帝义熙十二年**后秦姚泓永和元年，北魏泰常元年。
春正月，东晋太尉刘裕自己加授都督，掌二十二州军事。后秦姚弼、姚愔发动变乱，因此被杀。后秦王姚兴去世，太子姚泓即位。

后秦王姚兴前往华阴，让太子姚泓监理国政。姚兴病重，要回长安。姚弼的党羽侍郎尹冲阴谋策划，趁姚泓出迎父王的机会杀掉他，再把姚兴奉迎到姚弼的府第发动叛乱，都没有得逞。

姚兴入宫，命姚泓录尚书事，东平公姚绍掌禁卫军。收缴姚弼

第中甲仗,内之武库。

兴疾转笃,南阳公愔即与尹冲帅甲攻端门,兴力疾临前殿,赐弼死。禁兵见兴喜跃,争进赴贼,愔等大败。兴乃引绍及姚赞、梁喜、尹昭、敛曼嵬入受遗诏。明日卒,泓秘不发丧,捕愔等诛之,乃即位称皇帝。

三月,太尉裕自加中外大都督,戒严伐秦。诏遣琅邪王德文修敬山陵。　氐主杨盛攻秦,拔祁山,杀其守将姚嵩。　夏攻秦,克上邽、阴密、安定、雍城,秦遣兵击却之,复取安定。　秋八月,太尉裕督诸军发建康。

宁州献琥珀枕于刘裕。裕以琥珀治金疮,命碎之以赐北征将士。以世子义符为中军将军,监留府事。刘穆之领军司,入居东府,总摄内外,司马徐羡之副之。

遂发建康,遣将军王镇恶、檀道济将步军自淮、泗向许、洛,朱超石、胡藩趋阳城,沈田子、傅弘之趋武关,沈林子、刘遵考将水军出石门,自汴入河,以王仲德督前锋,开钜野入河。穆之谓镇恶曰:“公今委卿以伐秦之任,卿其勉之!”镇恶曰:“吾不克关中,誓不复济江!”

穆之内总朝政,外供军旅,决断如流,事无壅滞。求诉咨禀,盈阶满室,穆之目览耳听,手答口酬,不相参涉,悉皆赡举。又喜宾客,谈笑无倦,裁有闲暇,手自写书,寻览校定。性奢豪,食必方丈,未尝独餐。尝白裕曰:“穆之家本贫贱,赡生多阙,自叨忝以来,朝夕所须,微为过丰,然此外一豪不以负公。”

府第中的武器装备,投进武库。

姚兴病情加重,南阳公姚愔便与尹冲率领甲兵攻击端门,姚兴强撑病体来到前殿,令姚弼自杀。禁卫军士看见姚兴,欢喜雀跃,争相前赴讨贼,姚愔等人大败。于是姚兴招引姚绍和姚赞、梁喜、尹昭、敛曼觐入宫接受遗诏。第二天姚兴去世,姚泓秘不发丧,捕杀南阳公姚愔等人后,他才即位称皇帝。

三月,东晋太尉刘裕自己加授中外大都督,加强戒备以讨伐后秦。东晋朝廷下诏派遣琅邪王司马德文整修祖先的陵墓。氐主杨盛攻打后秦,攻占祁山,杀掉其守将姚嵩。 夏王率兵攻克后秦的上邽、阴密、安定、雍城,后秦派兵击退夏军,重新取得安定。 秋八月,东晋太尉刘裕统领各路大军从建康出征。

东晋宁州向刘裕进献琥珀枕。刘裕因为琥珀可以治疗刀枪等外伤,就令人把它捣碎了分赐给出征的将士们。刘裕任命长子刘义符为中军将军,监太尉留府事。刘穆之兼任监军、中军二府军司,进驻东府,总管朝廷内外的事务,司马徐羡之为他的副职。

于是,刘裕从建康出发,派遣将军王镇恶、檀道济率步兵从淮河、泗水向许昌、洛阳进发,朱超石、胡藩直趋阳城,沈田子、傅弘之直趋武关,沈林子、刘遵考率水军从石门出发,自汴水入黄河,又命王仲德督帅前锋军,开通钜野故道入黄河。刘穆之对王镇恶说:"刘公今天将讨伐秦国的重任交给你,你要努力完成呀!"王镇恶说:"我不攻克关中,誓不再渡江!"

刘穆之对内总管朝政,对外供应军旅给养,凡事当机立断,畅通无阻。各种求诉文告、咨询禀帖,堆积如山,刘穆之眼观耳听,手写作答,开口应酬,井然有序,全都措置得当,对付自如。他又喜交宾客,谈笑风生,不知倦息,偶有闲暇光景,便亲手抄书,参阅校订。他为人奢放豪爽,吃饭必定美味丰盛,从不单独进餐。他曾经向刘裕禀告说:"我家原本贫贱,生计难以维持,自从承蒙委以重任以来,从早到晚的花费稍为丰厚,然而除此之外,丝毫没有辜负您。"

裕至彭城。王镇恶、檀道济入秦境,所向皆捷,秦诸屯守望风款附。道济遂至许昌,沈林子自汴入河,克仓垣。

冀州刺史王仲德入魏滑台。

仲德水军入河,将逼滑台,魏兖州刺史尉建弃城北渡。仲德入城,宣言曰:"晋本欲以布帛七万匹假道于魏,不谓守将遽去。"魏主嗣闻之,遣叔孙建、公孙表引兵济河,斩尉建于城下,呼晋军问以侵寇之状。仲德使人对曰:"刘太尉使王征虏自河入洛,扫清山陵,借空城以息兵,行当西引,无损于好也。"嗣又使建问裕,裕谢之曰:"洛阳晋之旧都,而羌据之。诸桓宗族、休之兄弟,晋之蠹也,而羌收之。晋欲伐之,故假道于魏,非敢为不利也。"

冬十月,将军檀道济克洛阳。

秦阳城、荥阳皆降,檀道济等兵至成皋。秦陈留公洸守洛阳,遣使求救于长安,秦主泓遣兵救之。将军赵玄言于洸曰:"今晋寇益深,众寡不敌,若出战不克,则大事去矣。宜摄诸戍之兵,固守金墉,以待西师之救。金墉不下,晋必不敢越我而西,是我不战而坐收其弊也。"司马姚禹阴与晋通,言于洸曰:"殿下以英武之略,受任方面。今婴城示弱,得无为朝廷所责乎?"洸然之,遣玄将兵千余南守柏谷。玄泣曰:"玄受三帝重恩,所守正有死耳。但明公不用忠言,为奸人所误,后必悔之。"既而成皋、虎牢皆来降,道济等长驱而进。玄战败,被十余创,其司马骞鉴冒刃抱玄

刘裕到达彭城。王镇恶、檀道济进入后秦境内,所向披靡,各个地方守军听到东晋军的消息,纷纷诚心归附。檀道济乘胜抵至许昌,沈林子从汴水进入黄河,一举攻克仓垣。

东晋冀州刺史王仲德进入北魏的滑台城。

王仲德率水军进入黄河,将要逼近滑台,北魏兖州刺史尉建弃城向北渡过黄河。王仲德开进滑台城,向城内百姓宣告说:"我们晋朝本来想用七万匹帛向魏国借道,没料到守城的将领却突然逃之天天了。"北魏明元帝拓跋嗣听说后,调遣叔孙建、公孙表带兵渡过黄河,在滑台城下杀掉尉建,并向晋军诘问侵犯魏国的情状。王仲德让人回答说:"刘太尉派王仲德自黄河进入洛阳,清扫晋室祖先的陵墓,暂借这座空城来歇息兵士,马上就要向西进发,无损于晋、魏两国的友好关系。"拓跋嗣又让叔孙建质问刘裕,刘裕向他致歉说:"洛阳是晋朝的旧都,羌人占据了。各桓氏宗族、司马休之兄弟是晋朝的蠹虫,而被羌人收留了他们。我们晋朝准备讨伐羌人,所以向魏国借道,不敢做出对你们不利的事情。"

冬十月,东晋将军檀道济攻克洛阳。

后秦阳城、荥阳二城全部投降,晋将檀道济等率兵开进到成皋。后秦陈留公姚洸镇守洛阳,派遣使者向长安求救,后秦主姚泓派兵援助。将军赵玄向姚洸进言说:"现在晋寇深入我疆土,敌众我寡难以抵抗,如果应战失利,那么国家大事无可挽救。我们应该集结各处戍守兵力固守金墉城,以等待长安的救兵。晋军攻不下金墉城,必定不敢越过我们向西进发,这样,我们不战就可以轻易地获取敌兵破败的效果。"司马姚禹暗中与晋军沟通,他对姚洸说:"殿下因为具有英明威武的才略,担当一方重任。可如今只是环城防守,显示懦弱,岂不会受到朝廷的责备吗?"姚洸信以为真,派遣赵玄率领一千多名士卒南去驻守柏谷坞。赵玄哭着说:"我蒙受三代帝王的重恩,所信守的信念正是以死相报而已。但是您不采纳忠言,却被奸臣所迷惑,日后必定后悔。"不久,成皋、虎牢都向东晋投诚,檀道济等人率兵长驱直入。赵玄战败,身受创伤十几处,他的司马蹇鉴迎着刀锋抱起赵玄

而泣。玄曰:"吾创已重,君宜速去!"鉴曰:"将军不济,鉴去安之!"与之皆死。姚禹逾城奔道济,道济遂进逼洛阳,洸出降。道济获秦人千余,议者欲尽坑之。道济曰:"吊民伐罪,正在今日!"皆释而遣之。于是夷、夏感悦,归者日众。

遣司空高密王恢之修谒五陵。　十二月,太尉裕自加相国、扬州牧,封宋公,备九锡,复辞不受。

裕遣长史王弘还建康,讽朝廷求九锡。时刘穆之掌留任,而旨从北来,穆之由是愧惧发病。诏以裕为相国、总百揆,封十郡为宋公,备九锡之礼。裕辞不受。

西秦遣使内附。
西秦王炽磐遣使诣太尉裕,求击秦以自效。裕以为平西将军、河南公。
秦蒲阪守将姚懿反,伏诛。　魏丁零翟猛雀作乱,魏讨平之。
猛雀驱略吏民,入白㵎山为乱,魏内都大官张蒲、冀州刺史长孙道生讨之。道生欲进兵,蒲曰:"吏民非乐为乱,为猛雀所迫胁耳。今不分别并击之,虽欲返善,其道无由,必同力据险以拒我,未易猝平也。不如先遣使谕之,以不与猛雀同谋者皆不坐,则必喜而离散矣。"道生从之,降者数千家,使复其业。猛雀与其党出走,蒲等追讨,悉诛之。

丁巳(417)**十三年**　秦永和二,魏泰常二年,西凉公李歆嘉兴元年。是岁,秦亡。大一小五,凡六僭国。

哭泣。赵玄说:"我的伤势已重,你应当迅速离开这里!"塞鉴说:"将军不能脱险,我去哪里呢!"于是他和赵玄一同死去。姚禹越过城墙投奔檀道济,檀道济随即率军逼近洛阳,姚洸被迫出城投降。檀道济俘获上千名秦人,有人建议将他们全部活埋。檀道济说:"抚慰民众,讨伐罪人,就在今天!"于是,全部释放遣送回家。因此夷人和汉人都心悦诚服,前来归附的日益增多。

东晋朝廷派遣司空高密王司马恢之拜谒五位皇帝的陵墓。

十二月,太尉刘裕自己加授相国、扬州牧,自封为宋公,配备九锡礼仪,刘裕再次推辞不受。

刘裕派遣长史王弘回到建康,向朝廷婉言请求授予九锡。当时,刘穆之执掌留守大权,而旨意从刘裕所在的北方传来,他因此愧惧交加,生出病来。晋安帝下诏任命刘裕为相国、总百官,赐封食邑十郡为宋公,配备九锡礼仪。刘裕推辞没有接受。

西秦派遣使节请求归附东晋朝廷。

西秦王乞伏炽磐派遣使节前往谒见东晋太尉刘裕,请求进攻后秦以为刘裕效力。刘裕便任命乞伏炽磐为平西将军、河南公。

后秦蒲阪守将姚懿谋反,被杀。 北魏丁零翟猛雀发动叛乱,北魏出兵讨伐,平定了叛乱。

翟猛雀驱迫掳掠当地吏民,进入白涧山叛乱,北魏内都大官张蒲、冀州刺史长孙道生率兵征讨。长孙道生准备领兵进击,张蒲说:"吏民也不乐意发动叛乱,而是被翟猛雀威逼胁迫。现在如果不加区别地一并攻击,他们虽然想弃恶从善,但是无路可走,必定同心协力,据守险要来抗拒我们,这样难以很快剿平叛乱。不如先派人去告知他们,凡是不和翟猛雀一道谋反的人,一律不予治罪,那么他们一定会高兴地离开翟猛雀而解散。"长孙道生依从其言,投降者达几千家,让他们各自恢复旧业。翟猛雀及其党羽逃离白涧山,张蒲等人追击,将他们全部诛杀。

丁巳(417) 晋安帝义熙十三年后秦永和二年,北魏泰常二年,西凉公李歆嘉兴元年。这一年,后秦灭亡。大国一个小国五个,共六个僭国。

春正月朔,日食。

秦朝会前殿,君臣相泣。

秦安定守将姚恢反,伏诛。

晋师之过许昌也,秦东平公绍言于秦主泓曰:"晋兵已逼,安定孤远难救,宜迁其镇户内实京畿,可得精兵十万,虽晋、夏交侵,犹不亡国。"仆射梁喜曰:"齐公恢有威名,为岭北所惮,且镇人已与夏为深仇,理应无贰。勃勃终不能越安定而寇京畿,若无安定则虏马至郿矣。今关中兵足以拒晋,无为豫自损削也。"泓从之。吏部郎懿横密言曰:"恢有忠勋,今未加殊赏而置之死地。安定人以孤危逼寇,思南迁者十室而九,若恢拥之以向京师,得不为社稷之忧乎! 宜征还以慰其心。"泓又不听。至是,恢帅镇户三万八千趋长安,移檄州郡,长安大震。泓使东平公绍击之,恢败而死。

太尉裕引水军发彭城。 **二月,西凉公李暠卒,世子歆立。**

暠寝疾,遗命长史宋繇曰:"吾死之后,世子犹卿子也,善训导之。"及卒,官属奉世子歆为凉公,以繇录三府事,谥暠曰武昭王。

初,暠司马索承明劝暠伐北凉,暠谓之曰:"蒙逊为百姓患,孤岂忘之! 顾势力未能除耳。卿有必禽之策,当为孤陈之。直唱大言,使孤东讨,此与言'石虎小竖,宜肆诸市朝'者何异!"承明惭惧而退。

吐谷浑树洛干死,弟阿柴立。

春正月初一,出现日食。

后秦百官在前殿朝见国主姚泓,君臣们相对哭泣。

后秦安定守将姚恢因反叛被杀。

东晋军队过了许昌,后秦东平公姚绍向国主姚泓进言说:"晋兵已经逼近,安定孤单遥远,难以救护,应当将那里的镇户迁回京畿用来充实力量,这样,可以得到十万精兵,即使晋、夏轮番侵犯,也不至于亡国。"仆射梁喜说:"齐公姚恢以威武著称,岭北军民都害怕他,而且镇守的官兵已经和夏人结下深仇,理应拼死相守而没有二心。因此赫连勃勃最终不能越过安定进犯京师,如果失去安定这座重镇,敌人的铁蹄就会践踏到眉县。现在的关中兵马足以抵御晋兵,不应该先自行损害削弱自己。"姚泓听从了他的话。吏部郎懿横秘密告诉姚泓说:"姚恢对陛下忠诚有功,如今却不给予特殊的封赏,相反置他于必死之地。安定人因为孤苦危难,强敌威逼,希望迁回南方的人家有十分之九,假若姚恢聚众向京师进发,岂不是国家的祸患吗!应该把他征召回朝,以慰藉其心。"姚泓再次拒绝他的建议。到此时,姚恢率领三万八千户安定人奔赴长安,向各州郡传布檄文,长安大为震动。姚泓让东平公姚绍进攻姚恢,姚恢战败而死。

东晋太尉刘裕率领水军自彭城向西进发。　　二月,西凉公李暠去世,由长子李歆继任凉公。

李暠卧病床上,临终嘱咐长史宋繇说:"我死之后,李歆如同你的儿子,要善加训导。"李暠去世后,百官拥立世子李歆为凉公,任命宋繇为录三府事,追加李暠谥号武昭王。

当初,李暠的司马索承明上书劝说李暠讨伐北凉,李暠告诉他说:"沮渠蒙逊祸害百姓,我怎么会忘却呢!只是我还没有力量消灭他。你如果有必定能擒获他的良策,应当向我诉说。只唱高调,讲虚话,让我征讨东方,这和说'应该把石虎这小子处死,陈尸于街市'的人有什么不同!"索承明既惭愧又害怕地退下去了。

吐谷浑汗国可汗树洛干去世,他的弟弟阿柴继位。

阿柴稍用兵侵并旁小种，地方数千里，遂为强国。

三月，将军王镇恶攻潼关，与秦太宰姚绍战，大破之。

王镇恶进军潼关。檀道济、沈林子自陕北渡河，拔襄邑堡，攻尹昭于蒲阪，不克。

秦主泓以东平公绍为太宰，封鲁公，督将军姚鸾等步、骑五万守潼关，遣别将姚驴救蒲阪。

林子谓道济曰："蒲阪城坚兵多，不可猝拔，不如还与镇恶并力以争潼关。若得之，则尹昭不攻自溃矣。"道济从之。

三月，至潼关。绍引兵出战，道济等奋击大破之。绍退屯定城，据险拒守，遣姚鸾屯大路，绝晋粮道。

晋获鸾别将尹雅，将杀之，雅曰："夷、夏虽殊，君臣之义一也。晋以大义行师，独不使秦有守节之臣乎！"乃免之。

林子夜袭杀鸾。绍又遣东平公赞屯河上以断水道，林子击走之。

太尉裕遣使假道于魏，魏遣兵屯河北，裕遂引兵入河。

刘裕将水军自淮、泗入清河，将溯河西上，先遣使假道于魏。秦主泓亦遣使求救于魏。魏主嗣使群臣议之，皆曰："潼关天险，刘裕以水军攻之甚难，若登岸北侵，其势甚易。裕声言伐秦，其志难测。且秦婚姻之国，不可不救。宜发兵断河上流，勿令得西。"崔浩曰："裕图秦久矣。今乘

阿柴渐渐发兵吞并吐谷浑周围的弱小部落,开拓疆土数千里,于是成为强国。

三月,**东晋将军王镇恶进攻潼关,与后秦太宰姚绍交战,大破后秦军。**

王镇恶向潼关进军。檀道济、沈林子从陕城北面渡过黄河,攻占襄邑堡,进攻尹昭据守的蒲阪,没有攻克。

后秦国主姚泓任命东平公姚绍为太宰,封鲁公,让他督率将军姚鸾等步、骑兵五万人据守潼关,同时派遣另一将领姚驴援救蒲阪。

沈林子对檀道济说:"蒲阪城坚固且守军众多,不会立即攻陷,我们不如还兵与王镇恶会师,共同争取潼关。若占据潼关,尹昭就可以不攻自破。"檀道济听从了他的建议。

三月,檀道济、沈林子抵达潼关。姚绍率兵出城迎战,檀道济等奋勇进击,大破后秦军。姚绍退兵驻扎定城,凭借险要坚守城池,派遣姚鸾把守入关大路,断绝晋军粮饷通道。

晋军俘获了姚鸾的部将尹雅,将要把他斩首,尹雅说:"夷人与汉人虽然有些区别,但是君臣大义却是一致的。只能晋国可以大义出兵,难道不允许秦国有保守节操的大臣吗!"于是免他一死。

沈林子乘夜袭击杀掉姚鸾。姚绍又派东平公姚赞驻守黄河岸边,以断绝晋军水路,沈林子率兵把他们击溃。

东晋太尉刘裕派遣使臣向北魏借道通行,北魏派兵驻守黄河北岸,于是刘裕率领水军开进黄河。

刘裕率领水军自淮河、泗水进入清河,准备逆流西上,便先派使臣向北魏借道。后秦国主姚泓也派遣使臣向北魏求援,北魏明元帝拓跋嗣让大臣们商议此事,群臣都说:"刘裕用水军攻克潼关天险非常困难,如果登上黄河北岸向北侵犯,看起来很容易。刘裕声称征讨秦国,而他的志向难以捉摸。况且秦国是我们的姻亲之邦,不可不援救。我们应该出兵切断黄河上流,不让晋军西进。"崔浩说:"刘裕很早就有谋取秦国的野心。现在趁

其危而伐之，其志必取。若遏其上流，裕心忿戾，必上岸北侵，是我代秦受敌也。今柔然寇边，民食又乏，若复与裕为敌，南赴则北寇愈深，救北则南州复危，非良计也。不若听裕西上，然后屯兵以塞其东。使裕克捷，必德我之假道；不捷，吾不失救秦之名，此策之得者也。且南北异俗，藉使国家弃恒山以南，裕必不能以吴、越之兵守之，安能为吾患！且夫为国计者惟社稷是利，岂顾一女子乎！"议者犹曰："裕西入关则恐吾断其后，北上则姚氏必不能出关助我，此必声西而实北也。"嗣乃遣长孙嵩、阿薄干等将兵十万屯河北岸。裕乃引军入河，而使将军向弥留戍碻磝。

弘农人送义租给王镇恶等军。

初，刘裕命镇恶等："若克洛阳，须大军俱进。"镇恶等乘利径趋潼关，为秦所拒。久之，乏食，众心疑惧，欲弃辎重还赴大军。沈林子按剑怒曰："相公志清六合，今许、洛已定，关右将平，事之济否，系于前锋。奈何沮乘胜之气，弃垂成之功乎！且大军尚远，贼众方盛，虽欲求还，亦不可得。下官授命不顾，今日之事，当为将军办之，但未知二三君子将何面以见相公之旗鼓耳！"镇恶等遣使驰告裕求粮援。裕呼使者开舫北户，指河上魏军以示之曰："我语令勿轻进，今岸上如此，何由得遣军！"镇恶乃至弘农，说

秦国危难之机而发兵讨伐，他的决心就是要吞并秦国。我们倘若阻隔黄河上流，刘裕心生愤恨，必定上岸向北侵入，这样，我们无异于代替秦国遭受伤害。如今柔然人进犯边境，百姓粮食又缺乏，如果再与刘裕为敌，我们就会陷入南下击晋则北边柔然更加深入，北上救援则南方州县再次告急的两难境地，因此这并非良策。不如听任刘裕西上，然后我们派兵驻扎东部以堵塞晋军后路。假使刘裕克敌制胜，必然感激我们借道的功德；即使刘裕失败，我们也不失救助秦国的名誉，这是上好的计策。再说，南北方风俗各异，假如陛下舍弃恒山以南的疆土，刘裕也一定不会用来自吴、越的军队占据，怎能会成为我们的祸患呢！而且一个为国家谋计的人，只考虑国家的利益，难道还顾及一个婚嫁的女子吗！"参与议事的大臣还说："刘裕向西进入潼关则害怕我们断其后路，北上攻击我国则秦国姚氏必定不会出关帮我们，因此刘裕所谓西进，其实是北上。"于是拓跋嗣派遣长孙嵩、阿薄干等率领十万大军驻扎黄河北岸。刘裕开始率领水军进入黄河，而让将军向弥留兵戍守碻磝。

弘农人向王镇恶等军队缴送粮食。

当初，刘裕命王镇恶等人："如果攻克洛阳，必须等待主力部队一同进发。"王镇恶等人却乘胜直趋潼关，结果遭到后秦兵的抵御。时间一长，军粮空乏，将士心生疑惧，想舍弃随带的军需物资回去投奔大军。沈林子手按佩剑怒斥道："刘相公立志扫清天下，如今许昌、洛阳已经平定，关右之地即将收复，大事成功与否，关键在前锋部队。为什么要挫伤乘胜进攻的士气，掷弃临近成功的业绩！况且主力部队尚在远方，而敌军的力量正盛，我们虽然想力争撤退，但是也不可能了。我不顾受命于危难之际，事到如今，我应当率军完成使命，只是不知你们将以什么面目去见刘相公的旗鼓呢！"王镇恶等人派遣信使疾驰报告刘裕，请求援助军粮。刘裕唤来使者打开战船的北窗，指着黄河岸上的北魏军队让他看，说："我告诉他们不要轻率进发，现在岸上形势如此严峻，我有什么办法能派遣军队！"王镇恶开始亲临弘农，劝说

谕百姓,竞送义租,军食复振。

夏四月,太尉裕遣兵击魏兵于河上,大破之。

魏人以数千骑缘河随裕军西行,船有漂渡北岸者辄为魏人所杀略。裕遣军击之辄走,退则复来。四月,裕遣丁旿帅仗士七百人、车百乘渡北岸,去水百余步,为却月阵,两端抱河,车置七仗士,事毕,使竖一白毦。裕先命朱超石戒严,毦举,超石帅二千人驰赴之。魏人以三万骑围之,四面肉薄,弩不能制。超石断稍千余,皆长三四尺,以大锤锤之,一稍辄洞贯三四人。魏兵奔溃,斩其将阿薄干,魏主嗣乃恨不用崔浩之言。

将军沈林子击秦姚绍,破之。绍病卒。

秦鲁公绍遣兵屯河北之九原,绝晋粮援。沈林子邀击破之,杀获殆尽。绍愤恚呕血,以兵属东平公赞而卒。

太尉裕入洛阳。

齐郡太守王懿降魏,上书言:"刘裕在洛,宜发兵绝其归路,可不战而克。"魏主嗣善之,以问崔浩曰:"刘裕克乎?"对曰:"克之。"嗣曰:"何故?"对曰:"姚兴好事虚名而少实用,子泓懦弱,兄弟乖争。裕乘其危,兵精将勇,何故不克!"嗣曰:"裕才何如慕容垂?"对曰:"垂藉父兄之资修复故业,国人归之,易以立功。裕奋寒微,不阶尺土,讨灭群盗,所向无前,其才优矣。"嗣曰:"裕既入关,不能进退,

晓谕百姓，弘农百姓争相缴纳粮食，军粮再次得以充实。

夏四月，太尉刘裕派兵在黄河岸边袭击魏军，大败魏军。

北魏人派几千名骑兵尾随刘裕的军队沿着黄河向西行进，一旦有漂流到北岸的战船，船上的晋兵全都被魏军劫掠杀害。刘裕派兵还击，魏军就转头逃跑，等晋兵退回船上，魏军便再次上来。四月，刘裕派遣丁旿率领七百名卫士，一百辆战车，登上黄河北岸，在距离河水百余步的地方，摆成新月形战阵，以河岸作为月弦，两端紧抱河道，每辆战车配置七名卫士，战阵布置完毕，在阵中竖立一杆白色羽旗。刘裕首先令朱超石戒备待发，等到举起白旗，朱超石便统率两千人飞驰赴阵。魏军用三万骑兵相包围，从四面以血肉之躯冲向战阵，晋兵的强弓也无法阻挡。朱超石截断一千余支铁槊，每支长三四尺，用大锤锤击铁槊，一槊下去，就能戳穿三四人。魏军溃散而逃，魏将阿薄干被斩杀，这时，北魏明元帝拓跋嗣才悔恨自己没有采纳崔浩的建议。

东晋将军沈林子攻击后秦姚绍，击败了他。姚绍因病去世。

后秦鲁公姚绍派兵驻守黄河北岸的九原，断绝东晋军队的粮食援助。沈林子阻击，使派往九原的后秦兵被杀或生俘殆尽。姚绍愤怒不过，发病吐血，把兵权托付东平公姚赞后，便命归黄泉。

东晋太尉刘裕进入洛阳。

东晋齐郡太守王懿投降北魏，他向北魏朝廷上书说："刘裕现在洛阳，我们应当发兵断绝他的归路，可以不战而胜。"北魏明元帝拓跋嗣称许他的建议，并因此问崔浩说："刘裕能攻克姚泓吗？"崔浩回答说："可以攻克。"拓跋嗣说："为什么呢？"崔浩应对说："姚兴喜好追逐虚名而缺少实际才能，他的儿子姚泓懦弱多病，兄弟之间因争国而矛盾重重。刘裕乘人之危，而且拥有精兵勇将，为什么不能战胜！"拓跋嗣说："刘裕的才能和慕容垂相比如何？"崔浩说："慕容垂借助父兄的声望来复兴故有的基业，国人归附他，这样容易建立功业。刘裕出身贫寒卑微，没有凭靠尺土之地，却讨伐消灭了众多的盗贼，所向无敌，所以说他的才能超过慕容垂。"拓跋嗣说："刘裕已经进入函谷关，进退无路，

我以精骑直捣彭城,裕将若之何?"对曰:"今屈丐、柔然伺
我之隙,而诸将用兵皆非裕敌。兴兵远攻未见其利,不如
静以待之。裕克秦而归,必篡其主。关中华、戎杂错,风俗
劲悍,裕欲以荆、扬之化施之函、秦,此无异解衣包火、张罗
捕虎。虽留兵守之,人情未洽,趋尚不同,适足资敌耳。愿
且按兵息民以观其变,秦地终为国家之有,可坐而守也。"
嗣笑曰:"卿料之审矣!"浩曰:"臣尝私论近世将相,若王
猛之治国,苻坚之管仲也;慕容恪之辅幼主,慕容晖之霍
光也;刘裕之平祸乱,司马德宗之曹操也。"嗣曰:"屈丐何
如?"浩曰:"屈丐国破家覆,寄食姚氏,受其封殖。不思报
恩,而乘时徼利,盗有一方,结怨四邻。虽能纵暴于一时,
终为人所吞耳。"嗣大悦,语至夜半。赐御缥醪十觚,水精
盐一两,曰:"朕味卿言如此,故欲共飨其美。"然犹命长孙
嵩、叔孙建各简精兵,伺裕西过,南侵彭、沛。

魏置六部大人。
以天地、四方为号,命诸公为之。

**秋七月,将军沈田子入武关。八月,秦主泓自将击之,
大败而还。**
沈田子、傅弘之入武关,秦戍将皆委城走。田子等进
屯青泥。
八月,太尉裕至阌乡。秦主泓欲自将御裕,恐田子

如果我们用精锐骑兵直捣他的老巢彭城,刘裕将会怎样?"崔浩回答说:"如今有屈丐、柔然等对我们伺机而动,而诸位将领在用兵方面都不是刘裕的对手。我们发兵远征没见得什么有利的,不如按兵不动,静静地等待时机。刘裕攻克后秦归来,必然篡夺晋朝皇位。关中地区汉人和戎人杂居交错,风俗强悍,刘裕想以荆州、扬州地区的习俗施用于函谷关和秦地的百姓,这就如同脱下衣服包火、张开罗网捕虎一般。他们虽然留兵驻守,但是因为人们的感情难以融洽,志趣习尚不同,正好为敌人创造了条件。希望您暂且停止征伐,安息百姓,静观时局的变化,秦国的疆土最终归我国所有,可以坐享其成。"拓跋嗣笑道:"你考虑得很周全。"崔浩说:"我曾经私下评论近世的将相之才,比如王猛治理国家,就像苻坚的管仲;慕容恪辅佐幼主,就像慕容晞的霍光;刘裕平定祸乱,就像司马德宗的曹操。"拓跋嗣说:"赫连勃勃怎么样?"崔浩又回答说:"赫连勃勃当年国破家亡,只身寄食在姚氏门下,并接受姚氏的培养。他不但不想回报姚家的恩义,而且趁机谋求私利,霸占一方地盘,与四边邻国结下怨仇。他虽能纵放暴虐于一时,但终究要被人吞并。"拓跋嗣非常高兴,二人交谈直至半夜时分。拓跋嗣赏赐给崔浩三十升御制青白色醋酒,一两水精盐,并说:"我品味你的话,如同品味这醋酒和水精盐,所以想和你共同享受它们的醇美。"然而,拓跋嗣还是命令长孙嵩、叔孙建各自检选精兵,等待刘裕的大军向西过境后,准备向南侵犯彭城、沛郡。

北魏设置六部大人。

六部大人以天、地、东、西、南、北四方为名号,让当时公位以上的大臣担任。

秋七月,东晋将军沈田子进入武关。八月,后秦国主姚泓亲自率兵进击沈田子,结果大败而归。

沈田子、傅弘之进入武关,后秦的守将全部弃城而逃。沈田子等进兵驻扎青泥。

八月,太尉刘裕至闵乡。后秦主姚泓想亲率军队抗击,怕沈田子

等袭其后，欲先击灭田子等，然后倾国东出。乃帅步骑数万，奄至青泥。田子本为疑兵，所领裁千余人，闻泓至，欲击之，弘之以众寡不敌止之。田子曰："兵贵用奇，不必在众。今众寡相悬，势不两立，若彼围既固，则我无所逃矣。不如乘其始至，营陈未立而先薄之，可以有功。"遂进兵。秦兵合围数重，田子慰抚士卒曰："诸君远来，正求此战，死生一决，封侯之业于此在矣！"士卒皆踊跃鼓噪，执短兵奋击。秦兵大败，斩万余级，泓奔还灞上。

太尉裕至潼关，遣王镇恶帅水军自河入渭，大破秦兵，遂入长安。秦主泓出降。

裕至潼关，王镇恶请帅水军自河入渭以趋长安，裕许之。秦主泓使姚丕守渭桥以拒之。镇恶溯渭而上，乘蒙冲小舰，行船者皆在舰内。秦人但见舰进，惊以为神。至渭桥，镇恶令军士食毕，皆持仗登岸，后者斩。既登，即密使人解放舟舰，渭水迅急，倏忽不见，乃谕士卒曰："此为长安北门，去家万里，舟楫、衣粮皆已随流。今进战而胜则功名俱显，不胜则骸骨不返，无他歧矣。"乃身先士卒，众腾踊争进，大破姚丕军。泓引兵救之，为败卒所蹂践，不战而溃。镇恶入自平朔门。

泓将出降，其子佛念年十一，言于泓曰："晋人将逞其欲，虽降必不免，不如引决。"泓怃然不应，佛念登宫墙自投死。

等人突袭他的后方,于是就准备先消灭沈田子等人,然后再倾尽全国的兵力向东攻打刘裕。姚泓便率领步、骑兵数万人忽然来到青泥。沈田子所率部队原本是用来迷惑敌人的疑兵,只有一千多人,他听说姚泓赶到,想奋起一战,傅弘之以寡不敌众为由阻止他。沈田子说:"用兵贵在出奇制胜,不一定在于人多。现在众寡悬殊,势不两立,如果敌人包围已经牢固,那么我们就无处可逃了。不如趁他们刚到,营地和战阵尚未建立,而抢先逼近挑战,可以成功。"于是率兵进发。后秦兵把沈田子的晋军重重包围,沈田子安抚勉励战士们说:"各位远道而来,正是为了求得这场战争,生死在此一决,封侯升官的功业就在这里!"晋军群情振奋,欢呼踊跃,手执刀剑奋勇杀敌。后秦兵惨败,一万多人被杀,姚泓仓皇逃回灞上。

东晋太尉刘裕抵达潼关,派遣王镇恶统率水军由黄河进入渭水,大破后秦兵,于是开进长安。后秦国主姚泓出城投降。

刘裕抵达潼关,王镇恶请求率领水军由黄河开进渭水,直趋长安,刘裕答应了他的请求。后秦国主姚泓命令姚丕驻守渭桥抵御晋军。王镇恶率水军逆渭水而上,乘坐艨艟小舰,驾船的人都在舱内。后秦人仅看见船只驶进而不见人,都惊奇地认为是神船。王镇恶到达渭桥,命令军士们吃完饭后,都手持兵器上岸,最后离船登岸的人处斩。全部上岸后,就偷偷地让人解开绳索放走船只,渭水流速迅急,倏忽之间,船只便失去了踪影,于是王镇恶告诫军士们说:"这里是长安北门,远离家乡万里,船只、衣物和粮食都已随流而去。今天,我们进攻取胜就可以立功扬名;失败的话,连尸骨也不能回家,除此之外,再没有其他的道路可以选择。"说完,王镇恶身先士卒,大家奋起直追,英勇陷阵,一举大败姚丕的军队。姚泓率兵相救,不料被姚丕的败兵冲撞踩踏,不战自溃。王镇恶从平朔门进入长安城。

姚泓将要出城投降,他的儿子姚佛念刚十一岁,对他说:"晋人势必打算在我们身上展露他们的欲望,即使投降也必然要死,不如自杀。"姚泓茫然不作声,姚佛念便登上宫墙投身自尽。

泓乃将妻子、群臣诣垒门降，镇恶以属吏。城中夷、晋六万余户，镇恶以国恩抚慰，号令严肃，百姓安堵。

九月，太尉裕至长安，送姚泓诣建康，斩之。

镇恶性贪，盗秦府库不可胜纪。裕至知之，以其功大不问。收秦彝器、浑仪、土圭、记里鼓、指南车送建康，金帛、珍宝皆以颁将士。送姚泓至建康斩之。议将迁都洛阳，王仲德曰："暴师日久，士卒思归，未可议也。"北凉王蒙逊闻裕灭秦，怒甚。门下校郎刘祥入言事，蒙逊曰："汝闻刘裕入关，敢研研然也！"斩之。

夏人进据安定。

夏王勃勃闻裕伐秦，曰："裕取关中必矣，然不能久留，必将南归，若留子弟及诸将守之，吾取之如拾芥耳。"乃秣马养士，进据安定，岭北郡县皆降之。裕遣使遗勃勃书，约为兄弟。勃勃报之。

冬十月，魏遣将军刁雍屯固山。

司马休之、鲁轨、韩延之、刁雍等皆降魏。休之寻卒。刁雍表求南鄙自效，魏以为将军，使聚众河、济间，扰徐、兖。刘裕遣兵讨之，不克。雍进屯固山，众至二万。

太尉裕自进爵为王，增封十郡，复辞不受。　十一月，刘穆之卒。　十二月，太尉裕东还，留子义真都督雍、梁、秦州军事。

于是姚泓带着妻子儿女、文武百官来到王镇恶的军营正门前投降，王镇恶将他们交给主管官吏处置。长安城中有六万多户汉人和夷人，王镇恶用国家赐予的恩惠加以抚慰，发布命令，严肃法纪，百姓相安无事。

九月，东晋太尉刘裕抵达长安，把姚泓押送到建康斩首。

王镇恶生性贪婪，盗取后秦府库的财货不计其数。刘裕到长安后，知道此事，却因为王镇恶功劳大而不过问。刘裕没收后秦宗室的祭祀用具彝器、浑天仪、测日土圭、用以计程的记里鼓和指南车等送往建康，其余的金银玉帛、珍奇珠宝等全部赏赐将士。同时，将姚泓送到建康处死。刘裕商议要迁都到洛阳的计策，王仲德说："如今出征在外时间久了，军士盼望回家，不能再商议迁都的事。"北凉王沮渠蒙逊得知刘裕攻灭后秦后，十分恼火。门下校郎刘祥入宫奏事，沮渠蒙逊说："你知道刘裕入关，还胆敢扬扬自得！"于是杀掉了刘祥。

夏人进攻占据安定。

夏王赫连勃勃听说刘裕攻伐后秦，说："刘裕必定能够夺取关中，但是他不会长久留居关中，必将返回南方，如果只留下子弟和诸将领守卫关中，那么我取得关中就像在地上拾芥草一样轻易。"于是，他喂养战马，休养士卒，进兵占据了安定，后秦岭北各郡县都降附了夏国。刘裕派遣使节送信给赫连勃勃，相约结成兄弟。赫连勃勃也写信回报。

冬十月，北魏派遣将军刁雍驻守固山。

司马休之、鲁轨、韩延之、刁雍等人全都投降了北魏。不久，司马休之去世。刁雍上书请求到南方边陲效力，北魏明元帝拓跋嗣任命他为将军，让他在黄河、济水之间招集军队，骚扰东晋所辖的徐州、兖州。刘裕派兵讨伐刁雍，没有取胜。刁雍进驻固山，兵众达两万人。

东晋太尉刘裕自加授为王，增加采邑十个郡，刘裕再次辞让不受。 十一月，东晋刘穆之去世。 十二月，东晋太尉刘裕东返，留下儿子刘义真都督雍、梁、秦三州诸军事。

　　裕欲留长安经略西北,而诸将佐久役思归,多不欲留。会闻刘穆之卒,裕以根本无托决意东还。欲以王弘代穆之,谢晦曰:"休元轻易,不若羡之。"乃以徐羡之为丹阳尹,管留任;而以次子义真为安西将军,守关中。王脩为长史,王镇恶为司马,沈田子、毛德祖、傅弘之皆为参军从事。

　　先是,陇上流户寓关中者,望因兵威得复本土。至是,知裕无复西略之意,皆叹息失望。

　　关中人素重王猛,而是役也,镇恶功为多,故南人忌之。沈田子与镇恶争功,尤不平。裕将还,田子等屡言镇恶家在关中,不可保信。裕曰:"钟会不得遂其乱者,以有卫瓘故也。语曰'猛兽不如群狐',卿等十余人,何惧镇恶耶!"

　　三秦父老闻裕将还,诣门流涕曰:"残民不沾王化,于今百年,始睹衣冠,人人相贺。舍此欲何之乎!"裕为之愍然,慰谕遣之。十二月,裕发长安,自洛入河,开汴渠以归。义真生十二年矣。

魏置南雍州。

　　秦、雍人流入魏境以万数,魏乃置南雍州,以寇赞为刺史,治洛阳以抚之。赞善招怀流民,归之者三倍其初。

夏王勃勃遣兵向长安。

　　夏王勃勃闻刘裕东还,大喜,召王买德问计,买德曰:"关中形胜之地,而裕以幼子守之,狼狈而归,正欲急成篡事,不暇复以中原为意。此天以关中赐我,不可失也。

刘裕想留在长安整治西北,可是各位将领因长期征战想望回家,大多不愿留下。正赶上听闻刘穆之去世的消息,刘裕鉴于东晋朝廷没有可以托付的人,便决心向东返回。刘裕想用王弘替代刘穆之,谢晦说:"王弘为人轻佻浮躁,不如徐羡之。"于是,刘裕任命徐羡之为丹阳尹,代管留任;任命他的次子刘义真为安西将军,据守关中。任命王脩为长史,王镇恶为司马,沈田子、毛德祖、傅弘之等都为参军从事。

此前,陇上流亡到关中寄居的人,希望借助晋军的威力收复故土。到这时,知道刘裕没有继续西进的意图,都叹息失望。

关中地区的人一向尊重王猛,而这次攻占长安的战争,王镇恶的功劳最大,因此南方的将领忌恨他。沈田子和王镇恶争功,内心非常不平。刘裕即将东返,沈田子等多次上言,说王镇恶家在关中,不能确保守信。刘裕说:"钟会作乱之所以不能得逞,是因为有卫瓘的缘故。常言说'猛兽不如群狐',你们十几个人,王镇恶有什么可怕!"

三秦地区年长的人听说刘裕行将东返,纷纷到刘裕的营门前流着泪说:"我们这些残余的汉民没有沾习朝廷的教化,至今已有一百年,今天才真正看到汉人的衣冠文明,人人相互庆贺。你离开这里还想到哪里呢!"刘裕也为之感伤,只有好言劝慰,遣送他们回家。十二月,刘裕从长安出发,经洛水进入黄河,开通汴渠东归。刘义真时年十二岁。

北魏设置南雍州。

流亡到北魏国境的秦州、雍州的百姓数以万计,于是北魏设置南雍州,任命寇赞为刺史,州治设在洛阳,用来安抚流民。寇赞善于招抚怀柔流民,前来归附的流民是当初的三倍。

夏王赫连勃勃向长安派遣军队。

夏王赫连勃勃听说刘裕东返,十分高兴,招来王买德询问对策,王买德说:"关中是地势便利之地,可刘裕却让年幼的儿子镇守,自己仓促东归,正是想快速成就篡夺帝位的大事,没有时间再顾及中原的土地。这是上天把关中赐予我们,不可坐失良机。

青泥、上洛南北之险,宜先遣游军断之。东塞潼关,绝其水陆之路,然后传檄三辅,施以恩德,则义真在网罟之中,不足取矣。"勃勃乃使其子璝帅骑二万向长安,别将屯青泥及潼关,而自将大军为后继。

戊午(418) 十四年魏泰常三年,夏昌武元年。
春正月,王镇恶、沈田子帅师拒夏兵,田子矫杀镇恶。安西长史王脩讨田子,斩之。参军傅弘之击夏兵,却之。

夏赫连璝至渭,关中民降之者属路。沈田子将兵拒之,畏其众盛,不敢进。王镇恶闻之曰:"公以十岁儿付吾属,当共竭力,而拥兵不进,虏何由得平!"遂与田子俱出。田子与镇恶素有相图之志,至是,益忿惧。军中又讹言镇恶欲尽杀南人据关中反;田子遂请镇恶至傅弘之营计事,因屏人语,使人斩之,矫称受太尉令。义真与王脩被甲登门以察其变。脩执田子,数以专戮而斩之。弘之破夏兵,夏兵乃退。

太尉裕至彭城,解严。琅邪王德文还建康。 以刘义隆为荆州刺史。
刘裕欲以世子义符镇荆州,张邵谏曰:"储贰之重,四海所系,不宜居外。"乃以义隆为荆州刺史,以到彦之、张邵、王昙首、王华等为参佐。义隆尚幼,府事皆决于邵。裕谓义隆曰:"昙首,沉毅有器度,宰相才也,汝每事咨之。"

三月,遣使如魏。 夏五月,魏人袭燕,不克。

青泥、上洛是南北两个险要重镇,应该先派遣游动部队切断它们的交通。向东堵塞潼关的水陆道路,然后向三辅地区发布檄文,施加恩德,这样,刘义真如同在网罗之中,唾手可得。"于是赫连勃勃让他的儿子赫连璝率领两万骑兵趋向长安,其他将领驻守青泥和潼关,他本人亲自统率大军为后继部队。

戊午(418) **晋安帝义熙十四年**北魏泰常三年,夏昌武元年。

春正月,王镇恶、沈田子率领晋军抵御夏兵,沈田子诈称旨意杀害王镇恶。安西长史王脩捉住沈田子,把他斩首。参军傅弘之击退夏兵。

夏国将军赫连璝抵达渭阳,降附的关中百姓络绎不绝。沈田子率兵拒战,害怕夏兵人多势众,不敢进兵。王镇恶听到消息后,说:"刘公把十岁小儿托付给我们,应当共同尽力而为,可是,沈田子聚兵不前,怎么才能平定敌虏呢!"于是王镇恶和沈田子同时出兵迎战。他们二人本来就有相互图谋之心,如今更加愤恨和害怕。晋军中又谣传王镇恶想全部杀尽南方人,占据关中谋反;沈田子便请王镇恶到傅弘之的军营商议战事,趁机屏退左右侍从,派人杀掉王镇恶,并诈称是奉了太尉刘裕的旨意。刘义真和王脩身披铠甲登上横门来观察形势的变化。王脩捉拿沈田子,历数他擅自杀戮之罪,把沈田子斩首。傅弘之打败夏兵,夏兵于是撤退。

东晋太尉刘裕抵达彭城,解除戒严。琅邪王司马德文返回建康。 东晋朝廷任命刘义隆为荆州刺史。

刘裕想派长子刘义符镇守荆州,张邵劝阻说:"作为维系四海人心的储君,不能驻守外地。"于是任命刘义隆为荆州刺史,任命到彦之、张邵、王昙首、王华等人为参佐属吏。刘义隆尚年幼,府衙事务都取决于张邵。刘裕对刘义隆说:"王昙首深沉刚毅有器度,具有宰相的才干,凡事你应该征询他的意见。"

三月,东晋朝廷派遣使臣出访北魏。 夏五月,北魏人袭击北燕,没有取胜。

初，和龙有赤气，四塞蔽日，自寅至申。太史令张穆言于燕王跋曰："此兵气也。今魏方强，而执其使者，臣窃惧焉。"至是，魏遣长孙道生帅兵袭燕，拔乙连城，进至和龙。跋婴城自守，魏人攻之不克，掠其民万余家而还。

六月，太尉裕始受相国、宋公、九锡之命。

裕既受命，崇继母萧氏为太妃，以孔靖为尚书令，王弘为仆射，傅亮、蔡廓为侍中，谢晦为右卫将军，殷景仁为秘书郎。靖辞不受。景仁学不为文，敏有思致，口不谈义，深达理体，至于国典朝仪、旧章记注，莫不撰录，识者知其有当世之志。

冬十月，以西凉公李歆为镇西大将军。

歆遣使来告袭位，故有是命，仍封酒泉公。

魏天部大人、白马公崔宏卒。

谥曰文贞。

刘义真杀其长史王脩，关中大乱。十一月，夏王勃勃陷长安，义真逃归。

刘义真赐与无节，王脩每裁抑之。左右皆怨，谮脩欲反，义真杀之。于是人情离骇，莫相统一。义真悉召外兵，闭门拒守，关中郡县悉降于夏。夏王勃勃进据咸阳，长安樵采路绝。

刘裕闻之，使蒯恩召义真东归，而以朱龄石守关中。谓曰："卿至，可敕义真轻装速发，出关然后徐行。若关右必不可守，可与义真俱归。"

当初,北燕都城和龙到处充满了赤红色的云气,遮掩了太阳,从寅时持续到申时。太史令张穆对北燕王冯跋说:"这是兵灾之象。如今魏国正强盛,而我们拘留他们的使臣,我私下感到害怕。"到这时,北魏明元帝拓跋嗣派遣长孙道生率兵袭击北燕,攻克乙连城,进兵至和龙城下。冯跋环城自守,魏兵攻城不破,便掠夺北燕百姓一万多家而撤退。

六月,东晋太尉刘裕开始接受相国、宋公、九锡之命。

刘裕接受朝廷任命后,尊崇继母萧氏为太妃,任命孔靖为尚书令,王弘为仆射,傅亮、蔡廓为侍中,谢晦为右卫将军,殷景仁为秘书郎。孔靖推辞不就。殷景仁好学而不作文,敏捷而有才情,不空谈义理而深通治政大体,以至于国朝的典章礼仪、旧时的政律史实,无不编写著录,有识之士都知道他有随顺世俗的意趣。

冬十月,东晋朝廷任命西凉公李歆为镇西大将军。

李歆派遣使臣到建康,向东晋朝廷报告他已经继位,因此才有这一任命,仍封为酒泉公。

北魏天部大人、白马公崔宏去世。

谥号文贞。

刘义真杀害他的长史王脩,关中大乱。十一月,夏王赫连勃勃攻陷长安,刘义真仓皇逃回。

刘义真赏赐不加节制,王脩常常制止他。于是刘义真身边的人全都怨恨王脩,便诬陷王脩准备反叛,刘义真轻信诋毁之言,将王脩斩杀。因此人心惊恐离散,无法统一。刘义真把在外驻防的军队全部召入长安,关闭城门据城坚守,关中各郡县全部降附于夏国。夏王赫连勃勃进兵占领了咸阳,切断了长安的打柴通道。

刘裕听说后,让蒯恩征召刘义真向东返回,命令朱龄石据守关中。刘裕对朱龄石说:"你到了长安,可以告诫刘义真轻装快速前进,出潼关后才可以放慢速度。如果潼关以西实在不能据守,可以同刘义真一道回来。"

十一月，龄石至长安。义真将士大掠而东，多载宝货、子女，方轨徐行，日不过十里，傅弘之谏不听。赫连璝帅众追之，弘之、蒯恩断后，力战连日。至青泥大败，为夏兵所禽。义真左右尽散，独逃草中。参军段宏追寻得之，束之于背，单马而归。义真曰："今日之事，诚无筹略，然丈夫不经此，何以知艰难！"

勃勃欲降傅弘之，弘之不屈，叫骂而死。勃勃积人头为京观，号髑髅台。长安百姓逐朱龄石，龄石焚宫殿，奔潼关，夏兵追杀之。勃勃入长安，大飨将士，举觞属王买德曰："卿往日之言一期而验，可谓筹无遗策矣！"

裕闻青泥之败，未知义真存亡，怒甚，刻日北伐。谢晦谏以"士卒疲弊，请俟他年"。郑鲜之亦言："今诸州大水，民食寡乏，三吴群盗攻没诸县，皆由困于征役故也。江南士庶引领颙颙，以望返旆，闻更北出，不测还期，臣恐返顾之忧更在腹心也。"会知义真得免，乃止，但登城北望，慨然流涕而已。以段宏为黄门郎，毛德祖守蒲阪。

夏王勃勃称皇帝。　彗星见。
彗星出天津，入太微，经北斗，络紫微，八十余日而灭。魏主嗣复召诸儒、术士问之曰："今四海分裂，咎在何国？朕甚畏之，卿其无隐。"崔浩曰："灾异之兴皆象人事，人事无衅，又何畏焉！昔王莽将篡，星变如此。今国家主尊臣卑，

十一月，朱龄石抵达长安。刘义真率领的官兵大肆掠夺之后才向东撤退，许多装满金银财宝和子女的车辆并行缓慢地前进，每天行程不过十里，傅弘之规劝不听。赫连璝率兵追赶，傅弘之、蒯恩在后面掩护，一连数日奋力拼杀。行至青泥，晋军大败，傅、蒯二人被夏兵俘获。刘义真的左右随从全部逃散，他独自一人躲避在草丛中。参军段宏追随寻找到刘义真，把他绑伏在背上，跨上一匹马往回逃。刘义真说："今天发生的事情，实在缺乏谋略，可是，大丈夫不经历如此磨难，怎能知道世事的艰险呢？"

赫连勃勃想让傅弘之投降，傅弘之决不屈从，在叫骂声中死去。赫连勃勃把战死的晋军头颅堆积成高高的坟冢，号称"髑髅台"。长安的百姓驱赶朱龄石，朱龄石纵火烧毁了长安的宫殿，跑到潼关，夏兵追上杀掉他。夏王赫连勃勃进入长安，大举犒赏将士。他举起酒杯对王买德说："你往日的预言，一年应验，真可谓是神机妙算！"

刘裕闻知青泥失败的消息，而不知刘义真的死活，非常愤怒，准备即日北上讨伐。谢晦以"如今士卒疲敝不堪，请等到来年"相劝。郑鲜之也说："现在各州发生水患，百姓衣食困乏，三吴地区的盗匪攻占各县，都是因为苦于远征服役的结果。江南的士民都伸长脖仰望您班师归来，听说再次向北出征，又不能测度还兵日期，我担心要在腹心之地发生变故而成为后顾之忧了。"这时，正好知道刘义真幸免于难，才放弃北伐，刘裕只是登上城楼向北眺望，感慨流泪而已。于是刘裕任命段宏为黄门郎，毛德祖镇守蒲阪。

夏王赫连勃勃称皇帝。　出现彗星。

彗星出现于天津星，进入太微星，经过北斗星，笼罩紫微星，八十多天后才消失。北魏明元帝拓跋嗣再次征召各位儒士、术士，询问他们说："如今天下四分五裂，上天所警示的灾祸在哪个国家呢？我十分畏惧，你们不要隐讳其辞。"崔浩说："灾祸变异的出现都象征着人事，没有人为的怨叛，又有什么可怕呢！当年王莽即将篡权时，星相变化也是这样。现在，我国主尊臣卑，

民无异望;晋室陵夷,危亡不远,彗之为异,其刘裕将篡之
应乎!"

十二月,宋公刘裕弑帝于东堂,奉琅邪王德文即位。

裕以谶云"昌明之后尚有二帝",乃使中书侍郎王韶之
与帝左右密谋弑帝而立德文。德文常在帝左右,韶之不得
间。会德文有疾,出居于外,韶之以散衣缢帝于东堂。裕
因称遗诏,奉德文即位。

以北凉王蒙逊为凉州刺史。
蒙逊称藩,故有是命。

己未（419）　恭皇帝元熙元年<small>魏泰常四年,夏真兴元年。</small>
春正月,立皇后褚氏。　葬休平陵。　夏人陷蒲阪。

夏人攻蒲阪,毛德祖不能御,全军归彭城。刘裕以德
祖为荥阳太守,戍虎牢。
夏主勃勃杀隐士韦祖思。
夏主勃勃征隐士京兆韦祖思。既至,恭惧过甚,勃勃
怒曰:"我以国士待汝,汝乃以非类遇我。汝昔不拜姚兴,
今何独拜我?我在汝犹不以我为帝王,我死汝曹弄笔当置
我于何地耶!"遂杀之。

夏主勃勃还统万。
夏群臣请都长安,夏主勃勃曰:"朕岂不知长安帝都沃饶

百姓没有谋叛的意图;而晋王室日趋衰落,临近危亡,彗星的灾异,难道是刘裕将要篡位的预兆吗?"

十二月,东晋宋公刘裕在东堂杀害晋安帝司马德宗,拥立琅邪王司马德文即皇帝位。

刘裕鉴于谶书上有"昌明之后还有两个皇帝"的说法,便让中书侍郎王韶之和安帝司马德宗身边的亲信密谋杀害司马德宗,另立司马德文为帝。司马德文常随司马德宗左右,王韶之没有机会动手。正好赶上司马德文生病,出宫在外,王韶之趁机用散衣在东堂勒死司马德宗。于是,刘裕声称奉司马德宗遗诏,拥立司马德文即皇帝位。

东晋朝廷任命北凉王沮渠蒙逊为凉州刺史。

沮渠蒙逊向东晋朝廷请求自称藩属,所以有这一任命。

晋恭帝

己未(419)　晋恭帝元熙元年 北魏泰常四年,夏真兴元年。

春正月,东晋朝廷立琅邪王妃褚氏为皇后。　东晋朝廷把晋安帝司马德宗安葬于休平陵。　夏兵攻陷蒲阪。

夏兵进攻蒲阪,东晋毛德祖无力抵御,全军撤退到彭城。刘裕任命毛德祖为荥阳太守,戍守虎牢。

夏主赫连勃勃杀害隐士韦祖思。

夏主赫连勃勃征召京兆隐士韦祖思。韦祖思抵达后,过于谦恭害怕,赫连勃勃发怒说:"我以国士把你征召到长安来,你却以异族来对待我。你过去不拜见姚兴,如今为什么唯独要拜见我呢?我健在时,你就不认为我是帝王,我死后,你们这些玩弄文笔的人不知要把我安置在何等地位!"于是杀掉了他。

夏主赫连勃勃回到统万城。

夏国的文武大臣请求把都城迁至长安,夏主赫连勃勃说:"我怎么会不知道历代帝王定都的长安,土地肥沃,物产丰富,

险固,然统万距魏境裁百余里,朕在长安,统万必危。若在
统万,则魏必不敢济河而西。诸卿适未见此耳!"乃置南台
于长安,以赫连瑨录尚书事而还。

勃勃性骄虐,视民如草芥,常置弓剑于侧,群臣迕视者
凿其目,笑者决其唇,谏者先截其舌然后斩之。

宗室司马楚之据长社。

刘裕诛翦宗室之有才望者,楚之叔兄皆死,楚之亡匿
蛮中。及从祖休之奔秦,楚之乃亡之汝、颍间,聚众以谋复
仇。楚之少有英气,折节下士,有众万余,屯据长社。裕使
沐谦往刺之,楚之待谦甚厚。谦未得间,乃夜称疾,欲因楚
之问疾而刺之。楚之果自赍药往视,情意勤笃,谦不忍发,
乃出匕首以状告曰:"将军深为刘裕所忌,愿勿轻率以自保
全。"遂委身事之,为之防卫。转屯柏谷坞。

夏四月,魏主嗣有事于东庙。

助祭者数百国。

西凉地震、星陨。

凉公歆用刑过严,又好治宫室,从事中郎张显上疏曰:
"凉土三分,势不支久。兼并之本在于务农,怀远之略莫如
宽简。今阴阳失序,风雨乖和,是宜减膳彻悬,侧身修道。
而更繁刑峻罚,缮筑不止,殆非所以致兴隆也。沮渠蒙逊
胡夷之杰,内修政事,外礼英贤,攻战之际,身先士卒,百姓
怀之,乐为之用。臣谓殿下非但不能平殄蒙逊,亦惧蒙逊

地势险固，然而统万城相距魏国边境才一百余里，我在长安，统万城必定危险。如果在统万城，魏军绝不敢渡过黄河西上。你们正是没有考虑到这一点！"于是，在长安设置南台，任命赫连璝录南台尚书事后回到统万城。

赫连勃勃生性骄横暴虐，视百姓如草芥，常常把弓箭放在身侧，群臣中有对面直视他的人被挖去眼睛，对他发笑的人被戳破嘴唇，胆敢直言进谏的人先被割掉舌头，然后斩首。

东晋皇族司马楚之驻守长社。

刘裕斩除晋朝皇族中有才能名望的人，司马楚之的叔父、哥哥都未能幸免，他只好流亡到蛮人中躲藏起来。等到他的堂祖父司马休之投奔后秦时，司马楚之才逃亡到汝水、颍水流域，招集部众谋划复仇。司马楚之年轻且有威武气概，礼贤下士，拥有一万余人，驻扎长社。刘裕派沐谦前去刺杀司马楚之，司马楚之对待沐谦非常优厚。沐谦没有机会下手，便在夜间声称有病，想趁司马楚之询问病的当儿行刺。司马楚之果然亲自带药前往探视，情意真挚恳切，沐谦不忍心行动，于是取出匕首，如实相告司马楚之说："刘裕非常忌恨将军，希望你不要轻率以保全自己。"说完，他便投身于司马楚之，担当防卫工作。随后，司马楚之由长社转移到柏谷坞驻守。

夏四月，北魏明元帝拓跋嗣在白登山庙祭祀祖先。

前来陪祭的有数百个部落首长。

西凉发生地震，出现陨星坠落。

西凉公李歆施用刑罚过于苛刻，又喜欢营造宫殿，从事中郎张显上疏说："凉州疆土三分，势必不会维持长久。军事兼并的根本在于发展农业，怀柔远方部族的策略莫过于宽容简便。如今阴阳失序，风雨失调，应该减少膳食，撤除乐器，全力以赴修道。但是现在却是刑罚更加繁重严峻，大兴土木，修造不止，这样大概不会导致国家兴隆。沮渠蒙逊是胡夷人的豪杰，对内整治政事，对外礼遇英贤，攻城略地之时，身先士卒，百姓爱戴他，乐意为他效劳。我认为，殿下不只是不能消灭沮渠蒙逊，而且恐怕沮渠蒙逊

方为社稷之忧也。”

主簿汜称亦谏曰："天之子爱人主,殷勤至矣。故政之
不修,下灾异以戒告之,改者虽危必昌,不改者虽安必亡。
属者谦德堂陷,效榖地裂,昏雾四塞,日赤无光,狐上南门,
地频五震,星陨建康,皆变异之大者也。昔年西平地裂,狐
入殿前,而秦师奄至;姑臧门崩,陨石于堂,而梁熙见杀。
及段业称制,三年之中,地震五十余所,而先王龙兴,蒙逊
篡弑。此皆目前之成事,殿下所明知。愿亟罢宫室之役,
止游畋之娱,礼贤爱民,以应天变。"歆皆不从。

秋七月,宋公裕始受进爵之命,移镇寿阳。　冬十月,
以刘义真为扬州刺史。

刘裕以义真刺扬州,镇石头。萧太妃谓裕曰:"道怜汝
布衣兄弟,宜以为扬州。"裕曰:"扬州根本,事务至多,非道
怜所了。"太妃曰:"彼年出五十,岂不如汝十岁儿耶!"裕
曰:"义真虽为刺史,而事悉由寄奴。道怜年长,若不亲事,
则于听望不足矣。"道怜愚鄙贪纵,故裕不肯用。

十一月朔,日食。　十二月,宋王裕加殊礼,进太妃为
太后,世子曰太子。

庚申(420)　二年宋高祖武帝刘裕永初元,魏太宗明元帝拓跋
嗣泰常五年。西秦文昭王乞伏炽磐建弘元年,夏世祖赫连勃勃真兴二
年,燕太祖冯跋太平十二年,北凉武宣王沮渠蒙逊玄始九年,西凉公李
恂永建元年。是岁,晋亡宋代,凡七国。

正在成为我们的后顾之忧。"

主簿汜称也进谏说:"上天将人主当作自己的儿子来爱护,殷勤周到。所以政治不修,上天就降下灾祸变异来警告他,凡能改正的人主,虽有危机而必将昌盛;不思改正的人主,虽然安定却终将走向灭亡。过去,敦煌谦德堂塌陷,效毂出现地裂,大雾弥漫,太阳赤红无光,狐狸登上南门城楼,连续五次地震,陨星落在建康,所有这些都是大的灾异变故。往年,西平发生地裂,狐狸窜进殿前,而秦国的军队突然降临;姑臧城门崩坏,陨石落到闲豫堂,而梁熙被诛杀。等到段业称王时,三年中发生五十多处地震,而先王兴起于瓜州,沮渠蒙逊杀主篡位。这些都是眼前现成的事例,殿下非常清楚。希望殿下赶快停止兴建宫室,停止游猎娱乐,礼遇贤才,爱护百姓,以回应上天的变异。"李歆都不听从。

秋七月,宋公刘裕才接受晋爵为王的诏命,从彭城移驻到寿阳。　冬十月,任命刘义真为扬州刺史。

刘裕任命刘义真为扬州刺史,镇守石头。萧太妃对刘裕说:"刘道怜是你的平民兄弟,应当起用为扬州刺史。"刘裕说:"扬州是国家的根本,事务繁多,不是刘道怜所能胜任的。"萧太妃说:"他年过五十的人,难道还不如你那十岁的小儿吗!"刘裕说:"刘义真虽是刺史,但一切事务都由我做主。刘道怜年岁大,若不亲自处事,就有损于声望。"刘道怜生性愚鲁卑鄙,贪婪骄纵,因而刘裕不肯重用他。

十一月初一,出现日食。　十二月,宋王刘裕被加授特殊的礼遇,进封萧太妃为太后,称世子刘义符为太子。

宋武帝

　庚申(420)　**晋恭帝元熙二年**宋高祖武帝刘裕永初元年,北魏太宗明元帝拓跋嗣泰常五年。西秦文昭王乞伏炽磐建弘元年,夏世祖赫连勃勃真兴二年,燕太祖冯跋太平十二年,北凉武宣王沮渠蒙逊玄始九年,西凉公李恂永建元年。这一年,晋亡宋代,总共七国。

夏四月，长星出竞天。六月，宋王裕还建康，称皇帝，废帝为零陵王，以兵守之。

宋主裕欲受禅而难于发言，乃集朝臣宴钦，从容言曰："桓玄篡位，鼎命已移。我唱义兴复，平定四海，功成业著，遂荷九锡。今年将衰暮，崇极如此，物忌盛满，非可久安。今欲奉还爵位，归老京师。"群臣莫喻其意。日晚坐散，中书令傅亮乃悟，叩扉请见，曰："臣暂宜还都。"裕解其意，无复他言。亮出，见长星竞天，拊髀叹曰："我常不信天文，今始验矣。"亮至建康。

四月，征裕入辅。裕留子义康镇寿阳，以参军刘湛为长史，决府事。湛自幼年即有宰物之志，常自比管、葛，博涉书史，不为文章，不喜谈议。裕甚重之。

六月，裕至建康。亮具诏草，使帝书之。帝欣然操笔，谓左右曰："桓玄之时，晋氏已无天下，重为刘公所延，将二十载。今日之事，本所甘心。"遂书赤纸为诏，逊于琅邪等。百官拜辞，秘书监徐广流涕哀恸。

裕为坛于南郊即位。广又悲感流涕，侍中谢晦谓之曰："徐公得无小过！"广曰："君为宋朝佐命，身是晋室遗老，悲欢之事固不可同。"

宋主临太极殿，大赦改元。其犯乡论清议，一皆荡涤，与之更始。奉晋恭帝为零陵王，即宫于故秣陵县，使将军刘遵考将兵防卫。

夏四月,满天出现长星。六月,宋王刘裕回建康,称皇帝,废黜晋恭帝司马德文为零陵王,派兵守卫。

　　宋武帝刘裕想承受晋恭帝司马德文让出的帝位而又难于说出口,于是召集臣下聚会欢饮,他从容不迫地说:“当年桓玄篡位,政权已经旁落。我首唱大义,复兴帝室,平定天下,功业显著,才蒙受朝廷赏赐的九锡。如今我已近老年,地位尊崇至极,世间万物忌讳盛足充溢,否则就不能长久安定。现在我想奉还爵位,告老还京。”群臣不明白他的真意。直至天晚席散,中书令傅亮才恍然大悟,便叩门请见刘裕,说:“我暂且应该回到建康。”刘裕理会他的用意,没有再说别的。傅亮走出门来,看见直至天边的长星,感叹地拍着大腿说:“我常常不信天象,今天开始应验了。”于是,傅亮抵达建康。

　　四月,东晋朝廷征召刘裕入京辅政。刘裕留下儿子刘义康镇守寿阳,任命参军刘湛为长史,协助刘义康决断府事。刘湛自幼年就有执政治民的抱负,常常把自己比作管仲、诸葛亮,博览群书,不做文章,不喜欢空谈高论。刘裕非常器重他。

　　六月,刘裕到达建康。傅亮起草一份退位诏书,让晋恭帝司马德文抄写一遍。晋恭帝欣然提笔,对左右的侍臣说:“桓玄在世的时候,晋王室已经失去天下,后来重新被刘公延续将近二十年。今天禅位之事,是我甘心情愿的。”于是,晋恭帝在红纸上书就诏令后,自己退到琅邪旧第。百官拜别时,秘书监徐广不胜悲恸流泪。

　　刘裕在南郊设坛即皇帝位。徐广又痛哭流涕,侍中谢晦对他说:“徐公这样该不会有失过分吧!”徐广说:“你是宋朝的佐命大臣,我是晋王室的遗世老臣,其中的悲欢自然不会相同。”

　　宋武帝刘裕登临太极殿,大赦天下,更改年号为永初。凡是行为有悖乡里评议、受过舆论谴责的人,一律清除罪名,使他们重新做人。刘裕尊奉晋恭帝为零陵王,在故秣陵县为他兴建王宫,让将军刘遵考率兵防卫。

宋尊王太后为皇太后。

宋主事萧太后素谨，及即位，春秋已高，每旦入朝，未尝失时刻。

宋改晋封爵，封拜功臣、子弟有差。

宋以晋氏封爵当随运改，独置始兴、庐陵、始安、长沙、康乐五公，奉王导、谢安、温峤、陶侃、谢玄之祀。以道怜为太尉，封长沙王。徐羡之等增位进爵各有差。

宋交州刺史杜慧度击林邑，大破降之。

慧度为政纤密，一如治家，吏民畏而爱之。城门夜开，道不拾遗。

北凉王蒙逊诱西凉公歆与战，杀之，遂灭西凉。

北凉王蒙逊欲伐西凉，先引兵攻秦浩亹。既至，潜师还屯川岩。凉公歆欲乘虚袭张掖，宋繇、张体顺切谏不听。太后尹氏谓曰："汝新造之国，地狭民希，自守犹惧不足，何暇伐人！先王临终，殷勤戒汝，深慎用兵。蒙逊非汝之敌。汝国虽小，足为善政，修德养民，静以待之。彼若昏暴，民将归汝；若其休明，汝将事之。岂得轻为举动，侥冀非望！以吾观之，非但丧师，殆将亡国！"亦不听。繇叹曰："大事去矣！"

歆将步、骑三万东出。蒙逊闻之曰："歆已入吾术中，然闻吾旋师，必不敢前。"乃露布西境，云已克浩亹，将进攻黄谷。歆闻之喜，进入都渎涧。蒙逊引兵击之，战于怀城，

宋武帝刘裕尊封王太后为皇太后。

宋武帝事奉继母萧太后向来恭敬有加,等到他即位,尽管年事已高,但是每天清晨入后宫朝拜太后,却从来没有错失过时间。

宋朝更改晋朝时所封的爵位,对功臣和子弟分别拜官授爵。

宋武帝认为,晋朝时授予的爵位应当随着改朝换代而有所变更,于是只设置始兴、庐陵、始安、长沙、康乐五公,敬奉王导、谢安、温峤、陶侃、谢玄的祭祀。同时,任命刘道怜为太尉,封为长沙王。徐羡之等人也分别得以加官晋爵。

刘宋交州刺史杜慧度进击林邑,大败林邑军,林邑军向杜慧度投降。

杜慧度执政细密,完全像治理家事,官民对他敬畏有加。城门昼夜大开,路不拾遗。

北凉王沮渠蒙逊引诱西凉公李歆交战,结果李歆被杀,西凉灭亡。

北凉王沮渠蒙逊打算攻伐西凉,便先率兵进击西秦的浩亹。北凉军到达浩亹后,又暗中回师驻扎川岩。西凉公李歆想趁北凉空虚之机袭击张掖,宋繇、张体顺恳切劝阻,李歆执意不听。尹太后对李歆说:"你作为新建的国家,地域狭小,百姓稀少,自卫还怕兵力不足,哪有工夫去讨伐他人!先王临终时,殷勤告诫你,用兵要非常慎重。你不是沮渠蒙逊的对手。你的国土虽小,但足以施行善政,应该修德养民,静待时机。沮渠蒙逊如果昏庸残暴,百姓将会归附你;他如果美善清明,你将要投靠他。你怎么可以轻举妄动,只存侥幸得到非分期望!依我之见,你出兵张掖不仅丧失军队,有可能会导致亡国!"李歆仍不听劝告。宋繇叹息说:"大势已去!"

于是,李歆率领步、骑兵三万人向东进发。沮渠蒙逊得知后说:"李歆已陷入我的计谋之中,但他一旦听说我军已从浩亹班师,必定不敢继续进兵。"于是沮渠蒙逊在西部边境发布文告,宣称已经攻克浩亹,即将进攻黄谷。李歆听到消息,非常振奋,便统率大军进入都渎涧。沮渠蒙逊率兵进击李歆,两军在怀城开战,

歆大败。或劝歆还保酒泉，歆曰："吾违老母之言以取败，不杀此胡，何面目复见我母！"遂勒兵战于蓼泉，为蒙逊所杀。歆弟酒泉太守翻、敦煌太守恂奔北山。

蒙逊入酒泉，禁侵掠，士民安堵。以宋繇为吏部郎中，委之选举，凉之旧臣有才望者咸礼而用之。以其子牧犍为酒泉太守，索元绪行敦煌太守。

蒙逊还姑臧，见尹氏而劳之。尹氏曰："吾老妇人，国亡家破，岂复惜生为人臣妾！惟速死为幸耳。"蒙逊嘉而赦之，娶其女为牧犍妇。

八月，宋立子义符为皇太子。　宋为晋诸陵置守卫。冬，凉李恂入敦煌称刺史。

恂在敦煌有惠政。索元绪粗险好杀，大失人和。郡人宋承、张弘密信招恂，恂帅数十骑入敦煌，元绪东奔凉兴。承等推恂为刺史。蒙逊遣世子政德攻之。

辛酉（421）　宋永初二，魏泰常六年。是岁，西凉亡。凡六国。

春正月，宋祀南郊，大赦。
宋以庐陵王义真为司徒，徐羡之为尚书令、扬州刺史，傅亮为仆射。　魏筑苑。
魏主发代都六千人筑苑，东包白登，周三十余里。

李歆的西凉军惨败。有人劝说李歆退保酒泉,李歆说:"我没有听从母亲的教诲才招致失败,不杀掉这个胡儿,有什么脸面再见到老母!"于是,李歆又指挥残兵在蓼泉交战,结果被沮渠蒙逊杀害。李歆的弟弟酒泉太守李翻、敦煌太守李恂逃奔北山。

沮渠蒙逊进入酒泉,下令禁止侵夺抢掠,百姓安居如常。沮渠蒙逊任命宋繇为吏部郎中,委任他负责选举事务,其余的西凉旧臣中有才能与名望的人都得到礼遇并加以任用。沮渠蒙逊任命自己的儿子沮渠牧犍为酒泉太守,任命索嗣的儿子索元绪代理敦煌太守。

沮渠蒙逊回到姑臧,见到西凉尹太后,给予安慰问候。尹太后说:"我一个老太婆,家破国亡,难道还爱惜余生,沦为人家臣妾!只有快点死去才是幸事。"沮渠蒙逊赞许地赦免了她,并让沮渠牧犍娶她的女儿作为妻子。

八月,宋武帝刘裕立儿子刘义符为皇太子。　宋武帝为晋朝各代皇帝的陵墓设置守卫。　冬季,西凉李恂进入敦煌做凉州刺史。

李恂任敦煌太守期间,仁厚爱民。索元绪粗暴凶险,好杀戮,非常不得人心。敦煌人宋承、张弘秘密给李恂写信相招,李恂便率领几个骑兵返回敦煌,索元绪向东逃到凉兴郡。宋承等人推举李恂为凉州刺史。北凉王沮渠蒙逊派遣世子沮渠政德攻打敦煌。

辛酉(421)　宋永初二年,北魏泰常六年。这一年,西凉灭亡。共六国。

春正月,宋武帝刘裕在南郊祭祀天地,大赦天下。

刘裕任命庐陵王刘义真为司徒,徐羡之为尚书令、扬州刺史,傅亮为仆射。　北魏兴建园林。

北魏明元帝拓跋嗣征调代都百姓六千人修筑园林,东面包括白登,周围达三十余里。

北凉屠敦煌,杀李恂。

于是西域诸国皆诣蒙逊称臣朝贡。

夏四月,宋毁淫祠。

宋诏所在淫祠自蒋子文以下皆除之,其先贤以勋德祠者不在此例。

秋九月,宋主刘裕弑零陵王于秣陵。

初,宋主刘裕以毒酒一罂授前琅邪中令张伟,使鸩零陵王。伟叹曰:“鸩君以求生,不如死!”乃自饮而卒。太常褚秀之、侍中褚淡之皆王妃兄也,王每生男,裕辄令秀之兄弟杀之。王深虑祸及,与褚妃共处一室,自煮食于床前,饮食所资皆出褚妃,故宋人莫得伺其隙。至是,裕令淡之与兄叔度往视妃,妃出别室相见。兵人逾垣而入,进药于王。王不肯饮,曰:“佛教,自杀者不复得人身。”兵人以被掩杀之。裕帅百官临于朝堂三日。

冬十一月,葬晋恭帝于冲平陵。　凉晋昌守唐契叛。宋豫章太守谢瞻卒。

初,宋台始建,瞻为中书侍郎,其弟晦为右卫将军。时晦权遇已重,自彭城还都迎家,宾客辐凑。瞻惊骇,谓晦曰:“汝名位未多,而人归趣乃尔!吾家素以恬退为业,不愿干豫时事,交游不过亲朋。而汝遂势倾朝野,此岂门户之福邪!”乃以篱隔门庭曰:“吾不忍见此!”及还彭城,言于宋公曰:“臣本素士,父祖位不过二千石。弟年始三十,志用凡近,荣冠台府。福过灾生,其应无远,特乞降黜,

北凉屠戮敦煌居民,杀害刺史李恂。

于是,西域各国都向沮渠蒙逊表示臣服,遣使入朝纳贡。

夏四月,宋武帝刘裕下令毁除不合礼法的祠庙。

宋武帝下诏,自蒋子文以下不合礼法的祠庙全部拆除;但是,为了祭祀先辈贤人功德而建立的祠庙不在拆除之列。

秋九月,宋武帝刘裕在秣陵杀害零陵王司马德文。

当初,宋武帝将一瓦罐毒酒交给前琅邪中令张伟,让他毒害零陵王司马德文。张伟叹息说:"毒杀君主来求活命,还不如去死!"于是自己喝下毒酒结束了生命。太常褚秀之、侍中褚淡之都是零陵王妃的哥哥,司马德文的妻妾中每当有人生下男孩,宋武帝都令褚秀之兄弟扼杀。司马德文很害怕祸及己身,就和褚妃同住一室,在床前自己烧火做饭,凡是饮食所需都出自褚妃之手,因而宋武帝派去的人没有机会下手。到这时,宋武帝命褚淡之和他的哥哥褚叔度前去探视褚妃,褚妃出来到另外的房间与两位兄长相见。伏兵越墙而入,向司马德文进呈毒药。司马德文不肯饮服,说:"佛教的教义讲,自杀而死的人,来生不会再转为人身。"士兵乘其不备,用被子蒙住司马德文,将他活活闷死。宋武帝率领文武百官亲临朝堂哀悼三天。

冬十一月,刘宋朝廷把晋恭帝司马德文安葬在冲平陵。北凉晋昌太守唐契叛乱。　宋国豫章太守谢瞻去世。

当初,宋武帝刘裕做东晋的宋公,开始在彭城建造宋台,谢瞻任中书侍郎,他的弟弟谢晦为右卫将军。当时谢晦已有很高的权势,他从彭城回建康迎接家眷,宾客云集而至。谢瞻惊骇不已,他对谢晦说:"你的名位并不多,而人们却如此归从你!咱们家一向以恬淡退让为本,不愿干预朝政,交游的人也只是亲戚朋友而已。可是你却权倾朝野,这难道是家门的福分吗!"于是,他用篱笆隔开门庭,说:"我不忍心看到这些排场!"谢瞻等回到彭城,就对刘裕说:"我原本是寒素之士,父祖辈的官禄不过二千石。舍弟刚三十岁,志向平常,才能一般,而所受的荣宠冠于宋国。常言福过灾生,应验为时不远,我特请求您降贬他的官阶,

以保衰门。"晦或以朝廷密事语瞻,瞻故向亲旧陈说,用为
戏笑,以绝其言。及宋主即位,晦以佐命功位任益重,瞻愈
忧惧。至是,遇病不疗,临终遗晦书曰:"吾得启体幸全,亦
何所恨!弟思自勉励,为国为家。"

壬戌(422) 宋永初三年,魏泰常七年。

春,宋以徐羡之为司空、录尚书事。

羡之起自布衣,无术学,直以志力局度,一旦居廊庙,
朝野推服,咸谓有宰臣之望。沉密寡言,不以忧喜见色;颇
工弈棋,观戏常若未解。傅亮、蔡廓常言:"徐公晓万事,安
异同。"尝与傅亮、谢晦宴聚,亮、晦才学辩博,羡之风度详
整,时然后言。郑鲜之叹曰:"观徐、傅言论,不复以学问为
长。"

宋以庐陵王义真都督豫、雍等州军事。

宋主有疾,长沙王道怜、徐羡之、傅亮、谢晦、檀道济并
入侍医药。群臣请祈祷神祇,不许,唯使侍中谢方明以疾
告宗庙而已。

道济出镇广陵,监淮南诸军。

太子多狎群小,谢晦言于宋主曰:"陛下春秋既高,宜
思存万世,神器至重,不可使负荷非才。"上曰:"庐陵何
如?"晦曰:"臣请观焉。"出造义真,义真盛欲与谈,晦不甚
答。还曰:"德轻于才,非人主也。"出义真为都督六州诸
军、南豫州刺史,镇历阳。是后,大州率加都督,多者或至
五十州,不可复详载矣。

以保全我们衰弱的家门。"谢晦时而将朝廷的秘事告诉谢瞻,谢瞻故意向亲戚朋友传说,用来戏语笑谈,以便杜绝谢晦再泄机密。刘裕即皇帝位后,谢晦因为辅佐有功,担负的职位更加重大,谢瞻也愈感忧惧不安。到这时,谢瞻患病不医治,临终之前,给谢晦留下的书信中说:"我能够善终保全,还有什么恨事!为了国朝和家族的名誉,你应当自强不息。"

壬戌（422）　宋永初三年,北魏泰常七年。

春季,宋武帝刘裕任命徐羡之为司空、录尚书事。

徐羡之出身平民,没有学问,可是他只是凭着志向高远,气度非凡,一日位居朝廷重位,朝野人士无不推许佩服,都称他有宰相的威望。他为人深沉寡言,忧喜不形于色;颇精于棋道,但观看他人对弈,却好似不理解。傅亮、蔡廓常说:"徐公通晓万事,善于调解不同意见。"他曾经与傅亮、谢晦一起宴饮聚会,傅亮、谢晦才学渊博,能言善辩,徐羡之风度详雅严整,言谈适时大方。郑鲜之感叹说:"观察徐羡之、傅亮的谈论,已不再以学问见长了。"

宋武帝刘裕任命庐陵王刘义真都督豫、雍等州军事。

宋武帝有病,长沙王刘道怜、徐羡之、傅亮、谢晦、檀道济等人一并入宫,服侍医治用药。群臣请求向天地之神祈祷,宋武帝不答应,只让侍中谢方明到宗庙向祖先报告病情。

檀道济出京镇守广陵,统领淮南诸军。

皇太子刘义符常常和一些奸佞小人亲近厮混,谢晦对宋武帝说:"陛下年事已高,应考虑江山万世永存,帝位至关重大,不能让没有才能的人担任。"宋武帝问道:"庐陵王刘义真怎么样?"谢晦说:"请允许我观察一番。"于是,谢晦出宫造访刘义真,刘义真兴致勃勃地与他交谈,谢晦很少答话。谢晦回来告诉宋武帝说:"庐陵王的德行低于才能,不是帝王之材。"宋武帝便令刘义真出任都督六州诸军、南豫州刺史,镇守历阳。此后,大州州牧官一般加都督职衔,最多的达到五十个州,无法详细载述。

秦、雍流民入梁州，宋遣使赈之。　夏四月，宋封杨盛为武都王。　五月，宋主裕殂，太子义符立。

宋高祖疾甚，召太子义符诫之曰："檀道济虽有干略而无远志、非难御之气也。徐羡之、傅亮当无异图。谢晦数从征伐，颇识机变，若有同异，必此人也。"又为手诏曰："后世若有幼主，朝事一委宰相，母后不烦临朝。"羡之、亮、晦、道济同被顾命，遂殂。

高祖清简寡欲，严整有法度，被服居处，俭于布素，游宴甚稀，嫔御至少。尝得后秦高祖从女，有盛宠，颇以废事，谢晦微谏，即时遣出。财帛皆在外府，内无私藏。岭南尝献入筒细布一端八丈，恶其精丽劳人，即付有司弹太守，以布还之，并制岭南禁作此布。公主出适，遣送不过二十万，无锦绣之物。内外奉禁，莫敢为侈靡。性不信奇怪，微时多符瑞，及贵，史官审以所闻，拒而不答。

义符即位，年十七，立妃司马氏为皇后，晋恭帝女海盐公主也。七月，葬初宁陵。

魏立子焘为太子，监国。

魏主服寒食散，频年药发，灾异屡见。遣中使密问崔浩曰："属者日食赵、代之分。朕疾弥年不愈，恐一旦不讳，诸子并少，将若之何？"浩曰："陛下春秋富盛，行就平愈，必不得已，请陈瞽言。圣代龙兴，不崇储贰，是以永兴之始，

秦州、雍州流亡的百姓进入梁州，刘宋朝廷派遣使臣予以赈济。　夏四月，宋武帝刘裕诏封杨盛为武都王。　五月，宋武帝去世，太子刘义符即位。

宋武帝病重，招来太子刘义符告诫说："檀道济虽有才智谋略而没有难以制御的叛离志向。徐羡之、傅亮也不会有谋叛的意图。谢晦多次跟随我南征北战，颇善于随机应变，将来如果出现变故，必定是谢晦这个人。"他又亲自书写遗诏说："后世若有年幼的君主继位，朝廷大事一概托付宰相，皇太后不必临朝听政。"徐羡之、傅亮、谢晦、檀道济一同接受遗命，宋武帝就去世了。

宋武帝生前清简寡欲，严整有度，衣着俭朴，居所普通，游嬉欢宴的次数非常稀少，甚至连后宫的侍妾、宫女也十分有限。他曾经得到后秦王姚兴的侄女，倍加宠爱，因此而荒疏了政事，谢晦稍加规劝，便立即将姚氏遣出宫门。宋武帝的财物布帛全部放在外库，绝不私藏宫中。岭南人曾进献一种一只竹筒可容纳长达八丈的细布，宋武帝对如此精美华丽、劳民伤财的"筒中布"十分厌恶，当即交付有关部门弹劾岭南太守，把原布奉还，并下诏禁止岭南织作这种细布。公主出嫁时，陪送的嫁妆不过二十万，而且没有锦绣物品。因此朝廷内外无不奉行禁约，没有人敢奢侈浪费。宋武帝生性不迷信稀奇怪异之事，在他卑微时，出现许多祥瑞的征兆，等他显贵之后，负责撰著的史官向他证实这些传闻，他却拒绝回答。

刘义符即皇帝位，时年十七岁，立太子妃司马氏为皇后，司马后是晋恭帝的女儿海盐公主。七月，葬宋武帝于初宁陵。

北魏明元帝拓跋嗣立长子拓跋焘为皇太子，代行国政。

北魏明元帝拓跋嗣服用寒食散，连年药性发作，天灾异祸屡次显现。于是，他派遣宫中的使臣秘密询问崔浩说："近来，在赵、代地区出现日食。朕的病情长年不见好转，只怕一旦撒手而去，几个皇子都还年少无知，该怎么办呢？"崔浩说："陛下正当盛年，疾病马上就会痊愈，如果您一定要我说的话，请允许我直陈不合事理的妄言。自从魏国兴立以来，就不注重储君的地位，因而永兴初年，

社稷几危。今宜早建东宫，选贤公卿以为师傅，左右信臣以为宾友，入总万机，出抚戎政。如此则陛下可以优游无为，颐神养寿。万岁之后，国有成主，民有所归，奸宄息望，祸无自生矣。皇子焘年将周星，明睿温和，立子以长，礼之大经也。"魏主复以问长孙嵩，对曰："立长则顺，置贤则人服。焘长且贤，天所命也。"从之，立焘为太子，使居正殿临朝，为国副主。以嵩及奚斤、安同为左辅，坐东厢，西面；崔浩与穆观、丘堆为右弼，坐西厢，东面；百官总己以听。魏主避居西宫，时隐而窥之，听其决断，大悦，谓侍臣曰："嵩宿德旧臣，历事四世，功存社稷；斤辩捷智谋，名闻遐迩；同晓解俗情，明练于事，观达于政要，识吾旨趣；浩博闻强识，精察天人；堆虽无大用，然在公专谨。以此六人辅相太子，吾与汝曹巡行四境，伐叛柔服，足以得志于天下矣。"

嵩实姓拔拔，斤姓达奚，观姓丘穆陵，堆姓丘敦。时魏臣出代北者姓多重复，及高祖迁洛，始皆改之。旧史患其烦杂难知，故皆从后姓以就简易，今从之。

魏主又以刘絜、古弼、卢鲁元忠谨恭勤，分典机要，宣纳辞令。太子聪明大度，群臣时奏所疑，帝曰："此非吾所知，当决之汝曹国主也。"

六月，宋以傅亮为中书监、尚书令，谢晦为中书令，谢方明为丹阳尹。

几乎倾覆江山社稷。如今应当早日确立东宫太子,挑选贤明的公卿作为师傅,让您身边的亲信大臣作为宾朋挚友,太子在朝主持政事,出京抚慰军旅。这样,陛下就可以悠闲自在,清静无为,颐养天年。即使陛下万岁之后,国家有现成的君主,百姓有所归依,奸佞之徒也不得不绝望,灾祸就无处滋生了。皇子拓跋焘,年将十二岁,聪明睿智,性情温和,把长子立为太子,符合礼义的常规。"拓跋嗣又去征求长孙嵩对立太子的意见,长孙嵩回答说:"立长子为储君则名正言顺,选贤任能则令人信服。拓跋焘既是长子且又贤能,这是上天的旨意。"拓跋嗣听从了他们的建议,立拓跋焘为皇太子,让他亲临正殿处理朝政,成为国家的副主。同时,任命长孙嵩、奚斤、安同为左辅官,在东厢面西而坐;崔浩、穆观、丘堆为右弼官,在西厢面东而坐;百官在左右辅弼官之下听任差遣。拔跋嗣则避居西宫,时常隐蔽地暗中观察太子裁决朝政,他非常高兴,对侍臣说:"长孙嵩是德高望重的老臣,历事四代,于国有功;奚斤能言善辩,机智多谋,名闻遐迩;安同通晓人情世故,处事干练明白;穆观通达施政要领,了解我的朝纲宗旨;崔浩博闻强记,精于观察天象和人事;丘堆虽无大才,但他为公专诚谨慎。任用这六个人来辅佐太子,我和你们只要巡视四方国境,讨伐叛贼,安抚臣民,就足以在天下称雄。"

长孙嵩本姓拔拔,奚斤姓达奚,穆观姓丘穆陵,丘堆姓丘敦。当时,凡出身于代郡以北地区的北魏大臣,他们许多人仍保留着多音节的复姓,直至孝文帝迁都洛阳以后,才开始全部改为单姓。旧史书嫌恶复姓繁杂难记,所以都采取改后的单姓以求简便易记,这里也依从此法。

拓跋嗣又鉴于刘洁、古弼、卢鲁元三人忠诚谨慎,谦恭勤奋,让他们分别掌管机要,负责传达政令和报告。皇太子拓跋焘聪明大度,大臣们有时向拓跋嗣奏请疑惑的难题,拓跋嗣就说:"这不是我所了解的,应该让你们的国主来决断。"

六月,刘宋朝廷任命傅亮为中书监、尚书令,谢晦为中书令,谢方明为丹阳尹。

方明善治郡,所至有能名。承代前人,不易其政,必宜改者则以渐移变,使无迹可寻。

冬,魏遣司空奚斤督诸将击宋,取青、兖诸郡,宋遣南兖州刺史檀道济救之。

初,魏主闻宋高祖克长安,大惧,遣使请和,自是岁聘不绝。及高祖殂,沈范等奉使在魏,还及河,魏主遣人追执之,议发兵取洛阳、虎牢、滑台。崔浩谏曰:"陛下不以刘裕欻起纳其使贡,裕亦敬事陛下。今乘丧伐之,虽得之不足为美。且国家今日亦未能一举取江南也,而徒有伐丧之名,窃为陛下不取。臣谓宜遣人吊祭,存其孤弱,恤其凶灾,使义声布于天下,则江南不攻自服矣。况裕新死,党与未离,不如缓之,待其强臣争权,变难必起,然后命将出师,可以兵不疲劳,坐收淮北也。"魏主曰:"刘裕乘姚兴之死而灭之,今我乘裕丧而伐之,何为不可?"浩曰:"不然。姚兴死,诸子交争,故裕乘衅伐之。今江南无衅,不可比也。"魏主不从,假司空奚斤节,使督将军周幾、公孙表伐宋。

十月,将发,公卿议以攻城略地何先。奚斤欲先攻城,崔浩曰:"南人长于守城。昔苻氏攻襄阳,经年不拔。今以大兵坐攻小城,若不时克,挫伤军势,敌得徐严而来,我怠彼锐,此危道也。不如分军略地,至淮为限,列置守宰,

谢方明治郡有方,所到之处以贤能著称。他继承前任的工作,不改变其政策,如果有必要改的话,就采取逐渐移易的办法,使人看不出变更的痕迹。

冬季,北魏派遣司空奚斤督率诸将进攻刘宋,夺取青州、兖州等地,刘宋派遣南兖州刺史檀道济率兵救援。

当初,北魏明元帝拓跋嗣听说宋武帝攻克长安,十分恐惧,急忙派遣使臣请和,从此,两国每年都派遣使臣互访。宋武帝去世的时候,刘宋使臣沈范等人正奉命出使北魏,返国刚到黄河岸边,拓跋嗣却派人追上把他们捉拿回来,于是准备发兵进取刘宋的洛阳、虎牢和滑台。崔浩向拓跋嗣劝谏说:"陛下没有因为刘裕的突然得位而接受他的使臣和贡物,刘裕也恭敬地对您。现在我们却趁他去世的机会进兵讨伐,即使成功也不足以称道。况且以我们今天的实力还不能一举夺取江南,反而落个伐丧的恶名,我私下认为您这样做不可取。依我之见,我们应当派遣使臣前去吊祭亡灵,抚慰遗孤,体恤灾祸,从而使我们仁义的美名传布天下,那么江南之地就会不攻自服。再说,刘裕刚刚死去,他的同党还没有分离,不如从缓计议,等待他们的权臣争相倾轧,必然发生变乱,然后再派遣将帅出兵南下,兵士不用疲劳,就可以轻松地得到淮北之地。"拓跋嗣说:"刘裕曾借姚兴之死而灭掉秦国,现在我借刘裕之死而攻伐刘宋,为什么不行?"崔浩说:"这不是一回事。姚兴死后,他的几个儿子相互争斗,因此刘裕才趁机攻打秦国。可现在江南的刘宋并没有嫌隙可乘,所以不能相提并论。"拓跋嗣不采纳崔浩的建议,授予司空奚斤符节,让他督率将军周幾、公孙表向刘宋进军。

十月,魏兵出发之前,公卿大臣讨论应该先攻取城池抑或先抢占土地。奚斤意欲先夺取城池,崔浩说:"南人擅长守城。过去苻氏进攻襄阳,一年多没有攻克。现在我们用大军轻易地进攻小城,如果不能及时破城,必然损伤军队的士气,而敌人就会慢慢地整饬军队前来援助,我军疲惫而敌军强悍,这是危险的举措。我们不如分头出兵攻占土地,到淮河为界限,各自委任地方官,

收敛租谷,则洛阳、滑台、虎牢更在军北,绝望南救,必沿河东走,不则为囤中之物,何忧其不获也!"公孙表固请攻城,魏主从之。

斤等帅步、骑二万济河,营于滑台之东。宋司州刺史毛德祖遣翟广等将步、骑三千救之。

先是,司马楚之聚众陈留之境,闻魏兵济河,遣使迎降。魏以为荆州刺史,使侵扰宋北境。德祖遣将戍邵陵、雍丘以备之。魏尚书滑稽引兵袭仓垣,兵吏悉逾城走,陈留太守严稜诣斤降。斤等攻滑台不拔,求益兵,魏主怒责之,自将诸国兵五万余人南出天关为斤等声援。

十一月,太子焘将兵出屯塞上。斤等急攻滑台,拔之。东郡太守王景度出走,司马阳瓒为魏所执,不降而死。乘胜进逼虎牢,毛德祖与战屡破之。魏主别遣将军于栗磾屯河阳,谋取金墉,德祖遣窦晃等拒之。

十二月,魏主至冀州,遣叔孙建将兵徇青、兖。宋豫州刺史刘粹遣骑据项城,徐州刺史王仲德将兵屯湖陆。于栗磾济河,与斤并力攻晃等,破之。

魏主遣领军娥清、闾大肥将兵会周幾、叔孙建南渡河,军于碻磝。宋兖州刺史徐琰南走,于是泰山、高平、金乡等郡皆没于魏。叔孙建等入青州,宋遣南兖州刺史檀道济监征讨诸军事,与王仲德共救之。

征收赋税，出租谷米，那么洛阳、滑台和虎牢反而在我军的北面，他们对南方的救援断绝希望时，一定会沿黄河向东逃离，否则他们将成为园苑中的猎物，还担忧不能俘获他们吗！"公孙表一再请求先行攻城，拓跋嗣就依从了他。

奚斤等人统率步、骑兵两万人渡过黄河，在滑台的东面安扎军营。刘宋司州刺史毛德祖派遣司马翟广等率领步、骑兵三千人救援滑台。

在此之前，司马楚之在陈留境内招集部众，听说魏兵渡过黄河，便派遣使臣出迎投降。北魏任命司马楚之为荆州刺史，让他侵犯骚扰刘宋的北部边境。毛德祖派遣将士戍守邵陵、雍丘，用来防备司马楚之。北魏尚书滑稽率兵侵袭仓垣，守卫的官兵全都越墙逃跑，陈留太守严稜向奚斤投降。奚斤等进攻滑台没有破城，请求增援兵力，拓跋嗣怒加斥责，并亲自统率各部落联军五万余人向南跨越天关，声援奚斤等人。

十一月，北魏太子拓跋焘率兵出京，在塞上驻扎。奚斤等猛烈进攻滑台，终于破城。东郡太守王景度出逃，司马阳瓒被魏兵活捉，因不降服被杀。奚斤等乘胜进逼虎牢，毛德祖奋勇反击，多次挫败魏兵。拓跋嗣另外派遣将军于栗磾进驻河阳，计划谋取金墉城，毛德祖派遣窦晃等予以抵御。

十二月，拓跋嗣抵达冀州，派遣叔孙建率兵夺取青州、兖州。刘宋豫州刺史刘粹派遣骑兵据守项城，徐州刺史王仲德率兵驻守湖陆。魏将于栗磾渡过黄河，与奚斤联兵攻打窦晃等，打败了他们。

拓跋嗣又命令领军娥清、闾大肥率兵会同周幾、叔孙建南渡黄河，驻扎在碻磝。刘宋兖州刺史徐琰向南逃奔，因此泰山、高平、金乡等郡全部由北魏吞并。魏将叔孙建等进入青州，刘宋朝廷派遣南兖州刺史檀道济监征讨诸军事，与王仲德一起前去救援。

癸亥（423） 宋主义符景平元年,魏泰常八年。

春正月,魏取宋金墉。

魏于栗䃅攻金墉,河南太守弃城走。魏主以栗䃅为豫州刺史,镇洛阳。

宋以蔡廓为吏部尚书,不受。

宋以廓为吏部尚书,廓谓傅亮曰:“选事若悉以见付不论,不然不能拜也。”亮以语徐羡之,羡之曰:“黄、散以下悉以委蔡,以上故宜共参同异。”廓曰:“我不能为徐干木署纸尾!”遂不拜。干木,羡之小字也。选按黄纸,录尚书与吏部尚书连名,故廓云然。

魏以刁雍为青州刺史。

宋檀道济军于彭城。魏叔孙建入临菑,所向奔溃。宋青州刺史竺夔聚民保东阳城,不入城者,使各依据山险,芟夷禾稼。魏军至,无所得食。刁雍见魏主于邺,魏主曰:“叔孙建等入青州,民皆藏避,攻城不下。彼素服卿威信,今遣卿助之。”乃以为刺史,给骑使行募兵以取青州。魏兵济河向青州者凡六万骑,雍募兵得五千人,抚慰士民,皆送租供军。

二月,魏筑长城。

柔然寇魏边。魏筑长城,自赤城至五原二千余里,置戍以备之。

宋少帝

癸亥（423）　宋少帝刘义符景平元年，北魏泰常八年。

春正月，北魏攻取刘宋的金墉。

魏将于栗磾进攻金墉，刘宋河南太守弃城而逃。北魏明元帝拓跋嗣任命于栗磾为豫州刺史，镇守洛阳。

刘宋朝廷任命蔡廓为吏部尚书，蔡廓没有受命。

刘宋朝廷任命蔡廓为吏部尚书，蔡廓对傅亮说："如果将官吏的任免大权全部交给我执掌，我就不再推辞，否则我不能接受任命。"傅亮把这番话告诉了徐羡之，徐羡之说："黄门侍郎和散骑常侍以下的任免全权委付蔡廓，而以上的人选应由我们共同参与议定。"蔡廓说："我不能在徐干木签署的黄纸尾末写上自己的名字！"于是没有受命。干木，是徐羡之的乳名。当时官吏的任免文案采用黄纸，由录尚书和吏部尚书共同签署，所以蔡廓如此回答。

北魏任命刁雍为青州刺史。

刘宋檀道济在彭城安扎军营。北魏叔孙建率兵进入临淄，所向披靡。刘宋青州刺史竺夔聚集民众保守东阳城，没有进城的人也让他们各自依据山险要地，并且割除田野的庄稼。魏军到来时，无处取得粮食。魏将刁雍在邺城晋见国主拓跋嗣，拓跋嗣说："叔孙建等进入青州，百姓全都躲藏起来，又攻不克城池。青州百姓向来敬服你的威信，今天我就派你去援助叔孙建。"于是任命刁雍为青州刺史，并供给他马匹，让他一路招募兵士来进取青州。渡过黄河开赴青州的魏兵共六万人，刁雍又招募到五千人，他对士民竭力安抚慰劳，士民们纷纷向军队供应粮草。

二月，北魏修筑长城。

柔然侵犯北魏边境。北魏修筑长城，从赤城至五原达两千余里，并配备戍卒，用来防御柔然人的入侵。

凉、吐谷浑入贡于宋。 魏攻宋虎牢,不克,杀其将公
孙表。

魏奚斤、公孙表等共攻虎牢,魏主自邺遣兵助之。毛
德祖于城内穴地入七丈,分为六道出魏围外,募敢死士四
百从穴中出袭其后。魏兵惊扰,斩首数百,焚其攻具而还。
魏兵退散复合,攻之益急。

斤别攻颖川太守李元德于许昌,败之。

德祖出兵与表大战,从朝至晡,杀魏兵数百。会斤自
许昌还,合击德祖,大破之。

初,德祖在北与表有旧。表有权略,德祖患之,乃与交
通音问。密遣人说奚斤,云表与之连谋。每答表书,辄多
所治定。表以书示斤,斤疑之,以告魏主。魏主使人夜就
帐中缢杀之。

魏攻宋东阳城,宋檀道济帅师救之。

魏主如东郡、陈留。叔孙建将三万骑逼东阳城,城中
文武才一千五百人,竺夔及济南太守垣苗悉力固守,时出
奇兵击魏,破之。魏步、骑绕城列陈十余里,大治攻具。夔
作四重堑,魏人填其三重,为橦车以攻城。夔遣人从地道
中出,以大麻絚挽之令折。魏人复作长围,进攻逾急,历久
城坏,战士多死。檀道济至彭城,以司、青二州并急,而所
领兵少,不足分赴。青州道近,竺夔兵弱,乃与王仲德兼行
先救之。

北凉和吐谷浑都派遣使臣向刘宋纳贡。 **北魏兵因为没有攻克刘宋的虎牢,将领公孙表被北魏明元帝拓跋嗣处死。**

魏将奚斤、公孙表等共同进攻虎牢,拓跋嗣从邺城派兵助战。刘宋司州刺史毛德祖在虎牢城内挖掘地道,深至七丈,分为六条通道直达魏军的包围圈外,招募敢死战士四百人,从地道中出去袭击魏军的后围。魏军顿时惊慌骚乱,敢死勇士斩杀几百名敌军,焚毁他们攻城的器具后返回城中。退却溃散的魏军再次集结起来,发起更猛烈的攻势。

奚斤率兵又在许昌打败颍川太守李元德。

毛德祖领兵出城与魏将公孙表大战,从早晨激战到傍晚,杀死魏兵数百人。正赶上奚斤从许昌归来,二人合击毛德祖,大败毛德祖。

当初,毛德祖在北方与公孙表有旧情。公孙表有谋略,毛德祖非常担心,于是与他暗中往来,互通书信问候。同时毛德祖秘密派人告诉奚斤,说公孙表与自己合谋。毛德祖每次给公孙表回信,都有多处点窜改定。公孙表将他的来信拿给奚斤看,奚斤对公孙表产生怀疑,便向拓跋嗣报告了此事。拓跋嗣于是派人深夜潜入公孙表的军帐,将他活活勒死。

北魏进攻刘宋的东阳城,刘宋镇北将军檀道济率兵救援。

北魏明元帝拓跋嗣前往东郡、陈留。魏将叔孙建率领三万骑兵进逼东阳城,城中文武官兵只有一千五百人,刘宋青州刺史竺夔和济南太守垣苗全力固守,而且不时出奇兵袭击魏军,打败了魏军的进攻。于是,北魏步、骑兵围绕东阳城摆开战阵十余里,大规模地制造攻城器具。竺夔组织挖掘四道壕沟,被魏军填平三道,并制作檀车准备攻城。竺夔派人从地道中出击,用粗麻绳套住檀车将它折断。魏军又兴筑环城工事,进攻更加猛烈,时间一长,城墙败坏,许多守城战士阵亡。檀道济抵达彭城,因为司州、青州同时告急,而他所率领的兵员有限,难以分赴两州救援。鉴于青州道路较近,竺夔兵力弱小,檀道济才和王仲德率兵救援青州东阳城。

夏四月,魏主攻虎牢,不克。

魏主遣并州刺史伊楼拔助奚斤攻虎牢,毛德祖随方抗拒,颇杀魏兵,而将士稍零落。

四月,魏主如成皋,绝虎牢汲河之路。停三日,自督众攻城,竟不能下。遂如洛阳观《石经》,遣使祀嵩高。

魏师还,留刁雍戍尹卯。

叔孙建攻东阳,堕其北城三十许步。刁雍请速入,建不许,遂不克。及闻檀道济等将至,雍又谓建曰:"贼畏官军突骑,以锁连车为函陈。大岘已南,处处狭隘,车不得方轨,雍请将所募兵五千据险以邀之,破之必矣。"时天暑,魏军多疫,建曰:"兵人疫病过半,若相持不休,兵自死尽,何须复战!今全军而返,计之上也。"道济军于临朐。建等烧营及器械而遁,道济以粮尽不能追。竺夔以东阳城坏不可守,移镇不其城。魏留刁雍镇尹卯,招集民五千余家,置二十七营以领之。

诸蛮入贡于魏。

初,诸蛮居江、淮间,其后种落滋蔓,东连寿春,西通巴、蜀,北接汝、颍。在魏世不甚为患,及晋稍益繁昌,渐为寇暴。及刘、石乱中原,诸蛮渐复北徙,伊阙以南,满于山谷矣。

凉攻晋昌,克之。

唐契及甥李宝奔伊吾,招集遗民,归附者二千余家,臣于柔然。宝,恂弟子也。

秦遣使入贡于魏。

夏四月,北魏明元帝拓跋嗣率军进攻虎牢,没有攻克。

拓跋嗣派遣并州刺史伊楼拔协助奚斤攻击虎牢,刘宋守将毛德祖按原方位抵抗,斩杀很多魏兵,然而自己的将士也稍有损失。

四月,拓跋嗣前往成皋,切断了虎牢到黄河取水的道路。停息三天,拓跋嗣亲自督率军队进攻虎牢城,最终也没有攻克。于是,他到洛阳观看《石经》,并派遣使臣祭祀嵩山。

北魏军队返回,留下刁雍戍守尹卯。

魏将叔孙建率兵攻打东阳城,捣毁北城墙三十来步。刁雍请求快速冲入城内,叔孙建不同意,于是没有攻克东阳城。等到他们听说檀道济等援军即将赶来,刁雍又对叔孙建说:"竺夔等害怕我们的精锐骑兵,把车辆用锁链结为方阵。大岘山以南的道路狭窄,车辆不能并行,我请求带领所募集的五千兵士,据守险要,截击敌人,一定能破敌制胜。"时值酷暑天热,魏军大都感染瘟疫,叔孙建说:"半数以上的战士都染上了疫病,如果相持不下,他们自会全部死去,敌人何必再战!现在保全军队撤退才是上策。"檀道济的军队驻扎在临朐。叔孙建等烧毁大营和军械后退兵,檀道济因为没有粮草不能追击。竺夔鉴于东阳城毁坏严重无法据守,便迁移到不其城镇守。北魏留下刁雍镇守尹卯,招集百姓五千余家,设置二十七个营寨由刁雍统辖。

各蛮族部落向北魏进贡。

起初,各蛮族部落居住在长江、淮河之间,后来他们的人口滋生蔓延,地域增广到东连寿春,西通巴郡、蜀郡,北接汝水、颍水。在曹魏时期,他们造成的危害还不是很大,可是等到进入晋朝,业经更加繁盛,逐渐形成强横凶暴的势力。等到刘曜、石勒祸乱中原时,各蛮族部落渐次向北迁徙,伊阙以南地区,蛮人遍及山野谷地。

北凉攻克唐契占据的晋昌。

唐契及其外甥李宝逃奔伊吾,并招集流亡的遗民,归附者达两千多家,于是向柔然汗国称臣。李宝是李恂弟弟的儿子。

西秦王派遣使臣向北魏进贡。

秦王炽磐谓群臣曰:"今宋虽奄有江南,夏人雄据关中,皆不足与也。独魏主奕世英武,贤能为用,吾将举国而事之。"乃遣使入见于魏,贡黄金二百斤,并陈伐夏方略。

闰月,魏拔虎牢,执宋司州刺史毛德祖,遂取司、豫诸郡。

叔孙建就奚斤共攻虎牢。虎牢被围二百日,无日不战,劲兵殆尽,而魏增兵转多。毁其外城,德祖于内更筑三重城以拒之,魏人又毁其二重。德祖唯保一城,昼夜相拒,将士眼皆生创,德祖抚之以恩,终无离心。檀道济、刘粹等皆畏魏兵强,不敢进。魏人作地道以泄城中井,城中人马渴乏,被创者不复出血,重以饥疫。魏仍急攻之,城遂陷。将士欲扶德祖出走,德祖曰:"我誓与此城俱毙,义不使城亡而身存也。"魏主命将士:"得德祖者必生致之!"将军豆代田执以献。将佐皆为所虏,唯参军范道基将二百人突围南还。魏士卒疫死者亦什二三。

奚斤等悉定司、兖、豫诸郡县,置守宰以抚之。魏主命周幾镇河南,河南人安之。

徐羡之、傅亮、谢晦以亡失境土上表自劾,诏勿问。

秋七月,柔然攻北凉,杀其世子政德。 冬十月,魏广西宫。

外垣周二十里。

十一月,魏取宋许昌、汝阳。 魏主嗣殂,太子焘立。

西秦王乞伏炽磐对群臣说:"现在刘宋朝廷即使拥有江南,夏人雄踞关中,都不值得亲附。唯独魏主为累世英武奇才,贤能之士为他所用,我将以全国臣民来事奉魏主。"于是,乞伏炽磐派遣使臣到北魏晋见明元帝拓跋嗣,进贡黄金二百斤,并上陈征伐夏国的计谋策略。

闰四月,北魏攻克虎牢,活捉刘宋司州刺史毛德祖,于是占据司州、豫州等郡县。

叔孙建增援奚斤一同进攻虎牢城。虎牢被包围二百天,没有一日停战,守城的精兵几乎全部战死,而围城的魏军却不断增多。魏军摧毁虎牢的外城,毛德祖率守城的将士在里面又构筑三层城来抵御敌人,魏军又摧毁其中二城。毛德祖只保守一城,昼夜抵抗,守城将士的眼睛都生了疮,毛德祖只有用恩义相安抚,始终保持团结。檀道济、刘粹等人都畏怕魏军强大,不敢进兵救援。魏军开挖地道泄出虎牢城井水,城里的人马干渴之困,受伤的人再也流不出血,更兼饥饿和瘟疫。魏军仍旧加紧攻城,虎牢于是陷落。守城的将士想扶助毛德祖出逃,毛德祖说:"我坚决与虎牢城同死,让虎牢陷灭而我生存是不合大义的。"拓跋嗣命令攻城的将士:"抓到毛德祖的,一定要让他活着送来!"北魏将军豆代田活捉毛德祖,把他进献给拓跋嗣。刘宋的将领全部被俘,只有参军范道基率领二百人突围回到南方。因瘟疫致死的魏兵也有十之二三。

奚斤等完全占有司州、兖州、豫州诸郡县,设地方官来安抚管制。拓跋嗣令周幾镇守河南,河南百姓安于北魏的辖治。

刘宋的徐羡之、傅亮、谢晦以丧失国土罪上表自请处分,少帝刘义符下诏不予追究。

秋七月,柔然汗国进攻北凉,并杀害北凉世子沮渠政德。

冬十月,北魏扩建平城西宫。

扩建西宫外墙周长二十里。

十一月,北魏攻占刘宋的许昌、汝阳。 北魏明元帝拓跋嗣去世,太子拓跋焘即位。

　　魏太宗殂,世祖即位。自司徒长孙嵩以下普增爵位,以卢鲁元为中书监,刘絜为尚书令,尉眷、刘库仁等八人分典四部。以罗结为侍中、外都大官,总三十六曹事。结时年一百七,精爽不衰,焘以其忠悫亲任之,使兼长秋卿,监典后宫,出入卧内,年一百一十乃听归老,朝廷每有大事,遣骑访焉。又十年乃卒。

魏立天师道场。

　　魏光禄大夫崔浩研精经术,练习制度,凡朝廷礼仪、军国书诏,无不关掌。不好老、庄书,曰:"此矫诬之说,不近人情。老聃习礼,仲尼所师,岂肯为败法之书以乱先王之治乎!"尤不信佛法,曰:"何为事此胡神!"左右多毁之。魏主不得已,命浩以公归第。然素知其贤,每有疑议辄召问之。浩纤妍洁白,如美妇人。常自谓才比张良而稽古过之。既归第,因修服食养性之术。

　　初,嵩山道士寇谦之修张道陵之术,自言尝遇老子降,命继道陵为天师,授以辟谷轻身之术,使之清整道教。又遇神人李谱文,云老子之玄孙也,授以《图箓真经》,使之辅佐北方太平真君,出天宫静轮之法。谦之奉其书献于魏主,朝野多未之信,浩独师受其术,且上书曰:"圣王受命必有天应,《河图》《洛书》皆寄言于虫兽之文,未若今日人神接对,手笔粲然,辞旨深妙,自古无比,岂可以世俗常虑而忽上灵之命哉!"帝欣然,使谒者奉玉帛、牲牢祭嵩岳,迎致

北魏太宗拓跋嗣去世,世祖太武帝拓跋焘即位。自司徒长孙嵩以下一并擢升爵位,任命卢鲁元为中书监,刘絜为尚书令,尉眷、刘库仁等八人分掌东、西、南、北四部。又任命罗结为侍中、外都大官,总管三十六曹的事务。罗结当时已经一百零七岁,精明不衰,太武帝以为他忠厚憨直,对他十分亲近和信任,让他兼任长秋卿,监管后宫,可以出入宫室寝殿,直至一百一十岁时,才准许他告老回家,朝廷每有大事,会派人骑马去请教他。十年后,才去世。

北魏设立天师道场。

北魏光禄大夫崔浩致力经术,熟悉谙习典章制度,凡是朝廷礼仪、军国诏书,无不掌管。他不喜好老子、庄子的著述,并说:"这是不近人情的以假托名义进行诬陷的学说。老聃研习礼仪,为孔子的老师,怎么肯写出败坏礼法的书来扰乱先王之治呢!"崔浩更不信佛法,他说:"为什么要崇拜这个胡人的神!"因而北魏太武帝左右的近臣常常诽谤崔浩。太武帝迫不得已,只好让崔浩以公爵的身份返回私宅。可是太武帝向来知道崔浩的贤能,每当遇有疑义不决的问题总是召请崔浩,咨询他的意见。崔浩细小妍美,肌肤洁白,如同美丽的妇人。他常自称才能可与张良相比,而在稽考古制方面更超过张良。他返回私宅后,才研修服丹养性的道术。

当初,嵩山道士寇谦之修炼张道陵的方术,自称曾经遇见老子降临,命令他继张道陵之后做天师,并传授他不食五谷而能够轻举升腾的方法,命令他对道教进行清理整顿。他又遇到神人李谱文,自称是老子的玄孙,授给他《图箓真经》,让他辅佐北方的太平真君,并献出天宫静轮之法。寇谦之把他的书奉献给太武帝,朝野上下大都不相信,崔浩却独自师承他学习法术,并且上书说:"圣明的君主接受天命,上天必然会有祥瑞相应,《河图》《洛书》都依附于虫书兽文之中,而不像今天这样人神相会晤对,手书笔迹明白清晰,辞意深奥奇妙,自古没有可比的,怎么能用世俗人的想法而疏忽上天的旨令呢!"太武帝欣然同意,指派谒者带着瑞玉缣帛和供祭祀用的牲畜前往嵩山祭拜,并迎接

谦之弟子以崇奉天师,显扬新法。起天师道场于平城东南,重坛五层,月设厨会数千人。

甲子(424) 宋景平二,太祖文帝义隆元嘉元,魏世祖太武帝焘始光元年。

春正月,宋废其庐陵王义真为庶人。

宋主义符居丧无礼,好与左右狎昵,游戏无度。特进致仕范泰上书谏之不听。泰,宁之子也。

庐陵王义真警悟好文而性轻易,与谢灵运、颜延之、慧琳道人情好款密。尝云:"得志之日,以灵运、延之为宰相,慧琳为西豫州都督。"灵运,玄之孙也,性褊傲,不遵法度,自谓才能宜参权要,常怀愤悒。延之,含之曾孙也,嗜酒放纵。

徐羡之等恶义真与两人游,义真故吏范晏从容戒之,义真曰:"灵运空疏,延之隘薄,魏文帝所谓'古今文人类不护细行'者也。但性情所得,未能忘言于悟赏耳。"于是羡之等以为灵运、延之构扇异同,非毁执政,皆出为郡守。

始,义真至历阳,多所求索,执政每裁量不尽与,义真怨之,表求还都,参军何尚之屡谏不听。时羡之等已密谋废宋主,而次立者应在义真。乃因义真与宋主有隙,先奏列其罪恶,废为庶人,徙新安郡。前吉阳令张约之上疏曰:"庐陵王少蒙先皇优慈之遇,长受陛下睦爱之恩,故在心必言,

寇谦之的弟子,表示崇尊天师,宣扬新法。在平城东南建立天师道场,兴筑五层高的祭坛,每月设厨会客达数千人。

宋文帝

甲子(424)　宋少帝刘义符景平二年,宋太祖文帝刘义隆元嘉元年,北魏世祖太武帝拓跋焘始光元年。

春正月,刘宋朝廷将庐陵王刘义真贬为平民。

宋少帝刘义符在为父亲宋武帝刘裕服丧期间,不拘礼节,喜好与左右近侍亲昵轻佻,游乐嬉戏毫无限度。已经退休的特进官范泰上书劝谏,刘义符不予理睬。范泰是范宁的儿子。

庐陵王刘义真机警聪慧,爱好文学,但是性情轻浮,与谢灵运、颜延之、慧琳道人等情趣相投,过从密切。他曾经说:"我登基的时候,就任命谢灵运、颜延之为宰相,慧琳道人为西豫州都督。"谢灵运是谢玄的孙子,性格孤傲,器量狭小,不遵法度,自认为论才能应该参与国家机要人政,因而常常愤恨郁闷。颜延之是颜含的曾孙,酷爱饮酒,放荡不羁。

徐羡之等厌恶刘义真与谢、颜二人交游,刘义真的旧部范晏也曾婉言劝诫刘义真,刘义真却说:"谢灵运思想空疏,颜延之见识浅薄,正是魏文帝曹丕所说的'古今文人大都不拘小节'。但是我们性情投合,不能忘言于古人所谓的互相理解推许而心领神意的境地。"于是,徐羡之等认为谢灵运、颜延之挑拨是非,诋毁执政权臣,把他俩全都调离京师担任郡守。

起初,刘义真来到历阳,向朝廷索求无厌,执掌朝政的权臣往往裁减,不完全答应他的要求,刘义真怨恨不平,并上书请求回到京都建康,参军何尚之多次劝阻不听。当时,徐羡之等人已经密谋策划废黜少帝刘义符,而后即位的应是刘义真。于是便利用刘义真和少帝刘义符的矛盾,先上奏列举刘义真的罪恶行径,将他贬为平民,放逐到新安郡。前吉阳县令张约之上奏章说:"庐陵王刘义真自小就得到先皇武帝优厚慈爱的待遇,长大后又蒙受陛下和睦友爱的恩宠,所以心里的话必定要倾吐出来,

容犯臣子之道。宜在容养,录善掩瑕,训尽义方,进退以渐。今猥加剥辱,幽徙边郡,上伤陛下常棣之笃,下令远近恫然失图。臣伏思大宋开基造次,根条未繁,宜广树藩戚,敦睦以道。人谁无过,贵能自新。以武皇之爱子,陛下之懿弟,岂可以其一眚长致沦弃哉!"书奏见杀。

夏五月,宋徐羡之、傅亮、谢晦废其主义符为营阳王,迁于吴。六月,杀之,迎宜都王义隆于江陵。弑庶人义真,以谢晦行都督荆、湘等州军事。

羡之等将废义符,以檀道济先朝旧将,威服殿省,乃召道济及江州刺史王弘入朝,以谋告之。谢晦聚将士于府内,使中书舍人邢安泰、潘盛为内应。夜邀道济同宿,晦悚动不得眠,道济就寝便熟。

时义符于华林园为列肆,亲自沽卖,与左右即龙舟而寝。道济引兵入云龙门,安泰等先诫宿卫,莫有御者。军士进杀二侍者,扶义符出,收玺绶,群臣拜辞,卫送故太子宫。

侍中程道惠劝羡之等立南豫州刺史义恭。羡之等以宜都王义隆素有令望,乃称皇太后令,数义符过恶,废为营阳王,以义隆纂承大统。迁义符于吴,使邢安泰就弑之。义符多力,突走出昌门,追者以门关踣而弑之。

傅亮帅行台百官奉法驾迎义隆于江陵。尚书蔡廓谓曰:"营阳在吴,宜厚加供奉。一旦不幸,卿诸人有弑主之名,欲立于世将可得邪?"时亮已与羡之议害义符,乃

或许触犯了君臣之道。这样,应当对他宽恕,扬善隐瑕,以各种恰当的方法进行教诲开导,升降进退要舒缓勿躁。如今朝廷骤然剥夺他的王位,幽禁流放到边远的新安郡,在上伤害了陛下的手足亲情,在下让远近的人仓皇失措。我心想,我们大宋朝建立不久,宗支尚未繁盛,应该广泛树立藩属屏障,相互敦厚和睦。谁人能没有过失,可贵的是能够悔过自新。作为武皇的爱子,陛下的仁弟,怎么能因为他一时的过错而遭受长期冷落异地呢!"奏疏呈上后,张约之被杀。

夏五月,刘宋的徐羡之、傅亮、谢晦废黜少帝刘义符为营阳王,迁徙到吴郡。六月,杀害刘义符,到江陵迎接宜都王刘义隆。贬为庶人的前庐陵王刘义真被杀,由谢晦行荆、湘等州军事。

徐羡之等人将要废黜刘义符,因为檀道济是武帝朝的老将,威望震慑朝廷内外,于是征召檀道济和江州刺史王弘入朝,把废黜少帝的图谋告诉他们。谢晦在府内聚集将士,让中书舍人邢安泰、潘盛作为内应。晚上,谢晦邀请檀道济睡在一起,谢晦恐惧得不能入睡,檀道济却躺下去就睡熟了。

当时,少帝刘义符在华林园中建立成列的店铺,他亲自做买卖,晚间就与左右侍从睡在龙舟上。檀道济率兵进入云龙门,邢安泰等事先嘱咐了值宿的禁卫军,因而无人阻拦。军士闯入龙舟杀掉两名侍从,将刘义符扶出,收缴了他的玺印,文武大臣叩拜辞行后,把刘义符护送到他的旧居太子宫。

侍中程道惠劝说徐羡之等拥立南豫州刺史刘义恭。徐羡之等以为宜都王刘义隆向来受人景仰,于是便假称奉皇太后之命,列举刘义符的过失罪状,废为营阳王,由刘义隆继承帝位。同时,把刘义符送到吴郡,又派邢安泰前去行刺他。刘义符年轻力壮,突围冲出昌门,追兵用门闩将他捶死。

傅亮率行台百官和皇帝专用的车驾前往江陵迎接刘义隆。尚书蔡廓对傅亮说:"营阳王刘义符在吴郡,应该给予丰厚的供奉。万一发生不幸,你们几人有弑君的罪名,那时候纵然想存活世间还有可能吗?"当时傅亮已和徐羡之商议谋害刘义符,于是

驰信止之,不及。羡之大怒曰:"与人共计议,如何旋背即卖恶于人邪!"羡之等遣使杀义真。以荆州地重,恐义隆至,或别用人,乃矫以录命除谢晦都督、刺史,欲令居外为援,精兵旧将悉以配之。

七月,行台至江陵,立行门于城南,题曰"大司马门"。傅亮帅百僚诣门,上表进玺绶。义隆时年十八,下教曰:"猥以不德,谬降大命,顾己兢悸,何以克堪!当暂归朝廷,展哀陵寝,并与贤彦申写所怀。望体其心,勿为辞费。"府州佐史并称臣,请榜诸门,一依宫省。义隆不许。教纲纪宥见刑,原逋责。

诸将佐闻二王死,皆疑不可东下。司马王华曰:"先帝有大功于天下,四海所服,虽嗣主不纲,人望未改。羡之中才寒士,亮布衣诸生,受寄崇重,未容遽敢背德。畏庐陵严断,将来必不自容。以殿下宽慈,越次奉迎,冀以见德,悠悠之论,殆必不然。又此五人同功并位,孰肯相让?就怀不轨,势必不行。废主若存,虑其将来受祸,致此杀害,盖由贪生过深。不过欲握权自固,以少主仰待耳。"义隆曰:"卿复欲为宋昌邪!"长史王昙首、南蛮校尉到彦之皆劝行,乃命华留镇荆州。欲使彦之将兵前驱,彦之曰:"了彼不

急忙给徐羡之写信，阻止他杀害刘义符，可惜太晚了。徐羡之大怒说："与人共同商议的事，为什么转过身就出卖恶名给别人呢！"徐羡之等又派人杀掉刘义真。徐羡之认为荆州地处要冲，恐怕刘义隆抵京后，也许委任他人，于是急忙以录尚书事的名义，任命谢晦代理都督荆、湘等七州诸军事和荆州刺史，想让他作为外援，并替他配备精兵强将。

　　七月，行台抵达江陵，在城南设立行门，题名为"大司马门"。傅亮率领文武百官来到大司马门，向刘义隆呈上奏章，献出系着丝绳的御玺。刘义隆时年十八岁，他发布文告说："我无德无才，却蒙上天的错爱降下大命，实在惊恐不安，怎能担承如此大任！现在暂且返回建康，哀悼祖先陵墓，并与朝中贤臣申诉我的怀抱。深望诸位体谅我的用心，其余不再赘言。"荆州府州属吏等都称臣，请求更改各门名称，一切都依照皇宫的官署设置。刘义隆没有同意。刘义隆还命令州府佐掾属吏宽恕已判刑的囚徒，免除拖欠的债务。

　　刘义隆左右的将领听说刘义符、刘义真二人已死，都认为可疑，劝他不可东去建康。司马王华说："先帝为天下建立大功，四海敬服，虽然少帝无道，但是朝廷并没有失去威望。徐羡之是才具中等的寒士，傅亮也是由布衣起家的书生，他们接受托孤之命，享有崇贵的权位，不会马上背信弃义。只怕庐陵王对他们不宽宥，将来无地自容，才加害他。因为殿下宽厚仁慈，他们才破格率百官来奉迎，是希望殿下感恩戴德，至于那些庸俗无聊的议论，大概不合实情。再说，徐羡之等五人的功劳地位不相上下，谁肯拱手谦让？即使有人心怀不轨，也势必不能得逞。如果刘义符存活人世，他们担心将来遭受祸害，因而导致谋害营阳王的事端，这是他们过于贪生怕死的缘故。徐羡之等人只不过想掌握重权来巩固自己的地位，奉立年轻的君主对他们产生依赖而已。"刘义隆说："你还想做宋昌第二吗！"长史王昙首、南蛮校尉到彦之都劝说刘义隆起身东行，于是刘义隆命令王华留守荆州。刘义隆想让到彦之率兵先行开道，到彦之说："如果料定他们不

反,便应朝服顺流。若使有虞,此不足恃,更开嫌隙之端,非所以副远迩之望也。"会雍州刺史褚叔度卒,乃遣彦之权镇襄阳。

义隆遂发江陵,引见傅亮,号泣哀动左右。既而问义真及少帝薨废本末,悲哭呜咽,侍侧者莫能仰视。亮流汗不能对,乃布腹心于到彦之、王华等,深自结纳。义隆以府州文武自卫,台官众力不得近部伍。参军朱容子抱刀处舟户外,不解带者累旬。

秋,秦攻凉,败之。 八月,宋主义隆立。

宜都王义隆至建康,群臣迎拜于新亭。徐羡之问傅亮曰:"王可方谁?"亮曰:"晋文、景以上人。"羡之曰:"必能明我赤心。"亮曰:"不然。"

义隆谒初宁陵,还止中堂。百官奉玺绶,义隆辞让数四,乃受之,遂即位。大赦,谒太庙,复庐陵王先封,迎其枢还建康。以行荆州刺史谢晦为真。晦将行,问蔡廓曰:"吾其免乎?"廓曰:"卿受先帝顾命,任以社稷,废昏立明,义无不可。但杀人二兄而以之北面,挟震主之威,据上流之重,以古推今,自免为难。"晦始惧不得去,既发,喜曰:"今得脱矣!"

徐羡之等进位有差。有司奏车驾依故事临华林园听讼。诏曰:"政刑多所未悉,可如先者二公推讯。"乃以王昙首、王华为侍中,竟陵王义宣镇石头。

反,就应该穿着朝服顺流而下。假若发生不测,这支军队难以倚仗,反而又使他们猜疑产生仇怨,不符合远近民众寄予我们的期望。"正好赶上雍州刺史褚叔度去世,刘义隆便派到彦之暂且驻守襄阳。

于是,刘义隆从江陵出发,接见傅亮时,痛哭不已,左右的侍从无不被刘义隆的悲伤情绪所感动。过后不久,刘义隆向傅亮问及刘义真被杀和少帝刘义符被废的原委,不胜哀恸,泣不成声,连旁边的侍从都不敢抬头看他。傅亮汗流浃背,无言应对,于是傅亮向到彦之、王华等人推心置腹,主动结交深厚的关系。刘义隆任用府州文武官员自行保卫,傅亮率领的朝廷文武百官和军队不能接近他的队伍。参军朱容子抱着刀守卫在刘义隆乘坐的船舱外,衣不解带长达几十天。

秋季,西秦出兵打败北凉。 八月,宋文帝刘义隆即位。

宜都王刘义隆抵达建康,朝廷文武群臣前往新亭迎拜。徐羡之向傅亮问道:"宜都王可比作谁?"傅亮说:"他在晋文帝、晋景帝以上。"徐羡之说:"他一定能明白我的赤诚之心。"傅亮说:"不见得。"

刘义隆拜谒其父宋武帝刘裕的初宁陵,回来停息在中堂。文武百官奉上玺印,刘义隆推让数次才接受,于是在中堂即皇帝位。大赦天下,谒告祖庙,恢复庐陵王的封号,并将其灵柩迎回建康。刘义隆把代理荆州刺史谢晦改为实任。谢晦赴任前,问蔡廓说:"我能够幸免吗?"蔡廓答道:"你接受先帝的遗诏,担负社稷重任,废黜昏君,拥立明主,可谓合乎道义。但是,杀害他的两个哥哥,而又北面称臣,挟持震主的威势,占据上流重镇,以往古可以推知今天,你恐怕难于幸免。"谢晦开始害怕不能脱身,等到出发之后,他高兴地说:"现在总算脱离险境了!"

徐羡之等人也都得到不同的加官进位。有关部门奏请宋文帝刘义隆,按惯例亲临华林园听理诉讼。宋文帝下诏说:"我对于政刑很多都不熟悉,可以像先前那样,由徐羡之、王弘二公审断。"宋文帝又任命王昙首、王华为侍中,让竟陵王刘义宣镇守石头。

羡之等欲遂以彦之为雍州,不许,征为中领军,委以戎政。彦之自襄阳南下,谢晦虑彦之不过己。彦之至杨口,步往江陵,深布诚款。晦亦厚自结纳,由此大安。

柔然寇魏。

柔然纥升盖可汗闻魏太宗殂,将六万骑入云中,攻拔盛乐宫。魏主自将轻骑讨之,三日三夜至云中。纥升盖引骑围之五十余重,骑逼马首,相次如堵。将士大惧,魏主颜色自若,众情乃安。纥升盖弟子於陟斤为大将,魏人射杀之。纥升盖惧,遁去。

冬十一月,吐谷浑王阿柴卒,弟慕璝立。

阿柴有子二十人。疾病,召诸子弟谓之曰:"先公车骑舍其子拾虔而授孤,孤敢私于纬代而忘先君之志乎!我死,汝曹当奉慕璝为主。"纬代者阿柴之长子,慕璝者阿柴之母弟、叔父乌纥提之子也。

阿柴又命诸子各献一箭,取一箭授其弟慕利延使折之。慕利延折之。又取十九箭使折之,不能折。阿柴乃谕之曰:"汝曹知之乎?孤则易折,众则难摧。汝曹当戮力一心,然后可以保国宁家。"言终而卒。

慕璝亦有才略,抚纳秦、凉失业之民及氐、羌杂种至五六百落,部众转盛。

十二月,魏伐柔然,大获。　宕昌朝贡于魏。

宕昌,羌之别种也。羌地东接中国,西通西域,长数千里。各有酋帅,部落分地,不相统摄。而宕昌最强,有民二万余落,诸种畏之。

徐羡之等想随即任命到彦之为雍州刺史，宋文帝不同意，于是征召到彦之担任中领军，负责军政事务。到彦之从襄阳南下赴任，谢晦心想到彦之不会来看望自己。到彦之抵达杨口后，竟然步行来到江陵探视谢晦，深深地表达自己的诚意。谢晦也厚情相待，并从此非常安心。

柔然汗国侵犯北魏。

柔然汗国纥升盖可汗郁久闾大檀得知北魏太宗拓跋嗣的死讯后，率领六万骑兵进入云中地区，攻克盛乐宫。北魏太武帝亲率轻骑征讨柔然军，三天三夜赶到云中。纥升盖可汗带领骑兵将太武帝的军队包围五十余重，直逼马首，依次排列，严如壁垒。北魏将士十分害怕，太武帝的神色安然自若，群情于是镇静下来。纥升盖可汗弟弟的儿子郁久闾於陟斤是柔然军大将，魏兵用箭把他射死。纥升盖可汗恐惧地率军逃走。

冬十一月，吐谷浑王慕容阿柴去世，其弟慕容慕璝继位。

慕容阿柴有二十个儿子。他病重时，召集各个子弟，对他们说："先公车骑将军放弃他的儿子拾虔，却把汗位授予我。我怎么敢私自把汗位传给自己的儿子慕容纬代而忘记先君的志向呢！我死后，你们要拥立慕容慕璝为可汗。"慕容纬代是慕容阿柴的长子，慕容慕璝是阿柴同母异父的弟弟、叔父慕容乌纥提的儿子。

慕容阿柴又让诸子各自献出一箭，抽取其中一支交给他的弟弟慕容慕利延，让他折。慕容慕利延把箭折断。慕容阿柴又拿出其余的十九支箭，让慕容慕利延折，他不能折断。于是慕容阿柴告诫他们说："你们知道吗？单独一箭容易折断，众多支箭就难以摧残。你们应当同心协力，然后才能保国宁家。"说完死去。

慕容慕璝也富有雄才大略，他安抚接纳了秦州、凉州失业流民和氐、羌等部族达五六百落，力量不断壮大。

十二月，北魏征伐柔然汗国，大获全胜。　宕昌向北魏朝贡。

宕昌是羌族的一支。羌族地域东与中原相接，西与西域交通，长达数千里。羌人各有首领，落部之间分地而居，互不统辖。其中宕昌部最为强大，拥有民众两万余落，各部族都畏惧宕昌部。

夏世子瑭杀其弟伦,伦兄昌讨瑭,杀之。

夏主将废太子瑭而立少子伦。瑭将兵伐伦,伦拒之,败死。伦兄昌袭瑭,杀之,并其众,归于统万。夏主大悦,立昌为太子。

夏主好自矜大,名其四门:东曰招魏,南曰朝宋,西曰服凉,北曰平朔。

乙丑(425) 宋元嘉二年,魏始光二年,夏主赫连昌承光元年。
春正月,宋主始亲听政。
徐羡之、傅亮上表归政,三上,许之。羡之仍逊位还第。徐佩之等并谓非宜,敦劝甚苦,乃复奉诏视事。

二月,燕有女子化为男。
燕有女子化为男,燕主以问群臣。傅权对曰:"西汉之末,雌鸡化雄,犹有王莽之祸。况今女化为男,臣将为君之兆也。"

三月,魏主尊保母窦氏为保太后。
魏主母密太后杜氏之俎也,太宗以窦氏慈良有操行,使保养之。窦氏抚视有恩,训导有礼,世祖德之,故加以尊号,奉养不异所生。

魏以长孙嵩为太尉,长孙翰为司徒,奚斤为司空。夏四月,秦袭凉于临松,败之。 魏遣使如宋。

始复通也。
六月,武都王杨盛卒,子玄立。

夏世子赫连璝杀害弟弟赫连伦,哥哥赫连昌率兵讨伐赫连璝,赫连璝被杀。

夏主赫连勃勃准备废黜太子赫连璝而另立幼子赫连伦。赫连璝得知后,率兵征伐赫连伦,赫连伦抵御,失败而死。赫连伦的哥哥赫连昌袭击并斩杀赫连璝,被收服的赫连璝的军队回到国都统万城。赫连勃勃非常高兴,便立赫连昌为太子。

夏主赫连勃勃好骄傲自大,将统万的四个城门分别命名为:东门称招魏门,南门称朝宋门,西门称服凉门,北门称平朔门。

乙丑(425)　宋元嘉二年,北魏始光二年,夏主赫连昌承光元年。

春正月,宋文帝刘义隆开始临朝听政。

徐羡之、傅亮上表请求宋文帝归朝亲政,上表三次,宋文帝才准许。徐羡之于是辞职回家。徐佩之等人都认为徐羡之不该退休,并极力敦促劝勉他继续效力朝廷,徐羡之就再次接受诏命任职。

二月,北燕国有一女子变成男子。

北燕国有个女子变化为男子,燕主就这件事向群臣征询意见。傅权回答说:"西汉末年,有母鸡变为公鸡,尚且发生王莽篡权的祸变。何况今天是女子变为男子,这将预示着臣僚将要做君主。"

三月,北魏太武帝拓跋焘尊奉曾抚养他的窦氏为保太后。

太武帝的母亲密太后杜氏去世后,太宗拓跋嗣因为窦氏慈善温良,品行端正,所以让她哺育年幼的太武帝。窦氏精心抚养,训导有方,恩礼并重,太武帝感激之至,因而加封尊号,奉养窦氏如同亲生母亲一般。

北魏任命长孙嵩为太尉,长孙翰为司徒,奚斤为司空。　夏四月,西秦袭击北凉的临松,打败北凉军。　北魏派遣使者到刘宋朝廷。

北魏和刘宋之间开始恢复交往。

六月,武都王杨盛去世,他的儿子杨玄继位。

初,盛闻晋亡,不改义熙年号,谓世子玄曰:"吾老矣,当终为晋臣,汝善事宋帝。"及卒,自称武都王,遣使告丧于宋,始用元嘉年号。宋因而封之。

秋,秦击黑水羌,破之。 八月,夏主勃勃殂,世子昌立。 冬十月,魏主伐柔然,走之。

魏大举伐柔然,五道并进。军至漠南,舍辎重,轻骑,赍十五日粮,度漠击之。柔然大惊,绝迹北走。

丙寅(426) 宋元嘉三年,魏始光三年。
春正月,宋讨徐羡之、傅亮,杀之。以王弘为司徒、扬州刺史、录尚书事,彭城王义康为都督荆、湘等州军事。谢晦举兵反江陵。

初,宋主在江陵,孔宁子为参军,及即位,以为步兵校尉。与侍中王华并有富贵之愿,疾徐羡之、傅亮专权,构之于宋主。宋主欲诛二人,并发兵讨谢晦,乃声言当伐魏取河南,又言拜京陵,治行装舰。处分异常,其谋颇泄。

晦弟曋驰使告晦,晦犹谓不然。江夏内史程道惠得寻阳人书,言"朝廷将有大处分,其事已审",封以示晦。晦以问参军何承天,承天对曰:"以王者之重,举天下以攻一州,大小既殊,逆顺又异,境外求全,上计也。以腹心屯义阳,将军帅众战于夏口,若败即趋义阳以出北境,其次也。"

当初,杨盛得知晋朝灭亡,仍不更改晋安帝的义熙年号,并对他的世子杨玄说:“我已经老朽了,应当至死做晋朝的臣属,而你却要好好奉事宋帝。”等到杨盛去世后,杨玄自称武都王,派遣使臣向刘宋朝廷报丧,开始使用元嘉年号。刘宋因此赐封杨玄为武都王。

秋季,西秦击败黑水羌族部落。 八月,夏主赫连勃勃去世,太子赫连昌继位。 冬十月,北魏太武帝拓跋焘率军讨伐柔然汗国,柔然各部逃去。

北魏大规模征伐柔然汗国,分兵五路,同时进发。大军抵达漠南后,舍弃辎重,改由轻装骑兵,带上十五天的军粮,度过大漠攻打柔然。柔然各部十分惊恐,全都向北逃难。

丙寅(426) 宋元嘉三年,北魏始光三年。

春正月,刘宋朝廷讨杀徐羡之、傅亮。任命王弘为司徒、扬州刺史、录尚书事,彭城王刘义康为都督荆、湘等州军事。谢晦在江陵举兵反叛。

当初,宋文帝在江陵时,孔宁子担任参军,等到宋文帝即皇帝位,便任命孔宁子为步兵校尉。孔宁子与侍中王华都有享受富贵的心愿,忌恨徐羡之、傅亮独揽大权,于是就在宋文帝面前挑拨离间。宋文帝准备杀害徐羡之、傅亮二人,并发兵讨伐谢晦,于是宋文帝声称要征伐北魏进取河南,又说要祭拜京口的兴宁陵,整治行装,存放于战舰。由于朝廷的举动反常,宋文帝的图谋有所泄漏。

谢晦的弟弟谢瞻赶急派人报告谢晦,谢晦仍不以为然。江夏内史程道惠收到一封寻阳人送来的信,说“朝廷将有大规模的举动,这件事已经确切无疑”,程道惠将信封好交给谢晦。谢晦就此事询问参军何承天,何承天说:“以帝王的威重,发动全国的力量进攻一州,实力大小已悬殊,民心向背又迥异,您到国境之外去保全性命,才是上策。您派心腹驻扎义阳,将军您统率大军在夏口与敌人交战,一旦失败,随即取道义阳北上出境,这是其次的计策。”

晦良久曰："荆州用武之地,兵粮易给,聊且决战,走复何晚!"乃使承天造立表檄,又与参军颜邵谋举兵。邵饮药而死。

晦立幡戒严,谓司马庾登之曰："今当自下,屈卿守城。"登之曰："亲老在都,素无部众,情计二三,不敢受旨。"晦仍问诸将佐:"战士三千足守城否?"周超对曰："非徒守城而已,若有外寇,可以立功。"登之因请解司马以授之。晦即命超为司马,而转登之为长史。

宋主以王弘、檀道济始不预废弑之谋,弘弟昙首又所亲委,密使报弘,且召道济,欲使讨晦。王华等皆以为不可,宋主曰："道济止于胁从,本非创谋,杀害之事,又所不关,吾抚而使之,必将无虑。"

道济至,乃下诏暴羡之、亮、晦杀二王之罪,命中领军到彦之、征兆将军檀道济以时收翦,又命雍州刺史刘粹等断其走伏。

是日,诏召羡之、亮。谢晦遣人报之,羡之走至新林,自经死。亮出走被执,宋主使以诏书示之,亮曰:"亮受先帝布衣之眷,遂蒙顾托。黜昏立明,社稷之计也。欲加之罪,其无辞乎!"于是伏诛。

宋主问讨晦之策于檀道济,对曰:"臣昔与晦同从北征,入关十策,晦有其九,才略明练,殆为少敌。然未尝孤军决胜,戎事恐非其长。臣悉晦智,晦悉臣勇,今奉王命以讨之,

谢晦沉吟良久,说:"荆州是英雄施展才能的地方,兵士和粮草都容易供给,姑且决一死战,出走北境又有什么晚呢!"于是谢晦让何承天起草檄文,又与参军颜邵商讨起兵事宜。颜邵服毒自尽。

谢晦树立大旗,严加戒备,对司马庾登之说:"我现在就要亲自发兵东征,委屈你守卫江陵城。"庾登之说:"我的双亲都在建康,而我向来没有部众,经过再三考虑,我不敢接受您的命令。"谢晦又问诸将领说:"三千战士能够守城吗?"周超回答说:"不只是守城,若有外寇侵犯,还可以立功。"庾登之因而请求解除司马官职,授给周超。谢晦当即任命周超为司马,而改任庾登之为长史。

宋文帝认为王弘、檀道济最初没有参与废黜刘义真、杀害刘义符的阴谋,王弘的弟弟王昙首又是自己所宠爱信任的人,因而秘密派人告诉王弘,并且征召檀道济,想让他去讨伐谢晦。王华等人都以为不该这样做,宋文帝却说:"檀道济只不过是受胁迫而跟从的人,本不是首谋,至于杀害之事,更与他没有关联,我安抚并起用他,一定不会有什么忧虑。"

檀道济抵达建康后,宋文帝便下诏揭露徐羡之、傅亮、谢晦杀害营阳王刘义符、庐陵王刘义真的罪状,命令中领军到彦之、征北将军檀道济将他们及时收捕斩首,又命令雍州刺史刘粹等切断他们逃跑潜伏的后路。

这一天,宋文帝下诏召见徐羡之、傅亮。谢曒派人通知他们,徐羡之逃到新林,上吊自杀。傅亮逃跑出城被捕,宋文帝让人拿诏书给他看,傅亮说:"我一介平民,承蒙先帝爱重,赋予辅佐遗托。废黜昏君,拥立明主,是国家的大计。你们想把罪过强加于我,难道没有借口吗!"于是傅亮被杀。

宋文帝向檀道济询问讨伐谢晦的计策,檀道济回答说:"我过去与谢晦一同北征,当时得以入关的十大计策有九项是由谢晦提出的,他的才能谋略,精明干练,大概很少有对手。然而他未曾单独率领军队打过胜仗,军事作战恐怕不是他的长处。我明白他的才智,他了解我的勇敢,如今我奉帝王的诏命讨伐他,

可未陈而擒也。”征王弘为侍中、司徒、录尚书事、扬州刺史,彭城王义康为荆湘都督、荆州刺史。

晦闻徐、傅等已诛,自出射堂勒兵,数日间四远投集,得精兵三万。奉表称羡之、亮等忠贞,横被冤酷,皆王弘、王昙首、王华险躁猜忌,谗构成祸,今当举兵以除君侧之恶。

闰月,宋子劭生。

初,袁皇后生皇子劭,后自详视,使驰白宋主曰:“此儿形貌异常,必破国亡家,不可举。”即欲杀之。宋主狼狈至后殿户外禁之,乃止。以尚在谅阴,故秘之。至是,始言劭生。

宋主自将讨谢晦。二月,杀之。

宋主下诏戒严,诸军进路以讨谢晦。晦帅众二万发江陵,列舟舰自江津至于破冢,旌旗蔽日。叹曰:“恨不得以此为勤王之师!”

晦欲遣兵袭湘州刺史张邵,何承天以邵兄茂度与晦善,曰:“邵意趣未可知,不宜遽击之。”晦以书招邵,不从。

宋主发建康,谢晦下至江口,到彦之已至彭城洲。庾登之据巴陵,畏懦不敢进。会霖雨连日,参军刘和之曰:“彼此有雨耳,东军方强,唯宜速战。”登之作大囊贮茅悬于帆樯,云可焚舰,宜须晴以缓战期。晦然之,停军十五日,乃使孔延秀攻彭城洲及洲口栅,陷之。诸将欲还夏口,到彦之不可,乃保隐圻。

可以在摆开战阵之前将他擒获。"宋文帝又任命王弘为侍中、司徒、录尚书事、扬州刺史,彭城王刘义康为都督荆湘等八州诸军事、荆州刺史。

谢晦听说徐羡之、傅亮等已经被杀,于是亲自出射堂统率军队,几天之内,四方边远的人投奔而来,得到精兵三万人。谢晦上表声称徐羡之、傅亮等忠贞不渝,却横遭冤枉残害,这都是王弘、王昙首、王华一伙凶险诡诈、猜忌挑拨所酿成的祸害,我现在要发兵来清除陛下身边的恶棍。

闰正月,宋文帝刘义隆的儿子刘劭降生。

当初,袁皇后生下皇子刘劭,她独自仔细地看过之后,急忙派人告诉宋文帝说:"这个孩子相貌非同寻常,将来必定会导致国破家亡,不能抚养他。"当即就要弄死刘劭。宋文帝仓促不堪地赶到后殿门外阻止,于是刘劭才得以活命。由于宋文帝正在为父亲守丧,所以皇子降生的事秘不外传。至此,才宣布刘劭诞生。

宋文帝刘义隆亲自率军讨伐谢晦。二月,谢晦被杀。

宋文帝下诏令戒严,各路大军出发讨伐谢晦。谢晦率兵两万自江陵出发,战船从江津排列到破冢,旌旗飘扬,遮天蔽日。谢晦叹息说:"我恨不得将此作为救援王朝的军队!"

谢晦想派兵袭击湘州刺史张邵,何承天以为张邵的哥哥张茂度与谢晦交好,就说:"张邵的意图旨趣尚不明确,不应当马上进攻他。"谢晦写信招抚张邵,张邵不肯服从。

宋文帝从建康出发,谢晦抵达江口,到彦之已经进至彭城洲。庾登之据守巴陵,胆小怯懦,不敢前进。正赶上大雨连绵不止,参军刘和之对庾登之说:"敌我双方都遇到大雨,东来的官军实力正强,我们应该速战速决。"庾登之制作大口袋,内贮茅草,悬挂在桅杆上,声称可以焚烧敌舰,以火攻须等到晴天为借口,来延缓战期。谢晦准许庾登之的做法,一直停息十五天,才让孔延秀率兵攻克彭城洲及其洲口设置的栅垒,攻陷了它们。官军诸将想退回到夏口,到彦之不同意,于是保守隐圻。

初,晦与徐、傅为自全之计,以为晦据上流,而道济镇广陵,各有强兵;羡之、亮居中秉权,可得持久。至是,闻道济来,惶惧无计。道济既至,与彦之军合。晦始见舰数不多,不即出战。至晚,因风帆上,前后连咽。西人离沮,无复斗心,一时皆溃。晦夜还江陵。

先是,宋主遣刘粹自陆道帅步、骑袭江陵,周超逆战,破之。晦旧与粹善,又以其子旷之为参军,宋主疑之。王弘曰:“粹无私,必无忧也。”及受命南讨,一无所顾。晦亦不杀旷之,遣还粹所。

俄而晦败间至,超诣彦之降。晦众散略尽,乃携其弟遯等北走,为人所执,槛送建康。

何承天自归于彦之,彦之因监荆州府事。于是诛晦、曤及其党孔延秀、周超等。晦女彭城王妃被发徒跣,与晦诀曰:“大丈夫当横尸战场,奈何狼藉都市!”晦之走也,左右皆弃之,唯延陵盖追随不舍,宋主以盖为镇军功曹督护。

三月,宋以谢灵运为秘书监、颜延之为中书侍郎。
宋主还建康,既征灵运、延之用之,又以慧琳善谈论,因与议朝廷大事,遂参权要,宾客辐凑,四方赠赂相系。琳著高屐,披貂裘,置通呈、书佐。会稽孔顗曰:“遂有黑衣宰相,可谓冠屦失所矣!”

夏五月,宋以檀道济为江州刺史,到彦之为南豫州刺史。   宋遣使巡行郡县。

当初,谢晦和徐羡之、傅亮为了保全自己起见,就让谢晦占据长江上流,而檀道济镇守广陵,各自拥有强兵;徐羡之、傅亮居朝中把持大权,可长久维持稳定。至此,谢晦听说檀道济率兵而来,不禁惊慌,束手无措。檀道济赶到后,与到彦之的军队会合。谢晦起初看见他们战舰不多,不急于主动出击。到了晚上,东风鼓帆,官军的战舰连接不断,前后塞满江面。谢晦的军队气馁心丧,不再有斗志,顷刻之间,全军溃败。谢晦连夜逃回江陵。

在此之前,宋文帝派遣刘粹从陆路率领步、骑兵袭击江陵,周超迎战,打败刘粹。谢晦过去与刘粹友善,又任命他的儿子刘旷之为参军,因而宋文帝对刘粹怀有疑心。王弘说:"刘粹没有私心,一定不要担心。"等到刘粹奉命南讨,一无反顾。谢晦也没有杀害刘旷之,将他遣回到刘粹身边。

不久,谢晦败阵归来,周超却前去投降到彦之。谢晦的部众全都逃散,于是他携带弟弟谢遯等人向北逃奔,被人俘获后,用囚车押送到建康。

何承天向到彦之投诚,到彦之于是监理荆州政务。这时,宋文帝下令诛杀谢晦、谢曈及其同党孔延秀、周超等人。谢晦的女儿、彭城王妃披发赤脚,与父亲诀别说:"大丈夫应当战死在沙场,如何沦落到衣冠不整地在都市问斩!"谢晦败逃时,身边的亲信都弃他而去,只有延陵盖一人追随不舍,宋文帝便任命延陵盖为镇军功曹督护。

三月,刘宋朝廷任命谢灵运为秘书监、颜延之为中书侍郎。

宋文帝回到建康,征召起用谢灵运和颜延之之后,因为慧琳道人善于谈说论议,所以宋文帝常跟他商讨朝廷大事,慧琳道人因而得以参与国家机要,宾客盈门,各地赠送礼物的人络绎不绝。慧琳道人脚穿高屐,身披貂皮大衣,配置负责传达通呈官和掌管书翰的佐吏。会稽孔颛说:"如今有身着道袍的黑衣宰相,真可谓本末倒置!"

夏五月,刘宋朝廷任命檀道济为江州刺史,到彦之为南豫州刺史。　刘宋朝廷派遣使者巡察各郡县。

遣散骑常侍袁渝等十六人分行诸州郡县，观察吏政，访求民隐。又使郡县各言损益。

宋主亲临听讼。

宋主临延贤堂听讼，自是每岁三讯。左仆射王敬弘性恬淡，有重名，关署文案，初不省读。尝预听讼，宋主问以疑狱，敬弘不对。上变色问左右："何故不以讯牒副仆射！"敬弘曰："臣乃得讯牒读之，正自不解。"宋主甚不悦，虽加礼敬，不复以时务及之。

六月，宋以王华、王昙首、殷景仁、刘湛为侍中，谢弘微为黄门侍郎。

王华以王弘辅政，王昙首为宋主所亲任，与己相埒，自谓力用不尽，每叹息曰："宰相顿有数人，天下何由得治！"是时，宰相无常官，唯人主所与议论政事，委以机密者皆宰相也。亦有任侍中而不为宰相者，然尚书令、仆射、中书监令、侍中、侍郎、给事中皆当时要官也。

华与刘湛、王昙首、殷景仁俱为侍中，风力局干，冠冕一时。

黄门侍郎谢弘微与华等皆宋主所重，当时号曰五臣。弘微精神端审，时然后言，婢仆之前不妄语笑，由是尊卑小大敬之若神。从叔混特重之，常曰："微子异不伤物，同不害正，吾无间然。"

初，混尚晋晋陵公主，混死，诏绝婚，公主悉以家事委弘微。混仍世宰辅，僮仆千人，唯有二女年数岁。弘微为之纪理

宋文帝派遣散骑常侍袁渝等十六人分别到各州郡县,审视地方官吏的政绩,访求民众的隐情。同时,命令郡县长官各自奏报当地的行政得失。

宋文帝刘义隆亲临华林园延贤堂听理诉讼。

宋文帝亲自到延贤堂听断诉讼,从此,他每年参加三次审讯。左仆射王敬弘性情恬淡,深孚众望,但是在签署文件时,一点也不审查。有一次,王敬弘参加判决诉讼,宋文帝向他询问有疑问的案件,他竟然不能应对。宋文帝脸色大变,向左右侍臣问道:"你们为什么不把案卷的副本送呈王仆谢?"王敬弘说:"我看到了案卷,只是自己不明白。"宋文帝非常生气,即使对他恭敬有礼,也不再论及时事要务。

六月,刘宋朝廷任命王华、王昙首、殷景仁、刘湛为侍中,谢弘微为黄门侍郎。

王华因为王弘辅佐朝政,王昙首被宋文帝所亲近信任,与自己的地位不相上下,便自以为不能完全施展才力,常常叹息说:"当朝同时有几个宰相,国家怎能得以治理呢!"当时,朝中没有固定的宰相,只要皇帝和他议论政事,授予机密重任的人都是宰相。也有担任侍中而不是宰相的人,然而尚书令、仆射、中书监令、侍中、侍郎、给事中等都是当时的重要官职。

王华和刘湛、王昙首、殷景仁等同是侍中,他们高风亮节,精明练达,颇受时人拥戴。

黄门侍郎谢弘微和王华等都深受宋文帝倚重,当时号称五臣。谢弘微精神端庄安详,谈吐适时得当,在仆役奴婢面前从不妄自说笑,因此不论尊卑老幼都像神明一般敬奉他。他的堂权谢混对他也特别推重,常说:"谢弘微与别人相异时不损伤物类,与别人相同时不妨害正道,我简直无可挑剔。"

当初,谢混娶晋孝武帝的女儿晋陵公主为妻,谢混死后,晋安帝下诏令晋陵公主与谢氏断绝婚姻关系,晋陵公主将家事全都委托给谢弘微。谢混家历代都是朝廷的辅政大臣,府上有僮仆上千人,他只有两个年仅几岁的女儿。谢弘微帮助谢混管理

生业,一钱、尺帛皆有文簿。九年而晋亡,公主降号东乡君,听还谢氏。入门,室宇仓廪不异平日,田畴垦辟有加于旧。东乡君叹曰:"仆射平生重此子,可谓知人。仆射为不亡矣!"亲旧见者为之流涕。及东乡君卒,公私咸谓资财宜归二女,田宅、僮役应属弘微。弘微一无所取,自以私禄葬东乡君。

混女夫殷叡夺其妻妹及伯母、两姑之分以还戏责。内人皆化弘微之让,一无所争。或讥之曰:"谢氏累世财产充殷君一朝戏责,卿视而不言,譬弃物江海以为廉耳。"弘微曰:"亲戚争财,为鄙之甚。今内人尚能无言,岂可导之使争乎!分多共少,不至有乏,身死之后,岂复见关也?"

宋主欲封王昙首、王华等,拊御床曰:"此坐非卿兄弟,无复今日。"因出封诏示之。昙首固辞曰:"近日之事,赖陛下英明,罪人斯得。臣等岂可因国之灾以为身幸!"乃止。

宋遣使如魏。 秋,秦攻凉,夏袭秦苑川,秦师还。宋大旱,蝗。 冬十月,魏主自将攻夏。

魏主问公卿:"今当用兵赫连、蠕蠕,二国何先?"长孙嵩等皆曰:"赫连土著,未能为患。不如先伐蠕蠕,若追而及之,可以大获;不及则猎于阴山,取其禽兽皮角以充军实。"太常崔浩曰:"蠕蠕鸟集兽逃,举大众追之则不能及,

产业,即使是一文钱、一尺丝帛,也都登录簿册。九年后,晋朝灭亡,晋陵公主降号为东乡君,听任她返回谢家。她踏进家门,只见房屋仓库原样未变,开辟的垦地比先前有所增多。东乡君感叹地说:"谢混生前就一直看重弘微这孩子,可称得上有识人的能力。谢混后继有人了!"在场的亲戚故旧无不为之流泪。东乡君去世后,无论是官府或个人,都认为谢家的财货应归属两个女儿,而田宅和僮仆应为谢弘微所有。谢弘微却分文不取,并且拿出自己的俸禄安葬东乡君。

谢混的女婿殷叡夺取了他妻子的妹妹、伯母以及两个姑母应得的谢家财物来偿还赌债。谢家的人因为受到谢弘微谦让美德的感化,彼此间都毫无争执。有人讥刺谢弘微说:"谢家历代积蓄的财产却成为殷叡一天的赌债,你看见而不过问,犹如把财物抛入江海之中,还自以为清廉。"谢弘微说:"亲戚争夺财物,最为卑鄙下流。如今谢家内部尚能无言,怎么可以引导她们去争利呢! 再说,家财分多共少,不至于匮乏,人死之后,难道还在乎身外之物?"

宋文帝想加封王昙首、王华等人爵位,便抚摸着御床说:"如果没有你们兄弟,我今天就坐不到这里。"于是拿出封爵的诏书让他们看。王昙首一再辞让说:"近来发生的事情,全靠陛下英明决断,使罪人都得到惩处。我们怎能凭借国家的灾难而得到恩惠呢!"宋文帝于是作罢。

刘宋朝廷派遣使臣出使北魏。 秋季,西秦攻伐北凉,夏国袭击西秦苑川,西秦被迫从北凉撤军。 刘宋大旱,发生蝗灾。冬十月,北魏太武帝拓跋焘亲率大军进攻夏国。

太武帝询问公卿大臣说:"现在我们要出兵讨伐赫连和柔然,两个国家应该先讨伐哪一国?"长孙嵩等人都说:"夏国赫连氏世代定居一个地方,还不足以造成祸害。不如先去讨伐柔然,若追上他们,可以大获全胜;如果追赶不上,我们则到阴山打猎,以获取禽兽的毛皮骨角来充实军需。"太常崔浩说:"柔然人就像飞鸟一般集结,又像野兽一样逃散,出动大军追击则赶不上,

轻兵追之又不足以制敌。赫连氏土地不过千里,政刑残虐,人神所弃,宜先伐之。"

魏主亦闻夏世祖殂,诸子相图,国人不安,欲伐之。嵩等曰:"彼若城守以逸待劳,大檀闻之,乘虚入寇,此危道也。"浩曰:"往年以来,荧惑再守羽林、钩己而行,其占秦亡。今年五星并出东方,利于西伐。天人相应,不可失也。"于是遣奚斤袭蒲阪,周幾袭陕城,以薛谨为乡导。

魏主欲以李顺总前驱之兵,崔浩曰:"顺诚有筹略,然其为人果于去就,不可专委。"乃止。浩与顺由是有隙。

十一月,夏攻秦,入枹罕。 魏主入统万,别将取蒲阪及长安。

魏主行至君子津,会天暴寒冰合,帅轻骑济河袭统万。夏主方燕群臣,魏师奄至,上下惊扰。夏主出战而败,退走入城。门未及闭,魏豆代田帅众乘胜入西宫,焚其西门。宫门闭,代田逾垣而出。魏分兵四掠,杀获数万。魏主谓诸将曰:"统万未可得也,他年当与卿等取之。"乃徙其民万余家而还。

夏弘农太守不战而走,魏师乘胜长驱,遂入三辅。蒲阪守将弃城奔长安,奚斤遂克蒲阪。夏主之弟助兴自长安奔安定。十二月,斤入长安,秦、雍氐羌皆降。河西王蒙逊及氐王杨玄闻之,皆遣使附魏。

魏罢漏户缯以属郡县。

用轻装军士追赶他们又不能取胜。而赫连氏的国土不过千里,政令残忍,刑罚暴虐,受到人、神的唾弃,应当先讨伐夏国。"

太武帝也得知夏世祖赫连勃勃去世后,几个儿子相互争斗,国民惶恐不安,想进兵讨伐夏国。长孙嵩等人说:"他们如果据城严守,以逸待劳,而柔然汗国的郁久闾大檀听说后,就会乘虚进犯我国,这是危险的举措。"崔浩说:"往年以来,火星两次紧守着羽林星和钩己星运行,推占而知后秦灭亡。今年,五星同时出现在东方,预示有利于西征。可谓天人相应,机不可失。"于是,太武帝派遣奚斤袭击蒲阪,派遣周幾袭击陕城,命令薛谨为向导。

太武帝想让李顺统领前锋军队,崔浩说:"李顺确实具有筹划谋略之才,可是他为人进退果敢,不能单独委以重任。"太武帝于是停止对李顺的任命。崔浩与李顺之间因此产生裂痕。

十一月,夏国军队攻进西秦国都枹罕。 北魏太武帝拓跋焘进入夏国都城统万,另外派兵攻占了蒲阪和长安。

太武帝率军抵达君子津时,正遇上天气突然变冷,黄河冰封,他率领轻骑兵踏冰渡过黄河袭击夏都统万。夏主赫连昌正在与文武大臣欢宴豪饮,魏军从天而降,君臣上下不胜惊恐骚乱。赫连昌领兵出战失利,急忙逃回统万城。城门还没来得及关闭,北魏豆代田就率众乘胜攻进西宫,并烧毁它的西门。夏军关闭宫门,豆代田越墙出宫。魏军分兵出动,四处掳掠,斩杀或俘获夏国数万人。太武帝对诸位将领说:"统万城不能得到了,将来再和你们来攻取吧。"于是,魏军迁徙夏民一万多家回国。

夏国弘农太守不战而逃,魏军乘胜追击,长驱直入三辅地区。镇守蒲阪的夏国将领弃城逃往长安,北魏将领奚斤于是攻占蒲阪。夏主赫连昌的弟弟赫连助兴从长安逃奔到安定。十二月,奚斤率兵进入长安,夏国秦州、雍州的氐族和羌族部落全都向北魏投降。北凉河西王沮渠蒙逊和氐王杨玄闻讯后,也都派遣使臣归附北魏。

北魏停止向没有正式户籍的人家征收丝织品,让他们隶属郡县。

魏初得中原,民多逃隐。天兴中,诏采诸漏户,令输缯帛,不录郡县,赋役不均。是岁始诏罢之,以属郡县。

丁卯(427) 宋元嘉四年,魏始光四年。

春正月,魏主还平城。

魏主还平城。统万徙民道多死,能至平城者什才六七。夏平原公定帅众向长安。魏主闻之,伐木阴山,大造攻具,再谋伐夏。

宋主谒京陵。

初,高祖命藏微时耕具以示子孙。宋主至故宫,见有惭色。近侍或进曰:"大舜躬耕历山,伯禹亲事水土。陛下不睹遗物,安知先帝之至德,稼穑之艰难乎!"

夏四月,魏遣使如宋。　宋前交州刺史杜弘文卒。

弘文有疾被征,自舆就路。或劝之待病愈,弘文曰:"吾杖节三世,常欲投躯帝庭,况被征乎!"遂行,卒于广州。弘文,慧度之子也。

五月,魏主发平城。

魏奚斤与夏平原公定相持于长安,魏主欲乘虚伐统万。五月,发平城,命将军陆俟督诸军镇大碛以备柔然。

魏主至拔邻山,筑城,舍辎重,以轻骑三万倍道先行。群臣咸谏曰:"统万城坚,非朝夕可拔。不若与步兵、攻具

当初北魏取得中原时,当地民户大多逃亡隐居。天兴年间,拓跋珪下诏清查这些没有正式纳入户籍的人家,命令他们缴纳丝织品,不隶属所在郡县,因而赋税徭役多少不均。这一年,太武帝拓跋焘开始诏令停止向漏户征收丝织品,让他们隶属郡县。

丁卯(427) 宋元嘉四年,北魏始光四年。

春正月,北魏太武帝拓跋焘回到平城。

太武帝回到平城。从统万城迁来的民众很多死在路上,能够活着到达平城的只有十分之六七。夏国平原公赫连定率领部众向长安进发。太武帝知道后,便下令在阴山砍伐树木,大肆制造攻城器械,打算再次讨伐夏国。

宋文帝刘义隆祭拜京陵。

当初,宋武帝刘裕下令将他贫贱时用过的耕田农具收藏起来,以传示子孙。宋文帝刘义隆到故宫看见农具,面有惭色。他身边的侍臣中有人进言说:"古时大舜亲自在历山耕种田地,大禹亲自治理水土。陛下不看到先帝的遗物,怎么能知道先帝的大德和农事的艰难呢!"

夏四月,北魏派遣使臣到刘宋朝廷。 刘宋前交州刺史杜弘文去世。

杜弘文有病被朝廷征召,他便自己乘车上路。有人劝他等病好以后再出发,杜弘文说:"我们祖孙三代执持符节镇守交州,平常就渴望投身京城效力朝廷,何况被征召呢!"于是杜弘文抱病启程,行至广州去世。杜弘文是杜慧度的儿子。

五月,北魏太武帝拓跋焘从平城发兵攻伐夏国。

魏将奚斤和夏国平原公赫连定在长安相持不下,太武帝想乘夏国空虚进攻统万城。五月,太武帝从平城出发,命令将军陆俟督率诸军镇守大碛,以防备柔然。

太武帝抵达拔邻山,在那里修筑城堡,舍去辎重,只率领三万轻骑兵兼程先行。群臣都劝谏他说:"统万城坚固,不是一朝一夕就能够攻克下来的。不如与步兵一道,带上攻城的器械

一时俱往。"魏主曰:"用兵之术,攻城最下,必不得已,然后用之。今以步兵、攻具皆进,彼必惧而坚守。若攻不时拔,食尽兵疲,外无所掠,进退无地。不如以轻骑直抵其城,彼见步兵未至,意必宽弛。吾羸形以诱之,彼或出战则成擒矣。吾军去家二千余里,又隔大河,所谓'置之死地而后生'者也。以攻城则不足,决战则有余矣'。"遂行。

宋中护军王华卒。　六月朔,日食。　夏主及魏主战于统万,败走上邽,魏取统万。

魏主至统万,分军伏于深谷,以少众至城下。夏将狄子玉降,言:"夏主闻有魏师,召平原公定,定曰:'统万坚峻,未易攻拔。待我擒奚斤,然后徐往,内外击之,蔑不济矣。'故夏主坚守以待之。"魏主患之,乃退军以示弱,遣娥清及永昌王健西掠居民。

魏军士有亡奔夏者,言魏军粮尽,辎重在后,步兵未至,宜急击之。夏主从之,将步、骑三万出城。长孙翰等皆言夏兵步陈难陷,宜避其锋。魏主曰:"远来求贼,唯恐不出。今既出矣,乃避而不击,彼奋我弱,非计也。"遂收众伪遁,引而疲之。

夏兵为两翼,鼓噪追之。行五六里,会有风雨从东南来,扬沙晦冥。宦者赵倪曰:"今风雨从贼上来,我向彼背,

同时进发。"太武帝说："用兵的策略,攻城是最下策,必定万不得已才去攻城。现在如果步兵和攻城器械都一同进发,夏国必然因害怕而坚守统万城。如果不能即时攻克,粮草断绝,兵士疲劳,城外没有可取之物,也没有退守之地。不如先用轻骑兵直达统万城,敌人见我们步兵没有同时抵达,思想必然松懈。我们故作虚弱之态引诱敌人,他们如果出城迎战,就会成为俘虏。我军离家两千余里,又有黄河阻隔,这正是所说的'置之死地而后生'。用三万轻骑兵攻城显得不足,而用来决战就绰绰有余了。"于是出发。

刘宋中护军王华去世。 **六月初一,出现日食。** **夏主赫连昌和北魏太武帝拓跋焘在统万城外交战,赫连昌败逃到上邽,魏军占领统万城。**

太武帝抵达统万,下令把大军分别埋伏在深谷中,把少数兵士分派到城下。夏国将领狄子玉前来投诚,并说："夏主赫连昌听说魏军征讨,便派人召请平原公赫连定,赫连定说:'统万城坚固高峻,不易攻破。等我生擒奚斤,然后再从容前往统万,内外夹击魏军,没有不成功的。'因而赫连昌坚守城池,等候赫连定。"太武帝十分忧虑,于是撤退军队,以显示自己的弱小,又派娥清和永昌王拓跋健向西掳掠居民。

北魏军士中有人叛逃投奔夏军的,声称魏军的粮草已经用尽,而辎重补给远在后方,步兵还没赶到,应当快速攻打他们。夏主赫连昌听从了这一建议,亲自率领三万步、骑兵出城。北魏司徒长孙翰等人都劝说太武帝,夏兵的阵势难以攻陷,应该避开夏兵锋锐。太武帝说："我们远道而来讨伐夏贼,唯恐他们不出战。现在他们既然出城了,我们却要避而不战,使敌军振奋,我军衰弱,这不是好办法。"于是太武帝集结部众假装后退,引诱敌人追赶让他们疲惫。

夏兵分为两翼,擂响战鼓,喊声震天,从左右追逼而来。刚追出五六里,正赶上风雨从东南方袭来,飞沙扬尘,天昏地暗。北魏宦官赵倪说："如今风雨从敌方袭来,我军逆风,敌人顺风,

天不助人，愿摄骑避之。"崔浩叱之曰："是何言也！吾千里制胜，一日之中岂得变易！贼贪进不止，后军已绝，宜隐军分出，奄击不意。风道在人，岂有常也！"魏主曰："善！"乃分骑为左右队以掎之。魏主马蹶而坠，几为夏兵所获。拓跋齐以身捍蔽，魏主腾马得上，身中流矢，奋击不辍，夏众大溃。

魏人乘胜逐夏主至城北，夏主遂奔上邽。魏主微服逐奔者，入其城。夏人觉之，诸门悉闭。魏主与齐等入其宫中，得妇人裙系之槊上，乘之而上，仅乃得免。

明日入城，获夏王、公、卿、校及妇女以万数，马三十余万匹，牛羊数千万头，府库珍宝、车旗、器物不可胜计，颁赐将士有差。

初，夏世祖性豪侈，筑统万城高十仞，基厚三十步，上广十步，宫墙高五仞，其坚可以厉刀斧。台榭壮大，皆雕镂图画，被以绮绣。魏主曰："蕞尔国而用民如此，欲不亡得乎！"纳夏世祖三女为贵人。

夏平原公定闻统万破，奔上邽。

魏主诏奚斤等班师，斤言："赫连昌亡保上邽，鸠合余烬，今因其危灭之为易。请益铠马，平昌而还。"不许。固请，许之，给兵万人，马三千匹，并留娥清、丘堆使共击夏。

魏主还，以常山王素为征南大将军、假节，镇统万。

看来天不助人,希望陛下率领骑众避开他们。"崔浩大声怒斥说:"这是什么话!我们制胜千里,一天之内怎能有所变更!敌军只顾前进不止,后继军队已经断绝,我们应该隐蔽军队,分兵出击,攻其不备。风向在于人利用,岂有常势可言!"太武帝说:"说得好!"于是分为左右两队骑兵来牵制夏兵。太武帝因所乘的马失蹄而坠地,差一点被夏兵俘获。拓跋齐用身体防卫掩护,太武帝才得以跨上马背,虽身中流箭,仍不停奋力拼杀,夏兵纷纷溃散。

魏军乘胜追逐赫连昌直达城北,赫连昌于是仓皇逃奔上邽。太武帝身着便装追击逃奔的夏兵,进入统万城。夏国人发觉后,关闭所有的城门。太武帝和拓跋齐等进入夏国王宫,用弄到的女人衣裙绑在铁槊上,太武帝借此爬上城墙,才得以逃脱。

第二天,太武帝率军开进统万城,俘获夏国的亲王、公卿、将校以及妇女等数以万计,还有三十余万匹马,几千万头牛羊,府库的珍宝、车辆、旌旗和器具不可胜数,太武帝把他们按等级分别颁赏给将士们。

当初,夏世祖赫连勃勃性情豪强奢侈,兴建的统万城墙高十仞,根基厚达三十步,上宽十步,宫墙高五仞,它坚硬得可以磨砺刀斧。亭台水榭也颇为雄伟壮观,全都雕刻有图画,并用绮绣装扮。太武帝说:"如此小国却这样役使百姓,想望不灭亡可能吗?"太武帝把赫连勃勃的三女儿纳为后宫贵人。

夏国平原公赫连定得知统万城已被魏军攻占,便投奔到上邽。

太武帝下诏命令奚斤等班师回国,奚斤说:"赫连昌逃亡到上邽自保,纠集残众苟延性命,现在我们乘其危急之时,消灭他们比较容易。请为我增加铠甲战马,削平赫连昌残余势力后再回国。"太武帝不同意。奚斤一再请战,太武帝才答应他,并增派士兵一万人,战马三千匹,留下娥清、丘堆二人,让他们配合奚斤共同进攻夏国。

太武帝自统万城回国,任命常山王拓跋素为征南大将军、假节,镇守统万城。

秦遣使入贡于魏。　秋八月,魏主还平城。

魏主壮健鸷勇,临城对陈,亲犯矢石,左右死伤相继,神色自若,由是将士畏服,咸尽死力。性俭率,服膳取给而已。群臣请峻京城、修宫室,曰:"此《易》所谓'设险守国',萧何所谓'天子以四海为家,不壮不丽无以重威'者也。"魏主曰:"古人有言:'在德不在险。'屈丐蒸土筑城而朕灭之,岂在城也! 今天下未平,方须民力,土功之事朕所未为。萧何之对非雅言也。"每以为财者军国之本,不可轻费。赏赐皆死事勋绩之家,亲戚贵宠未尝横有所及。命将出师,指授节度,违者多致负败。明于知人,或拔士于卒伍之中,唯其才用所长,不论本末。听察精敏,下无遁情。赏不遗贱,罚不避贵,虽所甚爱之人终无宽假。常曰:"法者,朕与天下共之,何敢轻也!"然性残忍,果于杀戮,往往已杀而复悔之。

夏安定降魏。　冬十一月,魏封杨玄为南秦王。

十一月,魏主遣公孙轨奉策拜杨玄为南秦王。及境,玄不出迎。轨让之,欲奉以还,玄惧,乃出郊迎。

晋征士陶潜卒。
潜字渊明,浔阳人,侃之曾孙也。少有高趣,博学不群。以亲老、家贫为州祭酒,少日,自解归。召主簿,不就。

西秦派遣使臣向北魏进贡。 秋八月,北魏太武帝拓跋焘回到平城。

太武帝健壮勇猛,无论是出兵攻城,还是对峙交锋,都亲自冒着飞箭垒石,首当其冲,即使左右士卒相继死伤,仍神色自若,毫无畏惧,因此将士无不敬服,都全力以赴。他生性俭朴,衣服饮食满足于一般需求。群臣请求加高京师城墙和修缮宫室,并说:"这是《易经》上所说的'设置险要,守卫国家',萧何所讲的'天子以四海为家,没有宏伟壮丽,就不能增重威力'。"太武帝说:"古人曾说:'重在恩德,不在于险要。'赫连屈丐用蒸土修筑城墙,却被我消灭,这怎么在于城墙呢! 如今天下尚未平定,正需用人力,我不能做大兴土木的事情。萧何的话是不正确的。"太武帝常常把财物比作统军治国的基础,不可轻易浪费。他所赏赐的也都是死难将士的遗属和建有功勋的人家,而皇亲国戚或倍受恩宠的人也不能破格得到赏赐。他任命将帅出征时,传授机宜,指挥调度,违背旨意的人,大多招致失败。他善于识别人才,有时在士卒中选拔将领,正因为起用有才干的人,所以就不计较资历。他听断精微,审察明敏,以致臣下无隐情可言。他加赏不漏掉贫贱,刑罚不避开权贵,即使是他所深爱的人,也决不宽容。太武帝常说:"法律是我和天下百姓共同拥有的,怎么敢轻视呢!"但是太武帝天性残忍,杀戮果敢,往往在杀人之后,又感到悔恨。

夏国安定城归降北魏。 冬十一月,北魏加封氐王杨玄为南秦王。

十一月,太武帝派遣公孙轨奉节策加授杨玄为南秦王。公孙轨一行抵达杨玄辖境,杨玄却不出来迎接。公孙轨斥责他,并想带着策命回国。杨玄深感害怕,于是到郊外迎接公孙轨。

东晋隐士陶潜去世。

陶潜字渊明,浔阳人,是陶侃的曾孙。他自小有高雅的志趣,学识渊博,卓尔不群。因为双亲老迈、家境贫寒而出任江州祭酒,不久便自行辞职归隐。州府征召他为主簿,陶公拒绝就任。

躬耕自资,遂抱羸疾。后复为彭泽令,不以家自随,送一力给其子,书曰:"此亦人子也,可善遇之。"在官八十余日,郡遣督邮至县,吏请曰:"应束带见之。"潜叹曰:"我岂能为五斗米折腰向乡里小儿!"即日解印绶去。赋《归去来辞》,著《五柳先生传》以自见。征著作郎,不就。妻翟氏亦与同志,能安勤苦,夫耕于前,妻锄于后。潜自以先世为晋宰辅,耻复屈身后代,自宋高祖王业渐隆,不复肯仕。是岁,将复征之,会卒,世号靖节先生。

他亲自耕作，自谋生计，于是身患痼疾。后来，他又出任彭泽令，不随身携带家眷，只送给儿子一个仆人，并在家信中说："他也是个孩子，要好好对待他。"陶潜刚上任八十多天，郡里派督邮来到彭泽，属吏请求说："您应当穿上整齐的官服拜见督邮。"陶潜感叹道："我怎能为了五斗米去向乡下小儿屈身呢！"当天就解职离去。陶潜曾创作《归去来辞》和《五柳先生传》来表现自我。随后又征召他为著作郎，他坚辞不就。陶潜的妻子翟氏也和他有相同的志向，能够安贫乐道，勤苦耐劳，陶潜在前面耕种，翟氏便随后锄草。陶潜自认为先世是晋朝的辅臣，耻于再屈身事奉后代朝廷，所以从宋高祖刘裕的帝业渐次兴隆之后，他不肯再做官。这一年，官府准备再次征召陶潜，正赶上他去世，世称"靖节先生"。

资治通鉴纲目卷二十五

起戊辰(428)宋文帝元嘉五年、魏太武神䴥元年,尽庚寅(450)宋文帝元嘉二十七年、魏太武太平真君十一年。凡二十三年。

戊辰(428) 宋元嘉五年,魏神䴥元年。西秦王乞伏暮末永弘元年、北凉承玄元年,夏主赫连定胜光元年。

春二月,魏人及夏战于上邽,执其主昌以归。夏赫连定称帝于平凉,魏人追之,败绩,夏复取长安。

魏将军尉眷攻上邽,夏主退屯平凉。奚斤进军安定,与丘堆、娥清军合。斤以马疫粮少,深垒自固。遣堆行督租,士卒暴掠,不设儆备,夏主袭之,堆败还城。夏主乘胜日来钞掠,不得刍牧,诸将患之。监军侍御史安颉曰:"受诏灭贼,今更为贼所困,若不为贼杀,当坐法诛,进退皆无生理。而诸王公晏然,曾不为计乎?"斤曰:"今以步击骑,必无胜理,当须京师救骑至,合击之。"颉曰:"今猛寇游逸于外,吾兵疲食尽,不一决战,则死在旦夕,救骑何可待乎!等死,死战,不亦可乎!"斤又以马少为辞。颉曰:"今敛诸将所乘可二百匹,颉请募死士击之,就不能破敌,亦可以折其锐。且赫连昌狷而无谋,好勇而轻,每自出挑战,众皆

戊辰（428） 宋元嘉五年,北魏神䴥元年,西秦王乞伏暮末永弘元年,北凉承玄元年,夏主赫连定胜光元年。

春二月,北魏军队和夏人在上邽交战,魏军擒获夏主赫连昌,将他押送到平城。夏赫连定在平凉即帝位,击败追击的魏军,重新占据长安。

北魏将军尉眷围攻上邽,夏主赫连昌退据平凉。魏将奚斤率军到达安定,与丘堆、娥清率领的军队会合。奚斤因为战马染上了瘟疫,士卒又缺乏粮食,所以营造沟垒以自守。奚斤派丘堆征粮收租,士卒们横征暴掠,对夏人未加防备,夏主赫连昌袭击魏军,丘堆率残军逃回安定。赫连昌乘胜追击,连日抄掠,使魏军得不到牲口草料,将领们都忧虑不已。监军侍御史安颉说:"我们接受诏命,前来消灭贼寇,如今却被敌人围困,即使不被敌人所杀,也会因此而被诛,进退都没有生路。而各位王公却依然安稳,难道没有什么办法吗?"奚斤说:"现在我们用步兵去进攻骑兵,必然没有取胜的道理,只有等到朝廷派来救兵和战马,然后再内外夹击敌人。"安颉说:"现在猛寇在城外游击,我们的士卒精疲力竭,粮食又已吃完,如果不和敌人决一死战,我们就会很快被敌人消灭,哪里能等到救兵的到来呢! 同样是死,决一死战不也可以吗!"奚斤又以战马太少加以拒绝。安颉说:"现在把各位将领的坐骑收集起来,可以达到二百匹,我请求招募敢死之士去打击敌人,即使不能击退敌人,也可以挫去他们的锐气。况且赫连昌轻躁无谋,好战却轻敌,每次都亲自出来挑战,大家都

识之,若伏兵掩击,昌可擒也。"斤犹难之。颉乃阴与尉眷等谋,选骑待之。既而夏主来攻城,颉出应之。夏主自出搏战,军士争赴之,夏主败走,颉追擒之。

夏平原王定收其余众,奔还平凉,即位。

昌至平城,魏主以妹妻之,赐爵会稽公,颉赐爵西平公,眷进爵渔阳公。

奚斤以昌为偏裨所擒,深耻之,乃舍辎重,赍三日粮,追夏主于平凉。娥清欲循水而往,斤不从,自北道邀其走路。夏军将遁,会魏小将有罪,亡归夏,告以魏军食少无水,夏主乃分兵夹击之,魏兵大溃,斤、清皆为所擒,士卒死者六七千人。

丘堆弃辎重奔长安,与高凉王礼偕奔蒲阪,夏人复取长安。魏主大怒,命安颉斩丘堆,代将其众,镇蒲阪以拒之。昌后竟以谋叛见杀。

夏五月,秦王乞伏炽磐卒,世子暮末立。　六月,宋以王弘为卫将军、开府仪同三司。

光禄大夫范泰说弘曰:"天下事重,权要难居。卿兄弟盛满,当存降挹。"弘纳其言,逊位,不许,固请,故有是命。

凉侵秦。秋,秦及凉平。

初,西秦文昭王疾病,谓暮末曰:"吾死之后,汝能保境则善矣。沮渠成都蒙逊所重,汝宜归之。"至是,北凉因秦丧而伐之,攻乐都,克其外城。暮末遣使许归成都以求和。蒙逊引兵还,遣使入秦吊祭。暮末厚资送成都,遣将军

能认出他来,如果设下伏兵突袭,就一定能擒获他。"奚斤仍然左右为难。于是,安颉暗中与尉眷等人谋划,挑选骑兵等待时机。不久,赫连昌前来攻城,安颉出去应战。赫连昌亲自出阵交锋,魏军士卒争相围攻他,赫连昌想要逃走,被安颉追上生擒。

夏平原王赫连定收集残部,逃奔回到平凉,然后即夏王位。

赫连昌被押回平城后,北魏太武帝拓跋焘把自己的妹妹嫁给他,封他为会稽公,安颉赐爵西平公,尉眷晋爵为渔阳公。

奚斤因为赫连昌被手下偏将所擒,深以为耻,于是就舍弃辎重,带上三日粮草,进攻赫连定据守的平凉。娥清想要沿水路而行,奚斤不同意,坚持走北路以拦截赫连定的退路。夏军将要逃走,正好一名魏军的小将因为有罪投降夏军,他将魏军缺粮少水的情况报告了赫连定,于是赫连定就分兵夹击魏军,魏军大败,奚斤、娥清等人都被夏军擒获,士卒战死也有六七千人。

丘堆舍弃安定的物资逃往长安,又与高凉王拓跋礼一起逃奔蒲阪,夏军重新占据长安。太武帝大怒,令安颉斩了丘堆,代替他统领他的部众镇守蒲阪,以抵抗夏军。后来,赫连昌因为阴谋反叛而被杀。

夏五月,西秦王乞伏炽磐去世,太子乞伏暮末继位。 六月,宋文帝刘义隆任命王弘为卫将军、开府仪同三司。

刘宋光禄大夫范泰对王弘说:"朝廷事务繁重,担任权要之职很不容易。你的兄弟太多,应当有退让之心。"王弘听从了他的建议,申请退职,宋文帝不许,王弘坚持请求,所以才有了这个任命。

北凉侵犯西秦。秋季,西秦和北凉讲和。

当初,西秦文昭王乞伏炽磐生病,对太子乞伏暮末说:"我死了以后,你能保住疆土就不错了。沮渠成都受到沮渠蒙逊的重用,你应该把他送回国去。"这时,北凉利用西秦乞伏炽磐去世的机会,前来讨伐,进攻西秦的乐都,攻下外城。乞伏暮末遣使答应送归沮渠成都,请求和解。于是沮渠蒙逊撤军回国,又派使节赴西秦吊丧。乞伏暮末奉上厚礼,送沮渠成都回国,并派将军

王伐送之。蒙逊疑之,伏兵执伐以归。既而遣还,并遗暮末甚厚。

冬十一月朔,日食。　　凉复攻秦。

己巳(429) 宋元嘉六年,魏神麚二年。

春正月,宋以彭城王义康为司徒、录尚书事,江夏王义恭都督荆湘等州军事。

王弘乞解州、录,以授义康,宋主不许,而以义康为司徒、录尚书事,领南徐州刺史,与弘共辅朝政。弘既多疾,且欲远权,由是义康专总内外之务。

以义恭为荆州刺史,督八州,刘湛为南蛮校尉,行府、州事。宋主与义恭书,诫之曰:"天下艰难,家国事重,虽曰守成,实亦未易。隆替安危,在吾曹耳,岂可不感寻王业,大惧负荷! 汝性褊急,志之所滞,其欲必行,意所不存,从物回改,此最弊事,宜念裁抑。卫青遇士大夫以礼,与小人有恩;西门、安于矫性齐美;关羽、张飞任偏同弊。行己举事,深宜鉴此! 若事异今日,嗣子幼蒙,司徒当周公之事,汝不可不尽祗顺之礼。尔时天下安危,决汝二人耳。汝一月自用钱不可过三十万,府舍不须改作。讯狱虚怀博尽,慎无以喜怒加人。能择善者而从之,美自归己,不可专意自决,以矜独断之明也。名器深宜慎惜,爵赐尤应裁量。吾于左右虽为少恩,如闻外论不以为非也。以贵凌物,物不服;

王伐护送。沮渠蒙逊对此仍有怀疑,设伏兵抓获王伐回国。不久,沮渠蒙逊就送还王伐回西秦,并给乞伏暮末送上了许多厚礼。

冬十一月初一,出现日食。　北凉再次进攻西秦。

己巳(429)　宋元嘉六年,北魏神䴥二年。

春正月,宋文帝刘义隆任命彭城王刘义康为司徒、录尚书事,江夏王刘义恭为都督荆湘等州军事。

王弘请求辞去扬州刺史和录尚书事等职,把这两个职位委任给刘义康,宋文帝没同意,而任命刘义康为司徒、录尚书事,并兼任南徐州刺史,与王弘共同辅佐朝政。王弘身体多病,又想远离权势,因此刘义康一个人总管内外事务。

宋文帝又任命刘义恭为荆州刺史,都督八州军事,任命刘湛为南蛮校尉,代理府、州事务。宋文帝写信给刘义恭,告诫他说:"天下艰难,家事国事都十分重要,虽说是继承、保持朝廷大业,实际上也还是很不容易。国家的兴衰安危都在于我们,怎么可以不感念到王业之难,对自己肩负重任而非常不安呢!你的性情偏激急躁,心里想到什么,就想要一定达到目的,而有时并没有那么想,一旦被他人所诱,却又立即想那么做,这是一个最大的毛病,应该想着克制自己。汉代的卫青对士大夫以礼相待,对小人也有恩惠;曹魏的西门豹、董安于矫正自己的习性,他们同享美誉;而关羽、张飞则性格偏激,有相同的缺点。你待己处事,都应该深刻地将古人的行为作为借鉴!如果有一天发生不测,我的儿子年龄还小,司徒刘义康当负起周公之责,你也不可不尽恭敬辅政的道义。到那时,天下安危就取决于你们二人了。你每个月的私人开支不能超过三十万,荆州府舍不必重新改建。审案断狱要谨慎,虚心听取各方陈述,千万不要把自己的喜怒强加于人。能够择善而从,自己就会获得好的名声,切不可一意孤行,来表明自己的独断和英明。名分一定要慎加珍惜,爵位尤其应当裁量。我对身边的人虽少有恩惠,但如果听说外面议论我,我也不认为那些议论不对。凭借权贵凌辱别人,别人自然不服;

以威加人,人不厌。声乐嬉游不宜令过,蒲酒渔猎一切勿为。供用奉身皆有节度,奇服异器不宜兴长。又宜数引见佐史,相见不数,则彼我不亲,不亲无因得尽人情,人情不尽,复何由知众事也!"

义康欲得扬州,形于辞旨,以王昙首居中为宋主所亲委,愈不悦,谓人曰:"王公久病不起,神州讵宜卧治?"昙首劝弘减府中文武之半以授义康,宋主听割二千人,义康乃悦。

丁零降魏。 三月,宋立子劭为太子。 宋以殷景仁为中领军。

宋主以章太后早亡,奉太后所生苏氏甚谨。苏氏卒,宋主临哭,欲追加封爵,使群臣议之。景仁以为古典无之,乃止。

秦杀其尚书辛进。

进尝从文昭王游凌霄观,弹飞鸟,误中秦王暮末之母,伤其面。至是,暮末杀进,并其五族二十七人。

夏四月,魏主伐柔然。

魏主将击柔然,群臣皆不欲行,独崔浩劝之。

尚书令刘絜等共推太史令张渊、徐辩使言,曰:"今兹己巳,三阴之岁,岁星袭月,太白在西方,不可举兵。北伐必败,虽克,不利于上。"浩曰:"阳为德,阴为刑,故日食修德,月食修刑。今出兵讨罪,以修刑也。比年以来,月行掩昴,其占,三年天子大破旄头之国。蠕蠕、高车,旄头之众也,愿陛下无疑。"渊、辩曰:"蠕蠕,荒外无用之物,得其地

用威望压服别人，别人也不会满意。声色犬马、嬉戏游乐不宜过分，赌博饮酒、捕鱼狩猎，这一切都不应该做。平日器用、衣服饮食，都要有所节制，奇服异器不宜制作。你还应该多接见府中官员，相见的次数少，就彼此不亲，彼此不亲，也就没能尽人情，人情不够，又怎么能知道天下的许多事情呢！"

刘义康想要兼任扬州刺史，并从言语中表达出来，因为王昙首在朝中被宋文帝所亲近重用，刘义康更加不高兴，对人说："王弘久病不起，国家怎能让一个躺在床上的病人治理呢？"王昙首劝王弘将府中一半文武官员交给刘义康管理，宋文帝批准拨给刘义康两千人，刘义康才高兴起来。

丁零部落归降北魏。 三月，宋文帝刘义隆立皇子刘劭为太子。 宋文帝任命殷景仁为中领军。

宋文帝因为生母章太后去世较早，事奉外祖母苏氏十分恭谨周密。苏氏去世后，宋文帝到灵前哭悼，打算追封爵位，让群臣讨论这件事。殷景仁认为自古没有这样的先例，宋文帝只好作罢。

西秦诛杀尚书辛进。

辛进曾随文昭王乞伏炽磐游览凌霄观，用弹弓射飞鸟，不想误中秦王乞伏暮末的母亲，损伤了她的面容。这时，乞伏暮末诛杀辛进及其五族内的亲属二十七人。

夏四月，北魏太武帝拓跋焘率军讨伐柔然。

太武帝将要进攻柔然，群臣都不愿意，只有崔浩鼓励他。

尚书令刘絜等共同推举太史令张渊、徐辩向太武帝进言说："今年是己巳年，恰逢三阴聚集在一起，木星又突袭月亮，太白星出现在西方，不可随意起兵。北伐一定失败，即使取胜，对皇上也不利。"崔浩说："阳为恩德，阴为刑杀，所以出现日食时要修德，出现月食时要加强刑法。今天出兵讨伐有罪之国，就是加强刑罚。近年月亮运行遮盖昴星，占卜其中之意，三年之内天子要大破旄头星之国。柔然、高车都是旄头星的部众，希望陛下不要怀疑。"张渊、徐辩说："柔然是荒野之外无用的东西，得到他们的土地，

不可耕而食,得其民不可臣而使,有何汲汲而劳士马以伐之?"浩曰:"渊、辩言天道,犹是其职,至于人事非其所知。此乃汉世常谈,施之于今,殊不合事宜。何则?蠕蠕本国家边臣,中间叛去,今诛其元恶,收其良民,令复旧役,非无用也。"魏主大悦。

　　既罢,公卿或尤浩曰:"南寇伺隙,而舍之北伐,若蠕蠕远遁,前无所获,后有强寇,将何以待之?"浩曰:"不然。今不先破蠕蠕,则无以待南寇。南人闻国家克统万,内怀恐惧,故扬声动众以卫淮北。比吾破蠕蠕,往还之间,南寇必不敢动。且彼步我骑,彼能北来,我亦南往,在彼甚困,于我未劳。况南北殊俗,水陆异宜,与之河南亦不能守。以刘裕之雄杰,吞并关中,留其爱子,辅以良将,精兵数万,犹不能守。况义隆今日君臣,非裕时之比。主上英武,士马精强,彼若果来,如以驹犊斗虎狼,何惧之有?蠕蠕恃其绝远,谓国家力不能制,夏则散众放畜,秋肥乃聚,背寒向温,南来寇抄。今掩其不备,必望尘骇散。牡马护牝,牝马恋驹,驱驰难制,不得水草,不过数日,必聚而困弊,可一举而灭也。暂劳永逸,时不可失。"寇谦之谓浩曰:"蠕蠕果可克乎?"浩曰:"必克。但恐诸将琐琐,前后顾虑,不能乘胜深入,使不全举耳。"

不能耕种收获，得到他们的百姓，也不能当作臣民驱使，有什么事这么紧迫，要劳烦大队人马去讨伐他们？"崔浩说："张渊、徐辩如果谈论天文，还是他们的本职，至于人间的事情，就不是他们所能确切了解的。他们的议论是汉代的老生常谈，用于今天，尤其不合事宜。为什么呢？柔然本是我们国家北方的藩臣，中间背叛而去，今天我们要诛杀叛贼元凶，收归良民，让他们能为我们服役，并不是没有用处。"太武帝非常高兴。

辩论结束后，公卿大臣中有人指责崔浩说："南方的贼寇伺机侵犯，而舍弃不顾，兴兵北伐，如果柔然远远逃走，我们前进没有收获，后面却有强寇逼迫，我们将如何处理？"崔浩说："事情不会这样。如今不先攻破柔然，就没有办法对付南方的贼寇。南方人听说我们攻破夏国的统万城之后，内怀恐惧，所以才扬言出动军队保卫淮北。等到我们击败柔然，一去一回的时间里，南寇一定不敢轻举妄动。况且南寇多步兵，而我们多骑兵，他们能北来，我们也可以南下，对他们来说已经疲惫不堪了，而我们还不疲劳。何况南北风俗习惯大不相同，南方水道纵横，北方一马平川，即使把黄河以南的土地让给他们，他们也守不住。以当年刘裕的雄才大略，吞并关中，留下爱子镇守，又辅以良将和数万精兵，还是不能守住。况且今日的刘义隆和他的文武群臣，根本无法与刘裕相比。而我们的皇上英明威武，兵强马壮，他们如果真的要来侵犯，就好像马驹、牛犊与虎狼争斗一样，有什么可畏惧的呢？柔然倚仗与我国相距遥远，以为我国没有力量制服他们，夏季就解散部众，四处放牧，秋季马肥兵壮时又聚集起来，离开寒冷地区，向温暖的中原地区劫掠。如今我们乘其不备袭击他们，他们一定会望尘而散。公马护着母马，母马恋着马驹，难以控制驱赶，又找不到水草，用不了几天，他们就会再行聚集，疲劳不堪，我们便可以一举歼灭他们。暂时的劳苦可以换来永久的安逸，这样的时机千万不可放弃。"寇谦之问崔浩说："果真可以一举攻克柔然吗？"崔浩回答说："必克无疑。只怕将领们琐琐碎碎，前后顾虑，不能乘胜深入，以致无法全胜。"

先是,宋主因魏使还,告魏主曰:"汝趣归我河南地,不然将尽我将士之力。"魏主闻之,大笑,谓公卿曰:"龟鳖小竖,夫何能为! 就使能来,若不先灭蠕蠕,乃是坐待寇至,腹背受敌,非良策也。吾行决矣。"遂发平城。

五月朔,日食。　宋以王敬弘为光禄大夫。

初,宋主以敬弘为尚书令,敬弘固让,表求还东,故有是命。

凉及吐谷浑侵秦,秦败之,获凉世子兴国。　柔然纥升盖可汗大檀出走,魏主追至涿邪山。秋七月,引还。大檀死,子敕连可汗吴提立。

魏主至漠南,舍辎重,帅轻骑兼马袭击柔然,至栗水。柔然纥升盖可汗先不设备,遂烧庐舍,绝迹西走,部落四散。

魏主分军搜讨,东西五千里,南北三千里,俘斩甚众。高车诸部乘势抄掠柔然。柔然种类前后降魏者三十余万落,获戎马百余万匹,畜产车庐亡虑数百万。

魏主循弱水西行,至涿邪山,诸将虑有伏兵,寇谦之以崔浩之言告魏主,不从。引兵还。至黑山,尽以所获班将士。既得降人言:"可汗被病,以车自载入南山,民畜窘聚方六十里,无人统领,相去百八十里,追兵不至,乃徐西遁。若复前行二日,则尽灭之矣。"魏主深悔之。

纥升盖可汗愤悒而卒,子吴提立,号敕连可汗。

在此之前，宋文帝趁北魏使者北还的机会，让他转告北魏太武帝拓跋焘说："你应该赶快归还我黄河以南的土地，不然我们的将士就会竭力攻取。"太武帝闻听大笑，对公卿们说："龟鳖小丑，能有什么作为！即使他真能打来，如果我们不先灭了柔然，就是坐待寇来，如此腹背受敌，绝非良策。我决心立即讨伐柔然。"于是率军从平城出发。

五月初一，出现日食。 宋文帝刘义隆任王敬弘为光禄大夫。

当初，宋文帝任命王敬弘为尚书令，王敬弘坚决辞让，上表请求返回故乡，所以才有这个任命。

北凉和吐谷浑侵犯西秦，西秦击败他们，擒获北凉太子沮渠兴国。柔然纥升盖可汗郁久闾大檀逃走，北魏太武帝拓跋焘追至涿邪山。 秋七月，太武帝率兵回国。柔然郁久闾大檀去世，他的儿子敕连可汗郁久闾吴提继位。

北魏太武帝抵达漠南，留下辎重，率领轻骑兵和备用马匹袭击柔然，到达栗水。柔然纥升盖可汗事先没有防备，于是放火焚烧庐舍，向西逃走，部落四散。

太武帝分散军队到处搜索，东西五千里，南北三千里，斩杀和俘获的敌人很多。高车诸部落也乘势抄掠柔然。柔然各部落先后投降北魏的有三十多万帐落，被缴获战马一百多万匹，各种牲畜、车辆帐篷，大约有几百万。

太武帝沿着弱水向西前进，抵达涿邪山，将领们怕遇伏兵，寇谦之把崔浩的那些话讲给太武帝，希望乘胜追击，彻底消灭贼寇，太武帝不听。于是率大军返回，行至黑山，将战利品全部赏赐给将士们。不久，听到前来投降的柔然人说："可汗生病卧床，躺在车上潜入南山，百姓和牲畜挤在一条六十里的地带里，无人统领，距涿邪山有一百八十里，魏军没有继续追击，他们才慢慢向西逃去。如果你们再前进两日，柔然就会被彻底消灭。"太武帝对此深为后悔。

纥升盖可汗忧愤不已，不久去世，他的儿子郁久闾吴提继承王位，号称敕连可汗。

武都王杨玄卒,弟难当废其子保宗而立。　八月,魏遣兵击高车,降之。

魏主至漠南,闻高车东部屯已尼陂,人畜甚众,去魏军千余里,遣左仆射安原将万骑击之。高车诸部迎降者数十万落,获马牛羊百余万。

十月,魏主还平城,徙柔然、高车降民于漠南,东至濡源,西暨五原阴山,三千里中使之耕牧,而收其贡赋。命长孙翰、刘絜、安原及侍中古弼,同镇抚之。自是魏之民间马牛羊及毡皮为之价贱。

冬十月,魏以崔浩为抚军大将军。
魏主加崔浩侍中、特进、抚军大将军,以赏其谋画之功。浩善占天文,常置铜铤酢器中,夜有所见,即以铤画纸作字记之。魏主每如浩家,问以灾异,或仓猝不及束带。奉进疏食,魏主必为之举箸,或立尝而还。尝谓浩曰:"卿才智渊博,著忠三世,故朕引以自近。卿宜尽忠规谏,勿有所隐。朕虽或时忿患,不从卿言,然至久深思卿言也。"尝指浩以示高车渠帅曰:"此人尫纤懦弱,不能弯弓持矛,然其胸中所怀乃过于兵甲,朕之前后有功,皆此人所教也。"又敕尚书曰:"军国大计,汝曹所不能决者,皆当咨浩,然后施行。"

十一月朔,日食,星昼见,秦地震。
日食不尽如钩,星昼见至晡。河北地暗。秦地震,野草皆自反。

武都王杨玄去世,他的弟弟杨难当废黜他的儿子杨保宗而自立为王。 八月,北魏派出军队攻打高车部落,高车各部落投降。

北魏太武帝拓跋焘率大军到达漠南,听说高车东部屯住在巳尼陂,人口、牲畜都很多,距魏军有一千余里,于是派遣左仆射安原率领一万名骑兵进攻高车。高车各部落投降的有几十万帐落,被缴获的马牛羊也有一百多万头。

十月,太武帝返回平城,把柔然、高车各部落降附的百姓迁徙到漠南,安置在东到濡源、西到五原阴山的三千多里草原上,让他们耕种、放牧,向他们征收税赋。太武帝命令长孙翰、刘絜、安原以及侍中古弼共同镇守安抚他们。从此以后,北魏民间马牛羊及毡皮的价格下降。

冬十月,北魏太武帝拓跋焘任命崔浩为抚军大将军。

太武帝加授崔浩为侍中、特进、抚军大将军,以奖赏他谋划之功。崔浩善于根据天象进行占卜,常把生铜放在装有醋的容器中,夜间观天,有所发现,就用那块铜在纸上写字记录下来。太武帝每次来到崔浩家,询问有关灾异的情况,有时崔浩仓促出迎,连腰带都来不及系上。呈上十分粗糙的饮食,太武帝一定要拿起筷子,有时站着尝一口就走。太武帝曾对他说:"你才智渊博,忠心辅佐三代君王,所以朕把你当作亲信近臣。你应该尽忠劝谏,不要有所隐瞒。朕虽然有时盛怒,不听你的劝告,但长时间里还是对你的话加以深思。"太武帝还曾指着崔浩介绍给高车的首领们说:"这个人瘦小文弱,不能弯弓持矛,但他胸中的智谋远远胜过武器兵甲,朕前后建立的功勋业绩,都得到了这个人的教导。"又下诏命令尚书省说:"凡是军国大事,你们所不能决定的,都应当向崔浩请教,然后付诸实施。"

十一月初一,出现日食,白天可见星辰。西秦发生地震。

出现日食时,太阳只剩下像钩一样的小部分,白天可看到星辰,一直到黄昏时分。黄河以北地区,一片黑暗。西秦发生地震,野草根部朝天。

庚午（430） 宋元嘉七年，魏神麚三年。

春三月，宋遣将军到彦之等伐魏。

宋主有恢复河南之志，诏简甲卒五万，给右将军到彦之，统将军王仲德、竺灵秀舟师入河，又使将军段宏将精骑直指虎牢，刘德武将兵继进，长沙王义欣监征讨诸军事，出镇彭城，为众军声援。

先遣将军田奇告魏主曰："河南旧是宋土，中为彼所侵，今当修复旧境，不关河北。"魏主大怒曰："我生发未燥，已闻河南是我地。必若进军，当权敛成相避，冬寒冰合，自更取之。"

魏敕勒叛，击灭之。

魏有新徙敕勒千余家，苦将吏侵渔，出怨言，期以草生亡归漠北。刘絜、安原请徙之河西。魏主曰："此曹习俗放散日久，如圈中之鹿，急则奔突，缓之自定。吾区处自有道，不烦徙也。"絜等固请，乃听之。敕勒皆惊曰："圈我于河西，欲杀我也！"遂叛走。絜追讨之，皆饿而死。

夏六月，宋以杨难当为武都王。 秋七月，魏河南诸军退屯河北，宋到彦之等取河南。

魏南边诸将表称："宋将入寇，请兵三万，先其未发，逆击之，以挫其锐。"因请悉诛河北流民在境上者，以绝其乡导。魏主使公卿议之，皆以为然。崔浩曰："不可。南方下湿，入夏水潦，草木蒙密，地气郁蒸，易生疾疬，不可行师。

庚午（430）　宋元嘉七年，北魏神䴥三年。

春三月，宋文帝刘义隆派遣将军到彦之等人率军讨伐北魏。

宋文帝有收复黄河以南失地的志向，诏令挑选精兵五万，分配给右将军到彦之，并让他统领将军王仲德、竺灵秀带领水军进入黄河，又命令将军段宏率领精锐骑兵直指虎牢，刘德武率军随后进发，由长沙王刘义欣监督征讨诸军事，前往镇守彭城，为各路大军的声援。

在此之前，宋文帝先派将军田奇前往北魏，正告北魏太武帝说："黄河以南的土地原来就是宋国的领土，中间被你们侵占，现在我们要收复旧土，与黄河以北无关。"太武帝大怒说："我生下来头发还没干，就已经听说黄河以南是我们的土地，如果你们定要出兵攻取，我们会暂时撤军相避，等到冬天寒冷，黄河结冰时，我们自然会再夺回来。"

北魏敕勒部落反叛，北魏派军消灭了他们。

北魏迁徙的敕勒部落一千多家，不堪忍受北魏将吏的敲诈勒索，屡有怨言，约定等到野草茂盛时逃往漠北。刘絜、安原请求将他们迁徙到河西。太武帝说："他们有长期游牧放荡的习俗，好像被关在栅栏里的野鹿，急了就会狂奔乱跳，对他们缓和宽容一些，自然会安定下来。我这里自有办法对付他们，不必再麻烦迁徙了。"刘絜等人一再请求，太武帝就答应了。敕勒部众都惊呼说："把我们圈入河西，是想要杀了我们呀！"于是叛逃。刘絜等人率兵追击他们，他们都被饿死。

夏六月，宋文帝刘义隆任杨难当为武都王。　秋七月，北魏黄河以南各路军队退守河北，宋将到彦之等人攻取黄河以南故地。

北魏戍守南部边境的众将领上表说："宋人即将入侵，我们请求增兵三万人，在他们尚未发起进攻之前，我们先迎击他们，以挫败他们的锐气。"因此又请求朝廷把黄河以北在边境一带的流民全部诛杀，以便断绝宋军的向导。北魏太武帝命令朝中的文武大臣讨论，大家都表示同意。崔浩却说："不行。南方低洼潮湿，入夏以后雨水增多，草木茂盛，气候闷热，容易生病，不可发兵。

且彼既严备,城守必固,留屯久攻,则粮运不继;分军四掠,则众力单寡。以今击之,未见其利。彼若果能北来,宜待其劳倦,秋凉马肥,因敌取食,徐往击之,此万全之计也。西北守将从陛下征伐,多获美女珍宝,牛马成群。南边诸将闻而慕之,亦欲南抄以取资财,皆营私计,为国生事,不可从也。"魏主乃止。

诸将复表乞简幽州以南劲兵助己戍守,及就漳水造船。公卿皆以为宜如所请,仍署司马楚之、鲁轨、韩延之等为将帅,使招诱南人。浩曰:"楚之等皆彼所畏忌,今闻国家悉发精兵,大造舟舰,谓国家欲存立司马氏,诛除刘宗,必举国震骇,悉发精锐以死争之,则我南边诸将无以御之。欲以却敌而反速之,张虚声而召实害,此之谓矣。且楚之等皆纤利小才,止能招合轻薄无赖,而不能成大功,徒使国家兵连祸结而已。"魏主未以为然。浩乃复陈天时,以为南方举兵必不利。曰:"今兹'害气'在扬州,一也;庚午自刑,先发者伤,二也;日食昼晦,宿值斗、牛,三也;荧惑伏于翼、轸,主乱及丧,四也;太白未出,进兵者败,五也。夫兴国之君,先修人事,次尽地利,后观天时,故万举万全。今刘义隆新造之国,人事未洽,灾变屡见,天时不协,舟行水涸,地利不尽。三者无一可,而义隆行之,必败无疑。"魏主

况且刘宋已经加强戒备，城防一定坚固，我们驻守城下，长期攻击，那么粮食运送会供应不上；分军四处掠夺，就会使力量分散。所以现在进攻刘宋看不到有什么好处。刘宋的军队假如真的敢北上进攻，我们应当等到他们疲惫不堪，秋季天气凉爽、战马肥壮时，夺取敌人的粮食，慢慢地前去反击，这才是万全之计。西北边境的将领跟随陛下向西征伐，得到了很多美女、珍宝和成群的牛马。南部边境的将领们听说后非常羡慕，也想南下抄掠，抢劫资财，这都是为了自己的利益，却为国家惹是生非，不能答应他们的请求。"太武帝这才作罢。

　　南部边境诸将又上表请求挑选幽州以南的精兵帮助守卫城池，并请在漳水造船。公卿大臣们都认为应该批准他们的请求，仍然任命司马楚之、鲁轨、韩延之等人为将帅，让他们招降刘宋的百姓。崔浩说："司马楚之等人都是刘宋畏忌的人物，如今刘宋听说我国调动精兵，大造船只，他们就会认为我国打算恢复司马氏的政权，诛灭刘氏家族，一定会举国震惊，就会发动全部精锐部队拼死抗争，那么我国南部边境的将领们将无法抵御。想以此来击退敌人，却会加速他们的进攻，虚张声势却招来实际的损害，指的正是这种做法。况且司马楚之这些人都是目光短浅、贪图小利的人，只能招集一些轻薄无赖之徒，不能成就大事，白白使国家战争频仍、灾祸不断而已。"太武帝对他的话不以为然。崔浩又陈述天时，认为刘宋举兵必不利。他说："今年的'害气'在扬州，这是第一；今年为庚午年，'庚''午'相克，先发动战争的必受伤害，这是第二；发生日食，白天昏暗，太阳停留在斗宿牛宿，这是第三；火星隐于翼宿、轸宿，预示将有大乱和丧亡，这是第四；金星没有出现，进攻的一方失败，这是第五。一个振兴国家的君主，应当先治理好人事，然后利用地利，最后顺应天时，这样才能万事顺利。如今刘义隆统治的是一个刚建立的国家，人事还未融洽，灾异和天象变化屡次出现，这说明天时不助，各地河水干涸，无法行船，这说明地利不尽。天时、地利、人和三者没有一项对他们有利，而刘义隆却要举兵，必败无疑。"但太武帝

不能违众,乃诏造船三千艘,简幽州以南戍兵集河上,以司马楚之为安南大将军,封琅邪王,屯颍川。

到彦之自淮入泗,泗水涩,日行才十里。七月始至须昌,乃溯河西上。

魏主以河南四镇兵少,命悉众北渡。彦之留朱脩之守滑台,尹冲守虎牢,杜骥守金墉,诸军进屯灵昌津,列守南岸,至于潼关。于是司、兖既平,诸军皆喜。王仲德独有忧色,曰:"诸贤不谙北土情伪,必堕其计。胡虏虽仁义不足,而凶狡有余,今敛戍北归,必并力完聚。若河冰既合,将复南来,岂可不以为忧乎?"

八月,魏遣将军安颉击宋师。

魏主遣安颉督护诸军击到彦之。彦之遣姚耸夫渡河攻冶坂,与颉战,耸夫兵败,死者甚众。

林邑入贡于宋。　　九月,燕王冯跋殂,弟弘杀其太子翼而自立。

燕太祖寝疾病,辇而临轩,命太子翼摄国事,勒兵听政以备非常。

宋夫人欲立其子受居,谓翼曰:"上疾将瘳,奈何遽欲代父乎!"翼性仁弱,遂还东宫,日三往省疾。宋夫人矫诏绝内外,遣阉寺传问而已,翼及大臣并不得见,唯中给事胡福独得出入,专掌禁卫。

福虑宋夫人遂成其谋,乃言于中山公弘,弘与壮士数十人被甲入禁中,宿卫皆不战而散。夫人命闭东阁,

不能违背大多数人的意见,还是下诏命令造船三千艘,选派幽州以南的各地守军屯集于黄河北岸,任命司马楚之为安南大将军,封为琅邪王、屯驻颍川。

宋将到彦之率军从淮河进入泗水,由于水太浅,每天只能船行十里。七月才抵达须昌,然后进入黄河,逆流西上。

北魏太武帝认为黄河以南四个军事重镇的兵力太少,命令他们全部北渡,撤退到黄河以北。到彦之留下朱脩之镇守滑台,尹冲镇守虎牢,杜骥镇守金墉,其他各路大军进驻灵昌津,在黄河南岸列阵守御,一直到潼关。于是,司州、兖州全部收复,各路大军都很高兴。只有王仲德面带愁容,说:"各路将军不了解北方的真实情况,一定会中敌人的奸计。胡虏虽然仁义不足,凶险狡诈却有余,如今他们弃城北归,一定会尽力集结。如果黄河冰封,他们将会再次南下,怎能不担忧呢?"

八月,北魏太武帝拓跋焘派遣将军安颉攻击宋军。

太武帝派遣安颉统领各路人马攻击到彦之。到彦之派遣姚耸夫渡过黄河,进攻冶坂,与安颉交战,姚耸夫兵败,战死的士兵非常多。

林邑向刘宋进贡。 九月,北燕王冯跋去世,他的弟弟冯弘杀死燕国太子冯翼而自立为王。

燕太祖冯跋病情加重,乘辇车上朝,令太子冯翼主持国事,统率军队,以防止出现意外。

冯跋的妃子宋夫人想要立自己的儿子冯受居继承帝位,她对冯翼说:"皇上的病就要痊愈了,你怎么能急于代替父亲呢!"冯翼性情文弱,于是退回到东宫,每天三次去看望父亲。宋夫人假传圣旨,不许朝廷内外的官员入宫探视,有事只派宦官传达而已,冯翼及大臣们都不能见到皇帝,只有中给事胡福一个人可以出入宫中,专门负责皇宫禁卫。

胡福担心宋夫人的阴谋将会成功,于是就把宋夫人的阴谋报告给中山公冯弘,冯弘率领几十名壮士,全副武装进入宫中,负责皇宫禁卫的军队都不战而散。宋夫人命令关闭朝东的小门,

弘家僮逾闼而入，射杀女御。太祖惊惧而殂，弘遂即天王位。

太子翼帅东宫兵出战而败，兵皆溃去。弘遂杀翼及太祖诸子百余人。

魏主如统万。

夏主遣使求和于宋，约合兵灭魏，遥分河北：自恒山以东属宋，以西属夏。

魏主闻之，治兵将伐夏，群臣咸曰："刘义隆兵犹在河中，舍之西行，前寇未可必克，而义隆乘虚济河，则失山东矣。"崔浩曰："义隆与赫连定遥相招引，以虚声唱和，莫敢先入，譬如连鸡，不得俱飞，无能为害。臣始谓义隆军来，当屯止河中，两道北上，东道向翼，西道冲邺，如此则陛下当自讨之，不得徐行。今则不然。东西列兵径二千里，一处不过数千，形分势弱，此不过欲固河自守，无北度意也。赫连定残根易摧，拟之必仆。克定之后，东出潼关，席卷而前，则威震南极，江淮以北无立草矣。"魏主从之。遂如统万，谋袭平凉。

西秦自正月不雨，至于是月。　　冬十月，宋铸四铢钱。宋到彦之保东平。魏攻宋金墉、虎牢，取之。

宋到彦之、王仲德沿河置守，还保东平。魏安颉自委粟津济河，攻金墉。杜骥欲弃城走，恐获罪。初，高祖灭秦，迁其钟虡于江南，有大钟没于洛水。帝使姚耸夫往

冯弘的一个家僮越过侧门进入寝宫,一箭射杀一个宫女。躺在病床上的冯跋惊骇而死,冯弘于是即天王位。

太子冯翼率领东宫卫队出宫抵抗而战败,士卒全都溃散。冯弘杀死冯翼和太祖冯跋的一百多个儿子。

北魏太武帝拓跋焘前往统万城。

夏主赫连定派遣使节向刘宋请求和解,约定联合起来消灭北魏,预先瓜分黄河以北地区:从恒山以东划归刘宋,恒山以西划归夏国。

太武帝听说后,便整治军队,准备讨伐夏国,众位大臣都说:"刘义隆的大军还在黄河中游,我们舍弃对他们的防守,转而西征,未必能够一举攻克夏军,而刘义隆则会乘虚渡过黄河,我们就会失去恒山以东的土地。"崔浩说:"刘义隆与赫连定遥相呼应,不过是虚张声势,一唱一和,其实谁也不敢先入我国,他们就像被捆缚在一起的两只鸡,不能同时起飞,也就不会造成什么危害。我当初认为刘义隆的大军开来时,当会据守黄河中游,分兵两路北上,东路指向冀州,西路进攻邺城,如果是这样,陛下应当前往征讨他们,不能大意怠慢。现在则不然,他们从东向西所设防线长达两千里,一个地方不过数千人,兵力分散,力量薄弱,这不过表明他们打算固守黄河,并没有北渡黄河的意图。赫连定就像枯树的残根,容易摧毁,一击就倒。我们攻克赫连定之后,东出潼关,以席卷之势向前,就会威震最南面的地方,长江、淮河以北将会没有一根草可以生存。"太武帝采纳了他的建议,于是率兵前往统万城,准备袭击平凉。

西秦从正月至九月一直没有下雨。　冬十月,刘宋铸造四铢钱。　宋将到彦之保卫东平。北魏进攻刘宋的金墉、虎牢二城,攻占了它们。

宋将到彦之、王仲德沿黄河南岸布置防守,然后回守东平。魏将安颉从委粟津渡过黄河,攻打金墉。刘宋守将杜骥想弃城逃走,怕受到朝廷惩处。当初,宋高祖消灭后秦,把后秦的皇室巨钟运回江南,途中有一只大钟沉入洛水。宋文帝派姚聳夫前往

取之,骥绐之曰:"金墉修完,粮食亦足,所乏者人耳。今虏骑南渡,相与并力御之,大功既立,牵钟未晚。"耸夫从之。既至,见城不可守,乃引去,骥遂南遁。安颉拔洛阳。骥归言于宋主曰:"本欲以死固守,姚耸夫及城邃走,人情沮败,不可复禁。"宋主大怒,诛耸夫于寿阳。耸夫勇健,诸偏裨莫及也。颉与将军陆俟进攻虎牢,拔之。

秦迁保南安。

秦王暮末为北凉所逼,请迎于魏。魏许以平凉、安定封之。暮末乃焚城邑,毁宝器,帅户万五千东如上邽。夏主发兵拒之,暮末留保南安,其故地皆入于吐谷浑。

十一月,魏主袭平凉,夏主与战,败绩。

魏主至平凉,使将军古弼等将兵趣安定。夏主自安定北救平凉,与弼遇,弼伪退以诱之,夏主追之,魏主使高车驰击之,夏兵大败,走鹑觚原,魏兵围之。

宋遣将军檀道济伐魏。到彦之弃军走。

宋加檀道济都督征讨诸军事,帅众伐魏。魏叔孙建、长孙道生济河而南。

到彦之闻洛阳、虎牢不守,欲引兵还。将军垣护之以书谏之,以为宜使竺灵秀助朱脩之守滑台,帅大军进拟河北,且曰:"昔人有连年攻战,失众乏粮,犹张胆争前,莫肯轻退。况今青州丰穰,济漕流通,士马饱逸,威力无损。若空弃滑台,坐丧成业,岂朝廷受任之旨邪?"彦之不从,欲焚舟步

打捞,杜骥欺骗姚耸夫说:"金墉城已修筑完备,粮食也充足,缺乏的就是人力。如今胡虏骑兵渡河南下,我们可以合力抵抗,大功告成之后,再去打捞沉钟也不晚。"姚耸夫听从了他的话。到金墉之后,姚耸夫见城池难守,就率军退走了,杜骥这才趁机南逃。安颉乘胜攻破洛阳。杜骥回到建康对宋文帝说:"我本打算以死固守金墉,但姚耸夫一进城就跑,使城中将士情绪低落,无法挽救。"宋文帝大怒,诏令将姚耸夫在寿阳斩首。姚耸夫勇猛异常,其他将领都赶不上他。魏将安颉和将军陆俟进攻虎牢,攻下虎牢。

西秦固守南安。

西秦王乞伏暮末被北凉所逼,请求归降北魏。北魏许诺把平凉郡和安定郡封给他。于是,乞伏暮末焚烧城邑,毁掉宝器,率领一万五千户向东前往上邽。夏主赫连定发兵阻挡,乞伏暮末只好就地固守南安,西秦故土全被吐谷浑占领。

十一月,北魏太武帝拓跋焘率兵袭击平凉,与夏主赫连定交战,夏兵失败。

太武帝到达平凉,派将军古弼等人率兵直指安定。夏主赫连定从安定向北救援平凉,与古弼遭遇,古弼佯装退却以诱敌深入,赫连定果然追了上来,太武帝派高车部落飞速攻击他们,夏兵大败,逃到鹑觚原,被魏军包围。

宋文帝刘义隆派遣将军檀道济讨伐北魏。宋将到彦之弃军而逃。

宋文帝加授檀道济都督征讨诸军事,率领大队人马讨伐北魏。魏将叔孙建、长孙道生渡过黄河南下。

到彦之听到洛阳、虎牢失守,打算率兵撤退。将军垣护之写了封信劝阻他,认为应该派竺灵秀帮助朱修之防守滑台,统率大军准备向黄河以北进军,他还说:"过去,曾经有人连年攻战,损兵折将,缺乏粮草,仍然大胆向前,不肯向后退却。况且今日青州粮食丰收,济河漕运畅通,将士和战马都饱食待战,威力并没有受到损伤。如果白白放弃滑台,坐失已经取得的功业,岂不是辜负了朝廷的托付吗?"到彦之没有听从他的建议,打算烧掉战船步行

走。王仲德曰:"洛阳既陷,虎牢不守,自然之势也。虏去我犹千里,滑台尚有强兵,若遽舍舟南走,士卒必散。"彦之乃引兵自清入济,南至历城,焚舟弃甲,步趋彭城。时青、兖大扰,长沙王义欣在彭城,将佐皆劝委镇还都,义欣不从。

魏攻济南,太守萧承之帅数百人拒之。魏众大集,承之使偃兵开门,众曰:"贼众我寡,奈何轻之!"承之曰:"今悬守穷城,事已危急,若复示弱,必为所屠,唯当见强以待之耳。"魏人疑有伏兵,遂引去。

夏主及魏人战,败走上邽,魏取安定、陇西。

魏军围夏主数日,断其水草,人马饥渴。夏主引众下鹑觚原,魏军击之,夏众大溃,夏主中重创,单骑走,收余众西保上邽。

魏兵遂取安定,魏主还临平凉,掘堑围之,安慰初附,赦秦、雍之民,赐复七年。夏陇西守将降魏。

魏攻宋滑台。　凉遣使入贡于魏。

北凉王蒙逊遣宗舒入贡于魏,魏主与之宴,执崔浩之手,以示舒等曰:"汝所闻崔公,此则是也。才略之美,于今无比。朕动止咨之,豫陈成败,若合符契。"

十二月,宋以长沙王义欣为豫州刺史。

寿阳土荒民散,城郭颓败,盗贼公行。义欣随宜经理,境内安业,道不拾遗,城府完实,遂为盛藩。芍陂久废,义欣修治堤防,引淠水入陂,溉田万余顷,无复旱灾。

撤退。王仲德说:"洛阳已经陷落,担心守不住虎牢,这是必然的趋势。但现在敌人距我们尚有千里之远,滑台还有强兵把守,如果马上弃船南撤,士卒必定四处逃散。"但到彦之还是率军从清河进入济水,南下抵达历城,烧毁战船,抛弃铠甲,步行逃往彭城。一时青州、兖州一片混乱,长沙王刘义欣正在彭城,他的部下都劝他放弃彭城,返回京师,刘义欣没有听从。

魏军攻打济南,济南太守萧承之率领几百人抵抗。大批的魏兵聚集城下,萧承之命令士卒们隐蔽起来,打开城门,大家都说:"敌众我寡,怎么能如此轻敌!"萧承之说:"如今我们困守孤城,情况危急,如果再向敌人示弱,必定会被屠杀,只有摆出强大的样子来等待敌人。"魏军怀疑城中设有伏兵,于是撤退。

夏主赫连定与魏军交战失利,败逃到上邽,北魏攻取安定、陇西。

魏军包围赫连定数日,切断了夏人的水源和粮草运输,使他们人马饥渴。赫连定率众冲出鹑觚原,魏军截击他们,夏人溃败,赫连定身负重伤,一人骑马逃走,收集残余部众向西退保上邽。

于是,魏军攻取安定,太武帝返至平凉城外,挖掘沟壕包围了平凉,他又安抚慰问新归附的百姓,赦免秦州、雍州百姓的赋役七年。夏国陇西守将也投降北魏。

魏军攻打滑台。　北凉遣使向北魏进贡。

北凉王沮渠蒙逊派遣宗舒向北魏进贡,太武帝设宴招待他,并拉住崔浩的手,向他介绍说:"这位就是你们听说过的崔公。他的才略之美,今世无人能比。朕的一举一动都向他求教,他预测一件事情的成败,就像符契一样准确。"

十二月,宋文帝刘义隆任命长沙王刘义欣为豫州刺史。

寿阳土地荒芜,百姓离散,城郭颓败,盗贼公然抢劫。刘义欣视具体情况加以治理,使寿阳百姓安居乐业,道不拾遗,城府充实,成了一个强盛的藩镇。芍陂也早已破旧不堪,刘义欣修治堤防,引淠水入芍陂,灌溉农田一万多顷,从此那里再也没有出现旱灾。

魏人克平凉,复取长安。

魏克平凉,豆代田得奚斤、娥清等以献,关中悉入于魏。魏主以将军王斤镇长安而还,以奚斤为宰士,使负酒食以从。王斤骄矜不法,民不堪命,南奔汉川者数千家,魏主斩斤以徇。

宋以垣护之为高平太守。

到彦之、王仲德下狱免官。上见垣护之书而善之,以为北高平太守。彦之之北伐也,甲兵资实甚盛,及败还,委弃荡尽,府藏、武库为之空虚。

辛未(431) 宋元嘉八年,魏神廳四年,燕主弘太兴元年,北凉义和元年。是岁,秦、夏皆亡。凡四国。

春正月,宋檀道济救滑台,败魏师于寿张。

道济等自清水救滑台,至寿张,遇魏安平公乙旃眷,道济帅王仲德、段宏奋击,大破之。转战至高梁亭,斩魏济州刺史悉烦库结。

夏灭秦,以秦王暮末归,杀之。

夏主击西秦将姚献,败之,遂遣其叔父韦伐攻南安。城中大饥,人相食。秦出连辅政等奔夏,秦王暮末穷蹙,舆櫬出降,送于上邽。秦太子司直焦楷奔广宁,泣谓其父遗曰:“大人荷国宠灵,居藩镇重任。今本朝倾覆,岂得不帅见众唱大义以殄寇仇!”遗曰:“今主上已陷贼庭,吾非爱死而忘义,顾以大兵追之,是趣绝其命也。不如择王族之贤者,奉以为主而伐之,庶有济也。”楷乃筑坛誓众,二旬之间,赴者万

魏军攻克平凉,重新占领长安。

北魏攻克平凉,豆代田救出被夏人俘虏的奚斤、娥清,献给魏太武帝,关中土地全部归入北魏。太武帝任命将军王斤镇守长安,自己率军东还,任命奚斤为宰士,让他背着酒、饭跟从左右。王斤狂妄自大,多有不法,百姓不堪忍受,向南逃往汉川的有几千家,太武帝斩杀王斤示众。

宋文帝刘义隆任命垣护之为高平太守。

到彦之、王仲德都被免官下狱。宋文帝看到垣护之给到彦之的信,大加赞许,任命他为高平太守。到彦之北伐时,各种武器物资都十分充裕,等到大败而回,抛弃殆尽,朝廷仓库和武器库因此大为空虚。

辛未(431) 宋元嘉八年,北魏神麚四年,北燕冯弘太兴元年,北凉义和元年。这一年,西秦、夏都灭亡。共四国。

春正月,宋将檀道济救援滑台,在寿张击败魏军。

檀道济等人从清水出发去救援被北魏军围攻的滑台,到达寿张时,与魏将安平公拓跋乙旃眷的军队遭遇,檀道济率领王仲德、段宏奋力抗击,大败魏军。又转战到高梁亭,斩杀北魏济州刺史悉烦库结。

夏国灭掉西秦,西秦王乞伏暮末投降,被夏主赫连定诛杀。

夏主赫连定袭击秦将姚献,大败秦军,又派他的叔父赫连韦伐攻打南安。南安城中发生饥荒,人与人相食。秦将出连辅政等人投奔夏国,西秦王乞伏暮末穷途末路,用马车拉着空棺材出城投降,被押送到上邦。西秦太子司直焦楷逃奔到广宁,哭着对他的父亲焦遗说:"父亲大人承蒙朝廷宠信重用,身居藩镇重任。如今国家危亡,您怎么能不率领大家,倡导大义,消灭贼寇!"焦遗说:"如今主上已经陷入敌手,我不是惜命忘义之人,只是害怕派兵追击,只能加速主上的死亡。不如选择王族中的贤能之人,拥奉他继承王位,然后前去讨伐贼寇,也许还有希望。"于是焦楷修筑高台,召集部众宣誓,二十天的时间里,赶来归附的有一万

余人。会遗病卒,楷不能独举事,亡奔河西。夏主竟杀暮末,夷其族。

二月,魏克滑台。

檀道济等至济上,与魏三十余战,道济多捷。至历城,叔孙建等纵轻骑邀其前后,焚烧谷草。道济军乏食,不能进,由是安颉、司马楚之等得专力攻滑台。魏主复使将军王慧龙助之。朱脩之坚守数月,粮尽,与士卒熏鼠食之。魏遂克滑台,执脩之,嘉其守节,以为侍中。

魏主还平城,复境内租一岁。

魏主还平城,大飨告庙,将帅及百官皆受赏,战士赐复十年。于是魏南鄙大水,民多饿死。刘絜言于魏主曰:"郡国之民虽不从征讨,而服勤农桑以供军国,实经世之大本,府库之所资。今自山以东遍遭水害,应加哀矜以弘覆育。"魏主从之,复境内一岁租赋。

宋檀道济引兵还,青州刺史萧思话弃城走。

道济等食尽,自历城还。士有亡走魏者具告之。魏人追之,众恼惧,将溃。道济夜唱筹量沙,以所余少米覆其上。及旦,魏军见之,谓资粮有余,以降者为妄而斩之。时道济兵少,魏兵甚盛,道济命军士皆被甲,己白服乘舆,引兵徐出。魏人以为有伏兵,不敢逼,稍稍引退,道济全军而返。

多人。但又赶上焦遗病逝,焦楷不能独立完成这件大事,只好率部众亡命河西。赫连定竟诛杀了乞伏暮末和他的族人。

二月,北魏攻克滑台。

宋将檀道济等人到达济水,先后与魏军交战三十多次,宋军大多取胜。宋军到达历城,魏将叔孙建等人派遣轻骑兵往来截击,并烧毁了宋军的粮草。檀道济因为军中乏食,不能前进,因此魏将安颉、司马楚之等人得以全力进攻滑台。北魏太武帝又派将军王慧龙增援。宋将朱脩之坚守滑台几个月,粮食已经吃光,与将士们一起用烟火熏烤老鼠代食。不久,滑台被魏军攻克,朱脩之被俘,魏人对他的气节大加赞许,任命他为侍中。

北魏太武帝拓跋焘返回平城,诏令免除全国百姓一年的田赋和捐税。

太武帝返回平城,合祀先王,祭告祖庙,军中将帅和朝廷百官都得到了赏赐,士卒们一律免除十年的赋役。这时,北魏南部边境发生大水灾,百姓多半饿死。刘絜对太武帝说:"各州郡和封国的百姓虽然没有随陛下出征,但他们勤奋地务农养蚕,供应国家和军队的需要,这实在是治理国家的根本,国库的来源。现在自崅山以东遍遭水灾,应该对受灾的百姓加以安抚,怜惜他们的苦难,弘扬皇上保护和养育万民的恩德。"太武帝同意了他的劝告,下诏免除全国百姓一年的赋税。

宋将檀道济率军撤退,青州刺史萧思话弃城逃走。

檀道济军中粮尽,只好从历城撤军。他的军中有逃奔北魏的士卒,把宋军的困难情况都告诉给魏军。北魏军追赶,兵众恐惧,准备逃散。檀道济在晚上命令士卒用斗量沙子,边量边喊出数字,然后把剩下的一点谷米覆盖在沙子上。第二天早上,魏人看到后,以为宋军粮食还很充裕,认为那个降卒说了假话,便杀了他。当时,檀道济的士卒很少,而魏军人多,他就命士卒们都披上铠甲,自己身穿白色便服,乘着马车,率军缓缓出城。魏军以为他设有伏兵,不敢逼近,还稍稍向后撤退,檀道济才得以安全撤退。

青州刺史萧思话弃东阳奔平昌,参军刘振之戍下邳,亦委城走,魏军竟不至,而东阳积聚已为百姓所焚。思话坐征系尚方。

魏以王慧龙为荥阳太守。

魏司马楚之以为诸方已平,请大举伐宋,魏主以兵久劳不许。征楚之为散骑常侍,以慧龙为荥阳太守。

慧龙在郡十年,农战并修,大著声绩,归附者万余家。宋主纵反间于魏,云:"慧龙自以功高位下,欲引宋人入寇,因执司马楚之以叛。"魏主闻之,赐慧龙玺书曰:"刘义隆畏将军如虎,欲相中害,朕自知之,不足介意。"宋主复遣刺客吕玄伯刺之。玄伯诈为降人,求屏人语,慧龙疑之,使探其怀,得尺刀。玄伯叩头请死,慧龙曰:"各为其主耳。"释之。左右谏曰:"不杀玄伯,无以制将来。"慧龙曰:"死生有命,彼亦安能害我! 我以仁义为扞蔽,又何忧乎!"遂舍之。后慧龙卒,玄伯守其墓,终身不去。

夏六月,夏主定击凉。吐谷浑袭败之,执定以归。

夏主畏魏人之逼,拥秦民十余万口,自治城济河,欲击北凉王蒙逊而夺其地。吐谷浑王慕璝遣骑三万,乘其半济邀击之,执夏主定以归。

闰月,柔然请平于魏。

魏之边吏获柔然逻者二十余人,魏主赐衣服而遣之。柔然感悦,于是敕连可汗遣使诣魏,魏主厚礼之。

青州刺史萧思话放弃东阳,逃往平昌,参军刘振之戍守下邳,也弃城逃走,结果,魏军竟没有来,但东阳城中积聚的大批粮食物资已经被百姓纵火焚烧。萧思话因罪被召回京城,投入狱中。

北魏太武帝拓跋焘任命王慧龙为荥阳太守。

魏将司马楚之认为四方邻国都已平定,请求出兵大举征伐刘宋,太武帝认为长期以来,兵士疲惫不堪,没有同意。于是征召司马楚之为散骑常侍,任命王慧龙为荥阳太守。

王慧龙在荥阳郡十年,既发展农桑,又积极备战,成绩显著,美名远传,前来归附的百姓有一万多家。宋文帝开展反间活动,派人散布谣言说:"王慧龙自认为劳苦功高,却居官低下,打算勾结宋人前来侵犯,然后活捉司马楚之,背叛魏国。"太武帝听说后,赐给王慧龙一封盖有玉玺大印的诏书,说:"刘义隆害怕将军就像害怕老虎一样,打算陷害于你,朕知道他的用心,你不必介意。"宋文帝又派刺客吕玄伯前往刺杀王慧龙。吕玄伯谎称投降,要求单独与王慧龙面谈,王慧龙有所怀疑,派人搜他的身,搜出一把短刀。吕玄伯叩头请求处死,王慧龙说:"我们都是各自为自己的主上行事罢了。"于是放了他。王慧龙的部下劝阻说:"不杀吕玄伯,就无法阻止将来再发生这样的事。"王慧龙说:"生死都是命中注定的,他们又怎能害得了我!我用仁义作为屏障来保护自己,又有什么可忧虑的呢!"还是放了吕玄伯。后来,王慧龙去世,吕玄伯为他守墓,终生没有离开。

夏六月,夏主赫连定袭击北凉。吐谷浑击败夏人,俘获赫连定,班师回朝。

赫连定害怕北魏的逼迫,劫掠西秦的十多万百姓,从冶城渡过黄河,要袭击北凉王沮渠蒙逊,夺取他的土地。吐谷浑王慕容慕璝派三万骑兵,乘夏军渡河一半时截击,俘虏赫连定,班师回朝。

闰六月,柔然派使节出使北魏求和。

北魏的边防官员俘获柔然的巡逻兵二十多人,太武帝赐给他们衣服,释放了他们。柔然人对此又感激又高兴,于是柔然敕连可汗派使节出使北魏,太武帝用厚礼招待来使。

魏遣使如宋求昏。

魏主遣周绍聘于宋,且求昏,宋主依违答之。

宋以刘湛为太子詹事、给事中。

荆州刺史、江夏王义恭年浸长,欲专政事,长史刘湛每裁抑之,遂有隙。宋主心重湛,使人诘让义恭,且和解之。是时王华、王昙首皆已卒,领军殷景仁素与湛善,白征湛为太子詹事,加给事中,共参政事,而以张邵代湛。

顷之,邵坐赃当死,将军谢述上表陈邵先朝旧勋,宜蒙优贷。宋主手诏酬纳,免邵官,削爵土。述谓其子综曰:“主上矜邵夙诚,特加曲恕,吾所言谬会,故特见酬纳耳。若此迹宣布,则为侵夺主恩,不可之大者也。”使综对前焚之。

秋八月,凉遣子入侍于魏。 吐谷浑奉表于魏。 **九月**,魏以崔浩为司徒,长孙道生为司空。

道生性清俭,一熊皮鄣泥数十年不易。魏主使歌工历颂群臣曰:“智如崔浩,廉若道生。”

魏遣使授凉王蒙逊官爵。

魏主欲选使者诣北凉,崔浩荐尚书李顺,乃以顺为太常,拜蒙逊为凉王,王七郡,置将相、群卿、百官,建天子旌旗,出入警跸,如汉初诸侯王故事。

魏征世胄遗逸。

魏主诏曰:“今二寇摧殄,将偃武修文,理废职,举逸民。范阳卢玄、博陵崔绰、赵郡李灵、河间邢颖、勃海高允、

北魏派遣使节到刘宋求婚。

太武帝派周绍到刘宋聘问,并且求婚,宋文帝回答得模棱两可。

宋文帝刘义隆任命刘湛为太子詹事、给事中。

荆州刺史、江夏王刘义恭年纪越来越大,想要独自处理政事,而长史刘湛每每加以阻挠,二人之间就产生了隔阂。从内心来讲,宋文帝更器重刘湛,便派人去责问刘义恭,并调解他们之间的矛盾。这时,王华、王昙首都已去世,领军殷景仁素来与刘湛交善,于是建议宋文帝征召刘湛为太子詹事,加给事中,共同参与朝政,然后任命张邵代替刘湛原来的职务。

不久,张邵因为营私舞弊,按律应当处死,将军谢述上表陈述张邵是先朝功臣,应该受到宽恕。于是宋文帝手写诏书,免除张邵的官职,削去爵位。谢述对儿子谢综说:"皇上怜惜张邵一向忠诚,特别对他加以宽恕,我的话只是赶巧与皇上的意思相附,所以才被采纳。如果以此四处宣扬,那就曲解了皇上的恩德,是绝对不行的。"然后让谢综当着他的面,烧掉了奏章。

秋八月,北凉王沮渠蒙逊派儿子到北魏充当人质。 吐谷浑王向北魏呈上奏章。 九月,北魏太武帝拓跋焘任命崔浩为司徒,长孙道生为司空。

长孙道生清廉节俭,一个骑马用的熊皮障泥,数十年都不更换。太武帝让歌工——歌颂群臣说:"像崔浩那样足智多谋,像道生那样清廉节俭。"

北魏派使节到北凉,授予北凉王沮渠蒙逊官职和爵位。

魏太武帝打算选派使者出使北凉,崔浩推荐尚书李顺,于是太武帝任命李顺为太常,前去授予沮渠蒙逊为凉王,统治七郡,准许凉国设立将军、宰相、群卿和文武百官,建天子旌旗,出入警跸,仿照汉朝初年各侯王的旧例。

北魏征选前代贤人的后裔为官。

太武帝下诏说:"如今宋、夏二寇已被我们击败和消灭,我国将暂停武备,以礼治国,整理被废弛的官职,举荐隐居的贤才。范阳人卢玄、博陵人崔绰、赵郡人李灵、河间人邢颖、渤海人高允、

广平游雅、太原张伟等，皆贤俊之胄，冠冕州邦，如此比者，尽敕州郡以礼发遣。"遂征玄等数百人，差次叙用。崔绰以母老固辞，玄等皆拜中书博士。其未至者州郡多逼遣之。魏主复诏："守宰以礼申谕，任其进退。"

崔浩每与玄言，辄叹曰："对子真使我怀古之情更深。"浩欲大整流品，明辨姓族。玄止之曰："夫创制立事，各有其时。乐为此者，讵有几人！宜加三思。"浩不从，由是得罪于众。

冬十月，魏使崔浩定律令。

初，魏昭成帝始制法令："反逆者族，其余当死者听入金、马赎罪；杀人者听与死家马牛、葬具以平之；盗官物，一备五，私物，一备十。"四部大人共坐王庭决辞讼，无系讯连逮之苦，境内安之。太祖入中原，患前代律令峻密，命三公郎王德删定，务崇简易。季年被疾，刑罚滥酷。太宗承之，吏文亦深。至是，命崔浩更定律令，除五岁、四岁刑，增一年刑；巫蛊者负羖羊、抱犬沉诸渊；初令官阶九品者得以官爵除刑；妇人当刑而孕，产后百日乃决。阙左悬登闻鼓以达冤人。

壬申（432） 宋元嘉九年，魏延和元年。
春正月，魏尊保太后为皇太后，立子晃为太子。

广平人游雅、太原人张伟等人,都是贤人的后裔,他们的才能在地方州郡都是一流的,凡是才能可以与他们媲美的人,各州郡都要按照朝廷的敕令礼遇他们,并送到京师。"于是征召卢玄等几百人,依照不同情况,分别委任官职。崔绰因为母亲年迈,坚决推辞,卢玄等人都被授予中书博士。其中有的人没有来京,州郡地方长官多逼迫他们赴任。太武帝又诏令说:"各州郡地方长官对他们要以礼相待,由他们自己选择来与不来。"

崔浩每与卢玄谈话,就叹息说:"面对你,使我怀古之情更深。"崔浩打算大肆整顿官员的品级,辨明他们的出身和姓氏等级。卢玄劝阻他说:"凡是创设制度,建立规章,都需要有合适的时机。乐意进行这项工作的能有几人!应该加以三思。"崔浩不听,因此得罪了许多人。

冬十月,北魏太武帝拓跋焘命令崔浩修订律令。

当初,北魏昭成帝开始制定法令:"谋反叛逆者诛灭全族,犯有其他死罪的人可以缴纳金子、马匹赎罪;允许杀人凶手赔偿死者家属马牛、葬具以免罪;盗窃官府财物,偷一赔五,盗窃私物,偷一赔十。"由四部总监共同坐在公堂之上,处理诉讼案件,犯罪者没有被关押、刑讯、罪及亲属的苦处,境内安定。道武帝拓跋珪进入中原以后,担心前代的律令过于苛刻严密,于是命令三公郎王德加以删定,务求简单易懂。道武帝晚年有病期间,滥用刑罚,残酷异常。明元帝拓跋嗣继承了这些法令制度,对官吏的惩罚也有过于苛刻之处。一直到现在,太武帝命令崔浩重新制定律令,废除了五年、四年的徒刑,增设一年的徒刑;用巫蛊之术害人者,身背黑羊、双手抱狗投入河中;初次规定凡官职在九品之内的官员犯法,可以免官削爵赎罪;妇人应当执行死刑而怀有身孕的,产后一百天再行处决。又规定在宫阙的左边悬挂登闻鼓,使有冤情的人能击鼓申冤。

壬申(432) 宋元嘉九年,北魏延和元年。

春正月,北魏太武帝尊保太后为皇太后,立儿子拓跋晃为太子。

三月,宋以王弘为太保,檀道济为司空,还镇寻阳。 吐谷浑送故夏主定于魏,魏人杀之。

魏既杀赫连定,因进吐谷浑王慕璝官爵。慕璝上表曰:"臣俘擒僭逆,献捷王府。爵秩虽崇而土不增廓,车旗既饰而财不周赏,愿垂鉴察。"魏主下其议,公卿以为:"慕璝所致唯定而已,塞外之民皆为己有,而贪求无厌,不可许也。"自是慕璝贡使至魏者稍简。

魏改代为万年,寻复旧号。

魏方士祁纤奏改代为万年。崔浩曰:"昔太祖应天受命,兼称代魏,以法殷商。国家积德,当享年万亿,不待假名以为益也。纤之所闻皆非正义,宜复旧号。"魏主从之。

夏五月,宋太保王弘卒。

弘明敏有思致,而轻率褊隘,好折辱人,虽贵显不营财利,及卒,家无余业。宋主闻之,特赐钱百万,米千斛。

宋遣使如魏。 六月,宋以司徒义康领扬州刺史。 秋七月,宋以殷景仁为尚书仆射,刘湛为领军将军。 吐谷浑告捷于宋。 秋,宋益州人赵广作乱,围成都。

宋益州刺史刘道济信任长史费谦、别驾张熙,聚敛兴利,伤政害民,商贾失业,呼嗟满路。

流民许穆之变姓名称司马飞龙,自云晋室近亲,往依氐王杨难当。难当因民之怨,资飞龙以兵,使侵扰益州。飞龙招合蜀人,得千余人,攻杀巴兴令,逐阴平太守。道济遣军斩之。

三月,宋文帝刘义隆任命王弘为太保,檀道济为司空,返回寻阳镇守。 吐谷浑将夏主赫连定献给北魏,北魏诛杀了他。

北魏诛杀赫连定以后,因为吐谷浑王慕容慕璝进献有功,特加封给他职官和爵位。慕容慕璝上表说:"我俘获了叛逆赫连定,呈献给皇上。陛下赏赐的爵位虽然尊崇,但土地却没有增加,车辆上的旗帜已经得到装饰,但却无财物遍赏部下,希望陛下能俯察下情。"太武帝把他的奏章交给文武大臣讨论,大家都认为:"慕容慕璝的功劳不过是俘获赫连定而已,而塞外百姓都已归他所有,他却贪得无厌,不能答应他的要求。"从此,慕容慕璝派到北魏的贡使稍加减少。

北魏改称代郡为万年,不久又恢复旧名。

北魏方士祁纤上奏朝廷,请求把代郡改称万年。崔浩说:"从前,道武帝顺应天命,兼称代魏,以效法殷商。国富民安,积德积善,当使国家长寿至亿万年,不必借助改名得益。祁纤奏报的不是正义之理,应该恢复旧号。"太武帝采纳了崔浩的意见。

夏五月,刘宋太保王弘去世。

王弘聪明敏捷而有才情,但言行轻率,思维狭隘,喜好侮辱别人,虽身为显贵,却不营私利,去世时,家里没有多余的财产。宋文帝听说后,特赏赐他的家人一百万钱、一千斛米。

刘宋派使者出使北魏。 六月,宋文帝刘义隆任命司徒刘义康兼任扬州刺史。 秋七月,宋文帝任命殷景仁为尚书仆射,刘湛为领军将军。 吐谷浑派使者向刘宋奏报军事大捷。 秋季,宋益州人赵广发动叛乱,围攻成都。

宋益州刺史刘道济信任长史费谦、别驾张熙,聚敛钱财,伤政害民,致使商人失业,百姓怨声载道。

流民许穆之改名换姓为司马飞龙,自称是晋朝皇室近亲,投奔了氐王杨难当。杨难当利用民怨,借给司马飞龙军队,让他侵犯、骚扰益州。司马飞龙招集蜀民达一千余人,攻下巴兴,斩杀县令,又驱逐了阴平太守。刘道济派军队击败斩杀了司马飞龙。

道济欲以帛氏奴、梁显为参军督护,费谦固执不与。氏奴等与乡人赵广构扇县人,诈言司马殿下犹在阳泉山中,聚众向广汉。参军程展会李抗之击之,皆败死。广等进攻涪城,陷之,于是涪陵、江阳、遂宁诸郡守皆弃城走,蜀土侨旧俱反。

广等进攻成都,道济婴城自守。贼屯聚日久,不见司马飞龙,欲散去,广惧,将三千人及羽仪诣阳泉寺,谓道人程道养曰:"汝但自言是飞龙,则坐享富贵,不则断头。"道养惶怖许诺。广乃推道养为蜀王,以其弟道助镇涪城,奉道养还成都,众至十万余,四面围城。使人谓道济曰:"但送费谦、张熙来,我辈自解去。"道济遣参军裴方明、任浪之出战,皆败还。

魏主攻燕,围和龙。

魏主伐燕,石城太守李崇等十郡降魏。魏主发其民三万,穿围堑以守和龙。

八月,燕王使数万人出战,魏击破之。攻羌胡固、带方、建德、冀阳郡,皆拔。

九月,魏主引兵西还,徙营丘、成周、辽东、乐浪、带方、玄菟六郡民三万家于幽州。

燕尚书郭渊劝燕王送款献女于魏,乞为附庸。燕王曰:"负衅在前,结怨已深,降附取死,不如守志更图也。"

魏主之围和龙也,宿卫之士多在战阵,行宫人少。云中镇将朱脩之谋与南人袭杀魏主,因入和龙,浮海南归。以告将军毛脩之,不从,乃止。既而事泄,朱脩之逃奔燕。魏人数伐燕,燕王遣脩之南归求救。脩之泛海至东莱,遂还建康,拜黄门侍郎。

刘道济打算任命帛氏奴、梁显为参军督护，费谦坚决反对。帛氏奴与他的同乡赵广煽动县中百姓，诈称司马飞龙仍在阳泉山中，聚集部众，进军广汉。参军程展会同李抗之袭击他们，战败后二人被斩。赵广等人进陷涪城，于是涪陵、江阳、遂宁等地的郡守都弃城逃走，益州境内的土著居民和外地侨民都起来反叛。

赵广等人进攻成都，刘道济守城防御。叛军屯聚已经很长时间，却看不到司马飞龙，打算各自逃散，赵广害怕不已，率领三千人和迎驾的仪仗队前往阳泉寺，对道士程道养说："你只要自称是司马飞龙，就可以坐享荣华富贵，不然你的人头就保不住了。"程道养惊慌害怕，只好答应。于是赵广推举程道养为蜀王，让他的弟弟程道助镇守涪城，然后拥奉程道养返回成都，聚众至十万多人，从四面包围了成都。赵广派人对刘道济说："你只要交出费谦、张熙二人，我们自然会解围。"刘道济派参军裴方明、任浪之分别出城迎战，都大败而归。

北魏太武帝拓跋焘进攻北燕，包围和龙。

太武帝讨伐北燕，石城太守李崇等十个郡投降北魏。太武帝征发这十个郡的百姓三万人，挖掘壕沟，围守和龙。

八月，北燕王冯弘派数万人出城迎战魏军，被魏军击败。魏军进攻羌胡固、带方、建德、冀阳等郡，全部攻克。

九月，太武帝率军西去回国，将营丘、成周、辽东、乐浪、带方、玄菟等六个郡的三万家百姓迁徙到幽州。

北燕尚书郭渊劝燕王冯弘向北魏表示诚心，献上女儿，乞求充当北魏的附庸。冯弘说："两国早就产生仇恨，结下的仇怨已经很深，降附他们是自取灭亡，不如固守，以等待转机。"

太武帝包围和龙时，他的禁卫之士大多在前方阵地，留在行宫的很少。云中镇将朱脩之谋划与南方降附之人刺杀太武帝，然后投奔和龙，从海上乘船回到刘宋。他把这个打算告诉将军毛脩之，但毛脩之拒绝了，只好作罢。不久，计谋泄漏，朱脩之逃奔北燕。魏军多次攻打北燕，北燕王冯弘派朱脩之南归，向刘宋求救。朱脩之从海路到达东莱，然后回到建康，被任命为黄门侍郎。

冬十二月，燕长乐公崇以辽西叛，降魏。

燕王嫡妃王氏生长乐公崇，于兄弟为最长。及即位，立慕容氏为王后，王氏不得立。又黜崇使镇肥如。崇母弟朗、邈相谓曰："今国家将亡，王复受簒，吾兄弟死无日矣。"乃相与亡奔辽西，说崇使降魏，崇从之，使邈如魏请举郡降。燕王闻之，使其将封羽围辽西。

宋益州参军裴方明讨赵广，破之。

裴方明击程道养营，破之。贼杨孟子屯城南，参军梁隽之说谕邈见道济，版为主簿，克期讨贼。赵广知其谋，孟子惧，将所领奔晋原，晋原太守文仲兴与之同守。赵广遣帛氏奴攻晋原，破之，仲兴、孟子皆死。裴方明复出击贼，屡战破之，贼遂大溃。道养收众还广汉，赵广还涪城。

道济粮储俱尽，方明出城求食，为贼所败，单马独还，贼众复大集。方明夜缒而上，道济为设食，涕泣不能食。道济曰："卿非大丈夫，小败何苦！贼势既衰，台兵垂至，但令卿还，何忧于贼。"即减左右以配之。贼扬言方明已死，城中大恐。道济夜列炬火，出方明以示众，众乃安。道济悉出财物，令方明募人。时传道济已死，莫有应者。梁隽之说道济遣左右给使三十余人出外，且告之曰："吾病小损，听归休息。"给使既出，城中乃安，应募者日有千余人。

冬十二月，北燕长乐公冯崇率辽西郡背叛朝廷，投降北魏。

北燕王冯弘的嫡妃王氏生下长乐公冯崇，冯崇在他的兄弟中年纪最大。冯弘即位后，立慕容氏为王后，王氏没能做上王后。冯弘又废黜了冯崇的皇太子资格，派他镇守肥如。冯崇的同胞弟弟冯朗、冯邈二人商量说："如今国家将要灭亡，而父王又听信谗言，我们兄弟的死期不远了。"于是二人一同逃往辽西，劝说冯崇投降北魏，冯崇同意了，他派冯邈前往北魏，准备献出全郡投降。冯弘听说后，派将领封羽包围了辽西。

宋益州参军裴方明讨伐、击败赵广。

裴方明进攻程道养的大营，击破了他们。叛军将领杨孟子驻守城南，参军梁隽之劝说杨孟子，请他进城见刘道济，被任命为主簿，双方约好日期，共击叛军。赵广知道杨孟子的阴谋后，杨孟子非常害怕，率领部众逃奔晋原，晋原太守文仲兴和他共同守城。赵广派帛氐奴攻克晋原，文仲兴、杨孟子都战死。裴方明再次出城进攻叛军，屡战屡胜，叛军四处溃散。程道养收集残部返回广汉，赵广返回涪城。

刘道济储存的粮食全部吃光，裴方明率军出城寻找粮食，被叛军击败，他单人匹马生还，叛军又重新集结。晚上，裴方明被城中士卒用绳子接回城里，刘道济为他准备饭食，他痛哭流涕，不能下咽。刘道济说："你这样就不是一个大丈夫，一次小小的败仗，何至于如此苦恼！叛贼的攻势已经衰弱，朝廷的援军就要到来，只要你回来，就不必担心破不了贼寇。"刘道济马上把自己的一部分亲兵分配给他指挥。叛军在城外扬言裴方明已经战死，城中一片惊慌。刘道济在夜里命人点燃火炬，让裴方明出来与大家见面，众人才安定下来。刘道济拿出所有的财物，命令裴方明招募士兵。当时，有谣言传说刘道济已经死了，所以没有人前来应召。梁隽之建议刘道济把事奉左右的三十多名听差送出去，并且告诉他们说："我的病已小有好转，你们可以回家休息了。"听差们出去之后，城中才安定下来，每天前来应募的都有一千多人。

魏遣太常李顺如凉。

魏李顺复奉使至凉,凉王蒙逊延入庭中,箕坐隐几,无动起之状。顺正色大言曰:"不谓此叟无礼乃至于此!今不忧覆亡而敢陵侮天地,魂魄逝矣,何用见之!"握节将出。蒙逊使追止之曰:"传闻朝廷有不拜之诏,是以敢自安耳。"顺曰:"齐桓公九合诸侯,一匡天下,周天子赐胙,命无下拜,桓公犹不敢失臣礼,下拜登受。今王虽功高,未如齐桓,朝廷虽相崇重,未有不拜之诏,而遽自偃蹇,此岂社稷之福邪!"蒙逊乃起拜受诏。

使还,魏主问以凉事,顺曰:"蒙逊,控制河右逾三十年,经涉艰难,粗识机变,绥集荒裔,群下畏服。虽不能贻厥孙谋,犹足以终其一世。然礼者德之舆,敬者身之基也,蒙逊无礼不敬,以臣观之,不复年矣。"魏主曰:"易世之后,何时当灭?"顺曰:"蒙逊诸子,臣略见之,皆庸才也。如闻敦煌太守牧犍,器性粗立,继蒙逊者必此人也。然比之于父,皆云不及。此殆天之所以资圣明也!"魏主曰:"朕方有事东方,未暇西略。如卿所言,不过数年之外,不为晚也。"

初,罽宾沙门昙无谶自云能使鬼治病,且有秘术,蒙逊重之,谓之圣人,诸女妇皆往受术。魏主征之,蒙逊留不遣而杀之,魏主由是怒凉。

北魏派遣太常李顺出使北凉。

北魏李顺再次奉命出使北凉，北凉王沮渠蒙逊请李顺来到宫廷之中，伸开两腿坐在几案那里不动，没有起身行礼的表示。李顺神色严肃，大声说道："没有想到你这个老头儿竟无礼到这个地步！如今你不担心国家灭亡，反而敢于如此侮辱天地，你的灵魂已经没有了，见你还有什么用处！"于是他带着符节就要出去。沮渠蒙逊派人追上他让他止步，说："听说朝廷有特许可以不行叩拜之礼的诏命，所以才敢这样做。"李顺说："齐桓公曾九次担当各诸侯的盟主，匡扶天子，号令天下，周天子赏赐他祭祀用的肉，命他不必下拜，齐桓公还不敢免去臣子的礼节，仍然在台下叩拜，然后才登台接受赏赐。如今大王虽然功高，却还比不上齐桓公，朝廷虽然尊重你，但从没有下达特许不拜的诏令，而你却举止傲慢，这难道是你的国家的福分吗！"沮渠蒙逊这才起身叩拜，接受诏书。

李顺回国以后，太武帝询问北凉的情况，李顺说："沮渠蒙逊控制河西已超过三十年，他历经艰难，也多少知道随机应变，安抚荒民，臣下对他也敬畏服从。他虽然不能给子孙留下什么好处，但足以在有生之世掌握大权。但是，礼仪是道德的表现，恭敬是修身立命的根基，可沮渠蒙逊无礼不敬，在我看来，他的日子也长不了。"太武帝说："下一代继位之后，什么时候会灭亡？"李顺说："沮渠蒙逊的几个儿子，我大概见了一面，都是庸才。倒是听说敦煌太守沮渠牧犍还比较成器，将来继承王位的一定是这个人。但与他的父亲相比，大家都说还比不上。这或许是上天帮助陛下建立伟业的好机会呀！"太武帝说："朕正在东边与北燕用兵，还没有机会进攻西边。如果事情像你说的那样，我们吞并北凉也就是数年之后的事，还不算晚。"

当初，罽宾僧人昙无谶自称能驱鬼治病，而且有秘术，沮渠蒙逊很重视他，称他为圣人，沮渠蒙逊的女儿和妇人都接受过他的法术。太武帝征召昙无谶，沮渠蒙逊却不肯放行，然后杀了他，因此太武帝恼怒北凉。

蒙逊荒淫猜虐，群下苦之。

癸酉（433）宋元嘉十年，魏延和二年，北凉王沮渠牧犍永和元年。

春正月，魏以乐安王范为长安镇都大将。

魏主以范年少，更选旧德将军崔徽、张黎为之副。范谦恭宽惠，徽务敦大礼，黎清约公平，政刑简易，轻徭薄赋，关中遂安。

二月，魏以冯崇为辽西王。　魏以陆俟为散骑常侍。

初，俟尝为怀荒镇大将，未期岁，高车诸莫弗讼俟严急无恩，复请前镇将郎孤。魏主征俟还，以孤代之。俟既至，言曰："不过期年，郎孤必败，高车必叛。"魏主怒，切责之。明年诸莫弗果杀郎孤而叛，魏主大惊，立召俟问之，俟曰："高车不知上下之礼，故臣临之以威，制之以法，欲以渐训导，使知分限。而诸莫弗恶臣所为，讼臣无恩，称孤之美。臣以罪去，孤获还镇，悦其称誉。益收名声，专用宽恕待之。无礼之人易生骄慢，不过期年，无复上下，孤所不堪，必将复以法裁之，如此则众心怨怼，必生祸乱矣。"魏主叹曰："卿身虽短，思虑何长也！"即日以为散骑常侍。

宋荆州遣兵救成都，击贼，破之。

刘道济卒，梁隽之、裴方明诈为道济教命以答签疏，虽其母妻亦不知也。方明出击贼，大破之，贼退保广汉。

荆州刺史、临川王义庆遣巴东太守周籍之将二千人

沮渠蒙逊荒淫无度,猜忌暴虐,臣属和百姓痛苦不堪。

癸酉(433)　宋元嘉十年,北魏延和二年,北凉王沮渠牧犍永和元年。

春正月,北魏太武帝拓跋焘任乐安王拓跋范为长安镇都大将。

太武帝因为拓跋范年少,另选德高望重的老将军崔徽、张黎担任他的副手。拓跋范谦恭宽厚,崔徽能顾全大局,张黎清廉公正,使当地政刑简单,役轻税少,关中于是安定下来。

二月,北魏太武帝拓跋焘任命冯崇为辽西王。　任命陆俟为散骑常侍。

当初,陆俟曾任怀荒镇大将,不到一年,高车部落的诸莫弗指责陆俟严厉苛刻,没有恩德,请求前镇将郎孤复职。太武帝召回陆俟,重新让郎孤赴任。陆俟回来后,对太武帝说:"用不了一年,郎孤一定失败,高车部落一定反叛。"太武帝大怒,严厉指责他。第二年,高车部落的各位莫弗果然杀掉郎孤,反叛朝廷,太武帝大为惊异,立即召见陆俟,问他原由,陆俟说:"高车人不知道上下尊卑的礼节,所以我才用威严的方式统治他们,以法令制服他们,打算逐渐加以训导,让他们知道尊卑和分寸。然而各位莫弗厌恶我的所作所为,指责我没有恩德,称颂郎孤的美德。我因此被免职,郎孤得以官复原职,为自己美好的声誉而高兴。为了更加博取这种名声,就专用宽厚的方法对待他们。像高车部落的这些无礼之人容易骄傲怠慢,不过一年,就不再有上下尊卑的概念,郎孤必不能忍,一定会恢复刑法制裁他们,这样,众心积怨,必生祸乱了。"太武帝叹息说:"你的身材虽短小,思虑怎么这样长远!"即日就任命他为散骑常侍。

刘宋荆州刺史刘义庆派兵救援成都,袭击叛军,打败了。

刘道济去世后,梁儁之、裴方明诈称奉刘道济的命令,批阅下属的签呈和文书,就连刘道济的母亲和妻子也不知道真相。裴方明率军出城攻击叛军,叛军大败,退守广汉。

荆州刺史、临川王刘义庆派巴东太守周籍之率领两千士卒

救成都,赵广等自广汉至郫,连营百数。籍之与方明等合攻,克之,进击广汉,广等走还涪。义庆,道规之子也。

夏四月,凉王蒙逊卒,子牧犍立。

蒙逊病甚,国人以世子菩提幼弱,而其兄牧犍聪颖好学,和雅有度量,立以为世子。蒙逊卒,牧犍即位,遣使请命于魏。魏主谓李顺曰:"卿言蒙逊死牧犍立,皆验,朕克凉州亦不远矣。"进号安西将军,宠待弥厚,政事无巨细皆与之参议。遣顺拜牧犍河西王。牧犍尊敦煌刘昞为国师,亲拜之,命官属以下皆北面受业。

五月,林邑遣使入贡于宋。　宋裴方明击赵广等,大破,平之。　魏人攻燕。　秋九月,宋以甄法崇为益州刺史。

法崇至成都,收费谦诛之。程道养逃入郪山,时出为寇。

冬十一月,杨难当袭宋汉中,据之。

宋主闻梁秦刺史甄法护刑政不治,失氐、羌之和,乃自徒中起萧思话使代之。未至,杨难当举兵袭法护,法护弃城奔洋川,难当遂有汉中之地。

宋谢灵运有罪诛。

灵运好为山泽之游,穷幽极险,从者数百人,伐木开径,百姓惊扰,以为山贼。会稽太守孟颛表其有异志,灵运诣阙自陈,宋主以为临川内史。灵运游放自若,为有司所纠,遣使收之,灵运执使者,兴兵逃逸,作诗曰:"韩亡子房奋,秦帝鲁连耻。"追讨擒之。廷尉论正斩刑,宋主爱

救援成都,赵广等人从广汉来到郫县,构筑了一百多个营盘。周籍之与裴方明等人合攻叛军,攻克郫县,然后进兵广汉,赵广等人逃回涪城。刘义庆,是刘道规的儿子。

夏四月,北凉王沮渠蒙逊去世,他的儿子沮渠牧犍继承王位。

沮渠蒙逊病重,北凉人认为世子沮渠菩提年纪幼小,而他的哥哥沮渠牧犍聪颖好学,和气文雅而有度量,所以立他为世子。沮渠蒙逊去世后,沮渠牧犍继承王位,派使节请命于魏。太武帝对李顺说:"你说过蒙逊将死,牧犍当立,今日都应验了,朕攻克凉州的日子恐怕也不远了。"于是加封李顺为安西将军,对他更加宠信尊重,朝廷政事无论大小都和他商议。又派李顺前往北凉,拜封沮渠牧犍为河西王。沮渠牧犍尊奉敦煌人刘昞为国师,亲自拜授,命朝中官属以下,都向他叩拜,接受他的训导。

五月,林邑派使节向刘宋进贡。宋将裴方明袭击赵广等人,大败他们,平息叛乱。北魏进攻北燕。秋九月,宋文帝刘义隆任命甄法崇为益州刺史。

甄法崇到达成都后,逮捕费谦,斩杀了他。程道养率余众逃入鄞山,不时出山骚扰。

冬十一月,氐王杨难当袭据刘宋汉中地区。

宋文帝听说梁、秦二州刺史甄法护治理不当,致使氐、羌部落失和于朝廷,于是起用正在服刑的萧思话去代替甄法护。萧思话还未到任,杨难当起兵袭击甄法护,甄法护弃城投奔洋川,杨难当于是占据了关中地区。

刘宋谢灵运因罪被杀。

谢灵运好游历山川,寻幽探险,跟从他游历的有几百人,伐木开路,惊扰了百姓,以为是山贼前来抢。会稽太守孟颛上表朝廷,指控他心怀不轨,谢灵运亲自到朝廷为自己辩护,宋文帝任命他为临川内史。谢灵运仍像过去一样到处游历,被有关部门弹劾,有关部门派使者前往逮捕他,他反而抓了使者,率领部下逃走,作诗说:"韩国灭亡张良奋,秦王称帝仲连耻。"朝廷派兵讨伐,擒获了他。廷尉定他的罪行,应予处死,宋文帝爱惜

其才,降死,徙广州。

或告灵运令人买兵器,结健儿,欲于三江口篡取之,不果。诏于广州弃市。灵运恃才放逸,多所陵忽,故及于祸。

甲戌(434) 宋元嘉十一年,魏延和三年。

春,宋梁秦刺史萧思话讨杨难当,破之。

难当以克汉中告捷于魏。萧思话至襄阳,遣司马萧承之为前驱。承之缘道收兵,进据磝头。杨难当焚掠汉中,引众西还,留赵温守梁州,薛健据黄金山。思话遣阴平太守萧坦攻铁城戍,拔之。临川王义庆遣将军裴方明助承之拔黄金戍,温弃州城,思话继至,与承之共击,屡破之。

魏及柔然和亲。

魏主以西海公主妻柔然敕连可汗,又纳其妹为夫人,遣颍川王提逆之。

宋复取汉中。

杨难当遣其子和将兵与蒲甲子等共击萧承之,相拒四十余日。围承之数十重,短兵接,弓矢无所复施。氐悉衣犀甲,戈矛不能入。承之断稍长数尺,以大斧椎之,一稍辄贯数人,氐不能当,走据大桃。闰月,承之追击,斩获甚众,悉收汉中故地,置戍于葭萌水。

萧思话徙镇南郑,甄法护坐赐死,难当奉表谢罪,诏赦之。

燕王弘称藩于魏。

燕王遣高颙称藩请罪于魏,以季女充掖庭,魏主许之,征其太子王仁入朝。燕王送魏使者于什门还平城。什门

他的才华，免他一死，流放广州。

有人告发谢灵运命人购买兵器，结交武士，打算在三江口篡夺，但没有成功。宋文帝诏令将他在广州斩首。谢灵运恃才放荡，欺凌别人，结果招来杀身之祸。

甲戌（434） 宋元嘉十一年，北魏延和三年。

春季，宋南梁州、秦州刺史萧思话讨伐杨难当，击败杨难当。

杨难当把攻克汉中地区的捷报奏报北魏。萧思话到达襄阳，派司马萧承之为前锋。萧承之沿途招兵买马，进据磝头。杨难当在汉中烧杀抢掠，然后率众西还，留下赵温据守梁州，薛健据守黄金山。萧思话派阴平太守萧坦攻打铁城戍，攻下了铁城戍。临川王刘义庆派将军裴方明协助萧承之攻克黄金戍，赵温放弃梁州城，萧思话随后到达，与萧承之屡次击败赵温。

北魏和柔然和亲。

北魏太武帝把西海公主嫁给柔然敕连可汗，又娶了他的妹妹为夫人，派颍川王拓跋提送亲迎亲。

刘宋收复汉中地区。

杨难当派儿子杨和率兵，与蒲甲子等人共同进攻萧承之，双方对峙四十多天。杨和率氐兵包围萧承之几十重，两军短兵相接，弓箭飞石都无法使用。氐兵都身穿犀牛皮制成的铠甲，刀枪不入。萧承之命令把长矟折断，只留下几尺，用大斧加以捶击，一矟就可穿透数个敌人，氐兵不能阻挡，逃据大桃。闰三月，萧承之率军追击，斩获很多氐兵，全部收复汉中故土，然后在葭萌水设置戍所。

萧思话把州府迁到南郑，甄法护因罪被强令自杀，杨难当上表请罪，宋文帝诏令赦免他。

北燕王冯弘向北魏称藩。

冯弘派高颙向北魏请罪，表示愿为北魏藩属，并请求献出自己的小女儿到北魏后宫为妃，太武帝答应了他，征召北燕太子冯王仁到平城朝见。北燕王把北魏使者于什门送归平城。于什门

在燕二十一年,不屈节,魏主下诏褒称,以比苏武,拜治书御史,策告宗庙,颁示天下。

凉遣使奉表于宋。　六月,魏人伐燕。

燕王不遣太子质魏,散骑常侍刘滋谏曰:"昔刘禅有重山之险,孙皓有长江之阻,皆为晋擒,何则?强弱之势异也。今吾弱于吴、蜀,而魏强于晋,不从其欲,将有危亡之祸。愿亟遣太子而修政事,抚百姓,收离散,赈饥穷,劝农桑,省赋役,社稷犹庶可保。"燕王怒,杀之。

魏主遣永昌王健等伐燕,收其禾稼,徙民而还。

秋,魏主击山胡,克之。

七月,魏主命阳平王它督诸军击山胡白龙于西河,而自引数十骑登山临视。白龙伏壮士十余处掩击之,魏主坠马,几为所擒,内入行长陈建以身扞之,大呼奋击,杀胡数人,身被十余疮,魏主乃免。

九月,大破胡众,斩白龙,屠其城。

乙亥(435)　宋元嘉十二年,魏太延元年。

春正月朔,日食。　燕王弘称藩于宋。

燕王数为魏所攻,遣使诣建康称藩奉贡。宋封为燕王,江南谓之黄龙国。

凉有神投书于敦煌东门。

有老父投书于敦煌东门,求之不获。书曰:"凉王三十年若七年。"凉王牧犍以问奉常张慎,慎对曰:"昔虢之将亡,神降于莘。愿陛下崇德修政,以享三十年之祚。若盘于

被北燕关押二十一年,没有丧失气节,太武帝下诏褒奖,把他比作苏武,任命他为治书御史,并把这件事记录下来,祭告太庙,宣示天下。

北凉派遣使节向刘宋呈奉奏章。　　**六月,魏军讨伐北燕。**

北燕王冯弘不愿把太子冯王仁送到北魏充当人质,散骑常侍刘滋劝谏说:"当年刘禅拥有万重大山之险,孙皓则拥有浩浩长江为阻隔,但都被晋朝擒获,这是为什么呢?是由于势力强弱的不同。现在我们比吴、蜀还弱,而魏国比晋国强盛,不答应他们的要求,将会有亡国之祸。希望陛下尽快将太子送到魏国,修治政事,安抚百姓,收集离散之民,赈济贫穷饥饿的人,发展农桑,减轻赋役,我们的国家也许还能保住。"冯弘大怒,杀了刘滋。

太武帝派永昌王拓跋健等人讨伐北燕,收割了当地的庄稼,迁徙北燕的百姓随军返国。

秋,北魏太武帝拓跋焘袭击山胡人,攻克山胡人。

七月,太武帝命令阳平王拓跋它督率诸军在西河进攻山胡人白龙,太武帝亲自率领几十名骑兵登山俯视。白龙在山周围十余处埋伏精兵,突袭太武帝,太武帝坠马,几乎被山胡伏兵生擒,内入行长陈建以身相护,大声呼喊,勇敢奋击,斩杀山胡士卒数人,身上受伤十多处,太武帝才得以幸免。

九月,魏军大败山胡部众,斩杀白龙,屠杀全城百姓。

乙亥(435)　宋元嘉十二年,北魏太延元年。

春正月初一,出现日食。　　**北燕王冯弘向刘宋称藩。**

北燕多次遭到北魏的进攻,冯弘派使臣来到建康进贡,表示愿为藩属。宋文帝诏封冯弘为燕王,江南人称之为黄龙国。

北凉有神人将一封信投放到敦煌东门。

有一位老头儿将一封信投放到敦煌的东门内,官府派人查找这个老头儿,却没有找到。老头儿的信上说:"凉王三十年相当于七年。"北凉王沮渠牧犍就信上的内容请教奉常张慎,张慎回答说:"当年虢国将要灭亡的时候,有神仙降临到莘。希望陛下弘扬恩德,修治政事,以享三十年天赐之福祚。如果沉湎

游田,荒于酒色,臣恐七年将有大变。"牧犍不悦。

夏四月,宋以殷景仁为中书令、中护军。

宋领军将军刘湛与仆射殷景仁素善,湛之入也,景仁实引之。湛以景仁位遇素不逾己,而一旦居前,意甚愤愤。又以景仁专管内任,谓其间己,猜隙渐生。

时司徒义康专秉朝权,湛尝为其上佐,遂委心自结,欲因其力以倾景仁。至是,宋主加景仁中书令、中护军,湛愈愤怒,使义康毁景仁,而宋主遇之益隆。景仁对亲旧叹曰:"引之令入,入便噬人!"乃称疾解职,不许。

湛谋遣人杀之,宋主微闻之,迁护军府于西掖门外,故湛谋不行。

义康僚属及诸附湛者潜相约勒,无敢历殷氏之门,唯后将军司马庾炳之游二人之间,皆得其欢心,而密输忠于朝廷。景仁卧家不朝谒,宋主常使炳之衔命往来,湛不疑也。

五月,魏以穆寿为宜都王。

魏主进宜都公穆寿为王,寿辞曰:"臣祖父崇所以得效功前朝,流福于后者,梁眷之忠也。今眷元勋未录,而臣独弈世受赏,心实愧之。"魏主悦,求眷后,得其孙,赐爵郡公。

西域九国遣使入贡于魏。

龟兹、疏勒、乌孙、悦般、渴槃陁、鄯善、焉耆、车师、粟特九国入贡于魏。魏主以汉世虽通西域,有求则卑辞而来,

游猎,荒于酒色,我担心七年之后将有大变。"沮渠牧犍听后很不高兴。

夏四月,宋文帝刘义隆任命殷景仁为中书令、中护军。

宋领军将军刘湛与仆射殷景仁一向友善,刘湛入朝为官,实际上是由殷景仁推荐的。刘湛认为殷景仁的职位一直没自己高,如今却位居自己之上,心中很是愤愤不平。他又认为殷景仁专管内部事务,以为他在皇上面前说了自己的坏话,于是渐生猜忌。

当时,司徒刘义康掌握朝中大权,刘湛曾经担任过他的上佐,于是倾心结交刘义康,打算借他的力量推倒殷景仁。现在,宋文帝又加授殷景仁为中书令、中护军,刘湛更加愤怒,就让刘义康在宋文帝面前诋毁殷景仁,可宋文帝却待殷景仁越来越好。殷景仁对亲朋旧友叹息说:"我将他引荐入朝,进了朝廷便咬人!"于是称病辞职,宋文帝不许。

刘湛谋划派人杀掉殷景仁,宋文帝大略了解到这些情况,就把殷景仁的护军府迁到西披门外,所以刘湛的阴谋没有得逞。

刘义康的幕僚及追随刘湛的人暗中相互约束,以致谁都不敢登殷景仁的门,只有后将军司马庾炳之在殷、刘二人之间来往交游,同时得到二人的欢心,然后秘密地向宋文帝报告,以示忠心。殷景仁躺在家里,不去晋见皇上,宋文帝常派庾炳之传递消息,刘湛也不疑心。

五月,北魏太武帝拓跋焘晋封穆寿为宜都王。

太武帝晋封宜都公穆寿为宜都王,穆寿推辞说:"我祖父穆崇之所以能够在前朝为朝廷效力,建立功勋,使福分荫及后代,实在是由于梁眷的忠诚。现在梁眷大功在前,却没有得到录用,而我累世独受赏赐,心中实在惭愧。"太武帝非常高兴,寻访梁眷的后人,找到了他的一个孙子,赐爵为郡公。

西域九个国家都派使节向北魏进贡。

西域龟兹、疏勒、乌孙、悦般、渴槃陁、鄯善、焉耆、车师、粟特等九国都派使节向北魏进贡。太武帝认为,汉朝虽然就与西域互派使节相互往来,但是西域人常常是有求于中原时谦卑归附,

无求则骄慢不服,盖自知去中国绝远,大兵不能至故也。今报使往来,徒为劳费,终无所益,欲不遣使。有司固请,以为不宜拒绝,以抑将来。乃遣王恩生等二十辈使西域,皆为柔然所执,恩生见敕连可汗,持魏节不屈。魏主闻之,切责敕连,敕连乃遣恩生等还,竟不能达西域。

六月,高丽王琏遣使入贡于魏。　宋大水,设酒禁。

扬州诸郡大水,运徐、豫、南兖谷以赈之。扬州西曹主簿沈亮以为酒糜谷,而不足闻疗饥,请权禁止,从之。

秋七月,魏伐燕。

魏乐平王丕等伐燕,至和龙,燕王以牛酒犒军。魏人数伐燕,燕日危蹙。杨嶓复劝燕王速遣太子入侍,燕王曰:"吾未忍为此。若事急,且东依高丽以图后举。"嶓曰:"魏举天下以击一隅,理无不克。高丽无信,始虽相亲,恐终为变。"燕王不听,密遣阳伊请迎于高丽。

宋禁擅铸像造寺者。

丹阳尹萧摹之上言:"佛入中国,已历四代,形像塔寺,所在千数。材竹铜彩,糜损无极,无关神祇,累人事,不为之防,流遁未息。请自今欲铸铜像及造塔寺者,皆当列言,须报乃得为之。"诏从之。

无求于中原时就傲慢不服,大概因为他们自认为西域距中原太远,中原军队不能远征。如今让使节互相往来,只是劳民伤财,终究没有什么好处,所以不打算派人出使。有关部门一再请求,认为不应当拒绝,以免阻止将来关系的发展。于是,北魏派遣王恩生等二十人出使西域各国,途中却都被柔然扣留,王恩生见到敕连可汗,手持北魏符节,不肯屈服。太武帝听说后,派人严厉斥责敕连可汗,敕连可汗只好放王恩生等人回国,最后也没能到达西域。

六月,高丽王高琏派使节向北魏进贡。 刘宋发生大水灾,朝廷下令禁止酿酒。

扬州等郡发生大水灾,运送徐州、豫州、南兖州的谷米到扬州,赈济灾民。扬州西曹主簿沈亮建议,酿酒浪费谷米,却没听说能充饥,请求暂时禁止,宋文帝采纳了他的建议。

秋七月,北魏讨伐北燕。

北魏乐平王拓跋丕等人率军讨伐北燕,到达和龙城下,北燕王冯弘用牛肉和美酒犒劳魏军。北魏多次讨伐北燕,北燕形势越来越危机。杨崏再次劝说冯弘赶紧把太子送往北魏,冯弘说:"我实在不忍心这样做。如果情况危急,就暂且东依高丽,等待时机,再图兴复。"杨崏说:"北魏发动全国来攻打一个小国,没有不胜的道理。高丽言而无信,开始时虽然表示亲近,恐怕最终还会发生变化。"冯弘不听,秘密派遣阳伊向高丽请兵。

刘宋禁止国人擅自铸造佛像、修建寺庙。

丹阳尹萧摹之上言说:"佛教传入中国,已经历了四个朝代,佛像塔寺数以千计。木材、竹料、铜铁、绸缎的浪费消耗没有限制,而这些对神祇并没什么益处,却伤害百姓,如国不加以禁止,流弊不会自动停止。请求从现在开始,打算铸造铜像及修建塔寺的人,都应当提出来,事先申报,待批准后才能够动工。"宋文帝下诏令同意。

丙子（436） 宋元嘉十三年，魏太延二年。是岁，燕亡。凡三国。

春三月，宋杀其司空檀道济。

道济立功前朝，威名甚重，左右腹心并经百战，诸子又有才气，朝廷疑畏之。宋主久疾不愈，刘湛说司徒义康，以为："宫车一日晏驾，道济不复可制。"会宋主疾笃，义康请召道济入朝。其妻向氏谓道济曰："高世之勋自古所忌。今无事相召，祸其至矣。"

至，留累月，宋主稍闲，将还。未发，会宋主疾动，义康矫诏召道济入祖道，因执之。

三月，下诏称："道济因朕寝疾，规肆祸心。"收付廷尉，并其子植等十一人，诛之。又杀其参军薛彤、高进之，二人皆道济腹心，有勇力，时人比之关、张。

道济见收，愤怒，目光如炬，脱帻投地曰："乃坏汝万里长城！"魏人闻之，喜曰："道济死，吴子辈不足复惮。"

杨难当自称大秦王。

难当称王，改元建义，立王后、太子，置百官，皆如天子之制。然犹贡奉宋、魏不绝。

夏，魏伐燕，燕王弘奔高丽。

魏伐燕，娥清、古弼攻白狼城，克之。

高丽遣将众数万随阳伊迎燕王。燕尚书令郭生因民之惮迁，开城门纳魏兵，魏人疑之，不入。生遂勒兵攻燕王，王引高丽兵入与生战，杀之。高丽兵因大掠城中。

丙子（436） 宋元嘉十三年,北魏太延二年。这一年,北燕灭亡。共三国。

春三月,宋文帝刘义隆诛杀司空檀道济。

檀道济在前朝就立下战功,享有很重的威名,他的左右心腹战将都身经百战,而他的几个儿子又有才气,朝廷对他既猜忌又畏惧。宋文帝久病不愈,刘湛劝说司徒刘义康,认为:"皇上一旦驾崩,檀道济将不能控制。"正巧宋文帝病情加重,刘义康请求征召檀道济入朝。檀道济的妻子向氏对他说:"高于当世的功勋,自古以来就为人所忌。如今无事相召,恐怕是大祸降临了。"

檀道济到京之后,被留在那里一个多月,宋文帝病情稍有好转,檀道济将要回去。还没有出发,恰好宋文帝病情突然加重,刘义康就声称奉诏召回檀道济到祭祀路神的地方,借机将他逮捕。

三月,宋文帝下诏说:"檀道济乘朕病重之时,生就祸心,图谋不轨。"于是将他交给廷尉,连同他的儿子檀植等十一人,一并诛杀。又杀死了他的参军薛彤、高进之二人,他们二人都是檀道济的心腹战将,勇猛无比,当时人们把他们比作关羽、张飞。

檀道济被捕时,非常愤怒,目光像火炬一样,摘下头巾摔到地上说:"你们这是在毁掉自己的万里长城!"北魏人听说后,高兴地说:"檀道济死了,东吴那些人就不再让人害怕了。"

氐王杨难当自封为大秦王。

杨难当称王,改年号为建义,立王后、设太子,置百官,都仿照天子的制度。但他仍然没有停止向刘宋和北魏进贡。

夏,北魏讨伐北燕,北燕王冯弘投奔高丽。

北魏讨伐北燕,北魏大将娥清、古弼攻打北燕的白狼城,攻克下来。

高丽派遣军队数万人,随同阳伊来迎接冯弘。北燕尚书令郭生因为百姓害怕迁徙他乡,就打开城门迎接魏军,魏军害怕中计,不敢进城。于是郭生率兵进攻冯弘,冯弘将高丽兵引入与郭生交战,郭生被杀。高丽兵趁机在和龙城中大肆抢掠。

五月,燕王帅龙城见户东徙,方轨而进,前后八十余里。焚宫殿,火一旬不灭。古弼部将高苟子帅骑欲追之,弼醉,拔刀止之,故燕王得逃去。魏主闻之怒,槛车征弼及娥清至平城,皆黜为门卒。

遣封拨使高丽,令送燕王,不从。魏主议击之,将发陇右骑卒,刘絜曰:"秦、陇新民,且当优复,俟其饶实,然后用之。"乐平王丕曰:"和龙新定,宜广修农桑以丰军实,然后进取,则高丽一举可灭也。"乃止。

秋七月,魏伐杨难当于上邽,降之。
赫连定之西迁也,杨难当遂据上邽。至是,魏主遣乐平王丕讨之。先遣赍诏谕难当,难当惧,请奉诏。

诸将议以为:"不诛其豪帅,后必为乱。大众远出,不有所掠,无以充军实,赏将士。"丕将从之,中书侍郎高允曰:"如诸将之谋,是伤其向化之心。大军既还,为乱必速。"丕乃止。抚慰初附,秋毫不犯,秦、陇遂安。

冬,魏置野马苑。
魏主如稒阳,驱野马于云中置苑。
宋铸浑仪。
初,高祖克长安,得古铜浑仪,仪状虽举,不缀七曜。是岁,诏太史令钱乐之更铸浑仪,径六尺八分,以水转之,昏明中星与天相应。

柔然绝魏和亲,寇其边。

五月，冯弘率和龙城中的百姓东迁，并行前进，前后长达八十多里。撤走之前烧毁宫殿，大火烧了十天都没有熄灭。古弼的部将高苟子打算率骑兵追击，古弼喝醉了酒，拔刀阻止，因此冯弘才得以逃走。北魏太武帝听说这件事后，非常恼火，用囚车把古弼和娥清押送平城，二人都被贬为看门士卒。

太武帝派遣封拨出使高丽，命令高丽人把冯弘送往北魏，高丽王高琏没有听从。太武帝与群臣商议讨伐高丽，打算征调陇右的骑兵，刘絜说："秦、陇地区刚刚归附，应当减免那里的赋役，等他们富足充实之后，再加以使用。"乐平王拓跋丕说："和龙新近平定，应当大力发展农桑来扩充军备，然后再去攻取，那么高丽就会被我们一举消灭了。"太武帝于是放弃了这个打算。

秋七月，北魏派军前往上邽讨伐杨难当，杨难当投降。

夏主赫连定西迁之后，杨难当就占据了上邽。到这时，北魏太武帝派乐平王拓跋丕前去征讨。在此之前，太武帝先派人带着诏书晓谕杨难当，杨难当这才感到害怕，请求接受诏令。

北魏各将领议论说："不诛杀他们的凶悍首领，他们以后一定会重新叛乱。我们的大军远征，如果没有夺取财物，就无法补充军需，犒赏将士。"拓跋丕打算采纳众人的意见，中书侍郎高允说："如果采纳诸位将领的意见，就会伤害氐人归附朝廷的心意。大军返国之后，叛乱会来得更快。"拓跋丕这才打消了进攻的念头。又妥善地安慰新近归附的百姓，秋毫无犯，秦、陇地区于是安定下来。

冬季，北魏设置野马苑。

太武帝前往稒阳，驱赶野马到云中，在那里设置野马苑。

刘宋铸造浑天仪。

当初，宋高祖攻克长安后，得到了一架古人制作的铜质浑天仪，浑天仪的构架虽然完整，但七星已经残缺。这一年，宋文帝诏令太史令钱乐之重新铸造浑天仪，直径六尺八分，用水来转动它，上面的日出、日落和日中时与天上的星象相对应。

柔然断绝与北魏的和亲，骚扰北魏边境。

丁丑（437） 宋元嘉十四年，魏太延三年。

春三月，魏以南平王浑为镇东大将军，镇和龙。　夏五月，魏诏吏民告守令罪。

魏主以民官多贪，五月，诏吏民得举告守令不如法者。于是奸猾专求牧宰之失，迫胁在位，横于闾里，而长吏咸降心待之，贪纵如故。

西域朝贡于魏。

魏主复遣侍郎董琬、高明等多赍金帛使西域，招抚九国。琬等至乌孙，其王甚喜，曰："破落那、者舌二国皆欲称臣致贡于魏，但无路自致耳，今使君宜过抚之。"乃遣导译送琬等。旁国闻之，争遣使者随琬等入贡，凡十六国。自是每岁朝贡不绝。

凉遣子入侍于魏，遣使如宋。

魏主以其妹武威公主妻北凉王牧犍，牧犍遣宋繇谢，且问其母及公主所宜称。魏主议之，皆曰："母以子贵，妻从夫爵。牧犍母宜称河西国太后，公主于其国称王后，于京师则称公主。"魏主从之。

初，牧犍娶凉武昭王之女，及魏公主至，李氏与其母尹氏迁居酒泉。顷之，李氏卒，尹氏抚之不哭，曰："汝国破家亡，今死晚矣。"

魏主遣李顺征凉世子封坛入侍，牧犍奉诏，亦遣使如宋献杂书，并求书数十种，宋皆与之。

李顺自河西还，魏主问之曰："卿往年言取凉州之策，

丁丑（437）　宋元嘉十四年，北魏太延三年。

春三月，北魏太武帝任命南平王拓跋浑为镇东大将军，镇守和龙。　夏五月，北魏太武帝拓跋焘诏令官吏和百姓告发郡守、县令的罪过。

太武帝认为地方郡守、县令大多贪赃枉法，五月，诏令官吏和百姓告发他们之中的不法之人。于是一些地痞流氓专挑地方官的过失，威胁在位的地方官，横行乡里，而地方官则屈尊对待他们，照样贪赃枉法。

西域各国向北魏进贡。

北魏太武帝再次派遣侍郎董琬、高明等人，携带大量金银绸缎出使西域，招抚西域九国。董琬等人到达乌孙，乌孙国王大为高兴，说："破落那、者舌二国都想向北魏称臣进贡，只是没有门路表达自己的心愿，如今你们应该去安抚他们。"乌孙国王于是派出向导和翻译送董琬等人前往。其他国家听说后，争先恐后派出使者随董琬等人向北魏进贡，共有十六个国家。从此之后，西域各国每年都不间断地向北魏朝贡。

北凉派遣太子入侍北魏，同时派遣使节出使刘宋。

太武帝把他的妹妹武威公主嫁给北凉王沮渠牧犍，沮渠牧犍派宋繇前来谢恩，并且问及怎么称呼沮渠牧犍的母亲和武威公主。太武帝让大臣们商议，都说："母以子贵，妻从夫爵。沮渠牧犍的母亲应称为河西国太后，武威公主在河西国应称为王后，在京师仍称为公主。"太武帝同意。

当初，沮渠牧犍娶西凉武昭王的女儿李氏，等到武威公主嫁到北凉之后，李氏与他的母亲尹氏迁居酒泉。不久，李氏去世，尹氏摸着她的尸体却没有哭泣，说："你国破家亡，今天死得太晚了。"

太武帝派李顺征召北凉世子沮渠封坛到平城事奉，沮渠牧犍奉诏送去，同时又派使节向刘宋献上各种书籍，并索求杂书数十种，宋文帝都答应了他们。

李顺从北凉返回，太武帝问："你当年曾提出攻取北凉的策略，

朕以东方有事,未遑也。今和龙已平,吾欲西征,可乎?"对曰:"臣畴昔所言,今虽不谬,然国家戎车屡动,士马疲劳,西征之议,请俟他年。"魏主乃止。

戊寅(438) 宋元嘉十五年,魏太延四年。
春二月,宋以吐谷浑慕利延为陇西王。 三月,魏罢沙门五十以下者。 高丽杀故燕王弘。

初,燕王弘至辽东,高丽王琏遣使劳之曰:"龙城王冯君,爰适野次,士马劳乎?"弘惭怒,称制让之。高丽处之平郭,寻徙北丰。弘素侮高丽,政刑赏罚犹如其国,高丽乃夺其侍人,取其太子王仁为质。弘怨高丽,遣使求迎于宋,宋主遣使迎之,高丽遂杀弘并其子孙十余人。

秋七月,魏伐柔然,不见虏而还。
时漠北大旱,无水草,人马多死。
冬十一月朔,日食。 宋立四学,以雷次宗为给事中,不受。
豫章雷次宗好学,隐居庐山,尝征为散骑侍郎,不就。是岁,以处士征至建康,为开馆于鸡笼山,使聚徒教授。宋主雅好艺文,使丹阳尹何尚之立玄学,太子率更令何承天立史学,司徒参军谢元立文学,并次宗儒学为"四学"。宋主数幸次宗学馆,令次宗以巾褠侍讲,资给甚厚。又除给事中,不就。久之,还庐山。

宋主性仁厚恭俭,勤于为政,守法而不峻,容物而不弛,百官皆久于其职,守宰以六期为断,吏不苟免,民有所系。

朕因为东边有战事,没有实行。如今和龙已经平定,我打算西征,你看可以吗?"李顺回答说:"我当年所说,今天看来虽然不错,但国家屡次兴兵,士马疲劳,西征的计划,请推迟几年为好。"太武帝于是作罢。

戊寅（438） 宋元嘉十五年,北魏太延四年。

春二月,宋文帝刘义隆诏封吐谷浑可汗慕容慕延利为陇西王。 **三月,北魏命令五十岁以下的和尚一律还俗。** **高丽杀死前北燕王冯弘。**

当初,北燕王冯弘来到辽东,高丽王高琏派使臣慰劳他说:"龙城王冯君,光临我们国家的荒野,人马都劳苦吧?"冯弘又惭愧又恼怒,以国王的身份斥责高丽使者。高丽将冯弘安置在平郭,不久又迁往北丰。冯弘向来轻侮高丽,政刑赏罚都像在燕国一样,于是高丽夺走了冯弘的侍从,把他的儿子冯王仁带走作为人质。冯弘怨恨高丽,派使臣到刘宋,请求迎接他南下,宋文帝派人前往迎接,于是高丽杀掉冯弘及其子孙十多人。

秋七月,北魏讨伐柔然,没有发现柔然人,班师回国。

当时,漠北发生大旱,没有水草,北魏人马死亡很多。

冬十一月初一,出现日食。 **刘宋设立四学,任命雷次宗为给事中,但他拒绝接受。**

豫章人雷次宗勤奋好学,隐居在庐山,刘宋朝廷曾征召他为散骑侍郎,他不肯就任。这一年,雷次宗以隐士的身份,被征召到建康,朝廷为他在鸡笼山开设学馆,让他招收学生,教授学业。宋文帝一向喜好六艺群书,命丹阳尹何尚之设立玄学,太子率更令何承天设立史学,司徒参军谢元设立文学,加上雷次宗的儒学,并称为"四学"。宋文帝多次临幸雷次宗的学馆,命令雷次宗身穿士大夫穿着的盛服为他讲授儒学,赏赐非常丰厚。又授予给事中,没有接受。时间长了,就返回庐山。

宋文帝性情宽厚,恭谨勤俭,勤于朝政,他遵循法律而不苛刻,对人宽容而不放纵,朝中百官都能久居其职,郡守、县令也都以六年为一任期,这样,官吏不轻易罢免,使百姓有所依托。

三十年间，四境之内，晏安无事，户口蕃息。出租供徭，止于岁赋，晨出暮归，自事而已。闾阎之内，讲诵相闻，士敦操尚，乡耻轻薄。江左风俗于斯为美，后之言政治者，皆称元嘉焉。

己卯（439）　宋元嘉十六年，魏太延五年。是岁，凉亡。凡二国。

春二月，宋以衡阳王义季都督荆、湘等州军事。

义季尝春月出畋，有老父被苦而耕，左右斥之，老父曰："盘于游畋，古人所戒。今阳和布气，一日不耕，民失其时，奈何以从禽之乐而驱斥老农也！"义季止马曰："贤者也！"命赐之食，辞曰："大王不夺农时，则境内之民皆饱大王之食，老夫何敢独受大王之赐乎！"义季问其名，不告而退。

杨保宗奔魏，魏以为武都王，守上邽。　夏六月，魏主伐凉。秋九月，姑臧溃，凉王牧犍降。

北凉王牧犍通于其嫂李氏，李氏毒魏公主，魏主遣医乘传救之，得愈。魏主征李氏，牧犍不遣，使居酒泉。

魏使者自西域还至武威，牧犍左右有告魏使者曰："我君承蠕蠕可汗妄言云：'去岁魏天子自来伐我，士马疫死，大败而还。'我君大喜，宣言于国。"使还以闻。魏主遣尚书

三十年来，刘宋境内平安无事，人口繁盛。百姓的租赋徭役，严格按照一年所规定的缴纳，从不另外征收，百姓日出而作，日落而息，可以随意做事。乡里街巷之间，读书之声处处闻见，士大夫重视操守气节，乡下人也以轻薄无礼为耻。江南的风俗在这个时期最为美好，后代评论前世政治得失的人，都称赞宋文帝的元嘉之治。

己卯（439） 宋元嘉十六年，北魏太延五年。这一年，北凉灭亡。共两个国家。

春二月，宋文帝刘义隆命衡阳王刘义季都督荆、湘等州军事。

刘义季曾经在春天外出打猎，有一位老农夫身披苫衣在田中耕作，刘义季的左右侍从驱赶斥责老农，老农说："游猎为乐，古人深以为戒。如今天气暖和，万物复苏，一天不耕，百姓就会错过农时，怎么能逐禽游乐，而驱赶斥责老农呢！"刘义季勒马停下，说："他是一位贤人！"命令左右赐给他食物。老农拒绝说："大王不侵夺农耕时令，境内的百姓就都可以吃饱大王赐予的食物，我老夫怎么敢独自享受大王的赏赐呢！"刘义季询问他的姓名，老农不肯回答，又忙活计去了。

氐人杨保宗投奔北魏，北魏太武帝拓跋焘任命他为武都王，镇守上邽。 夏六月，魏太武帝讨伐北凉。秋九月，北凉姑臧城溃败，凉王沮渠牧犍投降北魏。

北凉王沮渠牧犍与他的嫂子李氏通奸，李氏下毒谋害北魏武威公主，北魏太武帝派御医乘坐驿站的马车速往救治，武威公主才被救活。太武帝下令北凉交出李氏，沮渠牧犍不肯，还让李氏迁居到酒泉。

北魏使臣从西域回到武威，沮渠牧犍的左右有人告诉北魏使臣说："我们的大王听闻柔然可汗妄言：'去年，魏国的皇帝亲自来讨伐，士卒、马匹遭瘟疫而死，大败而回。'我们的大王非常高兴，在国内宣扬此事。"北魏使臣回国后，汇报了听到的话。太武帝派尚书

贺多罗使凉州观虚实。还,亦言牧犍虽外修臣礼,内实乖悖。

魏主欲讨之,以问崔浩,浩曰:"牧犍逆心已露,不可不诛。官军往年北伐,战马三十万匹,死伤不满八千,而远方乘虚,遽谓衰耗不能复振。今出其不意,大军猝至,彼必骇扰,不知所为,擒之必矣。"魏主曰:"善!"于是大集公卿议于西堂。

弘农王奚斤等皆曰:"牧犍虽心不纯臣,然职贡不乏,罪恶未彰,宜加恕宥。国家新征蠕蠕,士马疲敝,未可大举。且闻其土地卤瘠,难得水草,大军既至,彼必婴城固守。攻之不拔,野无所掠,此危道也。"

初,崔浩恶李顺。顺使凉州凡十二返,凉武宣王数与游宴,时为骄慢之语,恐顺泄之,随以金宝纳于顺怀,顺亦为之隐。浩知之,密以白魏主,魏主亦未之信。及是顺与古弼皆曰:"姑臧地皆枯石,绝无水草。城南天梯山上积雪丈余,春夏消释,下流成川,居民仰以溉灌。彼闻军至,决此渠口,水必乏绝,人马饥渴,难以久留。斤等议是。"浩曰:"史称'凉州之畜为天下饶'。若无水草,畜何以蕃?又,汉人终不于无水草之地筑城郭建郡县也。且雪之消释,仅能敛尘,何得通渠溉灌乎!此言大为欺诬矣。"李顺曰:"耳闻不如目见。"浩曰:"汝受人金钱,欲为之游说,谓我目不见便可欺邪!"魏主隐听闻之,乃出见斤等,辞色严厉,群臣不敢复言,唯唯而已。

贺多罗出使凉州,观察虚实。贺多罗回来后,说沮渠牧犍虽然表面上对北魏修臣之礼,但心中却有异谋。

太武帝打算讨伐北凉,询问崔浩,崔浩说:"沮渠牧犍的叛逆之心已经显露,不能不杀。我军前几年北伐时,出动战马三十万匹,死伤不满八千,而远方的贼虏乘虚就说我们消耗殆尽,不能恢复。现在我们出其不意,大军突然出现在他们面前,他们一定会惊恐万分,不知道如何才好,我们就可以擒获他们。"太武帝说:"太好了!"于是召集公卿在西堂商议。

弘农王奚斤等人都说:"沮渠牧犍虽然心中并不完全臣服,但每年进贡从不间断,他的罪行还不明显,应该加以宽恕。国家刚刚征伐柔然归来,士马疲惫,不能再大举兴兵了。况且听说北凉土地贫瘠,难得见到水草,我们大军到达以后,他们一定会据城固守。这样,我军久攻不克,在荒郊野地里又没有什么可以劫掠,这是危险的举措。"

当初,崔浩厌恶李顺。李顺前后十二次出使凉州,北凉武宣王沮渠蒙逊多次与李顺一起游乐饮宴,不时说一些傲慢无礼的话,他害怕李顺泄漏给北魏朝廷,就随即把金银财宝塞进李顺的怀里,而李顺也就替他隐瞒下来。崔浩知道后,就秘密报告给太武帝,太武帝也没有相信。这时,李顺和古弼都说:"姑臧遍地都是枯草沙石,绝对没有水草。姑臧城南天梯山上的积雪厚达一丈多,春季和夏季时,冰雪消融,下流成河,当地人以此灌溉农田。如果他们听说我们大军到了,决开渠口,水必流尽,我们的人马就无水可饮,难以久留。奚斤等人的话是正确的。"崔浩说:"史称'凉州的畜产,天下最为富饶'。如果没有水草,牲畜何以繁殖?另外,汉人绝不会在没有水草的地方兴筑城郭、设置郡县。况且冰雪消融来的水,仅仅能够敛避尘土,怎么能够通渠灌溉呢!这种话实在是荒谬绝伦。"李顺说:"耳闻不如目见。"崔浩说:"你接受人家的金钱,想要替人家说话,你以为我没有亲眼看到,就会被你欺骗吗!"太武帝隐藏在屏风后面,听到这些话后,走出来面见奚斤等人,辞色严厉,群臣不敢再说什么,只有恭敬听命而已。

群臣既出,将军伊馛言曰:"凉州若果无水草,彼何以为国?宜从浩言。"魏主从之。

六月,发平城。使穆寿辅太子晃监国,又使大将军稽敬将二万人屯漠南以备柔然。命公卿为书让牧犍,数其十二罪,且曰:'若亲帅群臣委赘远迎,谒拜马首,上策也。六军既临,面缚舆榇,其次也。若守迷穷城,不时悛悟,身死族灭,为世大戮。宜思厥中,自求多福。"

七月,至上郡属国城。部分诸军,以源贺为乡导。魏主问以方略,对曰:"姑臧城旁有四部鲜卑,皆臣祖父旧民。臣愿处军前,宣国威信,示以祸福,必相帅归命。处援既服,取其孤城如反掌耳。"魏主曰:"善!"

八月,牧犍求救于柔然,遣其弟董来将兵万余人出战,望风奔溃。魏主至姑臧,遣使谕牧犍出降。牧犍闻柔然欲入魏边,冀幸魏主东还,遂婴城固守。魏主分军围之,源贺引兵招慰诸部,下三万余落,故魏主得专攻姑臧,无复外虑。魏主见姑臧水草丰饶,由是恨李顺,谓崔浩曰:"卿言验矣。"

始,太子晃亦以西伐为疑。至是,诏报之曰:"姑臧东西门外涌泉合于城北,其大如河。自余沟渠流入漠中,其间乃无燥地也。"

九月,姑臧城溃,牧犍帅其文武五千人面缚请降,魏主释而礼之。收其城内户口二十余万。使张掖王秃发保周、

群臣们走出西堂之后，将军伊馛说："凉州如果真的没有水草，他们何以立国？应该听从崔浩的话。"太武帝表示同意。

六月，魏军从平城出发。太武帝令穆寿辅佐太子拓跋晃主持朝政，又派大将军稽敬率领两万人驻守漠南，以防备柔然。太武帝命令公卿大臣发布文告，历数沮渠牧犍的十二项罪行，并且说："你如果亲自率领群臣，远远地出来伏在地上迎接，在我的马前叩拜请罪，这是上策。我军兵临城下，你反绑双手，携带空棺材出城迎接，这是中策。如果困守孤城，执迷不悟，就会身死族灭，受到世上最严酷的惩罚。你应该权衡利弊，为自己祈求福祉。"

七月，大军抵达上郡属国城。太武帝部署分派各军，任命源贺为向导。太武帝问他作战方案，源贺回答说："姑臧城的旁边有四个鲜卑族的部落，都是我祖父的老部下。我愿意在大军未到之前，向他们宣扬我国的威信，分析祸福利害，他们一定会相继归降。一旦城外归降，攻取他们的孤城，就易如反掌了。"太武帝说："太好了！"

八月，沮渠牧犍向柔然求救，并派弟弟沮渠董来统兵一万多人出城迎战魏军，凉军望风溃散。太武帝抵达姑臧城下，派人告知沮渠牧犍，让他出城投降。沮渠牧犍听说柔然就要进攻北魏边境，所以希望太武帝率军东还，于是决定据城固守。太武帝分军包围了姑臧城，源贺率兵招降了城外的三万多帐落，所以太武帝得以全力进攻姑臧，对城外不再有顾虑。太武帝见姑臧城外水草丰饶，由此痛恨李顺，对崔浩说："你说过的话果然应验了。"

开始时，太子拓跋晃也对西伐北凉有疑虑。这时，太武帝在诏书中告诉他说："姑臧城东西门外，有源源不断的泉水，与北门外的泉水汇合，水流就像一条河。从余沟渠流入沙漠之中，这一带没有干燥无水的田地。"

九月，姑臧城被攻破，沮渠牧犍率领文武百官五千多人，双手反绑，向魏军投降，太武帝解开他身上的绳子，以礼相待。魏军共接收城内居民二十多万户。太武帝命令张掖王秃发保周、

将军穆罴、源贺分徇诸郡,杂胡降者又数十万。

击取张掖、乐都、酒泉、武威,皆置将守之。魏主置酒姑臧,谓群臣曰:"崔公智略有余,吾不复以为奇。伊馛弓马之士,而所见乃与崔公同,此深可奇也。"馛善射,能曳牛却行,走及奔马,而性忠谨,故魏主特爱之。

柔然寇魏,不克。

魏主之西伐也,穆寿送至河上,魏主敕之曰:"吴提与牧犍相结素深,闻朕西伐,必来犯塞,故朕留壮兵肥马,使卿辅太子。收田毕,即发兵诣漠南,分伏要害以待虏至,引使深入,然后击之,无不克矣。"寿信卜筮,以为柔然必不来,不为之备。

而柔然敕连可汗果乘虚入寇,留其兄乞列归与嵇敬相拒于北镇,自帅精骑深入,平城大骇。穆寿不知所为,欲塞西郭门,请太子避保南山,窦太后不听而止。乃遣军拒之于吐颓山,会嵇敬击破乞列归于阴山之北,擒之,及将帅五百人,斩首万余级。敕连闻之遁去。

冬十月,魏以乐平王丕镇凉州。

魏主东还,留乐平王丕及将军贺多罗镇凉州,徙沮渠牧犍宗族及吏民三万户于平城。

魏张掖王秃发保周据郡叛。 十二月,宋太子劭冠。

劭美须眉,好读书,便弓马,喜延宾客,意之所欲,宋主必从之。东宫置兵与羽林等。

将军穆罴、源贺分别向地方各郡宣布消息,各地胡人投降北魏的又有几十万。

魏军又攻取张掖、乐都、酒泉、武威,都分别任命将领镇守这些城池。太武帝在姑臧城设置酒宴,对群臣说:"崔公智略有余,我已经不再感到惊奇。而伊馛只是一介武夫,他的见识竟与崔公相同,这实在是令人惊奇。"伊馛善于射箭,能拖着牛倒走,跑起来能够赶上奔跑着的马,性格又十分忠诚谨慎,所以太武帝特别喜爱他。

柔然侵犯北魏,大败。

太武帝将要西征时,穆寿一直送他到黄河岸边,太武帝告诫他说:"柔然可汗郁久闾吴提与沮渠牧犍交情向来很深,他听说朕要西伐,一定会来侵犯我国边塞,朕特意留下精兵和壮马,让你辅佐太子。等到收割完毕,就发兵前往漠南,分别潜伏在要害地区,等待柔然贼寇的到来,再诱敌深入,然后攻击他们,就会攻无不克。"穆寿占筮卜卦,以为柔然一定不会前来进犯,因此不加防备。

柔然敕连可汗果然乘虚入侵,留下他的哥哥郁久闾乞列归与魏将嵇敬在北镇相持,他亲自率领精锐骑兵深入北魏腹地,竟使平城大为震惊。穆寿不知所措,打算堵塞西城门,请太子拓跋晃退往南山躲避,窦太后不同意,才停止了这个安排。于是派兵在吐颓山阻击敌人,正好嵇敬在阴山北面击败郁久闾乞列归,生擒了郁久闾乞列归及其将领五百人,斩杀士卒一万多人。敕连可汗听说后,率部逃走。

冬十月,北魏太武帝拓跋焘任命乐平王拓跋丕镇守凉州。

太武帝率军东还,留下乐平王拓跋丕及将军贺多罗镇守凉州,将沮渠牧犍王室及其官吏百姓三万户迁徙到平城。

北魏张掖王秃发保周据守张掖城叛乱。 **十二月,刘宋太子刘劭举行加冠礼。**

刘劭眉清目秀,喜好读书,擅长射箭骑马,喜欢接纳宾客,只要他有什么要求,宋文帝都予以满足。他在东宫设置卫队的数目与羽林军相等。

魏主还平城。

魏主犹以妹婿待沮渠牧犍，拜征西大将军、河西王如故。

凉州自张氏以来，号为多士。牧犍尤喜文学，其臣阚駰、张湛、刘昞、索敞、阴兴、宋钦、赵柔、程骏、程弘，魏主皆礼而用之。

初，安定胡叟往从牧犍，牧犍不甚重之。叟谓程弘曰："贵主居僻陋之国，而淫名僭礼；以小事大，而心不纯壹；外慕仁义，而实无道德，其亡可翘足而待也。"遂适魏。至是，魏主以为先识，拜虎威将军。

河内常爽世寓凉州，不受礼命，魏主以为宣威将军。以索敞为中书博士。时魏方尚武功，贵游子弟不以讲学为意。敞为博士十余年，勤于诱导，肃而有礼，贵游严惮，多所成立。常爽亦置馆于温水之右，教授七百余人。立赏罚之科，弟子事之如严君。由是魏之儒风始振。

魏命崔浩、高允修国史。

魏主命崔浩监秘书事，综理史职。以侍郎高允、张伟参典著作。浩集诸历家，考校汉元以来日月薄蚀、五星行度，并讥前史之失，别为《魏历》，以示高允。允曰："汉元年十月，五星聚东井。案《星传》：'太白、辰星，常附日而行。'十月，日在尾、箕，昏没于申南，而东井方出于寅北，二星何得背日而行？此乃历术之浅事，而史官欲神其事，不复推之于理。今讥汉史而不觉此谬，恐后人之讥今犹今之

北魏太武帝拓跋焘返回平城。

太武帝仍把沮渠牧犍当做妹婿来对待,让他像过去一样担任征西大将军、河西王。

凉州自从前凉张氏建国以来,号称人才济济。沮渠牧犍尤其喜欢文学,太武帝对他的大臣阚骃、张湛、刘昞、索敞、阴兴、宋钦、赵柔、程骏、程弘等人都以礼相待,因材而用。

当初,安定人胡叟前去投奔沮渠牧犍,沮渠牧犍却不十分重视他。胡叟对程弘说:"贵国的主上身居偏僻孤陋之国,却滥用名分,超越礼制;以小国事奉大国,而心中却不专一;表面上仰慕仁义,实际上却没有道德,他的灭亡是一件翘首可待的事。"于是胡叟来到北魏。现在,太武帝认为胡叟有先见之明,拜他为虎威将军。

河内人常爽世代寓居凉州,从不接受北凉的礼遇和任命,太武帝任命他为宣威将军。又委任索敞为中书博士。当时北魏正崇尚武功,贵族子弟都不把读书放在心上。索敞担任中书博士十多年,勤于诱导,严肃而有礼节,贵族子弟对他十分敬畏,大多都能成就功业。常爽也在温水的西岸设置学馆,教授学生七百多人。他订立赏罚条例,弟子们对他就像事奉严厉的君主一样。因此,北魏的儒风开始振兴。

北魏太武帝拓跋焘令崔浩、高允修撰国史。

太武帝命崔浩监理秘书事,综合整理历史文献。又命侍郎高允、张伟参与处理,共同修撰。崔浩收集各家历书,考订校对汉朝建立以来发生的日食、月食,以及金、木、水、火、土五星运行的度数,并对前代史书的错误加以批评,另行编纂了一部《魏历》,拿给高允看。高允说:"汉高祖元年十月,五星会聚在东井宿。根据《星传》:'金星、水星,常常环绕太阳运行。'十月,太阳在尾宿、箕宿之间,黄昏时,在申南消失,而东井宿这时正从寅北出现,金星和火星怎么会背着太阳运行?这只是历术的一个小错误,而史官为了增加它的神秘性,不再加以正确的推理。现在你批评汉人的史书,却不觉自己荒谬,恐怕后人也会像我们今天

讥古也。"浩曰:"天文欲为变者,何所不可耶?"允曰:"此不可以空言争,宜更审之。"后岁余,浩谓允曰:"先所论者果如君言。五星乃以前三月聚东井,非十月也。"众乃叹服。允虽明历,初不推步论说,唯东宫少傅游雅知之,数以灾异问允,允曰:"阴阳灾异,知之甚难,既已知之,复惧漏泄,不如不知也。天下妙理至多,何遽问此!"

魏除田禁。

魏主问高允:"为政何先?"允曰:"臣少贱,唯知农事。若国家广田积谷,公私有备,则饥馑不足忧矣。"时魏多禁封良田,故允及之。魏主乃命悉除其禁,以赋百姓。

庚辰(440) 宋元嘉十七年,魏太平真君元年。
春正月,沮渠无讳寇魏酒泉。

凉之亡也,牧犍之弟无讳出奔敦煌。至是,寇酒泉,拔之。

夏四月朔,日食。 六月,魏大赦,改元。

取寇谦之《神书》之言也。

秋七月,魏讨秃发保周,杀之。沮渠无讳降。 冬十月,宋领军刘湛有罪诛。以彭城王义康为江州刺史,江夏王义恭为司徒、录尚书事,始兴王濬为扬州刺史。

宋司徒义康专总朝权。宋主羸疾积年,屡至危殆,义康尽心营奉,药石非亲尝不进,或连夕不寐。性好吏职,纠剔

批评古人一样来批评我们。"崔浩说:"天文现象发生异常变化,
怎么会不可能呢?"高允说:"这个问题不能空口无凭地争论,应
该进一步考察判断。"一年多以后,崔浩对高允说:"上次我们讨
论的问题,果然像你所说的那样。五星是在前三个月聚集东井
宿,而不是十月。"众人都赞叹佩服。高允虽然通晓天文历法,
但从不推算论说,只有东宫少傅游雅知道他的学识,曾多次就灾
变询问高允,高允说:"阴阳灾变,很难知道,即使已经知道了,
又害怕泄漏天机,还不如不知道。天下妙理非常多,何必急着问
这个!"

北魏解除田禁。

太武帝问高允:"治国理政,什么为先?"高允说:"我幼年贫
贱,只知道农事。如果国家扩大农田面积,积聚粮食,使国家和
百姓都有储备,就不必忧虑发生饥荒了。"当时北魏禁封了许多
良田,所以高允才这么说。太武帝于是命令一律解除禁令,让百
姓耕种,国家收取田赋。

庚辰(440) 宋元嘉十七年,北魏太平真君元年。

春正月,沮渠无讳侵犯北魏酒泉。

北凉灭亡,沮渠牧犍的弟弟沮渠无讳逃到敦煌。这时候,他
率兵侵犯酒泉,并攻克该城。

**夏四月初一,出现日食。　六月,北魏实行大赦,改年号为
太平真君。**

这个年号采自寇谦之的《神书》。

**秋七月,北魏讨伐秃发保周,并斩杀了他。沮渠无讳投降北
魏。　冬十月,宋领军将军刘湛有罪被杀。宋文帝刘义隆任命
彭城王刘义康为江州刺史,江夏王刘义恭为司徒、录尚书事,始
兴王刘濬为扬州刺史。**

刘宋司徒刘义康独揽朝政大权。宋文帝多年患病,屡次病
危,刘义康尽心事奉,药物非经自己亲口尝过,绝不让宋文帝服
用,有时一连几夜都不睡觉。他生性喜好处理公务,一切都做得

精尽,凡所陈奏,入无不可,方伯以下,并令选用,生杀大事,或以录命断之。势倾远近,朝野辐凑,义康倾身引接,未尝懈倦。士之干练者多被意遇。尝谓刘湛曰:"王敬弘、王球之属,竟何所堪!坐取富贵,复那可解!"然素无学术,不识大体,朝士有才用者皆引入府,府僚无施及忤旨乃斥为台官。自谓兄弟至亲,不复存君臣形迹。置私僮六千人,四方献馈,皆以上品荐义康而以次者供御。

领军刘湛与仆射殷景仁有隙,欲倚义康以倾之。义康权势已盛,湛愈推崇之,无复人臣之礼,宋主浸不能平。湛初入朝,宋主恩礼甚厚。湛善论治道,谙前代故事,叙致铨理,听者忘疲。每入云龙门,不夕不出。及是宋主意虽内离而接遇不改。尝谓所亲曰:"刘班初自西还,与语常视日早晚,虑其将去。比入,吾亦视日早晚,苦其不去。"

殷景仁密言于宋主曰:"相王权重,非社稷计,宜少裁抑!"宋主然之。

义康长史刘斌、王履、刘敬文、孔胤秀等,皆以倾谄有宠。宋主尝疾笃,使义康具顾命诏。义康还省,流涕以告湛及景仁,湛曰:"天下艰难,讵是幼主所御!"义康、景仁皆不答。而胤秀等辄就尚书议曹,索晋立康帝旧事。义康不知也。及宋主疾瘳,微闻之。而斌等密谋,欲使大业终归义康,

十分精密妥善,凡是他奏请的事,宋文帝没有不批准的,州刺史以下的官员,都由他选拔任用,赦免和诛杀这类大事,他有时就以录尚书事的身份加以裁决。刘义康的势力倾及远近,朝野上下的各方人士,都集中在他身边,刘义康亲自接待,从不懈怠。许多有才能的士大夫,都被他加以任用。他曾对刘湛说:"王敬弘、王球之流,究竟有什么能力?坐享富贵,又那么令人费解!"然而,刘义康一向没有学问,不识大体,朝中有才能的士大夫都被引入自己的府中,府中没有才干及冒犯他的幕僚,却都被贬斥到朝廷机构中任职。他自认为兄弟之间情同手足,所以不用君臣大义来要求自己。他在府中私置家僮六千人,各地进贡,都把上品献给他,而把次等的献给宋文帝。

领军将军刘湛与仆射殷景仁素有矛盾,刘湛打算依靠刘义康排挤殷景仁。刘义康的权势已经十分强盛,刘湛更加推崇他,致使刘义康不能保持臣属的礼仪,宋文帝心中渐感不平。刘湛刚刚入朝时,宋文帝对他的恩情和礼遇都很高。刘湛善于谈论治国之道,熟悉前代掌故,叙说起来有条有理,使听者忘记疲劳。每次进入云龙门内晋见宋文帝,不到太阳落山不出来。现在,宋文帝虽然内心对他有所不满,但对他的礼遇却没有改变。宋文帝曾对左右亲信说:"当年刘湛初从西边入朝,和他谈话,常看时间早晚,担心他离去。最近他入宫,我也常看时间早晚,而是苦于他不走。"

殷景仁暗地里对宋文帝说:"相王刘义康权势太重,不是国家的长久之计,应该稍加抑制!"宋文帝表示同意。

刘义康的长史刘斌、王履、刘敬文、孔胤秀等人,都因为善于排挤别人钻营谄媚而受到刘义康的宠信。宋文帝的病情曾一度危重,他命刘义康起草托孤诏书。刘义康回到府中,痛哭流涕地告诉刘湛及殷景仁,刘湛说:"天下如此艰难,怎么能是年幼君主所能驾驭的!"刘义康、殷景仁都没有回答。而孔胤秀等人就前往尚书议曹,索取当年晋成帝咸康末年,改立他的弟弟晋康帝的档案。刘义康却不知道这件事。等到宋文帝病愈,大致听到这些情况。而刘斌等人密谋,打算让刘义康最后继承皇位,

遂邀结朋党，伺察禁省，有不与己同者，必百方构陷之。由是主、相之势分矣。

　　既而湛遭母忧去职，谓所亲曰："常日正赖口舌争之，故得推迁。今既穷毒，无复此望，祸至其能久乎！"至是，宋主收湛，下诏诛之，及斌等八人。义康上表逊位，诏以为江州刺史，出镇豫章。

　　初，殷景仁卧疾五年，虽不见上，而密函去来，日以十数，朝政大小必以咨之，影迹周密，莫有窥其际者。收湛之日，景仁使拂拭衣冠，左右莫晓其意。至夜闻召，犹称脚疾，以小床舆就坐，诛讨处分一皆委之。

　　初，檀道济荐吴兴沈庆之忠谨晓兵，宋主使领队防东掖门。刘湛谓曰："卿在省岁久，比当相论。"庆之正色曰："下官在省十年，自应得转，不复以此仰累！"收湛之夕，宋主召之，庆之戎服缚袴而入。宋主曰："卿何意乃尔急装？"庆之曰："夜半唤队主，不容缓服。"乃遣收刘斌杀之。

　　将军徐湛之与义康尤亲厚，被收当死。其母会稽公主于兄弟为长嫡，素为上所礼，家事大小必咨而后行。高祖微时，自于新洲伐荻，有纳布衫袄，臧皇后手所作也。既贵，以付公主曰："后世有骄奢不节者，可以此衣示之。"至是，公主入见号哭，以锦囊盛袄衣掷地，曰："汝家本贫贱，此是我母为汝父所作。今日得一饱餐，遽欲杀我儿耶！"

于是他们结成朋党,窥探皇宫,凡是有不与自己一心的人,就千方百计加以陷害。从此,宋文帝与刘义康之间开始势不两立。

不久,刘湛因母亲去世,离职回家守丧,他对亲近的人说:"平常只靠巧口利舌为自己争辩,所以能拖延至今。如今与母亲诀别,人情事理到了尽头,就要受到荼毒,不再有什么希望了,大祸临头的时间怎么会太久了!"至此,宋文帝命逮捕刘湛,诏令将他诛杀,同时斩杀刘斌等八人。刘义康上表请求辞职,宋文帝诏令他为江州刺史,出京镇守豫章。

当初,殷景仁因病卧床五年,虽不能见到宋文帝,但密信往来,每天达十多次,朝廷大事小事,宋文帝必定征求他的意见,行迹周密,没有人能够发现蛛丝马迹。逮捕刘湛那天,殷景仁命仆人为他拂拭衣冠,左右侍从都不明白他的意思。那天夜里,他听说宋文帝召见他的消息后,仍然声称脚上有病,让人用小躺椅抬进宫就座,宋文帝把诛讨刘湛及其党羽的事都委托给他处理。

当初,檀道济推荐吴兴人沈庆之忠诚谨慎,通晓兵法,宋文帝命令他领兵驻防东掖门。刘湛对沈庆之说:"你在这里任职已经很久了,最近应该想想这个问题。"沈庆之面色严肃地说:"我在这里已经十年,自然应该调职,不敢再麻烦你。"逮捕刘湛的那天晚上,宋文帝召见他,他身穿戎装,束扎裤管入宫。宋文帝说:"你为什么穿着这身衣服?"沈庆之说:"陛下半夜召见队主,定有要事,不容宽服大袖。"于是宋文帝派他逮捕并斩了刘斌。

将军徐湛之与刘义康关系特别亲密,也被逮捕,罪当处死。他的母亲会稽公主在兄弟姊妹中年龄最大,一向受到宋文帝的礼遇,皇室事务无论大小,一定先征求她的意见后再决定。宋高祖刘裕贫贱的时候,曾一人到新洲砍伐荻草,身穿补过的布衫棉袄,都是臧皇后亲手缝制的。贵为皇帝后,他把穿过的这些衣服交给会稽公主说:"后世子孙中如有人骄傲奢侈,不知节俭,可把这些衣服拿给他们看看。"至此,会稽公主入宫晋见宋文帝,大声号哭,把用绸缎包着的旧衣服抛在地上,说:"你家本来出身贫贱,这是我母亲为你父亲做的衣服。你如今才吃了一顿饱饭,就要杀我的儿子了!"

宋主乃赦之。

王履叔父球为吏部尚书，简淡有美名，为宋主所重。以履性进利，屡戒之，不从。至是，履徒跣告球，球曰："常日语汝云何？"履惧不能对，球徐曰："阿父在，汝亦何忧？"宋主以球故，竟免履死，废于家。

义康用事，人争求亲昵，唯主簿江湛早能自疏，求出为武陵内史。檀道济尝为子求昏于湛，湛固辞。道济因义康以请，湛拒之愈坚，故不染于二公之难。

义康停省十余日，奉辞下渚，上唯对之恸哭，余无所言。义康问沙门慧琳曰："弟子有还理否？"琳曰："恨公不读数百卷书！"

初，吴兴太守谢述累佐义康，数有规益，早卒。至是，义康叹曰："昔谢述唯劝吾退，刘班唯劝吾进，今班存而述死，其败也宜哉！"宋主亦曰："谢述若存，义康必不至此。"

以萧斌为义康谘议参军，领豫章太守，事无大小，皆以委之。使将军萧承之将兵防守。资奉优厚，信赐相系。

久之，宋主就会稽公主宴集，甚欢。主起再拜，悲不自胜，曰："车子岁暮，必不为陛下所容，今特请其命。"因恸哭，宋主亦流涕，指蒋山曰："若违今誓，便是负初宁陵。"即封所饮酒赐义康。故终主之身，义康得无恙。

义恭惩彭城之败，虽为总录，奉行文书而已，宋主乃安之。

宋文帝只好赦免了徐湛之的死罪。

王履的叔父王球时任吏部尚书，他淡泊名利，勤俭朴素，一向有美名，为宋文帝所推重。因为王履生性急躁好利，王球多次告诫他，他不听从。至此，王履光着双脚跑来，告诉王球所发生的情况，王球说："我平时都对你说什么了？"王履吓得说不出话来，王球慢慢地说："有叔父在，你还担心什么？"宋文帝因为尊重王球的缘故，竟赦免了王履的死罪，将他免职回家。

刘义康独掌朝权时，人人都争着与他亲近，只有主簿江湛早有远见，与他疏远，要求外出担任武陵内史。檀道济曾经为自己的儿子向江湛求婚，江湛坚决推辞。檀道济又请刘义康出面为他请求，江湛推辞得更加坚决，所以没有受到檀道济、刘义康大祸的牵连。

刘义康被裁撤十几天后，在码头与宋文帝辞别，宋文帝只是对着他痛哭，没有说一句话。刘义康问和尚慧琳说："我还有回到京师的可能吗？"慧琳说："真遗憾你没有多读几百卷书！"

当初，吴兴太守谢述多年辅佐刘义康，屡次劝谏他，但不幸早卒。至此，刘义康叹息说："过去谢述只是劝我引退，而刘湛只是劝我进取，后来刘湛活着而谢述死了，我败身也是理所当然的了！"宋文帝也说："谢述如果活着，刘义康不至于落到如此地步。"

宋文帝任命萧斌为刘义康的谘议参军，兼任豫章太守，事无巨细都委任他决断。又命将军萧承之率兵驻守豫章，加以防备。宋文帝赏赐刘义康的财物非常优厚，而且书信不断。

很久以后，宋文帝来到会稽公主家赴宴，大家都非常高兴。会稽公主起身拜了两拜，不胜悲伤地说："义康到了晚年，一定不能为陛下所容，今天特地为他请命。"接着痛哭不止，宋文帝也流下了眼泪，他指着宋高祖的埋葬之地蒋山说："我如果违背今日的誓言，就是辜负了高帝。"于是他把正在饮用的酒封了起来，赐给刘义康。因此直到会稽公主去世之前，刘义康得以平安。

刘义恭吸取刘义康失败的教训，虽然担任录尚书事，只是奉命批阅文书而已，宋文帝这才放心。

景仁为扬州刺史,寻卒。

以王球为仆射,始兴王濬为扬州刺史,范晔、沈演之为左、右卫将军,对掌禁旅,庾炳之为吏部郎,俱参机密。

晔,宁之孙也,有俊才,而薄情浅行,数犯名教,为士流所鄙。性躁竞,自谓才用不尽,常怏怏不得志。吏部尚书何尚之言于宋主曰:"范晔志趣异常,请出为广州刺史。若在内衅成,不得不加铁钺,铁钺亟行,非国家之美也。"宋主曰:"始诛刘湛,复迁范晔,人将谓卿等不能容才,朕信受谗言。但共知其如此,无能为害也。"

辛巳(441) 宋元嘉十八年,魏太平真君二年。
春正月,宋以彭城王义康为都督江、交、广州军事。

义康至豫章,辞刺史,以为都督三州军事。前龙骧将军扶令育上表曰:"彭城王,先朝之爱子,陛下之次弟,若有迷谬之愆,正可导以义方,奈何一旦黜削,远送南垂!万一义康年穷命尽,奄忽于南,臣虽微贱,窃为陛下羞之。陛下徒知恶枝之宜伐,岂知伐枝之伤树乎!愿亟召还,兄弟协和,君臣辑睦,则四海之望塞,多言之路绝矣。"表奏赐死。

魏新兴王俊谋反,伏诛。 魏人伐酒泉,克之。

魏以沮渠无讳终为边患,遣兵伐之,拔酒泉,无讳乃谋西度流沙。
杨难当寇宋汉川,宋遣兵讨之。

殷景仁被任命为扬州刺史,不久去世。

宋文帝任命王球为仆射,始兴王刘濬为扬州刺史,范晔、沈演之分别为左、右卫将军,共同掌握禁军,任命庾炳之为吏部郎,共同参与朝政机要。

范晔是范宁的孙子,很有才干,却轻薄放荡,多次触犯礼教规范,被士大夫们所鄙视。他急功近利,自认为才能无法充分发挥,常常怏怏不得志。吏部尚书何尚之对宋文帝说:"范晔志趣异常,应该让他外出担任广州刺史。如果他一旦在朝内挑衅,就不能不加以诛杀。诛杀不断,不是国家的好事。"宋文帝说:"刚刚杀了刘湛,又要把范晔迁出京城,别人就会说你们不能容下有才干的人,说朕听信谗言。只要我们知道他是这样一个人,他就不能为害国家。"

辛巳(441) 宋元嘉十八年,北魏太平真君二年。

春正月,宋文帝刘义隆任命彭城王刘义康为都督江、交、广三州军事。

刘义康抵达豫章后,辞去江州刺史的职务,宋文帝任命他为都督江、交、广三州军事。前龙骧将军扶令育上表说:"彭城王是先帝的爱子,陛下的二弟,如果因一时糊涂犯了错误,可以用道义来引导他,怎么能够在一日之间将他罢官黜爵,贬到南方边陲!万一刘义康不幸丧命,死在南方,我的身份虽然微贱,也暗为陛下羞愧。陛下只知道不应该长的枝叶应该砍掉,怎么不知道砍掉树枝也会伤及树干呢!诚愿陛下迅速把他召回,兄弟之间和睦友爱,君臣互相勉励,那么四海之内的怨恨就会消除,诽谤的谣言也就会绝迹了。"表奏呈上之后,宋文帝赐他自杀。

北魏新兴王拓跋俊阴谋反叛,被诛杀。 北魏讨伐并攻克酒泉。

魏太武帝认为沮渠无讳终将成为边疆的隐患,于是派兵讨伐他,攻克酒泉,沮渠无讳打算向西越过沙漠。

氐王杨难当侵犯刘宋的汉川,宋文帝刘义隆派兵讨伐他。

难当倾国寇宋边,谋据蜀土,遣其将苻冲出东洛,宋梁秦刺史刘真道击斩之。难当攻拔葭萌,遂围涪城,不克而还。十二月,宋遣龙骧将军裴方明等讨之。

宋晋宁郡反,讨平之。

壬午(442) 宋元嘉十九年,魏太平真君三年。
春正月,魏主诣道坛受符箓。

魏寇谦之言于魏主曰:"陛下以真君御世,建静轮天宫之法,开古以来未之有也。应登受符书,以彰圣德。"魏主从之。自是每世即位,皆受符箓。谦之又奏作静轮宫,必令其高不闻鸡犬,欲以上接天神。崔浩亦劝为之。功费万计,经年不成。太子晃谏曰:"天人道殊,卑高定分,不可相接,理在必然。今耗府库,疲百姓,为无益之事,将安用之?"不听。

夏四月,沮渠无讳西据鄯善,李宝入据敦煌。

沮渠无讳将万余家弃敦煌,西据鄯善。其士卒经流沙,渴死者大半。

鄯善王比龙将其众奔且末。

李宝自伊吾帅众二千入据敦煌,缮修城府,安集故民,而奉表于魏。

沮渠牧犍之亡也,凉州人阚爽据高昌。唐契为柔然所迫,拥众西趋高昌,欲夺其地。契死,弟和收余众,奔车师前部,拔高宁、白力二城,遣使请降于魏。

五月,宋讨杨难当,平之。魏人救之,不克。

杨难当动员全国兵力侵犯刘宋,计划占据蜀地,派将领符冲从东洛出兵。宋梁、秦二州刺史刘真道迎击符冲,斩杀了他。杨难当攻陷葭萌,然后又围攻涪城,没有攻克,于是撤回。十二月,宋文帝派遣龙骧将军裴方明等讨伐杨难当。

刘宋晋宁郡叛乱,被官军平息。

壬午(442) 宋元嘉十九年,北魏太平真君三年。

春正月,北魏太武帝拓跋焘前往道教神坛接受符箓。

北魏人寇谦之对太武帝说:"陛下以真君的名义统治天下,建立静轮天宫之法,从开天辟地以来从未有过。陛下应该登台接受符书,以宣扬圣人的恩德。"太武帝接受了他的建议。从此以后,北魏的每个皇帝即位,都要接受符箓。寇谦之又奏请建造静轮宫,并一定要高到人在上面听不到鸡鸣犬吠之声,想要上接天神。崔浩也劝太武帝兴建。花费的财力物力数以万计,几年还未建成。太子拓跋晃劝谏说:"天、人之道本不相同,谁高谁低已经确定,二者不可相接,这是理所当然的事。如今我们白白地浪费财力物力,老百姓也累得疲惫不堪,做无益的事情,有什么用呢?"太武帝不听。

夏四月,沮渠无讳向西占据鄯善,李宝占据敦煌。

沮渠无讳率领一万多家舍弃敦煌,向西占据鄯善。他的士卒在过沙漠时,大半人都因渴而死。

鄯善王比龙率领臣民逃奔且末。

李宝从伊吾率领部众两千人占据敦煌,修缮城郭府第,安定集结当地百姓,并向北魏呈上奏章,表示臣服。

沮渠牧犍逃走以后,凉州人阚爽占据了高昌。唐契由于受到柔然的逼迫,率领部众西去高昌,打算夺取它。唐契死后,他的弟弟唐和收集残余将士,投奔车师前部,攻克高宁、白力二城,然后派使节向北魏投降。

五月,刘宋讨伐并平定了杨难当。北魏救援杨难当,没有成功。

裴方明等至汉中，与刘真道分兵攻武兴、下辩、白水，皆取之。杨难当遣苻弘祖守兰皋，以其子和为后继。方明与战，大破之，斩弘祖，和退走，难当奔上邽。获其兄子保炽，又获其子虎，送建康斩之，仇池平。以胡崇之为北秦州刺史，镇其地，立保炽为杨玄后，守仇池。

魏人迎难当诣平城。真道、方明竟坐匿金宝善马，下狱死。

秋七月晦，日食。　九月，沮渠无讳袭据高昌，宋以无讳为河西王。

唐契之攻阚爽也，爽遣使诈降于沮渠无讳，欲与之共击契。八月，无讳将其众趋高昌，比至，契已死，爽闭门拒之。九月，无讳夜袭高昌，屠其城，爽奔柔然。无讳据高昌，遣使奉表于宋，以无讳为河西王。

冬十月，柔然遣使如宋。　十二月，宋修孔子庙。

诏鲁郡修孔子庙及学舍，蠲墓侧五户课役，以供洒扫。

魏以李宝为敦煌公。　宋雍州蛮反。

宋雍州刺史刘道产善为政，民安其业，小大丰赡，由是民间有《襄阳乐歌》。山蛮前后不可制者皆出，缘沔为村落，户口殷盛。道产卒，蛮追送至沔口。未几，群蛮大动，征西司马朱脩之讨之，不利。诏遣将军沈庆之代之，杀虏万余人。

魏尚书李顺有罪诛。

魏主使顺差次群臣，赐以爵位。顺受贿，品第不平，魏主怒，且以顺保庇沮渠氏，面欺误国，赐死。

裴方明等人抵达汉中,与刘真道分别派兵进攻武兴、下辩、白水,都攻取下来。杨难当派符弘祖守卫兰皋,又派自己的儿子杨和率兵作为后继部队。裴方明与符弘祖交战,符弘祖大败,被斩首,杨和退走,杨难当逃往上邽。宋军俘获杨难当哥哥的儿子杨保炽,又俘获杨难当的儿子杨虎,将他押送建康斩首,从而仇池平定。宋朝廷任命胡崇之为北秦州刺史,镇守该地,并立杨保炽继承杨玄王位,驻守仇池。

　　北魏派人迎接杨难当到平城。刘真道、裴方明竟因侵吞金银财宝及良马一事,被下狱处死。

　　秋七月的最后一天,出现日食。　九月,沮渠无讳袭据高昌,宋文帝刘义隆任命他为河西王。

　　唐契向阚爽发起进攻,阚爽派使节诈降沮渠无讳,要和他共同迎击唐契。八月,沮渠无讳率领部众前往高昌,将要到达时,唐契已经战死,阚爽紧闭城门,拒绝沮渠无讳入城。九月,沮渠无讳夜袭高昌,血洗全城,阚爽投奔柔然。沮渠无讳占据高昌,派使节向刘宋呈上奏章,宋文帝任命沮渠无讳为河西王。

　　冬十月,柔然派使节前往刘宋。　十二月,刘宋修缮孔庙。

　　宋文帝诏令鲁郡修缮孔庙及孔学房舍,免除孔子墓地附近五户百姓的赋税徭役,让他们清扫孔子墓。

　　北魏太武帝拓跋焘任命李宝为敦煌公。　刘宋雍州蛮人反叛。

　　刘宋雍州刺史刘道产善于治理政务,百姓安居乐业,户户富庶,因此民间流传有《襄阳乐歌》。一直没人能制服的山中蛮人都走出深山,沿着沔水形成村落,人丁兴旺。刘道产去世后,蛮人送他的灵柩到沔口。不久,蛮人纷纷叛乱,征西司马朱脩之率兵讨伐,没有成功。宋文帝诏令将军沈庆之取代他前去讨伐,杀伤俘虏一万多蛮人。

　　北魏尚书李顺有罪被诛杀。

　　太武帝让李顺评定文武官员的等级,以此授以爵位。李顺接受贿赂,所定等级不公,太武帝大怒,而且因为李顺庇护北凉沮渠氏,公然欺君误国,于是令他自杀。

癸未（443） 宋元嘉二十年，魏太平真君四年。

春正月，魏击宋仇池，取之。

魏军进至下辩，宋将军彊玄明等败死，胡崇之被擒，余众走还汉中，魏遂取仇池。杨保炽走。

乌洛侯国遣使如魏。

初，魏之居北荒也，凿石为庙，在乌洛侯西北，以祀其先，高七十尺，深九十步。及乌洛侯使至，言石庙具在。魏主遣使致祭，刻祝文于壁而还。去平城四千余里。

夏四月，魏杀其武都王杨保宗。秋七月，宋立杨文德为武都王。

魏河间公齐与武都王杨保宗对镇雒谷，保宗弟文德说保宗闭险叛魏。齐诱保宗杀之。其属苻达、任朏遂举兵立文德为王，据白崖，分兵取诸戍，进围仇池，自号仇池公。

魏将军古弼击之，文德退走。皮豹子督关中军至下辩，闻仇池围解，欲还。弼遣人谓曰：“宋人耻败，必将复来。军还之后，再举为难，不若练兵蓄力以待之。不出秋冬，宋师必至。以逸待劳，无不克矣。”豹子从之。

文德遣使求援于宋。七月，宋以文德为镇西大将军、武都王，屯葭芦城，武都、阴平氐皆归之。

九月，魏主袭柔然，走之。

魏主如漠南，舍辎重，以轻骑袭柔然，分军为四道。

魏主至鹿浑谷，遇敕连可汗。太子晃曰：“贼不意大军猝至，宜掩其不备，速进击之。”尚书刘絜曰：“贼营尘盛，其

癸未（443） 宋元嘉二十年,北魏太平真君四年。

春正月,魏军进攻宋国的仇池,攻取下来。

魏军抵达下辩,宋将军疆玄明等人战败而死,胡崇之被俘,剩余的将士退回汉中,北魏于是夺取了仇池。杨保炽逃走。

乌洛侯国派使节前往北魏。

当初,北魏的祖先居住在北方的荒凉之地,凿石头建祖庙,在乌洛侯的西北祭祀祖先,庙高七十尺,深九十步。等到乌洛侯国使者到达北魏,说石庙还保存完好。太武帝派人前去祭祀,在石庙的墙壁上刻下祝文后返回。石庙距平城四千多里。

夏四月,北魏诛杀武都王杨保宗。秋七月,宋文帝刘义隆任命杨文德为武都王。

北魏河间公拓跋齐和武都王杨保宗分别镇守在雒谷两旁,杨保宗的弟弟杨文德劝杨保宗据守险要之地,背叛北魏。拓跋齐诱杀了杨保宗。杨保宗的部下符达、任朏于是起兵立杨文德为王,占据白崖,分兵夺取各个据点,进围仇池,杨文德自称为仇池公。

北魏将军古弼进攻杨文德,杨文德退走。魏将皮豹子督率关中大军到达下辩,听说仇池已经解围,打算返回。古弼派人对他说:"宋人耻于这次败仗,一定会再回来。你的大军返回之后,再次出兵恐怕很难,不如在此练兵,积蓄力量,来等待宋军。过不了秋冬,宋军一定会来。我们以逸待劳,没有不能攻克的。"皮豹子听从了他的话。

杨文德派使者向宋国求援。七月,宋文帝任命杨文德为镇西大将军、武都王,屯兵葭芦城,武都、阴平的氐人都归附了他。

九月,北魏太武帝拓跋焘率军袭击柔然,柔然人逃走。

太武帝率军到达漠南,舍弃辎重,率领轻骑袭击柔然,并分兵四路。

太武帝到达鹿浑谷,遇上了柔然敕连可汗。太子拓跋晃说:"贼虏想不到我们的大军突然到来,我们应该趁他们没有防备,立即进攻。"尚书刘絜却说:"贼虏的军营中尘土飞扬,一定有很

众必多,不如须诸军大集,然后击之。"晃曰:"尘盛者,军士惊扰也,何得营上而有此尘乎!"魏主疑之,不急击。柔然遁去,追之不及。获其候骑曰:"柔然不觉魏军至,惶骇北走,经六七日,知无追者,始乃徐行。"魏主深悔之。自是军国大事皆与晃谋之。

司马楚之别将督军粮,柔然欲击之。俄而军中有告失驴耳者,楚之曰:"此必贼遣奸人入营觇伺,割以为信耳。贼至不久,宜急为备。"乃伐柳为城,以水灌之。城立而柔然至,冰坚滑,不可攻,乃散走。

冬十一月,宋人攻魏浊水戍,败绩。
宋将军姜道盛与杨文德合众攻魏浊水戍,魏皮豹子等救之,道盛败死。
十二月,魏主还平城。
魏主还,至朔方,诏太子晃总百揆。且曰:"诸功臣皆勤劳日久,皆当以爵归第,随时朝宴,论道陈谟,不宜复烦以剧职。更举贤俊以备百官。"遂还平城。

甲申(444) 宋元嘉二十一年,魏太平真君五年。
春正月,宋主耕籍田,大赦。 魏太子晃总百揆。

魏太子晃始总百揆,以中书监穆寿、司徒崔浩、侍中张黎、古弼辅之。
弼忠慎质直,尝以上谷苑囿太广,乞减大半以赐贫民。魏主方与给事中刘树围棋,志不在弼,弼侍坐良久,

多人,不如等到各路大军会集到这里之后再发起攻击。"拓跋晃说:"他们军营尘土飞扬,是因为士卒惊慌失措造成的,要不军营之上怎么会有这么多尘土呢!"太武帝也有所怀疑,没有马上进攻。柔然部队趁机逃走,追赶已来不及了。被停虏的柔然侦察骑兵说:"我们不知道魏军已到,惊慌之中向北逃去,过了六七天,知道后面没有追兵,才开始缓步前进。"太武帝深为后悔。从此以后,军国大事都要和拓跋晃商量。

司马楚之另率一支部队督运军粮,柔然打算攻打他们。不久,军中有人报告说一匹驴的耳朵没有了,司马楚之说:"这一定是贼房派奸人来这里察看动静,割下驴耳作为证据。贼军马上就要到来,应该赶紧做好准备。"于是砍伐柳树建造城堡,并用水浇在上面。城堡刚刚建好,柔然大军就到了,由于城堡上面的冰层坚滑,柔然人无法攻城,就撤走了。

冬十一月,宋军攻打北魏的浊水戍,遭到失败。

刘宋将军姜道盛与杨文德合兵攻打北魏的浊水戍,北魏皮豹子等人赶来救援,姜道盛战败身亡。

十二月,北魏太武帝返回平城。

太武帝在回京途中来到朔方,诏令太子拓跋晃统领文武百官。太武帝还说:"各位功臣为国辛劳已经很久了,都应当按自己的爵位回家养老,可以随时朝见朕,参加朕举行的宴会,谈论治国之道,陈述自己的见解,不适于再担任繁重的职务劳烦自己。要另外推举贤才来担任文武之官。"此后,太武帝返回平城。

甲申(444) 宋元嘉二十一年,北魏太平真君五年。

春正月,宋文帝刘义隆举行亲耕典礼,实行大赦。 北魏太子拓跋晃总管百官事务。

北魏太子拓跋晃开始总管百官事务,太武帝任命中书监穆寿、司徒崔浩、侍中张黎、古弼辅佐太子。

古弼忠厚谨慎,质朴正直,曾因为上谷苑围占地面积太大而请求减去其中的一大半,赐给贫民耕种。当时,太武帝正与给事中刘树下围棋,心思不在古弼身上,古弼坐在那里等了很久,

不获陈闻。忽起,捽树头,殴之曰:"朝廷不治,实尔之罪!"魏主失容曰:"不听奏事,朕之过也,树何罪!置之!"弼具以状闻,魏主可之。弼曰:"为臣无礼至此,其罪大矣。"出诣公车,免冠徒跣请罪。魏主召人,谓曰:"吾闻筑社之役,蹇蹶而筑之,端冕而事之,神降之福。然则卿有何罪!其冠履就职。苟有可以利社稷、便百姓者,竭力为之,勿顾虑也。"

晃课民稼穑,使无牛者借人牛,而为之芸以偿之,凡耕种二十二亩而芸七亩,大略以是为率。使民各标姓名于田首,以知其勤惰。禁饮酒游戏者。于是垦田大增。

魏禁私养沙门、巫觋。

魏主诏:"王公以下至庶人,有私养沙门、巫觋者,皆遣诣官。过二月十五日不出,沙门、巫觋死,主人门诛。"

魏令公卿子弟皆入太学。

魏诏:"王、公、卿、大夫之子皆诣太学,其百工、商贾之子,各习父兄之业,毋得私立学校。违者,师死,主人门诛。"

二月,魏尚书令刘絜有罪诛,乐平王丕以忧卒。

初,魏尚书令刘絜久典机要,恃宠自专,魏主心恶之。及将袭柔然,絜谏曰:"蠕蠕迁徙无常,前者出师,劳而无功,不如广农积谷以待其来。"崔浩固劝魏主行,魏主从

都没有机会陈述此事。忽然,古弼站了起来,抓住刘树的头发,一边殴打他一边说:"朝廷治理不好,实在是你的罪过!"太武帝大惊失色,说:"不听你的奏请,是朕的过错,刘树有什么罪过!放了他!"古弼把要奏请的事情详细地说了出来,太武帝表示同意。古弼说:"为臣无礼到这种程度,罪过实在太大了。"说完就来到公车署,摘下帽子、光着脚,请求治罪。太武帝召他入宫,对他说:"我听说过修筑社坛的工程,要经过很多失败和挫折才能建成,然后还要衣冠端正地祭祀,神灵就会降福于他。可你有什么罪过呢!戴上帽子、穿上鞋子,还去负责你的工作吧。如果是对国家有利、方便百姓的事,就要竭力去做,不要有什么顾虑。"

拓跋晃督促百姓耕种农田,让没有牛的人家去向有牛的人借牛耕种,然后再替有牛的人家锄地来补偿,通常耕种二十二亩,为人锄地七亩,大概以此为标准。还让百姓把自己的名字标在地头,以便让众人知道是勤奋或是懒惰。同时禁止百姓喝酒和游戏。于是,开垦的农田大量增加。

北魏禁止私自供养僧侣、男女巫师。

太武帝下诏说:"王公以下直到平民,私自在家供养僧侣、男女巫师的人,都要把他们送到官府。超过二月十五日还不交出,处死僧侣和巫觋,私藏者满门抄斩。"

北魏太武帝拓跋焘诏令公卿子弟都要进入太学读书。

太武帝下诏说:"王、公、卿、大夫的儿子都要送到太学读书。百工、商人的儿子,都要学习父兄的手艺和职业,不得私立学校。违者,老师处死,当事人全家抄斩。"

二月,北魏尚书令刘絜有罪被诛杀,乐平王拓跋丕因忧虑过度去世。

当初,北魏尚书令刘絜长期主管机要事务,倚仗皇上的宠信,独断专行,太武帝从心里厌恶他。等太武帝打算袭击柔然时,刘絜劝谏说:"柔然迁徙不定,上次我们出兵,劳而无功,不如广农积谷,等待他们前来。"崔浩一再劝说太武帝前往,太武帝听从了

之。絜耻其言不用，欲败魏师。魏主与诸将期会鹿浑谷，絜矫诏易其期。至鹿浑谷，欲击柔然，絜又止之，使待诸将，留六日而诸将不至，柔然遂远遁。军还粮尽，士卒多死。絜阴使人惊魏军，劝魏主委军轻还，不从。又以军出无功请治崔浩之罪，魏主曰："诸将失期，遇贼不击，浩何罪也！"浩以絜矫诏事白魏主，收絜囚之。魏主之北行也，絜私谓所亲曰："若车驾不返，吾当立乐平王。"又闻尚书右丞张嵩家有图谶，问曰："刘氏应王，吾有姓名否？"魏主闻之，命有司穷治，絜、嵩皆夷三族。絜好作威福，诸将破敌得财物皆与分之，既死，籍其家，财巨万。乐平戾王丕以忧卒。

初，魏主筑白台，丕梦登其上，四顾不见人。命术士董道秀筮之，曰："吉。"丕默有喜色。至是，道秀亦坐弃市。高允闻之曰："夫筮者皆当依附爻象，劝以忠孝。王之问也，道秀宜曰：'穷高为亢。《易》曰："亢龙有悔。"又曰："高而无民。"皆不祥也，王不可以不戒。'如此则王安于上，身全于下矣。道秀反之，宜其死也。"

宋以江夏王义恭为太尉。　夏六月，河西王沮渠无讳卒，弟安周嗣。　魏罢旧俗所祀胡神。

魏入中国以来，虽颇用古礼，祀天地、宗庙、百神，

崔浩的建议。刘絜耻于自己的建议不能被采纳,想要让魏军打败仗。太武帝和各位将领约好日期在鹿浑谷会师,刘絜却假传诏令,私自更改了日期。太武帝到达鹿浑谷,打算袭击柔然,刘絜又阻止太武帝采取行动,让他等待各路大军,太武帝在鹿浑谷等了六天,各位将领还没有到达,于是柔然远逃。大军返回时,粮食吃完,士卒死了很多。刘絜私下派人惊扰北魏军心,又劝太武帝抛下军队,轻装回京,太武帝没有听从。刘絜还以这次出师无功而要求追究崔浩的罪过,太武帝说:"各路将领误了会师日期,我们遇上贼寇又没有攻击,崔浩有什么罪呢!"崔浩把刘絜假传圣旨的事告诉太武帝,于是将刘絜逮捕囚禁。太武帝北伐时,刘絜私下对亲近的人说:"如果皇上车驾回不来了,我就拥立乐平王继承帝位。"刘絜又听说尚书右丞张嵩家藏有图谶,就问他说:"刘氏应该称王,上面有我的姓名吗?"太武帝听到这件事后,命令有关部门严厉追查,刘絜、张嵩都被诛灭三族。刘絜喜欢作威作福,各位将领们打败敌人,得到的财宝都要分他一份,他被处死后,从他家里抄出的财产数以万计。乐平戾王拓跋丕因过度忧虑而去世。

当初,太武帝曾修造白台,拓跋丕梦见自己登了上去,四处望去,却看不见人。他命令术士董道秀为他占卜,董道秀说:"大吉。"拓跋丕没有说话,却面露喜色。至此,董道秀也被押往刑场斩首。高允听说这件事后,说:"占卜的人都应当按照六爻的形象去劝诫人们守忠尽孝。乐平王问卦时,董道秀应该说:'高到极处就是亢。《易经》说:"亢龙将会后悔。"又说:"高而没有臣民。"都是不祥之兆,大王您不能不戒。'如此则乐平王平安无事,董道秀也可保全性命。而董道秀却反其道而行之,当然应该被处死。"

宋文帝刘义隆任命江夏王刘义恭为太尉。 夏六月,河西王沮渠无讳去世,他的弟弟沮渠安周代替为王。 北魏取消旧习俗中对胡族神灵的祭祀。

北魏进入中原以来,虽然多采用古礼来祭祀天地、祖庙和百神,

而犹循其旧俗,所祀胡神甚众。崔浩请存其合于祀典者五十七所,余悉罢之。魏主从之。

秋八月,魏主畋于河西。

魏主诏以肥马给猎骑,尚书令古弼留守,悉以弱马给之。魏主大怒,欲还台斩之。弼官属惶怖,恐并坐诛。弼曰:"吾为人臣,不使人主盘于游畋,其罪小。不备不虞,乏军国之用,其罪大。今蠕蠕方强,南寇未灭,吾为国远虑,虽死何伤!且吾自为之,非诸君之忧也。"魏主闻之,叹曰:"有臣如此,国之宝也!"赐衣一袭。

他日复畋于山北,获麇鹿数千头,诏尚书发牛车五百乘以运之,既而谓左右曰:"笔公必不与我,汝辈不如自以马运之。"寻果得弼表曰:"秋谷悬黄,麻菽布野,猪鹿窃食,鸟雁侵费,风雨所耗,朝夕三倍。乞赐矜缓,使得收载。"魏主曰:"果如吾言,笔公可谓社稷之臣矣!"弼头锐,故魏主常以笔目之。

宋以衡阳王义季为兖州刺史,南谯王义宣为荆州刺史。

初,宋主以义宣不才,故不用,会稽公主屡以为言,宋主不得已用之。先赐诏曰:"师护在西,虽无殊绩,絜己节用,通怀期物,不恣群下。声著西土,士庶所安,论者未议迁之。今之回换,更为汝与师护年时一辈,欲各试

但还在沿用旧的习俗,祭祀的胡族神灵很多。崔浩请求只留下符合祭典的五十七所庙宇,其余的都加以取消。太武帝同意了他的建议。

秋八月,北魏太武帝拓跋焘到河西狩猎。

太武帝诏令将肥壮的马匹送给打猎的骑兵,当时尚书令古弼留守平城,他提供的都是瘦弱的马匹。太武帝大怒,打算回朝时斩杀古弼。古弼的属下惊慌恐怖,担心一起受牵连被杀。古弼说:"我身为人臣,不让皇上沉湎于游戏狩猎之中,这个罪过为小。如果不防备不测之事,使国家和军队缺少战马之用,这个罪过为大。如今柔然正处于强盛时期,南方的贼寇又未消灭,我为国家做长远考虑,即使死了又有什么关系呢!况且这是我一个人决定的,你们各位不必担忧。"太武帝听说后,感叹说:"有这样的臣子,是国家之宝呀!"于是赏赐给古弼一套衣服。

后来有一天,太武帝又去山北狩猎,捕获了几千头麋鹿,太武帝诏令尚书派牛车五百辆来运送麋鹿,可不久他又对左右侍从说:"笔头公一定不会给我发车的,你们不如自己用马将它们运送回去。"果然,立刻收到了古弼的奏章说:"秋天的谷穗已经下垂而金黄,桑麻大豆遍布田野,猪鹿偷吃,鸟雁啄食,加上风吹雨打,损耗下去,早晚就会相差三倍。乞请延缓运送麋鹿,以便粮食早日收割完毕。"太武帝说:"果然如我说的那样,笔头公可称得上是国家的功臣了!"古弼的头长得尖,所以太武帝常把他的头比作笔尖。

宋文帝刘义隆任命衡阳王刘义季为兖州刺史,南谯王刘义宣为荆州刺史。

当初,宋文帝认为刘义宣没有才能,所以不加任用,会稽公主屡次替刘义宣说话,宋文帝才不得不用他。宋文帝先赐给他诏书说:"义季在西边任职,虽然没有特殊的成绩,但他洁身自好,节俭朴实,心胸宽广,以诚待人,不骄纵部下。声名在西边广为传诵,受到士大夫和庶民百姓的爱戴,监察评议的人没有提出要调动他。如今换你前去,还是因为你和义季辈分一样,打算试试

其能。汝往,脱有一事减之者,迁代之讥必归于吾矣。"义宣至镇,勤自课厉,事亦修理。

宋主饯义季于武帐冈,将行,敕诸子且勿食,至会所设馔。日旰不至,皆有饥色,乃谓曰:"汝曹少长丰佚,不见百姓艰难,今使汝曹识有饥苦,知以节俭御物耳!"

柔然敕连可汗死,子处罗可汗吐贺真立。 **敦煌公李宝入朝于魏,魏人留之。**

乙酉(445) 宋元嘉二十二年,魏太平真君六年。

春正月朔,宋行《元嘉历》。

初,宋太子率更令何承天撰《元嘉新历》,表上之。以月食之冲,知日所在。又以中星检之,知尧时冬至日在须女十度,今在斗十七度。又测景校二至,差三日有余,知今之南至日应在斗十三四度。于是更立新法,冬至徙上三日五时,日之所在,移旧四度。又月有迟疾,前历合朔,月食不在朔望。今皆以盈缩定其小余,以正朔望。诏付外详之。太史令钱乐之等奏皆如承天所上,唯月有类三大二小,比旧为异,谓宜仍旧。诏可。至是,始行之。

初,汉京房以十二律中吕、上生、黄钟,不满九寸,

你们各自的能力。你到了那里,假如有一件事处理得不如他,关于换人不当的讥讽,就一定会落在我身上了。"刘义宣到达荆州,勤俭严厉,各种事情也处理得比较贴切。

宋文帝在武帐冈为刘义季饯行,将要离开皇宫出发时,宋文帝告诫儿子们暂时不要吃东西,等到达送别刘义季的地方再设宴进餐。一直到太阳西斜,还没有到达,大家都面有饥色,于是宋文帝对大家说:"你们从小就生活在丰裕的环境里,不知道百姓的艰难,今日不过是想让你们知道饥饿困苦的滋味,懂得使用东西要节俭罢了!"

柔然敕连可汗去世,他的儿子郁久闾吐贺真继位,号称处罗可汗。　　敦煌公李宝朝见北魏太武帝拓跋焘,被留在平城。

乙酉(445)　宋元嘉二十二年,北魏太平真君六年。

春正月初一,刘宋开始使用《元嘉历》。

当初,宋太子率更令何承天编撰《元嘉新历》,呈报给宋文帝。他认为从月食时日月相对的关系就能知道太阳的位置。他又用中星进行验证,测知尧帝时冬至之日,太阳位于须女星十度之处,现在位于斗星十七度的位置上。他还测量了日影,以此校正冬至和夏至,测出三天多的误差,得知现在冬至时太阳应在斗星十三四度的位置上。于是他修订新的历法,将冬至往前移动了三天零五个时辰,把太阳从现在的位置上向旧的位置上移动了四度。又因为月亮运转有快有慢,把旧的历法中的初一和十五加以对照,发现月食并不在初一和十五这两个日子里。现在他全部用每月天数的多少来推出闰月,以调正初一和十五的时间。宋文帝诏令将新历交给大臣们详细考察。太史令钱乐之等人上奏,认为这一切都和何承天所讲的一样,只是他的历法中的月份一连三个月为大月、一连两个月为小月,与日历有差异,认为应该采用旧历的规定。宋文帝下诏同意。至此,开始使用新历法。

当初,西汉人京房将十二律中的中吕、上生、黄钟,不到九寸的,

更演为六十律。乐之复演为三百六十律,日当一管。承天以为上下相生,三分损益其一,盖古人简易之法,犹古历周天三百六十五度四分度之一也。而房不悟,缪为六十。乃更设新律,林钟长六寸一厘,则从中吕还得黄钟,十二旋宫,声韵无失。

宋以武陵王骏为雍州刺史。

宋主欲经略关、河,故以骏镇襄阳。

三月,魏诏中书以经义决疑狱。　　夏四月,魏伐鄯善。

北凉之亡也,鄯善人以其地与魏邻,大惧,曰:"通其使人,知我国虚实,取亡必速。"乃闭断魏道,使者往来,辄抄劫之。由是西域不通者数年。魏主发凉州以西兵击之。

秋七月,宋讨群蛮,平之。

武陵王骏遣参军沈庆之击蛮,破之。蛮断驿道,欲攻随郡。太守柳元景募得六七百人,邀击破之,遂平群蛮,获十万余口。

鄯善降魏,西域复通。　　八月,魏徙杂民于北边。

魏主如阴山之北,发诸州兵三分之一,各于其州戒严,以须后命。徙诸种杂民五千余家于北边,令就畜牧,以饵柔然。

魏伐吐谷浑,慕利延走据于阗。

魏军至宁头城,吐谷浑王慕利延拥其部落西度流沙,入于阗,杀其王,据其地,死者数万人。

都改到六十音律。钱乐之又把它演化为三百六十音律,每天使用一个乐管。何承天认为上下相生,三分之中增减其一,是古人所使用的简易之法,如同古代历法中能见到的天空三百六十五度四分度中的一个单位。可是京房不明白这个道理,而把它错定为六十。于是何承天改设新的音律,林钟长六寸一厘,便从中吕回到黄钟的位置,每十二律吕又回到第一音级,声韵没有丝毫的损失。

宋文帝刘义隆任命武陵王刘骏为雍州刺史。

宋文帝想经营治理关、河一带的土地,所以派刘骏去镇守襄阳。

三月,北魏诏令中书用经义裁决疑案。 夏四月,北魏讨伐鄯善。

北凉灭亡后,鄯善人认为自己的土地与北魏相邻,大为惊惧,说:"如果北魏的使节到这里来,知道了我们的虚实,我们很快就会灭亡。"于是把与北魏相通的道路全部关闭封断,有北魏的使节经过这里,就加以抢劫。因此北魏和西域隔绝了几年的时间,互相不能通使。太武帝派凉州以西的军队攻打鄯善。

秋七月,刘宋派军讨伐各地蛮人,平息叛乱。

武陵王刘骏派遣参军沈庆之前去讨伐,击败蛮人。蛮人切断了驿道,打算攻打随郡。随郡太守柳元景招募了六七百人,截击蛮人,大败他们,各地蛮人叛乱于是得以平定,共俘获蛮人十万多口。

鄯善投降北魏,西域之路重新开通。 八月,北魏将杂民迁徙到北方边境。

太武帝来到阴山以北,发动每个州三分之一的兵力,分别在本州警戒,等待以后命令。把五千多户不同民族的居民迁移到北方边境,让他们在那里放牧牲畜,以引诱柔然。

北魏讨伐吐谷浑,吐谷浑可汗慕容慕利延退守于阗。

魏军到达宁头城,吐谷浑可汗慕容慕利延率领部落向西穿过沙漠,进入于阗,杀死于阗国王,占领于阗的土地,杀死了当地几万人。

九月，魏卢水胡盖吴反。

魏民间讹言"灭魏者吴"。卢水胡盖吴聚众反于杏城，诸种胡争应之，有众十余万，表降于宋。魏长安镇将拓跋纥讨之，败死。吴众愈盛，分兵四掠。魏主发并、秦、雍兵击破之。河东薛永宗复聚众以应吴。吴自号天台王，置百官。

冬十一月，魏人侵宋。

魏选六州骁骑二万，分为二道，掠淮、泗以北，徙青、徐之民以实河北。

十二月，宋太子詹事范晔谋反，伏诛。

初，鲁国孔熙先博学文史，兼通数术，有纵横才志，为员外散骑侍郎，愤愤不得志。父默之为广州刺史，以赃获罪，彭城王义康救解得免。及义康迁豫章，熙先密怀报效。且以为天文、图谶，宋主必以非道晏驾，祸由骨肉，而江州应出天子。以范晔志意不满，欲引与同谋，而素不为晔所重。乃厚结晔甥太子中舍人谢综，综引熙先见晔。

熙先家饶于财，数与晔博，故为拙行，以物输之，由是情好款洽。熙先乃从容说晔弑宋主立义康，晔愕然。熙先曰："丈人雅誉过人，谗夫侧目久矣，比肩竞逐，庸可遂乎！今建大勋，奉贤哲，图难于易，以安易危，岂可弃置而不取哉！"晔犹疑未决。熙先曰："又有过于此者，愚则未敢道耳。"晔曰："何谓也？"熙先曰："丈人奕叶清通，而不得连姻帝室，人以犬豕相遇，而丈人曾不耻之，欲为之死，不亦

九月，北魏卢水胡人盖吴造反。

北魏民间谣传"灭魏者吴"。卢水胡人盖吴在杏城聚众叛乱，各族胡人争相响应，很快聚众达十多万，并奉表于刘宋，请求归降。北魏长安镇将拓跋纥率兵讨伐盖吴，战败而死。盖吴的叛军越来越多，四处掠夺。北魏太武帝发并、秦、雍三州之兵，击败了盖吴。河东人薛永宗又聚众响应盖吴。盖吴自称天台王，设置文武百官。

冬十一月，魏军侵犯刘宋。

北魏从六个州中选出骁勇骑兵两万人，分为两路，劫掠淮河、泗水以北地区，并迁移青州、徐州的百姓充实河北。

十二月，刘宋太子詹事范晔谋反，被诛杀。

当初，鲁国人孔熙先博学文史，兼通数术，有纵横天下的才气和抱负，担任员外散骑侍郎，愤愤而不得志。他的父亲孔默之担任广州刺史，因贪赃而获罪，得到彭城王刘义康的救助才免于判刑。等到刘义康被贬至豫章，孔熙先心中暗怀报答恩情的决心。他又认为，根据天文、图谶，表明宋文帝一定会死于非命，而且是骨肉相残之祸，江州应该出天子。因范晔也对朝廷心怀不满，孔熙先就想和他一起谋划，但孔熙先平时一向不被范晔所看重。于是孔熙先就拼命巴结范晔的外甥、中书舍人谢综，这样，谢综便将孔熙先引见给了范晔。

孔熙先家里非常富有，他常常和范晔一起赌博，故意赌得不好，将钱财输给范晔，因此二人逐渐亲近起来。孔熙先于是从容地游说范晔杀掉宋文帝，拥立刘义康，范晔大吃一惊。孔熙先说："您的声誉过人，谗佞之人对您侧目愤恨已经很久了，而您却要和他们平等竞争，这怎么能够办得到呢！现在是立大功、奉贤明的良好时机，在容易的时候图谋难办的事，用安逸代替危险，怎么能放弃而不去争取呢！"范晔犹豫不决。孔熙先说："还有比这更厉害的事，我还不敢说出来。"范晔说："是什么？"孔熙先说："您老人家世代清白，却不能和皇室联姻，人家只是把您当作狗猪来对待，而您却不以此为耻，还想着为皇上献身，这不也是很

惑乎!"晔门无内行,故熙先以此激之。晔默然不应,反意乃决。

综,述之子也,素为义康所厚,弟约又娶其女。丹阳尹徐湛之及尼法静皆义康党,并与熙先往来。法静妹夫许曜领队在台,许为内应。

熙先以笺书与义康,陈说图谶,于是密相署置,及素所不善者,并入死目。又作檄文,称:"贼臣赵伯符肆兵犯跸,祸流储宰,湛之、晔等投命奋戈,斩伯符首。今遣将军臧质奉玺绶迎彭城王,正位宸极。"又诈作义康与湛之书,令诛君侧之恶,宣示同党。

宋主之燕武帐冈也,晔等谋以其日作乱,许曜扣刀目晔,晔不敢发。湛之恐事不济,密白其谋,宋主乃命有司收付廷尉。

熙先望风吐款,词气不挠。宋主奇其才,遣人慰勉之曰:"以卿之才而滞于集书省,理应有异志,此乃我负卿也。"熙先于狱中上书谢恩,且陈图谶,深戒宋主以骨肉之祸。

晔在狱为诗曰:"虽无嵇生琴,庶同夏侯色。"

十二月,晔、综、熙先及其子弟党与皆伏诛。晔母至市,涕泣责晔,晔色不怍,妹及妓妾来别,晔悲涕流连。综曰:"舅殊不及夏侯色。"晔收泪而止。

糊涂的吗！"范晔家中有人操行不端,所以孔熙先用这些来激怒范晔。范晔默不作声,下定了谋反的决心。

谢综是谢述的儿子,一向受到刘义康的厚爱,他的弟弟谢约又娶了刘义康的女儿。丹阳尹徐湛之及尼姑法静都是刘义康的党羽,都与孔熙先来往交结。法静的妹夫许曜在宫中担任禁军领队,许诺做内应。

孔熙先写了一封信交给刘义康,向他陈说图谶的含义,于是他们就暗地里计划部署,对于平时与他们关系不好的人,都一并列入诛死的名单里。又拟就一篇檄文,声称:"贼臣赵伯符肆意使用武力冒犯皇上,并打算杀害皇太子,徐湛之、范晔等人不顾自己的性命奋起战斗,斩杀赵伯符。现在派将军臧质捧着皇帝的印玺去迎接彭城王正式登基。"又伪造刘义康写给徐湛之的书信,令他诛杀宋文帝身边的恶人,并宣告同党。

宋文帝在武帐冈设宴这天,范晔等人图谋发动叛乱,许曜手按佩刀,向范晔使眼色,范晔不敢动作。徐湛之害怕事情不能成功,就暗中把他们的阴谋报告了宋文帝,宋文帝命令有关部门将他们逮捕,送交廷尉。

孔熙先顺势回答,言辞语气毫不胆怯。宋文帝对他的才华十分惊奇,派人慰问并勉励他说:"凭着你的才干,却滞留在集书省,理应有别的打算,这是我亏待了你。"孔熙先在狱中上书宋文帝,感谢他的恩典,并且陈述图谶上的预兆,特别告诫宋文帝要防止骨肉兄弟间的祸乱。

范晔在狱中作诗说:"虽然不能像嵇康被杀时索琴而弹,却可以像夏侯玄临刑时面不改色。"

十二月,范晔、谢综、孔熙先和他们的儿子、兄弟及同党全部被杀。范晔的母亲来到刑场,哭着责骂范晔,范晔并未显出惭愧的样子,但他的妹妹及妻妾歌妓们前来诀别时,范晔却泪流不止。谢综说:"舅舅这样做远远赶不上夏侯玄临刑时的样子。"范晔马上止住了眼泪。

谢约不预逆谋,见综与熙先游,常谏之曰:"此人轻事好奇,呆锐无检,不可狎也。"综母以子弟自蹈逆乱,独不出视。

收籍晔家,乐器服玩,并皆珍丽,妓妾不胜珠翠。母居止单陋,唯有一厨盛樵薪,弟子冬无被,叔父单布衣。

宋废其彭城王义康为庶人,徙安成郡。

宋有司奏削义康爵,收付廷尉治罪。诏免为庶人,绝属籍,徙安成郡,以沈邵为安成相,领兵防守。义康在安成读书,见淮南厉王事,废书叹曰:"自古有此,我乃不知,得罪宜矣。"

宋始备郊庙之乐。

初,江左二郊无乐,宗庙有歌无舞。是岁,南郊始设登歌。

丙戌(446) 宋元嘉二十三年,魏太平真君七年。

春正月,魏主讨盖吴,宋发兵援之。

魏主军至东雍州,临薛永宗垒。崔浩曰:"永宗未知陛下自来,众心纵弛。今北风迅疾,宜急击之。"魏主从之。永宗出战,大败,赴水死。其族人安都先据弘农,弃城奔宋。

魏主闻盖吴在长安北,以渭北地无谷草,欲渡渭南,循渭而西。崔浩曰:"夫击蛇者先击其首,首破则尾不能掉。今吴营去此六十里,轻骑趋之,一日可到,破之必矣。破吴,南向长安,亦不过一日,一日之乏,未致有伤。若从

谢约没有参与这场谋反,他见到谢综与孔熙先交游,常常劝他说:"孔熙先一向做事轻率,行为离奇,果断决绝却不检点,不可和他交往太近。"谢综的母亲因为儿子和弟弟自陷谋反的泥潭中,独独不到刑场上看望他们。

朝廷查抄范晔家产,看到音乐器具、服饰珍玩,都非常珍奇华丽,歌妓妻妾们有用不尽的珠宝翡翠。而他的母亲居住的房子却非常简陋,只有一间厨房堆着柴草,他的侄子冬天没有棉被盖,叔父冬天只穿一件单薄的布衣。

宋文帝刘义隆将彭城王刘义康贬为平民,移送安成郡。

刘宋有关部门奏请宋文帝,削去刘义康的爵位,将他逮捕交给廷尉定罪。宋文帝诏令将他贬为平民,从宗室谱籍中除名,移送安成郡,任命沈邵为安成相,领兵防守他。刘义康在安成郡读书,当他看到淮南厉王刘长的事情时,扔下书叹息说:"自古以来就有这样的事情,而我却不知道,获罪也是应该的。"

刘宋开始作南郊祭祀时的音乐。

当初,江东南郊、北郊祭祀时都没有音乐,皇家祖庙虽有奏歌,但没有舞蹈。这一年,南郊祭祀时开始作了乐师登堂所奏的歌。

丙戌(446)　宋元嘉二十三年,北魏太平真君七年。

春正月,北魏太武帝拓跋焘率兵讨伐盖吴,刘宋发兵救援盖吴。

太武帝率军到达东雍州,临近薛永宗的壁垒。崔浩说:"薛永宗不知道陛下您亲自前来,军心一定会非常松弛。现在北风刮得又急又快,应该利用这个机会赶紧攻打。"太武帝同意他的建议。薛永宗出城迎战,大败,投水自杀。他的族人薛安都在此之前据守弘农,此时弃城投奔刘宋。

太武帝听说盖吴在长安北边,认为渭河以北没有粮草,打算渡过渭河,到达渭河南岸,然后沿着渭河西进。崔浩说:"打蛇先打头,头被打坏,尾巴就动弹不了。现在盖吴的营地距我们六十里,派轻骑前去攻打,一天即可到达,就一定能击败盖吴。打败盖吴以后,我们南下长安也不过一天,一天的辛苦不会有什么损伤。如果从

南道,则吴入北山,猝未可平也。"魏主不从。吴众闻之,悉散入北地山,军无所获,魏主悔之。遂如长安,所过诛民夷与吴通谋者,诸军大破吴于杏城。

吴复遣使求援于宋,宋以吴为北地公,发雍、梁兵屯境上,为吴声援。

宋伐林邑。

初,林邑王范阳迈虽贡奉于宋,而寇盗不绝。宋主遣交州刺史檀和之讨之。南阳宗悫家世儒素,悫独好武事,常言"愿乘长风破万里浪",至是,自请从军。和之进围区粟城,遣悫为前锋,击林邑别将,破之。

三月,魏诛沙门,毁佛书、佛像。

魏主与崔浩皆信重寇谦之,奉其道。浩素不信佛法,每言于魏主,以为佛法虚诞,为世费害,宜悉除之。及魏主至长安,入佛寺,沙门饮从官酒,入其室,见大有兵器,出以白魏主,魏主怒曰:"此非沙门所用,必与盖吴通谋,欲为乱耳。"命有司案诛阖寺沙门,阅其财产,大得酿具及窟室妇女。浩因说魏主,悉诛境内沙门,焚毁经像,魏主从之。诏曰:"昔后汉荒君信惑邪伪,以乱天常,使政教不行,礼义大坏,九服之内,鞠为丘墟。朕欲除伪定真,灭其踪迹。有司其宣告征镇,诸有佛像胡书皆击破焚烧,沙门无少长悉坑之。今自以后,有事胡神及造泥人铜人者门诛。"太子晃

渭河南岸进击,盖吴就会逃入北山,这样,便不能马上消灭他们。"太武帝不听。盖吴等人得到消息后,全部分散进入北山,魏军没有什么收获,太武帝非常后悔。此后,魏军前往长安,所过之处,凡是汉人、夷人与盖吴勾结的人一律诛杀,此后北魏各军在杏城大败盖吴。

盖吴又派人向刘宋求援,宋文帝赐封盖吴为北地公,派雍、梁二州的军队驻扎在边境上,作为对盖吴的声援。

刘宋讨伐林邑。

当初,林邑王范阳迈虽然派遣使节向刘宋进贡,但仍然不断犯边骚扰。宋文帝派遣交州刺史檀和之讨伐林邑。南阳人宗悫世代都是清贫的儒士,只有他喜欢武事,常说"我希望能乘长风破万里浪",到这时,他请求从军。檀和之率兵进围区粟城,派宗悫担任前锋,攻击林邑范阳迈的部将所率领的军队,并且打败了他们。

三月,北魏诛杀和尚,毁掉各种佛书、佛像。

太武帝和崔浩都尊重信任寇谦之,也信奉他的道教。崔浩一向不信佛法,每次向太武帝进言,都认为佛法虚诞,浪费财物,为害百姓,应全部予以消除。后来,太武帝到长安,进入一座佛寺,和尚让他的侍从们喝酒,进入和尚的居室,发现有很多兵器,出来后,侍从们告诉了太武帝,太武帝大怒,说:"这不是和尚使用的东西,他们一定和盖吴有往来,打算作乱。"命令有关部门诛杀寺院的全部和尚,查封寺院的财产时,发现了大批酿酒的工具及藏在密室中的妇女。崔浩因此劝说太武帝,将北魏境内的和尚全部诛杀,焚毁各种佛经、佛像,太武帝接受了他的建议。太武帝下诏说:"从前,后汉荒淫无道的昏君信奉迷惑邪伪之教,扰乱天常,致使政治教化不能推行,大坏礼义,普天之下,穷困到了到处都是荒丘废墟的程度。朕想要铲除虚伪,保留真理,消灭佛教的痕迹。有关部门要通告在外征战和驻守的将领,凡是佛像、佛书都要击破烧毁,和尚不论年龄大小一律活埋。从今以后,有信奉胡神及塑造佛教的泥像、铜像者满门抄斩。"太子拓跋晃

素好佛法，屡谏不听，乃缓宣诏书，使远近豫闻之，得各为计。沙门多亡匿获免，或收藏经像，唯塔庙无复孑遗。

魏人侵宋。

初，魏移书于宋，以南国侨立诸州多滥北境名号，又欲游猎具区。宋人答曰："必若因土立州，则彼立徐、扬，岂有其地！知欲观化南国，则呼韩入汉，厥仪未泯，馆邸馈饩，每存丰厚。"至是，魏人侵宋北边，宋主以为忧，咨谋群臣。御史中丞何承天言："凡备匈奴之策，不过二科：武夫尽征伐之谋，儒生讲和亲之约。今若欲追踪卫、霍，自非大田淮、泗，内实青、徐，使民有赢储，野有积谷，然后发卒十万，一举荡夷，则不足为也。若但欲遣军追讨，报其侵暴，则彼轻骑奔走，不肯会战，徒兴巨费，不损于彼。报复之役，遂将无已。斯策之最末者也。唯安边固守，于计为长耳。夫曹、孙之霸，才均智敌。江、淮之间，不居各数百里，何者？斥候之郊，非耕牧之地，故坚壁清野以候其来。整甲缮兵以乘其弊，保民全境，不出此途。要而归之，其策有四：一曰移远就近。今青、兖旧民及冀州新附，在界首者三万余家，可悉徙置大岘之南，以实内地。二曰多筑城邑以居新徙之家，假其经用，春夏佃牧，秋冬入保。寇至之时，

向来喜欢佛法,他屡次劝谏,太武帝都不听,于是他就拖延诏书下发的时间,让远近的和尚们事先得到消息,得以各自为计。许多和尚逃走藏匿,免于一死,有的还把佛经、佛像收藏起来,只有佛塔、寺庙全都不复存在了。

魏军侵犯刘宋。

当初,北魏写信给宋人,指责刘宋境内所设立的各个侨州大多滥用北魏各州的名称,并提出要求去太湖游玩狩猎。宋人回答说:"如果一定要拥有某个地方才设立某个州郡,那么你们设立徐州、扬州,难道拥有这些地方吗!如果你们想参观我们国家的风土教化,当年呼韩邪单于到汉朝时所使用的仪式还未废除,设置旅邸并款待你们,一切都会非常丰厚。"到这时,北魏军队侵犯刘宋北部边境,宋文帝对此很担忧,向群臣征求对策。御史中丞何承天上表说:"大凡防备匈奴的策略不过两种:或由武将做出征伐应战的计谋,或由儒生与他们签订和亲约。现在如果想要采取汉代卫青、霍去病的做法,自然是在淮河、泗水一带鼓励农桑,使青州、徐州的内部充实,老百姓有丰足的存储,田野里有积存的谷粮,然后,发派精兵十万,一举荡平贼夷,这不是一件费力的事。只是如果想要派兵追讨,对他们的暴掠进行报复,他们的骑兵就会逃走,不会与我们会战,这样,白白浪费巨大的财力物力,对他们却无损伤。这种互相报复的征讨,就会没完没了。这只是一个最下等的办法。只有安定边境,巩固防守,才是长远之计。曹操、孙权能够各自称霸一方,是因为他们才能智慧势均力敌。长江、淮河之间,他们双方都有数百里没有人居住,为什么呢?那是双方对抗的前沿,而不是耕地放牧的地方,所以坚壁清野等待他们的到来。整顿士卒修缮兵器以抓住他们的弱点,保护百姓,保卫国家,除此之外,别无他途。简要归纳起来,策略有四项:一是把住在远处的老百姓迁移到附近。现在,青州、兖州的当地百姓和冀州新近归附的人,在边境上住有三万多家,可以把他们全部迁移安置在大岘的南边,以充实内地。二是多修城池,让新迁移来的百姓居住,借给他们一些费用,让他们在春夏两季耕田放牧,秋冬两季入城躲避。贼寇进犯的时候,

一城千家,战士不下二千,其余羸弱,犹能登陴鼓噪,足抗群虏三万矣。三曰纂偶车牛以载粮械。计千家之资,不下五百耦牛,为车五百两,参合钩连以卫其众。设使城不可固,平行趋险,贼不能干,有急征发,信宿可聚。四曰计丁课仗。凡战士二千,随所便能,各自有仗,素所服习,铭刻由己,还保输之于库,出行请以自新。弓箭利铁,民不得者,官以渐充之,数年之内,军用粗备矣。近郡之师,远屯清、济,功费既重,嗟怨亦深。以臣料之,未若即用彼众之易也。今因民所利,导而帅之,兵强而敌不戒,国富而民不劳,比于优复队伍,坐食粮廪者,不可同年而校矣。"

魏上邽东城反,州兵讨平之。

魏金城边固、天水梁会,与秦、益杂民万余户据上邽东城反,攻逼西城。秦、益刺史封敕文拒却之。氐、羌及休官、屠各数万人,皆起兵应固、会。敕文击固,斩之,余众推会为主。

魏主遣兵讨之,未至,会弃城走。敕文先掘重堑于外,严兵守,格斗从夜至旦。敕文曰:"贼知无生路,致死于我,多杀士卒,未易克也。"乃以白虎幡宣告,降者赦之,会众遂溃,追讨平之。

宋师克林邑。

一个城堡内有一千户,可以参加战斗的人不会少于两千人,剩下老弱病残的人,还能登上城墙呐喊助威,这样,足能抵抗贼寇三万人。三是把老百姓的车、牛编排搭配起来,运输粮食、武器。合计一千户的资产,不少于一千头牛,五百辆车,将它们搭配在一起,用来保护众人。假如城池无法坚守下去了,还可以从平地进入险要地带,贼寇就没有什么办法了,一旦有紧急情况,集合出发,两夜就可以集合好。四是弄清士卒数目,准备武器。一座城池大约需要两千名士卒,按照各人的能力,发给他们不同的武器,平时进行军事训练,并在武器上刻上记号,练习完毕,将武器交回军库,出战时让他们把各自的武器摩擦一新。民间没有的弓箭和铁器,官府应该逐渐补充,几年之内,军事准备就可以初具规模了。各郡附近的军队,要到很远的清水、济水去驻守,费事费财之后,各种埋怨也加深。依我之见,还不如直接使用当地的老百姓容易。现在我们应该照顾老百姓的利益,引导统率他们,这样,就可以兵力强盛,不再有贼寇入侵的忧虑,国家富足而使老百姓不再辛苦,与免除士卒的赋税,让他们坐吃国库的粮食相比,是不能相提并论的。"

北魏上邽东城百姓造反,被当地州兵讨伐平息。

北魏金城人边固、天水人梁会,和秦、益二州杂居的百姓一万多户据守上邽东城造反,发动攻击,直逼西城。秦、益二州刺史封敕文抵抗并击退了叛军。氐人、羌人及休官、屠各部落几万人都起兵响应边固、梁会。封敕文袭击边固,杀了他,叛军余众又推举梁会为领袖。

太武帝派兵前往讨伐,还未到达,梁会就弃城逃走。封敕文先在城外挖掘了几道壕沟,派兵严加防守,两军在这里搏斗,从夜里一直杀到第二天早晨。封敕文说:"叛贼知道自己已没有生路,与我们以死相拼,杀伤了我们许多士卒,要战胜他们不容易。"于是封敕文举起一块白虎幡,宣告梁会部下,投降的人可以赦免,梁会部众立即溃散,封敕文派兵追击,平息了叛乱。

刘宋军队攻克林邑。

檀和之等拔区粟,斩其将,乘胜入象浦。林邑王阳迈倾国来战,以具装被象,前后无际。宗悫曰:"吾闻外国有狮子,威服百兽。"乃制其形,与象相拒,象果惊走,和之遂克林邑,阳迈父子挺身走。所获未名之宝,不可胜计,悫一无所取,还家之日,衣栉萧然。

夏六月朔,日食。　魏筑塞围。

魏发司、幽、定、冀十万人,筑畿上塞围。起上谷,西至河,广纵千里。

宋筑北堤,立玄武湖,起景阳山于华林园。　秋七月,宋以杜坦为青州刺史。

初,杜预之子耽避晋乱,居河西,仕张氏。秦克凉州,子孙始还关中。高祖灭后秦,坦兄弟从过江。时江东王、谢诸族方盛,北人晚渡者,朝廷悉以伧荒遇之,虽复人才可施,皆不得践清途。宋主尝与坦论金日磾曰:"恨今无复此辈人!"坦曰:"日磾假生今世,养马不暇,岂办见知!"宋主变色曰:"卿何量朝廷之薄也?"坦曰:"请以臣言之:臣本中华高族,世业相承,直以南渡不早,便以伧荒赐隔,况日磾胡人,身为牧圉乎!"宋主默然。

八月,魏长安镇将陆俟讨盖吴,斩之。安定胡刘超反,俟又斩之。

盖吴屯杏城,声势复振。魏遣高凉王那等讨破之,获其二叔。诸将欲送诣平城,长安镇将陆俟曰:"长安险固,风俗豪忮,今不斩吴,变未已也。吴一身潜窜,非其亲信,

檀和之等人攻克区粟，斩杀林邑的守将，乘胜进入象浦。林邑王范阳迈出动全国的兵力前来迎战，把马匹的皮甲披到大象身上，象阵前后望不到尽头。宗悫说："我听说外国有狮子，它的威风可以降服百兽。"于是制作了许多假狮子，与大象对峙，大象果然被惊吓逃走，檀和之于是攻占了林邑，范阳迈父子快速逃脱。宋军缴获的不知道名字的财宝不可胜数，宗悫一件也没有拿，回家那天，衣着仍然很朴素。

夏六月初一，出现日食。　北魏修筑塞围。

北魏发动司、幽、定、冀四州十万人，修筑京畿外围的要塞。工程东起上谷，西到黄河，长达一千里。

刘宋修筑北堤，建造玄武湖，在华林园修造景阳山。　秋七月，宋文帝刘义隆任命杜坦为青州刺史。

当初，晋朝杜预的儿子杜耽为躲避晋朝战乱，迁居河西，在张氏那里做官。前秦攻克凉州之后，杜家的子孙才回到关中。宋高祖刘裕攻灭后秦后，杜坦兄弟跟着宋高祖渡过长江。当时江东的王、谢几个家族正处于强盛时期，朝廷把晚来的北方人看成是从荒凉之地来的乡巴佬，即使有才能的人，也都不能在朝中为官。宋文帝曾与杜坦谈论金日磾，说："令人遗憾的是当今世上再也没有金日磾这类人才了！"杜坦说："假如金日磾生活在今天，让他去养马都忙不过来，岂能为人所知！"宋文帝脸色大变，说："你为什么认为朝廷会如此刻薄呢？"杜坦说："请以我为例：我本是中华高族出身，世代为官，只因为南渡不早，便把我作为边远的乡巴佬相隔，况且金日磾是一位胡人，身为马厩管马之人呢！"宋文帝听完默然不语。

八月，北魏长安镇将陆俟讨伐盖吴，斩杀了他。安定胡人刘超造反，陆俟又杀死刘超。

盖吴率众驻守杏城，声势重振。太武帝派高凉王拓跋那等人前去讨伐，击败叛军，俘获盖吴的两个叔父。诸将想要把他们押送到平城，长安镇将陆俟说："长安险要坚固，民风豪爽强悍，现在不杀了盖吴，战乱就不会平息。盖吴一人潜逃，不是他的亲信，

谁能获之！然停十万之众以追一人，又非长策，不如私许吴叔免其妻子，使自追吴，禽之必矣。"诸将咸曰："得贼不杀而更遣之，若其不返，将何以任其罪？"俟曰："此罪我为诸君任之。"高凉王那亦以为然，遂与刻期而遣之。及期不至，诸将皆咎俟，俟曰："彼伺之未得其便耳，必不负也。"后数日果以吴首来，传诣平城，讨其余党，悉平之。以俟为内都大官。

会安定卢水胡刘超复反，魏主以俟威恩著于关中，复遣镇长安。俟单马之镇，超等闻之，大喜，以俟为无能为也。

俟既至，谕以成败，诱纳其女以招之。超无降意，俟乃帅帐下往见之。超设备甚严，俟纵酒尽醉而还。顷之，复选敢死士五百人出猎，因诣超营，约曰："发机当以醉为限。"既饮，俟阳醉，上马大呼，手斩超首，士卒应声纵击，杀伤千数，遂平之。魏主复征俟为外都大官。

吐谷浑复还故土。

丁亥（447） 宋元嘉二十四年，魏太平真君八年。
春三月，魏杀沮渠牧犍。
魏师之克敦煌也，沮渠牧犍使人研开府库，取金玉及宝器。至是，守藏者告之，且言："牧犍蓄毒药潜杀人，前后

谁能抓获他呢！但是留下十万大军去追捕他一人，又不是长久之计，不如私下放了他的叔父，赦免他们的妻子儿女，让他们自己去追杀盖吴，我们就可以抓到他了。"诸位将领都说："抓到了贼寇不但不杀，反而放了他们，如果他们不再回来，谁来承担这个罪名呢？"陆俟说："我来替各位承担这个罪名。"高凉王拓跋那也认为这个计策可以实施。于是与盖吴的两个叔父约好了返回的日期，然后放了他们。到了约定的日期，他们却没有来，诸位将领都怪罪陆俟，陆俟说："他们一定是没等到机会下手，我想他们一定不会辜负我们。"几天后，盖吴的叔父果然提着盖吴的人头回来了，消息传到平城，马上追讨盖吴的残众，都被平定。太武帝任命陆俟为内都大官。

正好又赶上安定的卢水胡人刘超造反，太武帝因为陆俟的威力和恩德在关中很有名，又派他镇守长安。陆俟单枪匹马前去长安镇守，刘超等人听说后，心中大喜，认为陆俟不会有什么作为。

陆俟到任之后，派人向刘超他们晓以利害成败，还以娶刘超的女儿为诱饵，以招降他。刘超没有归降之意，陆俟于是率领侍卫亲自去会见刘超。刘超戒备很严，陆俟开怀畅饮，大醉而归。过了一会儿，陆俟又挑选五百名敢死之士出外狩猎，顺便来到刘超的大营，和士卒们约定说："发动攻击的时间以我喝醉时为限。"开始喝酒之后，陆俟假装大醉，跳上马大声呼喊，亲手砍下刘超的头，手下士卒应声发起攻击，杀死杀伤刘超部众一千多人，叛乱于是被平定。太武帝又召封陆俟为外都大官。

吐谷浑又返回故土。

丁亥（447）　宋元嘉二十四年，北魏太平真君八年。

春三月，北魏诛杀沮渠牧犍。

北魏大军攻克敦煌之后，沮渠牧犍派人砍开府库，将府库里的金银、玉器、珠宝席卷而去。至此，守卫府库的人向北魏告发了沮渠牧犍，并且说："沮渠牧犍藏有毒药，前后偷偷杀掉的

以百数。姊妹皆学左道。"有司索其家,果得所匿物。魏主大怒,赐沮渠昭仪死,并诛其宗族。又有告牧犍犹与故臣民交通谋反者,乃诏赐死。

宋铸大钱。

初,宋主以货重物轻,改铸四铢钱。民多剪凿古钱,取铜盗铸。江夏王义恭建议,请以大钱一当两。右仆射何尚之议:"泉贝之兴,以估货为本,事存交易,岂假多铸! 数少则币重,数多则物重,多少虽异,济用不殊。况复以一当两,徒崇虚价者邪! 若今制遂行,富人之资自倍,贫者弥增其困,惧非所以使之均一也。"宋主卒从义恭议。

宋衡阳王义季卒。

义季自义康之贬,遂纵酒不事事,以至成疾而终。

冬十月,宋胡诞世据豫章反,讨平之。

胡藩之子诞世杀豫章太守,据郡反,欲奉前彭城王义康为主。前交州刺史檀和之去官归,过豫章,击斩之。

杨文德据葭芦,五郡氐皆应之。

戊子(448) 宋元嘉二十五年,魏太平真君九年。

春正月,魏人击杨文德,文德败走汉中。宋免其官,削爵土。 魏山东饥,罢塞围役者。 宋吏部尚书庾炳之有罪免。

有一百多人。他的姐妹们都学会了歪门邪道的法术。"有关部门搜查沮渠牧犍的家，果然得到了他藏匿的东西。太武帝大怒，下令沮渠昭仪自杀，并诛灭了沮渠宗族。又有人告发沮渠牧犍还在和他的旧时臣属及百姓秘密来往，图谋反叛，于是，太武帝诏令沮渠牧犍自杀。

刘宋铸造大钱。

当初，宋文帝因为钱币太重而东西的价格很低，于是改铸四铢钱。有很多老百姓毁掉古钱，用这些制古钱的铜盗铸新钱。江夏王刘义恭建议，请用一个大钱当两个小钱用。右仆射何尚之议论说："钱币的兴起，以估量货物的价值为标准，此事关系到买卖交易的公平，怎么能凭借多铸钱币来影响交易呢！钱币数量减少，那么货物的价值就高，钱币数量多了，那么货物价值也高，钱币数量的多少虽然不一样，但它的使用功能却没有不同。况且用一个大钱当作两个小钱用，只不过增加了它的表面价值！如果这个办法得以施行，富人的财物自然会成倍增加，贫困者更加贫困，这恐怕并不是平均贫富的好方法。"宋文帝最终还是采纳了刘义恭的建议。

刘宋衡阳王刘义季去世。

自从刘义康被贬之后，刘义季就纵酒不止，无所事事，以致酗酒过度，成病而死。

冬十月，宋人胡诞世占据豫章反叛，被宋军讨平。

胡藩的儿子胡诞世杀死豫章太守，占据豫章郡反叛，打算拥立前彭城王刘义康为帝。前交州刺史檀和之卸任回京途中，经过豫章，击败斩杀了胡诞世。

杨文德占据北魏的葭芦，五个郡的氐人全部归附。

戊子（448） 宋元嘉二十五年，北魏太平真君九年。

春正月，魏军攻击杨文德，杨文德败退汉中。刘宋罢免杨文德的官职、爵位、封地。　北魏山东发生饥荒，解散修筑京畿外围要塞工事的百姓。　刘宋吏部尚书庾炳之因有罪被免官。

炳之性强急轻浅，多纳贿赂，为有司所纠。上欲不问，仆射何尚之极陈其短，乃免其官。

夏四月，宋以武陵王骏为徐州刺史。

彭城太守王玄谟上言："彭城要兼水陆，请以皇子抚临州事。"故有是命。

宋罢大钱。

当两大钱行之经时，公私不以为便，罢之。

秋，般悦国遣使如魏。

西域般悦国去平城万有余里，遣使诣魏，请与魏东西合击柔然，魏主许之，中外戒严。

魏击焉耆、龟兹，冬十二月，破之，西域平。　魏主伐柔然，不见虏而还。

己丑（449）　宋元嘉二十六年，魏太平真君十年。

春正月，魏主复伐柔然，可汗遁走。　秋七月，宋以随王诞为雍州刺史。

宋主欲经略中原，群臣争献策以迎合取宠。王玄谟尤好进言，宋主谓侍臣曰："观玄谟所陈，令人有封狼居胥意。"御史中丞袁淑曰："陛下今当席卷赵、魏，检玉岱宗。臣逢千载之会，愿上封禅书。"宋主悦。

以襄阳外接关、河，欲广其资力，乃罢江州军府，文武悉配雍州，湘州入台租税，悉给襄阳。

九月，魏主伐柔然，大获。

魏主伐柔然，高凉王那出东道，略阳王羯兒出中道。柔然处罗可汗悉国中精兵，围那数十重。那掘堑坚守，相持

庾炳之性情暴躁，轻浮浅薄，大肆收受贿赂，受到有关部门的追究。宋文帝打算不做处理，仆射何尚之极力陈述庾炳之的罪过，于是免除他的官职。

夏四月，宋文帝刘义隆任命武陵王刘骏为徐州刺史。

彭城太守王玄谟上书说："彭城兼有水陆交通之要。请求派皇子前往主持州事。"所以才有这个任命。

刘宋撤销大钱。

刘宋一个大钱当两个小钱的办法实行了一段时间，朝廷和百姓都认为不方便，于是撤销大钱。

秋季，般悦国派使节到北魏。

西域般悦国距平城有一万多里，派使节到北魏，请求与北魏联合从东西两面夹击柔然，北魏太武帝表示同意，下令内外戒严。

北魏攻击焉耆、龟兹二国，冬十二月，攻克这两个国家，西域平定。 北魏太武帝拓跋焘讨伐柔然，没有遇到柔然人，撤军回国。

己丑（449）　宋元嘉二十六年，北魏太平真君十年。

春正月，北魏太武帝拓跋焘再次讨伐柔然，柔然处罗可汗逃走。 秋七月，宋文帝刘义隆任命随王刘诞为雍州刺史。

宋文帝想要收复中原，群臣争相献策，迎合帝意来邀宠。王玄谟尤其喜好进言，宋文帝对侍臣说："细看王玄谟的陈述，令人有霍去病封狼居胥山时的感觉。"御史中丞袁淑说："陛下您现在应当席卷赵、魏旧土，到泰山祭祀天地神灵。我正赶上这个千载难逢的机会，愿意向您奉上封禅书。"宋文帝非常高兴。

宋文帝认为襄阳外接函谷关、黄河，打算扩大襄阳的财力，于是撤销江州军府，将江州的文武官员全部配备给雍州，湘州缴纳给朝廷的租税也全都转给襄阳。

九月，北魏太武帝拓跋焘讨伐柔然，大获全胜。

太武帝率军讨伐柔然，派高凉王拓跋那从东道进军，略阳王拓跋羯儿从中道进军。柔然处罗可汗发动国内全部精兵，将拓跋那的部队包围了数十重。拓跋那挖壕沟坚守，双方相持

数日。处罗数挑战,辄为那所败,以那众少而坚,疑大军将至,解围夜去。那追之九日夜,处罗益惧,弃辎重,逾穹隆岭远遁。那收其辎重,引军还,与魏主会于广泽。羯兒收柔然民畜凡百余万。自是柔然衰弱,屏迹不敢犯魏塞。

冬,**宋雍州蛮反。**

沔北诸山蛮寇雍州,将军沈庆之帅参军柳元景、随郡太守宗悫等讨之,八道俱进。先是,诸将讨蛮者皆营于山下,蛮得据山发矢石以击,官军多不利。庆之曰:"去岁蛮田大稔,积谷重岩,不可与之旷日相守也。不若出其不意,冲其腹心,破之必矣。"乃命诸军斩木登山,鼓噪而前,群蛮震恐,因其恐而击之,所向奔溃。

庚寅(450) 宋元嘉二十七年,魏太平真君十一年。
春正月,**宋将军沈庆之讨蛮**,**平之。**

沈庆之自冬至春,屡破山蛮,因其谷以充军食。幸诸山大羊蛮凭险筑城,守御甚固。庆之命诸军连营于山中,开门相通,各穿池于营内,朝夕不外汲。蛮潜兵夜来烧营,诸军以池水沃火,多出弓弩夹射之,蛮兵散走。蛮所据险固,不可攻,庆之乃置六戍以守之。久之,蛮食尽,稍稍请降,悉迁于建康以为营户。

二月,**魏主侵宋**,**围悬瓠。**

魏主将伐宋,宋主闻之,敕淮、泗诸郡:"若魏寇小至,则各坚守;大至,则拔民归寿阳。"边戍侦候不明,魏主

多日。柔然处罗可汗多次挑战,则被拓跋那击败,处罗可汗认为拓跋那人少却很坚强,怀疑北魏大军将要到来,于是在夜间撤去包围离开。拓跋那追了九天九夜,处罗可汗更加害怕,抛弃辎重,越过穹隆岭远远逃走。拓跋那收拾柔然人丢下的辎重,率军返回,与太武帝在广泽会合。拓跋羯儿俘获柔然百姓和牲畜大约一百多万。从此以后,柔然衰弱,躲起来不敢再侵犯北魏边境。

冬季,刘宋雍州蛮人反叛。

沔水北部的各个山蛮部落侵犯雍州,刘宋将军沈庆之率领参军柳元景、随郡太守宗悫等人前往讨伐,分兵八路一起进军。在此之前,讨伐蛮人的将领们都把军营建于山下,蛮人得以依据山势,发射利箭乱石来攻击,官军多次失利。沈庆之说:"去年蛮人粮食大获丰收,然后把粮食囤积在悬崖之上,我们不能和他们长期对抗。不如出其不意,冲入他们的心腹地带,一定能打败他们。"于是命令各军砍伐树木登山,鼓噪而前,各蛮人震恐,乘蛮人慌乱时攻击他们,蛮人立即四处逃散。

庚寅(450) 宋元嘉二十七年,北魏太平真君十一年。

春正月,刘宋将军沈庆之讨伐蛮人,平息叛乱。

沈庆之从去年冬季到今年春季,屡次击败山蛮,并用他们的粮食作为自己的军用。幸诸山的大羊蛮人占据险要地势修筑城堡,防守非常牢固。沈庆之命令各军队在山中连营扎寨,营门互通,各部在营地内挖掘水池,从早到晚都不到外面取水。蛮人偷偷派兵在夜里前来放火烧营,宋军用池水浇灭大火,用大批弓弩夹射蛮人,于是蛮兵逃散。蛮人占据的地方险要坚固,无法攻打,沈庆之就设置六个戍所监守。时间一长,蛮人粮食吃完,逐渐有人请求归降,于是便把他们作为"营户"全都迁到了建康。

二月,北魏太武帝拓跋焘率军侵犯刘宋,围攻悬瓠。

太武帝将要侵犯刘宋,宋文帝听说后,诏敕淮河、泗水一带的各个州郡:"如果魏军小规模进犯,就各自坚守城池;如果魏军大规模进犯,就将百姓撤到寿阳。"由于边境侦察不明,太武帝

自将步骑十万奄至,南顿、颍川太守并弃城走。是时,豫州刺史南平王铄镇寿阳,遣参军陈宪守悬瓠。城中战士不满千人,魏主围之。

三月,宋减百官俸。

以军兴,减内外官俸三分之一。

夏四月,魏师还。

魏人昼夜攻悬瓠,作高楼临城以射之,矢下如雨,城中负户以汲。施大钩于冲车之端以牵楼堞,坏其南城。陈宪内设女墙,外立木栅以拒之。魏人填堑,肉薄登城。宪督厉将士苦战,积尸与城等。魏人乘尸上城,短兵相接,宪锐气愈奋,战士无不一当百,杀伤万计,城中死者亦过半。

魏遣永昌王仁驱所掠六郡生口北屯汝阳。宋主遣间使命武陵王骏发骑袭之。骏发百里内马得千五百匹,分为五军,遣参军刘泰之等将之,直趋汝阳。魏人唯虑救兵自寿阳来,不备彭城。泰之等潜进击之,杀三千余人,烧其辎重,魏人奔散,诸生口悉得东走。魏侦知泰之等兵无后继,复引兵击之,士卒惊乱走死,免者九百余人,马还者四百匹。

魏主攻悬瓠四十二日,宋主遣南平内史臧质、司马刘康祖共救悬瓠。魏主遣任城公乞地真逆拒之。质等击斩乞地真。四月,魏主引兵还。

宋以陈宪为龙骧将军。魏主遗宋主书曰:"前盖吴反逆,扇动关、陇。彼复使人诱之,是曹正欲谲诳取略,岂有远相服从之理! 为大丈夫,何不自来取之,而以货诱

亲自率领十万大军突然到来,南顿、颍川太守都弃城逃跑。这时,豫州刺史、南平王刘铄镇守寿阳,他派参军陈宪守卫悬瓠。城中将士不到一千人,太武帝率军包围了该城。

三月,刘宋减少文武百官的俸禄。

因为兴军抵抗北魏入侵,刘宋减少朝廷内外文武百官俸禄的三分之一。

夏四月,北魏撤军回国。

魏军昼夜不停地围攻悬瓠,他们修建楼车,临近城池进行射击,箭下如雨,悬瓠城中的宋军只能身背门板去取水。魏军在冲车的一头抛出大铁钩,勾住城楼围墙拉拽,南部城墙被拉坏。陈宪在围墙之内又筑了一堵小墙,在小墙外埋立木栅以抗拒魏军。魏军填平了城外壕沟,登上城墙与宋军展开肉搏战。陈宪督领将士苦战,双方战死将士的尸体堆积得同城墙一样高。魏军踏着尸体登上城墙,双方短兵相接,陈宪锐气不减,愈战愈勇,手下战士无不以一当百,杀死杀伤魏军数以万计,城中守城将士也死伤过半。

太武帝派永昌王拓跋仁驱赶掠掳来的六个郡的百姓北上屯驻汝阳。宋文帝派密使命令武陵王刘骏出动骑兵,袭击魏军。刘骏发动百里内的一千五百匹战马,兵分五路,派参军刘泰之等人率领,直奔汝阳。魏军只担心刘宋的援军从寿阳来,而没有防备彭城方面。刘泰之等人偷袭魏军,杀死三千多人,火烧他们的辎重,魏军逃散,被俘宋人全都向东逃走。魏军侦察到刘泰之等人没有援军,于是又发起反攻,宋军惊乱逃窜,仅有九百多人得以生还,另外还有四百多匹马和他们一起返回。

太武帝率军围攻悬瓠四十二天,宋文帝派南平内史臧质、司马刘康祖一起救援悬瓠。太武帝派任城公拓跋乞地真率军迎击。臧质等人击败并斩杀了拓跋乞地真。四月,太武帝率军回国。

宋文帝任命陈宪为龙骧将军。北魏太武帝写给宋文帝的信中说:"以前盖吴反叛,煽动关、陇百姓。你派人去诱惑他们,他们正想用欺骗的手段获取不义之财,哪里会有相距甚远却臣服于你的道理!身为大丈夫,你为什么不自己前来获取,却用金银财宝诱

我边民？我今至此，所得孰与彼多？彼又北通蠕蠕，西结赫连、沮渠、吐谷浑，东连冯弘、高丽，凡此数国，我皆灭之，彼岂能独立邪？我今北征，先除有足之寇。以彼无足，故不先讨耳。我当显然往取扬州，不若彼羁行窃步也。彼前使裴方明取仇池，既得之，疾其勇功，已不能容。有臣如此尚杀之，乌得与我校邪！彼常欲与我一交战，我亦不痴，复非苻坚，何时与彼交战？昼则遣骑围绕，夜则离彼百里外宿，吴人正有斫营伎，不过行五十里，天已明矣。其首岂得不为我有哉！彼公时旧臣虽老犹有智策，知今已杀尽，非天资我邪？”

宋以江湛为吏部尚书。

湛性公廉，与仆射徐湛之并为上所宠信，时称“江徐”。

六月，魏杀其司徒崔浩，夷其族。

浩自恃才略，及为魏主所宠任，专制朝权，尝荐士数十人，皆起家为郡守。太子晃曰：“先征之人，亦州郡之选也，在职已久，勤劳未答，宜先补郡县，以新征者代为郎吏。且守令治民，宜得更事者。”浩固争而遣之。中书侍郎高允闻之曰：“崔公其不免乎！苟遂其非而校胜于上，将何以堪之！”

魏主使浩、允等共撰《国记》，曰：“务从实录。”著作令史闵湛、郗标性巧佞。浩尝注《易》及《论语》《诗》《书》，湛、标

我边境百姓？我如今来到你们这里，获得的与你们得到我们的，谁多谁少呢？你又北通柔然，西结赫连、沮渠和吐谷浑，东连冯弘、高丽，可是这些国家都被我灭亡了，你怎么能单独存在呢？如今我要北征，先除去骑马的贼寇。因为你没有骑兵，所以我先不加讨伐。我会光明正大地前去攻取扬州，不像你偷偷摸摸去搞一些小动作。你以前派裴方明攻取仇池，攻克之后，却又嫉妒他的勇猛和战功，不容于他。有这样的大臣，你还是杀了他，又怎么能和我较量呢！你经常想要与我交战一次，我也不是白痴，更不是苻坚，什么时候才能和你打一仗呢？我白天派骁勇的骑兵围在你营地的周围，晚上则在离你百里之外的地方宿营，你们吴人正好有夜间袭击对方营地的伎俩，但你们走不了五十里，天就大亮了。你派出的士卒又怎能不被我砍下脑袋呢！你父亲时代的旧臣虽然年纪已老，却还很有智谋，我知道现在他们已经被你斩尽杀绝了，这难道不是天助我吗？"

宋文帝刘义隆任命江湛为吏部尚书。

江湛公正廉洁，他和仆射徐湛之一起受到宋文帝的宠信，当时并称"江徐"。

六月，北魏诛杀司徒崔浩，夷灭他的宗族。

崔浩自恃才略，并被太武帝所宠信，独揽朝中大权，他曾推荐几十位士人直接担任郡守。太子拓跋晃说："早先征召的人才，也是被选聘为州郡之官，他们任职已经很久，辛勤工作，却没有受到报答，应该首先补充他们做郡守、县令，让新征召的人代替他们担任郎吏。而且郡守、县令治理地方政事，应该让有一定经验的人担任。"但崔浩坚持己见，于是派遣他推荐的人上任。中书侍郎高允听说此事后，说："崔公恐怕免不了一场灾祸！只是为了实现自己的愿望，同太子大人对抗争胜，将拿什么来保护自己呢！"

太武帝命令崔浩和高允等人共同撰写《国记》，并指示说："务必根据事实撰写。"著作令史闵湛、郗标性情乖巧奸诈。崔浩曾注解《易经》《论语》《诗经》《书经》等经典，闵湛、郗标就

上疏言："马、郑、王、贾不如浩之精微,乞收境内诸书,班浩所注,令天下习业。"浩亦荐湛、标有著述才。湛、标又劝浩刊所撰《国史》于石,以彰直笔。允闻之,谓著作郎宗钦曰:"湛、标所营,分寸之间,恐为崔门万世之祸,吾徒亦无噍类矣!"浩竟刊石立于郊坛东,方百步,所书魏之先世事皆详实。列于衢路,北人无不忿恚,相与谮浩,以为暴扬国恶。魏主大怒,使有司案浩及秘书郎吏等罪状。

初,辽东公翟黑子奉使并州,受布千匹。事觉,谋于高允,允曰:"公帷幄宠臣,有罪首实,庶或见原,不可重为欺罔。"崔览谓曰:"首实罪不可测,不如讳之。"黑子怨允曰:"君奈何诱人就死地!"遂不以实对,魏主杀之。魏主使允授太子经。

及崔浩被收,太子召允谓曰:"吾自导卿,至尊有问,但依吾语。"太子入言:"高允小心慎密,且制由崔浩,请赦其死!"魏主问曰:"《国书》皆浩所为乎?"对曰:"《太祖记》,前著作郎邓渊所为,《先帝记》及《今记》,臣与浩共为之。然浩所领事多,总裁而已,至于著述,臣多于浩。"魏主怒曰:"允罪甚于浩,何以得生!"太子惧曰:"天威严重,允小臣,迷乱失次耳。臣向问,皆云浩所为。"魏主问:"信如东宫所言

上书说:"马融、郑玄、王肃、贾逵对这些经典的注解,都没有崔浩的准确而深刻,恳求没收国内由这些人注解的各种经典,颁布崔浩的注本,令天下人都来学习。"崔浩也推荐闵湛、郗标有著书立说之才。闵湛、郗标又力劝崔浩把自己撰写的《国史》刻在石碑上,以此表明崔浩的秉笔直书。高允听说后,对著作郎宗钦说:"闵湛、郗标所营造的这一切,如果有一点差错,恐怕将为崔家带来万世之祸,我们这些人也不能幸免!"崔浩竟然把《国史》刻在石碑上,立于郊外神坛的东侧,占地一百步见方,把北魏祖先的事情都记录得非常详细真实。他把这些陈列在交通要道上,北方的鲜卑人无不异常愤怒,纷纷在太武帝面前中伤崔浩,认为这是在暴扬祖先的过错。太武帝大怒,命令有关部门调查追究崔浩及其他秘书郎吏的罪状。

当初,辽东公翟黑子奉命出使并州,接受一千匹绢布的贿赂。事发后,崔黑子向高允讨取应对之策,高允说:"你身为朝廷宠臣,有罪就应该交代自己的犯罪事实,也许还能被皇上赦免,不可再次欺骗皇上。"崔览却对翟黑子说:"你交代自己的犯罪事实,罪不可测,不如隐瞒不说。"翟黑子埋怨高允说:"你为什么要引诱我走向死地呢!"于是翟黑子没有说出实情,被太武帝诛杀。太武帝命令高允向太子拓跋晃教授经书。

崔浩被捕之后,太子拓跋晃召见高允说:"我们去晋见皇上,我来引导你该说些什么,皇上有什么问话,你只管按我的话去回答。"太子进宫对太武帝说:"高允做事小心谨慎,而且崔浩主管一切,我请求赦免高允的死罪!"太武帝问高允:"《国书》都是崔浩一人所写吗?"高允回答说:"《太祖记》由前著作郎邓渊撰写,《先帝记》和《今记》由我和崔浩共同撰写。但是崔浩负责的事情很多,他只是总揽《国记》全书的大纲,至于撰写工作,我要比崔浩做得多。"太武帝大怒说:"高允的罪行比崔浩还严重,怎能不死!"太子很害怕,说:"陛下至高无上的威严把高允这样一个小臣吓坏了,以致惊慌失措,语无伦次。我以前曾问过他,他都说全是崔浩一人所著。"太武帝又问高允说:"真是太子所说的

乎？"对曰："臣罪当灭族，不敢虚妄。殿下哀臣，欲句其生耳。"魏主顾谓太子曰："直哉！此人情所难，而允能为之！临死不易辞，信也；为臣不欺君，贞也。宜特除其罪以旌之。"遂赦之。

召浩临诘，浩惶惑不能对。允事事申明，皆有条理。魏主命允为诏，诛浩及僚属僮吏，凡百二十八人，皆夷五族。允持疑不为，帝频使催切，允曰："浩之所坐，若更有余衅，非臣敢知。若直以触犯，罪不至死。"魏主怒，命武士执允。太子为之拜请，魏主意解，乃曰："无斯人，当更有数千口死矣。"

六月，诏诛浩，夷其族，余皆止诛其身。

他日，太子让允曰："吾欲为卿脱死，而卿终不从，激怒帝如此。每念之，使人心悸。"允曰："夫史者，所以记人主善恶，为将来劝戒，故人主有所畏忌，慎其举措。崔浩孤负圣恩，以私欲没其廉絜，爱憎蔽其公直，不为无罪。至于书朝廷起居，言国家得失，此为史之大体，未为多违。臣与浩实同其事，死生荣辱，义无独殊。诚荷殿下再造之慈，违心苟免，非臣所愿也。"太子动容称叹。允退，谓人曰："我不奉东宫指导者，恐负翟黑子故也。"

魏主既诛浩而悔之。会北部尚书、宣城公李孝伯病笃，或传已卒。魏主悼之曰："李宣城可惜！"既而曰："朕失言，崔司徒可惜，李宣城可哀！"孝伯，顺从父弟也。自浩之诛，

那样吗?"高允回答说:"我罪当灭族,不敢荒诞无稽。太子殿下不过是可怜我,想要放我一条生路罢了。"太武帝回过头来对太子说:"真是正直啊!这是一般人所难于做到的,而高允却能做到。死到临头也不改变自己说过的话,是为诚实;作为臣属不欺骗皇帝,是为忠贞。应该特别免除他的死罪,以表扬他的高尚品质。"于是赦免了高允。

太武帝召见崔浩,亲自审问他,崔浩慌恐迷惑,不能应答。而高允却事事申明,有条有理。太武帝命令高允代写诏书,诛杀崔浩及其幕僚部属和僮仆一共一百二十八人,并全都夷灭五族。高允心有疑问,没有下笔,太武帝多次派人催促,高允说:"崔浩被捕,如果还有别的什么原因,不是为臣所敢知道的。如果仅仅因为他触犯皇族,罪过还到不了被处死的程度。"太武帝大怒,命令武士逮捕高允。太子拓跋晃为他求情,太武帝才稍稍息怒,说:"没有高允,就该有几千人被处死了。"

六月,太武帝诏令诛杀崔浩,夷灭其族,其他罪犯只斩杀本人。

过了几天,太子拓跋晃责怪高允说:"我想为你开脱死罪,可你却始终不按我说的去做,如此激怒皇上。每次想起来,都令人心有余悸。"高允说:"作为一位史官,是要记载人主的善恶,作为对将来的劝诫,所以人主有所畏忌,对自己的行为举止都十分谨慎。崔浩辜负皇上大恩,用自己的私欲掩盖了廉洁,用爱憎遮住了公正,不能说没有罪。至于书写皇上的起居生活,论说朝政得失,这是史书的基本要求,并无多大罪过。我和崔浩事实上是一起从事这项工作,生死荣辱,在道义上并无二致。要我接受殿下您给予的再生之恩,违背自己的良心得以幸免,这不是我的愿望。"太子拓跋晃为之动容,赞叹不已。高允从太子那里出来后,对人说:"我之所以不按太子的话去做,就是恐怕辜负了翟黑子。"

太武帝杀了崔浩以后,感到非常后悔。正好赶上北部尚书、宣城公李孝伯病重,有人传说他已去世。太武帝哀悼他说:"李宣城死得可惜!"马上又说:"朕失言了,应该说崔司徒死得可惜,李宣城死得可哀!"李孝伯是李顺的堂弟。自从崔浩被杀后,

军国谋议皆出孝伯,宠眷亚于浩。

秋,宋人大举侵魏,取碻磝,围滑台。冬十月,魏主自将救之,宋将军王玄谟退走。

宋主欲伐魏,丹阳尹徐湛之、尚书江湛、宁朔将军王玄谟等并劝之。将军刘康祖以为:"岁月已晚,请待明年。"宋主曰:"北方苦虏虐政,义徒并起。顿兵一周,向义之心不可沮也。"

校尉沈庆之谏曰:"我步彼骑,其势不敌。檀道济再行无功,到彦之失利而返。今料王玄谟等,未逾两将,六军之盛,不过往时,恐重辱王师。"宋主曰:"道济养寇自资,彦之中途疾动。虏所恃唯马,今夏水浩汗,河道流通,泛舟北下,碻磝必走,滑台易拔。克此二城,馆谷吊民,虎牢、洛阳自然不固。比及冬初,城守相连,虏马过河,即成擒也。"庆之又固陈不可,宋主使湛之等难之。庆之曰:"治国譬如治家,耕当问奴,织当访婢。陛下今欲伐国而与白面书生辈谋之,事何由济?"宋主大笑。

太子劭及将军萧思话亦谏,皆不从。

魏主复与宋主书曰:"彼此和好日久,而彼志无厌,诱我边民。又闻彼欲自来,彼年已五十,未尝出户,虽自力而来,如三岁婴儿,与我鲜卑生长马上者,果如何哉!"

七月,宋主遣王玄谟帅沈庆之、申坦水军入河,受督于青、冀刺史萧斌。臧质、王方回径造许、洛,骏、铄东西齐举,刘秀之震荡汧、陇,义恭出次彭城,为众军节度。

朝廷军政策略都由李孝伯决定，太武帝对他的宠信仅次于崔浩。

秋季，刘宋军队大举入侵北魏，攻克碻磝，包围滑台。冬十月，北魏太武帝拓跋焘亲自率军救援，刘宋将军王玄谟退走。

宋文帝打算讨伐北魏，丹阳尹徐湛之、尚书江湛、宁朔将军王玄谟等人一起劝早日发兵。将军刘康祖认为："今年已近年底，请等到明年。"宋文帝说："北方百姓苦于蛮虏的暴政，造反义军不断兴起。我们拖延一年，就会使这些义军的抗暴之心减弱。"

校尉沈庆之劝谏说："我们是步兵，他们是骑兵，攻势上不如他们。檀道济两次出兵都无功而返，到彦之也是失利而回。如今，我预料王玄谟等人的能力也不会超过前两位大将，六军的气势也不如以前，恐怕会使我军再遭耻辱。"宋文帝说："檀道济保存贼寇以抬高自己，到彦之中途病重。贼虏所能倚仗的只有马，而今年夏天雨水不断，河道通畅，我们乘船北下，碻磝的北魏守军一定逃走，滑台也容易攻克。攻下这两座城池，用他们粮仓里的谷粮，安抚当地百姓，虎牢、洛阳自然就保不住了。到了冬初，我们城守相连，贼马如果过了黄河，我们就能擒获他们。"沈庆之又坚持认为不行，宋文帝让徐湛之等人同他辩论。沈庆之说："治国好比治家，耕田要请教农夫，纺织就该问婢女。陛下您如今想要讨伐一个国家，却与一群白面书生一起谋划，事情怎么能够成功呢？"宋文帝大笑。

太子刘劭及将军萧思话也进言相劝，宋文帝都没有听从。

北魏太武帝再次给宋文帝写信说："我们双方和好已很长时间了，而你却贪得无厌，引诱我国边境百姓。又听说你打算亲自前来，可你年已五十，从来没有迈出过家门，虽然你能有力量前来，但就像三岁的婴儿，同我们生长在马背上的鲜卑人相比，你果真会是什么样子呢！"

七月，宋文帝派遣王玄谟统率沈庆之、申坦水军进入黄河，受督于青、冀二州刺史萧斌。臧质、王方回直接前往许昌、洛阳，刘骏、刘铄在东西两面同时举兵，刘秀之扫荡汧、陇一带，刘义恭出守彭城，担任各路大军的调度指挥。

是时军旅大起，王公、妃主及朝士、牧守，下至富民，各献金帛、杂物以助国用。又以兵力不足，悉发六州三五民丁，倩使暂行。募中外有马步众艺武力之士，应科者皆加厚赏。有司奏军用不充，富民家资满五十万，僧尼满二十万，并四分借一，事息即还。

建武司马申元吉趣碻磝，魏济、青刺史皆弃城走。萧斌与沈庆之留守碻磝，使王玄谟进围滑台。随王诞遣雍州参军柳元景、将军尹显祖、曾方平、薛安都、庞法起将兵出弘农。参军庞季明年七十余，自以关中豪右，请入长安招合夷、夏，诞许之。乃自资谷入卢氏，民赵难纳之。季明诱说士民，应者甚众，安都等因之，自熊耳山出，元景继进。南平王铄遣豫州参军胡盛之出汝南、梁坦出上蔡向长社。王阳儿击豫州，魏荆、豫刺史鲁爽、仆兰皆弃城走。铄又遣司马刘康祖助坦，进逼虎牢。

魏群臣初闻有宋师，言于魏主，请遣兵救缘河谷帛。魏主曰："马今未肥，天时尚热，速出必无功。若兵来不止，且还阴山避之。国人本著羊皮裤，何用绵帛！展至十月，吾无忧矣。"

九月，魏主引兵南救滑台，命太子晃屯漠南以备柔然。

王玄谟士众甚盛，器械精严，而玄谟贪愎好杀。初围滑台，城多茅屋，众请以火箭烧之，玄谟曰："彼吾财也，何遽烧之！"城中即撤屋穴处。时河洛之民竞出租谷，操兵来

此时，大规模动员军队，上起王公、王妃、公主及朝廷官员、牧守，下至富有百姓，每人都捐献金银玉帛及其他物品以助国家使用。又因为兵力不足，发动整六个州的青壮年，三个壮丁抽一人，五个壮丁抽二人，也可以雇佣他人代替。招募朝里朝外有马功、步功的勇敢武士，对他们都加以厚赏。有关部门上奏说军用物资不充足，于是又诏令富足人家，其家产满五十万钱的，僧侣尼姑满二十万钱的，都要借出四分之一供军用，等战事平息即归还。

建武司马申元吉直奔碻磝，北魏济州、青州刺史都弃城逃跑。萧斌和沈庆之留守碻磝，派王玄谟进围滑台。随王刘诞派雍州参军柳元景、将军尹显祖、曾方平、薛安都、庞法起率兵向弘农进发。参军庞季明年纪已七十多岁，自认为是关中的豪门望族，请求进入长安招募汉夷百姓，刘诞同意。于是，庞季明从赀谷进入卢氏，卢氏人赵难接纳了他。他劝说当地士人百姓，响应的人很多，薛安都等人借机从熊耳山通过，柳元景随后跟进。南平王刘铄派豫州参军胡盛之从汝南出发、梁坦从上蔡出发向长社进军。王阳儿进攻北魏豫州，北魏荆、豫刺史鲁爽、仆兰都弃城逃走。刘铄又派司马刘康祖援助梁坦，进逼虎牢。

北魏群臣刚听说宋军入侵，就向太武帝报告，请求派兵抢救黄河沿岸存储的粮食和布帛。太武帝说："现在战马还未养肥，天气也还炎热，马上出兵，一定不会取胜。如果宋军不断前进，我们可以暂时退还阴山躲避。我们的国人本来就是穿羊皮裤的，要这些绵帛有什么用处！拖到十月，我们就没有什么可以担忧的了！"

九月，太武帝率兵南来救援滑台，命太子拓跋晃驻守漠南，以防备柔然。

王玄谟的军队士气高涨，武器精良，但王玄谟刚愎自用，贪婪好杀。刚刚包围滑台时，城中有很多茅屋，众人请求用火箭把它们烧掉，王玄谟说："那些茅屋都是我们的财产，为什么要马上烧了它们！"于是，城中魏军撤掉茅屋，挖掘洞穴住了进去。当时住在黄河、洛水一带的百姓竞相给宋军输送粮草，拿着兵器前来

赴者日以千数，玄谟不即其长帅，而以配私昵。家付匹布，责大梨八百，由是众心失望。攻城数月不下，闻魏救将至，众请发车为营，玄谟不从。

十月，魏主夜渡河，众号百万，鞞鼓之声震动天地。玄谟惧，退走。魏人追击之，死者万余人，麾下散亡略尽，委弃军资器械山积。

先是，玄谟遣垣护之以百舸为前锋，据石济。护之闻魏兵将至，驰书劝玄谟急攻，曰："昔武皇攻广固，死没甚众，况今事迫于曩日，岂得计士众伤疲！愿以屠城为急。"玄谟不从。魏人以所得战舰，连以铁锁三重，断河以绝护之还路。河水迅急，护之中流而下，每至铁锁，以长柯斧断之，魏不能禁，唯失一舸，余皆完备而返。萧斌遣沈庆之将五千人救玄谟，庆之曰："玄谟士众疲老，寇虏已逼，小军轻往无益也。"斌固遣之。会玄谟遁还，斌将斩之，庆之固谏曰："佛狸威震天下，控弦百万，岂玄谟所能当！且杀战将以自弱，非良计也。"斌乃止。

斌欲固守碻磝，庆之曰："今青、冀虚弱，而坐守穷城，若虏众东过，清东非国家有也。碻磝孤绝，复作朱脩之滑台耳。"会诏使至，不听退师。斌复召诸将议之，庆之曰："阃外之事，将军得以专之。诏从远来，不知事势。节下有一

投奔的人每天都数以千计，王玄谟不让这些人原来的头领领导他们，而是把他们配备给予自己关系亲密的人使用。他令每家缴纳一匹布，并交出八百个大梨，因此众心失望。宋军攻打滑台几个月都没有攻下，听说北魏援军将到，众将士请求用马车作为营垒，王玄谟不同意。

十月，太武帝在夜间率军渡过黄河，号称百万大军，战鼓声震天动地。王玄谟害怕了，撤军逃走。魏军追击他们，杀死宋军一万多人，王玄谟部下逃亡殆尽，丢失的军用物资及各种兵器堆积如山。

在此之前，王玄谟派遣垣护之率领一百只船为前锋，据守石济。垣护之听说魏军将到，派人骑马驰往送信，劝王玄谟发起急攻，说："昔日武皇帝攻打广固，死伤将士很多，况且现在面临的一切比那时还紧急，岂能考虑士卒们的死伤疲劳！希望把消灭滑台守军作为最紧迫的事来办。"王玄谟不从。魏军把缴获的战舰用铁链拴了三道，切断黄河，断绝了垣护之的退路。黄河水流湍急，垣护之从中流顺流而下，每次遇到铁锁链，用长柄大斧砍断它们，魏军无法制止，垣护之只损失了一条船，其余的船只都完好无损地安全返回。萧斌派沈庆之率领五千人前去救援王玄谟，沈庆之说："王玄谟的士卒疲惫不堪，士气低沉，而寇房已经逼近，用一小部分军队前去没有什么用处。"萧斌坚持要他前往。正好此时王玄谟逃了回来，萧斌要斩了他，沈庆之坚决劝谏说："佛狸拓跋焘威震天下，统率百万大军，哪里是王玄谟所能抵挡得住的！况且斩杀战将削弱自己，这不是一个良策。"萧斌才打消了这个想法。

萧斌打算固守碻磝，沈庆之说："现在青、冀二州内部空虚，我们却坐守困顿之城，如果贼房大军向东进发，清水以东就不会是我国的土地了。碻磝孤立隔绝，将变成当年朱脩之的滑台城了。"正好此时传送诏书的使者到来，传令不许撤军。萧斌又召集各位将领商议，沈庆之说："宫城以外的事情，将军可以自己决断。诏书从远方而来，皇上并不了解这里的情况。您手下有一位

范增不能用,空议何施!"斌及坐者并笑曰:"沈公乃更学问。"庆之厉声曰:"众人虽知古今,不如下官耳学也。"斌乃使王玄谟戍碻磝,申坦、垣护之据清口,自帅诸军还历城。

十一月,魏主进至鲁郡,以太牢祠孔子。

魏主命诸将分道并进,永昌王仁自洛阳趣寿阳,尚书长孙真趣马头,楚王建趣钟离,高凉王那自青州趣下邳,魏主自东平趣邹山。

十一月,禽鲁郡太守崔邪利,见秦始皇石刻,使人排而仆之,以太牢祠孔子。

雍州参军柳元景大破魏师于陕,斩其将张是连提,进据潼关而还。

宋略阳太守庞法起等诸军入卢氏,斩县令,以赵难为令,使为乡导。柳元景等进攻弘农,拔之,进向潼关。诏以元景为弘农太守。元景使薛安都、尹显祖先引兵就法起等于陕,元景于后督租。陕城险固,攻之不拔。魏洛州刺史张是连提帅众二万度崤救陕,安都等与战于城南,魏人纵突骑,诸军不能敌,安都怒,脱兜鍪,解铠,马亦去具装,瞋目横矛,单骑突陈,所向无前,魏人夹射不能中。如是数四,杀伤不可胜数。会日暮,别将鲁元保引兵自函谷关至,魏兵乃退。明日,安都等陈于城西南,曾方平谓安都曰:"今劲敌在前,坚城在后,是吾取死之日。卿若不进,我当斩卿,我若不进,卿斩我也。"安都曰:"善!"遂合战。军副柳元怙引兵自南门鼓噪直出,旌旗甚盛,魏众惊骇。安都挺身奋击,流血凝肘,矛折,易之更入,诸军齐奋。自旦至日昃,魏众大溃,斩张是连提及将卒三千余级,其余赴河堙死者

范增,您却不用他,坐在这里空谈又有什么好办法!"萧斌及在座的各位将领都笑着说:"沈公更有学问了。"沈庆之厉声说道:"你们众人虽然博知古今,却不如下官我用耳朵学习。"于是萧斌派王玄谟守卫碻磝,申坦、垣护之据守清口,自己率各路大军返回历城。

十一月,北魏太武帝拓跋焘进至鲁郡,用太牢之礼祭祀孔子。

太武帝命各位将领率军分道并进,永昌王拓跋仁从洛阳进逼寿阳,尚书长孙真进军马头,楚王拓跋建进军钟离,高凉王拓跋那从青州进军下邳,太武帝从东平进军邹山。

十一月,太武帝率军虏获鲁郡太守崔邪利。太武帝看见秦始皇石刻,命令士卒推倒了它,并用牛、羊、猪三种牲畜祭祀孔子。

刘宋雍州参军柳元景在陕城大败魏军,斩杀北魏大将张是连提,占据潼关,然后撤军。

刘宋略阳太守庞法起等各路大军进入卢氏,斩杀北魏卢氏县令,任命赵难为卢氏令,让他担任向导。柳元景等人进攻弘农,攻克弘农,向潼关进军。宋文帝诏命柳元景为弘农太守。柳元景派薛安都、尹显祖先率兵到陕城与庞法起会合,柳元景在后方督促征收军粮。陕城艰险牢固,宋军进攻没有攻下。北魏洛州刺史张是连提率领两万士兵越过崤山前来救援陕城,薛安都等人与他在陕城城南交战,魏军派出突击骑兵,刘宋各路军队抵挡不住,薛安都大怒,脱下战盔,解下铠甲,坐骑也摘去了护甲,怒目持矛,单枪匹马冲入北魏阵中,所向无敌,魏军左右夹射却射不中他。如此几次,杀伤魏军不可胜数。正好天黑之后,另一名宋将鲁元保率兵从函谷关来到这里,魏军才撤退。第二天,薛安都等人在城西南摆开战阵,曾方平对薛安都说:"现在强敌在前,坚城在后,正是我们以死相战的时候。你若不进,我就斩了你,我若不进,你就斩了我。"薛安都回应说:"好!"于是两军交战。军副柳元怙率军从陕城南门击鼓大喊杀出,旌旗招展,魏军非常惊慌。薛安都挺身奋击,流出的血在肘部凝住,长矛都折断了,换了一支又投入战斗,各路大军也都一齐向前。从早晨战到黄昏,魏军大败,张是连提及将士三千多人被杀,其余跳进河沟淹死的

甚众,降者二千余人。明日,元景至,让降者曰:"汝辈本中国民,今为虏尽力,力屈乃降,何也?"皆曰:"虏驱民战,后出者灭族。以骑蹙步,未战先死,此将军所亲见也。"诸将欲尽杀之,元景曰:"王旗北指,当令仁声先路。"尽释而遣之,皆称万岁而去。遂克陕城,进攻潼关据之。关中豪杰所在蜂起,及四山羌胡皆来送款。宋主以王玄谟败退,魏兵深入,柳元景等不宜独进,皆召还。元景使薛安都断后,引兵归襄阳。诏以元景为襄阳太守。

魏永昌王仁克悬瓠,遂败宋师于尉武,杀其将刘康祖,进逼寿阳。

魏永昌王仁攻悬瓠、项城,拔之。宋主恐魏兵至寿阳,召刘康祖使还。仁将八万骑追及康祖于尉武。康祖有众八千人,军副胡盛之欲依山险,间行取至,康祖怒曰:"临河求敌,遂无所见,幸其自送,奈何避之?"乃结车营而进,下令军中曰:"顾望者斩首,转步者斩足!"魏人四面攻之,将士皆殊死战。自旦至晡,杀魏兵万余人,流血没踝。康祖身被十创,意气弥厉。魏分其众为三,且休且战。会日暮风急,魏以骑负草烧车营,康祖随补其阙,有流矢贯康祖颈,坠马死,余众遂溃,魏人掩杀殆尽。

南平王铄使参军王罗汉以三百人戍尉武,魏兵至,众欲南依卑林以自固,罗汉以受命居此,不去。魏人攻而擒之,

也很多，另有两千多人投降。第二天，柳元景到达陕城，责骂投降的人说："你们本来是中原的百姓，如今却为贼虏卖力，力量用尽了才投降，为什么呢？"他们都说："胡虏驱赶百姓为他们打仗，晚一点出来的就要被诛灭全族。他们用骑兵驱赶我们这些步兵，还没有交战就死去的有很多人，这是将军您亲眼看到的。"各位将领打算将他们全部杀死，柳元景说："我们的王旗指向北方，应当用仁爱之声为我们开路。"于是将他们全部释放，遣返回家，他们都高呼万岁离去。宋军随即攻克陕城，又进攻潼关，攻占了潼关。关中豪杰之士纷纷起兵响应宋军，四面山中的羌胡也都送来犒劳物品。宋文帝认为王玄谟败退之后，魏军深入国境，柳元景等人不宜单独进攻，于是把他们都召了回来。柳元景派薛安都断后，率军回到襄阳。宋文帝诏命柳元景为襄阳太守。

北魏永昌王拓跋仁攻克悬瓠，又在尉武击败宋军，斩杀宋将刘康祖，进逼寿阳。

北魏永昌王拓跋仁攻打悬瓠、项城，攻克下来。宋文帝担心魏军攻到寿阳，就召还刘康祖。拓跋仁率领八万骑兵在尉武追上了刘康祖。刘康祖只有八千士卒，军副胡盛之打算依靠险要的山势，率军从小道返回寿阳，刘康祖大怒说："我们到黄河边上追寻敌人，没有见到，庆幸的是他们自己送上门来了，怎么能躲避呢？"于是让军队结成车阵前进，命令军队说："回头张望的人斩首，转过身去的人砍脚！"魏军从四面围攻，宋军将士们都殊死搏斗。从早上一直战到傍晚，杀死魏军一万多人，血流淹没了人的脚踝。刘康祖身上十处受创，但斗志却更加高涨。魏军把士卒一分为三，轮番上阵，且休且战。正赶上天黑之后刮起了大风，魏军用战马驮草，火烧宋军车营，刘康祖随时补救被烧坏的营垒，一支流箭穿透了他的脖子，他从马上坠下而死，其余将士随即崩溃，魏军追击堵截，将宋军几乎斩尽杀绝。

南平王刘铄派参军王罗汉率领三百名将士戍守尉武，魏军来到，王罗汉的将士打算向南依靠矮林进行自卫，王罗汉认为自己受命驻守于此，不愿离开。魏军攻入城内，俘获了王罗汉，

锁其颈,使三郎将掌之。罗汉夜断三郎将首,抱锁亡奔盱眙。仁进逼寿阳,南平王铄婴城固守。

魏主攻彭城,不克。

魏军在萧城,去彭城十余里。彭城兵虽多而食少,江夏王义恭欲弃彭城南归。沈庆之以为历城兵少食多,欲为函箱车阵,以精兵为外翼,奉二王及妃女直趋历城。何勖欲席卷奔郁洲,自海道还京师。义恭去意已判,唯二议未决。长史张畅曰:"若历城、郁洲有可至之理,下官敢不高赞!今城中乏食,百姓咸有走志,但以关扃严固耳。一旦动足,则各自逃散,欲至所在,何由可得!今军食虽寡,朝夕犹未窘罄,岂有舍万安之术而就危亡之道!若此计必行,下官请以颈血污公马蹄。"武陵王骏谓义恭曰:"阿父既为总统,去留非所敢干。道民忝为城主,必与此城共其存没,张长史言不可异也。"义恭乃止。

魏主至彭城,使尚书李孝伯至南门,饷义恭貂裘,饷骏橐驼及骡,且曰:"魏主致意安北,可暂出见我。"骏使张畅开门出见之。孝伯曰:"魏主不围此城,自帅众军直造瓜步,饮江湖以疗渴耳。"畅曰:"去留之事,自适彼怀。若虏马遂得饮江,便为无复天道。"先是童谣云:"虏马饮江水,佛狸死卯年。"故畅云然。畅音容雅丽,孝伯亦辩赡,且去,谓畅曰:"长史深自爱,相去步武,恨不执手。"畅曰:"君善自爱,

他们用铁链锁住了王罗汉的脖子,让三名郎将看守。王罗汉在夜间砍掉了三名郎将的脑袋,抱着铁锁逃回盱眙。拓跋仁进逼寿阳,南平王刘铄环城固守。

北魏太武帝拓跋焘进攻彭城,没有攻克。

魏军占领萧城,距彭城只有十多里。彭城宋军虽然人数很多,但粮食不足,江夏王刘义恭打算放弃彭城撤回南方,沈庆之认为历城兵少粮多,想要排起箱式车阵,派精兵作为外侧羽翼,夹道护送江夏王刘义恭、武陵王刘骏和他们的妃子女儿们直奔历城。何勖则主张收拾残局,退往郁洲,然后从海上返回京师。刘义恭撤离的决心已定,只是对这两个建议还有争议,没有最终决定。长史张畅说:"如果我们有前往历城或郁洲的道理,下官我怎么敢不高声赞成!现在,彭城缺少粮食,百姓都有逃走的想法,只是由于城门紧闭,防守坚固而无法成行罢了。百姓们一旦走出城门,就会各自逃散,想要让他们去往我们想去的地方,这怎么能办得到呢!如今军中粮食虽然不多,但近期内不至于吃完,怎会有舍弃安全的办法而走向危亡之路的道理呢!如果一定要弃城撤离,我请求用自己脖子上的鲜血去玷污大王的马蹄。"武陵王刘骏对刘义恭说:"叔父您既然身为统帅,去与留都不是我能干预得了的。我刘道民忝为一城之主,一定要和彭城共存亡,张长史的话我们不能不听。"刘义恭这才决定留下。

太武帝亲率大军抵达彭城,派尚书李孝伯来到彭城南门,给刘义恭送上貂裘,给刘骏送上骆驼和骡子,李孝伯并且说:"我们皇上向安北将军致意,你们可以暂时出城见我。"刘骏派张畅打开城门出去与李孝伯见面。李孝伯说:"我们皇上不会围攻彭城,他会亲自率领大军直奔瓜步,畅饮长江水来解渴。"张畅说:"要去要留,当然由你们自己决定。但如果胡虏的马匹能喝上长江水,那便是没有天理了。"从前有童谣说:"虏马饮江水,佛狸死卯年。"所以张畅才这么说。张畅言谈举止文雅庄重,李孝伯也滔滔雄辩,将要离开时,对张畅说:"长史您多加保重,我们近在咫尺,遗憾的是却不能握手言欢。"张畅说:"您也要好好保重,

冀荡定有期,君还宋朝,今为相识之始。"

宋取阴平、平武郡。

宋主起杨文德为辅国将军,引兵自汉中西入,摇动沔、陇,阴平、平武悉平。梁、南秦刺史刘秀之遣文德伐啖提氐,不克,执送荆州,使文德从祖兄头戍葭芦。

十二月,魏主引兵南下,攻盱眙,不克,进次瓜步,宋人戒严守江。

魏主引兵南下,使中书郎鲁秀出广陵,高凉王那出山阳,永昌王仁出横江,所过无不残灭,城邑皆望风奔溃。建康纂严。魏兵至淮上。

宋主使将军臧质将万人救彭城,至盱眙,魏主已过淮。质使胡崇之等营东山、前浦,而自营于城南。魏燕王谭攻之,皆败没,质军亦溃。质弃辎重器械,单将七百人赴城。

初,盱眙太守沈璞到官,王玄谟犹在滑台,江淮无警。璞以郡当冲要,乃缮城浚隍,积财谷,储矢石,为城守之备。僚属皆非之,朝廷亦以为过。及魏兵南向,守宰多弃城走,或劝璞还建康,璞曰:"虏若以城小不顾,夫复何惧!若肉薄来攻,此乃吾报国之秋,诸君封侯之日也,奈何去之!诸君尝见数十万人聚于小城之下而不败者乎?昆阳、合肥,前事之明验也。"众心稍定。璞收集得二千精兵,曰:"足矣!"及臧质向城,众谓璞曰:"虏若不攻城,则无所事众;

结束动荡的日子一定不会太远了,到那时如果你能回到宋国,今天就是我们相识的开始。"

刘宋军队攻取阴平、平武郡。

宋文帝擢升杨文德为辅国将军,派他率兵从汉中西上,扰动汧、陇地区,阴平、平武二郡全部平定。梁、南秦二州刺史刘秀之派杨文德讨伐啖提氐人,没有攻克,刘秀之派人逮捕了杨文德,把他押送到了荆州,派杨文德的同曾祖父的哥哥杨头戍守葭芦。

十二月,北魏太武帝拓跋焘率兵南下,进攻盱眙,没有攻克,又率军抵达瓜步,宋军严守长江。

太武帝率军南下,派中书郎鲁秀从广陵发兵,高凉王拓跋那从山阳发兵,永昌王拓跋仁从横江发兵,所过之处无不烧杀抢掠,刘宋所有城池的守军都望风而逃。宋都建康实行戒严。魏军很快抵达淮上。

宋文帝派将军臧质率领一万士卒救援彭城,行军到盱眙,太武帝率大军已经渡过淮河。臧质派胡崇之等人据守东山、前浦,自己率兵据守盱眙城南。北魏燕王拓跋谭围攻胡崇之和臧质,击败了他们,臧质的军队也溃散。臧质抛弃辎重器械,打算率领七百人进入盱眙城。

当初,盱眙太守沈璞上任时,王玄谟还在滑台,长江、淮河一带没有战事。沈璞认为盱眙处于交通要道上,于是修缮城池,疏通护城河道,广积财力粮食,储备石头弓箭,为守城做准备。他的幕僚臣属们对此都有异议,朝廷也认为这样做过分了。等到魏兵南下时,各郡县守宰大都弃城逃走,有人劝沈璞返回建康,沈璞说:"如果贼虏认为我们仅仅是一座小城而不攻打的话,我们有什么可怕的!如果他们肉搏攻城,这正好是我报答国家的时候,也是你们各位封侯之日,我们为什么要逃走呢!各位曾经见过几十万大军聚集在一座小城之下面,守城者却不败的战例吗?以前昆阳、合肥发生的事情,就是明证。"众心才稍稍安定下来。沈璞召集了两千精兵,说:"这些人就足够了!"等到臧质要入盱眙城时,众人对沈璞说:"如果贼虏不攻城,我们就用不了这么多人;

若其攻城,则城中止可容见力耳,地狭人多,鲜不为患。若以质众能退敌完城者,则全功不在我;若避罪归都,会资舟楫,必更相蹂践,正足为患,不若勿受。"璞叹曰:"虏必不能登城,敢为诸君保之。舟楫之计,固已久息。虏之残害,古今未有,屠剥之苦,众所共见,其中幸者不过得驱还北国作奴婢耳。彼虽乌合,宁不惮此邪?所谓'同舟而济,胡、越一心'者也。今兵多则虏退速,少则退缓。吾宁可欲专功而留虏乎!"乃开门纳质。质见城中丰实,大喜,因与璞共守。

魏人之南寇也,不赍粮用,唯以抄掠为资。及过淮,民多窜匿,抄掠无所得,人马饥乏,闻盱眙有积粟,欲以为北归之资。攻城不拔,即留数千人守盱眙,自帅大众南向,由是盱眙得益完守备。

魏主至瓜步,坏民庐舍,及伐苇为筏,声言欲渡江。建康震惧,民皆荷担而立。内外戒严。丹阳统内尽户发丁,王公以下子弟皆从役。命刘遵考等将兵分守津要,游逻上接于湖,下至蔡洲,陈舰列营,周亘江滨,自采石至于暨阳,六七百里。太子劭出镇石头,总统水军,徐湛之守石头仓城,江湛兼领军,军事处置悉以委焉。

宋主登石头城,有忧色,谓江湛曰:"北伐之计,同议者少。今日士民劳怨,不得无惭,贻大夫之忧,予之过也。"又曰:"檀道济若在,岂使胡马至此!"

如果他们攻城,城中也只能容得下现在的兵力,地小人多,不成祸患的很少。如果臧质的军队能击退敌人保全城池,功劳就不全是我们的;如果我们败退撤回都城时,双方都要依靠船只,必然会互相残杀,正足以为患,不如不接收他们。"沈璞叹息说:"贼虏肯定不能攻破城池,我敢向各位保证。乘船撤退的计划,本来早就否定了。贼虏的残忍程度是从古至今所没有过的,他们进行残酷的屠杀掠夺,大家有目共睹,其中的幸存者也不过被驱赶到北魏做奴婢。臧质他们虽然是一群乌合之众,难道他们就不怕这些吗?所谓'同舟共济,胡人和越人也会齐心',指的正是这件事情。现在我们兵多,就能很快击退敌人,否则就会很慢。我们怎么能够为了独占功劳,而留下贼虏为患呢!"于是打开城门,接纳臧质。臧质见城中物资充足,非常高兴,于是就和沈璞一起守卫城池。

魏军南下进犯时,不携带粮食用品,只靠掠夺来作为军用。过了淮河后,百姓大多逃走藏了起来,魏军抄不到什么东西,人饥马困,听说盱眙存有粮食,就打算把盱眙的粮食作为撤军返国之用。但太武帝没有攻下盱眙,就留下了几千人驻守在盱眙城下,自己率领大军继续南下,因此盱眙得以进一步完善防备。

太武帝抵达瓜步,毁坏百姓房舍,又砍来芦苇造筏排,声称要渡过长江。建康震动,一片恐惧,老百姓都挑着担子站在那里,随时准备逃走。宋文帝命令内外戒严。丹阳境内的壮丁全都从军,王公以下的子弟全部从事劳役。宋文帝命令刘遵考等人率兵分守沿江渡口要地,巡逻上起于湖,下到蔡洲,大军沿江驻守,战船分列江边,绵延江边,从采石一直到暨阳,长达六七百里。太子刘劭镇守石头,统领水军,徐湛之镇守石头所属仓城,江湛兼任领军,被委任裁决军事部署。

宋文帝登上石头城,面有忧色,对江湛说:"当初我们计划北伐时,赞同的人很少。今日将士百姓劳苦埋怨,我们不能不感到惭愧,给大家带来了苦难,这都是我的过失啊。"又说:"如果檀道济还在世,怎能让胡虏的战马来到这里!"

魏及宋平。

魏主以橐驼、名马饷宋主,求和请婚。宋主亦饷以珍羞异味。魏主以其孙示使者曰:"吾远来至此,非欲为功名,实欲继好援。宋若能以女妻此孙,我以女妻武陵王,自今匹马不复南顾。"

使还,宋主召群臣议之,众谓宜许,江湛曰:"戎狄无亲,许之无益。"太子劭怒,谓湛曰:"今三王在厄,讵宜苟执异议!"声色甚厉。

坐散,劭又言于宋主曰:"北伐败辱,数州沦破,独有斩江、徐可以谢天下!"宋主曰:"北伐自是我意,江、徐但不异耳。"由是太子与江、徐不平,魏亦竟不成婚。

北魏与刘宋和解。

北魏太武帝给宋文帝送来骆驼、名马等礼物,请求和解,并请求与刘宋皇室联姻。宋文帝也送给太武帝美味异味。太武帝把孙子叫来给宋文帝的使者看,说:"我远来到此,不是想要成就功名,其实是为了继续我们之间的友好互助的关系。宋国皇帝如果能把他的女儿嫁给我的这个孙子,我也把女儿嫁与武陵王为妻,从今以后,不会再派一匹战马南下。"

宋使者回来以后,宋文帝召集群臣商议此事,大家都说应该答应,江湛却说:"戎狄没有亲情之念,答应他们没有好处。"太子刘劭很生气,对江湛说:"如今三位大王都处于危难之中,我们怎么能对此表示异议!"刘劭声色非常严厉。

讨论完毕后,众人都走了出去,刘劭又对宋文帝说:"北伐失败受辱,几个州沦陷残破,只有斩杀江湛、徐湛之,才能谢罪天下!"宋文帝说:"北伐本来是我的意思,江湛、徐湛之只是没有表示异议而已。"从此,太子刘劭与江湛、徐湛之结下仇怨,北魏太武帝最后也没有实现联姻。

资治通鉴纲目卷二十六

起辛卯（451）宋文帝元嘉二十八年、魏太武正平元年，尽乙巳（465）宋明帝泰始元年、魏高宗和平六年。凡一十五年。

辛卯（451） 宋元嘉二十八，魏正平元年。

春正月，魏师还。

正月朔，魏主大会群臣于瓜步山上，班爵行赏有差。魏人缘江举火，左卫率尹弘言于宋主曰："六夷如此，必走。"明日果掠居民，焚庐舍而去。

宋主杀其弟义康。

胡诞世之反也，江夏王义恭等奏义康数有怨言，摇动民听，故不逞之族因以生心。请徙义康广州。宋主先遣使语之，义康曰："人生会死，吾岂爱生！必为乱阶，虽远何益！请死于此，耻复屡迁。"竟未及往。魏师在瓜步，人情恼惧。宋主虑不逞之人复奉义康为乱，太子劭及武陵王骏、尚书左仆射何尚之屡启宜早为之所，宋主乃遣中书舍人严龙就杀之。

魏复取碻磝。

宋江夏王义恭以碻磝不可守，召王玄谟还历城。魏人追击败之，遂取碻磝。

魏主攻盱眙，宋将军臧质拒之，魏师退走。二月，过彭城，宋人追之，不及。

辛卯（451） 宋元嘉二十八年，北魏正平元年。

春正月，北魏军队撤退。

正月初一，北魏太武帝在瓜步山上大会群臣，论功行赏，分别封爵升官。魏军沿长江北岸燃起火炬，左卫率尹弘对宋文帝说："胡虏这样做，一定是要撤退了。"第二天，魏军果然劫掠当地居民，烧掉房屋后撤退。

宋文帝刘义隆诛杀他的弟弟刘义康。

胡诞世反叛，江夏王刘义恭等人奏报刘义康多次说怨愤的话，动摇百姓的视听，所以使一些遭到废黜而不得志的家族产生了野心。他们请求将刘义康贬斥到广州。宋文帝先派使者告诉了刘义康，刘义康说："人的一生终究是要死的，我怎能贪生怕死！如果我一定要成为叛乱的因由，即使把我放逐到很远的地方，又会有什么好处呢！我请求死在这里，不愿再次受到被贬谪的耻辱。"刘义康最终没有前往广州。北魏军队开到瓜步，百姓万分恐惧。宋文帝担心不得志的人会拥戴刘义康再次叛乱，太子刘劭和武陵王刘骏、尚书左仆射何尚之也屡次提醒宋文帝应该尽早安置他，于是宋文帝派遣中书舍人严龙前去诛杀了刘义康。

北魏军队再次攻取碻磝。

宋江夏王刘义恭认为碻磝不可能守住，就征召王玄谟退还历城。魏军追击王玄谟的部队并打败了他们，于是夺取碻磝。

北魏太武帝拓跋焘率军进攻盱眙，宋将军臧质奋起抵抗，魏军撤退。二月，魏军经过彭城，宋军追击他们，但没有追上。

初，宋主闻有魏师，命广陵太守刘怀之逆烧城府、船乘，尽帅其民渡江。山阳太守萧僧珍敛民入城，台送粮仗诣盱眙及滑台者，以路不通，皆留山阳。僧珍又蓄陂水令满，须魏人至，决以灌之。魏人过山阳，不敢留，因攻盱眙。

魏主就臧质求酒，质封溲便与之。魏主怒，筑长围，一夕而合，运东山土石以填堑，作浮桥于君山，绝水陆道。遗质书曰："吾今所遣斗兵，尽非我国人，城东北是丁零与胡，南是氐、羌。设使丁零死，正可减常山、赵郡贼；胡死，减并州贼；氐、羌死，减关中贼。卿若杀之，无所不利。"质复书曰："省示具悉奸怀。尔自恃四足，屡犯边境。王玄谟退于东，申坦散于西，尔知其所以然邪？尔独不闻童谣之言乎？盖卯年未至，故以二军开饮江之路耳。寡人受命相灭，期之白登，师行未远，尔自送死，岂容复令尔生全，飨有桑乾哉！我本不图全，若天地无灵，力屈于尔，齑之、粉之、屠之、裂之，犹未足以谢本朝。尔智识及众力，岂能胜苻坚邪！今春雨已降，兵方四集，尔但安意攻城，粮乏见语，当出禀相贻。得所送剑刀，欲令我挥之尔身邪？"魏主大怒，作铁床，于其上施铁镵，曰："破城得质，当坐之此上。"质又与魏众书曰："尔语虏中诸士庶：佛狸见与书，相待如此。尔等正朔之民，何为自取糜灭？岂可不知转祸为福邪？"

当初,宋文帝听说魏军将要入侵,命令广陵太守刘怀之预先放火烧掉城中官府和船只,率领全部百姓渡过长江。山阳太守萧僧珍将百姓聚集到山阳城内,朝廷运送粮食、武器到盱眙和滑台的官兵,因道路不通,也都留在山阳城内。萧僧珍又将山阳城附近的山坡池塘蓄满水,等到魏军到达时,决开池塘,放水淹灌魏军。北魏军队路过山阳,没敢驻留,于是去攻打盱眙。

北魏太武帝向臧质索要好酒,臧质把尿撒在酒罐里送给他。太武帝大怒,下令修筑长围墙,一个晚上就修好了,又运来东山的土石填平壕沟,在君山上架起一座浮桥,切断盱眙的水陆通道。写信给臧质说:"我现在所派遣的攻城部队,都不是本国本族人,城东北是丁零人与胡人,城南是氐人和羌人。假如丁零人战死,正好可以减少常山、赵郡的贼寇;胡人战死,可以减少并州的贼寇;氐人和羌人战死,可以减少关中的贼寇。你如果杀死他们,对我们没有什么不利。"臧质回信说:"看了你的信,我完全明白了你的奸诈用心。你倚仗着四条腿,多次侵犯我国边境。王玄谟被你在东边击败,申坦在西边被你攻散,你知道这是为什么吗?你难道没有听说过童谣里所说的吗?只因卯年还没有到来,所以用两路大军为你们拓开了痛饮长江水的道路罢了。我奉命前来消灭你们,预定要到达白登山,可军队还没有走出多远,你就自己送死来了,怎能让你再活着回到桑乾河享受荣华富贵呢!我本来就不打算保全自己,如果天地没有显灵,被你打败,就是被剁成肉酱,碾成粉末,屠裂肢体,都不足以酬谢朝廷。你的智慧见识及军队的实力,怎能超过符坚呢!现在已下起春雨,军队已集合起来,你尽管可以一意攻城,当你们粮食不够吃时,可以告诉我们,我们会打开粮仓馈赠你们。我已拿到你送来的刀剑,是不是打算让我挥刀杀你呢?"太武帝大怒,命令部下造了一个铁床,在上面安放铁锥,说:"攻破城池,抓住臧质,一定让他坐在这张床上。"臧质又给魏军写信说:"你们告诉胡虏中的各位士人百姓:佛狸拓跋焘写给我的信上,是这样对待你们。你们都是汉人,为什么要自取灭亡呢?怎么不知道转祸为福呢?"

并写台格以与之云："斩佛狸首,封万户侯,赐布、绢各万匹。"

魏人以钩车钩城楼,城内系以驱绁,数百人唱呼引之,车不能退。既夜,縋桶悬卒出,截其钩,获之。明旦,又以冲车攻城,城土坚密,每至,颓落不过数升。魏人乃肉薄登城,分番相代,坠而复升,莫有退者,杀伤万计,尸与城平。凡攻之三旬,不拔。会魏军中多疾疫,或告以建康遣水军自海入淮,又敕彭城断其归路。二月朔,魏主烧攻具退走。盱眙人欲追之,沈璞曰:"今兵不多,虽可固守,不可出战。但整舟楫,示若欲北渡者,以速其走,计不须实行也。"

臧质以璞城主,使之上露版,璞固辞,归功于质。宋主闻,益嘉之。

魏师过彭城,宋江夏王义恭震惧不敢击。或告:"虏驱南口万余,夕应宿安王陂,去城数十里,今追之,可悉得。"诸将皆请行,义恭不许。明日,驿使至,敕义恭悉力急追。魏师已远,义恭乃遣司马檀和之向萧城。魏人先已闻之,尽杀所驱者而去。

宋令民遭寇者蠲。

魏人凡破南兖、徐、兖、豫、青、冀六州,杀掠不可胜计,丁壮者即加斩截,婴儿贯于槊上,盘舞以为戏。所过郡县,赤地无余,春燕归巢于林木。魏之士马死伤亦过半,

同时，臧质又把朝廷的悬赏数量写在信上告诉他们说："砍下佛狸拓跋焘人头的，封为万户侯，赏赐棉布、丝绸各一万匹。"

魏军用钩车钩住城楼，城内宋军用大铁索拴住钩车，几百名士兵高声呼喊拉住铁索，使魏军的钩车不能后退。到了晚上，宋军用大桶把军士从城上放下，截断魏军的钩车，缴获了钩车。第二天天亮，魏军又用冲车攻城，但城墙坚硬牢固，冲车每次冲撞，撞下的墙土不超过几升。于是魏军开始采用肉搏战术攻城，分士兵为几个梯队，轮番攻城，从城上摔下重又向上攻，没有一个人后退，被宋军杀伤的士兵数以万计，尸体堆积得与城墙一样高。魏军攻城三十天，仍未攻下。这时，又赶上魏军中流行瘟疫，有人报告说宋朝廷派水军从东海进入淮水，又命令彭城宋军切断魏军的退路。二月初一，太武帝下令焚烧攻城器具后撤退。盱眙守军打算追击，沈璞说："现在，城内的兵力并不多，虽然可以固守城池，但不能出城追击作战。我们只要整治好船只，做出北渡淮水的样子，以促使魏军赶快离开，估计并不需要真的这样做。"

臧质认为沈璞是盱眙城主，便让他向朝廷发出捷报，沈璞坚决推让，而把功劳归于臧质。宋文帝听说后，对沈璞愈加嘉许。

魏军经过彭城，宋江夏王刘义恭震惊恐惧，不敢出击。有人报告说："胡虏驱赶着南方一万多口人，晚上应该在安王陂住宿，离彭城只有几十里，现在去追击他们，可以全部俘获。"诸将领都请求追击，刘义恭却不允许。第二天，朝廷信使到了这里，宋文帝诏令刘义恭全力追击魏军。魏军已经走远，刘义恭就派司马檀和之向萧城追赶。魏军事先已知道这一消息，于是将驱赶的南方百姓全部杀掉后北撤。

宋文帝刘义隆下诏免除遭受贼寇劫掠的百姓的田赋捐税。

魏军共击破南兖、徐、兖、豫、青、冀六州，遭到杀伤抢掠的人多得无法统计，他们抓到青壮年立即斩首或拦腰砍断，婴儿则用铁矛刺穿，挥舞铁矛进行游戏。魏军经过的郡县，荒芜人烟，归来的春燕只能在林木上筑巢。魏军人马战死战伤的也超过一半，

国人皆尤之。

宋主每命将出师，常授以成律、交战日时，是以将帅趑趄，莫敢自决。又江南白丁，轻进易退，此其所以败也。自是邑里萧条，元嘉之政衰矣。

诏降太尉义恭为骠骑将军，镇军将军骏为北中郎将。

初，魏主过彭城，遣语城中曰："食尽且去，麦熟更来。"及期，江夏王义恭议欲芟麦，入保。参军王孝孙曰："虏不能复来，既自可保。如其更至，此议亦不可立。百姓饥馑日久，方春，野采自资。一入保聚，饿死立至，民知必死，何可制耶！虏若必来，芟麦无晚。"长史张畅曰："孝孙之议，实有可寻。"典签董元嗣进曰："王录事议不可夺。"别驾王子夏曰："此论诚然。"畅曰："芟麦移民，可谓大议，一方安危，事系于此。子夏亲为州端，曾无异同，及闻元嗣之言，则欢笑酬答。阿意左右，何以事君！"请命孝孙弹之，义恭乃止。

三月，魏主还平城。
魏主还平城，饮至告庙，以降民五万余家分置近畿。

魏以卢度世为中书侍郎。
初，魏中书学生卢度世，坐崔浩事亡命，匿高阳郑罴家。吏囚罴子，掠治之。罴戒其子曰："君子杀身成仁，

北魏国人都有怨言。

宋文帝每次命令将领们率兵出战,常常把已拟定好的作战计划、交战日期交给他们,因此将领们总是疑惧观望,不敢自己决断。另外,江南没有经过训练的士卒,随便进退,这也是宋军失败的原因。从此以后,刘宋城邑萧条衰败,元嘉时代的盛况日趋衰败。

宋文帝下诏将太尉刘义恭降职为骠骑将军,镇军将军刘骏降职为北中郎将。

当初,北魏太武帝拓跋焘经过彭城,派人告诉城中守军说:"我们的粮食吃完了,暂时回去,等到麦熟时再来。"麦子成熟时,江夏王刘义恭商议打算把麦子全部割光,将百姓迁入城内。参军王孝孙说:"胡虏不会再来,我们已经可以保全自己。如果他们又来了,这个打算也不能采用。百姓挨饿已有很长时间了,现在正是春天,他们会采食野菜来充饥。一旦把他们迁入城堡内,他们就会马上被饿死,老百姓知道自己会被饿死,我们怎么能控制他们呢!如果胡虏一定要来侵犯,到时我们再割麦子也不晚。"长史张畅说:"王孝孙的话实在有道理。"典签董元嗣也劝道:"王录事的意见是不可改变的。"别驾王子夏说:"这一见解,确实不错。"张畅说:"割麦移民,可以算作重要的决策,一个地方的安危都与此有关。王子夏身为一个州别驾,还没有发表意见,等到董元嗣发表见解,才露出笑容表示赞同。他这样阿谀奉迎,怎么能够事奉您呢!"他请王孝孙弹劾王子夏,刘义恭这才取消了原来的打算。

三月,北魏太武帝拓跋焘回到平城。

太武帝回到平城,在祖庙设下祭祀酒席,把征伐刘宋的战果祭告祖宗;同时,把刘宋的降民五万多家分别安置在京畿附近。

北魏任命卢度世为中书侍郎。

当初,北魏中书学生卢度世受崔浩事件牵连而逃走,躲藏在高阳人郑黑家中。高阳官吏收捕了郑黑的儿子,严刑拷打他,让他供认卢度世的下落。郑黑告诫他说:"君子应该杀身成仁,

虽死不可言。"其子奉父命。吏以火爇其体,终不言而死。及魏主临江,问宋使者曰:"卢度世亡命,已应至彼。"使者曰:"不闻。"魏主乃赦度世,度世自出,魏主以为中书侍郎。度世为其弟娶郑黑妹以报德。

夏四月,魏荆州刺史鲁爽及其弟秀奔宋。

初,鲁宗之奔魏,其子轨为魏荆州刺史、襄阳公,镇长社,常思南归,以昔杀刘康祖及徐湛之之父,故不敢来。轨卒,子爽袭父官爵。爽少有武干,与弟中书郎秀皆有宠于魏主。既而有罪,魏主诘责之。爽、秀惧诛,杀魏戍兵,帅部曲千余家奔汝南,请降于宋。宋主大喜,以爽为司州刺史,镇义阳,秀为颍川太守。魏人毁其坟墓。徐湛之以为庙筭远图,特所奖纳,不敢苟申私怨,乞屏居田里,不许。

宋以何尚之为尚书令,徐湛之为仆射。

尚之以湛之国戚,任遇隆重,每事推之,朝事悉归湛之。

魏更定律令。

魏主命太子少傅游雅、中书侍郎胡方回等更定律令,增损,凡三百九十一条。

夏六月,魏太子晃卒。

魏太子晃监国,颇信任左右,营园田,收其利。高允谏曰:"天地无私,故能覆载;王者无私,故能容养。今殿下国

即使被打死,你也不能说出来。"郑黑的儿子听从父亲的话,坚守秘密。官吏们用火烧他的身体,他最终也不肯招供,被活活烧死。后来太武帝到达长江北岸时,问刘宋的使者说:"卢度世逃走了,应该已经到了你们那里。"宋使者说:"我没有听说过这件事。"太武帝于是赦免卢度世,卢度世这才敢露面,太武帝任命他为中书侍郎。卢度世为了报答郑家的恩德,让自己的弟弟娶了郑黑的妹妹。

夏四月,北魏荆州刺史鲁爽和弟弟鲁秀投奔刘宋。

当初,鲁宗之投奔北魏后,他的儿子鲁轨被任命为北魏的荆州刺史、襄阳公,镇守长社,常常想着回到南方,但因为当年杀了刘康祖和徐湛之的父亲,所以不敢回去。鲁轨去世后,他的儿子鲁爽继承了父亲的官爵。鲁爽从小就有武略才干,他和弟弟鲁秀都受到北魏太武帝的宠信。但不久兄弟二人都犯了罪,被太武帝责问。鲁爽、鲁秀害怕会被诛杀,于是杀了北魏的戍守士卒,率领部下一千多家投奔汝南,请求归降刘宋。宋文帝非常高兴,任命鲁爽为司州刺史,镇守义阳,鲁秀为颍川太守。北魏人捣毁了鲁家的坟墓。徐湛之知道朝廷是为了国家的长远利益,才对他们特别奖赏优待,所以自己不敢有报私仇的想法,请求辞官回乡隐居,宋文帝没有准许。

宋文帝刘义隆任命何尚之为尚书令,徐湛之为仆射。

因为徐湛之是皇亲国戚,深得宋文帝的宠信和重用,所以每次遇到大事,何尚之都让徐湛之处理,朝廷大事全由徐湛之一人去裁决。

北魏修订律令。

北魏太武帝拓跋焘令太子少傅游雅、中书侍郎胡方回等人修订律令,更定补充之后的律令共三百九十一条。

夏六月,北魏皇太子拓跋晃去世。

北魏太子拓跋晃主持国家事务,十分信任自己的左右亲近,他营造庄园农田,坐收利润。高允劝告说:"天地无私,所以能覆盖承载万物;帝王无私,所以能宽容养育百姓。现今殿下您是一国

之储贰，万方所则，而营立私田，畜养鸡犬，乃至酤贩市廛，与民争利，谤声流布，不可追掩。夫天下者，殿下之天下，富有四海，何求而无？乃与贩夫贩妇竞此尺寸之利乎！昔虢之将亡，神赐之土田，汉灵帝私立府藏，皆有颠覆之祸。前鉴若此，甚可畏也。武王爱周、邵、齐、毕，所以王天下；殷纣爱飞廉、恶来，所以丧其国。东宫俊乂不少，顷来侍御左右者，恐非在朝之选。愿殿下斥去佞邪，亲近忠良，所在田园，分给贫下，贩卖之物，以时收散。如此，休声日至，谤议可除矣。"不听。

太子为政精察，而中常侍宗爱性险暴，多不法，晃恶之。给事中仇尼道盛有宠于晃，与爱不协。爱恐为所纠，遂构其罪。魏主怒，斩道盛于都街，东宫官属多坐死，晃以忧卒，谥曰景穆。魏主徐知其无罪，悔之，欲封其子濬为高阳王，既而以皇孙王嫡，不当为藩王，乃止。时濬生四年，聪达过人，魏主爱之，常置左右。

秋，宋青冀刺史萧斌、将军王玄谟以罪免。

坐退败也。宋主问沈庆之曰："斌欲斩玄谟而卿止之，何也？"对曰："诸将奔退，莫不惧罪，自归而死，将至逃散，故止之。"

宋、魏复通好。　宋以王僧绰为侍中。

僧绰，昙首之子也，幼有大成之度，众皆以国器许之。好学，有思理，练悉朝典，为吏部郎，谙悉人物，举拔咸得其分。

的储君，是天下各方效法的典范，却私下经营个人的田地，养鸡养狗，甚至让人到集市上设摊贩卖，与百姓争利，导致诽谤您的话到处流传，无法加以掩盖。天下是您的天下，富有四海，要什么会没有呢？何至于去和贩夫贩妇们争夺这尺寸之利呢！过去，虢国快要灭亡时，神灵将土地赐给了它，汉灵帝私下设立存储财物的仓库，都遭到了颠覆的灾祸。像这样的前车之鉴，非常可怕。周武王宠信周公、邵公、齐公、毕公，所以能称王天下；而殷纣王宠爱飞廉、恶来，所以丧国。太子宫中的俊杰之士不少，可近来在您左右事奉的人，恐怕不能成为治理朝政的合适人选。盼望殿下排斥奸佞之徒，亲近忠良之士，将所占的田园，分给贫苦百姓，将贩卖的东西，马上收来散发给百姓。倘能如此，则美好的声誉会马上到来，诽谤的议论也就自然消除了。"拓跋晃不听劝告。

拓跋晃为政精明洞察，而中常侍宗爱却性情阴险暴躁，多有不法行为，拓跋晃厌恶他。给事中仇尼道盛为拓跋晃所宠信，与宗爱不和。宗爱害怕自己被仇尼道盛揭发，就编造仇尼道盛的罪名，告发了他。太武帝大怒，将仇尼道盛斩杀在街市上，东宫的官属有很多也被牵连而遭斩杀，拓跋晃因忧虑而去世，谥号景穆。太武帝后来才慢慢知道拓跋晃并没有犯法，感到非常后悔，想加封拓跋晃的儿子拓跋濬为高阳王，不久，因为拓跋濬是皇室中的嫡皇孙，不应当封为藩王，因此取消了这一封号。这时拓跋濬四岁，聪慧过人，太武帝很喜欢他，常常把他带在身边。

秋季，刘宋青冀刺史萧斌、将军王玄谟因有罪被免职。

萧斌、王玄谟都是因为打了败仗后退而被免职。宋文帝问沈庆之："萧斌打算斩了王玄谟，你劝阻他，为什么？"沈庆之说："各位将领都后退逃走，谁都害怕受到惩罚，如果自己回来了却要被处死，就会造成大军的崩溃，所以我阻止了萧斌。"

刘宋、北魏重新修好。　宋文帝刘义隆任命王僧绰为侍中。

王僧绰是王昙首的儿子，从小就胸怀大度，大家都认为他将成为国家的栋梁之材。他好学，有才思情致，熟悉朝廷的典章制度，任职吏部郎时，了解各种人才，推荐选拔的官吏都十分称职。

及为侍中,年二十九,沉深有局度,不以才能高人。宋主以其年少,欲以后事托之,朝政大小,皆与参焉。宋主始亲政事,委任王华、王昙首、殷景仁、谢弘微、刘湛,次则范晔、沈演之、庾炳之,最后江湛、徐湛之、何瑀之及僧绰,凡十二人。

壬辰(452)　宋元嘉二十九,魏高宗文成帝濬兴安元年。
春二月,魏宦者宗爱弑其君焘,而立南安王余。

魏世祖追悼景穆太子不已,宗爱惧诛,二月,弑之。仆射兰延、和疋、薛提等秘不发丧。延、疋以濬冲幼,欲立长君。征秦王翰,置之秘室。提以濬嫡孙不可废,议久不决。宗爱知之,自以得罪于景穆太子,而素恶翰,善南安王余,乃秘迎余,矫皇后令召延等,而使宦者持兵伏禁中,以次收缚斩之,杀翰立余。余以爱为大司马、大将军。翰、余皆世祖之子也。

夏五月,宋人侵魏。
宋主闻魏世祖殂,更谋北伐,鲁爽等复劝之。太子中庶子何偃以为:"淮、泗数州,疮痍未复,不宜轻动。"不从。

五月,遣萧思话督张永等向碻磝,鲁爽、鲁秀、程天祚将荆州甲士四万出许、洛,雍州刺史臧质帅所领趣潼关。沈庆之固谏,宋主不使行。

他任职侍中时才二十九岁,稳重深沉,处事有节,不因才能比别人高而傲慢。因为他年轻,宋文帝打算把自己的身后之事托付给他,所以朝廷的大小事宜,他都参与讨论裁决。宋文帝刚刚开始亲自处理政事时,最信任的是王华、王昙首、殷景仁、谢弘微、刘湛,然后是范晔、沈演之、庚炳之,最后是江湛、徐湛之、何瑀之以及王僧绰等共十二人。

壬辰(452)　宋元嘉二十九年,北魏高宗文成帝拓跋濬兴安元年。

春二月,北魏宦官宗爱杀死太武帝拓跋焘,拥立南安王拓跋余登基。

北魏太武帝一直在追思哀悼太子拓跋晃,宗爱害怕自己被诛杀,二月,刺杀了太武帝。仆射兰延、和疋、薛提等人秘不发丧。兰延、和疋认为皇嫡孙拓跋濬年幼,打算拥立一个年纪稍大的君王。于是征召秦王拓跋翰,把他安置在一个密室里。但薛提认为拓跋濬是嫡皇孙,不应该废黜,所以讨论了很久也没有定下来。宗爱知道后,自认为已得罪于太子拓跋晃,而且向来讨厌拓跋翰,与南安王拓跋余关系友善,于是他秘密迎来拓跋余,假借皇后的命令召见兰延等人,私下派宦官带兵在宫中埋伏起来,把兰延等人一个个抓起来杀了,接着又杀了拓跋翰,拥立拓跋余登皇帝位。拓跋余任命宗爱为大司马、大将军。拓跋翰、拓跋余都是太武帝的儿子。

夏五月,刘宋军侵略北魏。

宋文帝听说北魏太武帝拓跋焘去世的消息后,打算再次北伐,鲁爽等人又劝勉他。太子中庶子何偃认为:"淮水、泗水几个州郡遭受北魏入侵的创伤还没有恢复,不应该轻易发兵。"宋文帝不从。

五月,宋文帝派遣萧思话督统张永等人向碻磝进发,派鲁爽、鲁秀、程天祚率领荆州士卒四万人向许昌、洛阳进发,雍州刺史臧质率领部将向潼关进发。沈庆之再三劝谏停止北伐,于是宋文帝没派他率军出征。

　　青州刺史刘兴祖上言,以为:"河南阻饥,野无所掠。脱诸城固守,非旬月可拔。稽留大众,转轮方劳。应机乘势,事存急速。今伪帅始死,兼逼暑时,国内猜扰,不暇远赴,愚谓宜长驱中山,据其关要。冀州以北,民人尚丰,兼麦已向熟,因资为易。若中州震动,黄河以南自当消溃。臣请发青、冀兵入其心腹,若前驱克胜,则众军宜一时济河,并建司牧,抚柔初附。西拒太行,北塞军都,因事指麾,随宜加授。若能成功,清壹可待;若不克捷,不为大伤。"宋主意止存河南,亦不从。又使侍郎徐爰随军向碻磝,衔中旨授诸将方略,临时宣示。

宋尚书令何尚之致仕,寻复起视事。

　　尚之以老请致仕,退居方山。议者咸谓尚之不能固志。既而诏书敦谕数四,果起视事。袁淑录自古隐士有迹无名者为《真伪传》以嗤之。

宋太子劭、始兴王濬巫蛊事觉,赦不诛。

　　初,潘淑妃生始兴王濬,元皇后恚恨而殂,淑妃专总内政。由是太子劭深恶淑妃及濬。濬惧,曲意事劭,劭更与之善。

　　吴兴巫严道育自言能役使鬼物,因东阳公主婢王鹦鹉出入主家,主与劭、濬信惑之。劭、濬多过失,数为宋主所

青州刺史刘兴祖上疏,认为:"黄河以南百姓饥荒,千里荒野找不到可吃的东西。如果北魏各城守军固守不退,不是十天半月就能够攻下的。数万大军被困在城外,粮食物资的补给也很困难。因此应该抓住时机,乘胜前进,以求速战速决。现在伪魏的统帅刚死,加上快到酷暑盛夏季节,趁着他们内部互相怀疑猜忌,还来不及派兵远征之时,我认为应该长驱直入中山,占领这个险要之地。冀州以北,百姓生活尚算丰裕,加上正是麦子成熟的季节,靠这些粮食供应我们,事情就好办多了。如果中州震动起来,北魏黄河以南的州郡自然会土崩瓦解。我请求派遣青州、冀州士卒,攻入北魏的心腹地带,如果前锋部队克敌制胜,那么后面的大军应该渡过黄河北上,所到之处,马上建立州府,派官安抚刚刚归附的百姓。这样,我们西部依据太行山,北部在军都设防,根据情况加以指挥,依照功勋大小加封官职。如果能够成功,天下统一的日子就可以期待了;如果没有成功,也不会有大的损失。"宋文帝只想收回黄河以南的土地,所以也没有接受这个建议。宋文帝又派侍郎徐爰随大军一起向碻磝进发,让他带着圣旨,到交战时再把自己定好的方针策略授给各位将领。

刘宋尚书令何尚之去职退休,不久又被宋文帝刘义隆征召回朝处理政务。

何尚之因为年事已高,请求退职,去方山隐居。但人们都议论说他不会固守这个信念。不久,宋文帝前后四次下诏敦促他回朝,何尚之果然又复官处理事务。袁淑收录自古以来有事迹而不知姓名的隐士,编成《真伪传》一书,以此来讥笑何尚之。

宋太子刘劭、始兴王刘濬施巫蛊之事败露,被赦罪免死。

当初,潘淑妃生下始兴王刘濬,元皇后怨恨而死,潘淑妃始得总管宫内事务。因此太子刘劭非常痛恨潘淑妃及刘濬。刘濬为此而害怕,曲意事奉讨好刘劭,刘劭就与刘濬友善起来。

吴兴女巫严道育自称能驱神弄鬼,因为东阳公主的婢女王鹦鹉的引见,她得以出入公主家门,东阳公主和刘劭、刘濬都对严道育的巫术深信不疑。刘劭、刘濬二人多次犯下过失,被宋文帝

诘责,使道育祈请,号曰天师。后遂与道育、鹦鹉及主奴陈天与、黄门陈庆国共为巫蛊,琢玉为宋主形像,埋于含章殿前。劭补天与为队主。

宋主让之曰:"汝所用队主副,并是奴邪?"劭惧,以书告濬。濬复书曰:"彼人若所为不已,正可促其余命,或是大庆之渐耳。"

鹦鹉先与天与通,恐事泄,白劭密杀之。庆国惧曰:"巫蛊事,唯我与天与宣传往来。今天与死,我其危哉!"乃白其事,宋主大惊,即遣收鹦鹉,封籍其家,得劭、濬书及所埋玉人,命有司穷治其事。道育亡命,捕之不获。宋主惋叹弥日,遣中使切责劭、濬。劭、濬惶惧陈谢。宋主虽怒甚,犹未忍罪也。

秋八月,宋攻魏碻磝,不克而退。雍州兵进至虎牢,引还。

诸军攻碻磝,累旬不拔。八月,魏人夜自地道潜出,烧营及攻具。张永夜撤围退军,不告诸将,士卒惊扰。魏人乘之,死伤涂地。萧思话自往增兵力攻,旬余不拔。时青、徐不稔,军食乏,思话命诸军皆退屯历城。

鲁爽至长社,魏戍主弃城走。臧质遣司马柳元景帅参军薛安都等向潼关。梁州刺史刘秀之遣司马马汪与参军萧道成将兵向长安。道成,承之之子也。魏将军封礼自洰津南渡赴弘农。九月,鲁爽与魏拓跋仆兰战于大索,破之,进攻虎牢,闻碻磝败退,与元景等皆引还。

斥责,于是二人让严道育祈求鬼神帮助,为她立号,称她天师。从此以后,刘劭、刘濬就和严道育、王鹦鹉及东阳公主的家奴陈天与、黄门陈庆国共同用巫术蛊惑人心,他们用玉石雕刻了一尊宋文帝的雕像,把它埋在含章殿前。刘劭又将陈天与增补为队主。

宋文帝责怪刘劭说:"你所任用的队主,队副,怎么都是家奴?"刘劭害怕了,写信告诉刘濬。刘濬回信说:"他如果老是这么做,正可以促使他自己早日毙命,也许是大庆的日子即将到来了。"

王鹦鹉早先曾和陈天与私通,她害怕奸情泄露,就把这件事告诉了刘劭,刘劭暗地里派人把陈天与杀了。陈庆国畏惧地说:"巫术害人的事,只有我和陈天与往来传达。现在陈天与死了,我也危险。"于是他将这些情况都报告了宋文帝,宋文帝大为吃惊,马上派人逮捕了王鹦鹉,查封了她的家,找到了刘劭、刘濬二人的往来信件及埋在含章殿前的玉人,下令有关部门对此事严加追查。严道育逃走,没有抓到。宋文帝对此事慨叹终日,并派中使严厉斥责刘劭、刘濬二人,刘劭和刘濬惊慌恐惧,连连认罪。宋文帝虽然十分气愤,但还是不忍心惩治他们。

秋八月,刘宋军进攻碻磝,没有攻克,全军撤退。雍州士卒攻到虎牢,也率军撤退。

刘宋各路军队进攻碻磝,几十天也未能攻克。八月,北魏军夜里从地道里偷偷出来,烧毁了宋军军营和攻城器械。张永率军乘夜后撤,没有通知其他将领,士卒们都惊慌起来。魏军趁机反攻,宋军死伤遍地。萧思话亲自率军增援,力攻碻磝,十几天仍未攻下。当时,青州、徐州庄稼收成不好,军中缺乏粮食,萧思话只好命令各路军队全都撤退到历城驻扎。

鲁爽率军抵达长社,北魏守将弃城逃走。臧质派遣司马柳元景率领参军薛安都等向潼关进攻。梁州刺史刘秀之派遣司马马汪和参军萧道成率兵向长安进攻。萧道成是萧承之的儿子。北魏将军封礼自洇津渡过黄河,往南赶赴弘农。九月,鲁爽与北魏拓跋仆兰在大索交战,宋军击败魏军,然后进攻虎牢,鲁爽听说萧思话在碻磝败退,就和柳元景等都率军撤退。

吐谷浑王慕利延卒，拾寅立。

拾寅始居伏罗川，遣使请命于宋、魏。宋以为河南王，魏以为西平王。

冬十月，魏宗爱弑其君余。魏主濬立，讨爱，诛之。

魏南安隐王余自以违次而立，厚赐群下，欲以收众心。旬月之间，府藏虚竭。又好酤饮及声乐、畋猎，不恤政事。宗爱为宰相，录三省，总宿卫，坐召公卿，专恣日甚。余患之，谋夺其权，爱愤怒。余以十月朔夜祭东庙，爱使小黄门贾周等就弑，而秘之，唯羽林郎中刘尼知之。劝爱立皇孙濬，爱惊曰："君大痴人！皇孙若立，岂忘正平时事乎？"尼恐爱为变，密告殿中尚书源贺。贺时与尼俱典兵宿卫，乃与尚书陆丽谋曰："宗爱既立南安，还复杀之。今又不立皇孙，将不利于社稷。"遂定谋共立濬。丽，俟之子也。

贺与尚书长孙渴侯严兵守卫，使尼、丽迎濬于苑中。尼驰还东庙，大呼："宗爱杀南安王，大逆不道，皇孙已登大位，有诏，宿卫之士皆还宫！"众咸呼"万岁"，遂执宗爱、贾周等，勒兵入，奉皇孙即位。杀爱、周，具五刑，夷三族。追尊景穆太子为皇帝，立乳母常氏为保太后。

宋西阳蛮反，遣沈庆之讨之。 魏杀其外都大官古弼、张黎。

魏南安王余之立也，以弼为司徒、黎为太尉。及是黜为外都大官，坐有怨言，皆被诛。

吐谷浑国王慕容慕利延去世,慕容拾寅继承王位。

慕容拾寅开始居住在伏罗川,派使节分别前往刘宋和北魏请求封赏。刘宋任命他为河南王,北魏则任命他为西平王。

冬十月,北魏宗爱杀死国王拓跋余。拓跋濬即帝位,讨伐、斩杀宗爱。

北魏南安隐王拓跋余认为自己是没有按照长幼顺序当的皇帝,就对群臣赏赐重礼,打算以此收买人心。旬月之间,就使国库空虚。拓跋余又喜好饮酒,每日纵情声色和狩猎,不过问朝廷政事。宗爱身为宰相,总管三省政务和皇室警卫事务,动辄召唤公卿大臣,日益专权跋扈。拓跋余对此深为忧患,谋划夺去他的大权,宗爱知道后非常愤怒。十月初一,拓跋余夜里前往东庙祭祀,宗爱派遣小黄门贾周等人杀害拓跋余,然后封锁了这个消息,只有羽林郎中刘尼知道。刘尼劝宗爱拥立皇孙拓跋濬为帝,宗爱大惊,说:"你真是一个大白痴!如果立皇孙,他怎么能够忘记正平年景穆太子的事呢?"刘尼害怕宗爱作乱,就把这件事偷偷告诉了殿中尚书源贺。源贺此时和刘尼共同领兵负责宫廷的禁卫,他就同尚书陆丽商议说:"宗爱已经拥立南安王做了皇帝,又杀了他。如今又不让皇孙登基,这对国家将是不利的。"于是商定共同拥立拓跋濬。陆丽是陆俟的儿子。

源贺与尚书长孙渴侯率兵严守皇宫,派刘尼、陆丽将拓跋濬迎到鹿苑。刘尼骑马跑回东庙,大喊道:"宗爱杀了南安王,大逆不道,现在皇孙已登帝位,下诏命令宿卫士卒都返回宫中!"大家都高喊"万岁",于是逮捕了宗爱、贾周等人,率兵入宫,拥立拓跋濬即位。随后,杀了宗爱、贾周,二人都被处以五刑,夷灭三族。追尊景穆太子为皇帝,封乳母常氏为保太后。

刘宋西阳蛮族百姓造反,宋文帝刘义隆派沈庆之率兵前往讨伐。 北魏诛杀外都大官古弼、张黎二人。

北魏南安王拓跋余即帝位,任命古弼为司徒、张黎为太尉。等拓跋濬登基,将二人贬为外都大官,二人因口出怨言获罪,都被杀。

魏陇西屠各叛,讨平之。　魏复建佛图,听民出家。

魏世祖晚年,佛禁稍弛,民间往往有私习者。至是,群臣多请复之,乃诏州郡县,各听建佛图一区。民欲为沙门者,听出家,大州五十人,小州四十人。于是向之所毁,率皆修复。魏主亲为沙门下发。

魏以周忸为太尉,陆丽为司徒,杜元宝为司空。忸寻坐事,赐死。

丽以迎立之功,受心膂之寄,朝臣无出其右者。赐爵平原王,丽辞曰:"陛下国之正统,当承基绪,效顺奉迎,臣子常职。不敢慆天之功,以干大赏。"魏主不许。丽曰:"臣父奉事先朝,忠勤著效。今年逼桑榆,愿以臣爵授之。"魏主曰:"朕岂不能使卿父子为二王邪?"乃进其父建业公俟爵为东平王。

班赐群臣,使源贺任意取之,贺辞曰:"南北未宾,府库不可虚。"固与之,乃取戎马一匹。魏主之立也,高允预其谋,丽等皆受赏,而不及允,允终身不言。

忸坐事赐死。时魏法深峻,贺奏:"谋反之家,男子十三以下本不预谋者,宜免死没官。"从之。

魏行《玄始历》。

初,魏入中原,用《景初历》,世祖克沮渠氏,得赵𣭈《玄始历》,时人以为密。是岁始行之。

北魏陇西屠各族百姓起兵反叛,被平息。 **北魏恢复建立寺庙,任由百姓出家。**

北魏太武帝晚年,稍微放松对佛教的禁令,民间往往有私下信奉佛教的人。文成帝即位后,群臣请求恢复佛教,于是文成帝诏令各州郡县可以建立一座寺庙。百姓有打算出家为僧的,允许随意出家,大州可以有五十人,小州四十人。于是,过去毁掉的寺庙都被修复。文成帝还亲自为出家者剃去头发。

北魏任命周忸为太尉,陆丽为司徒,杜元宝为司空。不久,周忸因罪被勒令自杀。

陆丽因为有迎立文成帝拓跋濬的功劳,被文成帝视为心腹,在朝廷大臣中没有人能比得上。文成帝封他为平原王,陆丽推辞说:"陛下是国家的正统,应当继承皇位,效忠奉迎陛下,是臣下的分内之事。我不敢贪恋如此天大的功劳,得到您的重赏。"文成帝不答应。陆丽说:"我的父亲事奉先帝,以忠效、勤奋而著称。今年他已接近桑榆晚年,我请求把这个爵位授给他。"文成帝说:"朕难道不能让你们父子二人都封为王公吗?"于是封赐陆丽的父亲、建业公陆俟为东平王。

然后,文成帝又对群臣依次封赏,又让源贺任意挑选官爵,源贺辞让说:"国家的南北两方还都没有平定,国库不能空虚。"文成帝坚持要送给他一些东西,源贺只好取了一匹战马。文成帝能够登基,高允也参加了谋划,陆丽等人都被封赏,只有高允没有得到,但高允终身都没有什么怨言。

周忸因犯罪被强令自杀。当时,北魏刑法非常严酷,源贺上奏说:"谋反者的家人,男子在十三岁以下,又没有参与谋反的,应该免去死刑,取消继承官爵的权利。"文成帝听从了他的建议。

北魏开始推行《玄始历》。

当初,北魏进入中原时,使用《景初历》,太武帝战胜北凉沮渠氏后,得到赵𢾺所编著的《玄始历》,当时人们认为它很精密。这一年,北魏开始实行《玄始历》。

癸巳（453） 宋元嘉三十，魏兴安二年。

春正月，宋以始兴王濬为荆州刺史。

初，濬以南徐刺史镇京口，求为荆州，宋主许之。濬还京口治行，而巫蛊事觉，宋主怒未解，故濬久留京口。既除荆州，乃听入朝。

宋遣武陵王骏统诸军讨西阳蛮。 **二月，宋太子劭弑其君义隆及其左卫率袁淑、仆射徐湛之、尚书江湛而自立，以何尚之为司空。**

严道育之亡命也，搜捕甚急，道育匿于东宫，又随始兴王濬至京口。濬入朝，复载还东宫。捕得其婢，云道育随征北还都。宋主乃命京口送婢，须至检覆。

乃废太子劭，赐濬死。先与王僧绰谋之，使寻汉魏典故，送徐湛之、江湛。武陵王骏素无宠，故屡出外藩，南平王铄、建平王宏皆为宋主所爱。铄妃，江湛之妹，随王诞妃，徐湛之之女也。湛劝立铄，湛之欲立诞，僧绰曰："建立之事，仰由圣怀。臣谓唯宜速断，不可稽缓。'当断不断，反受其乱。'愿以义割恩，略小不忍。不尔便应坦怀如初，无烦疑论。事机虽密，易致宣广，不可使难生虑表，取笑千载。"宋主曰："卿可谓能断大事。然此事至重，不可不殷勤三思。且彭城始亡，人将谓我无复慈爱之道。"僧绰曰："臣恐千载之后，言陛下唯能裁弟，不能裁儿。"宋主默然。

癸巳（453） 宋元嘉三十年，北魏兴安二年。

春正月，宋文帝刘义隆任命始兴王刘濬为荆州刺史。

当初，刘濬担任南徐州刺史，镇守京口，他请求宋文帝将他改任为荆州刺史，宋文帝答应了他。刘濬回京口打点行装时，他参与巫术害人的事情暴露，宋文帝的怒气一直没有消除，所以刘濬长时间在京口滞留。直到这次荆州刺史的任命下达后，才允许他入朝晋见。

宋文帝刘义隆派遣武陵王刘骏率领各路大军讨伐西阳反叛蛮人。二月，宋太子刘劭杀死宋文帝及左卫率袁淑、仆射徐湛之、尚书江湛，自立为皇帝，任命何尚之为司空。

严道育逃走之后，宋文帝派人严加搜捕，严道育躲藏在东宫，后来又随始兴王刘濬来到京口。刘濬回朝晋见时，又把她随车载回到东宫。士卒抓到了严道育的婢女，婢女供出严道育已随征北将军刘濬回到京都。宋文帝命令京口方面把婢女押送京师，等婢女到后，进行调查。

宋文帝打算废黜太子刘劭，诏令刘濬自杀。事先和王僧绰商议，让他查找汉魏以来有关同类事情的例子，再分送徐湛之、江湛过目。武陵王刘骏向来不受宋文帝宠爱，所以屡次到外地做官，而南平王刘铄、建平王刘宏二人都蒙受宋文帝宠爱。刘铄的妃子是江湛的妹妹，随王刘诞的妃子是徐湛之的女儿。江湛鼓动宋文帝立刘铄为太子，徐湛之则想立刘诞为太子，王僧绰说："封立太子之事，应由陛下定夺。我认为应该从速决断，不能拖延。'当断不断，反受其乱。'但愿陛下以大义割舍恩情，不要不忍于一些小事。不然就应该像当初那样胸怀坦荡，不要怀疑自己的儿子。这件事虽然很秘密，但也容易泄露出去，不能让灾难发生在您的意料之外，被后世千年取笑。"宋文帝说："你可算得上是一个能断大事的人。但这件事关系重大，不能不小心谨慎，三思而后行。况且彭城王刘义康刚刚去世，我再废黜太子，世人将会说我不再有慈爱之心了。"王僧绰说："我恐怕千年以后，人们会说您只能制裁弟弟，而不能制裁儿子。"宋文帝沉默不语。

江湛出谓僧绰曰："卿向言将不太伤切直！"僧绰曰："弟亦恨君不直！"

铄自寿阳入朝失旨，宋主欲立宏，嫌其非次，是以议久不决。与湛之屏人语，或连日累夕，常使湛之自秉烛绕壁检行，虑有窃听者。既而以其谋告潘淑妃，妃以告濬，濬驰报劭，劭乃谋为逆。

初，宋主以宗室强盛，虑有内难，特加东宫兵，使与羽林相若，至有实甲万人。劭性黠而刚猛，宋主深倚之。及将作乱，每夜飨将士，或亲行酒。僧绰密以闻。会严道育婢将至，劭诈伪诏，豫加部勒，云有所讨，夜呼前中庶子萧斌、左卫率袁淑、中舍人殷仲素入宫，流涕谓曰："主上信谗，将见罪废。内省无过，不能受枉。明旦当行大事，望相与戮力。"因起遍拜之，众惊愕，莫能对。久之，淑、斌皆曰："自古无此，愿加善思。"劭怒变色。斌惧曰："当竭身奉令。"淑叱之曰："卿便谓殿下真有是邪？殿下幼尝患风，今疾动耳。"劭愈怒，因昞淑曰："事当克不？"淑曰："居不疑之地，何患不克，但既克之后，不为天地所容，大祸亦旋至耳。假有此谋，犹将可息。"左右引淑出，曰："此何事，而云可罢乎！"淑还省，绕床行至四更乃寝。

出了宫门以后，江湛对王僧绰说："你刚才说的那些话恐怕太显得恳切率直了！"王僧绰说："我也很遗憾你太不切直了！"

刘铄从寿阳入朝晋见时，得罪了宋文帝，宋文帝打算封立刘宏，但又担心不合长幼次序，所以商议很久也决定不下来。宋文帝有时整天整夜地屏退旁人和徐湛之秘密商议，还经常让徐湛之亲自举着蜡烛，绕着墙壁进行检察，害怕有人窃听。随后，宋文帝把他的计划告诉了潘淑妃，潘淑妃告诉了刘濬，刘濬马上转告刘劭，于是刘劭阴谋造反。

当初，宋文帝认为皇亲宗室力量强盛，担心发生内乱，因而特别加强了东宫太子的兵力，使其与羽林禁卫军的兵力差不多，到此时实际兵力已达一万人。刘劭性情狡黠又刚烈勇猛，宋文帝深深地依赖着他。刘劭即将反叛之前，每天晚上都要设宴招待部下将士，有时还亲自敬酒。王僧绰秘密地把这些事报告给宋文帝。适逢严道育的婢女就要被押解到京，刘劭伪造宋文帝的诏书，事先对部下加以安排，声言有战事，需要出征，又在深夜传唤前中庶子萧斌、左卫率袁淑、中舍人殷仲素前来东宫，哭着对他们说："主上听信谗言，就要把我治罪废黜。我扪心自问，并没有什么过失，不能忍受这样的冤枉。明天一早，我就要做一件大事，希望各位和我共同努力。"刘劭于是从座位上站了起来，向在座各位一一下拜，大家都非常震惊，没有人能够答话。过了很长时间，袁淑、萧斌都说："自古以来都没有发生过这样的事情，希望您再加慎重考虑。"刘劭听后大怒，脸色也变了。萧斌害怕了，说："我们应当竭尽全力执行您的命令。"袁淑斥责道："你们以为殿下真的要这么做吗？殿下幼年时曾得过疯病，现在大概是疯病发作了。"刘劭愈加愤怒，斜眼看着袁淑说："你说这件事能不能成功？"袁淑说："您现在处在不被人怀疑的地位，不用担心不成功，只是您成功之后，不会被天地所容，大祸也会马上到来。如果您真的有这个计划，现在还可以收回来。"刘劭的左右部下把袁淑拉出去，说："这是什么事情，你还说可以半途而废呢！"袁淑回到左卫率府，绕着床铺来回走动，直到四更才入睡。

明日，宫门未开，劭以朱衣加戎服上，乘画轮车与萧斌同载，呼袁淑甚急，淑眠不起，劭停车催之。淑徐起，至车后，劭使登车，又辞不上，劭命杀之。门开而入。旧制东宫队不得入城。劭以伪诏示门卫曰："受敕有所收讨。"令后队速来。张超之等数十人驰入斋阁，拔刀径上合殿。宋主其夜与徐湛之屏人语至旦，烛犹未灭，卫兵尚未起。宋主见超之入，举几捍之，五指皆落，遂弑之。湛之惊起，兵人杀之。劭出坐东堂。江湛闻喧噪声，叹曰："不用王僧绰言，以至于此。"劭遣兵杀之。左细仗主卜天与不暇被甲，执刀持弓，疾呼左右出战，射劭几中，劭党击之，断臂而死。队将张泓之、朱道钦、陈满与天与俱战死。劭使人杀潘淑妃及太祖亲信数十人。

濬时在西州府，闻台内喧噪，不知事之济不，骚扰不知所为。将军王庆曰："宫内有变，未知主上安危，凡在臣子，当投袂赴难。凭城自守，非臣节也。"濬不听。俄而劭驰召濬，濬屏人问状，即戎服乘马而去。王庆又谏曰："太子反逆，天下怨愤。明公但当坚闭城门，坐食积粟，不过三日，凶党自离。公情事如此，今岂宜去！"濬入见劭，劭曰："潘淑妃遂为乱兵所害。"濬曰："此是下情由来所愿。"

劭诈以诏召大将军义恭、尚书令何尚之入，拘于内，并召百官，至者才数十人。劭遽即位，下诏曰："徐湛之、江湛

第二天，宫门还没打开，刘劭内穿戎装，外加红色朝服，与萧斌同乘一辆画轮车，急急忙忙前来叫袁淑，袁淑不肯起床，刘劭停车催促他速来。袁淑慢慢地起床后，来到画轮车后，刘劭让他上车，袁淑又推辞不肯上去，刘劭命令手下人杀了他。宫门打开之后，刘劭等人进入皇宫。根据过去的宫廷制度，太子宫卫队是不能进入宫城的。刘劭拿着自己伪造的皇帝诏令给守卫看，说："我受皇上敕令，进宫讨伐叛逆。"然后命令后面的队伍赶快入宫。张超之等数十人快速进入斋阁，拔出佩刀径直来到合殿。宋文帝在头天夜里和徐湛之屏人密谋至天亮，蜡烛还没有熄灭，卫兵们也没有起床。宋文帝见张超之进来，就举起小案几抵挡，五个手指都被砍掉，于是杀死宋文帝。徐湛之惊慌地站起来，也被士卒所杀。刘劭出来坐在东堂中。江湛听到喧哗嘈杂声，叹息着说："不听王僧绰的话，事情才到了这种地步。"刘劭派人杀了他。左细仗主卜天与来不及披上铠甲，就手拿刀弓，急忙呼喊左右出来迎战，他一箭几乎射中刘劭，刘劭部下群起攻之，卜天与被砍断手臂而死。禁卫军将领张泓之、朱道钦、陈满和卜天与一起战死。刘劭又派人杀了潘淑妃及宋文帝的亲信几十人。

　　此时，刘濬正在西州府，听说宫中一片混乱，不知道事情是否成功，情绪烦乱，不知做什么好。将军王庆说："宫中发生叛乱，不知主上安危如何，凡是臣属，应当义无反顾，共赴危难。只是守住自己的城池，不是臣下所应有的气节。"刘濬不听。没过多久，刘劭派人速来召他入宫，刘濬令左右退下，向来人询问事情如何，然后立即穿上戎服乘马而去。王庆又劝谏他说："太子反叛招致天下人的怨恨愤怒。明公只管紧闭城门，坐吃存储的粮食，不超过三天，叛党自会分崩离析。事情已到了这种程度，你怎么还能去呢？"刘濬入宫见过刘劭，刘劭说："潘淑妃已经被乱兵所害。"刘濬说："这正是我一直盼望的事。"

　　刘劭诈称宋文帝的诏令，征召大将军刘义恭、尚书令何尚之入宫，将他们二人拘禁在宫中，同时又召集文武百官，但来的才几十人。刘劭马上登基即位，颁布诏令说："徐湛之、江湛二人

弑逆无状，吾勒兵入殿，已无所及。今罪人斯得，可大赦，改元太初。"即称疾还永福省，不敢临丧，以白刃自守。以萧斌为仆射，何尚之为司空。劭不知王僧绰之谋，以为吏部尚书。

武陵王骏屯五洲，沈庆之自巴水来，咨受军略。典签董元嗣自建康至五洲，具言太子弑逆。沈庆之密谓腹心曰："萧斌妇人，其余将帅皆易与耳。东宫同恶不过三十人，此外屈逼，必不为用。今辅顺讨逆，不忧不济也。"

魏尊保太后为皇太后。　三月，宋劭杀其吏部尚书王僧绰。

劭料检文帝巾箱及江湛家书疏，得王僧绰所启飨士并前代故事，收杀之。僧绰弟僧虔为司徒属，所亲咸劝之逃，僧虔泣曰："吾兄奉国以忠贞，抚我以慈爱，今日之事，苦不见及耳。若得同归九泉，犹羽化也。"劭因诬北第诸王侯，云与僧绰谋反，杀之。

夏四月，宋江州刺史武陵王骏举兵讨劭，宋人立骏。五月，劭及弟濬皆伏诛。

劭密与沈庆之手书，令杀武陵王骏。庆之求见骏，骏惧，辞以疾。庆之突入，以劭书示骏，骏泣求入与母诀，庆之曰："下官受先帝厚恩，今日之事，唯力是视，殿下何见疑之深？"骏起再拜曰："家国安危，皆在将军。"庆之即命内外勒兵。

递弑皇上，我率兵入殿，已经来不及。如今罪人已死，所以实行大赦，改年号为太初。"刘劭即位后，立即称病回到永福省，不敢主持宋文帝的葬礼，手持佩刀保护自己。刘劭任命萧斌为仆射，何尚之为司空。刘劭不知道王僧绰与宋文帝的密谋，任命他为吏部尚书。

武陵王刘骏驻守五洲，沈庆之从巴水来到五洲请教军事方略。典签董元嗣从建康来到五洲，详细报告了刘劭杀父反叛之事。沈庆之暗地里对他的心腹说："萧斌像个妇人，其他的将帅也都容易对付。东宫中与刘劭一同作恶的死党不过三十人，剩下的都是被逼迫就范的，必然不会为他效力。如今，我们辅佐顺应人心的人去讨伐叛贼，不用担心不会成功。"

北魏尊封保太后为皇后。　三月，宋刘劭诛杀吏部尚书王僧绰。

刘劭整理检查宋文帝的巾箱及江湛家的奏疏和书信，得到王僧绰呈报宋文帝要求犒劳士卒的上疏和前代废黜太子的材料，于是收捕王僧绰，并斩杀了他。王僧绰的弟弟王僧虔为司徒属，他的亲近朋友都劝他逃走，王僧虔哭着说："我哥哥用自己的忠贞报效国家，用慈爱之心抚养我长大，今天发生的事，我怕它涉及不到我。如果我能得以和他同赴九泉，就好像飞升成仙。"刘劭趁机诬陷住在台城以北的各位王侯，称他们与王僧绰一起图谋叛乱，因而杀了他们。

夏四月，刘宋江州刺史、武陵王刘骏起兵讨伐刘劭，宋人拥立刘骏即帝位。五月，刘劭和他的弟弟刘濬都被诛杀。

刘劭给沈庆之写了一封密信，令他杀死武陵王刘骏。沈庆之要求晋见刘骏，刘骏非常害怕，就以有病为借口推辞和他见面。沈庆之突然闯了进来，拿着刘劭的信让他看，刘骏哭着请求沈庆之答应他进去与自己的母亲诀别，沈庆之说："下官我蒙受先帝的厚恩，今日的事情，我会尽我的最大努力，殿下您为什么对我有如此深重的疑心呢？"刘骏起来两次拜谢，说："我个人和国家的安危，全靠将军你了。"沈庆之马上命令王府内外整顿军队。

主簿颜竣曰:"今四方未知义师之举,勍据有天府,若首尾不相应,此危道也。宜待诸镇协谋,然后举事。"庆之厉声曰:"今举大事,而黄头小儿皆得参预,何得不败?宜斩以徇众。"骏令竣拜谢,庆之曰:"君但当知笔札事耳。"于是专委庆之处分。旬日之间,内外整办,人以为神兵。竣,延之子也。

骏戒严誓众,以沈庆之领府司马,柳元景、宗悫、朱脩之皆为参佐,颜竣领录事,总内外,以刘延孙为长史,行留府事。

荆州刺史南谯王义宣、雍州刺史臧质皆不受勍命,与司州刺史鲁爽同举兵以应骏。质、爽俱诣江陵见义宣,且遣使劝进于骏。骏至寻阳,命颜竣移檄四方,州郡响应。义宣遣臧质引兵诣寻阳,兖、冀刺史萧思话,将军垣护之,皆帅所领赴之。义宣版张永为冀州刺史,永遣司马崔勋之等将兵赴义宣。

会稽太守、随王诞将受勍命,参军事沈正说司马顾琛曰:"国家此祸,开辟未闻。今以江东骁锐之众,唱大义于天下,其谁不响应?岂可使殿下北面凶逆,受其伪宠乎!"琛曰:"江东忘战日久,虽逆顺不同,然强弱亦异,当须四方有义举者然后应之,不为晚也。"正曰:"天下未尝有无父无君之国,宁可自安仇耻而责义于余方乎?今正以弑逆冤丑,义不同天,举兵之日,岂求必全邪!冯衍有言曰:

主簿颜竣说："现在，全国上下还不知道我们这支仁义之师的行动，刘劭又占据着京城，如果我们首尾不能相互接应，这可是危险的举措呀。应该等到和各路镇守将军协商谋划，之后再一齐起兵讨伐。"沈庆之厉声说道："现在我们要做这样重大的一件事情，而颜竣这样的黄毛小子也都可以参与谋划，怎么会不失败？应该将他斩首示众。"刘骏命令颜竣向沈庆之赔礼致歉，沈庆之对颜竣说："你只要知道撰写公文之类的事就够了。"于是，刘骏就委托沈庆之全权处理军务。十天之内，沈庆之就把队伍内外事务整办齐全，人们都称这支军队为神兵。颜竣是颜延之的儿子。

刘骏下令部队戒严誓师，任命沈庆之为领府司马，柳元景、宗悫、朱脩之等为参佐，颜竣领录事，总理内外，刘延孙为长史，负责留守事务。

荆州刺史南谯王刘义宣，雍州刺史臧质都不接受刘劭的命令，与司州刺史鲁爽一同起兵，响应刘骏。臧质、鲁爽都来到江陵晋见刘义宣，并且派人去劝刘骏登基。刘骏到达寻阳后，命颜竣向四方发布檄文，各州郡都予以响应。刘义宣派臧质率兵前往寻阳，兖州、冀州刺史萧思话，将军垣护之，都率领自己的军队赶赴寻阳，与刘骏会合。刘义宣任命张永为冀州刺史，张永派司马崔勋之等人率军同刘义宣会师。

会稽太守、随王刘诞将要接受刘劭的任命，参军事沈正劝司马顾琛说："国家遭受这样的灾祸，自开天辟地以来还从未听说过。现在我们江东骁勇精锐的军队向天下倡导大义，有谁会不响应呢？怎能让殿下面对北边的凶恶叛逆之人，接受他虚假的宠爱呢！"顾琛说："江东已经有很长时间没有发生战争了，虽然叛逆与顺从不一样，但强大与弱小也不一样，应当等到四方有人起义时，然后再起兵响应也不为迟。"沈正说："天下未曾有过无父无君的国家，怎么可以自安于此等仇耻，而把举义的职责推给别人呢？如今，正是由于弑父叛逆之人铸就冤丑之事，我们才和他有不共戴天之仇，起兵之日，怎能求全责备呢！冯衍曾说过：

'大汉之贵臣,将不如荆、齐之贱士乎!'况殿下义兼臣子,事实国家者哉。"琛乃与正共入说诞,诞从之。

劭自谓素习武事,语朝士曰:"卿等但助我理文书,若有寇难,吾自当之。"及闻四方兵起,始忧惧戒严。

四月,柳元景统薛安都等十二军发溢口,参军徐遗宝以荆州之众继之。骏发寻阳,沈庆之总中军以从。

檄至建康,劭以示太常颜延之曰:"彼谁笔也?"延之曰:"竣之笔也。"劭曰:"何至于是!"延之曰:"竣尚不顾老臣,安能顾陛下!"劭怒稍解。

劭疑旧臣不为己用,乃厚抚鲁秀、王罗汉,悉以军事委之,以萧斌为谋主,殷冲掌文符。萧斌劝劭勒水军自上决战,不尔则保据梁山。江夏王义恭以南军仓猝,船舫陋小,不利水战,乃进策曰:"贼骏小年,未习军旅,远来疲敝,宜以逸待之。今远出梁山,则京都空弱,东军乘虚,或能为患。若分力两赴,则兵散势离,不如养锐待期,坐而观衅。割弃南岸,栅断石头,此先朝旧法,不忧贼不破也。"劭善之。斌厉色曰:"南中郎二十年少,能建如此大事,岂复可量!三方同恶,势据上流。沈庆之甚练军事,元景、宗悫屡尝立功,形势如此,实非小敌。唯宜及人情未离,尚可决力一战。

'大汉王朝的尊贵之臣,难道还不如楚国、齐国的低贱的读书人吗!'况且殿下义兼臣下和儿子,这对他来说,既是国耻又是家仇啊。"顾琛于是和沈正一起晋见刘诞,刘诞接受了他们的建议。

刘劭认为自己向来熟悉军事,对朝廷文武百官说:"你们只要帮助我整理文书信件就可以了,如果有贼寇前来发难,我自然会去抵挡。"等听到四方起兵讨伐时,他才开始忧虑害怕起来,下令戒严。

四月,柳元景统领薛安都等十二路人马从溢口出发,参军徐遗宝率荆州军队从后面跟上。刘骏从寻阳出发,沈庆之总领中军跟随其后。

刘骏征讨的檄文传到建康,刘劭拿给太常颜延之看,对他说:"这是谁的手笔?"颜延之说:"这是颜竣写的。"刘劭说:"怎么会到了这种程度!"颜延之说:"颜竣连我都不考虑了,怎么会顾及陛下呢!"刘劭的怒气才平息了些。

刘劭怀疑朝廷旧臣不能为自己所用,于是就厚待鲁秀、王罗汉,把军事大权全都交付给这二人,又任命萧斌为主要的谋划者,殷冲掌管文告兵符。萧斌劝说刘劭率水军亲自前往迎战,不然就据守梁山。江夏王刘义恭认为南来的讨伐军队仓促起兵,所使用的船只简陋狭小,不利于水战,就献计说:"叛贼刘骏年纪尚小,不熟悉军旅之事,而且他们远道而来,必然疲惫,我们应该以逸待劳。如果现在远去梁山,会使京都空虚薄弱,东边的叛军就会乘虚而入,有可能成为祸患。如果分兵两路,又会分散兵力,势单力薄,不如养精蓄锐,等待时机,坐观他们的争斗。我们可以放弃秦淮河的南岸,把石头城用栅栏围起来,这是先朝抵御入侵的老办法,不怕破不了贼寇。"刘劭同意他的看法。萧斌声色俱厉地说:"南中郎刘骏正当二十年少,能做出如此大事,怎么能小看他! 三州同时叛乱,又占据着上流地势。沈庆之在军事方面非常精练,柳元景、宗悫屡立战功,这样的形势,他们实在不是弱小的敌手。唯有趁着人心尚未离散,还可以拼力一战。

端坐台城,何由得久! 今主、相咸无战意,岂非天也?"劭不听。或劝劭保石头城,劭曰:"昔人所以固石头城者,俟诸侯勤王耳。我若守此,谁当见救? 唯应力战决之,不然不克。"太尉司马庞秀之自石头先众南奔,人情由是大震。

骏军于鹊头。宣城太守王僧达得檄未知所从,客说之曰:"方今衅逆滔天,古今未有。为君计,莫若承义师之檄,移告傍郡。苟在有心,谁不响应? 此上策也。如其不能,可躬帅向义之徒,详择水陆之便,致身南归,亦其次也。"僧达乃自候道南奔,骏即以为长史。僧达,弘之子也。骏初发寻阳,沈庆之谓人曰:"王僧达必来赴义。"人问其故,庆之曰:"吾见其在先帝前议论开张,执意明决,以此言之,其至必也。"

柳元景以舟舰不坚,惮于水战,乃倍道兼行,至江宁步上,使薛安都帅铁骑曜兵于淮上,移书朝士,为陈逆顺,降者相属。

骏自发寻阳,有疾不能见将佐,唯颜竣出入卧内,拥骏于膝,亲视起居。疾屡危笃,不任咨禀,竣皆专决。军政之外,间以文教书檄,应接遝迤,昏晓临哭,若出一人。如是累旬,自舟中甲士亦不知骏之危疾也。

柳元景潜至新亭,依山为垒。新降者皆劝元景速进,元景曰:"理顺难恃,同恶相济,轻进无防,实启寇心。"

稳守台城,怎能长久!如今主上和宰相都没有力战的意思,难道这不是天意吗?"刘劲不听。有人劝刘劲据保石头城,刘劲说:"过去有人固守石头城,是因为等着诸侯前来救援皇上。我若固守石头城,有谁会来救援呢?只有与敌人决一死战,不然就不能取胜。"太尉司马庞秀之从石头城率先投奔刘骏,于是人心大震。

刘骏在鹊头屯军。宣城太守王僧达收到檄文后不知所从,他的一位门客对他说:"如今,弑父叛逆,罪恶滔天,古往今来,不曾有过。为你自己考虑,不如接受义师的檄文,将檄文转达其他各郡。他们如果还有良心,谁会不响应?这才是上策。如若不能,您可以亲自率领向往正义的人,仔细选择水路或陆路的方便之路,投身归于南方,也不失为中策。"于是王僧达从候道投奔南军,刘骏立即任命他为长史。王僧达是王弘的儿子。刘骏刚从寻阳出发时,沈庆之对人说:"王僧达一定会来参加我们的行动。"有人问其中的原因,沈庆之说:"我见他在文帝面前发表己见,言辞清晰,志向坚定,由此推断,他是一定会来的。"

柳元景因船只不坚固,害怕水战,于是就率军加快前进,到达江宁码头,派薛安都率铁甲骑兵在秦淮河边炫耀武力,给朝臣们写信,陈述叛逆和归顺的利害关系,前来归降的人不断。

刘骏从寻阳出发时,因为身体有病而不能接见各位将领,只有颜竣一人可以出入刘骏的卧室,他把刘骏抱在自己的膝上,亲自照料刘骏的起居生活。刘骏的病情几次加重,无法听取部下的请示和报告,都由颜竣独自决断一切大事。军政大事以外,颜竣还要处理文告教令、书信檄文,安排接见各方人士,在黄昏和凌晨,他都代替刘骏到宋文帝灵位前致哀恸哭,声音就像刘骏一样。几十天一直这样,船上的士卒们也不知道刘骏病重。

柳元景秘密率兵来到新亭,依靠山势筑起营垒。新来归降的人都劝柳元景火速进攻,柳元景说:"理通情达不一定就是可以倚仗的理由,而一同作恶的人同力相济,有时也可能渡过难关。如果我们轻易发起攻势,而不加以防备,反而会勾起贼寇的野心。"

劭使萧斌等分统水陆精兵万人攻新亭垒,劭自登朱雀
门督战。元景宿令军中曰:"鼓繁气易衰,叫数力易竭。衔
枚疾战,一听吾鼓声。"劭将士怀劭重赏,皆殊死战。元景
水陆受敌,意气弥强,麾下勇士,悉遣出斗。劭兵垂克,鲁
秀击退鼓,劭众遽止。元景乃开垒鼓噪以乘之,劭众大溃。
劭更帅余众自来攻垒,复大破之,杀伤过前,劭仅以身免,
鲁秀南奔。骏至江宁,江夏王义恭单骑南奔,上表劝进,骏
遂即位于新亭。

初,劭葬太祖,谥曰景,庙号中宗,至是,改谥曰文,庙
号太祖,尊母路氏为皇太后,立妃王氏为皇后,封拜义恭以
下有差。

五月,臧质以雍州兵至新亭,豫州刺史刘遵考遣将帅
步、骑五千军于瓜步。

先是,宋主遣将军顾彬之将兵东入,受随王诞节度。
诞遣参军刘季之将兵与彬之俱向建康,诞自顿西陵为之后
继。劭遣兵拒之,大败,劭缘淮树栅自守,男丁既尽,召妇
女供役。

鲁秀等募勇士攻大航,克之。王罗汉即放仗降,城中
沸乱,文武将吏争逾城出降。萧斌令所统解甲,自石头戴
白幡来降,诏斩于军门,诸军遂克台城。

张超之走至合殿御床之所,为军士所杀,刳肠割心,诸
将脔其肉,生啖之。劭入武库井中,队副高禽执之。臧质见
之恸哭,劭曰:"天地所不覆载,丈人何为见哭?"质缚劭于

刘劭派萧斌等人分率水陆精兵一万人进攻新亭的营垒,刘劭亲自登上朱雀门督战。柳元景命令军中将士说:"战鼓声过于频繁,容易导致声势衰退,呐喊声次数太多,力量容易枯竭。你们尽管不动声色,快速战斗,一律听从我的鼓声。"刘劭的将士都想着得到重赏,拼死作战。柳元景水陆两面受敌,但将士们斗志更加昂扬,他部下的勇士,全都被派出参战。刘劭的军队临近获胜时,鲁秀击鼓撤退,刘劭的将士立即停止前进。这时,柳元景打开营垒,猛击战鼓,趁机发动冲锋,刘劭的军队崩溃。刘劭于是率领剩下的将士亲自前来攻打新亭营垒,被柳元景再次击败,死伤士卒超过了上次,刘劭仅仅免于一死,鲁秀投奔南军。刘骏抵达江宁,江夏王刘义恭单人匹马投奔南军,上表劝说刘骏即帝位,于是刘骏在新亭即皇帝位。

　　当初,刘劭埋葬宋文帝时,谥号为景,庙号中宗,刘骏即皇位后,改谥号为文,庙号太祖,尊称母亲路氏为皇太后,封立妃子王氏为皇后,分别任命刘义恭等人官职。

　　五月,臧质率领雍州军队到达新亭,豫州刺史刘遵考派将领率步、骑兵五千人,驻守在瓜步。

　　此前,刘骏派将军顾彬之率兵东进,接受随王刘诞的调遣。刘诞派参军刘季之率兵与顾彬之一同向建康进发,自己率兵驻扎西陵,作为后继部队。刘劭派军队抵抗,被击败,于是,刘劭沿着秦淮河竖起栅栏以自卫,青壮年男子已全部征尽,就征召妇女役使。

　　鲁秀等人招募勇士进攻大航,攻克下来。王罗汉放下武器,投降南军,京城里一片混乱,文武将士争先恐后出城投降。萧斌命他的部下解下盔甲,从石头城顶着白旗前来投降,刘骏下诏,将萧斌斩于军门外,于是各路大军攻克台城。

　　张超之逃到合殿皇帝御床之处,被军中将士所杀,掏了他的肠子,挖了他的心,各路将士把他的肉割下来生吃。刘劭躲在武器仓库的井里,被禁卫队队副高禽抓获。臧质见到刘劭失声痛哭,刘劭说:"天地不容我,老人家为什么哭呢?"臧质把刘劭捆在

马上,防送军门。时不见传国玺,问劭,曰:"在严道育处。"就取得之。斩劭及四子于牙下。濬帅左右南走,遇江夏王义恭,曰:"南中郎今何所作?"义恭曰:"上已君临万国。"又曰:"虎头来得无晚乎?"义恭曰:"殊当恨晚。"勒与俱归,于道斩之,及其三子。劭、濬父子首并枭于大航,暴尸于市,污潴劭所居斋。严道育、王鹦鹉并都街鞭杀,焚尸,扬灰于江。殷冲、尹弘、王罗汉及沈璞皆伏诛。

赠袁淑为太尉,谥忠宪公,徐湛之为司空,谥忠烈公,江湛为开府仪同三司,谥忠简公,王僧绰为金紫光禄大夫,谥简侯,卜天与益州刺史,谥壮侯,与、淑等四家长给禀禄。

宋复以何尚之为尚书令。

初,劭以尚书令何尚之为司空,子偃为侍中。及劭败,尚之左右皆散,自洗黄阁。宋主以尚之、偃素有令誉,且居劭朝,用智将迎,时有全脱,故特免之,复以尚之为尚书令,偃为大司马长史,任遇无改。

宋以柳元景为护军将军。

初,宋主之讨西阳蛮也,臧质使柳元景将兵会之。及质起兵,欲奉南谯王义宣为主,潜使元景西还,元景即以质书呈宋主,语其信曰:"臧冠军当是未知殿下义举耳。方应伐逆,不容西还。"质以此恨之。及宋主即位,以质为江州,

马上，护送到军营大门。当时找不到传国玉玺，就问刘劭，刘劭说："玉玺在严道育那里。"于是在严道育处找到了玉玺。刘劭和他的四个儿子在牙旗下全部被斩。刘濬带领随从向南逃去，路上遇到了江夏王刘义恭，刘濬说："南中郎刘骏现在在干什么？"刘义恭说："皇上现在已君临万国。"刘濬又说："我来得还不算晚吧？"刘义恭说："很遗憾，你来得太晚了。"刘义恭让他和自己一同返回京城，在路上斩杀了刘濬及其三个儿子。刘劭和刘濬父子的头都被砍下来悬挂在大航，暴尸于集市之上，刘劭的住处被挖了一个大坑，里面灌满了污水。严道育、王鹦鹉都被拉到街上，用皮鞭鞭笞杀死，焚烧了她们的尸体，将骨灰撒到长江里。殷冲、尹弘、王罗汉及沈璞都被诛杀。

追赠袁淑为太尉，谥号为忠宪公，徐湛之为司空，谥号为忠烈公，江湛为开府仪同三司，谥号为忠简公，王僧绰为金紫光禄大夫，谥号为简侯，卜天与为益州刺史，谥号为壮侯，卜天与、袁淑等四家长期享受俸禄。

宋孝武帝刘骏恢复何尚之的尚令职务。

当初，刘劭任命尚书令何尚之为司空，任命何尚之的儿子何偃为侍中。刘劭被击败后，何尚之的左右部下四处逃散，何尚之亲自动手清洗黄阁。宋孝武帝认为何尚之和何偃一向有良好的声誉，而且任职刘劭朝中时，利用自己的智慧迎接讨伐部队，经常救助他人免于灾祸，所以宋孝武帝特别赦免了何氏父子，恢复了何尚之的尚书令一职，任命何偃为大司马长史，二人的地位待遇都没有改变。

宋孝武帝刘骏任命柳元景为护军将军。

当初，刘骏前往征讨西阳蛮人时，臧质派柳元景率领军队与刘骏会合。后来臧质起兵反抗刘劭，打算拥立南谯王刘义宣为皇帝，暗中让柳元景向西返回，柳元景就把臧质的秘信呈报给了刘骏，并对臧质的信使说："臧冠军一定是不知道武陵王殿下的正义之举。现在正要去讨伐叛逆之人，不容许我向西返回。"臧质因此怨恨柳元景。等刘骏即位之后，任命臧质为江州刺史，

元景为雍州,质虑元景为荆、江后患,建议元景当为爪牙,不宜远出。宋主重违其言,以元景为护军将军,领石头戍事。

宋以南郡王义宣为荆、湘刺史。 秋七月朔,日食。

宋主诏求直言,省细作并尚方,雕文涂饰,贵戚竞利,悉皆禁绝。

中军录事参军周朗上疏以为:"毒之在体,必割其缓处。历下、泗间,不足戍守。议者必以为胡衰不足避,而不知我之病甚于胡矣。今空守孤城,徒费财役。使虏但发轻骑三千,更互出入,春来犯麦,秋至侵禾,水陆漕输,居然复绝。于贼不劳而边已困,不至二年,卒散民尽,可跷足而待也。今人知不以羊追狼、蟹捕鼠,而令重车弱卒与肥马悍胡相逐,其不能济固宜矣。又,三年之丧,天下之达丧,汉氏节其臣则可矣,薄其子则乱也。凡法有变于古而刻于情,则莫能顺焉,至乎败于礼而安于身,必遽而奉之。今陛下以大孝始基,宜反斯谬。又,举天下以奉一君,何患不给?一体炫金不及百两,一岁美衣不过数袭,而必收宝连楱,集服累笥,目岂常视,身未时亲,是楱带宝,笥著衣也,

柳元景为雍州刺史，臧质担心柳元景会成为荆州和江州的后患，因此他向宋孝武帝建议，说柳元景是朝廷的得力干将，不应该让他远离京师。宋孝武帝改变了原来的任命，改任柳元景为护军将军，负责石头城的防务。

宋孝武帝刘骏任命南郡王刘义宣为荆州、湘州刺史。　秋七月初一，出现日食。

宋孝武帝下诏，要求文武百官对朝政直言评说，命令裁减细作署，并入尚方署，雕刻装饰，皇亲贵戚竞相贪利，一律加以禁绝。

中军录事参军周朗上疏，认为："毒瘤长在身体内，就要从看似不要紧的地方下刀割除。历下和泗水之间，用不着派重兵戍守。谈论国事的人都认为胡虏已经衰退，我们不用再害怕回避他们，但这些人不知道我们国家的弊病比胡虏还要严重。现在我们派兵空守这座孤城，白白浪费财力和人力。假如胡虏只派三千轻骑兵，对我们的边境进行轮番骚扰，春天前来践踏麦苗，秋天再来掠夺粮食，我们水路和陆路的漕运，也会被他们再次切断。这样做，对胡虏来说不感到劳累，而对我们的边境则是困苦不堪，不用两年时间，我们边境的士卒和百姓就会四散逃走，这是跷起脚跟就可以等来的事情。现在人们都知道不能以羊追狼，不能以蟹捕鼠，但我们却用笨重的战车和衰弱的士卒与肥壮的战马和强悍的胡虏追逐厮杀，这样做是不可能成功的。另外，三年服丧，是天下大丧，汉王朝时命令臣下节制丧期是可以的，但如果让做儿子的节制丧期，礼数就会混乱。凡是改变古法而又薄于人情的，就没有一件事能顺利进行，至于败坏礼数而让自己舒适安逸，却又马上接受奉行。如今陛下您以天下大孝奉为事业的基础，就应该一反这种错误。另外，拿天下所有的财富来事奉一个君主，哪里用得着担心会供应不上？一身都用黄金来装饰，也用不了一百两，一年都穿华丽漂亮的衣服，也不过几套就够了，可是有的人一定要把珠宝金银全都锁在柜子里，把漂亮华丽的衣服收在箱子里，眼睛不能常常看见，身体也不能常常穿着，其实是这些柜子、箱子拥有这些珠宝金银、华贵服饰了，

何糜蠹之剧，惑鄙之甚邪！且细作始并，以为俭节，而市造华怪，即传于民。如此则迁也，非罢也。凡厥庶民制度日侈，见车马不辨贵贱，视冠服不知尊卑。尚方今造一物，小民明已瞵睨；宫中朝制一衣，庶家晚已裁学。侈丽之源实先宫闱。又，设官者宜官称事立，人称官置。王侯识未堪务，不应强仕，且帝子未官，人谁谓贱？但宜详置宾友，茂择正人，亦何必列长史、参军、别驾从事，然后为贵哉？又，俗好以毁沉人，不知察其所以致毁；以誉进人，不知测其所以致誉。毁徒皆鄙，则遭毁者宜擢；誉党悉庸，则得誉者宜退；如此则毁誉不安，善恶分矣。凡无世不有言事，无时不有下令，然升平不至，昏危相继，何哉？设令之本非实故也。"书奏，忤旨，自解去职。

　　侍中谢庄上言："诏云：'贵戚竞利，悉皆禁绝。'此实允惬民听。若有犯违，则应依制裁纠；若废法申恩，便为明诏既下而声实乖爽也。臣愚谓大臣在禄位者，尤不宜与民争利。不审可得在此诏不？"庄，弘微之子也。

为什么要这么浪费，又让自己这么糊涂呢！而且细作署刚刚被合并，宣称是为了勤俭节约，但是市上所制造的华丽奇巧的东西，马上就传到了老百姓中间。这些东西只是从宫中传到了民间，并没有被消灭。凡是那些民间百姓的生活日用日益奢侈，从他们乘坐的车马，不能分辨出地位的贵贱，从他们帽子、衣服不能了解职位的尊卑。尚方署今天制造了一个器物，那么民间明天就能知道它的制作方法；宫中早晨缝制了一件衣服，百姓家里晚上就知道怎么剪裁。其实奢侈华丽的源头最早在于宫中。再者，朝廷设置官位，官位应当和所管理的事务相称，任职的官员也应当和官位相称。如果王侯的才识不堪胜任某一官职，就不应该强迫他们做官，况且皇帝的儿子不做官，又有谁会说他低贱呢？只是应该谨慎地为他们选择属官，挑选正直有才的人，何必一定要为他们安置长史、参军、别驾从事这些官职，然后觉得这样才算尊贵呢？另外，如今的风俗是人们喜好根据毁谤的话去埋没一个人，而不去查清被毁者之所以被毁的原因；根据赞誉的话去提升一个人，却不去详查被赞誉者之所以被赞誉的原因。如果毁谤之徒是一些卑鄙的人，那么遭到毁谤的人就应该提升；如果赞誉者都是一些平庸无能之辈，那么被赞誉者就应该被辞退；如果能够这样，无论是毁谤或者赞誉都不会虚妄错误，善恶也就自然分明。大凡没有一个时代没有上书言事的，也没有一个时代没有下诏求言的，但是太平盛世并没有出现，而昏暗危机却相继到来，这是为什么呢？根本原因可能是征求直言的诏令并不是真心实意地。"奏章呈上之后，完全不合宋孝武帝的心意，所以周朗就辞职了。

　　侍中谢庄上书说："诏书说：'皇亲贵戚竞相争利，一律加以禁绝。'这实在是说出了百姓的心声。如果有人违反这个规定，就应依法惩处；如果不依法追究，而加以宽大饶恕，那就表明诏令虽已颁下，但名声和实际不相符合。依臣的愚见，有俸禄有地位的大臣，尤其不应该同百姓争夺小利。不知道我的意见是否符合诏令的本意。"谢庄是谢弘微的儿子。

时多变易太祖之制,郡、县以三周为满,宋之善政于是乎衰。

宋主杀其弟南平王铄。

铄素负才能,常轻宋主,宋主潜使人毒之。

宋广州反,讨平之。

南海太守萧简据广州反。简,斌弟也。诏新南海太守邓琬、始兴太守沈法系讨之。简诳其众曰:"台军是贼劭所遣。"众信之,为之固守。琬先至,止为一攻道。法系至,曰:"宜四面并攻。若守一道,何时可拔?"琬不从。法系曰:"更相申五十日。"日尽又不克,乃从之,八道俱攻,一日即破之,斩简,广州平。法系封府库付琬而还。

甲午(454) 宋世祖孝武帝骏孝建元年,魏兴光元年。
春正月,宋铸孝建四铢钱。

元嘉中,官铸四铢钱,轮郭形制与五铢同,用费无利,故民不盗铸。及是铸孝建四铢,形式薄小,轮郭不成,于是盗铸者众。杂以铅锡,剪凿古钱,钱转薄小。守宰不能禁,坐死、免者相继。盗铸益甚,物价踊贵。寻诏钱薄小无轮郭者悉不得行,民间喧扰。

当时，宋孝武帝对宋文帝时所制订的典章制度大都加以改变，郡、县长官的任职期限以三年为限，从此，刘宋的清明政治开始走向衰败。

宋孝武帝刘骏杀死他的弟弟南平王刘铄。

刘铄一向对自己的才能很自负，常常轻视宋孝武帝，宋孝武帝于是偷偷派人毒死了他。

刘宋广州发生叛乱，被平息。

南海太守萧简占据广州叛乱。萧简是萧斌的弟弟。宋孝武帝诏令新任南海太守邓琬、始兴太守沈法系一起出兵，前去讨伐。萧简欺骗他的部下说："朝廷来的军队，是逆贼刘劭派遣的。"他的部下相信了他的话，为他固守城池。邓琬首先到达，只从一面攻击。沈法系到达之后，说："应该从四面一起发起进攻。如果只从一面攻击，什么时候才能攻下呢？"邓琬不听。沈法系说："我们约定再攻五十天。"五十天下来，仍然没有攻克，于是邓琬接受了沈法系的建议，从八个方向围攻，一天就攻克了，将萧简斩首，广州叛乱平息。沈法系查封了广州府库，把它移交邓琬，自己率军返还。

宋孝武帝

甲午（454）　宋世祖孝武帝刘骏孝建元年，北魏兴光元年。

春正月，刘宋铸造孝建四铢钱。

元嘉年间，官府铸造了四铢钱，它的轮廓、式样和五铢钱一样，用料多，从中无利可图，所以民间百姓就没有人盗铸。宋孝武帝即位后，开始铸造孝建四铢钱，它的外形又薄又小，轮廓也不明显，于是伪造的人很多。他们在钱里掺入铅、锡，又剪、凿古钱，致使古钱既薄又小。地方官员无法禁绝这种盗铸，因此被处死或免官的官员不间断。盗铸钱币的越来越多，导致物价飞涨。不久，宋孝武帝下诏令，既薄又小且轮廓不清的钱不得通行使用，一时民间喧扰。

于是沈庆之建议："宜听民铸钱，郡县置署，乐铸之家皆居署内，平其准式，去其杂伪。所禁新品一时施用。今铸悉依此格，万税三千，严检盗铸。"

丹阳尹颜竣驳之，以为："五铢轻重定于汉世，魏晋以降莫之能改。诚以物货既均，改之伪生故也。今若巨细总行而不从公铸，利己既深，情伪无极，私铸剪凿，尽不可禁。财货未赡，大钱已竭，数岁之间，悉为尘土矣。纵行细钱，官无益赋之理，百姓虽赡，无解官乏。唯简费去华，专在节俭，求赡之道，莫此为贵。"

议者又以铜转难得，欲铸二铢钱。

竣议以为："恣行新细，无解官乏，而民间奸巧大兴，天下之货将糜碎至尽。空严立禁，而利深难绝，不一二年，其弊不可复救，市井之间，必生纷扰，富商得志，贫民困窘，此皆甚不可者也。"乃止。

宋主立其子子业为太子。

将置东宫，省率更令，余各减旧员之半。

二月，宋江州刺史臧质以南郡王义宣举兵反。夏，宋主遣兵讨质，诛之。

初，江州刺史臧质自谓人才足为一世英雄。太子劭之乱，潜有异图。以荆州刺史、南郡王义宣庸暗易制，欲外相推奉，

于是,沈庆之建议:"应该允许百姓铸造钱币,各郡县都设立一个钱署,乐意铸造钱币的人家都安排在署内,统一制定个标准,不准在钱行中掺杂物。已被查禁的那些新铸的钱币可允许它再流通一段时间。从今以后,铸钱全部依照这个新的标准,一万钱收税三千,严格查禁偷铸钱币的人。"

丹阳尹颜竣反驳这个建议,他认为:"五铢钱的轻重,在汉朝就定有标准,魏晋以来,还没有谁能够更改。这实在是由于钱币的价值与货物的价值已经相等,如果改变,就会出现假钱。现在如果让这大小厚薄不同的钱币一起流通,而不由官府铸造,那么就对个人有很大好处,私下盗铸剪凿的事就会屡屡发生,全都不能禁绝。如此一来,财货没有增加,而大钱却已用尽,不出几年,四铢钱就会变成尘土了。即使允许使用小钱,朝廷也不会增加赋税,百姓就是富了,也解决不了朝廷财力物力的短缺。只有崇尚俭朴,反对浪费,追求勤俭节约,寻求富足之路,没有比这更为重要的了。"

又有人认为铜矿不易找到,打算铸造二铢钱。

颜竣发表议论说:"如果大量发行小钱,并不能解决朝廷的困难,却会导致民间发生更多的作奸犯科的事,天下的财物也将会被糟蹋用尽。只是空喊严格禁绝,但是获利太大,就很难禁绝,用不了一二年,这一弊病就会达到不可挽救的程度,市井街巷里就会纠纷不断,富商们越来越得意,而百姓却会越来越难过,这都说明这样做是绝对不行的。"于是,朝廷禁止了小钱的使用。

宋孝武帝刘骏立皇子刘子业为太子。

在立太子之前,撤销了东宫率更令一职,将原来东宫中的官员裁减一半。

二月,刘宋江州刺史臧质拥护南郡王刘义宣起兵反叛。夏季,宋孝武帝刘骏派兵讨伐臧质,诛杀了他。

当初,江州刺史臧质认为自己的才能足可以称为一代英雄。太子刘劭弑父叛乱时,他暗中另有打算。他认为荆州刺史南郡王刘义宣昏庸无能,容易被控制,准备表面拥立刘义宣为帝,

因而覆之。

劭既诛，义宣与质功皆第一，由是骄恣，事多专行。义宣在荆州十年，财富兵强，朝廷所下制度，意有不同，一不遵承。质之江州，舫千余乘，部伍前后百余里。帝方自揽威权，而质以少主遇之，政刑庆赏，一不咨禀。擅用溢口米，台符检诘，渐致猜惧。

帝淫义宣诸女，义宣恨怒。质乃遣密信说义宣，义宣腹心蔡超、竺超民等咸有富贵之望，劝从其计。

义宣以豫州刺史鲁爽有勇力，素与相结，至是，密使人报之及兖州刺史徐遗宝，期以今秋举兵。使者至寿阳，爽方饮醉，失义宣指，即日举兵。窃造法服，登坛自号建平元年。遗宝亦勒兵向彭城。

义宣闻爽已反，狼狈举兵，与质俱表欲诛君侧之恶。爽送所造舆服诣江陵，使征北府户曹版义宣等，文曰：“丞相刘今补天子，名义宣。车骑臧今补丞相，名质。皆版到奉行。”义宣骇愕，召司州刺史鲁秀欲使为后继。秀见义宣，出拊膺曰：“吾兄误我，乃与痴人作贼，今年败矣。”

义宣兼荆、江、兖、豫四州之力，威震远近。宋主欲奉乘舆法物迎之，竟陵王诞固执不可，曰：“奈何持此座与人？”乃以柳元景、王玄谟统诸将讨之，进据梁山洲，于两岸

再伺机推翻他。

刘劭被杀之后，刘义宣与臧质的功劳都列为一等，因此他们开始骄横跋扈起来，做事大都独断专横。刘义宣镇守荆州十年，财富兵强，朝廷颁布的制度，刘义宣只要不同意，就不加以遵守执行。臧质前往江州上任时，带了一千多艘船，队伍前后相接有百余里。宋孝武帝此时正独揽威权，但臧质却把他当成一个不懂事的少年皇帝来对待，有关政令刑罚和庆贺奖赏的事情，他都一概不奏请宋孝武帝。他还擅自动用溢口仓库里的粮食，直到朝廷下诏检查追问此事，才逐渐猜疑害怕起来。

宋孝武帝奸淫了刘义宣的所有女儿，刘义宣十分气愤。臧质就暗中派人前去游说他，刘义宣的心腹将领蔡超、竺超民等人都有享受荣华富贵的愿望，所以也劝说刘义宣接受臧质的计谋。

刘义宣认为豫州刺史鲁爽勇敢有武力，平素与他结交，于是派密使把自己的打算告诉了鲁爽和兖州刺史徐遗宝，相约在这一年的秋季举兵起义。使者到达寿阳时，正赶上鲁爽喝酒大醉，听错了使者的话，当天就起兵反叛。他偷偷制作了皇帝的礼服，然后登上高坛，自己改年号为建平元年。徐遗宝也整治军队向彭城进发。

刘义宣听说鲁爽已经反叛，只好仓促起兵，他和臧质都上表宣称，打算诛杀皇帝身边的罪恶之人。鲁爽把他制作的车舆冠服送到了江陵，派征北府户曹向刘义宣等人宣布临时授官情况，文告说："丞相刘，现在递补为天子，名叫义宣。车骑臧，现在递补为丞相，名叫质。这一任命从文告到达之日起执行。"刘义宣大为惊愕，召回司州刺史鲁秀，打算让他担任后继部队。鲁秀见到刘义宣后，痛拍胸口说："我的哥哥害了我，我才和这种白痴一起造反，今年一定会失败。"

刘义宣兼有荆州、江州、兖州、豫州的军事力量，声势威震远近。宋孝武帝打算奉上皇帝专用的车驾和器物迎接他，竟陵王刘诞坚决反对，说："怎么能把皇帝的宝座让给别人？"于是宋孝武帝派柳元景、王玄谟统诸路将士讨伐刘义宣，进占梁山洲，在两岸

筑偃月垒,水陆待之。

三月,义宣移檄州郡,雍州刺史朱脩之伪许之,而遣使陈诚于帝。益州刺史刘秀之斩其使,遣军袭江陵。

义宣帅众十万发江津,舳舻数百里。以子愔与竺超民留镇江陵。义宣知脩之贰己,乃以鲁秀为雍州刺史,使将万余人击之。王玄谟闻秀不来,喜曰:“臧质易与耳。”

冀州刺史垣护之妻,徐遗宝之姊也。遗宝邀护之同反,护之不从,发兵击之,遗宝奔寿阳。

义宣至寻阳,以质为前锋。爽亦引兵趣历阳,与质水陆俱下。将军沈灵赐将百舸破质前军。质至梁山,夹陈两岸,与官军相拒。

四月,以朱脩之为荆州刺史,遣将军薛安都等戍历阳。

沈庆之济江讨爽,爽引兵退,庆之使安都帅轻骑追及斩之。进克寿阳,徐遗宝走死。

义宣至鹊头,庆之送爽首示之。爽累世将家,骁猛善战,号万人敌,义宣与质由是骇惧。

宋主使元景进屯姑孰,太傅义恭与义宣书曰:“臧质少无美行,弟所具悉。今藉西楚之强力,图济其私。凶谋若果,恐非复池中物也。”义宣由此疑之。五月,至芜湖,质曰:“今以万人取南州,则梁山中绝;万人缀梁山,则玄谟必不敢动。下官中流鼓棹,直趣石头,此上策也。”义宣

修筑偃月形阵地,水、陆两路同时等待迎战。

三月,刘义宣发布檄文到各州郡,雍州刺史朱脩之假装响应刘义宣,但暗地里派人向宋孝武帝表示忠诚。益州刺史刘秀之斩杀了刘义宣的使者,派遣军队袭击江陵。

刘义宣率领十万大军自江津出发,船只前后连绵几百里。他令自己的儿子刘愔和竺超民留下镇守江陵。刘义宣知道朱脩之跟自己不是一条心,就任命鲁秀为雍州刺史,让他率领一万多人进攻朱脩之。王玄谟听说鲁秀不会来进攻自己,高兴地说:"臧质容易对付了。"

冀州刺史垣护之的妻子,是徐遗宝的姐姐。徐遗宝邀请垣护之一同反叛,垣护之没有答应,而且又出动军队攻击徐遗宝,徐遗宝逃往寿阳。

刘义宣抵达寻阳,任命臧质担任前锋。鲁爽也率军直奔历阳,与臧质从水、陆两路同时发兵。将军沈灵赐率领一百艘船只,击败臧质的先头部队。臧质到达梁山,在两岸修筑营垒,与朝廷的军队相持。

四月,宋孝武帝任命朱脩之为荆州刺史,派遣将军薛安都等人戍守历阳。

沈庆之渡过长江讨伐鲁爽,鲁爽率兵向后撤退,沈庆之派薛安都率领轻骑部队追上鲁爽并斩了他。然后进军攻克寿阳,徐遗宝逃走时被杀。

刘义宣抵达鹊头,沈庆之把鲁爽的人头送给他看。鲁爽家几代为将,勇猛善战,号称万人敌,刘义宣与臧质因此震惊害怕。

宋孝武帝派柳元景进军屯驻姑孰,太傅刘义恭给刘义宣写信说:"臧质从小就没有优良的德操,弟弟你是知道的。如今他凭借楚地的强大兵力,以图谋满足私欲。如果他的凶谋得以实现,恐怕他就不是池中之物。"刘义宣因此对臧质产生了怀疑。五月,刘义宣到达芜湖,臧质说:"现在派一万人马进攻南州,那么梁山就会被完全隔断;再用这一万人马守住梁山,王玄谟肯定不敢轻举妄动。我率船队顺江而下,直奔石头,这是上策。"刘义宣

将从之。刘湛之密言:"质求前驱,此志难测。不如尽锐攻梁山,事克然后长驱,此万安之计也。"义宣乃止。

会西南风急,质遣将攻陷梁山西垒,又遣兵趣南浦,垣护之与战,破之。

朱脩之断马鞍山道,鲁秀攻之不克。

王玄谟使护之告急于柳元景,欲退还姑孰,更议进取。元景曰:"贼势方盛,不可先退,吾当卷甲赴之。"护之曰:"贼谓南州有三万人,而将军麾下裁十分之一,若往造贼垒,则虚实露矣。王豫州又不可来,不如分兵援之。"元景曰:"善。"乃留羸弱自守,悉遣精兵助玄谟,多张旗帜。梁山望之如数万人,皆以为建康兵悉至,众心乃安。

质请自攻东城,颜乐之曰:"质若复克东城,则大功尽归之矣。宜遣麾下自行。"义宣乃遣刘谌之与质俱进,顿兵西岸,进攻东城。玄谟督诸军大战,薛安都帅突骑冲阵陷之,斩谌之,质等大败。垣护之烧江中舟舰,延及西岸营垒殆尽。诸军乘势攻之,义宣兵溃,单舸逃走,闭户而泣。质不知所为,亦走,其众皆降散。质逃于南湖,追斩其首送建康,子孙皆弃市。

义宣走向江陵,众散且尽,竺超民具羽仪迎之。时州兵尚余万人,秀、超民等犹欲收余兵更图一决,而义宣悁

打算按此计行事。刘湛之却暗地里对刘义宣说:"臧质请求做先锋部队,他的目的很难预测。不如用精锐部队进攻梁山,攻克之后,再长驱直入建康,这才是万全之计。"刘义宣这才没有听从臧质的建议。

恰好刮起了很强的西南风,臧质派部将攻下了梁山西垒,又派兵直奔南浦,垣护之与臧质的军队作战,大败臧质。

朱脩之切断了马鞍山的道路交通,鲁秀向朱脩之发起进攻,未能攻克。

王玄谟派垣护之向柳元景告急,打算退回姑孰,然后再考虑下一步如何进攻。柳元景说:"叛贼的攻势正处于强盛时期,我们不能先行后退,我自会披甲率军与你会合。"垣护之说:"叛贼以为南州有三万大军,可将军您手下仅有十分之一,如果您亲自率军到战场上,那您的兵力虚实就会暴露出来。王玄谟又不能退回姑孰,我们不如分几路前去救援。"柳元景说:"好!"于是,柳元景留下老弱病残的士卒守卫大营,把精锐部队全都派去援助王玄谟,还让他们故意到处高举旗帜。梁山守军一眼望去,好像有几万人,都以为建康大军全都赶来了,士卒们才安定下来。

臧质请求前去进攻东城,颜乐之对刘义宣说:"如果臧质再攻克了东城,那么所有的大功就要全归于他一人了。您应该派自己手下的将士前去。"刘义宣就派刘谌之与臧质一起出兵驻兵西岸,攻击东城。王玄谟率领各路军队大战,薛安都率领突击骑兵冲入敌人阵地,斩了刘谌之,臧质的部众大败。垣护之焚烧了江上的船只,大火蔓延到西岸,叛军营垒几乎被烧尽。各路大军乘胜前进,刘义宣的叛军崩溃,他只身一人乘小船逃走,关上舱门哭了起来。臧质也不知该怎么办,只好逃走,手下部众都投降或逃散。臧质逃到南湖,朝廷军队追上了他,斩下他的头送到了建康,他的子孙也都被斩首。

刘义宣逃向江陵,他手下的将士大都逃散了,竺超民派出仪仗队前去迎接他。此时荆州还有一万多将士,鲁秀、竺超民等人还打算整顿收拾残余兵力,再进行一次决战,但刘义宣昏沉

沮,无复神守。旦日,超民收送刺奸。秀欲北走,不能去,赴水死。

宋置东扬州、郢州。

初,晋氏南迁,以扬州为京畿,谷帛所资出焉。以荆、江为重镇,甲兵所聚在焉,常使大将居之。三州户口,居江南之半。宋主恶其强大,乃分扬州浙东五郡,置东扬州,治会稽。分荆、湘、江、豫州之八郡,置郢州,治江夏。罢南蛮校尉,迁其营于建康。太傅义恭议使郢州治巴陵,尚书令何尚之曰:"夏口在荆、江之中,正对沔口。通接雍、梁,实为津要。既有见城,浦大容舫,丁事为便。"从之。既而荆、扬因此虚耗。尚之请复合二州,不许。

宋省录尚书事官。

宋主恶宗室强盛,不欲权在臣下。太傅义恭知其指,故请省之。

宋以朱脩之为荆州刺史。刘义宣伏诛。

荆州刺史朱脩之入江陵,杀义宣,并诛其子十六人及同党竺超民等。超民兄弟应从诛,何尚之言:"贼既遁走,一夫可擒。若超民反覆昧利,即当取之,非唯免愆,亦可要不义之赏。而超民曾无此意,微足观过知仁,且为官保全城府,谨守库藏,端坐待缚。今戮其兄弟,则与其余逆党无异,于事为重。"乃原之。

沮丧,魂不守舍。第二天早上,竺超民把刘义宣抓了起来,送入监狱。鲁秀打算向北逃走,但又不能成行,只好投水自尽。

刘宋设置东扬州、郢州。

当初,晋朝向南迁移时,把扬州作为京畿,朝廷需要的粮食布帛都由扬州提供。同时,又把荆州、江州作为重镇,军队聚集在这里,经常派大将驻守。这三个州的人口,占了江南地区总人口的一半。宋孝武帝嫌这三州的军力、民力太强大,就从扬州分出浙江以东的五个郡,设立东扬州,治所设在会稽。从荆州、湘州、江州、豫州中分出八个郡,设立郢州,治所设在江夏。撤销南蛮校尉,将其所属部队调回建康。太傅刘义恭打算将郢州州府设在巴陵,尚书令何尚之说:"夏口位于荆州和江州中间,正对着沔口。又连接着雍州和梁州,实在是一个险要的津口。它既有现成的城池,又有很大的港口,可以停泊很多船只,是一个合适的州府治所。"宋孝武帝批准。之后,荆州、扬州因此而消耗很多财力物力。何尚之请求重新恢复这二州原来的辖地,宋孝武帝不答应。

刘宋撤销录尚书事一职。

宋孝武帝对皇室力量的强大而深为不满,也不想让自己的臣属们把持着大权。太傅刘义恭看透了他的心思,所以请求撤掉录尚书事一职。

宋孝武帝刘骏任命朱脩之为荆州刺史。刘义宣被杀。

荆州刺史朱脩之进入江陵后,杀死刘义宣,同时诛杀了刘义宣的十六个儿子及其同党竺超民等人。竺超民的兄弟们也应该被杀,何尚之说:"叛贼刘义宣已经逃离,一个人就可以抓获他。如果竺超民是个反复无常、贪图小利的人,他就会逮捕刘义宣,不但自己可以免于惩处,而且可以得到不义之赏。而竺超民却没有这种想法,不仅完全可从他的过错中察知他的为人,而且竺超民为朝廷保全了江陵城池,又小心地坚守仓库,端坐在那里等待被抓。现在如果杀了他的兄弟,同其他叛贼逆党一样对待,而没有加以区别,这样的刑罚过重了。"于是宋孝武帝赦免了竺超民的兄弟们。

秋七月朔,日食。

乙未(455) 宋孝建二年,魏太安元年。

春,宋镇北大将军、南兖州刺史沈庆之罢就第。

宋镇北大将军、南兖州刺史沈庆之请老,表数十上,诏听以公就第。顷之,宋主复欲用庆之,使何尚之往起之,庆之笑曰:"沈公不效何公往而复返。"尚之惭而止。

秋八月,宋主杀其弟武昌王浑。

浑与左右作檄文,自号楚王,改元永光,以为戏笑。长史封上之,废为庶人,逼令自杀,时年十七。

宋郊庙初设备乐。　冬十月,宋裁损王侯制度。

宋主欲削弱王侯,江夏王义恭等奏裁损王、侯车服、器用、乐舞制度凡九事。宋主因讽有司奏增广为二十四条:听事不得南向坐,施帐;剑不得为鹿卢形;内史、相及封内官长止称下官,不得称臣,罢官则不复追叙。诏可。

宋以杨元和、杨头为将军。

元和,故氐王杨保宗子也,宋朝以其幼弱,未正位号,部落无定主。其族父头先戍葭芦,母妻子弟并为魏所执,而为宋坚守无贰心。雍州刺史王玄谟请:"以头为西秦刺史,安辑其众,俟元和稍长,使嗣故业,若其不称,即以授头,必能藩扞汉川,使无虏患。若葭芦不守,汉川亦不可立矣。"不从。

秋七月初一,出现日食。

乙未(455)　宋孝建二年,北魏太安元年。

春,刘宋镇北大将军、南兖州刺史沈庆之辞官回家。

刘宋镇北大将军、南兖州刺史沈庆之请求告老还乡,他数十次上表,宋孝武帝才准许他以始兴公的身份回家养老。不久,宋孝武帝打算再次起用沈庆之,就派何尚之前去劝说,沈庆之笑着说:"沈公不会仿效何公,离开了又再次回来。"何尚之面有愧色地停止了劝说。

秋八月,宋孝武帝刘骏杀死弟弟武昌王刘浑。

刘浑和他的左右侍从一起写了一篇檄文,自号楚王,改年号为永光,以此嬉笑娱乐。长史把檄文呈报给朝廷,宋孝武帝诏令把刘浑贬为平民,逼令他自杀,这一年,刘浑十七岁。

刘宋南郊庙堂首次设置比较完备的音乐。　冬十月,宋孝武帝刘骏削弱王侯权力。

宋孝武帝打算削弱王侯的权力,江夏王刘义恭等人上奏,请求裁减王、侯使用的车马、服饰、器用及乐舞制度,共有九条。宋孝武帝就暗示有关部门,进一步增加到二十四条,其中有:处理事务时,不能面南而坐,设置帷幕;剑柄不能做成辘轳形状;内史、宰相以及所封其他官员对王、侯只能自称为下官,不能称臣,罢官以后,不再追加其他封赐。宋孝武帝诏令同意。

宋孝武帝刘骏任命杨元和、杨头为将军。

杨元和是已故氐王杨保宗的儿子,朝廷因为他年幼无能,一直没有给他正式封号,致使氐部落没有一个正式的首领。他的同族伯父杨头先前戍守葭芦,其母亲、妻子、孩子、弟弟都被北魏所抓,但杨头为宋朝坚守葭芦,毫无异心。雍州刺史王玄谟上表请求说:"请任命杨头为西秦刺史,安抚氐部落的百姓,等到杨元和年纪稍大一些,再让他继承祖业,如果他不称职,就把氐王的职位授予杨头,杨头就一定能够保卫汉川,使此地没有胡虏入侵的祸患。如果葭芦失守,那么汉川也就不可能保住了。"宋武帝不从。

丙申（456） 宋孝建三年，魏太安二年。

春正月，魏立贵人冯氏为后。

后，辽西公朗之女也。朗坐事诛，后没入宫。

二月，魏主立其子弘为太子。

魏主立子弘为皇太子，生二年矣。先使其母李贵人条记所付托兄弟，然后依故事赐死。

宋以宗悫为豫州刺史。

故事，府州部内论事，皆签前直叙所论之事，置典签以主之。宋诸皇子为方镇者多幼，时主皆以亲近左右领典签。至是，虽长王临藩，素族出镇，皆以典签出纳教命，刺史不得专其职。及悫为豫州，吴喜为典签，每多违执，悫大怒曰："宗悫年将六十，为国竭命，正得一州如斗大，不能复与典签共临之。"喜稽颡流血，乃止。

秋七月，宋以西阳王子尚为扬州刺史。

太傅义恭以宋主之子子尚有宠，将避之，乃辞扬州，而宋主以子尚为刺史。时荧惑守南斗，宋主废西州旧馆，使子尚移治东城以厌之。别驾沈怀文曰："天道示变，宜应之以德。虽空西州，恐无益也。"不从。

八月，魏击伊吾，克之。　冬十月，宋以江夏王义恭为太宰。　十一月，魏以源贺为冀州刺史。

贺上言："今北虏游魂，南寇负险，疆埸之间犹须防戍。

丙申（456）　宋孝建三年，北魏太安二年。

春正月，北魏文成帝立拓跋濬贵人冯氏为皇后。

冯后是辽西公冯朗的女儿。冯朗因罪被杀，冯后被没入宫中。

二月，北魏文成帝拓跋濬立其子拓跋弘为太子。

文成帝立他的儿子拓跋弘为皇太子，拓跋弘已经二岁了。文成帝先让拓跋弘的生母李贵人把要托付给兄弟们的事一一记录下来，然后按照以前的惯例强命她自杀。

宋孝武帝刘骏任命宗悫为豫州刺史。

按照以前的惯例，府州内部开会论事，参加的人员都要将自己的意见写在纸上，再把这张纸送到典签那里，由典签负责整理。刘宋的各位皇子出任地方行政首领时，大多年纪还很小，当时的皇帝就派自己的亲近左右去担任典签。到这时，即使年纪已大的皇子担任藩镇首领，或者是出身贫寒的官员出任地方长官，典签也都发布命令，接受汇报，刺史不能独自行使权力。宗悫担任豫州刺史后，吴喜出为典签，往往违抗宗悫的决定，宗悫大怒说："我宗悫已是年近六十的人了，为国家竭尽全力，才得到了豫州这么一个斗大的小州，不能再和典签一同处理政事了。"吴喜害怕得磕破了头，宗悫的怒气才平息。

秋七月，宋孝武帝刘骏任命西阳王刘子尚为扬州刺史。

太傅刘义恭因为知道刘子尚深受其父宋孝武帝的宠爱，所以打算回避他，就辞去了扬州刺史一职，于是宋孝武帝就任命刘子尚担任此职。当时，火星紧挨在南斗星的旁边，宋孝武帝废除西州旧馆，让刘子尚把官府移到东城，以躲避这个凶兆。别驾沈怀文说："上天在显示变化，应该用德政来应对。现在空出西州，恐怕也不会有什么好处。"宋孝武帝不从。

八月，北魏袭击伊吾，攻克下来。　**冬十月**，宋孝武帝刘骏任命江夏王刘义恭为太宰。　**十一月**，北魏文成帝任拓跋濬命源贺为冀州刺史。

源贺上书说："如今，北方蛮虏不断出击骚扰，南方贼寇也时常对我们产生威胁，所以我们的边疆地区还必须要严加防守。

自非大逆、赤手杀人,其坐赃盗及过误应入死者,皆可原宥,谪使守边,则已断之体受更生之恩,徭役之家蒙休息之惠。"魏主从之。久之,谓群臣曰:"吾用贺言,一岁所活不少,增兵亦多。卿等人人如贺,朕何忧哉!"会人告贺谋反,魏主曰:"贺竭诚事国,朕为卿等保之。"讯验果诬,乃诛告者,因谓左右曰:"以贺忠诚,犹不免诬谤,不及贺者可无慎哉!"

十二月,宋移青、冀,并镇历城。

宋主欲移青、冀二州并镇历城,刺史垣护之曰:"青州北有河、济,又多陂泽,北虏每来寇掠,必由历城。二州并镇,此经远之略也。北又近河,归顺者易。近息民患,远申王威,安边之上计也。"由是遂定。

魏定州刺史许宗之有罪诛。

宗之求取不节,以州民马超谤己,殴杀之,恐其家人告状,上超诋讪朝政。魏主曰:"此必妄也。朕为天下主,何恶于超而有此言,必宗之惧罪诬超。"案验果然,遂斩之。

宋金紫光禄大夫颜延之卒。

延之子竣贵重,凡所资供,一无所受,布衣茅屋,萧然如故。常乘羸牛笨车,逢竣卤簿,即屏在道侧。常语竣曰:"吾平生不喜见要人,今不幸见汝!"竣起宅,延之谓曰:

除了图谋反叛的逆贼和赤手杀人的凶犯外,其余凡是因为贪赃
偷盗及犯有其他罪过,应被处以死刑的人,都可以宽恕,将他们
发配到边境上戍守,这样,就使他们已经断了的身体接受朝廷的
再生之恩,也使负担徭役的人家受到休息的实惠。"文成帝采纳
了他的建议。很久以后,文成帝对各位大臣说:"我采纳了源贺
的建议,一年之中,救活了不少人,也使边防兵力增加许多。你
们如果人人也都像源贺一样,朕还有什么担忧呢!"正好赶上有
人控告源贺阴谋反叛,文成帝说:"源贺竭诚为国,朕向你们担保
他。"经过查访验证,果然是有人诬告源贺,于是诛杀诬告者,然
后对左右说:"像源贺这样忠诚的人还免不了被人诬陷诽谤,那
些不及源贺的人,怎能不小心谨慎呢!"

十二月,宋孝武帝刘骏把青州和冀州州府都移到历城。

宋孝武帝打算把青州和冀州州府都移到历城,刺史垣护之
说:"青州北面有黄河、济水,又有很多沼泽湖泊,北虏每次前来
入侵,都一定先攻历城。二州州府都设在历城,确实是长远之
计。而且历城北近黄河,魏人前来归降甚为容易。从眼前说,这
样做可以消除百姓的忧患,从长远看,可以伸张王威,可称是安
定边境的上策。"于是确定下来。

北魏定州刺史许宗之因罪被杀。

许宗之贪赃之欲没有节制,因为定州百姓马超指责了他,他
就打死了马超,又担心马超的家人告状,就上书文成帝,说马超诋
毁诽谤朝政。文成帝说:"这一定是胡说八道。朕为天下之主,怎
么惹恼了马超,使他对我加以诋毁,一定是许宗之害怕自己的罪
过而诬告马超。"经过调查验证,果然如此,于是斩杀许宗之。

刘宋金紫光禄大夫颜延之去世。

颜延之的儿子颜竣人贵位重,对颜竣送来的财物,颜延之一
概不接受,他穿布衣,住茅屋,一如既往地过着清贫生活。平常,
颜延之乘坐一辆由羸弱的老牛拉的破车,碰见颜竣的车队,就躲
在路旁。他常对颜竣说:"我平生都不喜欢看见身居要职的人物,
今天不幸看见了你!"颜竣要修建自己的宅第,颜延之对他说:

"善为之，无令后人笑汝拙也。"延之尝早诣竣，见宾客盈门，竣尚未起，延之怒曰："汝出粪土之中，升云霞之上，遽骄傲如此，其能久乎！"竣丁忧逾月，起为右将军，丹阳尹如故。竣固辞，表十上不许。遣中书舍人抱竣登车，载之郡舍，赐以布衣一袭，絮以彩纩，遣主衣就衣诸体。

丁酉（457） 宋大明元年，魏太安三年。

春正月，魏以尉眷为太尉、录尚书事。 **魏侵宋，入兖州。**

魏人侵宋，败东平太守刘胡。宋主遣薛安都、沈法系御之，并受徐州刺史申坦节度。比至，魏兵已去。先是，群盗聚任城荆榛中，累世为患，谓之"任榛"。坦请回军讨之，任榛逃散，无功而还。安都、法系坐白衣领职，坦当诛，群臣为请，莫能得。沈庆之抱坦哭于市曰："汝无罪而死，我行当就汝矣。"有司以闻，乃免之。

夏六月，宋以颜竣为东扬州刺史。

宋主自即吉之后，奢淫自恣，多所兴造。颜竣以藩朝旧臣，数恳切谏争，宋主浸不悦。竣疑宋主欲疏之，乃求出外以占其意。宋主从之，竣始大惧。

秋七月，宋并雍州为一郡。

雍州所统多侨郡县，刺史王玄谟言："侨郡县无有

"认真地做好这件事,不要让后人耻笑你笨拙。"颜延之曾经在一天早上去见儿子颜竣,看见他家宾客盈门,但颜竣还没有起床,颜延之大怒说:"你出身于粪土之中,现在升官到云霄之上,就这样骄傲,这怎么能持久呢!"颜竣服孝应当三年,可刚过了一个月,宋孝武帝就征召他回朝,起用为右将军,并保留丹阳尹一职。颜竣坚决辞让,十次上表,宋孝武帝都没有答应。还派中书舍人把颜竣抱上了车,拉到丹阳郡府,并赐给他一身布衣,里面絮上一层带色的棉絮,派主衣官给颜竣送去穿上。

丁酉(457) 宋大明元年,北魏太安三年。

春正月,北魏文成帝拓跋濬任命尉眷为太尉、录尚书事。北魏军队侵犯刘宋,进入兖州。

魏军侵犯刘宋,击败了东平太守刘胡。宋孝武帝派薛安都、沈法系率军抵御,命令他们二人都接受徐州刺史申坦的调度指挥。等到二人率军到达徐州时,魏军已经离去。在此之前,成群的盗贼聚集在任城的丛林里,几代为患,当地人称他们为"任榛"。申坦请求趁朝廷大军返回时,前去讨伐这些盗贼,结果无功而返。薛安都、沈法系都被免去官衔,只以平民身份担任现职,申坦应当被处以死刑,文武官员都替他求情,宋孝武帝不答应。沈庆之在刑场上抱住申坦,哭着说:"你没有罪却被处死,我也就要跟着你去了。"有关部门把这些话报告给宋孝武帝,宋孝武帝才赦免了申坦。

夏六月,宋孝武帝刘骏任命颜竣为东扬州刺史。

宋孝武帝自从为父亲服丧期满后,就奢侈骄淫,独揽大权,大兴土木。颜竣认为自己是宋孝武帝当王时的旧臣,就多次恳切劝谏,宋孝武帝对他越来越不满。颜竣怀疑宋孝武帝有意在疏远自己,就请求调到外地任职,以此试探孝宋武帝的心思。宋孝武帝答应了他,颜竣才开始害怕起来。

秋七月,刘宋将雍州的几个郡县合并为一个郡。

雍州辖境内多设有侨郡县,刺史王玄谟上言说:"侨郡县没有

境土，新旧错乱，租课不时，请皆土断。"乃诏并雍州三郡十六县为一郡。郡县流民不愿属籍，讹言玄谟欲反。时柳元景宗强，群从多为雍部二千石，乘声皆欲讨玄谟。玄谟令内外晏然以解众惑，驰使启上，具陈本末。宋主遣主书吴喜抚慰之，且报曰："七十老公反欲何求！君臣之际足以相保，聊复为笑，伸卿眉头耳。"玄谟性严，未尝妄笑，故宋主以此戏之。

八月，宋以竟陵王诞为南兖州刺史，刘延孙为南徐州刺史。

初，高祖遗诏，以京口要地，非宗室近亲，不得居之。延孙之先虽与高祖同源，而从来不序昭穆。宋主既命延孙镇京口，仍诏与合族。

宋主闺门无礼，不择亲疏尊卑，流闻民间，无所不至。诞宽而有礼，诛劭及义宣皆有大功，人心窃向之。诞多聚才力之士，蓄精甲利兵，宋主畏忌之，不欲诞居中，使出镇京口，犹嫌其逼，更徙之广陵。以延孙腹心之臣，故使镇京口以防之。

戊戌（458）　宋大明二年，魏太安四年。

春正月，魏设酒禁，置候官。

魏主以士民多因酒致斗及议国政，故设酒禁。酿、酤、饮者皆斩，吉凶之会，听开禁有程日。增置内外候官，

真正的领地，新旧错乱，田赋捐税不能按时征收，请都予以整顿。"于是宋孝武帝诏令将雍州的三个郡十六个县合并为一个郡。侨郡、侨县中的流民不愿归属当地的户籍，就谣传王玄谟打算造反。当时柳元景的家族势力很强，他的兄弟中有很多人在雍州做官，这些人也想利用谣言声讨王玄谟。王玄谟命令部下平静对待，以解除大家的疑惑，然后派人火速去向宋孝武帝陈述事情的始末。宋孝武帝派主书吴喜前往安抚王玄谟，并且告诉王玄谟说："你已经是七十岁的老翁了，谋反想要得到什么呢！君臣之间，完全可以互相作保，姑且和你开个玩笑，把你的眉头伸展开吧。"王玄谟生性严肃，从没有随便开过玩笑，所以宋孝武帝就借此事和他开了个玩笑。

八月，孝武帝刘骏任命竟陵王刘诞为南兖州刺史，任命刘延孙为南徐州刺史。

当初，宋武帝刘裕留下遗言，认为京口是险要之地，除非是皇室近亲，其他人不得驻守。刘延孙的祖先虽然与宋武帝是同一宗族，但两家从来不谈血缘关系。宋孝武帝命令刘延孙镇守京口后，才下诏跟刘延孙家合为一族。

宋孝武帝在宫中对女子荒淫无礼，不分她们的亲疏、尊卑，丑闻流传民间，没有不知道的。刘诞性情宽厚，待人以礼，在诛杀刘劭及刘义宣上都立下了大功，人心都私下向着他。刘诞的身边聚集了许多有才能、有勇力的人，积蓄了精良的武器，宋孝武帝对他既害怕又猜忌，不想让他留在朝中，于是命他出镇京口，还嫌京口离建康太近，又把他调到广陵。因为刘延孙是心腹大臣，所以派他镇守京口，防备刘诞。

戊戌（458）　宋大明二年，北魏太安四年。

春正月，北魏颁布禁酒令，设置候官。

北魏文成帝因为士民常常由于酗酒，导致相互斗殴和议论朝政，因此颁布了禁酒令。酿酒、卖酒、饮酒的人一律斩首，逢喜事、丧事时，可以开禁，但有日期限制。文成帝还命令设置内外候官，

伺察诸曹及州镇,或微服杂乱于府寺间,以求百官过失。有司穷治,讯掠取服。百官赃满二丈皆斩。又增律七十九章。

二月,魏以高允为中书令。

魏起太华殿,中书侍郎高允谏曰:"太祖始建都邑,其所营立必因农隙。今建国已久,朝会、宴息、临望之所皆已悉备,纵有修广,亦宜驯致,不可仓猝。今计所当役凡二万人,老弱供饷,又当倍之,期半年可毕。一夫不耕,或受之饥,况四万人之劳费,可胜道乎!"魏主纳之。

允好切谏,事有不便,允辄求见,屏人极论,或自朝至暮,或连日不出,语或痛切,魏主不忍闻,命左右扶出,然终善遇之。时有上事为激讦者,魏主谓群臣曰:"君父一也。父有过,子何不作书于众中谏之,而于私室屏处谏者?岂非不欲其父之恶彰于外邪?至于事君,何独不然?君有得失,不能面陈,而上表显谏,欲以彰君之短,明己之直,此岂忠臣所为乎!如高允者乃真忠臣也。朕有过,未尝不面言。朕闻其过而天下不知,可不谓忠乎!"

允所与同征者游雅等,皆至大官封侯,而允为郎二十七年,不徙官。魏主谓群臣曰:"汝等虽执弓刀在朕左右,未尝有一言规正,唯伺朕喜悦,祈官乞爵,今皆无功

监察各曹、州、镇，或让他们穿上平民百姓的衣服，混杂在政府及寺庙等地，以此寻求文武百官的过失。一旦发现，有关部门就要严加追查，捕抓拷打，令其招认。文武百官接受贿赂赃物，布匹达到二丈的，都予以斩首。又增加了七十九章法律条文。

二月，北魏文成帝拓跋濬任命高允为中书令。

北魏将要兴建太华殿，中书侍郎高允劝谏说："太祖时开始兴建都邑，都趁着农闲时节修建。如今建国已经很久了，朝见百官、宴乐休闲、登高远望的场所都已经足够了，即使加以扩建，也应该慢慢进行，不可仓促行事。现在兴建太华殿，总计要抽调差役两万人，加上老弱之人担任供应饭食的，又得增加一倍，预期半年才可以完工。一个农夫不耕田，就会有人挨饿，况且是四万人的劳力和费用，还能计算吗！"文成帝听从了他的劝谏。

高允喜好直言相谏，每当朝廷有什么事情做得不适当时，他就立刻求见，屏退旁人与文成帝密谈，有时从早谈到晚上，有时甚至一连几天都不出来，时常言辞激烈，切中要害，文成帝听不下去，命令左右侍从把高允扶下去，但文成帝始终对他很好。当时有人上书言辞激烈地批评朝政，文成帝对大臣们说："君主和父亲是一样的。父亲有错，儿子为什么不把它写在纸上，在大庭广众之下劝谏，而要私下在隐蔽处劝谏呢？这难道不是不想让他父亲的过错昭彰在外，让天下人都知道吗？至于事奉君主，何尝又不是这样？君主有了过失，作为臣下，不能够当面陈说，却要上书公开劝谏，想要使君主的短处昭彰于外，表明自己的正直，这难道是一个忠臣所应该做的吗！像高允这样的人，才是真正的忠臣。朕有了过失，他未尝不当面批评的。朕因此知道了自己的过失，但天下人却不知道，难道不能说这是忠心吗？"

与高允同时被征召的游雅等人，全都做了大官，被封为侯，但高允做侍郎二十七年，还一直没有升官。文成帝对群臣说："你们这些人虽然手持弓刀侍在朕身边，却未有一个人劝谏过我一句话，只知道趁我心情高兴时，请官乞爵，现在你们都没有功劳，

而至王公。允执笔佐国家数十年,为益不少,不过为郎,汝等不自愧乎?"乃拜允中书令。

时魏百官无禄,允常使诸子樵采自给。司徒陆丽曰:"高允虽蒙宠待,而家贫,妻子不立。"魏主即日至其第,惟草屋数间,布被缊袍,厨中盐菜而已。魏主叹息,赐以帛粟,拜其子悦为郡守。允固辞,不许。帝重允,常呼为令公而不名。

游雅常曰:"前史称卓子康、刘文饶之为人,褊心者或不之信。余与高子游处四十年,未尝见其喜愠之色,乃知古人为不诬耳!高子内文明而外柔顺,其言呐呐不能出口。昔崔司徒尝谓:'高生丰才博学,一代佳士,所乏者矫矫风节耳。'余亦以为然。及司徒得罪,诏指临责,声嘶股栗,殆不能言。高子独敷陈事理,辞义清辩,人主为之动容,此非所谓矫矫者乎!宗爱用事,威震四海,王公以下,趋庭望拜,高子独升阶长揖,此非所谓风节者乎!夫人固未易知,吾既失之于心,崔又漏之于外,此乃管仲所以致恸于鲍叔也。"

夏六月,宋以谢庄、顾觊之为吏部尚书。
宋主不欲权在臣下,分吏部尚书置二人,以谢庄、顾觊之为之。
初,晋世散骑常侍选望甚重,其后用人渐轻。宋主欲重其选,乃用当世名士孔觊、王彧为之。侍中蔡兴宗曰:"选

却官至王公。高允执笔辅佐治理国家几十年,贡献不小,不过还是一个郎官,你们难道不感到惭愧吗?"于是文成帝提升高允为中书令。

当时,北魏文武百官都没有俸禄,高允常常让他的儿子上山砍柴以维持生计。司徒陆丽说:"高允虽然蒙受皇上的宠信,但家里却非常贫困,他的妻子和孩子都不能自立。"文成帝当天就来到高允家,看见他家只有几间草屋,盖的是粗布被子、穿的是旧麻絮做成的棉袍,厨房里也只有腌菜。文成帝不禁叹息,赏赐给高允绢帛和粟米,任命他的儿子高悦为郡守。高允坚决推辞,但文成帝不同意。文成帝器重高允,经常叫他为令公,而不叫他的名字。

游雅常说:"从前史书上称赞卓子康、刘文饶的为人,心胸狭窄的人也许不相信。我和高允相交四十年,从未看见他把喜怒形之于色,我这才知道古人所说不假! 高允内心坦荡光明,外表温和柔顺,言语迟钝得说不出话来。从前司徒崔浩曾说:'高允博学多才,实为一代俊杰,他所缺乏的只是刚毅风骨罢了。'我也认为是这样。到崔浩犯了罪,皇上亲临审问,崔浩浑身发抖,声嘶力竭,几乎说不出话来。只有高允一人敢于详细陈述事情的经过,言辞清晰而有条理,皇上都为之动容,难道这不是刚毅吗! 宗爱专权时,威震四海,王公以下的官员,全都小步快走到宗爱面前,向他叩拜,高允只是一人走上台阶,对他长揖一下,这难道又不是我们所说的高风亮节吗! 了解一个人当然是不容易的,我已经错看了高允的内在品德,而崔浩又看漏了他的外在气质,这就是管仲之所以对鲍叔之死而痛哭不已的原因。"

夏六月,宋孝武帝刘骏任命谢庄、顾觊之为吏部尚书。

宋孝武帝不想让臣属掌握大权,就分设两位吏部尚书,任命谢庄、顾觊之担任。

当初,晋朝散骑常侍一职的选授很受重视,后来这一职务的地位逐渐变得不再重要了。宋孝武帝打算提高它的地位,就任用当时的名士孔觊、王彧担任这一职务。侍中蔡兴宗说:"选拔

曹要重,常侍闲淡,改之以名而不以实,虽主意欲为轻重,
人心岂可变邪!"后竟如其言。兴宗,廓之子也。

宋沙门昙标谋反,伏诛。

南彭城民高阇、沙门昙标以妖妄相扇,与殿中将军苗
允等谋作乱,立阇为帝,事觉伏诛。于是诏沙汰沙门,设诸
条禁,严其诛坐,非戒行精苦,并使还俗。而诸尼出入宫
掖,竟不得行。

秋八月,宋杀其中书令王僧达。

僧达幼聪警能文,而跌荡不拘。宋主初立,擢为仆射,
自负才地,一二年间,即望宰相。既而下迁,再被弹削。僧
达耻怨,所上表奏,辞旨抑扬,又好非议时政,宋主已积愤。
路太后兄子尝诣僧达,升其榻,僧达令舁弃之。太后大怒,
固邀宋主令必杀僧达。会高阇反,宋主因诬僧达与阇通
谋,赐死。

冬十月,魏主伐柔然,刻石纪功而还。

魏主至阴山,会雨雪,欲还,尉眷曰:"今动大众以威北
狄,去都不远而车驾遽还,虏必疑我有内难。将士虽寒不
可不进。"魏主从之。度大漠,旌旗千里,柔然处罗可汗远
遁,其别部数千落降于魏,魏主刻石纪功而还。

魏侵宋清口,宋青冀刺史颜师伯连战破之。

积射将军殷孝祖筑两城于清水之东。魏镇西将军

官吏的吏部重要,而您散骑常侍事务清闲,如果仅仅更改名称却不加强实权,虽然您想要提高它的地位,但人心又怎么能够改变过来呢!"后来的事实竟然和蔡兴宗说的没有什么两样。蔡兴宗是蔡廓的儿子。

刘宋和尚昙标谋反,被杀。

南彭城平民高阇、和尚昙标用妖言煽动人心,勾结殿中将军苗允等人阴谋叛乱,拥护高阇为帝,事情暴露,几人全被诛杀。于是宋孝武帝下诏清除和尚,设立各种禁令,严格株连制度,除了严守戒规、苦心修行的和尚外,其余的都要还俗。但还是有很多尼姑出入深宫,这项禁令竟然不能执行。

秋八月,刘宋诛杀中书令王僧达。

王僧达从小就聪明机警,善写文章,但为人放荡,不拘小节。宋孝武帝刚刚登基时,提拔他为仆射,他对自己的才能和地位非常自负,认为一二年间,就可升为宰相。不久却被降职,又被弹劾削官。王僧达为此感到羞耻,心怀怨愤,每次写给宋孝武帝的奏章都言辞激烈,又喜好非议朝政,宋孝武帝心里已存着对他的一股怨气。路太后哥哥的儿子曾去拜访王僧达,坐了他的床上,王僧达就下令把床扔掉了。因此路太后大怒,叫来宋孝武帝,要他一定把王僧达杀掉。正好高阇谋反,宋孝武帝就诬陷王僧达与高阇通谋,命他自杀。

冬十月,北魏文成帝拓跋濬讨伐柔然,刻石记功,然后返回。

文成帝率军走到阴山,赶上天下大雪,打算撤军,尉眷说:"现在,我们发动大军去教训北狄,离开都城还没有多远就撤军返回,贼虏必然怀疑我国发生了内乱。将士们虽然都非常寒冷,但却不能不继续前进。"文成帝接受了他的劝说。魏军穿过沙漠,旌旗千里飘扬,柔然处罗可汗远远逃走,其他几千个帐落投降北魏,文成帝刻石记下战功,然后回师。

北魏侵犯刘宋清口地区,宋青冀刺史颜师伯连续几次迎战,击败魏军。

积射将军殷孝祖在清水东岸修筑了两座城池。北魏镇西将军

封敕文攻之,清口戍主、振威将军傅乾爱拒破之。宋主遣
虎贲主庞孟虬救清口,颜师伯遣中兵参军苟思达助之,败
魏兵于沙沟。宋主又遣司空参军卜天生会傅乾爱及中兵
参军江方兴共击魏兵,屡破之,斩魏将数人。魏征西将军
皮豹子将兵助封敕文寇青州,师伯与战,几获之。

宋以戴法兴、戴明宝、巢尚之为中书舍人。

初,宋主在江州,戴法兴、戴明宝、蔡闲为典签,及即
位,皆以为南台侍御史兼中书通事舍人。是岁,并以初举
兵预密谋,赐爵县男。

时宋主亲览朝政,不任大臣,而腹心耳目,不得无所委
寄。法兴颇知古今,素见亲待。巢尚之人士之末,涉猎文
史,亦为中书通事舍人。凡选授、迁徙、诛赏大处分,宋主
皆与法兴、尚之参怀,内外杂事,多委明宝。三人权重当
时。而法兴、明宝大纳货贿,门外成市,家累千金。

顾觊之独不降意。蔡兴宗与觊之善,嫌其风节太峻,
觊之曰:"辛毗有言:'孙、刘不过使吾不为三公耳。'"觊之
常以为:"人禀命有定分,非智力所移,唯应恭己守道。而
暗者不达,妄意侥幸,徒亏雅道,无关得丧。"乃著《定命论》
以释之。

己亥(459)　宋大明三年,魏太安五年。
夏四月,宋竟陵王诞反广陵,宋主遣兵讨之。

竟陵王诞知宋主意忌之,亦潜为之备。因魏人入
寇,修城浚隍,聚粮治仗。参军江智渊知诞有异志,请假

封敕文向那里发动进攻，清口戍主、振威将军傅乾爱率军抵抗，击败了封敕文。宋孝武帝派遣虎贲主庞孟虬救援清口，颜师伯派遣中兵参军苟思达也前来相助，在沙沟击败魏军。宋孝武帝又派遣司空参军卜天生和傅乾爱及中兵参军江方兴，一同抗击魏兵，几次大败魏军，斩杀魏将数人。北魏征西将军皮豹子率兵援助封敕文入侵青州，颜师伯与皮豹子大战，差点生擒了他。

宋孝武帝刘骏任命戴法兴、戴明宝、巢尚之为中书舍人。

当初，宋孝武帝在江州，戴法兴、戴明宝、蔡闲担任典签，到宋孝武帝登基后，就都任命为南台侍御史兼中书通事舍人。这一年，三人都因为当初举兵讨伐刘劭时参与密谋，论功被赐县男爵。

当时，宋孝武帝亲自处理朝政，不信任手下大臣，所以不得不寄托于心腹、耳目之人。戴法兴非常熟悉古今政事，向来受到宋孝武帝的亲近和厚待。巢尚之出身寒门，通晓文史，也被任命为中书通事舍人。凡是官吏的选授、迁徙、惩罚赏赐等重要事务，宋孝武帝都要和戴法兴、巢尚之商议，而宫廷内外杂事，大都委托戴明宝处理。当时三人权倾内外。戴法兴、戴明宝大肆收受贿赂，家门外就像闹市一样，其家产都累及千金。

只有顾觊之一人不去结交他们。蔡兴宗和顾觊之关系友善，他嫌顾觊之的风骨气节太重，顾觊之说："辛毗说过：'孙资、刘放顶多让我当不上三公罢了。'"顾觊之经常认为："人的才能和命运，上天自有定分，不是靠才智努力能改变的，人只有恭顺克己，严守正道。但愚蠢的人并不知道这一点，他们妄想侥幸改变这一切，结果白白地在正道上走偏，而对自己的得失并没有什么用处。"于是他撰写了《定命论》一书，来解释自己的这一观点。

己亥（459） 宋大明三年，北魏太安五年。

夏四月，刘宋竟陵王刘诞在广陵反叛，宋孝武帝刘骏派兵讨伐。

竟陵王刘诞知道宋孝武帝猜忌他，也暗地里做好了应变的准备。他趁着魏军入侵的时候，修筑城池，疏通护城河，积聚粮食，整治武器。刘诞的参军江智渊知道刘诞有反叛的打算，就请假

先还建康，宋主以为中书侍郎。智渊少有操行，沈怀文每称之曰："人所应有尽有，人所应无尽无者，其唯江智渊乎！"

俄而事觉，宋主令有司奏请收付廷尉，诏贬爵为侯，遣之国，使兖州刺史垣阆与戴明宝袭之。

明宝夜报诞典签蒋成使为内应，诞闻之，斩成，击阆杀之，明宝逃还。诏沈庆之将兵讨诞。

庆之至欧阳，诞遣人赍书说庆之，饷以玉环刀。庆之遣还，数以罪恶。诞闭门自守，分遣书檄邀结远近。时山阳内史梁旷家在广陵，诞执其妻子，遣使邀旷，旷斩其使，诞遂灭旷家。

奉表投城外，数宋主罪恶曰："陛下宫帏之丑，岂可三缄？"宋主大怒，凡诞左右腹心同籍期亲在建康者，诛死以千数。

虑诞奔魏，使庆之断其走路。豫州刺史宗悫、徐州刺史刘道隆并帅众来会。先是，诞诳其众云："宗悫助我。"悫至，绕城跃马呼曰："我宗悫也。"

诞见众军大集，弃城北走，庆之遣兵追之。诞众皆不欲去，诞乃复还，筑坛歃血以誓众，以刘琨之为参军。琨之，遵考之子也。辞曰："忠孝不得并，琨之老父在，不敢承命。"诞囚之十余日，终不受，乃杀之。

庆之进营逼广陵城，诞于城上授函表，请庆之为送，庆之

先回到了建康，宋孝武帝任命他为中书侍郎。江智渊从小就很有德行，沈怀文常常称赞他说："人应该具有的，他都有；人应该没有的，他都没有；像这样的人，只有江智渊一人。"

不久，刘诞准备反叛的事被发觉，宋孝武帝命令有关部门把刘诞收捕，交付廷尉，诏令将他的爵位贬为侯爵，遣返回他所在的封国，同时，宋孝武帝令兖州刺史垣阆和戴明宝联合袭击刘诞。

戴明宝夜里通知刘诞的典签蒋成，让他做行动的内应，刘诞听说了这件事，于是斩杀蒋成，攻击垣阆，并杀死了他，戴明宝逃回建康。宋孝武帝诏令沈庆之率军讨伐刘诞。

沈庆之赶到欧阳，刘诞派人带着书信去沈庆之那里游说，并送给沈庆之一把玉环刀。沈庆之将使者遣返，列举了刘诞的各种罪恶。刘诞闭门自守，分别发出文告，邀请结交远近人士，请他们响应。当时，山阳内史梁旷的家在广陵，刘诞把他的妻子、孩子抓了起来，派人邀请梁旷响应他，梁旷斩杀了使者，于是刘诞杀害梁旷全家。

刘诞把呈送给宋孝武帝的奏章扔到了城外，在上面列举宋孝武帝的各种罪状说："对陛下后宫里的丑闻，我怎么能缄口不语？"宋孝武帝大怒，将刘诞在建康的左右心腹、近房亲戚数以千计，全部诛杀。

宋孝武帝担心刘诞投奔北魏，就派沈庆之切断了刘诞的逃路。豫州刺史宗悫、徐州刺史刘道隆也都率军前来与沈庆之会师。在此之前，刘诞欺骗他的部众们说："宗悫会援助我们。"宗悫抵达广陵后，骑马绕城，大声呼喊说："我就是宗悫。"

刘诞看到朝廷的各路人马云集城外，就放弃广陵城向北逃走，沈庆之派兵前去追击。刘诞的部下都不想离开，刘诞又返回城内，筑起高台，与将士歃血立盟，并任命刘琨之为参军。刘琨之是刘遵考的儿子。他推辞说："忠孝不能两全，我的老父还在建康，我不能受命。"刘诞把刘琨之囚禁了十几天，刘琨之最终也不接受任命，于是把他杀掉了。

沈庆之率领大军进逼广陵城，刘诞从城楼上把写给宋孝武帝的书信奏章拿给沈庆之看，请沈庆之替他呈送给宋孝武帝，沈庆之

曰:"我受诏讨贼,不得为汝送表。汝必欲归死朝廷,自应开门遣使,吾为汝护送。"

五月,宋杀其东扬州刺史颜竣。

竣遭母忧,送丧还都,宋主恩待犹厚。会王僧达得罪,疑竣谮之,陈竣前后怨望诽谤之语,竣坐免官。竣惧,上启请命,宋主益怒。及诞反,遂诬竣与通谋,收付廷尉,折足赐死。妻子徙交州,复沉其男口于江。

秋七月,宋克广陵,刘诞伏诛。

沈庆之值久雨,不得攻城。宋主令有司奏免庆之官,诏勿问,以激之。

诞初闭城,参军贺弼固谏,诞怒抽刀向之。及诞兵屡败,将佐多逾城出降,或劝弼宜早出,弼曰:"公举兵向朝廷,此事既不可从,荷公厚恩,又义无违背,唯当以死明心耳。"乃饮药自杀。参军何康之等谋开门纳官军,不果,斩关出降。诞为高楼,置康之母于其上,暴露之,不与食,母呼康之数日而死。范义为诞左司马,或劝其行,义曰:"子不可以弃母,吏不可以叛君,必若康之而活,吾弗为也。"

沈庆之帅众攻城,克之,诞走,追及斩之,母妻皆自杀。

宋主闻广陵平,出宣阳门,敕左右皆呼"万岁"。侍中蔡兴宗陪辇,宋主顾曰:"卿何独不呼?"兴宗正色曰:"陛下今日

说:"我接受诏令前来讨伐叛贼,不能为你呈送奏章。你如果一定要归顺朝廷,接受死罪,就应当打开城门,派遣使者,我自会为你前往护送。"

五月,宋孝武帝刘骏诛杀东扬州刺史颜竣。

颜竣的母亲去世,他把母亲的灵柩送到建康,宋孝武帝还是厚待了他。适逢王僧达有罪被捕,他怀疑是颜竣在宋孝武帝面前陷害了自己,就向宋孝武帝陈述了颜竣前前后后对朝廷怨恨诽谤的话,颜竣被免职。颜竣害怕起来,上书宋孝武帝,请求饶他一命,宋孝武帝更加气愤。到刘诞反叛时,宋孝武帝就诬陷颜竣与刘诞勾结谋反,将他抓进廷尉,砸断了他的双脚再命他自杀。颜竣的妻子、孩子被流放到交州,不久,宋孝武帝又下令将他家中所有男子都投入江中淹死。

秋七月,刘宋军队攻克广陵,刘诞被诛杀。

赶上大雨不断,沈庆之无法攻城。宋孝武帝令有关部门上奏免除沈庆之的官职,又下诏说不予追究,以此激怒沈庆之攻城。

当初刘诞关闭城门,参军贺弼坚决劝谏,刘诞大怒,抽刀指向贺弼。到后来刘诞屡次战败,手下将士大多出城投降,有人劝贺弼应该早日出逃,贺弼说:"刘公举兵反叛朝廷,此事我不应当跟从,但我蒙受刘公厚恩相待,却又不能违背他,只有以死表明心迹。"于是服毒自杀。参军何康之等人密谋打开城门迎接官军,没有成功,于是他砍开城门,出城投降。刘诞建了一座高楼,把何康之的母亲置于楼上,让她赤身裸体,不给她饭吃,她呼喊着何康之的名字,几天后死去。范义担任刘诞的左司马,有人劝他逃走,范义说:"孩子不能抛弃他的母亲,官吏不能背叛他的君主,如果一定要像何康之那样活着,我不能那样做。"

沈庆之率领大军攻打广陵城,攻下了它,刘诞逃走,被人追上斩杀,刘诞的母亲和妻子全都自杀。

宋孝武帝听说广陵的叛乱已被平定,走出宣阳门,下令左右的臣僚一起高呼"万岁"。侍中蔡兴宗陪在辇车旁边,宋孝武帝回过头来对他说:"为什么就你不喊?"蔡兴宗严肃地说:"今天陛下

正应涕泣行诛,岂得皆称万岁?"宋主不悦。

诏贬诞姓留氏,广陵城中士民无大小,悉命杀之。庆之请自五尺以下全之,女子为军赏,犹杀三千余口。擢梁旷为后将军,赠刘琨之给事黄门侍郎。

蔡兴宗奉旨慰劳广陵。兴宗与范义素善,收敛其尸,送归豫章。宋主谓曰:"卿何敢故触王宪?"对曰:"陛下自杀贼,臣自葬故交,何不可之有?"宋主有惭色。

宋以沈庆之为司空。 九月,宋筑上林苑。 宋徙郊坛,造五路。
初,晋人筑南郊坛于巳位,至是,尚书右丞徐爰以为非礼,诏徙于牛头山西,直宫城之午位。又造五路,依金根车,加羽葆盖。及废帝即位,以郊坛旧地为吉,复还故处。

庚子(460)　宋大明四年,魏和平元年。
春正月,宋主耕藉田。三月,后亲桑西郊,太后观礼。夏六月,魏伐吐谷浑。

吐谷浑王拾寅两受宋、魏爵命,居止出入拟于王者,魏人忿之。遣阳平王新成等督诸军以击之,虏获甚众。

魏复置史官。
崔浩之诛,史官遂废,至是,复置。
冬十月,宋杀其庐陵内史周朗。

正应该痛苦流涕,进行诛杀,怎能让大家都喊万岁呢?"宋孝武帝很不高兴。

宋孝武帝诏令贬刘诞的姓氏为留,将广陵城中的所有士民不论大小全部杀死。沈庆之请求不要将五尺以下的人杀掉,将女子封给将士为赏,但最后还是杀了三千多人。宋孝武帝提升梁旷为后将军,追赠刘琨之为给事黄门侍郎。

蔡兴宗奉旨前往慰劳广陵将士。他与范义素有交情,就收殓了范义的尸体,送回豫章下葬。宋孝武帝对他说:"你为什么敢故意触犯王法?"蔡兴宗说:"陛下您自当杀你的贼寇,而为臣自当下葬我的朋友,这有什么不可以吗?"宋孝武帝面露愧色。

宋孝武帝刘骏任命沈庆之为司空。 **九月,刘宋修建上林苑。** **刘宋将祭天的土坛迁出原地,制造五种帝王所乘的车子。**

当初,东晋在建康的南郊巳方位上建造祭天的土坛,现在尚书右丞徐爱认为这样不合于礼,宋孝武帝于是诏令将其迁到牛头山的西边,面对宫城的午方位上。又诏令制造五种质地不同的御车,按照金根车的样子,在车上加盖用羽毛装饰的顶子。到后来,前废帝刘子业即位后,认为祭天的土坛位于旧地巳位吉利,于是又把它迁回了原地。

庚子(460) 宋大明四年,北魏和平元年。

春正月,宋孝武帝刘骏举行耕藉田礼。三月,皇后亲自到建康西郊举行采桑礼,皇太后观礼。 **夏六月,北魏大军讨伐吐谷浑。**

吐谷浑王慕容拾寅分别接受刘宋和北魏的赐封爵位,无论他的住所还是车马,都可以和皇帝相比,北魏人因此对他很愤恨。于是文成帝派遣阳平王拓跋新成等人督统各路大军,向吐谷浑发起进攻,掠获了大批人马、财物。

北魏恢复设置史官一职。

崔浩被杀后,北魏的史官就被废除了,至此重又设置。

冬十月,宋孝武帝刘骏诛杀庐陵内史周朗。

朗言事切直,宋主衔之,使有司奏朗居母丧不如礼,传送宁州,于道杀之。朗之行也,侍中蔡兴宗方在直,请与朗别,坐白衣领职。

宋以颜师伯为侍中。

师伯以谄佞被亲任,群臣莫及。多纳货贿,家累千金。宋主尝与之樗蒲,宋主掷得雉,自谓必胜,师伯次掷得卢,宋主失色,师伯遽敛子曰:"几作卢。"是日一输百万。

柔然攻高昌,杀沮渠安周。

柔然攻高昌,杀沮渠安周,灭沮渠氏,以阚伯周为高昌王。高昌称王自此始。

辛丑(461) 宋大明五年,魏和平二年。
春正月,雪。

宋以正旦朝贺雪落,太宰义恭衣有六出,义恭奏以为瑞,宋主悦。义恭以宋主猜暴,惧不自容,每卑辞逊色,曲意祗奉,由是终宋主之世得免于祸。

夏,宋立明堂。

经始明堂,直作大殿于丙、己之地,制如太庙,唯十有二间为异。

宋雍州刺史、海陵王休茂反襄阳,为其下所杀。

雍州刺史、海陵王休茂年十七,司马庾深之行府事,休茂欲专处决,深之及主帅每禁之。左右张伯超有宠,多罪恶,主帅屡责之。伯超说休茂杀行事及主帅而举兵,休茂从之。

朗论事直率，宋孝武帝对他有所愤恨，让有关部门弹劾周朗母亲守丧期间做了不合于礼的事，于是将他流放宁州，在路上把他杀了。周朗出发之前，侍中蔡兴宗正在值班，他请求和周朗道别，因此也被削官，以平民的身份代理现职。

宋孝武帝刘骏任命颜师伯为侍中。

颜师伯因为善于谄佞而受到宋孝武帝的厚待和信任，其他大臣无法相比。他多收受贿赂，家产累及千金。宋孝武帝曾和他一起下樗蒲棋，宋孝武帝掷出"雉"，认为自己必定赢了，颜师伯却跟着掷出了"卢"，宋孝武帝大惊失色，颜师伯很快地把骰子收了起来，说："差点是'卢'了。"这天，颜师伯一次就输掉一百万钱。

柔然进攻高昌，杀死沮渠安周。

柔然进攻高昌，杀死沮渠安周，灭了沮渠全族，任命阚伯周为高昌王。高昌从此开始称王。

辛丑（461） 宋大明五年，北魏和平二年。

春正月，下雪。

因为正月初一，宋文武大臣朝觐庆贺喜降大雪，有雪花落在太宰刘义恭的衣服上，刘义恭启奏说这是祥瑞之兆，宋孝武帝非常高兴。刘义恭因为宋孝武帝生性猜忌，恐怕自己不能被他所容，所以每次都言辞谦逊，脸色恭顺，曲意奉承，因此在宋孝武帝在位时期，他得以幸免于祸。

夏季，刘宋兴建明堂。

宋兴建明堂，将大殿建在丙、己方位，形制如同太庙，只有十二间和太庙不同。

宋雍州刺史、海陵王刘休茂在襄阳反叛，被其部下所杀。

雍州刺史、海陵王刘休茂这年十七岁，司马庚深之当时主持王府事务，刘休茂想要自己专权，庚深之和主帅每次都禁止他这样做。左右侍从张伯超深受刘休茂的宠信，经常作恶，主帅屡次斥责他。张伯超游说刘休茂，让他杀死庚深之和主帅，然后起兵反叛，刘休茂听从了他的建议。

杀典签杨庆,征集兵众,建牙驰檄。博士荀诜谏,杀之。

休茂出城行营,参军沈畅之等帅众闭门拒之。休茂驰还攻城,克之。参军尹玄庆复起兵攻休茂,生擒斩之。母妻皆自杀,同党伏诛。

宋主自即位以来,抑黜诸弟,既克广陵,欲更峻其科。沈怀文曰:"汉明不使其子比光武之子,前史以为美谈。陛下既明管、蔡之诛,愿崇唐、卫之寄。"及襄阳平,太宰义恭希旨,复请裁抑诸王,不使任边州,及悉输器甲,禁绝宾客。怀文固谏乃止。

宋主畋游无度,尝出,夜还,敕开门。侍中谢庄居守,以棨信或虚,执不奉旨,须墨敕乃开。宋主曰:"卿欲效郅君章邪?"对曰:"臣闻王者祭祀畋游,出入有节。今陛下晨往霄归,臣恐不逞之徒妄生矫诈,是以伏须神笔,乃敢开门耳。"

秋九月朔,日食。　宋司空沈庆之罢就第。
庆之目不知书,家素富,产业累万金。一夕徙居娄湖,以宅输官。非朝贺不出门,车马率素,从者不过三五人,遇之者不知其为三公也。

冬十月,宋以新安王子鸾为南徐州刺史。
子鸾母殷淑仪宠倾后宫,子鸾爱冠诸子,凡为上所眄遇者,莫不入其府。

刘休茂杀了典签杨庆，聚集大军，竖立旗帜，向外发出檄文。博士苟诜劝谏，被刘休茂所杀。

刘休茂出城巡营，参军沈畅之等率众人关闭城门，拒绝刘休茂回城。刘休茂马上率军返回攻城，攻下襄阳城。参军尹玄庆又起兵进攻刘休茂，活捉并斩了他。刘休茂的母亲、妻子全都自杀，他的党羽也被诛杀。

宋孝武帝自从即位以来，一直贬斥他的诸位弟弟，攻克广陵之后，更打算加强对其弟弟的控制。沈怀文说："汉明帝不让自己的儿子超过光武帝的儿子，前世史书以此作为美谈而记载。陛下您既然已杀了管叔、蔡叔那样的人，但愿您能推崇周成王封叔虞于唐、康叔于卫之地的举动，以维护国家。"等到襄阳反叛平定后，太宰刘义恭了解了宋孝武帝的心思，于是便上疏请求继续压制、裁减诸位亲王的权力，不让他们统领沿边各州，收缴他们保存的盔甲武器，禁止他们结交宾客。沈怀文坚持认为不能这样，宋孝武帝才停止了这些禁令。

宋孝武帝打猎游玩没有节制，有一次出城，深夜返回，下令打开城门。正好侍中谢庄值班，他认为宋孝武帝让人送来的木符也许是假的，就执意不让开门，说要看到宋孝武帝的亲笔书写的敕令才开。宋孝武帝说："你打算仿效郅君章吗？"谢庄回答说："我听说君王祭祀、狩猎、出游，出入都应有节制。如今陛下清晨出去，深夜才回来，臣害怕有不法之徒假造圣旨，欺骗我们，所以必须看到陛下的笔迹，才敢打开城门。"

秋九月初一，出现日食。　刘宋司空沈庆之辞职回家。

沈庆之目不识丁，家里向来富有，产业累及万金。一天傍晚，他迁居娄湖，把自己的宅第献给了官府。不是朝贺时，他从不走出家门，他的车马都很朴素，侍从也不过三五人，在路上遇到他的人，都不知道他是三公高官。

冬十月，孝武帝刘骏任命新安王刘子鸾为南徐州刺史。

刘子鸾的母亲殷淑仪在后宫最受宋孝武帝的宠爱，刘子鸾所受到的宠爱也在其他皇子之上，凡是宋孝武帝喜爱的东西，没有不进入刘子鸾府内的。

初,巴陵王休若为北徐州,以张岱为参军,行府州国事。后历临海、豫章、晋安三府,与典签主帅共事,事举而情不相失。或问其故,岱曰:"古人言:'一心可事百君。'我为政端平,待物以礼,悔吝之事无由而及。明暗短长更是才用之多少耳。"及是,子鸾复以岱为别驾、行事。

十二月,宋制民岁输布,户四匹。　宋禁士族杂婚。

诏士族杂婚者皆补将吏。士族多避役逃亡,乃严为之制,捕得即斩之。往往奔窜湖山为盗贼。沈怀文谏,不听。

壬寅(462) 宋大明六年,魏和平三年。
春正月,宋始祀五帝于明堂。　宋策孝、秀于中堂。

扬州秀才顾法对策曰:"源清则流絜,神圣则形全。躬化易于上风,体训速于草偃。"上恶其谅,投策于地。

二月,宋复百官禄。　宋主杀其广陵太守沈怀文。

侍中沈怀文素与颜竣、周朗善,数以直谏忤旨,宋主谓曰:"竣若知我杀之,亦当不敢如此。"尝出射雉,风雨骤至,怀文与王彧、江智渊约相与谏。怀文曰:"风雨如此,非圣躬所宜冒。"彧曰:"怀文所启宜从。"智渊未及言,宋主注弩作色曰:"卿欲效颜竣邪?"宋主每燕集,在坐者皆令沉醉,

当初,巴陵王刘休若担任北徐州刺史,任命张岱为参军,代理府州事务。后来张岱历任临海、豫章、晋安三府参军,与三州的典签、主帅共事,每件事都做得非常顺情得体。有人问他其中的原因,张岱说:"古人说:'一心可以事奉百君。'我为政端正公平,待人接物以礼相处,所以让人后悔的事情也就不会发生。一个人的明暗短长,只不过是他才能多少的体现罢了。"现在,刘子鸾又任用张岱担任别驾、行事。

十二月,刘宋朝廷规定,每户人家每年向朝廷缴纳四匹布。刘宋禁止豪门士族与平民通婚。

宋孝武帝诏令,凡是豪门士族与平民通婚的,都要补为武职。一些与平民通婚的豪门士族,大多为躲避兵役而逃亡,于是朝廷严格规定,抓到逃亡者,立即斩首。这些逃亡者往往逃入江湖山泽做了盗贼。沈怀文劝谏,孝武帝不听。

壬寅(462) 宋大明六年,北魏和平三年。

春正月,宋孝武帝刘骏第一次在明堂祭祀五帝。 宋孝武帝在中堂举行孝廉、秀才考试。

扬州秀才顾法回答策问说:"水源清澈,则河流自然清洁;精神崇高,则身体自然健康。身体力行,则好的风尚自然会流行,其速度会比野草被风刮倒更快。"宋孝武帝讨厌他的大胆直言,把他的卷子扔到了地上。

二月,刘宋恢复文武百官的俸禄。 宋孝武帝刘骏诛杀广陵太守沈怀文。

侍中沈怀文向来和颜竣、周朗交好,他几次因为直言劝谏而惹怒了宋孝武帝,宋孝武帝对他说:"颜竣如果知道我会杀他,也就不敢这样大胆放肆了。"宋孝武帝曾外出打野鸡,暴风雨突然来了,沈怀文和王彧、江智渊相约进谏。沈怀文说:"这样大的暴风雨,陛下的圣体不应当承受。"王彧说:"沈怀文的启奏,您应该听从。"江智渊还没来得及说话,宋孝武帝已眼看着弓箭,满脸怒色地说:"你打算仿效颜竣吗?"宋孝武帝每次设宴时,都下令在座者必须喝醉,

嘲谑无度。怀文素不饮,又不好戏调,宋主谓故欲异己,出为广陵太守。

至是朝正,事毕当还,以女病求申期,为有司所纠,免官,禁锢十年。怀文卖宅欲还东,上大怒,赐死。三子澹、渊、冲行哭请命。柳元景为之言曰:"怀文三子涂炭不可见,愿陛下速正其罪。"宋主竟杀之。

夏四月,宋淑仪殷氏卒。

宋主以殷氏卒,痛悼不已,精神罔罔,颇废政事。葬于龙山,民不堪役,死亡甚众。自江南葬埋之盛,未之有也。又为之别立庙。

秋九月,宋制沙门致敬人主。

初,晋庾冰议使沙门敬王者,不果行。至是,有司奏曰:"浮图为教,反经蔽道,屈膝四辈而简礼二亲,稽颡耆腊而直体万乘。臣等参议,以为沙门接见比当尽虔。"从之。及废帝即位复旧。

宋祖冲之请更造新历,不报。

南徐州从事史祖冲之上言,何承天《元嘉历》疏舛犹多,更造新历。以为:"旧法,冬至日有定处,未盈百载,辄差二度。今令冬至日度,岁岁微差,将来久用,无烦屡改。又,子为辰首,位在正北,虚为北方列宿之中。今历,上元

再对醉者进行嘲讽、戏谑。沈怀文一向不喝酒，又不喜欢戏弄玩笑，宋孝武帝认为他这是故意和自己作对，于是就让他到外地为官，任他为广陵太守。

沈怀文到建康参加元旦朝拜，结束应当返回广陵，但因为女儿生病，所以请求延长在建康的期限，竟被有关部门纠治免官，禁锢十年。沈怀文卖掉京城的房宅，打算东下回家，宋孝武帝大怒，命他自杀。沈怀文的三个儿子沈澹、沈渊、沈冲一路奔走哭号，为父请求饶命。柳元景替他说话，道："沈怀文的三个儿子，悲痛异常，令人不能看下去，愿陛下快点为沈怀文定罪。"宋孝武帝最后还是杀了沈怀文。

夏四月，宋孝武帝刘骏的宠姬殷淑仪去世。

殷氏去世后，宋孝武帝痛悼不已，精神恍惚，无心处理朝政。宋孝武帝征用大批民夫，为殷氏在龙山修筑墓穴，民夫不堪忍受沉重的劳作，为此死去、逃走的人很多。自长江以南举行葬礼以来，从没有像殷氏的葬礼这样隆重。宋孝武帝为殷氏修庙立像，以为追念。

秋九月，刘宋制定僧徒恭敬皇帝的规定。

当初，东晋人庾冰建议，应让僧徒恭敬帝王，但最后没有实行。一直到现在，刘宋有关部门上奏说："佛教的教义，用自己的经典蒙蔽真正的道义，他们跪拜四圣，而慢待自己的双亲，只对高僧叩头，而和皇帝平起平坐。我们建议，认为僧徒晋见皇帝，应当恭敬、虔诚。"宋孝武帝采纳了这个建议。后来到前废帝即位后，又恢复如旧了。

宋人祖冲之请求制定新的历法，但未能实施。

南徐州从事史祖冲之上书说，何承天的《元嘉历》中的疏失、错误还很多，所以他制定了一部新的历法。他认为："现在使用的历法，将冬至日固定在某一天，不到一百年，就会相差二度。新历法将冬至放到年终，每年只有微小的差距，将来长期使用下去，就不必麻烦多次改动。另外，现行历法把'子'作为'辰'的开头，位置在正北方，虚，排列在北方各个星座之中。新历则把上元

曰度,发自虚一。日辰之号,甲子为先,今历,上元岁在甲子。又,承天法,日、月、五星各自有元。今法,交会迟疾,悉以上元岁首为始。"宋主令善历者难之,不能屈。会宋主晏驾,不果施行。

癸卯（463） 宋大明七年,魏和平四年。

春正月,宋吏部郎江智渊卒。

宋主每因宴集,好使群臣自相嘲讦。智渊素恬雅,渐不会旨。尝使智渊以王僧朗戏其子彧,智渊正色曰:"恐不宜有此戏。"宋主怒曰:"江僧安痴人,痴人自相惜。"僧安,智渊之父也。智渊伏席流涕,由此恩宠大衰。又议殷淑仪谥曰怀,宋主以为不尽美,衔之。他日,至妃墓,指石柱谓智渊曰:"此上不容有'怀'字。"智渊益惧,竟以忧卒。

夏,宋制非临军毋得专杀,非手诏毋得兴军。

诏:"自非临军,不得专杀。罪应重辟,先上须报,违者以杀人论。刺史、守宰动民兴军皆须手诏施行,唯外警内奸、变起仓猝者,不从此例。"

宋以蔡兴宗、袁粲为吏部尚书。

粲,淑之兄子也。宋主好狎侮群臣,自太宰义恭以下不免秽辱。常呼金紫光禄大夫王玄谟为老伧,仆射刘秀之为

放在年终，从虚、一开始。现行历法把日月星辰的标志，以甲子作为开头放在最前面，新历则把上元每年放在甲子上。再者，何承天的历法中，日、月、五星各自都有自己的元。新历则将日、月、五星的交会以及运行的快慢，全都以上元的岁首作为开始。"宋孝武帝命令对历法有研究的人同祖冲之辩论，但都驳不倒他。适逢宋孝武帝去世，祖冲之的新历也未能实施。

癸卯（463） 宋大明七年，北魏和平四年。
春正月，刘宋吏部郎江智渊去世。

宋孝武帝每次都借着宴请饮酒时，喜好让群臣之间相互嘲讽、攻讦。江智渊向来性情恬雅，慢慢地被宋孝武帝所讨厌。宋孝武帝曾派江智渊前去命令王僧朗嘲弄自己的儿子王彧，江智渊严肃地说："恐怕不应该这样开玩笑。"宋孝武帝大怒说："江僧安是个白痴，白痴才会同情白痴。"江僧安是江智渊的父亲。江智渊趴在坐席上痛哭流涕，因此宋孝武帝对他的恩宠大为减弱。江智渊又提议追封殷淑仪谥号为怀，宋孝武帝认为这个谥号不完美，更愤恨于江智渊。一天，宋孝武帝与群臣来到殷贵妃的墓地，指着墓前的石柱对江智渊说："这上面不能有'怀'字。"江智渊愈加恐惧，最后竟因忧虑过度去世。

夏季，宋孝武帝刘骏规定将吏如果不与敌人作战，一律不得擅自杀人，没有皇帝的手诏，一律不许发动军队。

宋孝武帝诏令："任何官将，除非是在战场上与敌人作战，一律不得擅自杀人。罪行应被判斩首的罪犯，必须先向朝廷呈报，如有违反这一诏令的，以杀人罪论处。刺史、守宰动员百姓发动军队，都必须有皇帝的手诏才能施行，只有边境有敌人入侵或宫廷内有奸贼作乱，突然发生事变的，可以不受此令约束。"

宋孝武帝刘骏任命蔡兴宗、袁粲为吏部尚书。

袁粲，是袁淑哥哥的儿子。宋孝武帝喜好侮辱、捉弄群臣，从太宰刘义恭以下的大臣，没有一个人能免去被秽语侮辱。宋孝武帝经常把金紫光禄大夫王玄谟叫做"土佬"，把仆射刘秀之喊为

老悭,颜师伯为齮,其余短长肥瘦皆有称目。又宠一昆仑奴,令以杖击群臣,唯惮蔡兴宗方严,不敢侵媟。议曹郎王耽之曰:"蔡豫章昔在相府,亦以方严不狎,武帝宴私之日未尝相召。蔡尚书今日可谓能负荷矣。"

六月,宋以刘德愿为豫州刺史。

宋主数与群臣至殷贵妃墓,谓德愿曰:"卿哭贵妃悲者当厚赏。"德愿擗踊号恸,涕泗交流。宋主甚悦,故有是命。

宋大修宫室。

宋主为人机警勇决,记问博洽,文章华敏;又善骑射,而奢欲无度。自晋氏渡江以来,宫室草创,孝武始作清暑殿,宋兴无所增改。至是,始大修宫室,土木被锦绣,赏赐倾府藏。坏高祖所居阴室,于其处起玉烛殿,与群臣观之,床头有土障,壁上挂葛灯笼、麻蝇拂,侍中袁颛因盛称高祖俭素之德。宋主曰:"田舍公此已为过矣。"颛,淑之兄子也。

冬十月,宋主校猎姑孰。 **魏遣散骑常侍游明根如宋。**

明根奉使三返,宋主以其长者,礼之有加。

十一月,宋主习水军于梁山。

甲辰(464) 宋大明八年,魏和平五年。
夏闰五月,宋主骏殂,太子子业立。

"老抠门"，叫颜师伯为"大板牙"，其他人都根据高矮胖瘦，被起过外号。宋孝武帝又宠爱一个昆仑奴，让他拿着棍棒殴打群臣，这个昆仑奴惧惮蔡兴宗的方正威严，不敢戏弄。议曹郎王耽之说："蔡豫章过去在宰相府时，也以方正威严、不苟言笑而免于嘲弄，所以武帝举行私人宴会时，也从未邀请他参加。可以说今日的蔡尚书已经继承父亲的品德了。"

六月，宋孝武帝刘骏任命刘德愿为豫州刺史。

宋孝武帝多次和众大臣到殷贵妃的墓前，他对刘德愿说："你如果很悲伤地痛哭贵妃，我就会厚赏你。"刘德愿就失声痛哭，拍胸顿足，眼泪、鼻涕流到了一起。宋孝武帝非常高兴，所以才有这个任命。

刘宋大肆修建宫室。

宋孝武帝为人机警果断，学问渊博，文章华丽敏捷；又善于骑马射箭，但他奢侈纵欲，没有节度。自从东晋皇室渡江以来，宫室草草创立，晋孝武帝时才修建了清暑殿，刘宋建立之后，也没有增建改动。一直到现在，宋孝武帝开始大肆修建宫室，墙壁和木柱上都用锦绣装饰，倾尽国库里的东西赏赐臣属。他拆掉武帝住过的屋子，在那里兴建了玉烛殿，和众大臣一起前去观看，旧屋的床头上还有一截土墙，墙壁上挂着葛灯笼、麻蝇拂，侍中袁颛看到这些东西，盛赞宋孝武帝节俭朴素的品德。宋孝武帝却说："一个庄稼汉能有这种享受已经很过分了。"袁颛是袁淑哥哥的儿子。

冬十月，宋孝武帝刘骏到姑孰比武打猎。 北魏派散骑常侍游明根出使刘宋。

游明根奉命三次出使刘宋，宋孝武帝因为他年龄大，对他加以特别礼遇。

十一月，宋孝武帝刘骏在梁山训练水军。

甲辰（464） 宋大明八年，北魏和平五年。

夏闰五月，宋孝武帝刘骏去世，太子刘子业即皇帝位。

宋主末年尤贪财利，刺史、二千石罢还，必限使献奉，又以蒲戏取之，罄尽乃止。终日酣饮，常凭几昏睡，或外有奏事，即肃然整容，无复酒态，由是内外畏之，莫敢弛惰。至是，殂于玉烛殿，遗诏：“太宰义恭加中书监，柳元景领尚书令，事无巨细，悉关二公。大事与始兴公沈庆之参决，若有军旅悉委庆之。尚书中事委仆射颜师伯，外监所统委领军王玄谟。”太子即位，年十六。蔡兴宗奉玺绶，太子受之，傲惰无戚容。兴宗出告人曰：“国家之祸，其在此乎？”

秋七月，柔然处罗可汗死，子受罗部真可汗予成立。
改元永康。
宋以蔡兴宗为新昌太守，王玄谟为南徐州刺史。

宋罢孝建以来所改制度，还依元嘉。蔡兴宗于都座慨然谓颜师伯曰：“先帝虽非盛德之主，要以道始终。三年无改，古典所贵。今殡宫始撤，山陵未远，而凡诸制度，不论是非，一皆刊削，虽复禅代亦不至尔。天下有识，当以此窥人。”师伯不从。

太宰义恭素畏戴法兴、巢尚之等，虽受遗辅政，而引身避事，由是政归近习。法兴等专制朝权，诏敕皆出其手。

兴宗自以职管铨衡，每至上朝，辄为义恭陈登贤进士之意，又箴规得失，博论朝政。义恭闻之，战惧无答。兴宗

宋孝武帝晚年尤其贪财好利,刺史、二千石官员罢官还京,一定限令他们进献贡奉,又和他们一起赌博赢钱,把他们的钱赢光才罢休。他整天都在开怀畅饮,常常伏在案几上昏睡,有时外面有事奏报,他马上精神肃然,整理容装,没有一点酒意,因此朝廷内外对他都十分畏惧,没有人敢放松懈怠。这年夏闰五月,宋孝武帝在玉烛殿去世,留下遗诏说:"太宰刘义恭加授中书监,任命柳元景为尚书令,无论大事小事,都要和二人商议。朝廷大事要让始兴公沈庆之参与决定,如果有军事事务,全部委托沈庆之处理。尚书府的事务,委托仆射颜师伯处理,外监事务,委托领军王玄谟处理。"太子刘子业即位,时年十六岁。蔡兴宗奉上玉玺,刘子业接了过来,他态度傲慢,脸上没有一点悲伤的样子。蔡兴宗出来后,对人说:"国家的灾祸,莫非要在他身上出现吗?"

秋七月,柔然处罗可汗去世,他的儿子受罗部真可汗予成继位。

改年号为永康。

宋前废帝刘子业任命蔡兴宗为新昌太守,王玄谟为南徐州刺史。

宋前废帝废除宋孝武帝孝建以来更改的各项制度,恢复元嘉时代的制度。蔡兴宗在都座,感慨地对颜师伯说:"先帝虽然不是品德非常高的皇帝,却还知道正道何在。三年不改先朝制度,这是古代经典所称道的事。如今,先帝的祭堂刚刚撤掉,不远处就是陵墓,而那时的各项制度,不管对与错,就一律加以砍削,即使是改朝换代,也不至于到如此程度。天下有识之士,可据此判断一个人。"颜师伯不同意。

太宰刘义恭向来害怕戴法兴、巢尚之等人,虽然他接受遗诏辅佐朝政,但却退缩不前,躲避政事,因此朝政大权都被皇帝身边受宠的左右侍从所掌握。戴法兴等人专权独断,皇帝的诏敕都出自他们之手。

蔡兴宗认为自己的职权是铨选官吏,每次上朝时,就要向刘义恭表达推荐贤能之士之意,又常常述说得失,从各方面议论朝政。刘义恭听了蔡兴宗的话,吓得战战兢兢,不敢回答。蔡兴宗

每奏选事,法兴、尚之等辄点定回换。兴宗于朝堂谓义恭、师伯曰:"主上谅阖,不亲万机。而选举密事,多被删改,复非公笔,亦不知是何天子意!"义恭、法兴皆恶之,左迁新昌太守,既而以其人望,复留之建康。法兴等恶王玄谟刚严,以为南徐州刺史。

八月,宋太后王氏殂。

太后疾笃,使呼宋主子业。子业曰:"病人间多鬼,那可往?"太后怒,谓侍者:"取刀来,剖我腹,那得生宁馨儿!"

冬,宋饥。

东方诸郡连岁旱饥,米一升钱数百,建康亦至百余钱,饿死者什六七。是岁,宋境内凡有州二十二,郡二百七十四,县千二百九十九,户九十四万有奇。

乙巳(465) 宋主子业景和元年,太宗明帝或泰始元年,魏和平六年。
春,宋铸二铢钱。

自孝建以来,民间盗铸滥钱,商货不行。更铸二铢钱,形式转细,民间效之而更薄小,无轮郭,不磨镥,谓之"耒子"。

夏五月,魏主濬殂,太子弘立。

初,世祖经营四方,国颇虚耗,重以内难,朝野楚楚。高宗嗣之,与时消息,静以镇之,怀集中外,民心复安。太子弘即位,时年十二。

每次奏报的选官奏章,戴法兴、巢尚之等人动辄圈点更换。蔡兴宗在朝堂上对刘义恭、颜师伯说:"皇上正在守丧期间,不能亲自处理朝政。像选官这样机密的事情,大都被删改,又不是你们二位的笔迹,也不知道这是哪位天子的意思!"刘义恭、戴法兴都很讨厌蔡兴宗,将他贬任新昌太守,不久,因蔡兴宗有声望,又把他留在了建康。戴法兴等人厌恶王玄谟为人刚正威严,就任他为南徐州刺史。

八月,刘宋皇太后王氏去世。

王太后的病情非常严重,派人去叫宋废帝。宋废帝说:"病人那里鬼多,我怎么能去?"王太后大怒,对侍者说:"拿把刀来,剖开我的肚子,看看怎么会生出这样的东西!"

冬季,刘宋发生饥荒。

东部各郡连年大旱,发生饥荒,一升米值几百钱之多,建康的米也卖到了一百多钱一升,十人之中就有六七个人被饿死。这一年,刘宋版图内共有二十二个州,二百七十四个郡,一千二百九十九个县,九十四万多户。

宋明帝

乙巳(465)　宋主刘子业景和元年,太宗宋明帝刘彧泰始元年,北魏和平六年。

春季,刘宋铸造二铢钱。

自孝建年间以来,民间盗铸伪劣钱币越来越严重,致使商贾活动无法进行。于是,官府改铸二铢钱,样式上更为细小,民间模仿盗铸,比官钱更薄更小,没有轮廓,也不加以磨平,被称为"耒子"。

夏五月,北魏文成帝拓跋濬去世,太子拓跋弘继承皇位。

当初,北魏太武帝四处征战,扩大版图,造成国力空虚,再加之皇室内部不断发生内乱,使朝野都非常痛苦。文成帝继位后,按照天时使国家休养生息,以静治民,安抚内外,民心又安定下来。太子拓跋弘即位,这一年他十二岁。

魏车骑大将军乙浑杀司徒陆丽。

魏车骑大将军乙浑专权，矫诏杀尚书杨保年等于禁中，使司卫监穆多侯召平原王陆丽于代郡。多侯谓曰："浑有无君之心。今宫车晏驾，王德望素重，奸臣所忌，宜少淹留以观之，朝廷安静，然后入未晚也。"丽曰："安有闻君父之丧，虑患而不赴者乎？"即驰赴平城。浑所为多不法，丽数争之。浑杀丽及多侯，而自为太尉、录尚书事。

六月，魏开酒禁。　秋七月，魏乙浑自为丞相。

魏乙浑为丞相，位居诸王上，事无大小皆取决焉。

八月，宋主杀其太宰江夏王义恭、尚书令柳元景、仆射颜师伯。

子业幼而狷暴，及即位，始犹难太后、大臣及戴法兴等，未敢自恣。太后既殂，子业欲有所为，法兴辄抑制之，不能平。所幸阉人华愿儿怨法兴裁其赐与，言于子业曰："道路皆言法兴为真天子，官为赝天子。且官居深宫，与人物不接，法兴与太宰、颜、柳共为一体，内外畏服，深恐此坐非复官有。"子业遂赐法兴死。

初，世祖多猜忌，大臣重足屏息。世祖殂，义恭等相贺曰："今日始免横死矣。"甫过山陵，皆声乐酣饮，不舍昼夜。及法兴死，诸大臣始复不自安，于是元景、师伯密谋废子业立义恭，日夜聚谋，而不能决。元景以其谋告沈庆之，庆之与义恭素不厚，又恨师伯专断朝事，不与己参怀，乃发其事。

北魏车骑大将军乙浑诛杀司徒陆丽。

北魏车骑大将军乙浑独揽大权，他假传圣旨，在宫中诛杀了尚书杨保年等人，又派司卫监穆多侯前往代郡召平原王陆丽回京。穆多侯对陆丽说："乙浑有弑君反叛之心。如今先帝去世，大王您素来德高望重，被奸臣所忌，应该暂时留在这里，看看形势的发展，等到朝廷安静下来，然后再回京也不晚。"陆丽说："哪里有听说君父去世了，却担忧祸患而不去奔丧的呢？"就立即赶赴平城。乙浑的所作所为大多违法，陆丽多次和他发生争执。乙浑诛杀了陆丽和穆多侯，自任为太尉、录尚书事。

六月，北魏撤除禁酒令。　秋七月，北魏乙浑自任为丞相。

北魏乙浑担任丞相，位居诸王之上，朝廷政事无论大小，都要由他来决定。

八月，宋前废帝刘子业诛杀太宰江夏王刘义恭、尚书令柳元景、仆射颜师伯。

废帝从小就脾气暴躁，即位后，开始还顾忌王太后、戴法兴及各位大臣，不敢放任自己。王太后去世后，他想要有所作为，但动辄被戴法兴所制止，心中很不高兴。废帝宠幸的太监华愿儿怨恨戴法兴裁减废帝赏赐给他的金银财宝，就对废帝说："路人都说戴法兴是真天子，您是假天子。而且您居于深宫之中，和外面没有什么交往，戴法兴却和太宰刘义恭、颜师伯、柳元景结为一体，朝廷内外畏服于他们，我生怕您这个位子不会再属于您了。"于是废帝命令戴法兴自杀。

当初，宋孝武帝对人多有猜忌，大臣们都小心谨慎。宋孝武帝去世后，刘义恭等人都互相庆贺，说："到今天可以免于横祸而死了。"刚刚将宋孝武帝安葬完毕，他们就欣赏歌乐，开怀畅饮，不分昼夜。等戴法兴死了以后，各位大臣又开始不安起来，于是柳元景和颜师伯密谋废掉刘子业，拥立刘义恭为帝，他们日夜聚在一起商议，但始终定不下来。柳元景将这个计划告诉了沈庆之，沈庆之和刘义恭关系向来不好，又愤恨颜师伯专断朝政，不和自己商议，于是就告发了这个密谋。

子业遂自帅羽林兵杀义恭，并其四子，召元景以兵随之。元景知祸至，入辞其母，整朝服，乘车应召。弟叔仁帅左右欲拒命，元景苦禁之。既出巷，军士大至，元景下车受戮，容色恬然。并其子弟诸侄。获颜师伯于道，杀之，并其六子。自是公卿以下皆被捶曳如奴隶矣。

初，子业在东宫多过失，世祖欲废之而立新安王子鸾，侍中袁𫖮盛称太子之美，乃止，子业由是德之。既诛群公，以为吏部尚书。

尚书左丞徐爰便僻善事人，颇涉书传，自元嘉初入侍左右，豫参顾问。长于附会，饰以典文，大明之世，委寄尤重。时殿省旧人多见诛逐，唯爰巧于将迎，始终无迕。子业每出，常与沈庆之及姊山阴公主同辇，爰亦预焉。

主尤淫恣，子业为置面首左右三十人。吏部郎褚渊貌美，公主请以自侍，子业许之。渊侍公主十日，备见逼迫，以死自誓，乃得免。渊，湛之之子也。

子业令太庙别画祖考之像，入庙指高祖像曰："渠大英雄，生擒数天子。"指太祖像曰："渠亦不恶，但末年不免儿斫去头。"指世祖像曰："渠大齇鼻，如何不齇？"立召画工令齇之。

九月，宋主杀其弟新安王子鸾。
新安王子鸾有宠于世祖，子业疾之，遣使赐死，又杀

废帝立即亲率羽林军杀死刘义恭和他的四个儿子,又征召柳元景,并派兵跟在他后面。柳元景知道大祸临头,进去和母亲道别,穿上朝服,乘车前往应召。柳元景的弟弟柳叔仁率领部下打算拒绝听命,柳元景苦苦地劝阻他。等到柳元景走出巷口,大批军士已经到达,柳元景下车受刑,脸色从容安定。他的儿子、弟弟及各位侄子们也都被杀。颜师伯在路上被抓,和他的六个儿子一同被杀。从此,公卿以下的官员都像奴隶一样随时被侮辱殴打。

起初,废帝在东宫时多有过失,宋孝武帝打算废黜他,改立新安王刘子鸾为太子,但侍中袁颛盛赞废帝的品德,宋孝武帝才作罢,废帝因此而感激袁颛。各位大臣被杀之后,废帝任命袁颛为吏部尚书。

尚书左丞徐爰善于拍马奉迎,以此取悦于人,他读过不少书,从元嘉初年就进入皇宫跟随皇帝左右,参与决断朝廷政事。他长于附会奉迎,又能以典故文辞来装饰自己,在宋孝武帝时,对他更为信任。当时宫廷、朝廷里的先朝大臣和左右侍从大多被诛杀或放逐,只有徐爰巧于迎合,始终没有得罪于废帝。废帝每次出去,经常和姐姐山阴公主及沈庆之同乘一辆辇车,徐爰也在其中。

山阴公主尤其淫荡恣意,废帝为她选了三十左右个面首。吏部郎褚渊容貌俊美,山阴公主请求废帝让褚渊去侍奉自己,废帝答应了她。褚渊侍奉了公主十天,备受逼迫,以死抗争,才得幸免放回。褚渊是褚湛之的儿子。

废帝命令在太庙另外绘制祖先的画像,画成后,他指着宋武帝刘裕的画像说:"他是一位大英雄,活捉了几个天子。"指着宋文帝刘义隆的画像说:"他也不错,只是晚年却被儿子砍去了头。"指着宋孝武帝刘骏的画像说:"他长有一个大酒糟鼻子,怎么没有画上?"立刻让画工画出宋孝武帝的酒糟鼻子。

九月,宋前废帝刘子业诛杀弟弟新安王刘子鸾。

新安王刘子鸾被宋孝武帝宠爱,废帝嫉妒他,派人赐他死,又杀

其母弟南海王子师,发殷淑仪墓,又欲掘景宁陵,太史以为不利于子业,乃止。

谢庄为殷淑仪诔曰:"赞轨尧门。"子业以庄用钩弋夫人事,欲杀之。或为之言,得系尚方。

宋义阳王昶出奔魏。

昶为徐州刺史,素为世祖所恶,而民间每讹言昶反,是岁尤甚。子业谓左右曰:"我即大位,未尝戒严,使人邑邑。"会昶遣使上表求朝,诘以反状,昶惧逃归。子业因下诏讨昶,内外戒严。自将兵渡江,命沈庆之统诸军。

昶聚兵移檄,统内皆不受命。昶知事不成,弃母妻携爱妾奔魏。昶颇涉学,能属文,魏人重之,使尚公主,赐爵丹阳王。

宋以袁颛为雍州刺史,蔡兴宗为吏部尚书。

颛始为子业所宠任,俄而失指,待遇顿衰。颛惧求出,以为雍州刺史。其舅蔡兴宗谓曰:"襄阳星恶,何可往?"颛曰:"白刃交前,不救流矢。今唯愿生出虎口耳。天道辽远,何必皆验。"

时临海王子顼为荆州刺史,朝廷以兴宗为子顼长史,行府州事,兴宗辞不行。颛曰:"朝廷形势,人所共见,在内大臣,朝不保夕。舅今出为八州行事,颛在襄、沔,地胜兵强,可以共立桓、文之功,岂比受制凶狂临不测之祸乎?今

了刘子鸾的同母弟弟南海王刘子师，挖掘了殷淑仪的坟墓，又打算掘开景宁陵，太史认为这样做会对废帝不利，于是才罢休。

谢庄当初为殷淑仪写诔文说："辅佐皇上，遵循尧母。"废帝认为谢庄把殷氏比作汉武帝的钩弋夫人，所以想杀了他。有人替谢庄求情，废帝才没有杀他，而把他关押在尚方署。

刘宋义阳王刘昶投奔北魏。

刘昶担任徐州刺史，一向为宋孝武帝所厌恶，而且民间经常讹传刘昶会造反，这一年，这种谣传更加厉害。废帝对左右侍从说："我即帝位以来，还从来没有戒严过，使人感到难受。"适逢刘昶派使者到建康呈递奏章，请求入朝，废帝就责问使者为什么不报告刘昶反叛的事，使者听后很害怕，逃了回去。废帝就趁此机会，下诏讨伐刘昶，京师内外实行戒严。他亲自率军渡过长江，命令沈庆之统领各路大军。

刘昶召集兵马，发布檄文，但他所辖的各郡都拒绝接受命令。刘昶知道此事不会成功，就抛弃母亲和妻子，带着自己的爱妾投奔北魏。刘昶很有学问，善写文章，北魏很器重他，让他娶了公主，赐给他丹阳王的爵位。

刘宋朝廷任命袁颛为雍州刺史，蔡兴宗为吏部尚书。

袁颛开始时被废帝所宠信，不久就又失宠，待遇一下子就改变了。袁颛害怕不已，请求调任外地，于是废帝任命他担任雍州刺史。袁颛的舅父蔡兴宗对他说："襄阳的星位太恶，怎么能去那里？"袁颛回答说："白刃交于面前，不管什么流箭射来都无法自救了。如今只盼能活着逃出虎口。况且天道辽阔深邃，凶吉怎会都应验。"

当时，临海王刘子项担任荆州刺史，朝廷任命蔡兴宗为刘子项的长史，执行府州事务，蔡兴宗推辞不去。袁颛说："朝廷目前的形势，人人都看得很清楚，留在朝内的大臣，朝不保夕。如今舅父您前往荆州管理八州军事，我在襄、沔一带，那里地势优越，兵力强大，我们可以一起建立像齐桓公、晋文公那样的功业，这哪里不比在朝中受制于凶狂之人而面临不测之祸更好呢？现在

得间不去,后复求出岂可得邪?"兴宗曰:"吾素门平进,与主上甚疏,未容有患。宫省内外,人不自保,会应有变。若内难得弭,外衅未必可量。汝欲在外求全,我欲居中免祸,各行其志,不亦善乎?"

邓琬为晋安王子勋长史,颜与之款狎过常,颜与琬人地本殊,见者知其有异志。兴宗寻复为吏部尚书。

宋听民私铸钱。

沈庆之复启听民私铸钱,由是钱货乱败。千钱长不盈三寸,谓之"鹅眼钱";劣于此者谓之"綖环钱",贯之以缕,入水不沉,随手破碎。斗米一万,商货不行。

冬十月,宋主杀其会稽太守孔灵符。

灵符所至有政绩,以忤犯近臣,近臣谮之。子业遣使鞭杀,并其二子。

十一月,宋主杀其宁朔将军何迈。

迈尚子业姑新蔡长公主,子业纳公主于后宫,谓之谢贵嫔,诈言主卒。杀宫婢送迈第嫔葬。迈素豪侠,多养死士,谋废子业,立晋安王子勋,事泄见杀。

宋主杀其太尉沈庆之。

初,沈庆之既发颜、柳之谋,遂自昵于子业,数尽言规谏,子业浸不悦。庆之惧祸杜门不接宾客。尝遣左右范羡至蔡兴宗所,兴宗使谓曰:"公闭门绝客,避悠悠请托者耳。兴宗非有求于公者也,何为见拒?"

有这个机会却不肯去,以后再请求外出,怎能那么容易呢?"蔡兴宗说:"我出身寒门,一步一步才升迁至此,和主上的关系很疏远,不会有什么祸患。朝廷内外,人不自保,看来会发生变故。如果朝廷内部的祸患得以消除,外来的挑衅不一定会有什么作为。你打算到外地保全自己,我却想在朝内以免于灾祸,各行其志,不也很好吗?"

当时,邓琬担任晋安王刘子勋的长史,袁颛和他交往过密,非常异常,二人的人品门第本来就相差很远,看见的人都知道他们一定有反叛的图谋。不久,蔡兴宗就又被任命为吏部尚书。

刘宋允许民间私自铸钱。

沈庆之再次上奏,请求允许民间私自铸钱,从此钱币混乱。一千钱加起来还不到三寸高,人们称之为"鹅眼钱";比它更差的叫"綖环钱",这种钱用线串起来,放到水里都沉不下去,用手一捏,马上破碎。一斗米就要一万钱,商货交易无法进行。

冬十月,宋前废帝刘子业诛杀会稽太守孔灵符。

孔灵符所到之处都有政绩,因为他得罪了废帝的左右亲信,这些人就进谗言诬陷他。废帝派人用鞭子抽死了孔灵符和他的两个儿子。

十一月,宋前废帝刘子业诛杀宁朔将军何迈。

何迈娶了废帝的姑母新蔡长公主,废帝把长公主留在后宫,称她为谢贵妃,而对人谎称长公主已经死了。他杀了一个宫女,送到何迈家,让何迈发丧。何迈素有豪侠之风,养了许多敢死的武士,打算废掉刘子业,拥立晋安王刘子勋为帝,事情泄露之后,废帝将他处死。

宋前废帝诛杀太尉沈庆之。

当初,沈庆之告发了颜师伯、柳元景的反叛事件后,就主动向废帝表示亲近,多次直言规劝,废帝渐渐不满起来。沈庆之害怕有大祸,就闭门不出,谢绝宾客。他曾派侍从范美到蔡兴宗那里,蔡兴宗就让范美转告沈庆之说:"您闭门谢客,不过是要逃避不断的请托。我是对您无所求托的人,为什么也拒绝不见呢?"

　　庆之使羡邀兴宗，兴宗往说之，曰："主上比者所行，人伦道尽，率德改行，无可复望。今所忌惮唯在于公，百姓喁喁，所瞻赖者，亦在公一人而已。公威名素著，天下所服。今举朝遑遑，人怀危怖，指麾之日，谁不响应！如犹豫不断，欲坐观成败，岂惟旦暮及祸，四海重责将有所归。仆蒙眷异常，故敢尽言，愿公详思其计。"庆之曰："仆诚知忧危，不复自保，但尽忠奉国，始终以之，以俟天命耳。加以老退私门，兵力顿阙，虽欲为之，事亦无成。"兴宗曰："当今怀谋思奋者正求脱朝夕之死耳。殿中将帅唯听外间消息，若一人唱首则俯仰可定。况公统戎累朝，旧日部曲布在宫省，沈攸之辈皆公家子弟，门徒、义附并三吴勇士。殿中将军陆攸之公之乡人，今又东讨贼，大有铠仗，在青溪未发，公取以配衣麾下，使攸之帅以前驱。仆在尚书中，自当帅百僚案前世故事，更简贤明以奉社稷，天下之事立定矣。又，朝廷诸所施为，民间传言公悉预之。公今不决，当有先公起事者，公亦不免附从之祸。闻车驾屡幸贵第，酣醉淹留，又闻屏左右，独入阁内，此万世一时，不可失也。"庆之曰："感君至言。然此大事，非仆所能行。事至固当抱忠以没耳。"

　　青州刺史沈文秀，庆之弟子也，将之镇，帅部曲屯白下，亦说庆之，因此众力图之，再三言之，至于流涕，庆之终不从。

沈庆之派范羡去邀请蔡兴宗,蔡兴宗就到他那里,向他游说道:"主上近来的所作所为,人伦之道全已丧尽,想让他改变德行,已经没有指望。如今他所忌惮的只有你了,老百姓所能仰望依赖的,也只有你一个人而已。你的威名素为人知,天下的人都很佩服。如今举朝人士都惶惶不安,人人自危,如果你树起大旗,有谁会不响应呢!如果您犹豫不决,想坐观成败,哪里只是早晚要遭受灾祸,恐怕将来四海之内都会为此责骂于您。我承蒙您不同寻常的垂爱,所以才敢把心里话全都说出来,希望您能仔细考虑一个解决的办法。"沈庆之说:"我确实知道自己所面临的危急和忧患,已经不能再保全自己,只是想尽忠报国,始终如一,等待上天的安排。加上我年事已高,离职在家,手下没有一点兵力,即使想有所作为,恐怕事情也不会成功。"蔡兴宗说:"当今身怀谋略想要奋起抗争的人,正是想摆脱随时可能被杀的危险。殿中将帅只听外面的消息,如果能有一人带头,事情很快就会成功。况且您几朝都统领大军,昔日的部下将士全都在宫廷和朝廷任职,沈攸之等人都是您沈家的子弟,您的门徒、义附又都是三吴地区的勇士。殿中将军陆攸之是您的同乡,如今他又前往东部讨伐逆贼,拥有大量武器,他在青溪尚未出发,您可以将他的武器装备您的部下,派陆攸之率领他们做前锋。我在尚书省内,自会率文武百官按照前代旧例,为国家另立贤明之君,如此则天下大事就安定了。另外,朝廷所做的许多不得人心的事情,民间传说您都参与谋划了。您现在犹豫不决,当会有人在您之前起事,这样,您也难免不被当作朝廷附从而遭祸。我听说主上多次来到您的府第,喝醉之后停留的时间很长,还听说主上还屏退左右,一人进入阁内,这是万世难逢的好机会,不可错失。"沈庆之说:"感谢你的肺腑之言。可这样的大事,不是我能做得了的。如有什么意外的事,我只能怀着一腔忠诚,一死而已。"

　　青州刺史沈文秀是沈庆之弟弟的儿子,他就要前往上任时,率领部下驻扎在白下,他也来劝说沈庆之,让他借助众力图谋大事,再三劝告,直到流泪,但沈庆之始终也没有答应。

及子业诛何迈,量庆之必入谏,先闭青溪诸桥以绝之。庆之果往,不得进而还。子业乃使攸之赐药,庆之不肯饮,攸之以被掩杀之,时年八十。诈言病卒,赠恤甚厚。

王玄谟数流涕谏子业以刑杀过差,子业大怒。玄谟宿将有威名,道路讹言云已见诛。蔡兴宗谓其典签包法荣曰:"领军殊当忧惧。"法荣曰:"领军比日殆不复食。"兴宗曰:"领军忧惧,当为方略,那得坐待祸至?"因使法荣劝玄谟举事。玄谟使谢曰:"此亦未易可行,期当不泄君言耳。"将军刘道隆专典禁兵,兴宗尝与俱从夜出,谓曰:"刘君,比日思一闲写。"道隆解其意,掐兴宗手,曰:"蔡公勿多言!"

宋主幽其诸父湘东王彧等于殿内。

子业畏忌诸父,恐其在外为患,皆拘于殿内,殴捶陵曳,无复人理。湘东王彧、建安王休仁、山阳王休祐年长,尤恶之。以彧尤肥,谓之"猪王",谓休仁为"杀王",休祐为"贼王"。东海王祎性凡劣,谓之"驴王"。以木槽盛食,裸彧内泥水中,使就槽食。前后欲杀以十数,休仁多智数,每以谈笑佞谀说之,故得推迁。

少府刘矇妾孕临月,迎入后宫,俟生男以为太子。彧尝忤旨,子业裸之,缚其手足,担付太官曰:"今日屠猪。"休仁笑曰:"不若待皇太子生,杀取肝肺。"子业乃释之。及矇妾生子,名曰皇子,为之大赦。

等到废帝杀何迈时,估计沈庆之一定会来劝谏,于是就先关闭了青溪各桥,以拒绝沈庆之进来。沈庆之果然前来,因不能进入宫中,只好返回。于是,废帝派沈攸之带着毒药,令沈庆之自杀,沈庆之不肯喝,被沈攸之用被子闷死,时年八十岁。废帝谎称沈庆之病死,为他举行了非常隆重的葬礼。

王玄谟数次痛哭流涕地劝谏废帝,说他刑杀过度,废帝大怒。王玄谟作为一员老将,很有威望,民间讹传他已被杀。蔡兴宗对他的典签包法荣说:"王领军最近应该更为忧虑、恐惧吧。"包法荣说:"领军近日越来越不爱吃饭。"蔡兴宗说:"领军忧虑恐惧,应当有想法才是,怎能坐等大祸临头呢?"于是蔡兴宗让包法荣劝说王玄谟起事。王玄谟让包法荣向蔡兴宗道歉说:"这也不是一件容易办到的事情,但我决不会泄漏你的话。"将军刘道隆专门领掌禁军,蔡兴宗曾与他一起跟随废帝在夜里出游,蔡兴宗对刘道隆说:"刘君,近来我想找一个清闲的日子和您谈谈。"刘道隆明白他的意思,就掐了一下蔡兴宗的手,说:"蔡公不要多言!"

宋前废帝刘子业将他的各位叔父湘东王刘彧等人幽禁在宫内。

废帝对各位叔父既恨又怕,害怕在外成为祸患,就把他们都拘禁在宫中,殴打捶笞,进行侮辱,不再有人伦道德可言。湘东王刘彧、建安王刘休仁、山阳王刘休祐年纪已大,废帝尤其讨厌他们。因为刘彧最胖,就叫他"猪王",叫刘休仁为"杀王",叫刘休祐为"贼王"。东海王刘祎性情凡俗鄙劣,就叫他为"驴王"。废帝用一个木槽盛上食物,把刘彧裸体放在泥水中,让他吃槽子里的食物。废帝前后十几次想杀了他们,因为刘休仁机智,每次都用谈笑奉承的话去讨好废帝,才得以推迟不死。

少府刘矇的小妾怀孕即将临产,废帝就把她接到后宫,等她生下男孩后,立为太子。刘彧曾经触怒了废帝,废帝就脱光了他的衣服,绑上他的手脚,抬着交给太官,说:"今天杀猪。"刘休仁笑着说:"不如等到皇子出生,再杀了他,取出他的肝肺。"废帝才放了刘彧。等到刘矇的小妾生下儿子后,废帝就称之为皇子,为此下令大赦。

宋江州刺史、晋安王子勋举兵寻阳。

宋主子业以太祖、世祖在兄弟数皆第三,江州刺史、晋安王子勋亦第三,故恶之。因何迈之谋,使左右朱景云送药赐子勋死。景云至湓口,停不进。子勋典签谢道迈闻之,驰告长史邓琬,琬曰:"身南土寒士,蒙先帝殊恩,以爱子见托,岂得惜门户百口,期当以死报效。幼主昏暴,社稷危殆,虽曰天子,事犹独夫。今便指帅文武,直造京邑,与群公卿士废昏立明耳。"遂称子勋教,令所部戒严。子勋戎服出听事,集僚佐,使主帅潘欣之宣旨谕之,四座未对,参军陶亮首请效死前驱,众皆奉旨。乃以亮为谘议中兵,总统军事。子业使荆州录送长史张悦,至湓口,琬称子勋命,释其桎梏,迎以所乘车,以为司马,共掌内外众事。旬日得五千人,出屯大雷,移檄远近。

宋主杀其南平王敬猷、庐陵王敬先、安南侯敬渊。

子业召诸妃主列于前,强左右使辱之。南平王铄妃江氏不从,子业怒,鞭妃一百,而杀其三子。

宋弑其君子业,而立湘东王彧。

先是,民间讹言湘中出天子,子业将南巡荆、湘以厌之,欲先诛湘东王彧,然后发。

初,子业既杀诸公,恐群下谋己,以直阁将军宗越、沈攸之等有勇力,引为爪牙,赏赐充牣,越等皆为尽力。子业恃之,益无所惮,恣为不道,中外骚然。宿卫之士皆有

刘宋江州刺史、晋安王刘子勋在寻阳起兵反叛。

宋前废帝因为宋文帝、宋孝武帝在兄弟中都排行老三,而江州刺史、晋安王刘子勋也排行老三,所以厌恶他。因何迈密谋立刘子勋为帝,废帝就派侍从朱景云前去给刘子勋送药,赐他服毒自杀。朱景云走到溢口,停下不再前进。刘子勋的典签谢道迈听说后,马上去报告长史邓琬,邓琬说:"我身为南方的寒门之士,承蒙先帝厚恩,把爱子托付给我,我怎能顾惜全家百口的性命,定当以死报效。幼主昏庸残暴,国家危急,虽说他是天子,事实上不过是一个独夫。现在我就要率领文武将士,直接前去京城,与各位公卿朝士废除昏君,另立明主。"于是邓琬声称接受刘子勋的命令,令部下戒严。刘子勋也身着戎装来到外面,召集阁僚将佐,让主帅潘欣之宣读刘子勋的旨意,四座无人应对,参军陶亮首先出来,请求担任前锋,尽死效力,众人这才接受了刘子勋的旨意。于是刘子勋任命陶亮为谘议中兵,总管军事。废帝命令荆州收捕押送长史张悦,走到溢口时,邓琬宣称奉刘子勋的命令,去掉张悦的镣铐,用自己的坐车迎接他,任命他为司马,共同掌管内外事务。十天之内就征兵五千人,屯驻在大雷,并向远近发布檄文。

宋前废帝刘子业诛杀南平王刘敬猷、庐陵王刘敬先、安南侯刘敬渊。

废帝召集诸位妃子、公主排列在自己面前,强迫左右侍从凌辱她们。南平王刘铄的妃子江氏不从,废帝大怒,鞭抽江氏一百下,而且杀害了她的三个儿子。

刘宋杀死其皇帝刘子业,拥立湘东王刘彧为帝。

在此之先,民间讹传湘中要出天子,废帝打算南巡荆州、湘州,以压制这个传言,他打算先杀了湘东王刘彧,然后出发。

当初,废帝杀了诸位大臣之后,担心朝臣们谋害自己,因为直阁将军宗越、沈攸之等人勇武有力,就任用他们做自己的爪牙,赏赐充实,他们都为废帝竭尽全力。废帝倚仗他们,更加无所忌惮,恣意不道,令皇宫内外为之骚动。皇宫的宿卫将士都有

异志,而畏越等不敢发。时三王久幽,不知所为。湘东王彧主衣阮佃夫及子业左右寿寂之、王敬则等,阴谋弑子业。

先是,子业游华林园竹林堂,使宫人倮相逐,一人不从命,斩之。夜梦在竹林堂,有女子骂曰:"悖虐不道,明年不及熟矣。"子业于宫中求得一人似所梦者,斩之。又梦所杀者骂曰:"我已诉上帝矣。"于是巫觋言竹林堂有鬼。子业出华林园,休仁、休祐并从,彧独在秘书省不被召,益忧惧。

时以南巡,宗越等并听出外装束,子业悉屏侍卫,与群巫彩女射鬼于竹林堂,寿寂之等抽刀前弑之,宣令宿卫曰:"湘东王受太皇太后令除狂主,今已平定。"

休仁就秘书省见彧,即称臣,引升御座,召见诸大臣。犹著乌帽,休仁呼主衣以白帽代之。凡事悉称令书施行。宣太皇太后令,数子业罪恶,命湘东王纂承皇极。子业母弟豫章王子尚顽悖有兄风,及会稽公主皆赐死。休仁等始得出居外舍。释谢庄之囚。子业犹横尸太医阁口,蔡兴宗谓仆射王彧曰:"此虽凶悖,要是天下之主,宜使丧礼粗足。若直如此,四海必将乘人。"乃葬之秣陵。

论功行赏,寿寂之等十四人封爵有差。以东海祎为中书监、太尉,晋安王子勋为车骑将军、开府仪同三司,建安王休仁为司徒、尚书令、扬州刺史。

彧即位,大赦。子业时昏制谬封并皆刊削。尊世祖之母路太后为崇宪太后,立妃王氏为皇后,彧之妹也。以刘道隆

反叛之心,但因害怕宗越等人而不敢有所作为。当时,刘彧等三位亲王被拘禁已久,不知如何是好。湘东王刘彧的主衣阮佃夫及废帝的左右侍从寿寂之、王敬则等人,暗中密谋杀死废帝。

在此之前,废帝在华林园竹林堂游玩时,令宫女裸体互相追逐,其中有一个宫女不从命,就杀了她。夜里废帝梦见自己在竹林堂,有一个女子骂他说:"你悖逆不道,活不到明年小麦成熟的时候了。"废帝就在宫中找到一个和自己梦见模样相似的女子杀了。但又梦见了所杀的这位女子说:"我已向上帝控诉你了。"于是巫师说竹林堂里有鬼。废帝从华林园里出来时,刘休仁、刘休祐都跟着他,只有刘彧被留在秘书省未被征召,心里越发恐惧。

当时,废帝打算南巡,宗越等人被令回家收拾行装,废帝屏退所有侍卫,与一群巫女、宫女在竹林堂射鬼,寿寂之等人拔刀前去杀掉废帝,然后向宿卫将士宣布:"湘东王接受太皇太后的命令,铲除狂暴的君主,现在已经平定。"

刘休仁赶到秘书省见到刘彧,即向他称臣,把他引上御座,召见诸位大臣。刘彧的头上还戴着一顶黑帽,刘休仁喊来主衣,换了一顶白帽。刘彧开始用命令的方式让众人执行所有的事情。接着宣布太皇太后的命令,列举废帝的罪行,命湘东王刘彧继帝位。废帝的同母弟弟、豫章王刘子尚凶玩狂妄,很有他哥哥的作风,他和会稽公主都被强令自杀。刘休仁这才得以出宫,回到自己家。又把囚于狱中的谢庄释放。此时废帝的尸体仍然横陈在太医院侧门口,蔡兴宗对仆射王彧说:"此人虽然凶暴狂悖,也还是天下之主,应该给他举行一个简单的葬礼。如果放在这里不管,四海之内必将有人趁机闹事。"于是,就将废帝葬在秣陵。

论功行赏,寿寂之等十四人分别被封爵位。任命东海王刘祎为中书监、太尉,晋安王刘子勋为车骑将军、开府仪同三司,建安王刘休仁为司徒、尚书令、扬州刺史。

刘彧即皇帝位,下诏令大赦天下。废帝生前制定的荒唐法规和封赏都一并被废除。尊称世祖的母亲路太后为崇宪皇太后,立王妃王氏为皇后,王皇后是王彧的妹妹。任命刘道隆

为中护军。道隆昵于子业，尝无礼于建安太妃。至是，建安王休仁求解职，宋主乃赐道隆死。宗越等内不自安，沈攸之以闻，皆伏诛。攸之复入直阁。王彧避宋主讳，以字行。

宋罢二铢钱，禁鹅眼、綖环钱。　宋雍、郢、荆州、会稽郡皆举兵应寻阳。

江州佐吏得宋主所下令书，皆喜，共造邓琬曰："暴乱既除，殿下又开黄阁，实为大庆。"琬取令书投地曰："殿下当开端门，黄阁是吾徒事耳。"众皆骇愕。琬乃与陶亮等缮治器甲，征兵四方。

袁顗既至襄阳，即与参军刘胡缮修兵械，简集士卒，矫太皇太后令起兵，奉表劝子勋即大位。

琬令子勋建牙于桑尾，传檄建康，称："孤志遵前典，废幽陟明，而湘东王彧矫害明茂，篡窃大宝。藐孤同气，犹有十三，圣灵何辜，而当乏飨？"

郢州刺史、安陆王子绥承子勋初檄，欲共攻子业，闻其已殒，即解甲下标。既而闻江、雍犹治兵，行事荀卞之大惧，即遣参军郑景玄帅军驰下，并送军粮。荆州行事奉刺史、临海王子顼，都水使者孔道存说会稽行事孔顗奉太守、寻阳王子房，皆举兵以应子勋。

为中护军。刘道隆与废帝亲近，曾奸淫过建安王刘休仁的母亲。这时刘休仁心中不满，请求辞职，于是宋明帝赐刘道隆自杀。宗越等人心中不安，图谋作乱，沈攸之把他们的计划报告了宋明帝，宗越等人都被处死。将沈攸之重新招入任直阁将军。王彧因避宋明帝的名讳，就以字景文称呼。

刘宋废除二铢钱，禁止使用鹅眼钱和綖环钱。刘宋雍州、郢州、荆州、会稽郡都起兵响应刘子勋。

江州佐吏得到宋明帝下达的命令后，都很高兴，一同前去造访邓琬说："暴君已被废除，殿下又开黄阁，实在是一件可庆可贺的事。"邓琬拿过宋明帝的令书扔在地上，说："殿下应该开端门，开黄阁是我们这些人的事。"众人都大为吃惊。邓琬和陶亮等人整治武器盔甲，向四方征兵。

袁顗到达襄阳后，就和参军刘胡一起修缮兵器，训练士兵，诈称奉太皇太后的命令起兵，奉表劝刘子勋登基称帝。

邓琬于是让刘子勋在桑尾竖起大旗，传送檄文到建康，声称："我立志遵奉前朝之例，废除昏庸，拥戴贤明，而湘东王刘彧假传圣旨，害死亲人，篡取皇位。我们孤弱的兄弟，可还有十三个，祖先圣灵有何罪过，竟要断绝他们的祭享？"

郢州刺史、安陆王刘子绥接到刘子勋的第一次檄文，打算和刘子勋共同进攻废帝，听说废帝已死，就下令解除武装。不久，听说江州、雍州还在整治军队，行事荀卞之大为惊惧，就派遣参军郑景玄率军迅速赶来，并送来军粮。荆州行事拥奉刺史、临海王刘子顼，都水使者孔道存游说会稽行事孔颙，拥奉会稽太守、寻阳王刘子房，都起兵响应刘子勋。

资治通鉴纲目卷二十七

起丙午(466)宋明帝泰始二年、魏显祖天安元年,尽癸亥(483)齐武帝永明元年、魏高祖太和七年。凡十八年。

丙午(466)　宋泰始二年,魏显祖献文帝弘天安元年。

春正月,宋遣建安王休仁讨江州。晋安王子勋遂称帝,二徐、司、豫、青、冀、湘、广、梁、益州皆应之。

宋中外戒严。以建安王休仁都督征讨诸军事,江州刺史王玄谟副之,以沈攸之为寻阳太守,将兵屯虎槛。玄谟前锋十军继至,每夜各立姓号,不相禀受。攸之谓诸将曰:"今众军姓号不同,若有耕夫渔父夜相呵叱,便致骇乱,取败之道也。请就一军取号。"众咸从之。邓琬诈称受路太后玺书,帅将佐上尊号于子勋,子勋遂即位,改元义嘉。以琬及袁顗为仆射,张悦为尚书,徐州刺史薛安都、冀州刺史崔道固、青州刺史沈文秀、义阳内史庞孟虬、吴郡太守顾琛、吴兴太守王昙生、义兴太守刘延熙、晋陵太守袁标皆举兵应之。

宋主以庾业代延熙,业至,反与之合;使孔璪慰劳会稽,璪至,反说使附寻阳。益州刺史萧惠开亦谓将佐曰:"湘东太祖之昭,晋安世祖之穆,其于当璧,并无不可。但景和本世祖之嗣,不任社稷,其次犹多。吾荷世祖之眷,当奉九江。"乃遣巴郡太守费欣寿将五千人东下。于是湘

丙午（466）　宋泰始二年，魏显祖献文帝拓跋弘天安元年。

春正月，刘宋明帝派遣建安王刘休仁征讨江州。晋安王刘子勋登基称帝，徐州、南徐州、司州、豫州、青州、冀州、湘州、广州、梁州、益州都起兵响应刘子勋。

刘宋朝廷内外戒严。任命建安王刘休仁为都督征讨诸军事，江州刺史王玄谟为其副手，沈攸之为寻阳太守，带兵驻扎虎槛。王玄谟前锋部队十路兵马相继到达前线，每天夜里各军自用号令，谁都不听谁的。沈攸之对众将领说："现在各军营的号令互不相同，如果有农夫、渔父夜里互相喊叫呵叱，就会引起军中混乱，这是招致失败之道。我建议以一个军营的号令作为全军号令。"众将领都同意。邓琬诈称接到路太后的密诏，率领将佐向晋安王刘子勋奉上皇帝尊号，刘子勋遂即皇帝位，改年号为义嘉。任命邓琬及袁颛为仆射，张悦为尚书，徐州刺史薛安都、冀州刺史崔道固、青州刺史沈文秀、义阳内史庞孟虬、吴郡太守顾琛、吴兴太守王昙生、义兴太守刘延熙、晋陵太守袁标都起兵响应。

明帝任命庾业接替刘延熙为义兴太守，庾业到任之后，却与刘延熙联合反叛；派遣孔璪到会稽慰劳，孔璪到了之后反而游说对方，响应寻阳政权。益州刺史萧惠开也对手下将佐说："湘东王是太祖的儿子，晋安王是世祖的儿子，无论哪一个继承皇位，都没有什么不合法的。但刘子业本是世祖的后嗣，他虽不能主持国事，却还有很多弟弟。我蒙受世祖厚爱，应当遵奉晋安王刘子勋。"就派遣巴郡太守费欣寿率领五千人顺江东下。这时，湘

州行事何慧文、广州刺史袁昙远、梁州刺史柳元怙、山阳太守程天祚皆附于子勋。四方贡计皆归寻阳，朝廷所保唯丹阳、淮南数郡。而东兵又已至永世，宫省危惧。宋主谋于群臣，蔡兴宗曰："今普天同叛，人有异志，宜镇之以静，至信待人。叛者亲戚布在宫省，若绳之以法，则土崩立至，宜明罪不相及之义。物情既定，人有战心，六军精勇，器甲犀利，以待不习之兵，其势相万矣。愿陛下勿忧。"建武司马刘顺说豫州刺史殷琰使应寻阳，琰初以家在建康未许，后不得已而从之。宋主复谓兴宗曰："诸处未平，殷琰已复同逆，为之奈何？"兴宗曰："逆之与顺臣无以辨，然今商旅断绝而米甚丰贱，四方云合而人情更安，以此卜之，清荡可必。但臣之所忧，更在事后，犹羊公之言耳。"宋主知琰附寻阳非本意，乃厚抚其家以招之。使垣荣祖说薛安都，安都曰："我不欲负孝武。"荣祖曰："孝武之行足致余殃，今虽天下雷同，正速死耳。"安都不从，因留荣祖使为将。

宋兖州刺史殷孝祖帅兵赴建康。

宋主遣兖州刺史殷孝祖之甥葛僧韶说孝祖入朝，孝祖委妻子于瑕丘，帅文武二千人即日还建康。时内外忧危，咸欲奔散。孝祖忽至，所领皆伧楚壮士，人情大安。乃假孝祖节督前锋，遣向虎槛。初，宋主遣毕众敬诣兖州募人，至是薛安都以众敬行兖州事。使杀孝祖诸子，州境皆附之，唯东平太守申纂据无盐不从。

宋分兵讨豫州、会稽。

州行事何慧文、广州刺史袁昙远、梁州刺史柳元怙、山阳太守程天祚都起兵拥护刘子勋。各地的贡品和公文都送往寻阳,建康政权的势力范围只剩下丹阳、淮南等几个郡。东线的反叛军队已到达永世,建康朝廷惊恐万分。明帝与群臣讨论计谋,蔡兴宗说:"当今举国反叛,人人怀有叛离之心,我们应当镇静对付,以诚信待人。叛臣的亲戚,有很多在朝廷任职,如果绳之以法,我们就会立即土崩瓦解,应当申明父子兄弟之间罪不连诛的大义。使民心安定,士有斗志,这样朝廷六军精练勇猛,武器犀利,用来对付那些没有经过训练的叛乱部队,形势就好了许多。请陛下不必忧虑。"建武司马刘顺劝说豫州刺史殷琰响应寻阳政权,起初殷琰因家人都在建康而没有答应,后来不得已归顺了刘子勋。明帝又对蔡兴宗说:"各地的叛乱还没有平息,殷琰又起兵附逆,我们该怎么办呢?"蔡兴宗说:"谁为叛逆,谁为正统,我不必分辨,现在交通中断,商旅绝迹,但粮食丰富,米价便宜,四面八方风起云涌,而民心反而更加安定,由此看来,动乱一定可以平息。我所担忧的事情是将来,正如羊公所言。"明帝知道殷琰归附寻阳政权并非出于本意,于是特别安抚他的家人,以招引他重新归顺。明帝派垣荣祖游说薛安都,薛安都说:"我不想辜负孝武帝。"垣荣祖说:"孝武帝的行为足以留下祸殃,现在虽然天下响应,不过是加速灭亡。"薛安都不接受,反而留下垣荣祖为将。

刘宋兖州刺史殷孝祖率兵赴建康。

宋明帝派殷孝祖的外甥葛僧韶前往游说殷孝祖来京朝见,殷孝祖就把妻子儿女留在瑕丘,率文武官员及士卒二千人当天回到建康。当时朝廷内外忧虑惶惧,都打算各自逃命。殷孝祖忽然到达,所率部队都是中原和荆州的精壮战士,于是人心大为安定。明帝提升殷孝祖为节督前锋,派其进驻虎槛。当初,明帝派遣毕众敬到兖州招兵买马,薛安都招降了毕众敬,让他管理兖州事务。毕众敬杀死殷孝祖的所有儿子,兖州全境全部归附于他,只有东平太守申纂据守无盐,不肯投降。

宋分兵征讨豫州、会稽。

宋主亲总兵出顿中堂，以山阳王休祐为豫州刺史，督刘勔、吕安国等军讨殷琰，巴陵王休若督沈怀明、张永、萧道成等军讨孔觊。时将士多东方人，父兄子弟多已附觊，宋主因送军谕之曰："朕方务德简刑，使父子兄弟罪不相及，卿等当深达此怀，勿以亲戚为虑也。"众于是大悦，凡叛人亲党在建康者居职如故。

宋太后路氏殂。

太后延宋主置酒进毒，宋主知之，即以其卮上寿。是日太后殂。

二月，宋台军克义兴。

孔觊遣其将军晋陵，部陈甚盛。沈怀明等不敢进，咸劝巴陵王休若退保破冈，休若宣令："敢言退者，斩。"众乃小定。殿中御史吴喜请于宋主，愿得精兵三百致死于东，宋主简羽林勇士配之。议者以喜刀笔主者，未尝为将，不可遣。中书舍人巢尚之曰："喜昔随沈庆之屡经军旅，勇决习战，若能任之，必有成绩。"乃遣之。

喜性宽厚，数使东吴，人并怀之，及闻其来，皆望风降散。至国山，遇东军，击破之，斩其将，进逼义兴。刘延熙栅断长桥，保郡自守。喜筑围与相持。庾业于长塘筑城，与延熙相应。会宋主复遣督护任农夫至，业城未合，攻破走之，收其船仗，向义兴，助喜攻郡，克之，诸垒皆溃，延熙赴水死。

魏丞相太原王乙浑谋反伏诛，太后称制。

宋明帝亲自统率全军到中堂驻扎，任命山阳王刘休祐为豫州刺史，指挥刘勔、吕安国等各路人马讨伐殷琰，命令巴陵王刘休若指挥沈怀明、张永、萧道成等各路人马讨伐孔觊。当时，建康的许多将领是东方各郡人，父兄子弟多已投靠孔觊，因此，明帝在送他们出征时宣布说："朕正在推行恩德，减轻刑罚，以使父子兄弟之间的罪行互不株连。你们应当深刻理解朕的用意，不必替亲戚担忧。"众人于是欢欣鼓舞，凡是留在建康的叛党亲属，依然保留原来的官职。

宋太后路氏去世。

路太后宴请宋明帝，在酒中加了毒药，宋明帝知道了这件事，便用盛毒酒的杯具敬祝太后长寿。路太后饮下毒酒，于当天死去。

二月，宋建康军队攻克义兴。

孔觊派其将领驻军晋陵，军容盛大。沈怀明等不敢前进，都劝巴陵王刘休若撤退到破冈据守，刘休若下令："有敢说撤退者，斩首。"军心才稍稍安定。殿中御史吴喜向宋明帝请求，调给他精锐部队三百人，前往东战场力战，明帝在羽林军中挑选勇士配备给他。有人认为吴喜是用笔记事的文官，从来没有当过将领，不可派遣前往。中书舍人巢尚之说："当年，吴喜曾随沈庆之屡次出征，性情勇敢果断，习见战场，如果能任用他，一定会有战绩。"于是命吴喜出发。

吴喜性情宽厚，多次担任朝廷使节到过东方吴地，人们都很怀念他，因此，听说他要来，都闻风归顺或逃散。吴喜抵达国山，遭遇东战场的叛军，大败敌人，杀死敌军将领，进逼义兴。刘延熙立木栅阻断长桥，保郡自守。吴喜修筑营垒，与刘延熙对峙。庾业在长塘修筑城堡，与刘延熙遥相呼应。此时明帝又派遣督护任农夫前来增援，庾业筑城还没有完工，任农夫攻破其城，收留武器、船只，向义兴进军，帮助吴喜攻破义兴，叛军各营垒都被击溃，刘延熙投水自尽。

北魏丞相太原王乙浑谋反被斩首，冯太后主持朝政。

浑专权多杀，侍中拓跋丕告其谋反，冯太后收浑诛之。遂临朝称制，引中书令高允、侍郎高闾、将军贾秀共参大政。

宋台军克晋陵、吴兴、吴郡。

沈怀明等与东军相持，久不决。会宋主遣将江方兴、御史王道隆至晋陵。东军五城相连，一城未固，道隆谓诸将曰："此城未固，可以藉手，上副圣旨，下成众气。"乃帅所领急攻，拔之，斩其将，乘胜进击，东军散走，遂克晋陵。孔璪时屯吴兴南亭，与王昙生、顾琛皆弃郡奔会稽。宋主以四郡既平，乃留喜使统诸将击会稽，召张永击彭城，江方兴击寻阳。

宋以蔡兴宗为仆射，褚渊为吏部尚书。　宋台军克会稽。

吴喜、任农夫等引兵向会稽，破其兵，取西陵，斩庾业。上虞令王晏起兵攻郡，孔觊出走，车骑从事中郎张绥封府库以待喜。晏入城，杀绥，执寻阳王子房，纵兵大掠，获孔璪及觊，杀璪，谓觊曰："此事孔璪所为，无预卿事，可作首辞，当为申上。"觊曰："江东处分莫不由身，委罪求活，便是君辈行意耳。"乃并斩之。顾琛等诣喜归罪，喜皆宥之。送子房建康，贬松滋侯。

三月，宋台军败于赭圻，殷孝祖死。沈攸之代将击寻阳军，大破之。

邓琬鄙闇贪吝，卖官鬻爵，贩卖饮博，日夜不休。群小横恣，竞为威福。于是士民忿怨，中外离心。琬遣孙冲之

乙浑专制独裁，许多人被他诛杀，侍中拓跋丕控告乙浑谋反，冯太后下令逮捕乙浑，将其斩首。于是，冯太后主持朝政，代皇帝行使职权，将中书令高允、侍郎高闾、将军贾秀引进中枢机构，共同参预朝政。

宋建康军队攻克晋陵、吴兴、吴郡。

沈怀明等率军与东战场叛军对峙，很久不能攻破叛军。此时，明帝派遣将军江方兴、御史王道隆来到晋陵。当时叛军修筑了五个城堡，互相连接，但城堡的泥土还没有凝固，王道隆对各位将领说："这些城堡还不坚固，正是动手的良机，上符皇上圣旨，下振众人士气。"于是率将领们发动急攻，攻克城堡，斩其将领，乘胜进击，叛军弃城败逃，晋陵被攻克。当时孔璪率叛军驻守在吴兴南亭，与王昙生、顾琛都放弃守城，逃奔会稽。明帝因四郡都已平定，才命吴喜统领诸将攻打会稽，张永攻打平城，江方兴攻打寻阳。

宋明帝任命蔡兴宗为仆射，褚渊为吏部尚书。　　宋建康军队攻克会稽。

吴喜、任农夫等率军向会稽进发，一路过关斩将，攻下西陵，斩杀庾业。上虞县令王晏起兵攻击郡城，孔觊逃走，车骑从事中郎张绥查封州府及仓库，等待吴喜。王晏先行入城，杀张绥，逮捕寻阳王刘子房，放纵士兵，大肆抢劫，并俘获孔璪及孔觊，斩杀孔璪，然后对孔觊说："这次反叛都是孔璪一人策划的，与你没有关系，只要你写一份自首书，我会替你向上申诉。"孔觊说："江东发号施令的事，都由我一人做主，推责于人，自己活命，那是你这种人才做得出来的。"于是王晏斩杀孔觊。顾琛等向吴喜投降，请求处分，吴喜都予以宽大处理。刘子房被押送建康，贬为松滋侯。

三月，宋建康军队战败于赭圻，殷孝祖死。沈攸之接替其指挥权进攻寻阳军，大破叛军。

邓琬性情卑劣，贪财而又吝啬，卖官鬻爵，贩卖货物，赚取不义之财，饮酒赌博，日夜不停。手下一群卑劣小人横行霸道，作威作福。于是官员百姓怨怨，内外都与他离心。邓琬命孙冲之

帅薛常宝等万人为前锋,据赭圻。冲之启子勋曰:"舟楫已办,器械亦整,便欲沿流直取白下,愿速遣众军兼行相接。"子勋乃以陶亮统五州兵,合二万人下。亮不敢进,屯军鹊洲。殷孝祖负其诚节,陵轹诸将,台军有亲属在南者,悉欲推治,由是人情乖离。沈攸之内抚将士,外谐群帅,众并赖之。孝祖每战常以鼓盖自随,军中相谓:"殷统军可谓'死将'矣!与贼交锋而自标若此,若以十人射之,欲不毙,得乎?"及攻赭圻,孝祖果中流矢而死,人情震骇,并谓攸之当代为统督。

时休仁遣江方兴等赴赭圻。攸之以为孝祖既死,明日不攻,则示之以弱。方兴名位相亚,必不为己下,军政不一,致败之由也。乃帅诸军主诣方兴曰:"事之济否,唯在明旦一战,不捷则大事去矣。诸人或谓吾应为统,自卜懦薄,干略不如卿,今辄相推,但当相与戮力耳。"方兴甚悦,许诺。诸军主或尤攸之,攸之曰:"吾本欲共济艰难,以安国活家,岂计名位之升降而自措同异哉!"明日方兴帅诸军进战,大破南军,拔湖、白二城。

诏以攸之督前锋,陶亮大惧,召冲之还鹊尾,留薛常宝守赭圻。时军旅大起,国用不足,募民上钱谷,补官有差。军中食少,建安王休仁抚循将士,均其丰俭,吊死问伤,身亲隐恤,故十万之众莫有离心。邓琬遣刘胡帅众十余万屯鹊尾。胡,宿将,勇健多权略,屡有战功,将士畏之。参军蔡

率薛常宝等一万人作为前锋,进据赭圻。孙冲之上疏给刘子勋说:"船只已经准备妥当,武器也已配备齐全,马上就要顺流直取白下,请速派各路人马随后出发,接续上来。"刘子勋命令陶亮指挥五州士兵,共二万人东下。陶亮不敢前进,在鹊洲驻扎下来。殷孝祖自以为天下只有他最忠于朝廷,常羞辱欺侮其他将领,建康军中有父子兄弟在叛军中的,殷孝祖都打算审判,于是将士不满,军心涣散。沈攸之对内安抚官兵,对外与众将领和睦相处,大家对他十分信赖。殷孝祖每次出战,常常带着华盖和战鼓,军中众将士都互相说:"殷孝祖可称是一员'死将'!与敌人作战,却让这些东西相随,自己暴露自己,敌人如果用十人同时向他射箭,他想不死,怎么可能呢?"等到攻打赭圻的时候,殷孝祖果然被流箭射中而死,军心震惊,人们都说沈攸之应该接替殷孝祖的指挥权。

当时,刘休仁派江方兴前往赭圻。沈攸之认为殷孝祖既已阵亡,明天如果不发起攻势,就会向敌人暴露出自己力量的薄弱。江方兴的名望和地位跟自己相等,必定不愿位居自己之下,而军事行动不能统一,就会导致失败。于是,率领各将领前往拜访江方兴说:"朝廷大事能否成功,只看明日一战,如果不胜,朝廷就会土崩瓦解。将领中有人说应该由我指挥,但我自问魄力不够,才能谋略不如你,所以我们现在打算推举你为统帅,大家与你同心协力。"江方兴十分喜悦,答应下来。众将中有人抱怨沈攸之,沈攸之说:"我的本意是想共度艰难,以安定国家,拯救百姓,岂能计较名位高低而导致自己内部不和呢!"第二天,江方兴率领各将领发起进攻,大败叛军,攻下湖、白二城。

明帝下诏任命沈攸之为督前锋,陶亮大为恐惧,令孙冲之撤回鹊尾,留薛常宝驻守赭圻。当时战乱四起,朝廷财源不足,于是号召人民捐助钱粮,以捐献多少而授予官职。军中缺乏粮食,建安王刘休仁安抚将士,均分物品,哀悼死者,慰问伤员,所以十万大军没有离心。邓琬派遣刘胡率十余万人驻扎鹊尾。刘胡是一员老将,勇敢而有谋略,屡立战功,将士都敬畏他。参军蔡

那子弟在襄阳,胡每战悬之城外,那进战不顾。吴喜亦帅所领五千人,并运资实,至于赭圻。

宋断新钱,专用古钱。　夏四月,宋台军拔赭圻。

沈攸之帅诸军围赭圻。薛常宝等粮尽,告刘胡求救,胡以囊米系流查及船腹而覆之,顺风流下以饷常宝。攸之疑有异,遣人取之,大得囊米。胡又陆运饷之,攸之邀击,胡被创走。常宝惶惧,走还。攸之遂拔赭圻,建安王休仁进屯之。胡等兵犹盛,宋主遣褚渊至虎槛选用将士。时以军功除官者众,版不能供,始用黄纸。

五月,宋台军围寿阳。

殷琰使刘顺督诸将据宛唐,而以皇甫道烈土豪,柳伦台使,不受节度。刘勔始至,堑垒未立,顺欲击之,道烈与伦不可,顺不能独进,乃止。勔营既立,不可复攻,因相持守。顺等粮尽,琰将杜叔宝载米饷之。吕安国曰:"顺精甲八千,而我众不能居半,所赖者彼粮行竭,我食有余耳。若使米至,难可复图。今可间道袭其米车,出彼不意。若能制之,将不战而走矣。"勔以为然,以疲弱守营,简精兵千人配安国,使从间道抄之,斩其前行五百人,叔宝弃米走。五月,顺众溃走,于是勔鼓行向寿阳,与诸军分营城外诸山。宋主遣人赍诏宥琰罪,琰与叔宝欲降,而众心不一,复婴城固守。

秋七月,宋以杨僧嗣为武都王。

那的儿子和弟弟都在襄阳，刘胡每次作战，都将蔡那的儿子和弟弟悬挂在城外，蔡那照样猛攻，毫无顾忌。吴喜率领五千人，并运来军需物资，到达赭圻前线。

宋建康朝廷下令禁用新钱，专用古钱。　　夏四月，宋建康军队攻下赭圻。

沈攸之率领各路人马包围赭圻。薛常宝等部粮食用完，向刘胡求救，刘胡用布袋装米，绑在木排和船舱上，然后故意掀翻它们，顺风流下，以接济薛常宝。沈攸之怀疑其中有诈，派人截获木排及翻船，得到了好多袋米。刘胡又从陆道运米给薛常宝，沈攸之率军截击，刘胡受伤逃走。薛常宝惊慌恐惧，弃城而逃。沈攸之于是攻下赭圻，建安王刘休仁进驻赭圻。刘胡的兵力依然十分强大，明帝派褚渊到虎槛征选提拔将士。当时，因战功而被封官的人很多，以至于任命版不够用，便开始用黄纸。

五月，宋建康军队围攻寿阳。

殷琰派刘顺都督各路人马据守宛唐，而因皇甫道烈为当地土豪，柳伦是朝廷派来的使者，所以二人不受刘顺指挥。刘勔刚到时，营垒还没有筑成，刘顺想出击，可是皇甫道烈与柳伦不同意，刘顺又不能孤军出战，只好作罢。等到刘勔营垒筑成，已不能再攻，因而两军只能互相对峙。刘顺部队粮食吃完，殷琰部将杜叔宝用车装米送给刘顺。吕安国对刘勔说："刘顺拥有精兵八千，我们的兵力不到他的一半，唯一可以依赖的是对方的粮食将要枯竭，而我们的粮食还有剩余。如果让杜叔宝的米运到，我们将难以取胜。现在可以从小道出发，袭击他们的运米车队，出其不意。如果能够摧毁对方，那么他们就会不战而逃。"刘勔认为说得对，于是留下老弱残兵驻守军营，选精兵一千人配备给吕安国，令其从小路袭击车队，斩杀车队前锋五百人，杜叔宝弃米而逃。五月，刘顺的部队崩溃逃走，于是刘勔擂鼓前进，向寿阳进军，与各路部队在城外山上分营驻扎。明帝派人携带诏书赦免殷琰，殷琰和杜叔宝都有投降之意，但众心不一，只好继续守城。

秋七月，宋明帝任命杨僧嗣为武都王。

初,武都王杨元和弃国奔魏,其从弟僧嗣自立,屯葭芦。费欣寿至巴东,巴东人斩之,阻守三峡。萧惠开复遣兵出梁州,僧嗣帅群氐断其道,间使以闻,宋主乃以僧嗣为武都王。

八月,宋台军克江州,杀子勋。

邓琬以军久不决,乃以子勋之命征袁颛于襄阳,以为都督。颛性怯桡,在军中不戎服,谈义赋诗,不抚诸将。刘胡以南运未至,就颛借米,颛又不许,由此大失人心。与台军相拒于浓湖,久之,将军张兴世曰:“贼据上流,兵强地胜,我虽持之有余,而制之不足。若以奇兵数千潜出其上,因险而壁,见利而动,使其首尾周遑,粮运艰阻,此制贼之奇也。钱溪江岸最狭,去大军不远,下临洄洑,船必泊岸,又有横浦,可以藏船,千人守险,万人不能过。冲要之地,莫出于此。”沈攸之以为然,乃选战士七千,轻舸二百配之。兴世沂流,上而复下,如是累日。刘胡笑曰:“我尚不敢越彼下取扬州,兴世何物人,欲轻据我上!”不为之备。

一夕四更风便,兴世举帆直前过鹊尾,胡乃遣兵追之。兴世潜遣其将黄道标帅七十舸径趣钱溪,立营寨,明日引兵据之。胡自将水步二十六军来攻,将士欲迎击之,兴世曰:“贼来尚远,气盛而矢骤,骤易尽,盛易衰,不如待之。”俄而胡来转近,船入洄洑,兴世命任农夫等帅壮士击之,众军继进,胡败走。建安王休仁以钱溪城未固,命攸之等攻

起初,武都王杨元和抛弃部族投奔北魏,他的堂弟杨僧嗣自立为武都王,驻守在葭芦。费欣寿率军至巴东,巴东人杀了他,封锁三峡。萧惠开又派兵北上梁州,杨僧嗣率氐族各部落切断了他们的道路,派人前往奏告建康朝廷,明帝于是任命杨僧嗣为武都王。

八月,宋建康军队攻克江州,杀死刘子勋。

邓琬因双方对阵僵持,很久分不出胜负,于是以刘子勋的任命,将袁顗从襄阳调至鹊尾,加授都督。袁顗性情卑怯,在军营中从不穿军服,只是谈论义理,吟诗作赋,而且不肯安抚诸将领。刘胡因后方补给未到,向袁顗借粮,袁顗拒绝,因此大失人心。各路官军与袁顗在浓湖对峙,很久不能决出胜负。将军张兴世说:"叛贼盘踞上游,兵力强大,地势险要,我军与他们对峙虽然绰绰有余,但不足以消灭他们。如果派出奇兵数千潜入他们背后,在险要的地方构筑壁垒,伺机进攻,就会使他们首尾不能相顾,粮运一定艰难,这是克敌制胜的良策。钱溪一带长江两岸最为狭窄,又离大军不远,水流曲折回旋,船只经过时必须紧靠岸边,又有横浦可以停船,千人守险,万人不能通过。其他要害之地,都不能超过此处。"沈攸之表示同意,于是挑选战士七千人和轻快小船二百艘分配给张兴世。张兴世率船队逆流而上,接着又返回,一连数天,都是如此。刘胡笑着说:"我还不敢越过他们的阵地夺取扬州,张兴世算是什么东西,居然想轻易占据我的上游阵地。"于是不做防备。

一天晚上四更赶上顺风,张兴世的船队张帆前进,迅速穿过鹊尾,刘胡派兵追赶。张兴世暗中派遣部将黄道标率七十条快船直插钱溪,安营扎寨,第二天率兵进据。刘胡亲自率领水陆二十六支军队前来攻击,将士打算迎战,张兴世说:"贼军离我们还远,气势旺盛而箭急,但箭太急,容易枯竭,气太盛,容易衰弱,不如等待。"不久,刘胡船队接近,进入漩涡,张兴世命令任农夫等率领精壮军士先行攻击,主力部队相继前进,刘胡败退。建安王刘休仁因为考虑钱溪城寨还不坚固,所以命令沈攸之等进攻

浓湖,以分胡兵势。胡果欲更攻兴世,未至,颙遽追之,城乃得立。胡遣人传唱钱溪已平,众惧,攸之曰:"若然,万人中应有一人得还。此必彼战失利,唱空声以惑众耳。"勒军中不得妄动。捷报寻至,攸之以所获耳鼻示浓湖,颙大骇惧。

八月,浓湖军乏食,邓琬大送资粮,畏兴世不敢进。胡欲复攻钱溪,既而曰:"吾少习步战,未闲水斗。若步战,恒在数万人中,水战在一舸之上,舸舸各进,不复相关,正在三十人中,此非万全之计,吾不为也。"乃托疾不进。遣百舸攻兴世,兴世击破走之。颙怒胡不战,谓曰:"粮运鲠塞,当如此何?"胡乃遣兵步趣南陵,载米三十万斛,钱布数十舫,竖榜为城,规欲突过。至贵口,不敢进。兴世遣兵击而虏之,进逼胡营,胡不能制,遂遁去,颙亦走。休仁勒兵入其营,纳降卒十万。颙至鹊头,为人所杀。邓琬忧惶无计,张悦称疾,呼琬计事,令左右伏甲帐后,以索酒为约。琬至,悦问计,琬曰:"正当斩晋安王,封府库以谢罪耳。"悦曰:"今日宁可卖殿下以求活耶?"因呼酒,伏发斩琬,单舸赍首诣休仁降。蔡那之子系寻阳作部,脱锁入城,囚子勋。攸之诸军至,斩之,传首建康。时年十一。

废帝之世衣冠惧祸,咸欲远出,至是流离外难,百不一存,

浓湖，以分散刘胡的兵力。刘胡果然打算再次攻打张兴世，还没有到钱溪，袁颛就命刘胡回撤增援浓湖，这样，钱溪营寨得以建成。刘胡派人传布谣言说钱溪已经平定，官军恐惧，沈攸之说："如果是这样，万人中至少会有一人得以生还。必定是他们攻击失利，散布谣言以扰乱军心。"于是下令军中不得妄动。钱溪很快传来捷报，沈攸之将所获刘胡士卒的耳朵、鼻子送到浓湖，袁颛非常惊骇恐惧。

八月，浓湖叛军缺乏粮食，邓琬打算运送大量军需物资及粮食接济，但又怕张兴世截击而不敢前进。刘胡打算再次攻打钱溪，不久又说："我从小就习惯在陆地打仗，不懂水战。如果是步兵作战，我总在数万人中间，但水战在一条船上，船与船单独前进，互相之间不能照顾，我不过处于三十人中，这不是安全之计，我不干。"于是推托有病，不敢前进。刘胡派一百余艘船攻打张兴世，被张兴世击败而逃。袁颛对刘胡不作战十分恼怒，对他说："运粮线路被切断，应该怎么办呢？"刘胡派兵徒步前往南陵，把三十万斛米装上船，钱、布数十船，用木板在船上钉成围墙，打算强行通过。行至贵口，不敢前进。张兴世派兵前往，一举击败敌军船队，缴获所有物资，又继续向前推进，直逼刘胡军营，刘胡抵抗不住，于是逃走，袁颛也逃了。刘休仁率兵进入袁颛大营，接纳十万降兵。袁颛逃至鹊头，被人所杀。邓琬惊慌忧虑，无计可施，张悦假装有病，请邓琬来商量大事，命令手下全副武装，在帐后埋伏，以要酒声为约。邓琬到后，张悦问他有什么办法，邓琬说："应当杀掉晋安王，查封府库，以此来赎罪。"张悦说："今天你宁可出卖殿下，也要保全自己的性命吗？"于是呼唤拿酒，埋伏的士兵冲出斩杀邓琬，张悦独自乘一只小船，提着邓琬的人头向刘休仁投降。蔡那的儿子被囚禁在寻阳的作坊里，他挣脱枷锁，逮捕了刘子勋。沈攸之大军抵达寻阳后，杀掉刘子勋，把他的人头送往建康。这一年刘子勋刚十一岁。

废帝在位时，京城官员为了避免灾祸，都打算远走他乡，到现在，流离失所遭受祸难，侥幸生存的，一百人中不见得有一人，

众乃服蔡兴宗之先见。休仁入寻阳,遣吴喜等向荆、郢、雍、湘、豫章平余寇。刘胡逃至石城,捕得斩之。

九月,魏立郡学。

魏初立郡学,置博士、助教、生员,从高允之请也。

冬十月,宋主杀其兄之子安陆王子绥等十三人。

宋主既诛子勋,又杀安陆王子绥、临海王子顼、邵陵王子元。建安王休仁言于上曰:"松滋侯兄弟尚在,非社稷计,宜早为之所。"于是子房等十人皆赐死。世祖二十八子,于此尽矣。

宋徐州刺史薛安都、汝南太守常珍奇叛降于魏。

宋徐州刺史薛安都、益州刺史萧惠开、梁州柳元怙、兖州毕众敬、豫章太守殷孚、汝南太守常珍奇,并遣使乞降于建康。宋主以南方已平,欲示威淮北,命张永、沈攸之将兵五万迎安都。蔡兴宗曰:"安都归顺不虚,正须单使,今以重兵迎之,势必疑惧。安都外据大镇,密迩边垂,地险兵强,尤宜驯养。如其外叛,招引北寇,将为朝廷盰食之忧。"宋主不从,谓萧道成曰:"吾今因此北讨,卿意以为何如?"对曰:"安都狡猾有余,以兵逼之,非国之利。"亦不听。安都果惧而叛。常珍奇亦以悬瓠降魏,皆请兵自救。

宋主立其子昱为太子。

宋主无子,尝以宫人陈氏赐嬖人李道儿,已复迎还,生昱。又密取诸王姬有孕者内之宫中,生男则杀其母,而使宠姬母之。

大家这才佩服蔡兴宗的先见之明。刘休仁进入寻阳后，派吴喜等人进攻荆州、郢州、雍州、湘州、豫章，平定残余叛军。刘胡逃到石城，逮捕后斩首。

九月，北魏设立郡学。

北魏开始在每个郡设立学校，设置博士、助教、生员，这是采纳高允的建议而兴办的。

冬十月，宋明帝杀其兄孝武帝的儿子安陆王刘子绥等十三人。

刘子勋被诛杀之后，明帝又下诏杀安陆王刘子绥、临海王刘子顼、邵陵王刘子元。建安王刘休仁对明帝说："松滋侯刘子房兄弟还活着，将来对国家一定不利，应该早做打算予以处置。"于是刘子房等兄弟十人都被强令自杀。孝武帝共有二十八个儿子，至此全部被杀。

宋徐州刺史薛安都、汝南太守常珍奇投降北魏。

宋徐州刺史薛安都、益州刺史萧惠开、梁州刺史柳元怙、兖州刺史毕众敬、豫章太守殷孚、汝南太守常珍奇，都派使节向建康朝廷投降。明帝认为南方叛军已平定，打算向淮北的叛军炫耀武力，命令张永、沈攸之率五万大兵迎接薛安都。蔡兴宗说："薛安都归顺朝廷不假，只需派一个使节即可，现在用重兵去迎接他，势必引起他的疑虑。薛安都据守的是一个要镇，紧接边界，地势险要，兵力强大，尤其需要使用和平手段去安抚。一旦投降，招引北敌，那么朝廷将要昼夜辛苦对付后患了。"明帝不听，对萧道成说："我想利用薛安都反叛的机会讨伐他，你认为如何？"萧道成回答说："薛安都非常狡猾，今天如果用大军逼他，恐怕对朝廷不利。"明帝也不听。薛安都果然因为恐惧而向北魏投降。常珍奇也献出悬瓠向北魏投降，二人都向北魏请兵救援。

宋明帝立皇子刘昱为太子。

明帝没有孩子，曾把宫人陈氏赐给宠臣李道儿，后又把陈氏接了回来，此后陈氏生下刘昱。明帝又暗中把各王妾中有孕的藏入宫中，如果生下男孩，就杀死其母亲，而让自己的宠姬抚养这些孩子。

魏将军尉元救彭城,入悬瓠。宋兖州刺史毕众敬降魏师。

魏遣将军尉元、孔伯恭等救彭城,西河公石救悬瓠。宋兖州刺史申纂守无盐,诈降于元,元受而阴为之备。及师至,纂果闭门拒之。毕众敬以子为建康所诛,亦降于魏。元遣将先据其城,遂长驱而进。西河公石至上蔡,常珍奇出迎,石未即入城。博士郑羲曰:"珍奇意未可量,不如直入其城,据有府库,制其腹心。"石遂策马入城,因置酒嬉戏。羲曰:"观珍奇色甚不平,不可不备。"石乃严兵设备。其夕珍奇使人烧府屋,欲为变,以石有备而止。淮西七郡民多不愿属魏,连营南奔。魏遣建安王陆馛宣慰,民有陷军为奴婢者,馛悉免之,新民乃悦。

宋豫州平。

刘勔围寿阳,战无不捷,以宽厚得众心。寻阳既平,宋主使中书为诏谕殷琰。蔡兴宗曰:"叛乱既定,是琰思过之日,宜赐手诏以慰引之。今直中书为诏,彼必疑之,非所以速清方难也。"不从。琰果疑勔之诈,欲降于魏。主簿夏侯详曰:"前日之举,本效忠节,若社稷有奉,便当归身朝廷,何可北面左衽乎!且今魏军近在淮次,官军未测吾之去就,若遣使归款,必厚相慰纳,岂止免罪而已。"琰乃使详出见勔曰:"城中士民畏将军之诛,皆欲自归于魏。愿将军缓而赦之,则莫不相帅而至矣。"勔许诺。琰乃出降,勔悉加

北魏将军尉元救援彭城，进入悬瓠。宋兖州刺史毕众敬投降魏军。

北魏派将军尉元、孔伯恭等救援彭城，派西河公拓跋石救援悬瓠。宋兖州刺史申纂驻守无盐，向尉元诈降，尉元表面接受但暗中严密戒备。等到大军到无盐，申纂果然关闭城门抵抗。毕众敬因为儿子被建康朝廷所杀，也投降北魏。尉元派部将先占领城池，然后长驱直入。西河公拓跋石抵达上蔡，常珍奇出城迎接，拓跋石没有立即入城。博士郑羲说："常珍奇的诚意难以预测，不如直接进城，占据官府和仓库，夺取他的要害。"拓跋石于是策马入城，摆下筵席，饮酒作乐。郑羲说："观察常珍奇的脸色愤愤不平，不可不加以防备。"于是拓跋石严加防备。当天晚上常珍奇派人纵火焚烧官府房屋，打算叛乱，但因拓跋石有防备而中途作罢。淮西七郡百姓大多不愿归附北魏，互相联合向南逃奔。北魏派建安王陆馛前往安慰，百姓中有被掠夺军中充当奴仆婢女的，陆馛下令全部释放，新近归附地区的百姓欢欣鼓舞。

宋豫州平定。

刘勔包围寿阳，每战必捷，他性情宽厚，深得将士爱戴。寻阳政权灭亡后，明帝命中书草拟诏书，向殷琰招降。蔡兴宗说："叛乱既然已经平定，正是殷琰检讨自己过错的时候。陛下应该亲手写诏书，安抚宽慰，加以引导，他就可以归降。今天由中书颁发诏书，他一定会怀疑，这不是迅速消灭一方灾难的办法。"明帝不听。殷琰果然怀疑诏书是刘勔设下的圈套，打算投降北魏。主簿夏侯详说："我们之前响应寻阳政权的举动，本来是打算效忠朝廷，如果朝廷有人主持，就应该归附朝廷，怎么可以投降北方，穿上左右开襟的衣服呢！况且今天魏军已经接近淮河，建康官军还不知道我们的意向，如果派使节前去表示我们归降的诚心，他们一定会乐于接纳我们，岂止是免罪而已。"于是，殷琰派夏侯详出城见刘勔说："城中军民是怕受到将军的诛杀，因而都打算投降魏军。希望将军下令赦免他们，那么大家自然都会前来归降。"刘勔答应了他。于是殷琰率部出降，刘勔都加以

慰抚,不戮一人,约勒将士,秋毫无犯,寿阳人大悦。魏军将至,闻琰已降,乃掠义阳而去。

宋益州平。

萧惠开在益州,多任刑诛,诸郡叛之,合兵围成都。闻寻阳已平,争欲屠城。宋主遣其弟惠基使成都,赦惠开,惠开乃降,城围亦解。召还建康,宋主问以举兵状,对曰:"臣唯知逆顺,不识天命。"宋主释之。

宋侨立兖、徐、青、冀州。

兖州治淮阴,徐州治钟离,青、冀治郁洲。洲在海中,周数百里,累石为城,高八九尺,虚置郡县,荒民无几。

魏取彭城。

宋张永、沈攸之进兵逼彭城。魏尉元至,薛安都出迎。元遣李璨与安都先入城收管籥,别遣孔伯恭以精甲二千安抚内外,然后入。其夜,张永攻之,不克。元不礼于安都,安都悔降,复谋叛魏,元知之,不果发,乃重赂元等。元使璨与安都守彭城,自将击张永,绝其粮道。

丁未(467) 宋泰始三年,魏皇兴元年。

春正月,魏取宋淮北四州及豫州淮西地。

宋张永等弃城夜走,会天大雪,士卒冻死大半,手足断者什七八。尉元邀其前,薛安都乘其后,大破永等于吕梁之东,死者以万数,枕尸六十余里,委弃资械不胜计。宋主

安抚,不杀一个人,并对部下严格约束,城中百姓的生命财产没有受到丝毫损失,寿阳人非常高兴。北魏军队将要到达,听说殷琰已经归降,于是掠杀义阳后回师。

宋益州平定。

萧惠开任益州刺史时,经常随意诛杀无辜,各郡纷纷反叛,联合兵力包围成都。联军听说寻阳政权已经灭亡,个个争先恐后,打算入城屠杀。明帝派萧惠开的弟弟萧惠基前往成都,赦免萧惠开,于是,萧惠开开城归降,成都的包围也得以解除。明帝征召萧惠开返京,问他为什么响应寻阳政权,萧惠开回答说:"我只知道什么是逆,什么是顺,却不知道什么叫天命。"明帝于是赦免了他。

宋设立侨居南方的兖州、徐州、青州、冀州。

兖州治所设在淮阴,徐州治所设在钟离,青州、冀州治所设在郁洲。郁洲在大海之中,方圆数百里,用石头筑城,高八九尺,虚设郡县,但百姓并不多。

北魏占领彭城。

宋将张永、沈攸之率军逼近彭城。北魏尉元抵达彭城,薛安都出城迎接。尉元派李璨跟薛安都先行入城,控制所有城门,另派孔伯恭率领精兵二千人安抚内外,然后进城。当天晚上,张永攻城,没有攻下。尉元对薛安都很不礼貌,薛安都后悔投降,打算再度背叛北魏,但被尉元得知,所以没敢发动,于是只好重赂尉元等人。尉元命李璨协助薛安都守卫彭城,自己率军攻打张永,切断了张永的粮道。

丁未(467) 宋泰始三年,北魏皇兴元年。

春正月,北魏攻取宋淮北四州及豫州的淮西地区。

宋将张永等人弃城连夜逃走,正赶上下大雪,士卒被冻死的有一大半,手脚折断的有十之七八。尉元绕到前面堵截,薛安都乘机在后面追杀,在吕梁的东边大破张永所率军队,被杀者数以万计,尸体遍布六十多里,丢弃的军械物资数都数不清。宋明帝

召蔡兴宗以败书示之曰："我愧卿甚！"永及攸之皆坐贬，还屯淮阴。宋由是失淮北四州及豫州淮西之地。

魏东平王道符反长安，伏诛。　宋青、冀州平。

初，寻阳既平，宋主遣沈文秀弟文炳以诏书谕文秀，又遣将军刘怀珍将兵三千与之偕行，进据朐城。会文秀攻青州刺史明僧暠，走之。众心凶惧，欲保郁洲，怀珍曰："文秀欲以青州归索虏，计齐之士民，安肯甘心左衽邪！今扬兵直前，宣布威德，诸城可飞书而下，奈河守此不进，自为沮桡乎！"遂进，送文炳入城，文秀犹不降。众谓宜且坚壁伺隙，怀珍曰："今众少粮竭，悬军深入，正当以精兵速进，掩其不备耳。"乃遣百骑袭其城，拔之。文秀请降，冀州刺史崔道固亦降，宋主皆复其位。

魏将军慕容白曜侵宋青州，取四城。

宋沈攸之自彭城还也，留王玄载守下邳，沈韶守宿豫，睢陵、淮阳皆留兵戍之。时申纂守无盐，刘休宾守梁邹，房崇吉守升城，张谠守团城，与肥城、糜沟、垣苗皆不附魏。魏遣将军长孙陵、慕容白曜等将兵赴青州，白曜至无盐，欲攻之，将佐皆以为攻具未备，不宜遽进。司马郦范曰："轻军深入，岂宜淹缓，且申纂必谓我军来速，不暇攻围，将不为备，今出其不意，可一鼓而克。"白曜从之。引兵伪退，夜进攻之。拔无盐，杀申纂。欲尽以其人为军赏，范曰："齐，形胜之地，宜远为经略。今人心未洽，连城相望，皆有拒守之志，非以德信怀之，未易平也。"白曜曰："善！"皆免之。

召来蔡兴宗把战败的报告拿给他看,说:"面对你我深感惭愧!"张永和沈攸之均因罪贬职,返回驻扎在淮阳。从此,宋失去其淮北四州和豫州的淮西地区。

北魏东平王拓跋道符在长安反叛,被处死刑。　宋青州、冀州平定。

起初,寻阳平定以后,明帝派沈文秀的弟弟沈文炳携带诏书去招抚沈文秀,又派将军刘怀珍率兵三千人与沈文炳同行,进入朐城据守。此时,沈文秀攻击青州刺史明僧暠,明僧暠败退。刘怀珍军心不安,有人主张退保郁洲,刘怀珍说:"沈文秀打算献上青州,投降北魏,想来齐地的士民,怎肯甘心归降异族呢!今天应该驱兵直进,宣扬皇上的恩德和威严,各地城池,以一纸书信便可不战而下,为何要守在这里,不再前进,自己阻挠自己呢!"于是继续前进,把沈文炳送入城,沈文秀还是拒绝投降。刘怀珍众将领都主张坚守壁垒,伺机而战,刘怀珍说:"现在我们人少,粮草又不足,孤军深入,正应以精锐部队迅速挺进,趁他们没有防备时进行突袭。"于是派百名骑兵突袭,攻克了该城。沈文秀和冀州刺史崔道固请求投降,明帝仍任命他们担任原职。

北魏将军慕容白曜侵犯宋青州,攻取四座城池。

宋将沈攸之从彭城败还时,留下王玄载守下邳,沈韶守宿豫,睢陵、淮阳也都留兵驻守。当时,申纂驻守无盐,刘休宾驻守梁邹,房崇吉驻守升城,张谠驻守团城,还有肥他、糜沟、垣苗等地都拒绝降魏。北魏派将军长孙陵、慕容白曜等率兵进攻青州,白曜到达无盐,打算攻城,部下将佐都认为攻城器具还不完备,不宜马上进攻。司马郦范说:"我们这样一支轻装部队深入敌境,怎能滞留延缓,而且申纂一定认为我们来得太快,来不及围城进攻,将不做防备,现在如果出其不意,可以一举获胜。"慕容白曜认为很对。于是假装撤退,半夜进攻。攻下无盐,斩杀申纂。慕容白曜打算将城中所有的人当作战利品赏给部下,郦范说:"齐地形势优越,应该有长远的经营计划。而今人心还没有融洽,城池相连,互相观望,都有拒守的志向,假如不以恩德和诚信安抚他们,恐怕不易平定。"慕容白曜说:"好!"便赦免了全部百姓。

将攻肥城，范曰："肥城虽小，攻之引日，胜之不益军势，不胜足挫军威。彼见无盐之破，不敢不惧，若飞书谕之，不降则散矣。"白曜从之。肥城果溃，得粟三十万斛。白曜谓范曰："此行得卿，三齐不足定也。"遂取垣苗、糜沟二戍，一旬中拔四城，威震齐土。

宋以蔡兴宗为郢州刺史。　魏取升城。

宋房崇吉守升城，胜兵不过七百人。魏慕容白曜筑长围攻之，三月乃克。忿其不降，欲尽坑之。参军事韩麒麟谏曰："如此则自此以东诸城皆人自为守，不可攻矣。"白曜乃止。崇吉脱身走，其母及申纂妻与魏济州刺史卢度世有中表亲，然已疏远。及为魏所虏，度世奉事甚恭，赡给优厚。度世闺门之内和而有礼，百口怡怡，丰俭同之。

宋崔道固闭门拒魏，沈文秀遣使迎降，请兵于魏。白曜欲遣兵赴之，郦范曰："文秀室家坟墓皆在江南，拥兵数万，城固甲坚，强则拒战，屈则遁去。今无朝夕之急，何遽求援？且其使者视下色愧，语烦志怯，此必挟诈以诱我，不可从也。不若先取历城，克盘阳，下梁邹，平乐陵，然后案兵徐进，不患其不服也。"白曜乃止，文秀果不降。

魏尉元表言："彭城宋之要藩，不有重兵积粟，则不可固守。若资储既广，则宋人不敢窥淮北矣。且贼向彭城，必由清、泗过宿豫，历下邳，趋青州亦由下邳、沂水经东安，

慕容白曜将要进攻肥城，郦范说："肥城虽小，但攻打起来，肯定费时，获胜不能增加我们的军势，失败则足以挫伤我们的军威。他们看见无盐被攻破，也不会不感到恐惧，如果用箭送去一封信加以晓谕，他们即使不投降，也会四处逃散。"慕容白曜同意这么做。肥城果然溃散，北魏军队缴获粮食三十万斛。慕容白曜对郦范说："此次出征有你相随，不怕三齐不能平定。"于是夺取垣苗、糜沟二地，十天之内连克四城，声威震撼齐地。

宋明帝任命蔡兴宗为郢州刺史。　北魏攻取升城。

宋将房崇吉守升城，能参战的将士不过七百人。魏将慕容白曜修筑长墙，围起来加以进攻，三个月才攻陷城池。慕容白曜对升城不降大为忿怒，打算把城中百姓全部活埋。参军事韩麒麟劝谏说："如果这样做，从此向东各城的人都各自为守，无法攻克。"慕容白曜才罢休。房崇吉脱身逃走，他的母亲及申纂的妻子与北魏济州刺史卢度世原是表亲，但关系早已疏远。房崇吉的母亲和申纂的妻子被魏军俘虏后，卢度世对她们非常恭敬，生活供给也很优厚。卢度世闺门之内，和睦而有礼节，百口之家，怡然同乐，同甘共苦。

宋将崔道固关闭城门抗拒魏军，沈文秀却派人向魏军投降，请求接应。慕容白曜打算派兵前往，郦范说："沈文秀的家室和祖先坟墓都在江南，他拥兵数万，城墙坚固，武器精良，强大时抗拒应战，困迫时可以逃走。现在他并没有燃眉之急，有什么可怕的事情，而向我们求援？而且我看他的使者，眼睛一直向下看，脸色羞愧，说话啰唆而胆怯，这一定是心怀奸诈来诱骗我们，不可听从。不如先夺取历城，攻下盘阳，再拿下梁邹，平定乐陵，然后慢慢向前推进，不怕他们不屈服。"慕容白曜于是停止派兵赴援，沈文秀果然不降。

魏将尉元上书说："彭城是宋的要镇，如果不驻防重兵，储存粮草，就不能固守。如果物资储备丰富，那么宋人也不敢窥伺淮北之地了。而且贼寇想要攻击彭城，一定会经由清水、泗水穿过宿豫、下邳，如果想要攻击青州，也要从下邳、沂水穿过东安，

此皆要地。今先平之，则青、冀诸州可不攻而克。不然则青、冀虽拔，百姓狼顾，犹怀侥幸之心。臣愚以为宜释青、冀之师，先定东南，断刘彧北顾之意，绝愚民南望之心，则淮北自举，暂劳永逸矣。若天雨既降，彼或运粮益众，规为进取，则近淮之民翻然改图，青、冀二州未可猝拔也。"

宋沈攸之自送运米至下邳，魏人遣间诈之曰："薛安都欲降，求军迎接。"吴喜请赴之，攸之不许。既而来者益多，攸之谓曰："诸人既有诚心，若能与薛徐州子弟俱来者即皆假以乡县，唯意所欲。如其不尔，无为空往来也。"自是不复至。攸之乃使军主陈显达将千人助戍下邳而还。

宋以袁粲为仆射。　秋八月，宋遣中领军沈攸之击彭城，将军萧道成镇淮阴。

宋主复遣沈攸之等击彭城，攸之以清、泗方涸，粮运不继，固执以为不可，宋主怒，强遣之，而使行徐州事萧道成镇淮阴。道成收养豪俊，宾客始盛。魏之入彭城也，垣崇祖将部曲奔据朐山，道成以为戍主。朐山滨海孤绝，人情未安。魏人得其叛将，遣骑二万袭之。崇祖方出送客，城中人惧，皆下船欲去。崇祖还谓腹心曰："虏非有宿谋，承叛者之言而来耳，易诳也。今得百余人还，事必济矣。卿等可亟去此二里外，大呼而来云：'艾塘义人已破虏，须戍军速往逐之。'"舟中人果喜，争上岸。崇祖引入据城，遣羸弱入岛，人持两炬，登山鼓噪，魏军乃退。垣崇祖亦自彭

这几个地方都是要地。如果我们现在能先占领它们，那么青州、冀州便可以不攻自破。如若不然，即使青州、冀州能够攻下，百姓有所顾虑，还会怀有侥幸心理。臣认为应该撤回在青、冀二州的部队，先平定东南地区，断了刘彧北进的念头，断绝愚民向往南方的心意，这样淮北就可以占领，暂时辛劳可以换来永久安逸。如果老天下雨，他们可能会运送更多的粮食，规划反攻，恐怕淮河沿岸居民将会改变态度，青、冀二州就不可能很快攻克了。"

沈攸之亲自运粮到下邳，魏军派间谍向他谎报说："薛安都打算归降朝廷，请求派兵迎接。"吴喜请求派兵前往，沈攸之不允许。不久，通风报信的人越来越多，沈攸之对他们说："各位既然有此诚心，如果有能与薛安都的子弟一起前来的，我就都任命他为本乡县的地方官，满足你们的意愿。如果不能，就不要这么空来空去地白跑了。"那些人于是一去不复返。沈攸之命军主陈显达率领一千人协助防守下邳，自己则率军返回。

宋明帝任命袁粲为仆射。　秋八月，宋明帝派中领军沈攸之攻打彭城，命将军萧道成镇守淮阴。

明帝再次派遣沈攸之等攻打彭城，沈攸之认为清水、泗水正干涸，粮食运输不能接续，坚持认为不可以进攻彭城。明帝大怒，强迫他出兵，继而任命代理徐州事务的萧道成镇守淮阴。萧道成收揽各地豪杰，宾客逐渐多了起来。北魏军队进入彭城时，垣崇祖率领部队占据朐山，萧道成便任命他为朐山的戍将。朐山靠近大海，荒凉隔世，人心不安。魏军抓获了垣崇祖的一个叛将，派遣二万骑兵奔袭朐山。垣崇祖正好出城送客，城中人惊恐万状，全都跑到船上准备逃走。垣崇祖回城后，对左右心腹说："胡虏并不是有计划的进攻，只是听了叛贼的报告才来的，所以容易使他们中计。现在，只要有一百多人返回城里，事情就一定能成功。你们可迅速跑到二里以外，大声呼喊，飞奔而来说：'艾塘义军已攻破胡虏，等待驻军速去追击。'"船上的人果然大为兴奋，争相上岸。垣崇祖将他们引入城内，将病弱者送上海岛，人人手持两把火炬，登山擂鼓呐喊，魏军于是撤退。垣崇祖也从彭

城奔朐山,遂依萧道成于淮阴。刘僧副将部曲二千人居海岛,道成亦召而抚之。

魏作大像。

高四十三尺,用铜十万斤,黄金六百斤。

魏人拒击宋师,走之,遂取下邳。

魏尉元遣兵拒沈攸之,又以攸之前败所丧士卒,瘃堕膝行者还之,以沮其气。宋主寻悔遣攸之等,复召使还不及。攸之至睢清口,魏兵击之,众溃,还走淮阴,委资械以万计。尉元以书谕宋徐州刺史王玄载,玄载弃下邳走。魏以辛绍先为太守。绍先不尚苛察,务举大纲,教民治生御寇而已,由是下邳安之。宋宿豫戍将、淮阳太守皆弃城走。慕容白曜进屯瑕丘,宋将军房法寿袭据磐阳以降。白曜表韩麒麟与法寿对为冀州刺史。白曜引兵攻崔道固于历城,不下。攻沈文秀于东阳,文秀请降,魏兵入城暴掠,文秀悔怒,拒守击魏兵,破之。

魏主始亲政事。

魏主李夫人生子宏,冯太后自抚养之,遂还政于魏主,魏主始亲国事,勤于为治,赏罚严明,拔清节,黜贪污,于是魏之牧守始有以廉洁著闻者。

冬十月,宋以金赎义阳王昶于魏。

宋主遣使以金千两赎义阳王昶于魏。魏人不许,使昶与宋主书为兄弟之仪。上责其不称臣,不答。魏主复使昶与宋主书,昶曰:"臣本或兄,未经为臣,若改前书,事为二

城逃到朐山，于是再从朐山前往淮阴投靠萧道成。刘僧副率部队二千人驻守在一个海岛上，萧道成也将他们招降到自己麾下，并加以安抚。

北魏铸造大佛像。

像高四十三尺，共用铜十万斤，黄金六百斤。

北魏军队攻击宋军，宋军溃败逃走，魏军于是夺取下邳。

魏将尉元派兵抗击沈攸之，又把上次战斗中俘虏的双脚冻烂、只能用膝盖爬行的宋兵还给沈攸之，以打击他的士气。明帝强迫沈攸之出发不久，便后悔起来，又派人召还，已经来不及了。沈攸之到达睢清口，魏军发起进攻，宋军大败，返回淮阴，丢弃的军械物资数以万计。尉元写信给宋徐州刺史王玄载，王玄载放弃下邳逃走。北魏任命辛绍先为下邳太守。辛绍先处理政务，反对烦琐苛刻，遇事把握大要，教百姓生产及防御贼寇，从此，下邳百姓安居乐业。宋宿豫守将及淮阳太守都弃城逃走。慕容白曜进兵驻扎瑕丘，宋将军房法寿攻占磐阳，向慕容白曜投降。慕容白曜表奏魏献文帝，推荐韩麒麟与房法寿同时担任冀州刺史。慕容白曜率兵进攻崔道固驻守的历城，没有攻克。进攻沈文秀驻守的东阳，沈文秀请求投降，魏兵入城大肆抢掠，沈文秀既后悔又愤怒，于是据城抵抗，击败魏军。

北魏皇帝拓跋弘开始亲自处理国事。

北魏皇帝拓跋弘的李夫人生下皇子拓跋宏。冯太后亲自抚养拓跋宏，把国家政事重新还给拓跋弘，拓跋弘自此开始亲自处理国事。他辛勤治理，赏罚分明，提拔清廉而有节操的人，罢黜贪官污吏，于是，北魏的州郡地方官中才开始出现因廉洁而闻名的人。

冬十月，宋用黄金向北魏赎回义阳王刘昶。

宋明帝派人带黄金千两去北魏赎义阳王刘昶。北魏人不答应，让刘昶给明帝写信，以兄弟相称。明帝斥责刘昶不称臣，拒绝回信。魏帝又让刘昶写信给明帝，刘昶说："臣本是刘彧兄长，从来没有当过臣下，如果更改上封信中的称呼，是向二国君主

敬；若或不改，彼所不纳。臣不敢奉诏。”乃止。魏人爱重昶，凡三尚公主。

十二月，常珍奇复归于宋。

常珍奇虽降于魏，实怀二心，刘勔复以书招之。会魏西河公石攻汝阴，珍奇乘虚烧劫悬瓠，驱掠上蔡、安成、平舆三县民，屯于灌水，魏人攻之，珍奇奔寿阳。

戊申（468） 宋泰始四年，魏皇兴二年。

春正月，魏侵宋，宋豫州刺史刘勔击却之，斩其将阏于拔。

魏侵宋武津，宋刘勔击却之，斩其将于都公阏于拔。淮西民贾元友上书陈伐魏取陈、蔡之策，上以其书示勔。勔上言：“元友称：‘虏主幼弱，内外多难，天亡有期。’臣以为虏自去冬蹈藉王土，今春连城围逼，国家未能复境，何暇灭虏！元友所陈，率多夸诞狂谋，言之甚易，行之甚难。元嘉以来，伧荒远人多劝讨虏，从来信纳皆贻后悔。境上之人唯视强弱，王师至彼，必壶浆候涂，裁见军退，便抄截蜂起。此前后所见，明验非一也。”宋主乃止。

宋东徐、兖州降魏。魏以尉元为徐州刺史。

魏尉元遣使说宋东徐州刺史张谠。谠以团城降魏，魏以高闾与谠封为刺史。元又说宋兖州刺史王整、兰陵太守桓䜣，降之。魏以元为开府仪同三司、徐州刺史，镇彭城。召薛安都、毕众敬入朝，以客礼待之，封侯赐第，资给甚厚。

同时称臣；如果不改，他又不肯接受。臣不敢听从命令。"于是才罢休。刘昶受到北魏的爱惜器重，先后娶三位公主为妻。

十二月，常珍奇背叛北魏，又归降宋朝。

常珍奇虽然投降北魏，但实际上怀有二心，刘勔又写信招降他。正赶上北魏西河公拓跋石攻打汝阴，常珍奇乘虚纵火焚掠悬瓠城，掳掠驱逐上蔡、安成、平舆三县百姓，聚集在灌水，遭到魏军的攻击，常珍奇退奔寿阳。

戊申（468） 宋泰始四年，北魏皇兴二年。

春正月，北魏侵犯宋边境，宋豫州刺史刘勔击败魏军，斩杀魏将阏于拔。

北魏派兵进犯武津，宋将刘勔击败魏军，斩杀魏将于都公阏于拔。淮西百姓贾元友上书明帝，陈述攻伐北魏、夺取陈、蔡的计策，明帝把这份奏书给刘勔看。刘勔上疏说："贾元友说：'胡虏主上年幼，内外交困，灭亡的日子不远了。'臣认为，胡虏自去年冬季侵犯我国领土，春季以来，我国城池重镇连遭围击，到现在都不能收复，哪有力量消灭胡虏！贾元友所陈述的意见，大多夸大事实，谈起来容易，做起来很难。自元嘉以来，无名小人多次劝伐胡虏，可是采取他们建议的结果，每次都是失败后悔。边境居民只看谁强谁弱，朝廷军队到达之处，他们一定送茶送饭，在路边恭候迎接，但是大军刚退，他们就四处抄掠拦截。这是大家都已经看到的，被事实证明已不止一次了。"明帝才作罢。

宋东徐、兖州投降北魏。北魏任命尉元为徐州刺史。

尉元派人游说宋东徐刺史张谠。张谠献出团城投降北魏，北魏任命高闾与张谠一起担任东徐刺史。尉元又派人游说宋兖州刺史王整、兰陵太守桓䜣，王整、桓䜣都投降北魏。北魏任命尉元为开府仪同三司、徐州刺史，镇守彭城。征召薛安都、毕众敬入朝，以上宾之礼款待他们，封他们为侯爵，并赏赐宅第，供给物资及金钱十分丰厚。

二月,魏拔宋历城。

崔道固出降。

常珍奇奔宋。　宋车骑大将军王玄谟卒。　夏四月,宋减民田租之半。　宋刘勔败魏兵于许昌。　魏以李惠为征南大将军,冯熙为太傅。

惠,李夫人之父。熙,冯太后之兄也。

秋七月,宋以萧道成为南兖州刺史。　冬十二月,宋改葬路太后。

义嘉之乱,路太后暴殂。既葬,巫师复请发陵,戮玄宫为厌胜。至是改葬之。

宋以阮佃夫为游击将军。

先是,中书侍郎、舍人皆用名流为之。太祖始用寒士,世祖犹杂用士庶,而巢、戴遂用事。及宋主尽用左右细人,佃夫及中书舍人王道隆、散骑侍郎杨运长并参预政事,权亚人主,巢、戴所不及也。佃夫尤恣横,纳货赂,作威福,朝士贵贱莫不自结,仆隶皆不次除官,捉车人至中郎将,马士至员外郎。

己酉(469) 宋泰始五年,魏皇兴三年。

春正月,魏拔宋青州,执其刺史沈文秀。

沈文秀守东阳,魏人围之三年。外无救援,士卒昼夜拒战,甲胄生虮虱,无离叛之志。至是魏人拔东阳,文秀解戎服,正衣冠,持节坐斋内。魏人执之,缚送慕容白曜,使之拜,文秀曰:"各两国大臣,何拜之有!"白曜还其衣,为设馔,锁送平城。魏主宥之,待为下客,给恶衣疏食。既而重

二月,北魏攻克宋历城。

崔道固出城投降。

常珍奇逃回宋境。 宋车骑大将军王玄谟去世。 夏四月,宋减免百姓一半田租。 宋将刘勔在许昌击败北魏军队。 北魏任命李惠为征南大将军,任命冯熙为太傅。

李惠是李夫人的父亲。冯熙是冯太后的哥哥。

秋七月,宋明帝任命萧道成为南兖州刺史。 冬十二月,宋重新安葬路太后。

刘子勋叛乱的时候,路太后暴死。安葬以后,巫师请求宋明帝挖掘路太后陵墓,摧毁墓穴,作为对叛乱的又一次镇压。直到现在,才改葬路太后。

宋明帝任命阮佃夫为游击将军。

在此之前,中书侍郎、中书舍人都由名士担任。文帝时,开始任用寒门出身的士人,孝武帝时还混杂选用士族和庶族出身的人担任,从而使巢尚之和戴法兴掌握了大权。到明帝时,任用的全是侍奉左右的卑微小人,阮佃夫及中书舍人王道隆、散骑侍郎杨运长都参预政事,权力仅次于皇帝,为当年巢、戴所不及。阮佃夫尤其骄纵恣横,收受贿赂,作威作福,朝中官吏无论大小,没有一个不对他巴结奉承,他的奴仆差人都破格升官,车夫当上了中郎将,马夫官至员外郎。

己酉(469) 宋泰始五年,北魏皇兴三年。

春正月,北魏攻克宋青州,俘虏刺史沈文秀。

沈文秀据守东阳,魏军围城已经三年。东阳外无救援,士卒日夜抵抗,盔甲都生了虱子,但没逃离背叛之心。直到现在,魏军攻克东阳,沈文秀脱下军服,整理好衣冠,手拿符节坐在斋内。魏兵俘虏了他,捆绑着将他押到慕容白曜面前,逼他跪下叩头,沈文秀说:"你我分别是两国的大臣,为什么要我下跪!"慕容白曜还给他衣服,送上饭菜,押送平城。北魏皇帝赦免了他,把他当作下等宾客对待,给他粗布衣服和素食。不久,因为敬重

其不屈,拜外都下大夫。于是青、冀之地尽入于魏矣。

二月,魏以慕容白曜为青州刺史。

白曜抚御有方,东人安之。

魏立三等输租法,除其杂调。

魏自天安以来,比岁旱饥,重以青、徐用兵,山东之民疲于赋役。魏主命因民贫富分为三等输租之法,等为三品,上三品输平城,中输他州,下输本州。旧制常赋之外,有杂调十五,至是罢之,民稍赡给。

宋以太尉庐江王祎为南豫州刺史。

宋河东柳欣慰等谋反,欲立太尉庐江王祎。祎,帝兄,而帝轻之。以孝武谓之"驴王",徙封庐江,祎御之,遂与欣慰通谋。事觉,诏降祎车骑将军,出镇宣城,遣腹心杨运长领兵防卫。欣慰等伏诛。

夏五月,魏置僧祇、佛图户。

魏徙青、齐民于平城、桑乾,立平齐郡以居之。沙门统昙曜奏:"平齐户及诸民有能岁输谷六十斛入僧曹者即为僧祇户,粟为僧祇粟,遇凶岁赈给饥民。"又请:"民犯重罪及官奴,以为佛图户,以供诸寺扫洒。"并许之。于是僧祇寺户遍于州镇矣。

六月,魏立子宏为太子。   宋主杀其兄庐江王祎。

宋主又令有司奏祎忿怼有怨言,诏免官爵,遣使持节,逼令自杀。

冬十月朔,日食。   十一月,魏遣使如宋修好。

他不屈的气节,任命他为外都下大夫。从此,青州、冀州全部并入北魏。

二月,北魏任命慕容白曜为青州刺史。

慕容白曜安抚统治有方,当地百姓能够安居乐业。

北魏设立三等输租法,废除其他杂税。

北魏自天安年间以来,连年大旱饥荒,再加上对青、徐用兵,崤山以东人民的田赋徭役非常沉重。魏献文帝命令根据百姓的贫富分为三等,作为征收赋税的标准,每等再分三品,上三品运到平城,中三品运到其他各州,下三品运到本州州府。北魏旧制度规定,除正常的田赋之外,还有十五种杂税,这次全部废除,于是,人民生活才稍稍可以自给。

宋明帝任命太尉庐江王刘祎为南豫州刺史。

宋河东郡人柳欣慰等聚众谋反,打算拥立太尉庐江王刘祎当皇帝。刘祎是明帝的哥哥,但明帝并不看重他。因为孝武帝曾叫他"驴王"而被封庐江,刘祎心中不满,便和柳欣慰勾结。事情被发现之后,明帝下诏贬刘祎为车骑将军,镇守宣城,另派心腹杨运长率军加以防卫。柳欣慰等被诛杀。

夏五月,北魏设置僧祇户、佛图户。

北魏把青州、齐州的百姓迁移到平城、桑乾,设立平齐郡,让他们居住在这里。北魏的沙门统昙曜上奏说:"平齐郡郡民和其他种族的人,凡能够每年捐赠谷米六十斛给寺庙的,即称僧祇户,所捐谷米称僧祇粟,遇到饥荒,用来救济饥民。"又请求:"百姓犯重罪的和官府里的奴隶,当作佛图户,到各处寺庙当差扫洒。"献文帝全部批准。于是僧祇户、佛图户遍及各州镇。

六月,北魏献文帝立皇子拓跋宏为太子。 宋明帝诛杀他的兄弟庐江王刘祎。

明帝又命令有关部门奏启,说刘祎怨恨不满,而且口出怨言,明帝下诏免除他的官爵,派人带着符节前去逼令他自杀。

冬十月初一,出现日食。 十一月,北魏派遣使节到宋,请求恢复邦交。

自是信使岁通。

十二月,宋以桂阳王休范为扬州刺史。

宋司徒扬州刺史建安王休仁与宋主素相友爱,景和之世,宋主赖其力以脱祸。及泰始初,四方兵起,休仁亲当矢石,克成大功,任总百揆,亲寄甚隆,由是朝野辐凑,宋主不悦。休仁悟其旨,表解扬州。宋主以休范代之。

宋置三巴校尉。

先是,三峡蛮、獠岁为抄暴,故分荆、益四郡,立府于白帝以镇之。又以孙谦为巴东、建平太守,敕募千人自随,谦曰:"蛮夷不宾,盖待之失节耳,何烦兵役以为国费!"遂不受。至郡开布恩信,蛮獠翕然怀之,竞饷金宝。谦皆慰谕不受。

宋临海贼起。

临海田流自称东海王,剽掠海盐,杀鄞令,东土大震。

庚戌(470) 宋泰始六年,魏皇兴四年。

春正月,宋定南郊明堂岁祀。

间二年一祭南郊,间一年一祭明堂。

宋太子昱纳妃江氏。

宋纳太子妃,令百官皆献。始兴太守孙奉伯止献琴、书,宋主大怒,封药赐死,既而原之。

魏击吐谷浑,败之。 **夏六月,宋以王景文为仆射、扬州刺史。**

自此以后,双方每年都有信使来往。

十二月,宋明帝任命桂阳王刘休范为扬州刺史。

宋司徒扬州刺史建安王刘休仁与宋明帝刘彧一向友爱,废帝时,刘彧靠刘休仁出力相救,才得以免祸。到了泰始初年,四处各地起兵反叛,刘休仁亲自带兵出征,终于建成大功,他总管文武百官,深受明帝的宠信,于是,朝野人士都聚集于他的门下,明帝逐渐有些不高兴。刘休仁觉察到明帝的心思,向明帝进呈奏章请求解除扬州刺史的职务。于是宋明帝任命刘休范代替他的职务。

宋设置三巴校尉。

在此之前,三峡一带蛮族及獠族每年都抢劫抄掠,所以分割荆州、益州四郡,另设三巴校尉,在白帝立府以镇压他们。明帝又任命孙谦为巴东、建平二郡太守,令他招募一千人随行,孙谦说:"蛮夷之所以叛乱,是因为对他们不讲道理,失去信义,何必兴师动众,消耗国家钱财!"不肯接受任命。孙谦到达郡府后,推广恩德信义,蛮獠都心服于他,纷纷进献金银财宝。孙谦对他们进行慰抚,拒绝馈赠。

宋临海贼民起事。

临海郡民田流自称东海王,到海盐抢劫,杀死鄞县县令,东方各地大为震惊。

庚戌(470) 宋泰始六年,北魏皇兴四年。

春正月,宋规定南郊、明堂祭祀办法。

每隔两年,到南郊祭一次天;每隔一年,在明堂祭祀一次祖先。

宋太子刘昱娶江氏为妃。

宋太子娶江氏为妃,明帝命文武百官呈献礼物。始兴太守孙奉伯只献上了琴和书籍,明帝大怒,派人送去毒药,强迫孙奉伯自杀,但马上又原谅了他。

北魏攻打吐谷浑,吐谷浑战败。 **夏六月,宋明帝任命王景文为仆射、扬州刺史。**

宋主宫中大宴,裸妇人而观之。王后以扇障面,上怒曰:"外舍寒乞!今共为乐,何独不视?"后曰:"为乐之事,其方自多,岂有姑姊妹集而以此为笑乎!外舍之乐,雅异于此。"上大怒,遣后起。后兄景文闻之曰:"后在家劣弱,今段遂能刚正如此!"

宋以南兖州刺史萧道成为黄门侍郎,寻复本任。

道成在军中久,民间或言其有异相。宋主疑之,征为黄门侍郎。道成惧,不欲内迁,而无计得留。参军荀伯玉教其遣数十骑入魏境,魏果遣游骑行境上。道成以闻,宋主乃使道成复本任。

宋立总明观。
置祭酒一人,儒、玄、文、史学士各十人。
柔然侵魏,魏主自将击败之。
柔然侵魏,魏主引群臣议之。仆射南平公目辰曰:"车驾亲征,京师危惧,不如持重固守。虏悬军深入,粮运不继,不久自退。遣将追击,破之必矣。"给事中张白泽曰:"蠢尔荒愚,轻犯王略,若銮舆亲行,必望麾崩散,岂可坐而纵敌!以万乘之尊,婴城自守,非所以威服四夷也。"魏主从之。

柔然大败,乘胜逐北,降斩数万,所获马仗不可胜计。旬有九日,往返六千里。时魏百官不给禄,少能以廉白自立者。魏主诏:"吏受所监临羊一口、酒一斛者死,与者从坐。有能纠告尚书以下罪状者,以所纠官授之。"白泽谏曰:

明帝在宫中大摆宴席,命妇女脱光衣服,让大家观看。皇后用扇子挡住面孔,明帝发怒说:"真是穷家的讨饭者! 今天大家一同取乐,为什么就你不看?"皇后说:"寻求欢乐的方法很多,哪有姑嫂姐妹聚在一起观看裸女取乐的! 我们家的欢乐非常雅观,与此不同。"明帝大怒,叫皇后出去。皇后的哥哥王景文听说这件事,说:"我妹妹在家时,性情柔弱,想不到这次竟如此刚正!"

宋明帝任命南兖州刺史萧道成为黄门侍郎,不久又恢复他的原职。

萧道成在军旅中已有很长时间,民间有人传言说他的相貌非同一般。明帝有了疑虑,征召他入京任黄门侍郎。萧道成感到恐惧,不想入京,可又没办法留下来。参军荀伯玉劝他派几十个骑兵,进入北魏国境,北魏果然派出流动骑兵在边境巡逻。萧道成报告朝廷边境有事,明帝于是恢复他的原职。

宋设立总明观。

任命祭酒一人,儒学、玄学、文学、史学学士各十人。

柔然侵犯北魏,魏献文帝亲自率军击败柔然。

柔然侵犯北魏,魏献文帝召集群臣商议。仆射南平公拓跋目辰说:"如果皇上御驾亲征,京师将陷入危急,不如小心固守。敌人孤军深入,粮草不能源源供应,要不了多久,就会自行撤退。然后再派将士追击,就一定会击败他们。"给事中张白泽说:"柔然是荒蛮地带的愚蠢之辈,轻率侵犯我国边境,如果御驾能够亲征,他们看见我们的旗帜,一定会崩溃逃散,怎么可以坐在这里放纵敌人呢! 陛下以万乘之尊而保城自守,这样不能威服四方夷族。"献文帝同意。

魏军大败柔然,乘胜追击,被斩杀和投降的共几万人,缴获的马匹、武器数都数不清。魏军在十九天中,往返六千多里。当时,北魏的文武百官不发放俸禄,很少有人能廉洁自守。献文帝下诏说:"官吏接受管辖范围内一只羊、一斛酒的,一概处死,送礼的人以从犯论处。如果有人能揭发尚书以下官员所犯罪状的,免除被揭发者的职位,由揭发的人接任。"张白泽劝谏献文帝说:

"昔周之下士,尚有代耕之禄。今皇朝贵臣,服勤无报。若使受礼者刑身,纠之者代职,臣恐奸人窥望,忠臣懈节,求事简而民安不可得也。请依律令旧法,仍班禄以酬廉吏。"魏主乃止。

魏杀其青州刺史慕容白曜。

初,魏乙浑专政,白曜附之。魏主追以为憾,诛之。

宋讨临海贼,平之。

辛亥(471)　宋泰始七年,魏高祖孝文帝拓跋宏延兴元年。

春二月,宋主杀其弟晋平王休祐,以巴陵王休若为南徐州刺史。

初,宋主为诸王,宽和有令誉,独为世祖所亲。即位之初,义嘉之党多蒙宽宥,随才引用,有如旧臣。及晚年更猜虐,好鬼神,多忌讳,文书有祸败凶丧疑似之言应回避者数百千品,有犯必戮。左右忤意,往往刳斫。淮、泗用兵,府藏空竭,百官绝禄,而奢费过度,每造器用,必为正御、副御、次副各三十枚。

至是寝疾,以太子幼弱,深忌诸弟。晋平王休祐刚很,数忤旨。宋主积不能平,因其从出射雉,阴遣寿寂之等拉杀之,阳言落马,赠葬如礼。既又忌寂之勇健,亦杀之。建康民间讹言荆州当出天子,刺史巴陵王休若有贵相。宋主召为南徐刺史,休若忧惧,将佐亦谓还朝必不免祸。参军

"从前周王时最低下的官,都有足够雇人耕田的俸禄。而今朝廷贵臣,辛勤工作却无报酬。如果让接受礼物的官员受到刑罚,而由揭发者代替他的职位,臣恐怕奸人乘机窥望,忠臣心灰意懒,想如此来求得政简民安,恐怕不可。请依照过去所颁布的法令,仍发给俸禄,以酬谢廉洁的官吏。"献文帝才没有实行新的法令。

魏献文帝诛杀青州刺史慕容白曜。

当初,北魏丞相乙浑专权时,慕容白曜依附于他。献文帝忌恨在心,于是杀了他。

宋军征讨临海贼民,平定叛乱。

辛亥(471)　宋泰始七年,北魏高祖孝文帝拓跋宏延兴元年。

春二月,宋明帝诛杀弟弟晋平王刘休祐,任命巴陵王刘休若为南徐州刺史。

当初,宋明帝还是亲王时,性情宽厚平和,有良好的声誉,只有他深受孝武帝的宠爱。刚即位时,对拥护寻阳政权的官员,大都保全他们的性命,按照个人才干分别任用,就像对待旧臣一样。到了晚年,却猜疑暴虐,迷信鬼神,忌讳多端,对言论文书中的祸败凶丧之类含混难辨的话都加以回避,有成百上千条,如有触犯,一定加以惩罚和诛杀。左右官员只要触犯禁忌,往往被挖心或剖出五脏。淮河、泗水一带常年打仗,导致府库空竭,百官断绝俸禄,但明帝却非常奢侈浪费,每次制造器物用具,都要分成正用、备用、次备用,各造三十件。

到这一年,明帝患病,因为太子年纪还小,他深恐自己的弟弟们篡权。晋平王刘休祐暴烈凶狠,多次违背明帝的旨意。明帝都记在心中,不能再忍,趁着他随自己外出射猎野鸡时,暗中派遣寿寂之等人杀了他,假称落马而死,用应有的丧礼安葬了他。明帝又忌畏寿寂之勇敢健壮,马上也杀了他。建康民间盛传谣言说,荆州要出天子,荆州刺史巴陵王刘休若有尊贵的相貌。明帝下诏调任刘休若为南徐州刺史,刘休若心怀忧惧,他的心腹将领们也说,刘休若只要回到建康,一定免不了遭受灾祸。参军

王敬先曰:"荆州带甲十万,地方数千里,上可以匡天子除奸臣,下可以保境土全一身,孰与赐剑邸第,使臣妾饮泣而不敢葬乎!"休若以白宋主而诛之。

魏西部敕勒叛,讨之,不克。 **夏五月,宋主杀其弟建安王休仁。**

晋平刺王既死,休仁益不自安。宋主亦病,与杨运长等为身后之计。运长等又虑宋主晏驾,休仁秉政,己不得专权,弥赞成之。于是召休仁入宿尚书下省,遣人赍药赐死。休仁骂曰:"上得天下谁之力邪?孝武以诛锄兄弟,子孙灭绝,今复为尔,宋祚其能久乎!"宋主虑有变,力疾乘舆出端门,休仁死,乃入,下诏称:"休仁谋反,惧罪引决,降为始安县王,听其子伯融袭封。"宋主与休仁素厚,虽杀之,每谓人曰:"我与建安年时相邻,少便款狎。艰难之中,勋诚实重,事计交切,不得不除,痛念之至,不能自已。"因流涕不自胜。

宋以袁粲为尚书令,褚渊为仆射。

初,宋主在藩与褚渊相善,既即位,深委仗之。及寝疾,渊守吴郡,急召入见,宋主流涕曰:"吾近危笃,故召卿著黄裌耳。"黄裌者,乳母服也。因与渊谋诛休仁,渊以为不可,宋主怒曰:"卿痴人!不足与计事。"渊惧而从命。

秋七月,宋主杀其弟巴陵王休若,以桂阳王休范为江州刺史。

王敬先说:"荆州有十万部队,土地方圆数千里,上可以辅佐天子,铲除奸臣,下可以保全荆州而护自己周全,这和你回到家中,接受皇上赐给你自杀的佩剑,使你的臣妾饮泣吞声而不敢将你安葬相比,怎么样呢!"刘休若把王敬先说的话奏报给明帝,并处死了他。

北魏西部敕勒叛乱,魏军前往征讨,没有平定。 夏五月,宋明帝诛杀弟弟建安王刘休仁。

晋平刺王刘休祐被杀之后,刘休仁越来越恐慌不安。明帝有病在身,与亲信杨运长等商议身后之计。杨运长等人又担心明帝去世以后,刘休仁当政,他们不能专权,所以也就更加赞成明帝杀死刘休仁的计划。于是明帝召刘休仁入宫,让他晚上在尚书下省安歇,当夜派人送去毒药赐他一死。刘休仁骂道:"你能得到天下,靠的是谁的力量?孝武帝诛杀兄弟,子孙灭绝,今天你又要这样做,宋室江山还能长久吗!"明帝担心事情有变化,打起精神,乘轿到皇城端门坐镇,等刘休仁死后才回宫,下诏宣布:"刘休仁阴谋叛乱,因害怕伏罪而服毒自杀,贬为始安县王,由其子刘伯融继承爵位。"明帝与刘休仁一向感情深厚,虽然杀了他,但常对人说:"我和建安王刘休仁年纪差不多,小时候便在一起玩耍。在过去的艰难岁月中,他的功勋和诚心的确不小。可是到了今天这种地步,不得不除掉他,心里感到非常哀痛想念,难以控制自己。"于是,流泪哭泣,悲不自胜。

宋明帝任命袁粲为尚书令,褚渊为仆射。

当初,明帝为亲王时,与褚渊交好,即位后,对他也十分信赖依托。等到明帝病重,褚渊正在吴郡太守任上,明帝急召他入宫,痛哭流涕说:"我的病情危险,所以召见你,想请你穿黄棉袄!"黄棉袄是乳母的服装,意为向他托孤。明帝与褚渊谋划诛杀刘休仁,褚渊认为不能那样做,明帝大怒说:"你是个呆子!不值得与你共计国家大事。"褚渊惧怕,只好从命。

秋七月,宋明帝杀死弟弟巴陵王刘休若,任命桂阳王刘休范为江州刺史。

休若至京口，闻建安王死，益惧。宋主以休若和厚，能得物情，恐其将来倾夺幼主，欲遣使杀之。虑不奉诏，乃手书召之，使赴七月七日宴。及至，赐死，而以桂阳王休范刺江州。时宋主诸弟俱尽，唯休范以人材凡劣不见忌，故得全。

宋主杀其豫州都督吴喜。

初，吴喜之讨会稽也，言于宋主曰："得诸贼帅，皆即戮之。"既而生送子房，释顾琛等。宋主以新立功不问，而心衔之。至是以其多计，数得人情，恐其不能事幼主，乃召入赐死。又诏刘勔等曰："喜轻狡万端，苟取物情，非忘其功，势不得已耳。"

宋以萧道成为散骑常侍。

道成被征，所亲以朝廷方诛大臣，多劝勿行，道成曰："诸卿殊不见事，主上自以太子稚弱，剪除诸弟，何预他人！今唯应速发，不且见疑。且骨肉相残，自非灵长之祚。祸难将兴，方与卿等戮力耳。"既至，拜散骑常侍。

八月，魏主弘传位于太子宏，自称太上皇帝。

魏主聪睿夙成，刚毅有断，而好黄老、浮屠之学，常有遗世之心。以叔父京兆王子推沈雅仁厚，欲禅以位。乃会公卿大议，皆莫敢言。子推兄任城王子云对曰："陛下方隆太平，临四海，岂得上违宗庙，下弃兆民？必欲遗弃尘务，则皇太子宜承正统。夫天下者祖宗之天下，若更授旁支，恐非先圣之意，启奸乱之心，不可不慎也。"太尉源贺、尚书

刘休若抵达京口,听说建安王刘休仁已死,越加恐惧。明帝认为刘休若性情温和厚道,能得人心,担心他将来有一天夺取幼主刘昱的皇位,打算派人前去杀他。又怕他拒不奉命,于是亲笔写信给他,请他前来京师参加七月七日宴会。刘休若到了以后,明帝命他自杀,又任命桂阳王刘休范任江州刺史。当时,明帝的所有兄弟全被诛杀,只有刘休范因人品低劣,才能平庸,不为明帝所忌患,故得以保全性命。

宋明帝诛杀豫州都督吴喜。

当初,吴喜讨伐寻阳政权的会稽郡时,对明帝说:"如果俘虏叛贼将领,就当场诛杀。"后来活捉了刘子房,却押送至建康,又释放了顾琛等人。明帝因吴喜刚刚立功,没有追究,但内心对他深为痛恨。一直到现在,明帝认为吴喜计谋太多,而且素有人缘,恐怕他不能侍奉幼主,于是召他入宫,命其自杀。明帝又下诏刘勔等人说:"吴喜轻浮狡猾,很会收买人心,并不是忘掉他的功劳,实属迫不得已。"

宋明帝任命萧道成为散骑常侍。

萧道成被征召回京,他的亲信认为朝廷正在诛杀大臣,多数人劝他不要应召,道成说:"你们没有看透事情的本质,皇上自以为太子幼小,铲除自己兄弟,与别人无关!现在应该马上出发,迟误观望就会被猜疑。而且骨肉相残,政权势必难以长久。大祸将临,各位要与我同心协力。"回京后,明帝任命他为散骑常侍。

八月,北魏献文帝将皇位传给太子拓跋宏,自称太上皇帝。

献文帝从小就聪明睿智,刚毅果断,爱好黄老之学和佛学,时常有离家修行的想法。他认为叔父京兆王拓跋子推沉稳仁厚,打算把帝位禅让给他。于是召集公卿大臣商议此事,却没有一个人敢说话。拓跋子推的哥哥、任城王拓跋云说:"陛下正逢太平盛世,君临四海,怎么能够对上违背祖宗,对下抛弃百姓呢?陛下一定要放弃尘世上的俗务,那么皇太子理应继承皇位。天下是祖先的天下,如果把皇位传于旁支,恐怕不是祖先的本意,还会启发奸人的作乱之心,不可不慎重。"太尉源贺、尚书

陆馛皆附子云议,魏主怒变色。中书令高允曰:"臣不敢多言,愿陛下上思宗庙托付之重,追念周公抱成王之事。"魏主乃曰:"然则立太子,群公辅之。"又曰:"陆馛直臣,必能保吾子。"以为太保,与源贺持节奉玺绶传位于太子宏。

时宏生五年矣,有至性。前年魏主病痈,亲吮之。及是悲泣不自胜,魏主问其故,对曰:"代亲之感,内切于心。"

宏即位,群臣奏曰:"汉高祖称皇帝,而尊其父为太上皇,明不统天下也。今皇帝幼冲,万机大政,陛下犹宜总之,谨上尊号曰'太上皇帝'。"从之。徙居北苑崇光宫,采椽土阶,国大事乃以闻。又建鹿野浮图于苑中,与禅僧居之。

冬十月,魏敕勒叛,讨破之。

魏沃野、统万二镇敕勒叛,遣太尉源贺讨之,皆降。追击余党,俘获甚众。诏贺督三道诸军屯漠南。先是,每岁秋冬发军三道并出,以备柔然,春中乃罢。贺以为:"往来疲劳,不可支久,请募诸州镇武健者三万人筑三城以处之,使三时务农,冬则讲武。"不从。

宋人侵魏,魏人击却之。

宋主命琅邪、兰陵太守垣崇祖经略淮北。崇祖自郁洲将数百人入魏境七百里,据蒙山,魏人击却之。

宋作湘宫寺。

宋主以故第为湘宫寺,备极壮丽。新安太守巢尚之罢

陆馛都同意拓跋子云的看法,献文帝脸色已变,勃然大怒。中书令高允说:"我不敢多言,愿陛下不要忘记祖先托付之重,追念周公辅佐幼主成王的故事。"献文帝说:"那么就让太子登基,由各位来辅佐他。"又说:"陆馛是忠直之臣,一定能扶保我的儿子。"于是任命陆馛为太保,与源贺一同持节,把皇帝的玉玺呈献给皇太子拓跋宏。

当时拓跋宏只有五岁,但从小就心情淳厚。两年前,献文帝身上长疮,孝文帝亲自用嘴为父亲吮脓。在接受皇位时,他悲痛哭泣,不能承受,献文帝问他缘故,他说:"接替父亲的皇位,心如刀割。"

拓跋宏即位,文武官员给献文帝上奏说:"汉高祖刘邦当了皇帝,尊称他的父亲为太上皇,表明并非自己统治天下。而今皇上年纪幼小,朝廷大政仍宜由陛下总管,谨恭上尊号'太上皇帝'。"献文帝同意。然后迁居北苑崇光宫,用刚刚采来未经雕凿的木材作为房椽,台阶为土质,朝廷大事仍向他请示。又在苑中修建鹿野浮图,让僧侣居住。

冬十月,北魏敕勒部落叛乱,被魏军击败。

北魏沃野、统万二镇所辖的敕勒部落叛乱,派太尉源贺率军征讨,敕勒投降。追击其残余势力,俘获大量士卒。孝文帝诏命源贺统领三路的所有军队驻扎在漠南。在此之前,每年秋冬季节,北魏分三路同时发兵,防备柔然入侵,直到次年春中才撤还。源贺认为:"如此往来,士卒疲劳,无法长期保持斗志,请求招募各州、镇健壮武士三万人,沿边修筑三座城池,让他们据守,三季务农,冬季练兵。"朝廷不准。

宋军侵犯北魏,被魏军击败。

宋明帝命琅邪、兰陵二郡太守垣崇祖策划收复淮北失地。垣崇祖率领数百人,从郁洲出发,深入魏境七百里,占据蒙山后又被魏军击退。

宋建湘宫寺。

明帝把旧府第改为湘宫寺,极为壮丽。新安太守巢尚之卸职

还，宋主谓曰："卿至湘宫寺未？此是我大功德。"散骑侍
郎虞愿侍侧曰："此皆百姓卖儿贴妇钱所为，佛若有知，当
慈悲嗟愍。罪高浮图，何功德之有？"侍坐者皆失色。宋主
怒，使人驱下殿。愿徐去，无异容。宋主棋品甚拙，而每与
第一品王抗对弈。抗绐曰："皇帝飞棋，臣不能断。"宋主终
不悟，好之愈笃。愿又曰："尧以此教丹朱，非人主所宜好
也。"宋主怒甚，以其旧臣优容之。

　　壬子（472）　泰豫元年，魏延兴二年。
　　春正月，宋蛮酋桓诞以沔北降魏。
　　大阳蛮酋桓诞拥沔北八万余落降魏，自云桓玄之子。
魏以为东荆州刺史，使起部郎韦珍与诞安集新民，区处诸
事，皆得其所。
　　**二月，柔然侵魏，魏击走之。　宋杀其扬州刺史、江安
侯王景文。**
　　景文常以盛满为忧，屡辞位，宋主不许，诏报曰："人居
贵要，但问心若为耳。大明之世，巢徐二戴，位不过执戟，
而权亢人主。今袁粲为令仆领选，而人往往不知有粲。以
此居贵要，当有致忧竟否？夫有心于避祸，不若无心于任
运。存亡之要，巨细一揆耳。"至是虑晏驾后，皇后临朝，景
文或有异图。遣使赍手敕并药赐死。景文正与客棋，叩函
看已，复置局下，神色不变。局竟，敛子纳奁毕，徐曰："奉
敕见赐以死。"方以敕示客。中直兵焦度怒曰："大丈夫安

回到京城，明帝对他说："你去过湘宫寺没有？那可是我的大功德。"散骑侍郎虞愿正在一边侍立，说："这是百姓用卖儿卖妻的钱建造的，佛陀如果知道，当会慈悲为怀，悲叹哀怜。罪恶高于浮图，有什么功德呢？"在座的人全都脸色大变。明帝大怒，命人把虞愿驱逐出殿。虞愿慢慢离去，脸色却没有变化。明帝棋艺非常拙劣，却常与一品高手王抗对弈。王抗欺骗他说："皇上一步飞棋，臣无法切断。"明帝始终不知内情，越来越喜爱下棋。虞愿又说："这是尧用来教他儿子丹朱的游戏，不是人主所应该喜好的。"明帝更加愤怒，但由于虞愿是自己的旧臣，所以总是优厚宽容他。

壬子（472）　宋泰豫元年，北魏延兴二年。

春正月，宋蛮酋长桓诞献出沔北，投降北魏。

大阳蛮酋长桓诞率领沔北八万余帐落投降北魏，桓诞自称是桓玄的儿子。北魏任命他为东荆州刺史，并让起部郎韦珍与他一起抚慰新的居民，处理各种事务，都安排得很妥当。

二月，柔然侵犯北魏，被魏军击退。　宋明帝诛杀扬州刺史、江安侯王景文。

王景文一直因为家族显要而深感忧虑，多次辞让官职，明帝都不允许，并下诏回答他说："一个人身居显贵的职位，只需问他存心如何罢了。大明之世，巢尚之、徐爰、戴法兴、戴明宝的官位不过是个手持长矛的侍从，但权力竟和人主相抗衡。而今，袁粲身为仆射，兼领吏部，人们往往不知袁粲是谁。以这种态度身居贵要，难道会感到忧恐不安吗？用尽心机逃避祸乱，不如无心听天由命。兴衰存亡，大小道理都是一样的。"现在，明帝忧虑自己死后，皇后临朝主政，王景文身为国舅，可能会有篡国的图谋。于是派人携带诏书和毒药送给王景文，命他自杀。王景文正与客人下棋，打开诏书的封套看完，放到棋盘下，神色不变。一盘棋下完，把棋子收到盒内，王景文慢慢说："接到圣旨，命我自杀。"这才把诏书拿给客人看。中直兵焦度愤怒地说："大丈夫怎么

能坐受死！州中文武数百，足以一奋。"景文曰："知卿至心。若见念者为我百口计。"乃作墨启致谢，饮药而卒。谥曰懿侯。宋主又尝梦有人告曰："豫章太守刘愔反。"既寤，遣人就郡杀之。

夏四月，宋主彧殂，太子昱立。

宋主病笃，以桂阳王休范为司空，褚渊为护军将军，刘勔为右仆射，与尚书令袁粲、荆州刺史蔡兴宗、郢州刺史沈攸之并受顾命。渊与萧道成善，荐之，诏以为右卫将军，共掌机事。宋主遂殂，太子昱即位，生十年矣。粲等秉政，承奢侈之后，务弘节俭，欲救其弊，而阮佃夫等用事，货赂公行，不能禁也。

宋以安成王准为扬州刺史。

准实桂阳王休范之子，而太宗以为己子。

秋七月，宋以沈攸之都督荆、襄八州军事。

宋右将军王道隆以蔡兴宗强直，不欲使居上流，以为中书监，而以沈攸之代之。兴宗辞不拜。道隆每诣兴宗，蹑履到前，不敢就席，良久去，竟不呼坐。攸之自以材略过人，阴畜异志，择郢州士马器仗精者以自随。到官，以讨蛮为名，大发兵力，部勒严整，重赋敛以缮器甲，旧应供台者皆割留之。羁留商旅，蔽匿亡命。所部逃亡，穷追必得而后止。举错专恣，不复承用符敕，朝廷疑而惮之。为政刻暴，或鞭挞士大夫。然吏事精明，人不敢欺，盗贼屏息，外户不闭。

能坐以待毙！州中文武官员数百人，足以一拼。"王景文说："我知道你们的一片心意。如果想要帮助我，请为我家一百多口人想一想。"于是写奏章感谢明帝，饮药身亡。明帝赠其谥号为懿侯。明帝又曾梦见有人报告他说："豫章太守刘愔谋反。"梦醒后，派人前往郡城，杀了刘愔。

夏四月，宋明帝刘彧去世，太子刘昱即位。

明帝病危，任命桂阳王刘休范为司空，褚渊为护军将军，刘勔为右仆射，诏命他们与尚书令袁粲、荆州刺史蔡兴宗、郢州刺史沈攸之同时接受托孤之命。褚渊与萧道成关系亲密，就向明帝推荐萧道成，明帝下诏任命萧道成为右卫将军，与大家共同掌管朝廷大事。明帝去世，太子刘昱即位，年仅十岁。袁粲等人主持朝政，在明帝奢侈的生活之后，力求节俭，想革除积弊，但是，阮佃夫等人依然掌权，贿赂公行，袁粲等人无力禁止。

宋后废帝任命安成王刘准为扬州刺史。

刘准其实是桂阳王刘休范的儿子，而宋明帝却以他为自己的儿子。

秋七月，宋后废帝任命沈攸之都督荆、襄八州军事。

宋右将军王道隆因为蔡兴宗刚强正直，不愿让他扼居长江上游，于是改任蔡兴宗为中书监，而让沈攸之代替他的职务。蔡兴宗推辞中书监的职位，不肯就任。王道隆每次拜访蔡兴宗，都缓步轻行到他面前，不敢坐下来，过了很久才离开，蔡兴宗也不请他就座。沈攸之自以为才能胆略胜人一筹，暗中准备，有夺权的野心，他选择郢州的强兵壮马以及精良武器带往荆州。到任之后，以讨伐蛮人为名，大肆动员兵力，加强训练，加重百姓的赋税以制造武器盔甲，原来应向朝廷缴纳的都一律截留。过境的旅客和商人都留下不放，藏匿投奔荆州的亡命之徒。自己的部属中，如果有人逃亡，都穷追不舍，一定要逮捕到才肯罢休。各项政策全都独断专行，不再使用朝廷的符敕，朝廷对他怀疑而有所忌惮。他为政刻薄凶暴，有时鞭打士大夫。但做事精明，别人不敢欺骗他，境内盗贼不敢妄动，百姓夜不闭户。

八月，宋中书监、乐安公蔡兴宗卒。

谥曰宣穆。

冬十月，柔然侵魏，魏击走之。　宋以刘秉为仆射。

秉和弱无干能，以宗室清令，故袁、褚引之。

宋以阮佃夫为给事中。

佃夫权任转重，欲用其所亲为郡，袁粲等不同。佃夫
称敕施行，众不敢执。

魏制小祀勿用牲。

魏有司奏诸祠祀一千七十五所，岁用牲七万五千五
百。太上恶其多杀，诏："自今非天地、宗庙、社稷，皆勿用
牲，荐以酒脯。"

癸丑（473）　宋主昱元徽元年，魏延兴三年。

春正月，魏诏守令劝农事，除盗贼。

魏诏："守令劝课农事。同部之内，贫富相通，家有两
牛，通借无者。县令能静一县劫盗者兼治二县，即食其禄，
能静二县者兼治三县，三年迁为郡守。郡守自二郡至三郡
亦如之，三年迁为刺史。"

二月，宋以晋熙王燮为郢州刺史。

宋桂阳王休范素凡讷，少知解，物情亦不向之，故太宗
之末得免于祸。及是自谓尊亲莫二，应入为宰辅。既不如

八月，宋中书监、乐安公蔡兴宗去世。

谥号为宣穆。

冬十月，柔然侵略北魏，被魏军击退。　宋后废帝任命刘秉为仆射。

刘秉性情温和懦弱，没有才干，因为他是皇族显贵，所以袁粲、褚渊才向皇上推荐他。

宋后废帝任命阮佃夫为给事中。

阮佃夫权势越来越大，打算任用他的亲信为郡守，袁粲等都不同意。阮佃夫声称是奉旨任命，众人都不敢坚持。

北魏规定，小规模的祭祀不准用活牲畜。

北魏有关部门奏报：全国寺庙及祭祀场所共一千零七十五所，每年祭祀用牲畜七万五千五百头。太上皇厌恶祭祀杀害牲畜太多，下诏："从今以后，除了祭祀天地、祖宗庙堂、土神谷神，其他一概不准用牲畜，只用酒和肉干即可。"

宋后废帝

癸丑（473）　宋后废帝刘昱元徽元年，北魏延兴三年。

春正月，北魏孝文帝诏命各地太守、县令鼓励农桑，平定盗贼。

孝文帝诏命："各太守、县令都要鼓励百姓耕田种桑。同一部落之内，贫富应该互相帮助，家有两头牛的，应借给没有牛的人一头。县令如果能平定一县的盗匪，准许他管辖两个县，发给他两份俸禄，如果能平定两个县的盗匪，准许他兼管三个县，三年之后，提升为郡守。太守如能平定二郡到三郡的，也按上述办法，三年之后，升为刺史。"

二月，宋后废帝刘昱任命晋熙王刘燮为郢州刺史。

宋桂阳王刘休范素来才智平庸，言语迟钝，愚昧无知，不为各方人士所重视，所以在明帝晚年才能得以幸免于难。太子刘昱即位后，刘休范自认为无论是地位尊贵还是皇室血统，都没有人能超过他，自己应该升迁担任宰相。因为没有实现

志,怨愤颇甚。典签许公舆为之谋主,令休范折节下士,远近赴之。收养勇力,缮治器械。朝廷知之,阴为之备。会夏口阙镇,以其地居寻阳上流,欲使腹心居之,乃以晋熙王燮为刺史,而以王奂为长史行事。燮始四岁,宋主之弟也。复恐其过寻阳为休范所留,使自太洑径去。休范大怒,密与公舆谋袭建康。奂,景文之兄子也。

吐谷浑寇魏,魏遣兵讨降之。 魏以孔乘为崇圣大夫。

乘,孔子二十八世孙也。

秋七月,魏制河南六州赋法。

户收绢一匹,绵一斤,租三十石。

冬十月,武都王杨僧嗣卒,弟文度立,降魏。 宋尚书令袁粲以母丧去职。

诏以卫军将军摄职,粲辞。

十二月朔,日食。 柔然侵魏。 魏州镇十一水旱。

甲寅(474) 宋元徽二年,魏延兴四年。

夏五月,宋江州刺史桂阳王休范举兵反,攻建康。右卫将军萧道成击斩之。

休范反,帅众二万、骑五百发寻阳,以书与诸执政,称:"杨运长等蛊惑先帝,使建安、巴陵无罪被戮,请诛之。"朝廷惶骇。萧道成曰:"昔上流谋逆,皆因淹缓至败,休范必惩前失,轻兵急下,乘我无备。今宜顿兵新亭、白下,坚守宫城、东府、石头,以待贼至。千里孤军,复无委积,求战不

意愿,所以就非常怨恨。典签许公舆作为他的主要谋士,教刘休范屈节礼贤下士,于是,无论远近,有许多人前来投奔。他还收养勇士,制造武器。朝廷知道了他的这些行动,暗中戒备。正赶上夏口无人镇守,朝廷认为那里地处寻阳上游,打算派心腹之人前去镇守,于是任命晋熙王刘燮为郢州刺史,而让王奂担任长史代理府州事。刘燮刚刚四岁,是皇帝刘昱的弟弟。朝廷害怕刘燮等人经过寻阳时被刘休范劫持,便让他们从太洑直接前往夏口。刘休范知道后,勃然大怒,与许公舆密谋袭击建康。王奂是王景文哥哥的儿子。

吐谷浑侵犯北魏,魏发兵讨伐他们,吐谷浑投降。 北魏任命孔乘为崇圣大夫。

孔乘是孔子的第二十八代孙。

秋七月,北魏制定黄河以南六州交纳赋税的办法。

每户人家征收绢一匹,绵一斤,谷米三十石。

冬十月,武都王杨僧嗣去世,他的弟弟杨文度自立为王,投降北魏。 宋尚书令袁粲因母亲去世,辞职守丧。

宋后废帝诏令他以卫军将军摄职,袁粲推辞不就。

十二月初一,出现日食。 柔然侵犯北魏。 北魏十一个州镇发生水灾、旱灾。

甲寅(474) 宋元徽二年,北魏延兴四年。

夏五月,宋江州刺史、桂阳王刘休范起兵反抗朝廷,进攻建康。右卫将军萧道成率兵平息叛乱,斩杀刘休范。

刘休范起兵叛乱,率步兵两万人、骑兵五百人,从寻阳出发,写信给朝廷诸位执政官员,宣称:"杨运长等蛊惑先帝,使建安、巴陵二位亲王无罪被杀,请诛杀他们。"朝廷惶恐震惊。萧道成说:"过去长江上游发动的叛乱,都因行动迟缓而失败,刘休范一定会吸取教训,以轻装部队顺流直下,趁我们没有防备,发动袭击。现在,我们应该驻兵新亭、白下,坚守宫城、东府、石头,等待贼寇的到来。他们一支孤军,千里而来,粮草又供应不上,求战不

得，自然瓦解。我请顿新亭以当其锋，破贼必矣。"袁粲闻难，扶曳入殿。内外戒严，道成遂出屯新亭，张永屯白下，沈怀明戍石头。道成治垒未毕，休范前军已至新林，舍舟步上。遣其将丁文豪别趣台城，而自以大众攻新亭。道成拒战移时，外势愈盛，众皆失色。

　　休范白服登城，以数十人自卫。校尉黄回、张敬兒谋诈降以取之。乃出城放仗，大呼称降，休范信之，置于左右，回目敬兒夺休范防身刀斩之，持首归新亭。道成遣送诣台，道逢南军，送者弃首于水，挺身得达，唱云已平，而无以为验，人莫之信。休范将士亦不知，其将杜黑骡攻新亭甚急，道成拒战。自晡达旦，矢石不息。会丁文豪破台军，进至朱雀桁，黑骡遂北趣之。王道隆将羽林精兵在门内，召刘勔于石头。勔至，命撤桁以折南军之势，道隆怒曰："贼至但当急击，宁可开桁自弱耶！"勔不敢复言。道隆趣勔进战，勔战败死。黑骡等乘胜度淮，道隆走还，黑骡追杀之。黄门侍郎王蕴重伤而踣，或扶之以免。于是中外大震，白下、石头之众皆溃。先是，月犯右执法，太白犯上将，或劝刘勔解职，勔曰："吾执心行己，无愧幽明，灾眚之来，避何可免！"勔晚年颇慕高尚，立园宅名东山，罢遣部曲。萧道成谓曰："将军受顾命，辅幼主，而深尚从容，废省羽

得，自然就会瓦解。我请求驻军新亭，首先抵挡叛军先锋，一定能够击破贼寇。"袁粲听到消息后，让人扶着来到殿中。朝廷内外戒严，于是萧道成率军进驻新亭，张永进驻白下，沈怀明戍守石头。萧道成到达新亭，工事还没有修筑完毕，刘休范前锋部队已到新林，弃船登陆。刘休范派部将丁文豪攻打台城，自己率大军攻击新亭。萧道成率军拼命抵抗，随着时间的推移，叛军攻势越来越猛，官军全都惊骇失色。

刘休范身穿白色衣服登城，仅带数十名卫士保护自己。萧道成部将校尉黄回、张敬儿商议向刘休范诈降，以便偷袭他。于是二人出城放下武器，大叫"投降"，刘休范信以为真，把二人留在身边，趁刘休范没有防备，黄回向张敬儿使了个眼色，张敬儿抽出刘休范的防身刀，斩杀刘休范，带着他的人头跑回新亭。萧道成派人把刘休范的人头送往建康，途中遇上叛军，送者把人头扔于水中，脱身抵达建康，大声高喊："叛乱已平。"但没有刘休范的人头作证，大家都不相信。刘休范的将士也不知道主帅被杀，他的将领杜黑骡对新亭的攻击越来越猛，萧道成与他激战。自午后一直战到次日天亮，流箭飞石，始终不停。正好此时丁文豪击败官军，进兵到朱雀桁，于是杜黑骡也率军向北，与丁文豪会师。王道隆率领羽林军的精锐，驻防在朱雀门内，急召驻守石头的刘勔来增援。刘勔到达后，命令从朱雀桁撤退，阻止叛军的攻势，王道隆大怒说："贼兵已到，只能迎头痛击，怎么可以开朱雀门而使自己处于劣势呢！"刘勔不敢再说什么。王道隆督促刘勔进攻，刘勔战败身亡。杜黑骡等乘胜渡过秦淮河，王道隆败逃，杜黑骡追上他把他斩杀。黄门侍郎王蕴身负重伤，倒在地上，被人扶起逃走，才免于一死。于是，朝廷内外，惶恐震惊，白下、石头的驻军全都溃散。在此之前，月亮侵犯右执法星，太白金星侵犯上将星，有人劝刘勔辞职，刘勔说："我自问我的行为无愧天地神明，如果灾难要来，躲避也没有用！"刘勔晚年很向往高雅，修建花园，修筑宅第，起名东山，并遣散部下。萧道成对他说："将军接受先帝之命，辅佐幼主，却陶醉于悠闲的生活，剪除自己的羽

翼，一朝事至，悔可追乎！”勔不从而败。

褚渊弟澄为抚军长史，开东府门纳南军，拥安成王准据东府。中书舍人孙千龄开门出降，宫省惶扰，众莫有斗志。俄而丁文豪之众知休范已死，稍欲退散。许公舆诈称桂阳王在新亭，士民惶惑，诣垒投刺者以千数。道成皆焚之，登城谓曰：“刘休范已就戮，尸在南冈下。我乃萧平南也，诸君谛视之。刺皆已焚，勿惧也。”即遣陈显达等将兵入卫。袁粲慷慨谓诸将曰：“今寇贼已逼，而众情离沮，孤子受先帝付托，不能绥靖国家，请与诸君同死社稷！”被甲上马，将驱之。于是显达等引兵出战，大破黑骡、文豪，皆斩之。进克东府，余党悉平。

柔然遣使如宋。 六月，宋以萧道成为中领军。
道成与袁粲、褚渊、刘秉更日入直决事，号为四贵。

宋荆州刺史沈攸之等攻江州，克之。
休范之反也，沈攸之谓僚佐曰：“桂阳必声言我与之同，若不颠沛勤王，必增朝野之惑。”乃与徐、郢、湘、雍同讨寻阳，杀休范二子而还。

魏罢门房之诛。
魏诏曰：“下民凶戾，不顾亲戚，一人为恶，殃及阖门。朕为民父母，深所愍悼。自今非谋反大逆外叛，罪止其身。”于是始罢门房之诛。魏太上勤于为治，赏罚严明，慎择牧守，进廉退贪。诸曹疑事，旧多奏决，又口传诏敕，或

翼,一旦发生事变,恐怕追悔莫及!"刘勔不听,今日果然战败身亡。

褚渊的弟弟褚澄担任抚军长史,他打开东府门迎接叛军,拥戴安成王刘准据守东府。中书舍人孙千龄打开宫门出来投降,宫中、朝廷一片混乱,军士都已没有斗志。不久,丁文豪的部队得知刘休范已死的消息,稍稍后退打算解散。许公舆诈称桂阳王刘休范还活着,正在新亭,官民恐惧困惑,到新亭投递名帖求见刘休范的人数以千计。萧道成烧掉名帖,登上城门对大家说:"刘休范已经被杀,尸体就在南冈下。我是平南将军萧道成,诸位可以仔细看看。名帖都已被烧掉,大家不必害怕。"萧道成马上派遣陈显达等率兵入宫,保卫朝廷。袁粲对诸将慷慨激昂地说:"现在,贼寇已逼到眼前,而人心离散,我受先帝托付,不能安定国家,只有与各位一起誓死效忠国家。"穿上铠甲,跨上战马,准备冲锋陷阵。陈显达等率兵出战,大破叛军,斩杀杜黑骡、丁文豪。乘胜进军东府,叛军残余全部平定。

柔然遣使节到宋。 六月,宋后废帝任命萧道成为中领军。

萧道成与袁粲、褚渊、刘秉轮流进宫值班,决定政事,被称为四贵。

宋荆州刺史沈攸之等进攻江州,大胜而归。

桂阳王刘休范发动叛乱后,沈攸之对他的同僚部将说:"刘休范一定会声称我响应他的行动,如果不奋力保卫朝廷,必将增加朝野对我的误会。"于是会同徐州、郢州、湘州、雍州共同讨伐刘休范,斩杀刘休范的两个儿子后撤军。

北魏撤销灭门、灭房的诛戮。

北魏孝文帝下诏说:"小民凶恶暴戾,不顾及亲戚的安危,一个作恶,殃及全家。朕作为百姓父母,深感怜悯哀痛。从今以后,除非是谋反、大逆、外叛,其他罪状只惩罚本人。"于是撤销灭门、灭房的诛戮。北魏太上皇勤于为政,赏罚严明,对州、郡长官的选择任命十分慎重,提拔廉洁官员,罢黜贪官污吏。过去,各官府官员有疑难问题,大多奏报皇上,然后再口头传达皇上的诏令,可能

致矫擅。至是命事无大小,皆据律正名,不得为疑奏,合则制可,违则弹诘,尽用墨诏,由是事皆精审。尤重刑罚,大刑多令覆鞫,或囚系积年。群臣颇以为言,太上曰:"滞狱诚非善治,不犹愈于仓猝而滥乎! 夫人幽苦则思善,故智者以囹圄为福堂。朕特苦之,欲其改悔而矜恕尔。"由是囚系虽滞,而所刑多得其宜。又以赦令长奸,故自延兴以后,不复有赦。

秋七月,柔然寇魏敦煌。

柔然寇魏敦煌,尉多侯击破之。尚书奏:"敦煌僻远,介居二寇之间,恐不能自固。请徙之凉州。"群臣皆以为然。给事中韩秀曰:"敦煌虽逼强寇,然人习战斗,足以自全,而能隔阂二虏,使不得通。今徙就凉州,不唯有蹙国之名,且姑臧去敦煌千余里,防逻甚难,二虏交通,骚动凉州,则关中不得安枕。又,士民重迁,或招外寇,为国深患,不可不虑也。"乃止。

九月,宋以袁粲为中书监,领司徒,褚渊为尚书令,刘秉为丹阳尹。

粲固辞,求反居墓所,不许。渊以褚澄为吴郡,司徒长史萧惠明言于朝曰:"褚澄开门纳贼,更为股肱大郡;王蕴力战几死,弃而不收,赏罚如此,何忧不乱!"渊甚惭,乃以蕴为湘州刺史。

冬十一月,宋主冠。

导致歪曲事实或假传圣旨。献文帝命令，从此以后，事情无论大小，都要根据律令进行裁决，不得动辄上奏请示，符合律令的，朝廷自会批准，违背律令的，朝廷会批驳，都用手诏向下传达，因此事情都能办得认真周密。献文帝尤其重视刑罚，死刑很多都下令复审，有些囚犯在狱中关押多年还没有定案。群臣都很有意见，太上皇说："囚犯滞留狱中，当然不是好办法，但是，这不比仓促乱杀要好吗！人在狱中受到痛苦，就会向往善良，所以聪明的人把牢狱当作弃恶从善的地方。朕特别让犯人受点苦楚，是希望他们悔过自新，然后再宽恕他们。"从此，囚犯虽然囚禁的时间较长，但给予他们的刑罚大多能够适当。又因为实行大赦滋长犯罪，所以自延兴以后，北魏不再实行大赦。

秋七月，柔然侵犯北魏的敦煌。

柔然侵犯北魏的敦煌，被魏将尉多侯击败。尚书奏称："敦煌偏僻遥远，介于两个强寇中间，恐怕不能自保。请放弃城池，把百姓迁居到凉州。"群臣都同意。给事中韩秀说："敦煌虽然离强寇很近，但百姓习惯战斗，足以保全自己，而且敦煌能隔断两个强寇，使他们不能随意往来。如果把当地的百姓迁到凉州，不但有丧国的罪名，而且姑臧距离敦煌一千余里，布防、巡逻非常困难，两个强寇互相联合，骚乱凉州，那么关中就不能安定。另外，敦煌官民迁徙过程中，也许会招引外寇前去，成为国家的祸患，不可不考虑。"于是，放弃敦煌的计划才停止。

九月，宋朝廷任命袁粲为中书监，兼任司徒，褚渊为尚书令，刘秉为丹阳尹。

袁粲坚决辞职，请求返回墓园，继续为亡母守丧，朝廷没有批准。褚渊任命他的哥哥褚澄为吴郡太守，司徒长史萧惠明在朝廷指责说："褚澄打开城门，招引叛贼，现在却被任命为重要大郡的郡守；王蕴奋力抵抗，几乎送命，却被抛置一边，不加理会，如此赏罚不明，何愁天下不乱！"褚渊非常惭愧，于是任命王蕴为湘州刺史。

冬十一月，宋帝刘昱行加冠礼。

初，宋主昱在东宫时，喜怒乖节，太宗屡敕陈太妃痛捶之。及即位，内畏太后太妃，外惮诸大臣，未敢纵逸。自加元服，内外稍无以制。自以李道儿之子，故每微行，自称李将军。常着小袴衫，营署巷陌，无不贯穿，或夜宿客舍，或昼卧道傍，排突厮养，与之交易，或遭慢辱，悦而受之。

魏建安王陆馛卒。

谥曰贞。

乙卯（475） 宋元徽三年，魏延兴五年。

春三月，宋以张敬儿都督雍、梁二州军事。

敬儿请为雍州，萧道成以其人位俱轻，不许。敬儿曰："沈攸之在荆州，欲何所作，不出敬儿以制之，恐非公之利也。"道成乃以敬儿镇襄阳。攸之恐其袭己，阴为之备。敬儿既至，奉事攸之甚至，攸之以为诚然。敬儿由是得其事迹，皆密白道成。

夏六月，魏初禁杀牛马。　宋南徐州刺史建平王景素有罪夺官。

景素孝友清令，服用俭素，好学礼士，由是有美誉，太宗特爱之。时太祖诸子俱尽，诸孙唯景素为长。宋主凶狂失德，朝野皆属心焉。杨运长等欲专权势，不利立长君，阴欲除之。其腹心将佐多劝景素举兵，参军江淹独谏之，景素不悦。人或告之，运长等即欲发兵讨之，袁粲等以为不可。景素亦遣世子诣阙自陈。乃夺景素征北将军、开府仪同三司。

当初,宋帝刘昱还是皇太子时,喜怒无常,宋明帝屡次让陈太妃痛打他。刘昱即位后,对内害怕皇太后、皇太妃,对外忌惮各位大臣,不敢放纵自己。自从行过加冠礼后,宫内宫外稍稍减少了对他的控制。他自认为是李道儿的儿子,所以每次便服出行,自称李将军。经常穿着短裤、短衫,无论军营、官府、街巷,到处出入,有时夜晚投宿客店,有时白天睡在大路旁边,与一群小厮混在一起,跟他们做买卖,有时遭到侮辱,也能够欣然接受。

北魏建安王陆馛去世。

谥号为贞。

乙卯(475)　宋元徽三年,北魏延兴五年。

春三月,宋朝廷任命张敬儿都督雍、梁二州军事。

张敬儿请求前往镇守雍州,萧道成认为他地位低下,又没有威望,所以没有准许。张敬儿说:"沈攸之在荆州,不知道他将来打算干什么,不让我前去雍州对他形成制约,恐怕对你没有什么好处。"于是萧道成才让张敬儿前往襄阳镇守。沈攸之恐怕张敬儿袭击自己,暗中戒备。张敬儿到任之后,对沈攸之十分亲切尊敬,沈攸之认为张敬儿对自己一片诚心。张敬儿因此得知沈攸之的隐秘行动,都暗中报告给萧道成。

夏六月,北魏第一次下令禁止屠杀牛马。　宋南徐州刺史、建平王刘景素因罪被免官。

刘景素孝敬父母,友爱兄弟,生活俭朴,勤奋好学,礼贤下士,因此受到大家的一致赞誉,明帝对他也非常喜爱。此时,文帝的儿子已全部死去,在孙子辈中,只有刘景素年纪最大。宋帝刘昱凶狠毒辣,朝野都寄希望于刘景素。杨运长等人打算长期掌权,不希望拥立年纪大的皇帝,打算暗中铲除刘景素。刘景素的心腹将领都劝他发动兵变,只有参军江淹认为不可,刘景素很不高兴。有人将这件事报告了朝廷,杨运长等人打算立即出兵前往讨伐,袁粲等人不同意。刘景素也派他的儿子到朝廷加以解释。于是免去刘景素征北将军、开府仪同三司的官职。

丙辰（476） 宋元徽四年，魏承明元年。

夏六月，魏太后冯氏进毒弑其主弘，复称制，以王叡为尚书令。

初，魏尚书李敷、李䜣少相亲善，后䜣为相州刺史，受赂，为人所告，敷掩蔽之。魏太上闻之，槛车征䜣，案验当死。时敷弟弈得幸于冯太后，太上意已疏之。有司以中旨讽䜣告敷兄弟阴事，可以得免。䜣谓其婿裴攸曰："吾与敷族世虽远，恩逾同生，情所不忍。且吾安能知其阴事，将若之何？"攸曰："何为为人死也？有冯阐者，先为敷所败，今询其弟，敷阴事可得也。"䜣从之，令范檦条列敷事三十余条。有司以闻，太上怒，遂诛敷、弈。䜣得减死论，未几复为尚书。

冯太后由此怨太上，至是密行鸩毒，大赦改元，复临朝称制，以冯熙为太师、中书监。熙以外戚固辞，乃除洛州刺史。显祖祔庙，执事之官故事皆赐爵。秘书令程骏言："建侯裂地，帝王所重，或以亲贤，或因功伐。皇家故事，盖一时之恩，岂可为长世之法乎？"太后从之，谓群臣曰："凡议事当依古典正言，岂得但修故事而已！"

太后性聪察，知书计，晓政事，被服俭素，膳羞减于故事什七八，而猜忍多权数。魏主宏性至孝，能承颜顺志，事无大小皆仰成焉。太后所幸宦者王琚、符承祖等皆依势用事，官至仆射，爵为王公，赏赐巨万。太卜令王叡得幸于太后，

丙辰（476） 宋元徽四年,北魏承明元年。

夏六月,北魏冯太后下毒杀害献文帝拓跋弘,再次摄政,封王叡为尚书令。

当初,北魏尚书李敷、李䜣在年轻时就交往密切,后来李䜣担任相州刺史,接受贿赂被人告发,李敷为李䜣掩盖此事。太上皇献文帝听说后,用囚车关上李䜣,查验确有此事,按律令当论死罪。当时,李敷的弟弟李弈被冯太后所宠幸,太上皇献文帝已有意疏远李敷兄弟。有关部门把献文帝的意思告诉李䜣,说如果他能告发李敷兄弟那些不可告人的事情,可以免于一死。李䜣对他的女婿裴攸说:"我和李敷族世虽然很远,但恩情却超过一母同胞,这样做在情分上说不过去。而且我怎么能知道他暗中做了哪些事,该怎么办呢?"裴攸说:"为什么要为别人去死呢? 有一个叫冯阐的人,曾经败在李敷的手下,现在去问他的弟弟,就可以知道李敷的秘密。"李䜣听从,于是命令范檦列举李敷的三十多条罪状。有关部门把这些告诉了献文帝,献文帝大怒,下令诛杀李敷、李弈。李䜣被减免死刑,不久又官复原职。

冯太后因为李弈被杀,迁怒于献文帝,于是秘密下毒,杀死献文帝,实行大赦,更改年号,再次临朝摄政,任命冯熙为太师、中书监。冯熙认为自己是皇家外戚,坚决辞让冯太后的任命,冯太后只好任命他为洛州刺史。献文帝的牌位进入太庙时,太庙的有关官员请求按照前例加封自己爵位。秘书令程骏说:"赐封爵位,赏赐土地,是帝王非常重视的事情,或是皇亲、贤才,或是因功论赏。皇家前例,只是一时恩宠,怎么可以作为后世的法则呢?"冯太后采纳了他的意见,对文武官员说:"凡是讨论问题,应当依照过去正确的言论,怎能一味援引前例!"

冯太后生性聪慧,知书会算,通晓政事,衣着朴素,日用饮食比旧例减省十分之七八,但残忍猜忌,工于权术。孝文帝拓跋宏对她非常孝顺,能让她高兴顺心,事情无论大小,都由她决定。冯太后所宠爱的宦官王琚、符承祖等都依靠权势,掌握大权,官至仆射,封爵王公,赏赐无数钱财。太卜令王叡受冯太后的宠幸,

超迁尚书。秘书令李冲虽以才进,亦由私宠。又外礼人望东阳王丕、游明根等,每褒赏叡辈,辄以丕等参之。自以失行,畏人议己,群下语言小涉疑忌,辄杀之。宠臣小过,笞捶或至百余,寻复待之如初。

宋加萧道成左仆射,刘秉中书令。 秋七月,宋建平王景素起兵京口,不克而死。

杨运长、阮佃夫等忌建平王景素益甚,景素乃与参军殷沵等谋为自全之计。遣人往来建康,要结才力之士,将军黄回等皆与通谋。至是羽林监垣祗祖帅数百人自建康奔京口,云京师已乱,劝令速入,景素信之,即据京口起兵。杨、阮遣将军任农夫及黄回等将水军以讨之。道成知回有异志,又命将军李安民等与之偕,回不得发。遂拔京口,擒景素斩之,党与皆伏诛。

丁巳(477) 宋顺帝准昇明元年,魏太和元年。

春正月,魏略阳氐作乱。二月,讨平之。 三月,魏以东阳王丕为司徒。 秋七月,宋中领军萧道成弑其主昱,而立安成王准,自为司空、录尚书事。

宋主昱自京口既平,骄恣尤甚,无日不出,从者并执铤矛,逢无免者,民间扰惧,行人殆绝。针椎凿锯不离左右,一日不杀则惨然不乐。殿省忧惶,食息不保。阮佃夫等谋因其出,执而废之,事觉被杀。太后数训戒昱,昱欲鸩之,

被破格提拔为尚书。秘书令李冲虽然以他的才华而升官,但同时也是因为冯太后宠爱的缘故。冯太后还对众人所仰望的东阳王拓跋丕、游明根等人给予礼遇,每次褒赏王叡等人时,也附带把拓跋丕等人列入,以示公允。冯太后因为自己的行为不端,害怕别人议论,官员言谈中只要有一句话被怀疑是对她的讽刺,就杀了他。她所宠爱的官员,即使犯下小小的错误,也一定鞭打,甚至打一百多下,但马上又待之如初。

宋朝廷加授萧道成为左仆射,刘秉为中书令。 秋七月,宋建平王刘景素在京口起兵反叛,没有攻下而被官军斩杀。

杨运长、阮佃夫等人对建平王刘景素越来越忌恨,刘景素于是和参军殷沵等密谋保全自己。派人来往建康,结交有能力有勇谋的人,将军黄回等都与刘景素联系通谋。秋七月,羽林监垣祗祖率数百人从建康逃到京口,声言建康已经大乱,劝刘景素火速前往,刘景素信以为真,即据京口起兵。杨运长、阮佃夫派遣将军任农夫、黄回等率水军前往讨伐他们。萧道成知道黄回怀有二心,所以故意安排将军李安民等与他同行,黄回没有办法,也不敢发动进攻。于是京口被攻克,刘景素被俘处决,同党也都被斩杀。

宋顺帝

丁巳(477)　宋顺帝刘准昇明元年,北魏太和元年。

春正月,北魏略阳氐叛乱。二月,官军讨平叛乱。 三月,北魏任命东阳王拓跋丕为司徒。 秋七月,宋中领军萧道成杀其皇帝刘昱,立安成王刘准为帝,自任为司空、录尚书事。

宋帝刘昱自从京口兵变平息后,骄纵暴虐越发严重,没有一天不出宫,随从手持短刀长矛,碰上他们的人都不能免于一死,百姓惊恐慌乱,路上行人几乎绝迹。针、椎、凿、锯不离刘昱左右,一天不杀人就闷闷不乐。宫廷官员担忧惶恐,吃饭休息都不安稳。阮佃夫等人密谋趁刘昱外出时逮捕他而废除他的皇位,但因密谋泄露而被杀。皇太后经常教训刘昱,刘昱打算毒死太后,

未果。尝直入领军府，道成昼卧裸袒，昱令起立，画腹为的，引满将射之。道成敛板曰："老臣无罪。"乃更以骲箭射中其齐，投弓大笑。

道成忧惧，密与袁粲、褚渊谋废立。粲曰："主上幼年，微过易改。伊、霍之事，非季世所行，纵使功成，亦终无全地。"渊默然。功曹纪僧真言于道成曰："今朝廷猖狂，人不自保。天下之望不在袁、褚，明公岂得坐受夷灭！"道成然之。或劝道成奔广陵起兵，青、冀刺史刘善明曰："宋氏将亡，愚智共知。公神武高世，唯当静以待之，因机奋发，功业自定，不可远去根本，自贻猖蹶。"道成乃止。

越骑校尉王敬则潜自结于道成，道成命敬则阴结昱左右杨玉夫、杨万年、陈奉伯等，使伺机便。至是，昱乘露车，与左右于台冈赌跳，仍往青园尼寺，晚至新安寺偷狗，饮酒醉还。玉夫、万年刎其首，奉伯袖之，称敕开门，出与敬则。敬则驰诣领军府，道成戎服乘马而出，敬则等从入宫。殿中闻昱已死，咸称万岁。道成以太后令召诸大臣入议，道成谓刘秉曰："此使君家事，何以断之？"秉未答，道成须髯尽张，目光如电。秉曰："尚书众事可以见付，军旅处分一委领军。"道成让袁粲，粲不敢当。王敬则拔刃跳跃曰："天下事皆应关萧公，敢有开一言者，血染敬则刃！"仍手取白纱帽加道成首，令即位，曰："事须及热。"道成正色呵之。

但没有实现。刘昱曾白天闯入领军府,萧道成正裸身躺在那里睡觉,刘昱让他站起来,在他肚子上画了一个箭靶,自己拉满弓,就要向萧道成的肚子射去。萧道成用手护住肚子说:"老臣无罪。"刘昱用圆骨箭头射中萧道成的肚脐,把弓扔到地上,放声大笑。

萧道成忧愁恐惧,与袁粲、褚渊密谋废黜刘昱,另立皇帝。袁粲说:"皇上年纪还小,轻微的过失容易改正。伊尹、霍光的往事,在这末世很难实行,即使成功,最后也没有安身之地。"褚渊沉默不语。功曹纪僧真对萧道成说:"现在皇上凶残狂暴,人人不能自保。天下百姓的希望不在袁粲、褚渊,明公您怎能坐以待毙!"萧道成同意。有人劝萧道成回广陵起兵,青州、冀州刺史刘善明说:"刘宋江山将要灭亡,无论愚蠢的人和聪明的人,都知道这件事。你的智慧和武功盖过当世任何一人,只有安静地等待时机,再趁机勇猛出击,大功自然告成,不可远离根本之地,自找灾祸。"萧道成这才打消了原来的念头。

越骑校尉王敬则暗中结交萧道成,萧道成让他秘密结交刘昱亲信杨玉夫、杨万年、陈奉伯等人,伺机下手。这天,刘昱乘坐露天无篷车,与左右前往台冈跳高赌博,然后又去青园尼姑庵,夜晚来到新安寺偷狗,饮酒吃肉,大醉而归。杨玉夫、杨万年割下刘昱的脑袋,藏在陈奉伯的袍袖里面,宣称奉皇帝派遣,打开宫门,出宫后把人头交给王敬则。王敬则马上赶到领军府,奉上刘昱的人头,萧道成全副武装,骑马而出,带王敬则等人入宫。殿中官员听到刘昱已死的消息,都高呼万岁。萧道成以皇太后的名义召集各位大臣入宫议事,萧道成对刘秉说:"这是你们刘家的事,应该如何决定?"刘秉没有回答,萧道成胡子头发都翘了起来,双眼睁圆,目光如电。刘秉说:"尚书省的事可以交付给我,军事措施,都由你来处分。"萧道成让给袁粲,袁粲推辞,不敢接受。王敬则拔出佩刀,跳起来说:"天下事情,都由萧公裁决,谁胆敢说一句不同意的话,就让他血染我刀!"说着就亲手取出白纱帽,戴到萧道成的头上,让他登基称帝,并鼓动萧道成说:"此事要趁热打铁,一气呵成。"萧道成板起面孔,训斥了王敬则。

褚渊曰:"非萧公无以了此。"道成乃下议迎立安成王。秉出,逢从弟韫问曰:"事当归兄邪?"曰:"已让领军矣。"韫捬膺曰:"兄肉中讵有血邪! 今年族矣。"

遂以太后令数昱罪恶,追废为苍梧王。仪卫至东府门,安成王令门者勿开,以待袁司徒。粲至,乃入即位,时年十一。以道成为司空、录尚书事、骠骑大将军,出镇东府,刘秉为尚书令,袁粲镇石头。秉始谓尚书万机,本以宗室居之,则天下无变,既而道成兼总军国,布置心膂,与夺自专。褚渊素相凭附,秉、粲阁手仰成矣。粲性冲静,每有朝命,常固辞,不得已乃就职。至是知萧道成有不臣之志,阴欲图之,即日受命。

魏诏:"工商贱族有役者,止本部丞。" 九月,魏更定律令。 宋封杨玉夫等二十五人爵有差。 冬十月,武都王杨文度袭魏仇池,陷之。 魏杀其徐州刺史李䜣。

䜣事显祖为尚书,信用范欀。䜣弟瑛谏曰:"欀能降人以色,假人以财,轻德义而重势利,听其言也甘,察其行也贼,不早绝之,后悔无及。"不从。䜣与尚书赵黑有隙,发其罪,黑坐黜为门士。黑恨之,寝食为之衰少。逾年复入领选,白冯太后,称䜣专恣,出为徐州。欀知太后怨䜣,乃告䜣谋外叛。太后征至问状,引欀证之。䜣曰:"汝受我恩,

褚渊说:"如果不是萧公,不足以了却此事。"于是萧道成提议迎接安成王刘准继任皇帝。刘秉出宫后,在路上遇上了堂弟刘韫,刘韫问他说:"今天的事,该不该归你?"刘秉说:"已经让给萧道成了。"刘韫捶胸说:"你的身上难道还有血吗?今年全族人将难逃一死了。"

萧道成以皇太后的名义发布命令,列举刘昱罪状,追封刘昱为苍梧王。皇家仪仗队行至东府门前,安成王刘准命守门的人不要开门,等待袁粲的到来。袁粲到了之后,安成王刘准才入宫即皇帝位,时年十一岁。任命萧道成为司空、录尚书事、骠骑大将军,出镇东府,刘秉为尚书令,袁粲镇守石头。刘秉原以为尚书令总管全国政务,由皇族把持,就不会导致刘宋江山旁落,没想到萧道成手握军政大权,把心腹安排在重要位置,夺取他的权力,独断专行。褚渊一向结附于萧道成,刘秉、袁粲束手无策,只能眼看着萧道成步步夺权。袁粲性情淡泊,每次任命他,他都坚决辞让,实在没有办法时,才勉强就职。现在他发现萧道成有取代刘宋王朝的野心,打算秘密除掉萧道成,所以立即接受了这次任命。

北魏朝廷下诏说:"家中有工匠、商人,本人最高只能担任各部丞。" 九月,北魏更定律令。 宋朝廷分别封赏杨玉夫等二十五人爵位。 冬十月,武都王杨文度攻克北魏仇池。 北魏诛杀徐州刺史李䜣。

李䜣在献文帝时担任尚书,宠信任用范檦。李䜣的弟弟李璞劝谏说:"范檦一直笑脸迎人,以钱财结交权贵,轻视道德仁义而重权势金钱,他的话听起来很甜蜜,但其行动却很邪恶,如果不早跟他断交,将来后悔莫及。"李䜣不听。李䜣与尚书赵黑有矛盾,检举揭发了赵黑的罪过,赵黑被罢官,充当守门人。赵黑因此忌恨李䜣,食不甘味,夜不能寐。过了一年,赵黑又复官吏部尚书,于是向冯太后报告,说李䜣独断专横,李䜣被贬为徐州刺史。范檦知道冯太后痛恨李䜣,就告发李䜣打算投敌叛国。冯太后把李䜣召回朝中审问,让范檦作证。李䜣说:"你蒙受我的恩惠,

何忍诬我！"欛曰："欛受公恩何如公于李敷？公忍之于敷，欛何为不忍于公？"䜣慨然叹曰："吾不用瑛言，悔之何及！"黑复于中构成其罪，诛之，然后寝食如故。

十一月，魏怀州乱，讨平之。

魏怀州民伊祁苟作乱，冯熙讨灭之。太后欲屠其城，张白泽谏曰："凶渠逆党尽已枭夷，城中岂无忠良仁信之士？奈何不问白黑，一切诛之！"乃止。

宋荆襄都督沈攸之举兵江陵讨萧道成。

初，沈攸之与萧道成同直殿省相善。至是以道成名位素出己下，一旦专制朝权，心不平，谓元琰曰："吾宁为王凌死，不为贾充生。"然亦未暇举兵。张敬儿与攸之司马刘攘兵善，疑攸之将起事，密问攘兵，攘兵寄敬儿马镫一只，敬儿乃为之备。攸之有素书十数行，常韬在裲裆角，云是明帝与己约誓。将举兵，其妾崔氏谏曰："官年已老，那不为百口计！"攸之指裲裆角示之。于是勒兵移檄，遣使邀张敬儿及诸州镇同举兵。敬儿斩其使，他镇亦怀两端。

攸之遗道成书，以为："少帝昏狂，宜与诸公密议，共白太后下令废之。奈何交结左右，亲行弑逆？移易朝旧，布置亲党，宫阁管籥，悉关家人。吾不知子孟、孔明遗训固如此乎！足下既有贼宋之心，吾宁敢捐包胥之节！"朝廷恼惧。

初，道成以世子赜行郢州事，修治器械以备攸之。

怎么忍心诬陷我!"范欜说:"我受你的恩惠,怎能比得上你受李敷的恩惠呢?你忍心对李敷下毒手,我为什么不能这样对你?"李诉慷慨叹息说:"我不听李瑛的话,后悔也来不及了!"赵黑后来又在中间制造李诉的罪状,将李诉诛杀,这之后赵黑的寝食才恢复安稳。

十一月,北魏怀州百姓叛乱,被官军击败。

北魏怀州平民伊祁苟聚众叛乱,被冯熙率军剿灭。冯太后打算屠杀全城百姓,张白泽劝阻说:"叛乱的元凶及其同党都已杀尽,城中难道就没有一个忠良仁义之士?怎么能不问青红皂白全部诛杀!"冯太后才罢休。

宋荆襄都督沈攸之在江陵起兵,讨伐萧道成。

当初,沈攸之与萧道成一同在宫中值班,关系友善。现在沈攸之因萧道成的名望、官位一直比自己低,却控制朝廷大权,心中愤愤不平,对沈元琰说:"我宁可当王凌,讨贼而死,也不愿做贾充,投降叛贼而生。"但也没有马上起兵。张敬儿与沈攸之的司马刘攘兵友好,怀疑沈攸之将要发动叛乱,暗中询问刘攘兵,刘攘兵给他寄去一只马镫,张敬儿心领神会,暗中戒备。沈攸之有一封写在白绸缎上的十几行字的信件,平常总是藏在贴身背心的衣角里,说是明帝写给他的誓约。将要起兵时,他的妾崔氏劝道:"你年纪已老,怎么不为百口之家想一想!"沈攸之指了指背心衣角给她看。于是,沈攸之动员军队,发布檄文,派人邀请张敬儿及各州镇一同起兵。张敬儿斩杀他的使节,其他州镇也都举棋不定。

沈攸之写信给萧道成,认为:"幼主发昏凶狂,你应该和诸位大臣密议,共同报告太后,下令废黜。怎么可以勾结皇上左右侍从,下此毒手?你驱逐朝中旧臣,安排自己的党羽,连宫廷官署的门锁都由你的家人掌管。我不知道霍子孟、诸葛亮的遗训就是这样的吗!你既然有灭宋的贼心,我怎敢抛弃申包胥乞秦救楚的节操!"朝廷顿时惊恐万状。

当初,萧道成让长子萧赜掌管郢州事务,修治武器以防备攸之。

及征颙为左卫将军,颙乃荐司马柳世隆自代,谓曰:"攸之一旦为变,焚夏口舟舰,沿流而东,不可制也。若得攸之留攻郢城,必未能猝拔。君为其内,我为其外,破之必矣。"及攸之起兵,颙行至寻阳。众欲倍道趋建康,颙曰:"寻阳地居中流,密迩畿甸。留屯溢口,内藩朝廷,外援夏口,保据形胜,控制西南。今日会此,天所置也。"或以城小难固,左中郎将周山图曰:"今据中流,为四方势援,不可以小事难之。苟众心齐壹,江山皆城隍也。"颙乃奉晋熙王燮镇溢口。道成闻之,喜曰:"真我子也。"

宋中书监袁粲、尚书令刘秉谋诛萧道成,不克而死。

湘州刺史王蕴与沈攸之深相结,与袁粲、刘秉密谋诛道成,将帅黄回、卜伯兴等皆与通谋。道成初闻攸之事起,往诣粲,粲辞不见。通直郎袁达谓粲不宜示异同,粲曰:"彼若以主幼时艰,与桂阳时不异,劫我入台,何辞拒之!一朝同止,欲异得乎?"道成乃召褚渊与之连席,每事共之。时刘韫为领军将军,入直门下省,卜伯兴为直阁,黄回等诸将皆出屯新亭。

初,褚渊遭忧去职,朝廷敦迫不起,粲往譬说,渊乃从。及粲遭忧,渊譬说恳至,粲遂不起,渊由是恨之。至是渊谓道成曰:"西夏事必无成,公当先备其内耳。"粲谋既定,将以告渊,众谓不可。粲曰:"渊与彼虽善,岂容大作同异!"乃以谋告渊,渊即以告道成。道成遣军主苏烈、薛渊等助

到萧赜被任命为左卫将军、行将调走时，萧赜推荐司马柳世隆代替自己，对他说："沈攸之一旦叛变，焚烧夏口战船，沿着长江东下，就无法控制了。如果引沈攸之进攻郢城，一定不能立即攻下。这样，你在城内，我在城外，前后夹击，一定可以击败他。"等到沈攸之起兵的时候，萧赜才行至寻阳。众人都打算加快速度回到建康，萧赜说："寻阳地处长江中游，接近京师。我们应该留下来据守湓口，内可作朝廷的屏障，外可援助夏口，占据有利地形，控制西南。今天赶到这里，正是上天的安排。"有人以为湓口城小，难以固守，左中郎将周山图说："现在我们据守长江中游，可以援助四方，不要被城小所吓倒。只要万众一心，到处都是城池。"于是，萧赜陪同晋熙王刘燮镇守湓口。萧道成听说后，高兴地说："萧赜不愧是我的儿子。"

宋中书监袁粲、尚书令刘秉密谋诛杀萧道成，事情没有成功，两人都死于此事。

湘州刺史王蕴与沈攸之关系密切，与袁粲、刘秉密谋诛杀萧道成，将帅黄回、卜伯兴等人也参与此事。萧道成刚听到沈攸之起兵的消息，前往拜访袁粲，袁粲拒绝接见。通直郎袁达劝袁粲不要表示不同的态度，袁粲说："他如果以皇上年幼，形势艰难，跟桂阳王时的情形相同为由，劫持我进宫，我用什么理由拒绝他！一旦与他同流，我还能表达不同观点吗？"于是萧道成召褚渊一同并肩共处，每件事都与他商量。当时，刘韫为领军将军，入值门下省，卜伯兴为直阁，黄回等将领都率军驻守新亭。

当初，褚渊因母亲去世而离职，朝廷征召他，他都拒绝，袁粲前往劝说，褚渊才接受。到后来袁粲因母亲去世离职，褚渊也恳切地劝说袁粲复职，但袁粲终不听从他的规劝，褚渊因此深恨袁粲。沈攸之起兵后，褚渊对萧道成说："西夏起事一定不会成功，你应该首先戒备内部。"袁粲谋杀萧道成的计划确定后，打算告诉褚渊，众人认为不能这么做。袁粲说："褚渊虽然与萧道成相友善，但他怎么会容忍萧道成的野心呢！"于是便把计划告诉了褚渊，褚渊立即转告给萧道成。萧道成派军主苏烈、薛渊等帮助

粲守石头，渊曰："不审公能保袁公共为一家否？"道成曰："所以遣卿，正为能尽临事之宜，使我无西顾之忧耳。但努力无多言。"又以王敬则为直阁，与伯兴共总禁兵。粲谋矫太后令，使韫、伯兴帅宿卫兵攻道成于朝堂，回等帅所领为应，刘秉等并赴石头。本期夜发，秉悾扰不知所为，晡后即束装尽室奔石头，粲惊曰："何事遽来？今败矣。"

道成闻之，使王敬则杀韫及伯兴，苏烈等据仓城拒粲。王蕴闻秉走，叹曰："事不成矣。"道成遣戴僧静助烈等攻粲，秉逾城走。粲下城谓其子最曰："本知一木不能止大厦之崩，但以名义至此。"僧静逾城独进。最以身卫粲，僧静直前斫之，粲谓最曰："我不失忠臣，汝不失孝子。"遂父子俱死。百姓哀之，为之谣曰："可怜石头城，宁为袁粲死，不作褚渊生。"秉父子亦为追者所杀，黄回遂不敢发。粲简淡平素，无经世材，好饮酒，善吟讽，身居剧任，不肯当事，主事每往咨决，或高咏对之。闲居高卧，门无杂宾，物情不接，故及于败。

沈攸之攻郢城，不克。

攸之至夏口，自恃兵强，有骄色。主簿宗俨之劝攸之攻郢城，功曹臧寅以郢城地险，非旬日可拔，若不时举，挫锐损威。今顺流长驱，计日可捷，既倾根本，则郢城岂能自固。攸之欲留偏师守郢城，自将大众东下。柳世隆遣人挑战，肆骂秽辱之，攸之怒，改计攻城，世隆随宜拒应，攸之不能克。

宋以杨运长为宣城太守。

袁粲镇守石头，薛渊说："不知道你能否保全袁粲一家老小?"萧道成说："所以派你去，正是为了随机应变，解除我的西顾之忧。只管努力，不要多说。"又任命王敬则为直阁，与卜伯兴共同统领禁军。袁粲谋划假借皇太后的命令，派刘韫、卜伯兴率领宫廷禁卫军，攻打坐镇宫城的萧道成，由黄回等率军接应，刘秉等人同时赶赴石头。本来商定夜晚出发，刘秉恐慌不安，不知如何是好，中午过后就收拾行李，带着家人和财物逃奔石头，袁粲大惊说："发生了什么事，这么着急赶来? 如今必败无疑了。"

萧道成听说后，派王敬则斩杀刘韫及卜伯兴，苏烈等占据仓城，抵抗袁粲。王蕴听说刘秉已逃走，叹息说："事情不能成功了。"萧道成派戴僧静率军援助苏烈攻击袁粲，刘秉跳墙逃走。袁粲下城对他的儿子袁最说："本来就知道一根木头支持不了大厦的倒塌，但是为了名分和道义，才到了这种地步。"戴僧静单独跳过城墙，发现袁粲父子。袁最以身体护住袁粲，戴僧静立刻上前，举刀便砍，袁粲对袁最说："我不失为忠臣，你不失为孝子。"于是父子同时被杀。百姓对这件事深为哀悼，流传歌谣说："可怜石头城，宁为袁粲死，不作褚渊生。"刘秉父子也被追兵所杀，黄回见事情已败，于是不敢再发动。袁粲作风平易朴素，没有治理国家的才能，嗜好饮酒，喜爱吟诗，身负重任，却不肯过问事务，部下每次向他请示时，他有时竟高声吟诗，作为回答。他生活闲散舒适，没有不相干的宾客，不懂人情世故，所以导致失败。

沈攸之进攻郢城，没有攻下。

沈攸之抵达夏口，自恃兵强，面有骄傲神色。主簿宗俨之劝沈攸之攻打郢城，功曹臧寅认为郢城地势险要，没有十天攻不下来，如果不能马上攻下，既挫锐气又损声威。而今顺长江直下，不日即可大捷，只要攻取根本之地，郢城自然瓦解。沈攸之打算留下一少部分军队围去郢城，自己率领大军东下。柳世隆派人向沈攸之挑战，用脏话侮辱他，沈攸之被激怒，于是改变计划，进攻郢城，柳世隆随机抵抗，沈攸之不能攻克。

宋朝廷任命杨运长为宣城太守。

杨运长出守宣城,于是太宗嬖臣无在禁省者矣。

魏拔葭芦,斩杨文度,以其弟文弘为武都王。 **宋萧道成假黄钺,出顿新亭。**

道成谓参军江淹曰:"天下纷纷,君谓何如?"淹曰:"成败在德,不在众寡。公雄武有奇略,宽容而仁恕,贤能毕力,民望所归,奉天子以伐叛逆,五胜也。彼志锐而器小,有威而无恩,士卒解体,搢绅不怀,悬兵数千里,而无同恶相济,五败也。虽豺狼十万,终为我获必矣。"行南徐州事刘善明言于道成曰:"攸之苞藏祸心,于今十年。性既险躁,才非持重。而起事累旬,迟回不进。一则暗于兵机,二则人情离怨,三则有掣肘之患,四则天夺其魄。本虑其剽勇轻速,掩袭未备,决于一战。今六师齐奋,诸侯同举,此笼中之鸟耳。"

戊午(478) 宋昇明二年,魏太和二年。

春正月,宋沈攸之军溃,走死。萧道成自为太尉,都督十六州诸军事。

攸之尽锐攻郢城,柳世隆乘间屡破之。攸之素失人情,但劫以威力。及城久不拔,逃者稍多,攸之日夕乘马,历营抚慰,而去者不息。攸之大怒,令军中曰:"军有叛者,军主任其罪。"于是咸有异计。刘攘兵射书入城请降,世隆纳之,攘兵烧营而去,攸之军遂大散,诸将皆走。臧寅曰:"幸其成而弃其败,吾不忍为也。"乃投水死。散军更相聚结,

杨运长出为宣城太守,至此明帝的亲信宠臣全部离开朝廷中枢。

北魏攻克葭芦,斩杀杨文度,任命他的弟弟杨文弘为武都王。 宋萧道成携带朝廷授予的仪仗,率军前往新亭驻扎。

萧道成对参军江淹说:"天下大乱,你认为形势如何?"江淹说:"成败在于德行,不在于人数的多少。你有勇有谋,宽容仁厚,有才的人愿意为你竭尽全力,民心归附,奉天子之命讨伐叛逆,这将是你必胜的五个原因。而沈攸之性情急躁且器量狭小,只讲威严而没有恩德,士卒离心离德,地方势力和豪门世族不支持他,孤军深入几千里而得不到同党的援助,这将是他必败的五个原因。虽然他拥有十万兵卒,但最终会被我们擒获。"行南徐州事刘善明对萧道成说:"沈攸之包藏野心,至今已有十年。他的性情阴险而急躁,缺乏深谋远虑。起兵已经数十天,却迟迟不敢前进。他一是不懂军事,二是军心离散,三是受到牵制,四是苍天夺去了他的灵魂。本来担心他剽悍勇猛,轻装急进,趁我们没有准备时发动袭击,一战决定胜负。而今朝廷各路大军准备充足,各地诸侯都统一行动,沈攸之已成笼中之鸟。"

戊午(478) 宋昇明二年,北魏太和二年。

春正月,宋沈攸之的叛军溃逃,逃亡而死。萧道成自任太尉,都督十六州诸军事。

沈攸之出动全部精锐部队进攻郢城,柳世隆利用对方弱点,屡次击败敌人。沈攸之一向不得人心,只能靠暴力胁迫。等到郢城很久不能攻克下来,逃亡的士卒开始多了起来,沈攸之骑马日夜不停地到各个军营抚慰,可逃亡的人却越来越多。沈攸之大怒,对各将领说:"军中有士卒逃亡的,军主承担罪责。"于是军心更加混乱,大家都各怀异心。刘攘兵将请降书射入郢城,柳世隆开门迎接,刘攘兵纵火烧营,率军离去,沈攸之的叛军纷纷溃散,各将领也都逃走。臧寅说:"在他成功时去享受,失败时却抛弃他,我不忍心这样做。"于是投水自杀。沈攸之集结逃散的士卒,

可二万人，随攸之还江陵。

张敬兒既斩攸之使者，即勒兵侦攸之下，遂袭江陵，诛其子孙。攸之将至，闻敬兒已据城，士卒皆散，乃缢而死。

初，荆州参军边荣为府录事所辱，攸之为荣鞭杀录事。及敬兒将至，荣为留府司马，或说之降，荣曰："受沈公厚恩如此，一朝缓急，便易本心，吾不能也。"城溃，军士执以见敬兒。敬兒曰："边公何不早来？"荣曰："沈公见留守城，不忍委去。本不祈生，何须见问！"敬兒曰："死何难得！"命斩之。荣欢笑而去。荣客程邕之抱荣曰："与边公周游，不忍见其死，乞先见杀。"兵人以告，敬兒曰："求死甚易，何为不许？"乃先杀邕之而后及荣，军人莫不垂泣。萧道成还镇东府，以其子赜为江州刺史，嶷为中领军。加道成太尉，都督南徐等十六州诸军事，褚渊为中书监、司空。吏部郎王俭神彩渊旷，好学博闻，少有宰相之志。道成以为长史，待遇隆密，事皆委之。

夏四月，宋萧道成杀南兖州刺史黄回。

回不乐在郢州，固求南兖，遂帅部曲辄还，因改受之。萧道成以回终为祸乱，召入东府杀之，以萧映行南兖州事。

五月，魏禁宗戚士族与非类昏偶。

以违制论。

秋八月，宋禁公私奢侈。

萧道成以大明以来，公私奢侈，奏罢御府、省二尚方雕饰器玩；又奏禁民间华伪杂物，凡十七条。

约有二万人,率领他们折回江陵。

张敬兒杀了沈攸之的使节之后,立即整顿部队,得知沈攸之已经东下,于是率兵袭击江陵,诛杀沈攸之的子孙。沈攸之快要到达江陵时,得知张敬兒已占领该城,手下士卒再度溃散,于是上吊自杀。

当初,荆州参军边荣受到府录事的侮辱,沈攸之为了替边荣报仇,用鞭子抽死了那个录事。等到张敬兒快要进城时,边荣正担任留府司马,有人劝他投降,边荣说:“我受沈公如此厚恩,一旦情况危急,就改变自己的本心,我做不到。”江陵城被攻破,士卒抓到边荣,带到张敬兒面前。张敬兒说:“你为什么不早点来?”边荣说:“沈公命我守城,我不忍心逃走。本不打算祈求活命,何必多问!”张敬兒说:“死有什么难得!”下令斩杀他。边荣含笑离去。边荣的门客程邕之抱住边荣说:“我与边公交往多年,不忍心看到边公被杀,请先杀了我。”行刑者报告张敬兒,张敬兒说:“求死非常容易,为什么不准?”于是先斩杀程邕之,再斩边荣,士卒们没有不流泪的。萧道成返回东府,任命其子萧赜为江州刺史,萧嶷为中领军。朝廷加授萧道成为太尉,都督南徐等十六州诸军事,褚渊为中书监、司空。吏部郎王俭神采焕发,好学博闻,从小就有当宰相的大志。萧道成任命他为长史,待他非常深厚亲密,所有事情全都交给他处理。

夏四月,宋萧道成斩杀南兖州刺史黄回。

黄回不乐意任职郢州刺史,坚持求任南兖州刺史,而且擅自率部下东下,朝廷只好改命他为南兖州刺史。萧道成认为黄回终究是祸患,于是把他召入东府杀了他,任命萧映代理南兖州事。

五月,北魏禁止皇族、贵戚及士大夫与下层人通婚。

违者以违抗诏书论处。

秋八月,宋禁官府及民间奢侈之风。

萧道成认为,从大明年间以来,官府及民间奢侈之风太盛,上疏奏请撤销御府、左右尚方署装饰及玩赏器物;又奏请禁止民间使用华贵衣饰和用品,共十七条。

宋以萧赜为领军将军,萧嶷为江州刺史。　九月朔,日食。　宋萧道成自为太傅、扬州牧,加殊礼。

萧道成欲倾宋室,夜召长史谢𦶟屏人与语。久之,𦶟无言。道成虑𦶟难捉烛小儿,取烛遣出,𦶟又无言,道成乃呼左右。𦶟,庄之子也。王俭知其指,他日请间言于道成曰:"功高不赏,古今非一。以公今日位地,欲终北面,可乎?"道成正色裁之,而神彩内和。俭因曰:"俭蒙公殊眄,所以吐所难吐,何赐拒之深也!宋氏失德,非公岂复宁济!但人情浇薄,不能持久,公若小复推迁,则人望去矣,岂唯大业永沦,七尺亦不可得保。"道成曰:"卿言不无理。"俭曰:"公今名位故是经常宰相,宜礼绝群后,微示变革,然当先令褚公知之。"少日道成造褚渊,款言移晷,乃曰:"我梦得官。"渊曰:"今授始尔,恐一二年间,未容便移。"道成还以告俭,俭曰:"褚未达耳。"即唱议加道成太傅,假黄钺。道成谓所亲任遐曰:"褚公不从,奈何?"遐曰:"彦回惜身保妻子,非有奇才异节,遐能制之。"渊果无违异。诏进道成假黄钺、大都督中外诸军事、太傅,领扬州牧,剑履上殿,入朝不趋,赞拜不名。

冬十月,宋以萧映为南兖州刺史,萧晃为豫州刺史。十二月,魏太后杀其青州刺史、南郡王李惠。

惠,李夫人之父也。冯太后忌之,诬以南叛,杀之。太后以猜嫌所夷灭者十余家,而惠所历皆有善政,魏人尤冤惜之。

宋定音乐。

宋朝廷任命萧赜为领军将军,萧嶷为江州刺史。 九月初一,出现日食。 萧道成自任为太傅、扬州牧,授予特殊礼遇。

萧道成打算颠覆刘宋王朝,夜晚召见长史谢朏,令左右侍从退下,说出了自己的想法。等了很久,谢朏不说话。萧道成以为谢朏嫌手举蜡烛的小儿侍立一旁,不够隐秘,于是自己手举蜡烛,让小儿退出,但谢朏仍然没有说话,萧道成只好把侍从唤回房内。谢朏是谢庄的儿子。王俭知道萧道成的意图,有一天,他向萧道成请求密谈,说:"功劳太大,就没有赏赐,古往今来,不止一人。以您今天的地位,想要始终面北称臣,怎么可以呢?"萧道成严厉斥责他,但神色却很温和。王俭接着说:"我蒙公特殊礼遇,所以说出了别人不敢说的话,为什么这样坚决地拒绝呢!宋王朝失去德信,没有你怎么能渡过难关!但人情太薄,感恩之心不能长久,你如果稍加推辞,人心就会失去,岂止是大业永远无从谈起,就是七尺之躯也不能自保。"萧道成说:"你的话不无道理。"王俭说:"你今天的名望和地位,应该是固定的常任宰相,应该在礼节上与其他官员不一样,稍微显示政局将发生变化,不过,这件事应该先让褚渊知道。"过了几天,萧道成前往造访褚渊,谈了很长时间,萧道成才说:"我梦见升官了。"褚渊说:"刚刚宣布任命不久,恐怕一二年间不会有变。"萧道成回来后告诉王俭,王俭说:"褚渊还没有明白。"王俭就倡议加授萧道成为太傅,赐黄钺。萧道成对亲信任遐说:"褚渊如果不同意,怎么办?"任遐说:"褚渊珍惜生命,全力保护妻子儿女,并没有奇特的才能和高尚的节操,我能制服他。"褚渊果然没有异议。于是,顺帝下诏赐给萧道成黄钺,任命他为大都督中外诸军事、太傅,兼扬州牧,上殿时可以佩剑穿鞋,入朝时不必快步小跑,奏事时不必称名。

冬十月,宋朝廷任命萧映为南兖州刺史,萧晃为豫州刺史。

十二月,北魏冯太后诛杀青州刺史、南郡王李惠。

李惠是李夫人的父亲。冯太后猜忌诬陷他投宋叛国,诛杀了他。冯太后因猜疑屠杀了十余家,而李惠历任官职,都有政绩,因此北魏的百姓特别为他呼冤痛惜。

宋改定宫中音乐。

尚书令王僧虔奏："朝廷以宫县合和鞞拂，节数虽会，虑乖雅礼。今之清商实由铜爵，中庸和雅，莫近于斯。而情变听移，亡者将半，民间竞造新声，烦淫无极，宜命有司悉加补缀。"从之。

魏以高允为中书监。

高允以老疾告归乡里，寻复以安车征至平城，拜镇军大将军、中书监。固辞，不许。诏乘车入殿，朝贺不拜。

己未（479） 宋昇明三年，齐太祖高帝萧道成建元元年，北魏太和三年。

春正月，宋以萧嶷为荆州刺史，萧赜为仆射。 宋以谢朏为侍中。

太傅道成以朏有重名，欲引参佐命，以为左长史。尝与论魏、晋故事，因曰："石苞不早劝晋文，死方恸哭，方之冯异，非知机也。"朏曰："晋文世事魏室，必将身终北面。借使魏行唐、虞故事，亦当三让弥高。"道成不悦，以朏为侍中，更以王俭为左长史。

三月朔，日食。 宋萧道成自为相国，封齐公，加九锡。

以十郡为齐国，官爵礼仪并放天朝。
齐公道成杀宋临川王绰。

时杨运长为道成所杀。绰，义庆之孙也。以凌源令潘智与运长善，遣人说之曰："君先帝旧人，身是宗室近属，如此形势，岂得久全！若招合内外，计多有从者。"智以告道

尚书令王僧虔奏称："朝廷用悬挂的钟磬用来伴奏鞞舞和拂舞，节奏虽然合拍，但不够高雅。现在的清商乐实际上来自铜爵台，中庸清雅，没有能够比上它的音乐。但随着情趣的变化，听觉的转移，失传将近一半，民间竞相制作新的歌曲，非常淫乱，应该命令有关部门加以补充整理。"宋顺帝采纳了这个建议。

北魏朝廷任命高允为中书监。

高允因年老疾病请求退职，回到家乡，不久又被朝廷用安车征召到平城，任命为镇军大将军、中书监。高允坚决辞让，朝廷不准。诏命他乘车上殿，朝贺时不必叩头行礼。

齐高帝

己未（479） 宋昇明三年，齐太祖高帝萧道成建元元年，北魏太和三年。

春正月，宋朝廷任命萧嶷为荆州刺史，萧赜为仆射。 宋朝廷任命谢朏为侍中。

太傅萧道成因为谢朏名声显赫，打算延引他参与辅佐自己，于是任命他为左长史。萧道成曾经与他谈论魏晋时期的旧事，乘机说："石苞不尽早劝晋文王司马昭称帝，等他死后，才去痛哭，与冯异相比，不能说算是知道机宜。"谢朏说："晋文王累世事奉魏室，必然要终身面北称臣。假如曹魏依照唐尧把帝位传给虞舜的先例行事，晋文王也应当经过三次推让，才更为崇高。"萧道成很不高兴，只任命谢朏为侍中，而改任王俭为左长史。

三月初一，出现日食。 宋萧道成自任相国，封为齐公，加九锡。

用十个郡的封地为齐国，官爵礼仪都仿效朝廷行事。

齐公萧道成诛杀宋临川王刘绰。

当时，杨运长被萧道成所杀。刘绰是刘义庆的孙子。因为凌源令潘智与杨运长深有交情，刘绰就派人游说潘智说："您是先朝皇帝的旧臣，我是皇室近亲，在这种情况下，怎么能够长久地保全自己的性命？如果我们招揽汇集朝廷内外的人，估计会有很多人响应我们。"潘智把他的话报告给萧道

成,道成杀之。

齐以王俭为仆射。

宋司空褚渊引何曾自魏司徒为晋丞相故事,求为齐官,道成不许。以王俭为仆射,时年二十八。

夏四月,齐公道成进爵为王。

增封十郡。

齐王道成杀宋武陵王赞。　齐王道成称皇帝,废宋主为汝阴王,徙之丹阳。以褚渊为司空。

宋主下诏禅位于齐,而不肯临轩,王敬则勒兵入迎。太后惧,自帅阉人索得之。敬则启譬令出,宋主收泪谓曰:"欲见杀乎?"敬则曰:"出居别宫耳。官先取司马家亦如此。"宋主泣而弹指曰:"愿后身世世勿复生天王家。"宫中皆哭。宋主又拍敬则手曰:"必无过虑当饷辅国十万钱。"是日,百僚陪位。侍中谢朏在直,当解玺绶,阳为不知,曰:"有何公事?"传诏云:"解玺绶授齐王。"朏曰:"齐自应有侍中。"乃引枕卧。传诏惧,使朏称疾,朏曰:"我无疾,何所道!"遂朝服步出。乃以王俭为侍中,解玺绶。礼毕,宋主出就东邸。光禄大夫王琨在晋世已为郎中,至是攀车恸哭曰:"人以寿为欢,老臣以寿为戚。既不能先驱蝼蚁,乃复频见此事。"呜咽不自胜,百官雨泣。司空褚渊等奉玺绶诣齐宫劝进,渊从弟炤谓渊子贲曰:"不知汝家司空将一家物

成,萧道成诛杀了他。

齐公萧道成任命王俭为仆射。

宋司空褚渊援引何曾由曹魏司徒担任西晋丞相的旧事,请求担任齐国的官员,萧道成没有答应。他任命王俭为仆射,这一年,王俭二十八岁。

夏四月,齐公萧道成的爵位进为齐王。

增加十个郡的封地。

齐王萧道成诛杀宋武陵王刘赞。 齐王萧道成登基称帝,废宋主刘准的皇位,奉他为汝阴王,让他迁到丹阳。南齐高帝任命褚渊为司空。

刘宋顺帝下诏将帝位传给齐王,却不肯出面到殿前去会见文武百官,王敬则率领军队去迎接顺帝。太后害怕,亲自率领宫官找到了顺帝。王敬则劝诱顺帝出来,顺帝止住眼泪对王敬则说:"你打算杀死我吗?"王敬则说:"让您出来住到别的宫殿中罢了。您家先前取代司马家也是这样做的。"顺帝流着眼泪,弹着手指说:"但愿今后世世代代不再生在帝王之家。"宫中的人都哭了起来。顺帝又拍着王敬则的手说:"如果不发生意外,就赠送给你十万钱治理国家。"这一天,百官为齐王作陪。侍中谢脁正在值班,应当解送玺印,但他假装不知道,说:"有什么公事吗?"传达诏令的人说:"解送玺印,授给齐王。"谢脁说:"齐王自然应当有自己的侍中。"他便拿过枕头躺下。传达诏令的人害怕了,便让谢脁假称生病,谢脁说:"我没有生病,为什么要这么说!"于是穿上朝服,出门而去。齐王只好让王俭担任侍中,解送玺印。授印典礼结束后,顺帝前往东邸。光禄大夫王琨在晋朝已担任郎中,到了此时,他抓住顺帝乘坐的车子痛哭说:"人们都为长寿而高兴,老臣我却因为长寿而悲哀。可惜此身不能早日死去,才屡次看到今天发生的事情。"他哭得难以自制,百官也都泪如雨下。司空褚渊等捧上玺印,前往齐王宫请萧道成即皇帝位,褚渊的堂弟褚炤的儿子褚贲说:"不知道你家司空将一家的物件

与一家,亦复何谓!"

齐王即皇帝位,奉宋主为汝阴王,筑宫丹阳,置兵守卫。以褚渊为司徒,贺者满座。炤叹曰:"彦回少立名行,何意披猖至此!门户不幸,乃复有今日之拜。使彦回作中书郎而死,不当为一名士邪!名德不昌,乃复有期颐之寿!"渊固辞不拜。奉朝请裴颙上表数齐主过恶,挂冠径去,齐主杀之。太子赜请杀谢朏,齐主曰:"杀之遂成其名,正应容之度外耳。"久之,因事废于家。齐主问为政于参军刘璡,对曰:"政在《孝经》。凡宋氏所以亡,陛下所以得者,皆是也。陛下若戒前车之失,加以宽厚,虽危可安;循其覆辙,虽安必危矣。"齐主叹曰:"儒者之言,可宝万世!"

齐主以其子嶷为扬州刺史。　齐主令群臣言事。

齐主命群臣各言得失。淮南、宣城太守刘善明:"请除宋氏大明、泰始以来苛政,以崇简易。交州险远,宋末政苛,遂至怨叛,今宜怀以恩德。且彼土所出唯有珠宝,实非圣朝所须之急,讨伐之事,谓宜且停。"给事黄门郎崔祖思言:"人不学则不知道,此悖逆祸乱所由生也。今无员之官空受禄力,宜开文武二学,令限外官各从所乐,依方习业,废惰者遣还故郡,优殊者待以不次。又,今陛下虽躬履节俭,而群下犹习侈靡。宜褒进朝士之约素清修者,贬退其

交给另一家,这算是怎么回事!"

齐王萧道成即帝位,奉顺帝为汝阴王,在丹阳为顺帝修筑宫室,派兵守卫。齐高帝任命褚渊为司徒,前来祝贺的宾客挤满了座席。褚炤叹息说:"褚渊在少年时代就树立了名望和操行,谁能想到他会猖狂到这种地步! 褚氏门户不幸,才又有今天的拜官之举。假如褚渊在担任中书郎的时候死去,难道不会成为一位名士吗! 而现在名誉和德行都败坏了,可却又长命百岁!"褚渊坚决不肯接受任命。奉朝请裴颙上表指斥高帝的过失与丑恶,辞官而去,高帝下令杀了他。太子萧赜请求杀掉谢朏,高帝说:"杀死他,正好成就了他的名望,我们恰恰应该把他留下来,但不予重用。"过了很长时间,谢朏因事被免官回家。高帝向参军刘瓛询问如何为政,刘瓛回答说:"为政之道都在《孝经》中。大凡刘宋之所以灭亡,陛下之所以得天下,《孝经》都已阐述。如果陛下能诫前车之失,再加上待人宽厚,即使国家处于危急之中,也可以安定下来;如果陛下重蹈覆辙,即使国家原来很安定,也会导致危亡。"高帝感叹说:"儒士的话,真是可以用作万代之宝!"

齐高帝任命儿子萧嶷为扬州刺史。 齐高帝命令群臣议论朝政得失。

齐高帝命令群臣分别议论朝政得失。淮南、宣城二郡太守刘善明说:"请求废除刘宋大明、泰始以来的苛暴政令,以崇尚简要平易。交州地势险要偏远,由于宋末政令苛暴,才导致民怨叛乱,如今应该以恩德感化他们。而且交州土地上出产的只有珠宝,这不是我朝所急需的东西,所以讨伐交州的事情,我认为应当暂停。"给事黄门郎崔祖思进言说:"人不求学,就不明白道理,这正是叛逆与祸乱产生的原因。现在,不在编制以内的官员白白享受俸禄和人力的供养,应该开设文武两类学校,让编外的官员各自按照本人意愿,依照规定的办法入校学习。荒废学业的人就遣返本郡,学习优异的就不拘等次地加以任用。另外,如今陛下虽然亲自奉行节俭的风尚,但群臣仍然习惯于奢侈浪费的生活。应当表彰进用那些勤俭节约、持身清正的官员,贬抑退逐那些

骄奢荒淫者，则风俗可移矣。"

宋元嘉之世，事皆责成郡县。世祖征求急速，始遣台使督之。自是使者旁午，公私劳扰。闻喜公子良极陈其弊，以为："台有求须，但明下诏敕，为之期会，则人思自竭，若有稽违，自依纠坐之科。今虽台使盈凑，会取正属所办，徒相疑愦，反更淹懈。宜悉停之。"员外散骑刘思效言："宋自大明以来，征赋有加，而天府尤贫。小民殆无生意，而贵族富室以侈丽相高，乃至山泽之民，不敢采食其水草。今宜一新王度，革正其失。"齐主皆加褒赏，或付有司详择所宜奏行之。寻诏："二宫诸王，悉不得营立屯邸，封略山湖。"

魏罢候官。

魏诏："候官千数，重罪受赇不列，轻罪吹毛发举，宜悉罢之。"更置谨直者数百人，使防逻街术，执喧斗者而已。自是吏民始安其业。

齐褚渊、王俭等进爵有差。

处士何点戏谓人曰："我作《齐书》已竟，其赞曰：'渊既世族，俭亦国华。不赖舅氏，遑恤国家！'"点，尚之之孙也。渊、俭母，皆宋公主，故点云然。

骄横奢侈、荒淫无度的官员,那么不良的风尚习俗就可以得到改变。"

刘宋元嘉年间,所有的事情都责成郡县去完成。宋孝武帝要求凡事都要火速办理,于是由朝廷派遣使者到郡县督责。从此以后,派出的使者到处交错而行,官府和百姓都受到使者的骚扰。闻喜公萧子良上表,极力陈述这一弊端,他认为:"如果朝廷有所需求,应当公开颁发诏书敕令,限定日期,下面的人自然就会想方设法,竭力完成任务。如果耽误了期限,自然应该依靠法令加以惩处。现在,虽然朝廷的使者遍布各地,可事情还要通过郡县官员去办理,徒然使朝廷使者与郡县官员之间互相猜疑怨恨,反而延缓了事情办理的时间。应该全部停止派出使者。"员外散骑刘思效说:"刘宋自大明年间以来,征收的税赋不断增加,但国库却越来越贫乏。平民百姓几乎没有活路,而贵族富户以生活奢侈豪华相互标榜,以至于山泽之民都不敢采摘他们的水草充饥。现在应当完全更新朝廷政令,改正这些过失。"高帝对他们都给予奖赏,还将有的表奏交给有关部门详加斟酌,上奏施行。不久,高帝下诏说:"皇子、皇孙两宫和诸王,一律不得营建庄园别墅,侵占山林湖泊。"

北魏下令罢免巡察官员。

北魏孝文帝下诏说:"朝廷设置的巡察官员有一千多人,他们对犯有重罪的人,只要收到贿赂,便不再追究举报,对犯罪较轻的人却吹毛求疵地检举揭发,应当将这些官员全部罢黜。"北魏重新派出数百名恭谨正直的人,让他们在城中街巷上巡逻防卫,捉拿喧闹打斗的歹徒。从此以后,官吏和百姓才得以各安其业。

齐褚渊、王俭等分别晋升爵位,各有等差。

隐士何点笑着对人说:"我已经把《齐书》撰写完毕,其中有一段论赞说:'褚渊既是世家大族,王俭也是国家的杰出人才。他们连自己的舅家都背叛了,又怎会去顾惜自己的国家!'"何点是何尚之的孙子。褚渊、王俭的母亲,都是刘宋的公主,所以何点才这么说。

五月,齐主道成弑汝阴王,灭其族。

或走马过汝阴王之门,卫士恐。有为乱者奔入杀王,以疾闻,齐主赏之。遂杀宋宗室,无少长皆死。刘澄之与褚渊善,渊为之固请,故遵考之族独得免。

齐以垣崇祖为豫州刺史。

齐主谓崇祖曰:"吾新得天下,索虏必以纳刘昶为辞,侵犯边鄙。寿阳当虏冲,非卿无以制。"故有是命。

魏葭芦镇主杨广香降齐。 **齐王立其世子赜为太子,诸子皆为王。** **秋九月,魏陇西王源贺卒。**

谥曰宣。

冬十月,齐以王玄邈为梁州刺史。

初,晋寿民李乌奴与白水氐寇梁州,刺史范柏年说降之。及朝廷遣王玄邈代柏年,诏与乌奴俱下。乌奴劝柏年不受代,柏年计未决。左卫帅胡谐之尝就柏年求马不得,潜于齐主曰:"柏年欲据梁州。"齐主使南郡王长懋诱柏年,杀之。乌奴叛,引氐兵为寇,玄邈诱击破之。

初,玄邈为青州刺史,齐主在淮阴为宋太宗所疑,欲北附魏,遣书结玄邈。玄邈长史房叔安曰:"将军居方州之重,无故举忠孝而弃之,三齐之士宁蹈东海而死耳,不敢随将军也。"玄邈乃不答书。及罢州还至淮阴,严军直过,至建康,启太宗称道成有异志。及齐主为骠骑,引为司马,玄邈甚惧,齐主待之如初。赏叔安忠正,欲用为梁州,

五月,高帝萧道成杀害汝阴王,诛灭其全族。

有人骑马经过汝阴王刘准的家门,卫士们恐惧起来。有一个作乱的人跑进去杀死刘准,却以汝阴王病死上报,高帝奖赏了这个人。于是,高帝下令杀刘宋宗室,无论老少,一律处死。刘澄之因与褚渊交好,褚渊便替他再三说情,所以只有刘遵考的家族得以幸免。

齐高帝任命垣崇祖为豫州刺史。

高帝对垣崇祖说:"我新近才得到天下,魏虏必定会以我们将要收捕刘昶为借口,前来侵犯边界。寿阳地处魏虏南下的交通要道,没有你的镇守,就无法制服他们。"于是才有这个任命。

北魏葭芦镇主杨广香投降齐国。 齐高帝立其儿子萧赜为皇太子,其余诸子都封为王。 秋九月,北魏陇西王源贺去世。

谥号为宣。

冬十月,齐高帝任命王玄邈为梁州刺史。

当初,晋寿平民李乌奴与白水氐人进犯梁州,梁州刺史范柏年劝说李乌奴归降了他。及至朝廷派遣王玄邈去接替范柏年,命令范柏年与李乌奴一起前往京城。李乌奴劝说范柏年不要接受替代,范柏年犹豫不决。左卫率胡谐之曾向范柏年索取马匹,没有得到,于是就向高帝诬陷范柏年说:"范柏年打算割据梁州。"高帝派南郡王萧长懋诱杀范柏年。李乌奴又背叛,带领氐兵侵犯梁州,王玄邈引诱击破了他。

当初,王玄邈担任青州刺史,萧道成在淮阴遭到宋明帝的猜疑,打算北上依附北魏,便写信邀请王玄邈一起行动。王玄邈的长史房叔安说:"将军担负着本州的重任,没有理由将忠孝之道全都抛弃,三齐之地的人们宁肯跳到东海中淹死,也不会随将军降魏。"于是王玄邈没有答复萧道成。等到王玄邈解职还京途中,行至淮阴,他让军队严密警戒,径直开了过去,到达建康以后,启奏宋明帝,说萧道成有叛国的打算。等到萧道成任职骠骑大将军时,请王玄邈担任司马,王玄邈非常害怕,萧道成待他却像当初一样。齐高帝赏识房叔安忠诚正直,打算任命他为梁州刺史,

会病卒。

魏遣梁郡王嘉奉丹阳王刘昶以伐齐。

魏遣将奉昶伐齐，许昶以克复旧业，世阼江南，称藩于魏。

魏使高允议定律令。

是岁魏诏中书监高允议定律令。允虽笃老，志识不衰。诏以允家贫养薄，令乐部十人五日一诣允以娱其志，朝晡给膳，朔望致牛酒，月给衣服绵绢。入见备几杖，问以政治。

契丹入附于魏。

契丹莫贺弗勿于帅部落万余口入附于魏，居白狼水东。

庚申（480） 齐建元二年，魏太和四年。

春二月，魏师攻齐寿阳，不克而还。

魏梁郡王嘉与刘昶攻寿阳，将战，昶四向拜将士，流涕纵横曰："愿同戮力，以雪仇耻！"魏步骑号二十万。豫州刺史垣崇祖欲治外城，堰肥水以自固，文武皆曰："昔佛狸入寇，城中士卒数倍，犹以郭大难守，退保内城。且自有肥水，未尝堰也，恐劳而无益。"崇祖曰："若弃外城，虏必据之，外修楼橹，内筑长围，则坐成擒矣。守郭筑堰，是吾不谏之策也。"乃于城西北堰肥水，堰北筑小城，周为深堑，使数千人守之。曰："虏见城小以为一举可取，必悉力攻之，

却赶上他因病去世,只好作罢。

北魏派遣梁郡王拓跋嘉辅佐丹阳王刘昶讨伐南齐。

北魏派遣将士辅佐刘昶讨伐南齐,答应让刘昶光复刘宋大业,世世代代统治江南地区,但必须做北魏的附属国。

北魏孝文帝诏令高允讨论并制定律令。

这一年,北魏孝文帝诏令中书监高允讨论并制定律令。高允虽然年事已高,但神志不衰。由于高允家境贫寒,朝廷供养又不多,孝文帝诏令乐队每隔五天便派十人前往高允家演奏,来让高允心情愉快,另外供给他早晨和晚间的膳食,逢初一和十五赐给牛肉和美酒,每月供给衣服、丝绵和绢帛。高允上朝时,为他准备几案和手杖,向他询问为政之道。

契丹归附北魏。

契丹莫贺弗勿于率领部落一万多人前来归附北魏,北魏安排他们在白狼水的东面居住。

庚申(480) 齐建元二年,北魏太和四年。

春二月,北魏军队进攻南齐的寿阳,没有攻克而撤退。

北魏梁郡王拓跋嘉辅助刘昶进攻寿阳,双方将要交战时,刘昶向四方将士叩头行礼,泪流满面地说:"希望大家同心协力,报仇雪耻!"北魏的步、骑兵号称二十万。南齐豫州刺史垣崇祖打算修治外城,在肥水上修筑堤坝来守卫城池,文武官员都说:"以前,佛狸拓跋焘前来侵犯时,寿阳城中的兵力是现在的几倍,尚且认为外城太大,难以固守,所以退入内城防卫。而且,自从有肥水以来,从来都没有人在肥水上筑过堤坝,现在这样做,恐怕白费力气,没有一点好处。"垣崇祖说:"如果放弃外城,胡虏一定会占领它,在外面修建瞭望高台,在里面筑成长墙,就会使我们坐以待毙。坚守外城,修筑堤坝,是我不容讨论的计策。"于是,垣崇祖在城西北修筑堤坝,拦截肥水,在堤坝的北面修筑一座小城,四周挖成很深的沟堑,派遣几千人守卫。垣崇祖说:"胡虏看到此城狭小,认为一下子就可以攻取,必定会全力攻打此城,

以谋破堰。吾纵水冲之，皆为流尸矣。"魏人果攻小城，崇祖著白纱帽，肩舆上城，决堰下水，魏人马溺死以千数，魏师退走。

齐检定民籍。

宋自孝建以来，政纲弛紊，簿籍讹谬。至是诏黄门郎虞玩之等更加检定。玩之上表以为："元嘉中故光禄大夫傅隆年出七十，犹手自书籍，躬加隐校。今欲求治取正，必在勤明令长。愚谓宜以元嘉二十七年籍为正，更立明科，一听首悔。迷而不返，依制必戮；若有虚昧，州县同科。"从之。

齐置巴州。

齐以群蛮数为叛乱，分荆、益置巴州以镇之。是时齐境有州二十三，郡三百九十，县千四百八十五。

齐以萧鸾为郢州刺史。

西昌侯鸾，齐主兄道生之子也。早孤，齐主养之，恩过诸子。

夏五月，齐立建康都墙。

自晋以来，建康外城唯设竹篱，而有六门。至是改立都墙。齐主又以建康居民舛杂，多奸盗，欲立符伍以相检括。王俭谏曰："京师之地，四方辐凑，若必持符，则事烦而理不旷，谢安所谓'不尔何以为京师'也。"乃止。

秋，齐甬城、汝南降魏。　九月朔，日食。　柔然遣使如齐。　魏攻朐山，齐人击败之。

魏梁郡王嘉围朐山，戍主玄元度婴城固守，大破魏师。台遣崔灵建等将万余人自淮入海，夜至各举两炬，魏师望见，遁去。

以图破坏堤坝。这时,我们就放水冲击他们,他们就会变成流尸了。"魏军果然攻打小城,垣崇祖戴着白色纱帽,乘轿登上城,命令决堤放水,魏军被淹死的人马数以千计,剩下的撤退逃跑。

齐核查审定户籍。

刘宋自孝建年间以来,政法废弛,田薄户籍谬误百出。齐高帝诏令黄门郎虞玩之等人重新核查审定。虞玩之上表认为:"元嘉年间已故光禄大夫傅隆年过七十,仍亲手缮写户籍,认真核实。现在想使户籍得到整理和纠正,一定要使各县长官精勤廉明。我认为应当以元嘉二十七年的户籍为准,重新制定法令,听任违法者自首悔过。如果执迷不悟,依照法令加以惩罚;如果谎报隐瞒,州县官吏与违法者一同治罪。"齐高帝采纳了他的建议。

齐设置巴州。

由于各部落蛮人屡次制造叛乱,齐高帝决定从荆州、益州两地各分出一部另设巴州,以便镇守。当时南齐境内拥有二十三个州,三百九十个郡,一千四百八十五个县。

齐高帝任命萧鸾为郢州刺史。

西昌侯萧鸾是高帝的哥哥萧道生的儿子。他幼年丧父,高帝收养了他,对他的疼爱超过了亲生诸子。

夏五月,南齐修建建康城墙。

自从晋朝以来,建康的外城只是用竹篱环绕,设有六个大门。到现在才改建城墙。又因为建康居民杂乱,有许多奸人盗贼,高帝打算设立符信,以便考察。王俭进谏说:"京城地区,各方人员往来汇集,如果一定要手持符信,就很烦琐,于情理上也难以持久,正是谢安所说的'不这样怎么可以叫作京城'的意思了。"于是,高帝打消了原来的想法。

秋季,南齐甬城、汝南两地投降北魏。　九月初一,出现日食。　柔然派遣使者到南齐。　北魏攻打朐山,被齐军击败。

北魏梁郡王拓跋嘉包围朐山,朐山戍主玄元度环城固守,大败魏军。南齐朝廷派遣崔灵建率领一万多人由淮水进入东海,黑夜降临时,每人各举两把火炬,魏军见此情景便逃走了。

冬十月,齐以何戢为吏部尚书。

齐主以戢资重,欲加常侍。褚渊曰:"圣旨每以蝉冕不宜过多,臣与俭已左珥,若复加戢,则八座遂有三貂,帖以骁游足矣。"乃加戢骁骑将军。

魏徐、兖州民作乱,遣兵讨之。

淮北四州民不乐属魏,常思归江南。齐主多遣间谍诱之。于是徐、兖之民,所在蜂起,聚保五固,推司马朗之为主。魏遣尉元、薛虎子等讨之。

十一月,齐制病囚诊治之法。

丹阳尹王僧虔上言:"郡县狱相承有上汤杀囚,名为救疾,实行冤暴。愚谓囚病必先刺郡,求职司与医对诊,远县家人省视,然后处治。"从之。

齐以杨后起为武都王。

后起,难当之孙也。

十二月,齐以褚渊为司徒。

渊入朝,以腰扇障日,征虏功曹刘祥曰:"作如此举止,羞面见人,扇障何益!"渊曰:"寒士不逊!"祥曰:"不能杀袁、刘,安得免寒士!"祥好文章,性刚疏,撰《宋书》讥斥禅代。王俭以闻,徙广州卒。太子宴朝臣,右卫率沈文季与渊语相失,文季怒曰:"渊自谓忠臣,不知死之日何面目见宋明帝。"太子笑曰:"沈率醉矣。"

魏封尚书令王叡为中山王。

冬十月，齐高帝任命何戢为吏部尚书。

高帝认为何戢的资历和威望很高，打算加授他为常侍。褚渊说："皇上的圣旨往往认为蝉饰貂尾的官员不应该过多，我和王俭已在朝冠左方加饰貂尾，如果再给何戢加貂，那么在六位尚书、令仆八座之中便有三人冠饰貂尾了，让他兼任骁骑将军或是游击将军就足够了。"于是，高帝加授何戢为骁骑将军。

北魏徐州、兖州百姓叛乱，朝廷派兵前往讨伐。

淮北四州百姓不乐意归属北魏，常常想着归附南齐。齐高帝多次派遣间谍前去诱导他们反抗北魏。于是，徐州、兖州百姓蜂拥而起，集结五固地区，推举司马朗之任首领。北魏朝廷派遣尉元、薛虎子等人前去征讨他们。

十一月，南齐制定生病囚犯的诊断治疗办法。

丹阳尹王僧虔进言说："郡县的监狱承袭着用有毒汤药杀害生病囚犯的做法，名义上是治病，实际上是制造冤狱。我认为，囚犯病了，一定要先向刺史报告，要求主管刑狱的官员与医生一齐前去诊断，家住僻远各县的罪犯，要让他们的家人前来探望，然后才能加以治疗。"高帝采纳了他的建议。

齐高帝任命杨后起为武都王。

杨后起是杨难当的孙子。

十二月，齐高帝任命褚渊为司徒。

褚渊入朝时，用腰间的折扇遮蔽阳光，征虏功曹刘祥说："这样的举动，是羞于当面见人，用扇子遮掩又有什么用处！"褚渊说："穷读书人说话太不讲礼貌！"刘祥说："不能诛杀袁粲和刘秉，怎能不当一个穷读书人！"刘祥喜爱文献经典，性情刚正，写了一部《宋书》讥讽斥责禅让帝位。王俭上报给高帝，刘祥被流放到广州，在那里死去。齐太子萧赜宴请朝廷百官，右卫率沈文季与褚渊话不投机，沈文季大怒说："褚渊自认为是一个忠臣，不知他死后有何面目去见宋明帝。"太子萧赜笑着说："沈文季喝醉了。"

北魏晋升尚书令王叡为中山王。

叡既进爵,置王官二十二人,皆当时名士。又拜叡妻为妃。

辛酉(481) 齐建元三年,魏太和五年。

春正月,魏人围甬城,齐击败之。

魏人侵齐淮阳,围军主成买于甬城。齐遣将军李安民、周盘龙等救之,买力战而死。盘龙子奉叔以二百人陷陈深入,魏以万余骑张左右翼围之。盘龙驰马奋稍,直突魏陈,所向披靡。奉叔已出,复入求盘龙。父子两骑萦扰,魏数万之众,莫敢当者,魏师败退。

二月,齐败魏师于淮阳。 魏沙门法秀作乱,伏诛。

法秀以妖术惑众,谋作乱于平城。收掩擒之,加以笼头,铁锁无故自解。魏人穿其颈骨,祝之曰:"若果有神,当令穿肉不入。"遂穿以徇,三日而死。所连及百余人,皆以反法当族。王叡请诛首恶,宥其余党,太后从之,所免千余人。

齐罢南蛮校尉官。

晋宋之际,荆州刺史多不领南蛮校尉,别以重人居之。豫章王嶷刺荆湘,始领之。嶷罢,更以王奂为之,奂辞曰:"西土戎烬之后,瘠毁难复。今又割撤太府,制置偏校,不足助实,交能相弊。且资力既分,职司增广,众劳务倍,文案滋烦。国计非允。"遂罢之。

王叡晋升中山王后,在王府设置官员二十二人,都是当时的名士。他的妻子也被封为王妃。

辛酉(481) 齐建元三年,北魏太和五年。

春正月,北魏军队围攻甬城,被齐军击败。

北魏军队侵犯南齐淮阳,把军主成买包围在甬城里。齐高帝派遣将军李安民、周盘龙等前去救援,成买力战而死。周盘龙的儿子周奉叔率领二百人冲入北魏军阵的深处,北魏派一万多人的骑兵,分成左右两翼,包围周奉叔。周盘龙骑马疾驱,奋力挥动长矛,径直冲入北魏军阵,所向披靡。周奉叔冲出敌围之后,又前去寻找周盘龙。父子二人骑马左奔右冲,北魏几万人马,没有人敢上前抵挡,魏军失败撤退。

二月,齐军在淮阳击败魏军。 北魏僧人法秀叛乱,被诛杀。

法秀以妖术迷惑民众,图谋在平城制造叛乱。北魏朝廷派人收捕,擒获了他,给他戴上笼头,但铁锁却自动打开了。看守人想用铁棍穿透法秀的颈骨,诅咒他说:"如果你真的神通广大,就应该让铁棍穿不进去。"结果法秀被穿透颈骨示众,三天之后死去。法秀牵连了一百多人,按照有关谋反的律令,全部应该灭族。王叡请求诛杀其中的首恶,宽恕剩下的人,冯太后听从了他的建议,有一千多人得以幸免。

齐高帝取消南蛮校尉的建置。

晋宋之际,荆州刺史往往不兼任南蛮校尉,朝廷另外委派重要的官员担任此职。豫章王萧嶷担任荆、湘两州刺史时,开始兼任南蛮校尉。萧嶷卸任之后,高帝又任命王奂担任两州刺史兼南蛮校尉,王奂推辞说:"西部经受战火浩劫之后,受到的破坏已难以恢复。现在又要削弱州郡的权力,去设置一些偏官,不足以增强实力,而权力交叉又造成各种弊端。况且物资与权力分散以后,职能部门增加,大家的劳动必然成倍上升,公文案卷更加繁杂。从国家利益来考虑,这种做法并不妥当。"于是高帝取消了该职的建置。

夏五月，邓至羌入贡于魏。

邓至者，羌之别种，国于宕昌之南。

魏尚书令王叡卒。

叡疾病，太后屡至其家。及卒，赠谥立庙，文士作诔者百余人。及葬，自称姻旧缞绖哭送者千余人。魏主以叡子袭代为尚书令。

秋七月朔，日食。　齐遣使如魏。

宋昇明中，遣使者殷灵诞、苟昭先如魏。灵诞闻齐受禅，谓魏典客曰："宋、魏通好，忧患是同。宋今灭亡，魏不相救，何用和亲！"及刘昶南伐，灵诞请为司马，不许。魏宴群臣，置齐使车僧朗于灵诞下，僧朗不肯就席，灵诞遂与忿詈。刘昶赂宋降人刺杀僧朗，魏人厚送其丧，并灵诞等南归。昭先白其语，灵诞下狱死。

九月，魏徐、兖州平。以薛虎子为徐州刺史。

魏尉元、薛虎子克五固，斩司马朗之，东南皆平。以虎子为徐州刺史。时州镇戍兵资绢自随，不入公库。虎子表曰："国家欲取江东先须积谷彭城。今在镇之兵不减数万，资粮之绢人十二匹，用度无准，未及代下，不免饥寒，公私损费。今徐州良田十余万顷，水陆肥沃，清、汴通流，足以溉灌。若以兵绢市牛，可得万头，兴置屯田。一岁之中，且给官食，且耕且守，不妨捍边。一年之收过于十倍之绢，暂时

夏五月,邓至羌向北魏进贡。

邓至是羌人的一个分支,建国于宕昌的南面。

北魏尚书令王叡去世。

王叡患病期间,冯太后多次到他家探视。到王叡故去时,朝廷赠给谥号,并为他立庙,为他撰写哀诗和诔文的文士有一百多人。安葬王叡时,自称是他的亲戚故旧、穿着丧服哭泣送葬的,有一千多人。孝文帝任命王叡的儿子王袭代其父担任尚书令。

秋七月初一,出现日食。　南齐派遣使者前往北魏。

刘宋昇明年间,顺帝派遣使者殷灵诞、苟昭先前往北魏。殷灵诞听说齐高帝接受帝位禅让后,对北魏的典客官说:"宋、魏互通友好,一方的忧患就是另一方的忧患。现在宋朝灭亡,如果北魏不去救助,和亲还有什么用处!"等到刘昶讨伐南齐的时候,殷灵诞请求担任刘昶的司马,刘昶没有答应。北魏宴请群臣,将南齐使者车僧朗安排在殷灵诞的下首就座,车僧朗不肯入席,于是殷灵诞愤怒地与他互相辱骂。刘昶贿赂收买宋朝的降将刺杀了车僧朗,北魏隆重地为车僧朗举行葬礼,并将殷灵诞、苟昭先放还南齐。苟昭先把殷灵诞的话报告给了南齐皇帝,殷灵诞被关入牢狱斩杀。

九月,北魏徐州、兖州平定。北魏朝廷任命薛虎子为徐州刺史。

北魏尉元、薛虎子攻克五固,斩杀司马朗之,东南叛乱全部被平定。朝廷任命薛虎子为徐州刺史。当时戍守州镇的军队将财物绢帛随军携带,不上缴官府公库。薛虎子上表说道:"朝廷打算攻取江东地区,就必须先在彭城存贮谷物。而现在州镇上的兵力,不少于数万人,充当军资粮饷的绢帛,每人十二匹,开支没有准则,兵卒们还没有等到被替换就已用完,不免忍饥挨冻,于公于私都是一种损害和浪费。现在,徐州拥有良田十万多顷,水源充足,土地肥沃,清水、汴水在境内流过,足以灌溉土地。如果拿军用的绢帛去购买耕牛,能够得到一万头,可以用来兴办屯田。在头一年里,由官府供给军队的食用,让军队一边耕田,一边戍守,不妨碍保卫边境。一年的收获要超过十倍的绢帛,短期

之耕,足充数载之食。于后兵资皆贮公库,五稔之后,谷帛俱溢,非直戍卒丰饱,亦有吞敌之势。"魏主从之。虎子为政有惠爱,兵民怀之。会沛郡、下邳太守以赃污为虎子所案,告虎子与江南通。魏主曰:"虎子必不然。"推案果虚。诏二人,皆赐死。

吐谷浑王拾寅卒,子度易侯立。　魏新律成。

凡八百三十二章,门房之诛十有六,大辟二百三十五,杂刑三百七十七。

壬戌(482)　齐建元四年,魏太和六年。
春三月,齐以张绪为国子祭酒。
置学生二百人。
齐主道成殂,太子赜立。
齐主召褚渊、王俭受遗诏辅太子而殂,太子即位。高帝沉深有大量,博学能文,性清俭。主衣中有玉导,上曰:"留此正长病源!"即命击碎,仍按检有何异物,皆随此例。每曰:"使我治天下十年,当使黄金与土同价。"

齐以褚渊录尚书事,王俭为尚书令,王奂为仆射,豫章王嶷为太尉。　魏罢虎圈。
魏主临虎圈,诏曰:"虎狼猛暴,捕之伤人,无益有损,其勿捕贡。"

夏六月,齐主立其子长懋为太子。　秋,齐南康公褚渊卒。

的耕种,能够保证数年的食用。此后,军用物资都要贮存在公库,五年之后,谷物和绢帛便会非常丰富,不但可以使戍边的兵卒丰衣足食,而且会令他们有消灭敌人的气势。"孝文帝采纳了他的建议。薛虎子为官时,以恩惠和慈爱施政,军民都心向于他。适逢沛郡、下邳两地太守因为贪污被薛虎子所查,二人便控告薛虎子暗通南齐。孝文帝说:"薛虎子肯定不会做出这样的事情来。"经过调查,果然发现事情不是真的。孝文帝于是下诏赐两地太守死。

吐谷浑王慕容拾寅去世,他的儿子慕容度易侯即位。　　北魏新的律令制定完成。

共有八百三十二章,有关灭门灭族的有十六章,有关死刑的有二百三十五章,其他各种刑罚有三百七十七章。

壬戌(482)　齐建元四年,北魏太和六年。

春三月,齐高帝任命张绪为国子祭酒。

设置学生二百人。

齐高帝萧道成去世,太子萧赜即位。

齐高帝召见褚渊、王俭接受遗诏,辅佐太子,随后去世,太子萧赜即皇帝位。齐高帝深谋远虑,宽宏大量,学识广博,能写文章,性情朴素节俭。主衣库中有一个玉导,高帝说:"留下此物,正是滋长弊病的根源!"当即命令将玉导击碎,还检查库中存有什么异物,都按此例处理。他经常说:"如果我能够统治天下十年,当使黄金与泥土等价。"

齐武帝任命褚渊为录尚书事,王俭为尚书令,王奂为仆射,豫章王萧嶷为太尉。　　北魏撤销虎圈。

北魏孝文帝亲临虎圈,颁布诏书说:"虎狼凶猛残暴,捕捉它们的时候,往往要伤人,既没有什么好处,又造成各种浪费,不要再捕捉它们进贡。"

夏六月,齐武帝立其子萧长懋为皇太子。　　秋季,齐南康公褚渊去世。

渊卒,世子贲耻其父失节。服除遂不仕,以爵让其弟蓁,屏居墓下终身。

齐罢国子学。

以国哀故也。

魏以李崇为荆州刺史。

魏以荆州巴、氐扰乱,以李崇为刺史。发兵送之,崇辞曰:"边人失和,本怨刺史。今奉诏代之,自然安靖。但须一诏而已,不烦发兵自防,使之怀惧也。"遂轻将数十骑驰至上洛,宣诏慰谕,民夷帖然。崇命边戍掠得齐人者悉还之,由是齐人亦还其生口,二境交和,无复烽燧之警。徙兖州刺史。兖土旧多劫盗,崇命村置一楼,楼皆悬鼓,盗发之处,乱击之,旁村始闻者以一击为节,次二,次三,俄顷之间,声布百里,皆发人守险,由是盗无不获。其后诸州皆效之。

冬十一月,魏主始亲祀七庙。

魏主将亲祀七庙,命有司具仪法,依古制备牲牢、器服及乐章。至是四时常祀皆举之。

癸亥(483)　齐世祖武帝赜永明元年,魏太和七年。

春,齐复郡县官田秩,迁代以小满为限。

褚渊去世之后,他的长子褚贲为父亲失去节操而感到耻辱。在服丧期满以后,便不再做官,把爵位让给了弟弟褚蓁,终生在褚渊的坟墓旁隐居。

南齐裁撤国子学。

因为齐高帝去世的缘故,齐武帝做出了这个决定。

北魏朝廷任命李崇为荆州刺史。

由于荆州的巴人与氐人骚扰叛乱,北魏任命李崇为荆州刺史。朝廷打算派兵护送他上任,李崇推辞说:"边地的百姓失去和睦,本来是因为怨恨当地刺史造成的。现在我接受诏命接替这一职务,当地百姓自然会安定下来。我只需要一纸诏书就足够了,不必麻烦派兵保护,使当地百姓心怀恐惧。"于是,李崇轻装率领数十人骑马急奔到上洛,宣布诏书加以安慰,当地的百姓和夷人都心悦诚服。李崇命令边境士兵把掠来的南齐百姓全部送还,因此南齐也把北魏俘虏送还,两国边境和睦相处,不再发生战事。后来李崇被改任兖州刺史。过去兖州境内经常有劫盗出没,李崇命令在每一个村庄都设置一座楼,楼内悬挂大鼓,在强盗出现的地方,就猛烈敲击大鼓,最初听到鼓声的村庄就敲击一下,听到一下鼓声的村庄就敲两下,再下一个村庄就敲三下,不一会儿,鼓声传遍百里,各村庄都派人防守险要地带,因此,强盗没有不被捉获的。后来,各州都仿效这一做法。

冬十一月,北魏孝文帝开始亲自祭祀七庙。

孝文帝准备亲自祭祀七庙,命令有关部门准备礼仪法度,依照过去的制度置办祭祀典礼上用的牲畜、礼服、礼器以及音乐。从此,一年四季中常规祭祀都按时进行。

齐武帝

癸亥(483) 齐世祖武帝萧赜永明元年,北魏太和七年。

春季,南齐恢复州郡县官员的田地俸禄,州郡县官升迁改任以三年一任为期限。

诏以边境宁晏，治民之官普复田秩。宋末以治民之官六年过久，乃以三年为断，谓之"小满"。迁换去来，又不能依三年之制。至是乃诏自今一以小满为限。

夏四月，齐杀其尚书垣崇祖、散骑常侍荀伯玉。

齐主之为太子也，自以年长与创大业，朝事率皆专断。所信任左右张景真，骄侈僭拟，内外莫敢言。司空咨议荀伯玉素为太祖所亲厚，密以启闻。太祖怒，命检校东宫，宣敕诘责，使以太子令收景真杀之。齐主忧惧，称疾。月余，太祖怒不解，王敬则叩头启曰："官有天下日浅，太子无事被责，人情恐惧，愿官往东宫解之。"因宣旨装束，太祖不得已至东宫，召诸王宴，尽醉乃还。伯玉由是愈见亲信，而齐主深怨之。豫州刺史垣崇祖亦不亲附太子。太祖临终，指伯玉以属齐主。至是齐主诬崇祖招结江北荒人，欲与伯玉作乱，皆收杀之。

闰月，魏主之子恂生。

魏主后宫林氏生子恂，冯太后以恂当为太子，赐林氏死，自抚养之。

五月，齐杀其车骑将军张敬兒。

敬兒好信梦。初为南阳守，妻尚氏梦一手热；为雍州，梦一胛热；为开府，梦半身热。敬兒意欲无限，谓所亲曰：

齐武帝下诏:由于边境安宁,普遍恢复各州郡县官员的田地俸禄。刘宋末年,因州郡县官每任六年,时间太久,又改成三年一任,称作"小满"。但官吏升迁改任,还是不能依照三年一任的制度办事。到这时,武帝才下诏命令,今后州郡县官一概以三年一任为期限。

夏四月,齐武帝诛杀尚书垣崇祖、散骑常侍荀伯玉。

齐武帝当太子的时候,认为自己年长,参与创立南齐帝业,对朝廷中的所有事情都独断专行。他的亲信张景真骄横奢侈,朝廷内外的官员没有人敢就此发表意见。司空咨议荀伯玉向来被齐高帝亲近厚待,他暗中向高帝启奏这件事情。高帝大怒,命令检查东宫,宣布敕书,责问太子,又让人以太子的命令收捕张景真,将他杀掉。齐武帝忧愁恐惧,称病不出。过了一个多月,高帝的怒气还没有消除,王敬则伏地叩头,向高帝启奏说:"陛下称帝天下的日子还不长,太子无故遭受责难,人们担惊受怕。希望陛下前往东宫,消除太子的忧虑。"于是,王敬则宣布圣旨,让人们做好准备,高帝迫不得已,来到东宫,召集诸王宴饮,大家都大醉而归。荀伯玉因此愈加受到高帝的亲近信任,但却被武帝深深忌恨。豫州刺史垣崇祖也不肯亲近阿附太子。高帝在临终之时,手指着荀伯玉,把太子托付给他。这年四月,齐武帝诬陷垣崇祖招结江北的亡命之徒,打算与荀伯玉一起叛乱,将他们二人都收捕杀害了。

闰四月,北魏皇太子拓跋恂出生。

北魏孝文帝后宫中的林氏生下儿子拓跋恂,冯太后因拓跋恂应当被立为太子,便赐林氏自杀,自己来抚养拓跋恂。

五月,齐武帝诛杀车骑将军张敬儿。

张敬儿非常信梦。当初,他担任南阳太守时,他的妻子尚氏梦里觉得一只手发烫;等到他担任雍州刺史时,他的妻子梦里觉得一边的肩胛发热;到他任开府仪同三司时,他的妻子梦里又觉得半身发热。张敬儿升官的欲望没有止境,对自己的亲信说:

"吾妻复梦举体热矣。"齐主闻而恶之。会有人告敬儿货易蛮中，疑有异志。会齐主于华林园设斋，于坐收敬儿。敬儿脱冠貂投地曰："此物误我！"遂杀之。敬儿女为征北咨议谢超宗子妇，超宗谓丹阳尹李安民曰："'往年杀韩信，今年杀彭越'，尹欲何计？"安民具启之，收付廷尉，赐死。

秋七月，齐以王僧虔为特进光禄大夫。

初，齐主以侍中王僧虔为光禄大夫、开府仪同三司，僧虔固辞开府，谓兄子俭曰："汝行登三事，我若受此，是一门二台司也，吾实惧焉。"累年不拜，至是许之，加特进。俭作长梁斋，制度小过，僧虔不悦，竟不入户，俭即日毁之。

初，王弘与兄弟集会，任子孙戏适。僧达跳下地作虎子。僧绰正坐，采蜡烛珠为凤皇，僧达夺取打坏，亦复不惜。僧虔累十二博棋，既不坠落，亦不重作。弘叹曰："僧达俊爽，当不减人，然恐终危吾家；僧绰当以名义见美；僧虔必为长者，位至公台。"已而皆如其言。

冬十月，荧惑逆行入太微。

齐有司请禳之，齐主曰："应天以实不以文。我克己求治，思隆惠政，灾若在我，禳之何益？"

齐遣将军刘缵如魏。

缵屡至魏，冯太后遂私幸之。

"我的妻子梦里又觉得全身发热了。"齐武帝听说以后就厌恶他了。适逢有人告发张敬儿与蛮人进行贸易,武帝怀疑他有背叛的意图。恰巧赶上武帝在华林园中设置斋会,武帝便在座席上收捕张敬儿。张敬儿摘下朝冠貂尾丢在地上说:"这个东西害了我!"于是,武帝诛杀了他。张敬儿的女儿是征北咨议谢超宗的儿媳,谢超宗对丹阳尹李安民说:"'往年杀了韩信,今年又杀了彭越',您准备做何打算呢?"李安民把他的话启奏武帝,武帝命令收捕谢超宗,交给廷尉审讯,并赐死。

秋七月,齐武帝加授王僧虔为特进光禄大夫。

当初,齐武帝任命侍中王僧虔为光禄大夫、开府仪同三司,王僧虔坚决辞让开府仪同三司一职,对哥哥的儿子王俭说:"你即将成为三公,如果我再接受这一任命,便是一家之中有两个宰相,我实在害怕。"连续几年,王僧虔都没有接受任命,一直到现在,武帝才答应,但又加授他为特进光禄大夫。王俭建造了一座横梁很长的书斋,稍微超过了规定的制度,王僧虔很不高兴,竟然没有进门,王俭当天便拆毁了这座书斋。

起初,王弘与兄弟们一起聚会,任凭儿孙玩乐。王僧达跳到地上扮成小老虎的样子。王僧绰端正地坐着,用蜡烛做成一个凤凰,僧达把凤凰夺去打坏了,他也不为之可惜。王僧虔把十二个棋子累在一起,棋子不倒落,也就不用再累一次。王弘叹息道:"僧达性情豪爽,应当不会比别人差,可我担心他终究会给家里带来危难;僧绰会以自己的名声与品行而受到赞誉;僧虔肯定会成为谨厚长者,官至三公宰相。"后来的结局都和他说的一样。

冬十月,火星逆行进入太微星系。

南齐有关部门请求举行去除邪恶的祭祀,齐武帝说:"应当以实际行动对待上天的变化,而不是用祭文。我克制自己以求天下大治,时刻想着用开明的政策去治国,如果灾异要降临,进行祭祀又有什么用处呢?"

齐武帝派遣将军刘缵出使北魏。

刘缵屡次前去北魏,北魏冯太后于是与他私通。

十二月朔，日食。　魏始禁同姓为昏。　魏秦州刺史于洛侯有罪伏诛。

洛侯性残酷，刑人或断腕拔舌，分悬四体，州民皆反。有司劾之，魏主遣使至州宣告吏民，然后斩之。齐州刺史韩麒麟为政尚宽，从事刘普庆说曰：“公杖节方夏，而无所诛斩，何以示威！”麒麟曰：“刑罚所以止恶，仁者不得已而用之。今民不犯法，又何诛乎？若必断斩然后可以立威，当以卿应之。”普庆惭惧而退。

十二月初一,出现日食。　　北魏开始禁止同姓通婚。　　北魏秦州刺史于洛侯因罪被杀。

　　于洛侯生性残酷,对人用刑时,有时竟斩断手腕,拔掉舌头,分割四体悬挂起来,秦州百姓不堪忍受,起来反抗。北魏有关部门弹劾他的残酷,孝文帝派人到秦州宣告官吏和百姓,然后诛杀于洛侯。齐州刺史韩麒麟为政崇尚宽厚,从事刘普庆对他说:"您身任一方长官,却从来不肯杀人,用什么来显示威严呢!"韩麒麟说:"刑罚是用来防止罪恶的,有仁爱之心的人,只是在不得已时才使用它。现在,百姓没有犯法,我为什么要杀人呢?如果一定要杀了人才可以树立威信,应当从你开始。"刘普庆既惭愧又害怕,慌忙离去。

资治通鉴纲目卷二十八

起甲子(484)齐武帝永明二年、魏高祖太和八年,尽丙子(496)齐高宗建武三年、魏高祖太和二十年。凡十三年。

甲子(484)　齐永明二年,魏太和八年。

春正月,齐以竟陵王萧子良为司徒。

子良,齐主之子也,少有清尚,倾意宾客。开西邸,多聚古人器服以充之。范云、萧琛、任昉、王融、萧衍、谢朓、沈约、陆倕并以文学见亲,号曰八友。柳恽、王僧孺、江革、范缜、孔休源亦预焉。

子良笃好释氏,招致名僧讲论,或亲为赋食行水,世颇以为失宰相体。范缜盛称无佛。子良曰:"君不信因果,何得有富贵贫贱?"缜曰:"人生如树花同发,随风而散,或拂帘幌坠茵席之上,或关篱墙落粪溷之中。坠茵席者,殿下是也;落粪溷者,下官是也。贵贱虽殊,因果何在?"子良无以难。缜又著《神灭论》,以为:"形者神之质,神者形之用也。神之于形,犹利之于刀,未闻刀没而利存,岂容形亡而神在哉!"子良使王融谓之曰:"卿才美,何患不至中书郎,而故乖刺为此,甚可惜也! 宜急毁之。"缜大笑曰:"使缜卖论取官,已至令、仆矣!"

萧衍好筹略,有文武才干,王俭深器之,曰:"萧郎出三

甲子(484) 　齐永明二年,北魏太和八年。

春正月,南齐武帝任命竟陵王萧子良为司徒。

萧子良是齐武帝的儿子,从小性格清高,极爱结交朋友。他建造西宅,收集很多古人的器物、服饰放在那里。范云、萧琛、任昉、王融、萧衍、谢朓、沈约、陆倕等人在文章学问上都很有造诣,并因此受到萧子良的厚待,号称八友。柳恽、王僧孺、江革、范缜、孔休源也都成为萧子良的朋友。

萧子良笃信佛教,曾延请高僧讲论佛法,他有时还亲自给高僧们端饭送水,大家都认为他这样做有失宰相体统。范缜大谈世间没有佛。萧子良说:"你不相信因果报应,但世上为什么会有富贵、贫贱之分?"范缜说:"人生一世,如同树上的花朵一样,同时生长,又都随风飘散,有的掠过帘子帷幕落到了床褥上,有的越过篱笆围墙落在了粪坑里。落到床褥上的就像殿下您,落到粪坑里的就是我了。你我贵贱虽相去甚远,但因果报应体现在哪里呢?"萧子良无言应答。范缜又作《神灭论》一书,他认为:"形体是精神的本质,精神则是形体的表现和产物。精神对于形体来说,就好像刃与刀,没有听说过有刀失而刃在的道理,那么怎会有形体消亡而精神却还存在的事情呢!"萧子良派王融对范缜说:"你才华横溢,还愁什么当不上中书郎,却故意胡说这种谬论,实在令人惋惜! 你应该赶快放弃这种观点。"范缜大笑说:"假如我卖论取官,早已做了尚书令、仆射了!"

萧衍擅长谋略,文武双全,王俭很器重他,说:"萧郎年过三

十,贵不可言。"后子良启以范云为郡,齐主曰:"闻其恒相卖弄,朕不复穷法,当宥之以远。"子良曰:"不然。云动相规诲,谏书具存。"遂取以奏,凡百余纸,辞皆切直。齐主叹息,谓子良曰:"不谓云能尔,方使弼汝,何宜出守?"文惠太子尝出东田观获,顾谓众宾曰:"刈此亦殊可观。"众皆唯唯。云独曰:"三时之务,实为长勤。伏愿殿下知稼穑之艰难,无徇一朝之宴逸!"

夏六月,齐以茹法亮为中书舍人。

时中书舍人四人,各住一省,谓之四户,以法亮及吕文显等为之。权倾朝廷,饷遗岁数百万。法亮尝语人曰:"何须求外禄!此一户中,年办百万。"盖约言之也。后因天文有变,王俭极言文显等专权徇私所致,齐主不能改。

秋,魏始班禄。

魏旧制:户调帛二匹,絮二斤,丝一斤,谷二十斛。又入帛一匹二丈,委之州库以供调外之费,所调各随土所出。至是,始班俸禄,而户增调帛三匹,谷二斛九斗以给之,调外亦增二匹。禄行之后,赃满一匹者死。旧律枉法十匹,义赃二十匹,罪死。至是,义赃一匹,枉法无多少,皆死。

秦、益刺史李洪之以外戚贵显,首以赃败赐死,余守宰

十，一定会贵不可言。"后来，萧子良上奏武帝，打算任命范云为郡守，武帝对萧子良说："我听说他经常卖弄才能，朕没有再追究他的罪过，应该宽宥他到边远地区。"萧子良说："不是这样。范云经常对我进行规劝教诲，他写的谏书仍然保存在我这里。"于是就拿出来呈给武帝，共有一百多张纸，言辞都恳切直率。武帝叹息不止，对萧子良说："没想到范云能够如此，正应该让他辅佐你，怎么能派他远出担任郡守呢？"文惠太子曾到东田观看农夫收割的情况，他回头对众位宾客们说："收割也是一件很值得看的事情。"众人都点头称是，只有范云回答说："春播、夏锄、秋收，这三个季节的劳动，实在是一件长时间的劳苦之事。但愿陛下能够知道耕种和收获的艰难，不再贪图一时的享乐！"

夏六月，南齐武帝任命茹法亮为中书舍人。

当时共有四位中书舍人，各住一省，称为四户，分别由茹法亮和吕文显等人担任。他们总揽大权，势力超过了其他文武大臣，一年之中收受的贿赂就达几百万之多。茹法亮曾对人说："何必要求得外任官的俸禄！就在这一户里，一年就能弄到一百万。"他所说的一百万只是一个大概数目。后来因为天象星辰发生变化，王俭坚决认为这是由于吕文显等人专权才致如此，但齐武帝最终也没能改变这种状况。

秋季，北魏开始分等制定俸禄。

北魏旧制规定：每年户调为布帛二匹，棉絮二斤，丝一斤，谷米二十斛。另外，每户缴纳布帛一匹二丈，存入本州州库，用来供应户调之外的需要，各州所征调的物品，按照本地出产的土产缴纳。到本年秋季，北魏开始颁赐百官俸禄，每户户调增加布帛三匹，谷米二斛九斗，以此作为百官的俸禄，再增收二匹户调以外的布帛。俸禄制度实行之后，贪赃达到一匹布帛的处死。按照旧律规定，贪污十匹帛，受贿二十匹帛的人，一律处以死刑。到现在又规定，凡是受贿一匹帛，以及贪污无论多少，都处以死刑。

秦、益二州刺史李洪之因外戚而显贵，贪赃枉法，至此，第一个因贪污事败而被赐死，其余地方官因贪赃而被地方官

死者四十余人。受禄者无不踞蹐，赇赂殆绝。然吏民犯他罪者，魏主率宽之，疑罪奏谳，多减死徙边。都下决大辟，岁不过五六人，州镇亦简。久之，淮南王佗奏请依旧断禄，太后召群臣议之。中书监高闾认为："饥寒切身，慈母不能保其子。今给禄，则廉者足以无滥，贪者足以劝慕。不给，则贪者得肆其奸，廉者不能自保。"诏从闾议。

闾又表以为："北狄所长者野战，所短者攻城。若以狄之所短夺其所长，则虽众不能成患，虽来不能深入。又，狄散居野泽，随逐水草，战则与家业并至，奔则与畜牧俱逃，不赍资粮而饮食自足，是以历代能为边患。六镇势分，倍众不斗，互相围逼，难以制之。请依秦、汉故事，于六镇之北筑长城，择要害地，开门造城，置兵捍守。狄既不攻城，野掠无获，草尽则走，终必惩艾。计六镇东西不过千里，一夫一月之功可城三步之地，强弱相兼，不过用十万人，一月可就。虽有暂劳，可以永逸。凡长城有五利，罢游防之苦，一也；北部放牧无抄掠之患，二也；登城观敌，以逸待劳，三也；息无时之备，四也；岁常游运，永得不匮，五也。"魏主优诏

处死的有四十多人。接受俸禄的官吏们,无不恐慌不安,行贿受贿的事几乎绝迹。然而,官吏和百姓犯了其他罪时,孝文帝大都宽大处理,对于缺少证据而上奏的案件,多半免除罪犯的死刑,流放边境。所以,每年由朝中法司判处死刑的,不超过五六个人,州镇就更少了。很久以后,淮南王拓跋佗奏请依照旧制,停止向官员发放俸禄,冯太后召集群臣讨论这件事。中书监高闾认为:"一个饥寒交迫的慈母是无法保护她的孩子的。如今发放俸禄,清廉的官吏会愈加清白,贪赃枉法者也足以改过从善。如果不给俸禄,贪官污吏就会更加肆无忌惮地贪赃枉法,廉洁的官吏却不能自保。"朝廷下诏采纳了高闾的建议。

高闾又上表认为:"北狄所擅长的是在野外作战,却不擅于攻城。如果我们利用北狄的短处来遏制他们的长处,那么,他们人数再多,也不足以成为我们的祸患,即使攻来也无法深入我们的国境。另外,北狄人散居旷野沼泽地带,随着河水和绿草不断迁徙,打仗时,他们带着家业一起战斗,而撤退时又同家畜一并逃走,不用携带粮草,人畜饮食就可以自给自足,所以历代以来才能成为中原国家的边患。我国在北方建立的六个边镇,使兵力分散,一旦北狄的人数超过我们一倍,边将们就不敢出战,而狄人却互相援引,围攻我方边镇,所以很难制服他们。请求依照秦、汉时的办法,在六镇以北修筑长城,选择要害之地,开辟城门,另造城池,派兵守卫。狄人既不会攻城,在荒野上也抢不到什么东西,一旦他们的马匹吃光了当地的青草,就会撤走,这样,最终定会受到惩罚。估计六个边镇东西不超过一千里,一个男夫用一个月的劳作,就可以筑起三步长的城墙,把强弱的劳力加在一起,也不过十万人,一个月的时间就可以完成。虽然暂时辛苦劳累,却可以得到永久的安宁。修筑长城共有五个好处,其一,可以免除边兵游防巡逻的辛苦;其二,不用再担心北方部落利用放牧的机会前来抢掠;其三,可以登上长城观察敌人的动静,以逸待劳;其四,免除平时不断的戒备状态;其五,一年之中都可以将粮草送往边镇,使那里的物资永不匮乏。"孝文帝颁下诏令,

答之。

冬十月，齐以长沙王晃为中书监。

初，太祖临终，以晃属齐主，使处辇下近藩，勿令远出。且曰："宋氏若非骨肉相残，他族岂得乘其弊，汝深诫之！"旧制：诸王在都，唯得置捉刀四十人。至是，晃自南徐刺史罢还，私载数百人仗，齐主闻之，大怒，将纠以法。豫章王嶷叩头流涕曰："晃罪诚不足宥，陛下当忆先朝。"齐主垂泣而罢，然终不被亲宠。

武陵王晔多才艺而疏婞，亦无宠。尝侍宴，醉伏地，貂抄肉样。帝笑曰："肉污貂。"对曰："陛下爱羽毛而疏骨肉。"帝不悦。

高丽王琏入贡于魏，亦入贡于齐。

时高丽方强，魏置诸国使邸，齐第一，高丽次之。

十一月，齐以始兴王鉴为益州刺史。

益州自晋以来，皆以名将为刺史。至是，大度獠恃险骄恣，刺史陈显达遣使责其租赕，獠杀其使。显达分部将吏，声言出猎，夜袭斩之，男女无少长皆死。而劫帅韩武方亦聚党为暴，郡县不能禁，乃以鉴为刺史。鉴至上明，武方出降，长史请杀之，鉴曰："杀之失信，无以劝善。"乃启宥之。于是蛮夷为寇者皆望风降附道路。或云陈显达不肯就征，而显达使至，咸劝鉴执之。鉴曰："显达立节本朝，必

表示赞同这一建议。

冬十月,南齐武帝任命长沙王萧晃为中书监。

当初,齐高帝临终前,把萧晃托付给武帝,叮嘱武帝要把萧晃留在京中或京城附近任职,不要派他到边远的地方。高帝还说:"宋氏如果不是亲骨肉之间互相残杀,外姓人怎么会有可乘之机? 你应该深以为戒!"朝廷旧制规定:亲王们在京都时,只可以设置四十人的武装侍卫。现在,萧晃从南徐州刺史任上罢还京城,私下带着几百人和兵器,武帝听说后大怒,打算将萧晃绳之以法。豫章王萧嶷叩头哭泣说:"萧晃的罪过,诚然不可以原谅,陛下您该想想先父对他的关照。"武帝低头而哭,打消了惩治萧晃的念头,但对他也不再亲宠。

武陵王萧晔多才多艺,但性情直率,也不被武帝所宠。有一次,他参加御宴,喝醉倒地,帽檐的貂尾上都沾上了肉汤。武帝笑着说:"肉汤把你的貂尾给弄脏了。"萧晔回答说:"陛下您喜爱这些羽毛,却疏远亲生骨肉。"武帝很不高兴。

高丽国王琏派使节向北魏进贡,同时也向南齐进贡。

当时,高丽王国正处于强盛时期,北魏在安排各国使节住所时,将南齐排在第一位,高丽仅次于南齐。

十一月,南齐武帝任命始兴王萧鉴为益州刺史。

自从东晋以来,益州刺史都是由名将担任。现在,益州大度獠人自恃占据险峻地势,骄横不服,刺史陈显达派人前去催缴田赋捐税,獠人竟杀了这个人。陈显达安排将吏,声称出去打猎,在夜里发起突然袭击,将大度獠地区的男女老幼全部斩杀。益州劫盗头领韩武方也聚众滋事,横行霸道,郡县官吏不能禁止,于是,武帝任命萧鉴为益州刺史。萧鉴赴任走到上明时,韩武方向他投降,萧鉴的长史请求杀掉韩武方,萧鉴说:"杀了他,就失去了信用,也无法规劝别人弃恶从善。"便奏请朝廷,宽恕了韩武方。于是,当地从事抢掠的蛮夷听到风声也都出山投降。有人说陈显达不肯接受朝廷征召,陈显达派来的使者来到萧鉴这里,众人都劝萧鉴逮捕使者。萧鉴说:"陈显达立志效忠朝廷,一定

自无此。"居二日，闻显达已迁家出城矣。鉴时年十四，喜文学，器服如素士，蜀人悦之。

齐增封豫章王嶷四千户。

宋元嘉之世，诸王入斋阁，得白服裙帽，唯出太极四庙乃备朝服。自后此制遂绝。齐主于嶷友爱，听依元嘉故事。嶷固辞，唯车驾至其第，乃白服乌帽侍宴。至于器服制度，动皆陈启，务从减省。又尝求解扬州，以授竟陵王子良。齐主曰："毕汝一世，无所多言。"嶷长七尺八寸，善修容范，出入殿省，见者肃然。太祖尝欲以为太子，而嶷事齐主愈谨，故友爱不衰。

乙丑（485）　齐永明三年，魏太和九年。

春正月，魏禁谶纬巫卜。

诏曰："图谶之兴，出于三季，既非经国之典，徒为妖邪所凭。今皆焚之，留者以大辟论！"又严禁诸巫觋及委巷卜筮非经典所载者。

齐复立国学。

释奠先师用上公礼。

三月，魏主封诸弟皆为王。

太后置学馆，选师傅以教诸王。始平王勰于兄弟最贤，敏而好学，善属文，魏主尤奇爱之。后徙封为彭城王。

不会有这样的事。"两天以后,听说陈显达已带领全家人出城了。萧鉴这一年十四岁,喜好文学,所使用的器具和服饰都和普通士大夫一样,蜀人因此得以安居乐业。

齐武帝增加豫章王萧嶷四千户的封邑。

刘宋元嘉时代,亲王进入宫中的斋阁时,可以穿着白色便服、帽子,只有到太极殿四个厢房时,才穿正式朝服。元嘉以后,这个制度也就取消了。武帝对萧嶷非常友爱,允许萧嶷按照元嘉时的制度穿戴。萧嶷坚决辞谢,只有在武帝来到他的家里时,他才穿上便服、戴上乌纱帽陪宴。至于平时所用器具、服饰的标准,他随时都向武帝奏请,务求节俭。他又曾经请求解除自己所任扬州刺史的职务,改授给竟陵王萧子良。武帝说:"扬州刺史这个官你要当一辈子,不要再多说什么。"萧嶷身高七尺八寸,善于修饰仪表,每次出入殿堂,见到他的人无不肃然起敬。齐高帝曾打算立他为太子,所以萧嶷侍奉武帝愈加谨慎,他们之间的友爱始终不衰。

乙丑(485)　齐永明三年,北魏太和九年。

春正月,北魏禁止谶纬巫卜之术。

北魏孝文帝下诏说:"预测凶吉的图谶,是从夏、商、周三代之末开始出现的,它不是治理国家的重要典章,只能被妖邪之徒所利用。从现在开始,此类典籍,一概烧毁,私自保存者,一律处以极刑!"又严格禁止男女巫者及街头巷尾占卦的人进行不是经典所允许的活动。

齐恢复国学。

用祭祀上公的礼仪祭祀孔子。

三月,孝文帝封赐各位皇弟为亲王。

冯太后下令设置学馆,并选择师傅分别教授各位亲王。在孝文帝所有的兄弟中,始平王拓跋勰最为贤能,他天资聪明而又好学,擅长撰写文章,孝文帝特别喜爱赏识他。后来孝文帝又改封他为彭城王。

夏五月,齐以王俭领国子祭酒。

自宋世祖好文章,士大夫无专经者。俭少好礼学及《春秋》,言论造次必于儒者,由是衣冠翕然,更尚儒术。俭撰次朝仪、国典,晋、宋故事无不谙忆,当朝理事,断决如流,博议引证无能异者。令史咨事常数十人,宾客满席,应接无滞。十日一还学监试诸生,巾卷在庭,剑卫令史,仪容甚盛。作解散髻,斜插簪,朝野多慕效之。俭常谓人曰:"江左风流宰相,唯有谢安。"意以自比也。上深委仗之,士流选用,奏无不可。

秋七月,魏以梁弥承为宕昌王。

初,宕昌王梁弥机死,子弥博立,为吐谷浑所逼,奔仇池。魏仇池镇将穆亮以弥乘为众所附,击走吐谷浑,立之而还。

冬十月,魏诏均田。

魏初,民多荫附,荫附者皆无官役,而豪强征敛倍于公赋。给事中李安世上言:"岁饥民流,田业多为豪右所占夺。虽桑井难复,宜更均量,使力业相称。又,所争之田,宜限年断,事久难明,悉归今主,以绝诈妄。"魏主善之,由是始议均田。

十月,诏诸男夫十五以上,受露田四十亩,妇人二十亩,奴婢依良丁。牛一头,受田三十亩,限止四牛。所授之

夏五月,齐武帝任命王俭担任国子祭酒。

自从刘宋孝武帝喜欢文章以来,士大夫中没有专门研究经典的人。王俭从小就喜欢礼学和《春秋》,平时言谈举止,务求遵循儒家法则,于是,从王俭开始,士大夫们又追逐模仿,崇尚儒家学说。王俭在撰写朝廷礼仪、国家大典时,对晋、宋以来的典故,无不熟记心中,所以在处理朝廷的各项事务时,能够马上做出决断,旁征博引,没有人能够提出异议。到他那里请示的令史经常有几十人,宾客满座,王俭都能从容回答,从不积压。他每十天去学监一次,测试学生,学监到处都是头戴葛巾、手拿试卷的学生,佩剑的卫士和令史立在一边,仪式非常隆重。王俭解开发髻,把头簪斜插在上面,朝野人士多仰慕而仿效。王俭经常对人说:"江左的风流宰相,只有谢安一人。"言外之意是把自己比作谢安。武帝非常器重委任他,选用士人,只要是王俭所荐,没有不批准的。

秋七月,北魏朝廷任命梁弥承为宕昌王。

当初,宕昌王梁弥机去世后,他的儿子梁弥博继承王位,被吐谷浑所逼,逃往仇池。北魏仇池镇将穆亮认为梁弥承受到大家的拥护,于是击退吐谷浑,扶立梁弥承登上王位,然后返回。

冬十月,北魏诏令实行均田制。

北魏建国初年,百姓多依附于豪门大族,这些人不用为官府服役,但豪门贵族对他们横征暴敛,比官府征收的税赋高出一倍。给事中李安世上书说:"遇到灾年,百姓四处逃荒,他们的田产家业大多被豪门贵族所占夺。虽然井田制度难以恢复,但朝廷应该使土地平均,让农夫耕种的土地和人口相称。另外,对有争执的田产,应该限时裁断,拖了很久又无法明断的,一律归现在使用的人,以杜绝奸诈欺妄。"孝文帝赞同李安世的建议,由此开始讨论均田之法。

十月,孝文帝诏令十五岁以上的男子,每人可以得到四十亩没有种树的农田,女子每人二十亩,奴仆婢女按成年人的待遇分配土地。一头牛,可分到三十亩农田,以四头牛为限。所配给的

田，率倍之；三易之田，再倍之，以供耕作及还受之盈缩。人年及课则受田，老免及身没则还田。奴婢、牛随有无以还受。初受田者，男夫给二十亩，课种桑五十株，桑田皆为世业，终身不还。恒计见口，有盈者无受无还，不足者受种如法，盈者得卖其盈。诸宰民之官，各随近给公田有差，更代相付，卖者坐如律。

魏以任城王澄为都督梁、益、荆州军事。

柔然犯魏塞，魏任城王澄帅众拒之，柔然遁去。氐、羌反，诏以澄为梁州刺史。澄至州，讨叛柔服，氐、羌皆平。

齐富阳民唐寓之作乱。

初，太祖命虞玩之等检定黄籍。齐主即位，别立校籍官，置令史，限日得数巧。外监吕文度启上，籍被却者谪戍缘淮十年，民多逃亡避罪。富阳民唐寓之因以妖术惑众，三吴却籍者奔之，众至三万。文度与茹法亮、吕文显皆以奸谄有宠。文度专制兵权，领军守虚位而已。法亮权势尤盛。王俭常谓人："我虽有大位，权寄岂及茹公耶！"

柔然部真可汗死，子伏名敦可汗豆仑立。

丙寅（486） 齐永明四年，魏太和十年。
春正月朔，魏主朝会始服衮冕。 **齐讨唐寓之，平之。**

农田，如果是隔一年才能耕种一次的贫瘠田地，增加一倍；如果是隔两年才能耕种一次的田地，增加两倍，以此来供耕种和还田、受田多少的需要。百姓到了应该纳赋的年龄，就配给土地，年纪已老及去世之后，土地归还官府。对奴婢和耕牛，则据其多少，来决定还田还是受田。初次受田的人，男子给田二十亩，规定种五十棵桑树，种了桑树的土地，都成为世代经营的财产，死了以后也不用归还官府。人口数量需经常统计，对土地有盈余的人家，不受田也不必还田，土地不足的人家，则依法增加，土地有盈余的人家，可以出售土地。各地地方官吏，依照等级就近分给一份公田，调动更换时，要把这份公田移交给接任者，如果卖掉公田，按照法律追究罪过。

北魏任命任城王拓跋澄为都督梁、益、荆三州诸军事。

柔然侵犯北魏边塞，北魏任城王拓跋澄率领将士抗击，柔然逃走。氐族、羌族反叛，诏命拓跋澄为梁州刺史。他到达梁州后，讨伐叛逆，安抚氐、羌各部落，叛乱平息。

南齐富阳平民唐寓之发动叛乱。

当初，齐高帝命令虞玩之等人检查审定户籍。齐武帝即位后，另外设立校籍官，设置令史，限定令史每天都要查出几件伪奸案件。外监吕文度启奏皇上，请求将被撤销户籍的人流放到缘淮边境戍守十年，百姓大都逃亡来逃避惩处。富阳百姓唐寓之趁机利用妖术蛊惑人心，三吴一带被撤销户籍的人纷纷投奔他，聚众至三万人。吕文度和茹法亮、吕文显都以奸邪谄媚受到武帝的宠信。吕文度独揽兵权，领军只是挂名虚职罢了。茹法亮权势更盛。王俭常对人说："我虽然身居高位，手中掌握的实权又怎能比得上茹公呢！"

柔然部真可汗去世，他的儿子伏名敦可汗豆仑继位。

丙寅（486） 齐永明四年，北魏太和十年。

春正月初一，北魏孝文帝召见百官时开始穿戴汉族皇帝的礼服和冕旒。 南齐派兵讨伐唐寓之，平息叛乱。

唐寓之攻陷钱唐、东阳，杀太守。齐发禁兵击斩之，乘胜纵掠。军还，军主陈天福坐弃市。天福，齐主宠将也，既伏诛，内外震肃。遣使慰劳，遭贼郡县百姓被驱逼者悉无所问。

武都王杨后起卒，种人集始立。　魏置三长，定民户籍。

魏无乡党之法，唯立宗主督护，民多隐冒，三五十家始为一户。内秘书令李冲上言："宜准古法：五家立邻长，五邻立里长，五里立党长，取乡人强谨者为之。邻长复一夫，里长二夫，党长三夫。三载无过则升一等。其民调，一夫一妇帛一匹，粟二石。大率十匹为公调，二匹为调外费，三匹为百官俸。此外复有杂调。八十，一子不从役。孤老贫病不能自存者，三长内迭养食之。"诏百官议。中书令郑羲等皆以为不可。太尉丕曰："此法若行，公私有益。但方秋校比，民必劳怨，请至冬遣使，于事为宜。"冲曰："'民可使由之，不可使知之'，若不因调时，民徒知立长较户之勤，未见均徭省赋之益，心必生怨。及今行之，令得其利，则差易矣。"太后从之。民始皆愁苦，豪强者尤不愿，既而课调省十余倍，上下安之。

三月，柔然遣使如魏。

唐寓之攻陷钱塘、东阳,杀死太守。南齐朝廷派禁兵进攻唐寓之,斩杀了他,禁兵乘胜大肆抢掠。班师后,军主陈天福被押赴刑场斩首。陈天福是武帝的一员爱将,他被处死,朝野人士为之震惊。武帝派人前往禁军抢掠的郡县安抚百姓,对于遭到叛军进攻的郡县中受胁迫参加叛乱的百姓,一概不加追究。

武都王杨后起去世,他的族人杨集始继承武都王位。　北魏设置三长,校定百姓户籍。

北魏没有地方基层行政组织的法律,只是让大家族的宗主来监督地方行政事务,百姓大多隐瞒或假冒别人的户籍,有的三五十家才有一个户口。内秘书令李冲上言说:"应该依照古代的方法:五户设立一个邻长,五邻设立一个里长,五里设立一个党长,选取乡人中强干而又谨慎的人担任这些职务。邻长家免除一个人的差役,里长家免除二个人的差役,党长家则可以免除三个人的差役。三年之内没有过失,就可以官升一级。对百姓征收的户调,一对夫妇征收一匹帛,二石粟米。大体上十匹上缴国库,二匹作为额外追加,三匹作为给文武百官发放的俸禄。除此之外,另行征收杂税。百姓八十岁以上的,可免除一个儿子的差役。孤老贫病、无法养活自己的人,由邻长、里长和党长轮流供养。"孝文帝诏令文武百官讨论李冲的建议。中书令郑羲等人都认为不可行。太尉拓跋丕说:"这个办法如果实行,对朝廷和个人都有好处。但现在正是征收赋税的时候,校正户籍,百姓一定会有怨言。请到了冬季再派官行事,这样才比较合适。"李冲说:"'民可使由之,不可使知之',如果不趁现在征收赋税时去行事,百姓只知道立三长、校户籍所带来的麻烦,却见不到减免徭役赋税所带来的好处,一定会心生怨恨。我们应该现在就推行这个办法,使百姓得到好处,就会容易很多。"冯太后听从了李冲的建议。开始时,百姓都愁苦不安,豪强士族们尤其反对,不久以后,赋税的征收额减少与过去相比少了十几倍,上下各方才都安定下来。

三月,柔然派遣使节前往北魏。

三月,柔然遣使如魏。时敕勒叛柔然,柔然可汗自将讨之,追至西漠。魏仆射穆亮请乘虚击之,高闾曰:"秦、汉之世,海内一统,故可远征。今南有吴寇,何可舍之深入虏庭乎!"魏主曰:"'兵者凶器,圣人不得已而用之',先帝屡出征伐者,以有未宾之虏故也。今朕承太平之业,奈何无故动兵革乎!"厚礼其使者而归之。

夏四月,魏制五等公服。

朱衣玉佩,大小组绶。

秋九月,魏作明堂辟雍。　魏改中书学为国子学。
魏分置州郡。

凡三十八州,二十五在河南,十三在河北。

　丁卯(487)　齐永明五年,魏太和十一年。
春正月,魏定乐章。

凡非雅者除之。

齐南阳降魏。

齐荒人桓天生据南阳故城,请兵于魏,以寇齐境。齐遣将军陈显达讨之。

魏光禄大夫、咸阳公高允卒。

允历事五帝,出入三省,五十余年,未尝有谴,冯太后及魏主甚重之。允仁恕简静,虽处贵重,情同寒素。执书吟览,昼夜不去手。诲人以善,恂恂不倦。笃亲念故,无所遗弃。显祖徙青、徐望族于代,其人多允婚媾,流离饥寒,

三月，柔然遣使前往北魏。这时，敕勒部落反叛柔然，柔然可汗亲自率领大军前去征讨，一直追到沙漠的西边。北魏仆射穆亮请求乘柔然后方空虚时袭击它，高闾说："秦、汉时代，天下统一，所以能够远征。如今，我们南有吴地的贼寇，怎么能够不顾南边的危险而深入胡虏的腹心地区呢！"孝文帝说："'武器是一种凶器，圣人到了万不得已的时候才使用它'，先帝多次出兵讨伐，是由于胡虏一直没有臣服的缘故。现在，朕继承太平盛世的大业，怎么可以无缘无故地发动战争呢！"于是，以厚礼接待柔然使臣，并送他回去。

夏四月，北魏制作五等官服。

百官身着朱色官服、佩玉及佩带玉饰的丝带。

秋九月，北魏兴建明堂、辟雍。 北魏将中书学改称为国子学。北魏重新设置州郡。

共有三十八个州，其中有二十五个州在黄河以南，十三个州在黄河以北。

丁卯（487） 齐永明五年，北魏太和十一年。

春正月，北魏审定音乐。

凡是不够典雅的音乐，一律废除。

齐南阳投降北魏。

齐边疆人桓天生率众占据了南阳旧城，请求北魏出兵援助，以继续侵犯南齐边境。齐派遣将军陈显达率兵征讨。

北魏光禄大夫、咸阳公高允去世。

高允一生侍奉过五位皇帝，在尚书省、中书省、秘书省三省中担任过重要职位，五十多年来，从未受到过责备，冯太后和孝文帝都非常器重他。高允仁义宽厚，简朴恬静，虽然位尊任重，但性情和普通士人一样。无论是白天还是夜里，总是手不释卷，吟咏浏览。他教诲别人从善，诚恳耐心地加以引导而从不厌倦。顾念亲朋故友，从不抛弃他们。献文帝将青州、徐州的望族迁到代郡，他们中有很多人都是高允的姻亲，流离失所、饥寒交迫，

允倾家赈施,咸得其所,又随其才行,荐之于朝。议者多以初附间之,允曰:"任贤使能,何有新旧! 必若有用,岂可以此抑之!"至是卒,年九十八,赠司空,谥曰文,赙襚甚厚。魏初以来,存亡蒙赉,皆莫及也。

二月,齐败魏师,取舞阳。

桓天生引魏兵至沘阳,陈显达遣戴僧静等与战于深桥,大破之。天生退保沘阳,僧静围之,不克而还。齐以显达为雍州刺史,进据舞阳城。

夏五月,魏诏宗戚有服者复勿事。

魏诏复七庙子孙及外戚缌麻服已上,赋役无所与。

魏大旱。秋七月,诏有司赈贷。

魏春夏大旱,代地尤甚,牛疫民死。齐州刺史韩麒麟上表曰:"京师民庶不田者多,游食之口,叁分居二。丰稔积年,矜夸成俗。贵富之家,童妾袨服,工商之族,仆隶玉食。而农夫阙糟糠,蚕妇乏短褐,故令耕者日少,田有荒芜,饥寒之本,实在于斯。愚谓凡侈异之物,皆宜禁断,吉凶之礼,备为格式。劝课农桑,严加赏罚。数年之中,必有盈赡。往年校比户贯,租赋轻少,臣所统齐州,租粟才可给俸,略无入仓,虽于民为利,而不可长久,脱有戎役,或遭天灾,恐供给之方,无所取济。可减绢布增谷租,年丰多积,岁俭出赈。所谓私民之谷,寄积于官,官有宿积,则民无荒年矣。"于是,诏有司开仓赈贷,听民出关就食。遣使造籍

高允拿出全部家产赈济,使他们各得其所,又根据他们的才能品行,推荐给朝廷。朝中有人因他们刚刚归附而不加信任,高允说:"任用贤才,使用能人,怎能有新旧之分! 如果他们肯定有用,怎么可以用这个理由去压制他们!"这一年高允去世,享年九十八岁,追赠司空,谥号为文,陪葬的布帛衣被十分丰厚。自魏初以来,对在世或死去官员的赏赐,没有赶得上高允的。

二月,齐军击败魏军,攻取舞阳。

桓天生引导魏军到达沘阳,陈显达派遣戴僧静等人在深桥迎战魏军,击败他们。桓天生退守沘阳,戴僧静率军围攻,没有攻克,撤回。南齐朝廷任命陈显达为雍州刺史,他率军进驻舞阳城。

夏五月,北魏孝文帝诏令皇室、外戚五服以内者免除赋役。

孝文帝下诏免除皇家七庙的子孙以及五服以内的外戚赋役。

北魏大旱。秋七月,孝文帝诏令有关部门赈济或借贷给饥民。

北魏在春夏之交出现大旱,代郡地区尤其严重,牛疫流行,百姓饿死。齐州刺史韩麒麟上表说:"京师的民众百姓,不耕种农田的人太多,不劳而食的人占三分之二。连年丰收之后,大家都争相夸耀自己的富足,奢侈成风。富贵人家,孩童婢女都穿着华丽的衣服,工商人家,奴仆差役也是山珍海味。可是种田的农夫却连酒糟糠皮都吃不到,养蚕的妇人连粗布衣裳都穿不上,所以,种田的人一天天减少,田地一天天荒芜,饥寒交迫的根本原因即在于此。我认为,凡是奢侈奇物,都应该加以禁止,婚丧之礼,应规定严格的标准。鼓励人们耕田种桑,严格进行赏罚。几年之内,一定会有盈余。前几年校定户籍,虽然减轻了百姓的田赋捐税,但我所管辖的齐州,征收的粮食仅够给官员们发放俸禄,没有多余的上缴国库。这样虽然对百姓有利,却不能长久维持下去,一旦发生战事,或者遭到天灾,恐怕就拿不出粮食供给各方。可以减少布帛的征收,增收粮食,这样丰收时可以大量积存,歉收时拿出来赈济。这就是所谓的把老百姓的粮食寄积在官府,官府有了储存,老百姓就不会在荒年挨饿。"于是,孝文帝诏令有关部门开仓赈贷饥民,允许百姓出关逃生。派人制作户籍

以分去留,所过给粮,所至三长赡养之。

八月,柔然侵魏,魏人击败之。高车阿伏至罗自立为王。

柔然伏名敦可汗残暴,部众离心。八月,寇魏边,魏以尚书陆叡为都督,击破之。初,高车阿伏至罗有部落十余万,役属柔然。伏名敦之侵魏也,阿伏至罗谏,不听,怒与从弟穷奇帅部落西走,自立为王。二人甚亲睦,分部而立。伏名敦击之,屡为所败,乃引众东徙。

九月,魏出宫人,罢末作。

魏诏罢起部无益之作,出宫人不执机杼者。又罢尚方锦绣绫罗之工,民欲造者任之。是时,魏久无事,府藏盈积,诏尽出御府衣服珍宝、太官杂器、太仆乘具、内库弓矢刀钤十分之八,外府衣物、缯布、丝纩非供国用者,以其大半班赉百司,下至工、商、皂隶,逮于六镇边戍,畿内孤、寡、贫、癃,有差。后又出宫人以赐北镇人贫无妻者。

冬十二月,魏以高祐为西兖州刺史。

魏主问秘书令高祐曰:"何以止盗?"对曰:"昔宋均立德,猛虎渡河;卓茂行化,蝗不入境。况盗贼,人也。苟守宰得人,治化有方,止之易矣。"又言:"今之选举,不采识治之优劣,专简年劳之多少,非所以尽人才也。若停薄艺,弃朽劳,唯才是举,则官方穆矣。又,勋旧之臣,才非抚民者,可

来区分去留的百姓,饥民路过的地方,当地官府要提供饮食,所到之处,由当地的邻长、里长、党长负责安置。

八月,柔然侵犯北魏,魏军击败柔然。高车部落首领阿伏至罗自立为王。

柔然伏名敦可汗凶狠残暴,他的部众离心离德。八月,柔然侵犯北魏边境,北魏任命尚书陆叡为都督,击败柔然。当初,高车部落首领阿伏至罗有部落十多万,隶属柔然。伏名敦可汗侵犯北魏时,阿伏至罗劝谏他,伏名敦可汗不听。阿伏至罗一怒之下,与堂弟穷奇率部落向西出走,自立为高车国王。阿伏至罗和穷奇之间感情很好,分别统辖自己的部落。伏名敦追击阿伏至罗,屡次被击败,于是,伏名敦率众向东迁移。

九月,北魏驱逐宫女,撤销无益的工程。

北魏孝文帝诏令撤销起部于民无益的工程,驱逐不做纺织的宫女。又诏令撤去尚方署锦绣绫罗的制作,百姓自己打算织造,听任不禁。当时,北魏很久没有战事,国库充盈,朝廷下诏,拿出皇宫御库中的衣物珍宝、太官使用的器具、太仆的乘车用具及内库库存的弓箭刀枪十分之八,以及宫外府库的衣物、绸棉中不能供应朝廷使用的,把其中的一大半赏赐给文武百官,下至工匠、商人以及衙役,直到在六镇戍边的兵士,以及京畿之内的孤儿、寡妇、贫民、残疾人,都按照等级分别赏赐。后来又将宫女赏赐给北方边镇的家贫无妻的人为妻。

冬十二月,北魏孝文帝任命高祐为西兖州刺史。

孝文帝问秘书令高祐说:"怎样才能防止盗贼?"高祐回答说:"过去汉明帝时宋均推行德政,猛虎都渡河离去;汉平帝时卓茂推行教化,连蝗虫都不入境。况且盗贼也是人。只要选派合适的人担任郡守、县宰,治理教化有方,防止盗贼是十分容易的。"他又说:"现在朝廷选用官吏,不是看他政绩优劣,只是看他任期的长短,资历的深浅,不能够人尽其才。如果停止这种浅薄的方法,抛弃那些无用的资历观念,唯才是举,那么,官吏就会清正严明。另外,对于功勋老臣,如果没有安抚百姓的才能,可以

加以爵赏,不宜委以方任,所谓王者可私人以财,不私人以官者也。"魏主善之。祐出镇滑台,命县立讲学,党立小学。

戊辰(488) 齐永明六年,魏太和十二年。

春正月,魏诏犯死刑而亲老无他子旁亲者以闻。 夏四月,魏侵齐,据隔城,齐击破之。

桓天生复引魏兵出据隔城。齐遣将军曹虎督诸军讨之。将军朱公恩将兵蹦伏,遇天生游军,与战破之,遂进围隔城。天生引魏兵来战,虎奋击大破之,拔隔城,斩其太守,天生弃城走。

齐侵魏,攻沘阳,魏击却之。

魏筑城于醴阳,陈显达攻拔之,进攻沘阳。城中将士皆欲出战,镇将韦珍曰:"彼初至气锐,未可与争,待其力攻疲弊,然后击之。"乃凭城拒战,旬有二日,夜开门掩击,显达还。

冬十月,齐始读时令于太极殿。 齐诏籴买谷帛。

齐主以中外谷帛至贱,用右丞李珪议,出上库及诸州钱籴买之。

齐吴兴饥。

西陵戍主杜元懿言:"吴兴无秋,会稽丰登,商旅往来,倍多常岁。牛埭税格,日可增倍。乞为领摄一年,格外可长四百许万。"事下,会稽行事顾宪之议以为:"始立牛埭之

增加他们的爵位封赏,不宜让他们担任要职,这就是所谓的帝王可以根据个人的喜好去赏赐钱财,却不可以因自己的喜好赏人官职。"孝文帝表示赞同。高祐出镇滑台,下令各县设立讲学,各党设立小学。

戊辰(488) 齐永明六年,北魏太和十二年。

春正月,北魏诏令犯有死罪的人,如果父母、祖父母年老,又无其他子孙,身边也没有其他亲属,可以奏报朝廷。 夏四月,北魏侵犯南齐,占据隔城,齐军击败魏军。

桓天生再次引导魏军占据隔城。南齐派遣将军曹虎率领各路大军前去讨伐。将军朱公恩率兵搜索前进,遭遇了桓天生的游击部队,双方交战,朱公恩大败桓天生的部队,于是进军围攻隔城。桓天生引导魏军前来迎战,曹虎奋力抗击,大败魏军,攻克隔城,斩其太守,桓天生弃城逃走。

南齐侵犯北魏,进攻沘阳,被魏军击败。

北魏在醴阳修筑城池,陈显达攻克该城,然后进攻沘阳。沘阳城中的北魏将士都要出城迎战,镇将韦珍说:"他们刚刚到达这里,士气正旺,我们不可与他们交锋,等到他们力攻城池,疲惫不堪时,再去攻击他们。"于是魏军据城抵抗,十二天后,魏军在晚上打开城门,突袭陈显达,陈显达只好撤退。

冬十月,南齐武帝开始在太极殿阅读历书。 并武帝诏令用钱购买谷帛。

齐武帝因为全国各地的粮食和布帛价格太低,就采纳了右丞李珪的建议,拿出库存的钱及各州州库的钱,用来购买粮食和布帛。

南齐吴兴发生饥荒。

西陵戍主杜元懿上言说:"今年吴兴没有收成,会稽则五谷丰登,所以商贾来往两地,比平常年份多了一倍。牛埭地区的税收,每天可以增加一倍。请求让我管理一年,可以另外多收四百多万钱。"百官讨论此事,会稽行事顾宪之认为:"最初设立牛埭的

意，非苟逼蹴以取税也，乃以风涛迅险，济急利物耳。后之监领者不达其本，各务己功，或禁遏他道，或空税江行。况吴兴荐饥，民流众散。旧格尚灭，将何以加！而元懿不仁，幸灾榷利，若事不副言，惧贻谴诘，必百方侵苦，为公贾怨。书云：'与其有聚敛之臣，宁有盗臣。'此言盗公为损盖微，敛民所害乃大也。愚又以便宜者非能于民力之外，用天分地。率皆即日不宜于民，方来不便于公。名与实反，有乖政体。凡如此等，诚宜深察。"齐主纳之而止。

魏主访群臣言事。

魏主访群臣以安民之术。秘书丞李彪上封事曰："豪富之家，奢僭过度，第宅车服，宜为等制。又，国之兴亡，在冢嗣之善恶，冢嗣善恶在教谕之得失。高宗尝谓群臣曰：'朕始学幼冲，情未能专，既临万机，不遑温习。今日思之，岂唯予咎，抑亦师傅之不勤。'尚书李䜣免冠谢。此近事之可鉴者也。谓宜准古立师傅之官，以训导太子。去岁京师不稔，移民就丰，既废营生，又损国体。曷若豫储仓粟，安而给之？宜析州郡常调九分之二，京师度支岁用之余，各立官司，年丰籴粟积之于仓，俭则加私之二粜之于人。年登

用意,并不是要强迫百姓缴纳税赋,而是因为江上风大浪急,非常危险,是为了救急和方便百姓。后来负责的官员并没有真正了解这个本意,各自为了建立功劳,有的切断其他道路,有的则对那些往来江上的空船也征税。况且吴兴发生饥荒,百姓流离失所,背井离乡。旧的税收尚未减少,又用什么办法成倍增加税收呢!但是,杜元懿却不仁不义,利用目前的灾害,贪图不义之财,如果按照他的建议去做,而没有达到预期的目标,他就会害怕朝廷的责问,一定会千方百计地向百姓勒索,必然招致怨言。古书上说:'与其有搜刮财产的臣子,不如有偷盗财产的臣子。'这句话是说,盗窃国家财产造成的危害要小一点,而搜刮民财所造成的伤害更大。我又认为,所谓方便适宜,就是能够在使百姓尽力之外,还要利用天时,竭尽地利。大体上说,近来的许多建议都是眼前对百姓不合适,将来对朝廷也肯定不利。名与实的对立,是违反施政之根本的。凡是以上这类事情,实在是应该深思熟虑。"齐武帝采纳了顾宪之的建议,没有轻举妄动。

北魏孝文帝向文武百官询问治国策略。

孝文帝向文武百官询问安定人民的办法。秘书丞李彪呈上密奏,认为:"豪强富贵人家奢侈过度,对他们的宅第、车马和衣服,应该制定一个标准。另外,国家的兴亡,关键在于王位继承人的善恶,而他的善恶,又在于教育训导的得失。高宗曾对文武百官们说:'朕刚刚开始学习的时候,年龄还小,心情不能专一,等到后来日理万机,又没有时间温习功课。今天想起来,岂能只说是我个人的过错,也是师傅不勤勉的结果。'当时,尚书李䜣摘下帽子谢罪。这是不久前发生的事中值得借鉴的。我认为,应该依古代的方法,设立师傅之官,以训导太子。去年,京师粮食歉收,如果把老百姓都迁移到丰收富裕地区,既荒废了人民正常的生活劳作,又有损国体。为什么不事先把粮食储存起来,安稳地发放给灾民呢?应该从州郡的税收中抽出九分之二,将京城全年开支剩余的费用拿出来,分别设立管理机构,在丰收时买进粮食,储存在粮仓里,遇上灾年,就加两分利卖给百姓。丰收年月

则常积,岁凶则直给,数年之中,谷积而人足,虽灾不为害矣。

"又,宜于河表七州人中,擢其门才,引令赴阙,随能序之,以广圣朝均新旧之义,以怀江、汉归有道之情。又,父子兄弟,异体同气。罪不相及,乃君上厚恩。至于忧惧相连,固自然之恒理也。无情之人,父兄系狱,子弟无惨容,子弟逃刑,父兄无愧色,宴安自若,衣冠不变,骨肉之恩,岂当然也!臣以为父兄有犯,宜令子弟素服肉袒,诣阙请罪。子弟有坐,宜令父兄露板引咎,乞解所司。若不许者,慰勉留之。如此,足以敦厉凡薄,使人知耻。又,朝臣遭丧,假满赴职,衣锦乘轩,从祀陪燕,伤人子之道,亏天地之经。愚谓凡遭大父母、父母丧者,非有军旅之警,皆宜听其终服。若无其人,职业有旷,则优旨慰谕,起令视事,国之吉庆,无所预焉。"魏主皆从之。由是公私丰赡,虽有水旱,而民不困。

己巳(489) 齐永明七年,魏太和十三年。

春正月,魏主祀南郊,始备大驾。 齐以王晏为吏部尚书。

粮食便一直储存下去,遇上灾年则直接出售给老百姓,几年之内,就会储存大量的粮食,百姓人人富足,即使发生灾荒,也不会造成灾难。

　　"另外,应该从黄河以南七州人民当中,选拔有才能的人,征召至京城,按照他们的能力分别加以任用,以此推广圣朝对新人、旧人平等对待的大义,还可以安抚长江、汉水一带附于圣朝的道义之情。另外,父子兄弟之间,形体相异,但血缘却是相同的。惩治罪犯,不牵连他的亲人,这是皇上的厚恩。至于说他们之间忧惧相连,本来就是自然而然、情理之中的事。而有些无情无义的人,父亲、兄长被囚狱中,他们的儿子、弟弟竟没有一点悲惨的脸色,有的儿子、弟弟逃避刑罚,他们的父亲、哥哥面无愧色,宴游逸乐,依然如故,衣冠不变,亲骨肉之间的恩情怎么能到这种地步呢!我认为,父亲、哥哥犯了罪,应该让他们的儿子、弟弟身着白色衣服,袒露胸背,到皇宫门外请求处罚。儿子、弟弟犯罪入狱,应该让他们的父亲、哥哥上书自责,请求解除自己所担任的官职。如果不被允许辞职,则加以安慰,劝他们留任。只有这样,才可以敦促那些庸俗薄情的人,让他们知道耻辱。另外,朝廷大臣遇到父母去世的情况时,丧假一满,就要回来任职,穿着绫罗绸缎,乘坐高大华丽的车辆,跟随皇上出席祭祀典礼,参加宴请,实在有伤为子之道,违背天地的根本法则。我认为,凡是遇上祖父母、父母去世的人,除非有战争发生,否则都应允许他们守丧三年。如果没有这个人,该部门的工作无法进行时,就应该下诏安慰劝抚,让他返回任职,国家的吉庆大典,则不能让他参加。"孝文帝全部接受了他的建议。从此以后,北魏朝廷和百姓的财力都逐渐丰裕起来,虽然有时遇上水灾、旱灾,但百姓的生活并不困苦。

　　己巳(489)　齐永明七年,北魏太和十三年。

　　北魏孝文帝到平城南郊祭天,开始使用大驾。　南齐武帝任命王晏为吏部尚书。

初,齐主为镇西长史,主簿王晏以倾谄见亲。及为太子,晏为中庶子,以齐主得罪于太祖,遂称疾自疏。及即位,以为丹阳尹,意任如旧,朝夕进见,议论政事。至是出为江州刺史,晏不愿出,复留为吏部尚书。

夏五月,齐中书监南昌公王俭卒。

俭卒,礼官欲谥为文献。王晏与俭不平,启齐王曰:"此谥宋氏以来不加异姓。"出,谓人曰:"'平头宪'事已行矣。"乃谥文宪。徐湛之孙孝嗣为御史中丞,风仪端简,俭尝荐以自代。至是征为五兵尚书。

魏汝阴王天赐、南安王桢有罪,免死夺爵。

魏汝阴王天赐、南安王桢,皆坐赃当死。冯太后及魏主引见王公令曰:"卿等以为当存亲以毁令邪?当灭亲以明法邪?"群臣皆言:"二王,景穆皇帝之子,宜蒙矜恕。"太后不应。魏主诏曰:"二王所犯难恕,而太皇太后追惟高宗孔怀之恩,且桢事母孝谨,闻于中外,并特免死,夺爵禁锢。"初,魏主闻桢贪暴,遣中散闾文祖察之,文祖受赂,为之隐。事觉,亦抵罪。太后谓群臣曰:"文祖前自谓廉,今竟犯法,人心信不可知。"魏主曰:"卿等自审不胜贪心者,听辞位归第。"中散慕容契曰:"小人之心无常,而帝王之法有常,以无常之心,奉有常之法,非所克堪。乞从退黜。"魏主曰:"契知心不可常,则知贪之可恶矣,何必求退!"迁宰官令。

当初,齐武帝担任镇西长史时,主簿王晏由于谄媚阿谀,受到武帝的宠信。武帝为太子时,王晏担任中庶子,因为武帝惹怒了高帝,王晏就声称有病,疏远武帝。武帝即位后,任命王晏为丹阳尹,对他的信任一如往昔,每天早上和晚上都要召见,议论政事。现在,武帝任命王晏为江州刺史,但他不愿到外地任职,于是武帝又留下他,命他担任吏部尚书。

夏五月,南齐中书监南昌公王俭去世。

王俭去世后,礼官打算加王俭谥号为文献。王晏与王俭不和,报告武帝说:"这个谥号从宋朝以来还不曾加给皇族以外其他姓氏的人。"他从宫中出来后,对人说:"'平头宪'的谥号,事情已经定下来了。"因此赠王俭谥号为文宪。徐湛之的孙子徐孝嗣担任御史中丞,他仪表端庄,王俭曾向武帝推荐他接替自己的职务。王俭去世后,武帝征召他为五兵尚书。

北魏汝阴王拓跋天赐和南安王拓跋桢犯罪,被免夺去爵位。

北魏汝阴王拓跋天赐和南安王拓跋桢,都因贪污应当处死。冯太后和孝文帝召见王公令等要官说:"你们认为,应该顾及亲情而毁弃法律呢?还是应该大义灭亲以严明法律呢?"大臣们都说:"二王都是景穆皇帝的儿子,应该得到宽恕。"冯太后没有回答。孝文帝下诏说:"二王所犯罪行,实在是难以宽恕,但太皇太后追思文成帝的大恩,而且拓跋桢事奉母亲,孝敬恭谨,内外闻名,现在特别免去二王的死罪,剥夺爵位,投狱监禁。"当初,孝文帝听说拓跋桢贪婪残暴,就派中散闾文祖前往调查,闾文祖接受贿赂,为拓跋桢隐瞒事实真相。事情暴露之后,闾文祖也受到了处罚。冯太后对大臣们说:"闾文祖以前自称清廉,如今竟也贪赃枉法,人心确实难以了解。"孝文帝说:"你们各位请审视自己,如果不能克制贪心,允许辞职回家。"中散慕容契说:"小人之心无常,而帝王的法律却是永远不变的,以无常之心去应付不变的法律,我恐怕不能担当。所以,我请求免官回家。"孝文帝说:"慕容契知道人心不可能不变,就一定知道贪婪的可恶,那又何必请求辞职呢!"于是提升他为宰官令。

秋八月,魏遣使如齐。

魏主使群臣议:"久与齐绝,今欲通使,何如?"尚书游明根曰:"朝廷不遣使者,又筑醴阳,其直在彼。今复遣使,不亦可乎!"魏主从之。

冬十二月,齐遣使如魏。　齐以张绪领扬州中正,江斅为都官尚书。

长沙王晃属张绪用吴兴闻人邕,绪不许。晃使固请,绪正色曰:"此是身家州乡,殿下安得见逼!"中书舍人纪僧真得幸于齐主,容表有士风,请于齐主曰:"臣出自武吏,阶荣至此,无复所须,唯就陛下乞作士大夫。"齐主曰:"此由江斅、谢瀹,可自诣之。"僧真诣斅,登榻坐定,斅顾左右曰:"移吾床远客!"僧真丧气而退,告齐主曰:"士大夫故非天子所命!"斅,湛之孙;瀹,朏之弟也。

庚午(490)　齐永明八年,魏太和十四年。

春正月,齐人归魏隔城之俘。　秋七月,齐以萧缅为雍州刺史。

缅留心狱讼,得劫,皆赦遣,许以自新,再犯乃加诛。民畏而爱之。

齐荆州刺史、巴东王子响有罪伏诛。

子响有勇力,好武事,自选带仗左右六十人,皆有胆干,数以牛酒犒之。私作锦袍、绛袄,欲以饷蛮,交易器仗。

秋八月,北魏派遣使节出使南齐。

孝文帝召集文武百官讨论:"我国和齐国断绝交往已经很久了,如今,我打算派人出使齐国,各位认为如何?"尚书游明根说:"朝廷没有派人出使齐国,又在齐国境内修筑醴阳城,这两件事都是齐国有理。如今再派使节,不是一件很好的事吗?"孝文帝接受了游明根的建议。

冬十二月,南齐派使节出使北魏。　南齐武帝任命张绪领扬州中正一职,江敩为都官尚书。

长沙王萧晃托付张绪起用吴兴人闻人邕,张绪不同意。萧晃派人坚持请求,张绪神色严肃地说:"这里是我自己的家乡,殿下怎么能这么逼迫我!"中书舍人纪僧真得到武帝的宠信,他的举止仪容都有士大夫的风范,他向武帝请求说:"我出身于武官,官阶和荣耀到了如此地步,已经没有别的需求,只请求陛下允许我加入士大夫行列。"武帝说:"这件事应由江敩、谢瀹来决定,你可以自己去他们那里请求。"纪僧真就来到江敩那里,在榻席上坐定之后,江敩回过头来对左右侍从说:"把我的坐榻移远一点,远离客人!"纪僧真垂头丧气地退了出来,向武帝报告说:"士大夫真的不是皇上能够命令的!"江敩是江湛的孙子;谢瀹是谢朏的弟弟。

庚午(490)　齐永明八年,北魏太和十四年。

春正月,南齐归还在隔城之战中俘虏的北魏士卒。　秋七月,南齐武帝任命萧缅为雍州刺史。

萧缅留心诉讼事务,逮捕到劫盗,都予以赦免释放,允许他们改过自新,如果再次犯法,就加以诛斩。百姓因此对他既敬畏又爱戴。

南齐荆州刺史、巴东王萧子响有罪被杀。

萧子响勇猛有力,喜欢军事,他亲自挑选武装侍卫六十人,都很有胆量和才干,他多次用牛肉美酒犒劳他们。萧子响暗地里制作了锦绣长袍、红色短袄,打算用这些东西换取蛮族的武器。

长史刘寅、司马席恭穆等密以启闻,子响怒,执寅等杀之。齐主欲遣戴僧静讨之,僧静曰:"巴东王年少,长史执之太急,忿不思难故耳。天子儿过误杀人,有何大罪!忽遣军西上,人情惶惧,僧静不敢奉敕。"齐主不答,而心善之。乃遣卫尉胡谐之、将军尹略、中书舍人茹法亮帅数百人诣江陵,检捕群小,敕之曰:"子响若束手自归,可全其命。"军副张欣泰曰:"今段之行,胜既无名,负成奇耻。彼凶狡相聚,为其用者,或利赏逼威,无由自溃。若顿军夏口,宣示祸福,可不战而擒也。"谐之不从。

　　至江津,筑城燕尾洲。子响白服登城,遣使相闻曰:"天下岂有儿反!今便单舸还阙,受杀人之罪,何筑城见捉邪!"尹略独答曰:"谁将妆反父人共语!"子响洒泣,具酒馔饷台军,略弃之江流。子响呼茹法亮,法亮执其使。子响怒,遣兵西渡,与台军战。而自与百余人操万钧弩从江堤上射之。台军大败,略死,谐之逃去。齐主又遣丹阳尹萧顺之将兵继至,子响即日乘舴艋赴建康。太子长懋素忌子响,密谕顺之,使早为之所,勿令得还。子响见顺之,欲自申明,顺之不许,缢杀之。久之,齐主游华林园,见一猿透掷悲鸣,问左右,曰:"猿子前日坠崖死。"齐主思子响,因呜咽流涕。颇责法亮,顺之惭惧而卒。

他的长史刘寅、司马席恭穆等人将这件事密告武帝,萧子响大怒,将刘寅等人抓了起来,然后杀掉。武帝打算派戴僧静率兵讨伐萧子响,戴僧静说:"巴东王年龄还小,而长史刘寅等人又逼得太急,所以一时生气,没有顾及后果。天子的儿子由于过失误杀他人,有什么大罪! 陛下忽然派大军西上,人心惶惶,所以我不敢接旨。"武帝没有回答,但心里同意戴僧静的话。于是武帝派卫尉胡谐之、将军尹略、中书舍人茹法亮率领几百人前往江陵,搜捕萧子响左右的小人,并下诏说:"萧子响如果放下武器,主动回建康请罪,可以保全他的性命。"军副张欣泰说:"这次行动,胜利了没有什么名声,失败了却很可耻。萧子响聚集的是一群凶狠狡诈之徒,他们之所以为萧子响所用,是因为有的人贪图赏赐,有的人被逼无奈,他们不会自行溃败。如果我们屯兵夏口,向他们讲明祸福利害,就可以不用动武而抓获罪人。"胡谐之不听。

到了江津之后,在燕尾洲修筑了城池。萧子响身着白服登上江陵城楼,派使者对胡谐之说:"天下哪有儿子反叛父亲的呢! 现在,我就乘一只船回朝廷,接受杀人之罪的处罚,你们何必修筑城垒来捉我呢!"尹略一个人回答说:"谁跟你这种反父的逆子讲话!"萧子响哭泣流泪,备下酒席,犒劳朝廷派来的将士,尹略却把这些酒菜倒进了江里。萧子响又喊茹法亮,茹法亮却把他派去的使者关了起来。萧子响大怒,派兵渡河,向西进发,与朝廷大军交战。他自己率领一百多人,携带万钧弩箭,从江堤上向朝廷大军射击。朝廷军队大败,尹略战死,胡谐之逃走。武帝又派丹阳尹萧顺之率兵继续前来讨伐,但萧子响当天就乘坐一条小船前往建康。太子萧长懋平时就忌恨萧子响,他密告萧顺之,让他早日把萧子响处死,不要让他回到建康。萧子响遇到萧顺之时,打算自己申诉明白,但萧顺之没有答应,马上勒死了他。很久以后,武帝游赏华林园,看见一只猿猴不停地悲号哀鸣,就问左右是怎么回事,侍从们说:"它的孩子前天从悬崖上摔下去死了。"武帝想起了萧子响,忍不住哭了起来。茹法亮受到武帝的严厉责备,萧顺之惭愧恐惧而死。

初,方镇皆启子响为逆,兖州刺史垣荣祖曰:"此非所宜言,正应云:'刘寅等孤负恩奖,逼迫巴东,使至于此。'"齐主以为知言。台军焚烧江陵,府舍皆尽。齐主以乐蔼为荆州治中,蔼缮修廨舍数百区,顷之咸毕,而役不及民,荆部称之。

九月,魏太后冯氏殂。

魏主勺饮不入口者五日,哀毁过礼。中部曹华阴杨椿谏曰:"圣人之礼,毁不灭性。纵陛下欲自贤于万代,其若宗庙何?"帝感其言,为之一进粥。于是王公表请时定兆域,既葬,公除。诏曰:"奉侍梓宫,犹希仿佛。山陵迁厝,所未忍闻。"十月,王公固请,乃葬永固陵。太尉丕等进曰:"臣等老朽,历奉累圣,国家旧事颇所知闻。愿抑至情,奉行旧典。"魏主曰:"祖宗情专武略,未修文教。朕今仰禀圣训,庶习古道,论时比事,又与先世不同。"

乃问尚书游明根、高闾等曰:"圣人制卒哭之礼,授服之变,皆夺情以渐。今旬日之间,言及即吉,得无伤于理乎!"对曰:"逾月而葬,葬而即吉,此金册遗旨也。"魏主曰:"朕惟中代所以不遂三年之丧,盖由君上违世,继主初立,君德未流,臣义不洽,故身袭衮冕,行即位之礼。朕诚不

当初,各方长官都纷纷指责萧子响的叛逆行为,兖州刺史垣荣祖却说:"不应该说这样的话,倒是应该说:'刘寅等人辜负了皇上的恩典,逼迫巴东王,才使他走上了这条路。'"武帝认为他所说的很有道理。朝廷军队放火焚烧了江陵府,府中的屋舍都被烧光。武帝任命乐蔼为荆州治中,乐蔼修缮了几百座州府官舍,很快就修建完毕了,而且没有役使一个老百姓,荆州上下都十分赞赏他。

九月,北魏冯太后去世。

冯太后去世后,孝文帝五天没喝一口水,悲哀超过了应有的礼数。中部曹华阴人杨椿劝谏说:"圣人的礼节要求,悲哀不能到毁伤性命的程度。即使陛下想要立贤于万代,那么皇家宗庙的祭祀又怎么进行呢?"孝文帝很受感动,并为此吃了一次粥。于是王公大臣们都上书请求赶快确定冯太后的安葬地点,下葬以后,脱去丧服。孝文帝下诏说:"我侍奉太皇太后的灵柩,好像又看见了她的身影。至于选择太后的安葬墓地,我不忍听到这些。"十月,王公们坚决请求,于是才将冯太后安葬在永固陵。太尉拓跋丕等人向孝文帝建议说:"我们已经到了老朽的年纪,一直侍奉历朝圣主,对于国家以往的典章也知道不少。愿陛下克制对太后的真挚情义,奉前人订下的典章行事。"孝文帝说:"先祖们一心专于武装征伐,没有时间进行文明教化方面的事。如今,朕接受前代圣人留下的教训,不断学习古典之道,无论在时代上还是在事理上,都和前代有很大不同。"

于是,孝文帝对尚书游明根、高闾等人说:"古代圣人制定了卒哭的礼仪,丧服的变换要以哀痛的程度为标准逐渐改变。如今在十天之内,就劝我脱下丧服,这难道不伤天理吗!"游明根等人回答说:"去世一个月后就下葬,下葬后就要立刻脱下丧服,这是太皇太后遗书上说的。"孝文帝说:"朕认为,中古时代不实行三年守丧制度的原因,是由于旧君主刚刚去世,新君主刚刚即位,君主的恩德还没有传播开来,和臣属们的关系还未融洽,所以,新君主必须身穿礼服、头戴冕旒,举行登基典礼。朕实在没有

德，在位过纪，足令亿兆知有君矣。于此之日而不遂哀慕之心，使情礼俱失，岂不深可恨耶！"闾曰："杜预论古天子无行三年之丧者，以为汉文之制，阉与古合。是以臣等敢有请耳。"魏主曰："金册之旨，群公之请所以然者，虑废政事故尔。朕今不敢阍默不言以荒庶政，唯欲衰麻废吉礼，朔望尽哀诚。如预之论，盖亦诬矣。"秘书丞李彪曰："汉明德马后保养章帝，及后之崩，葬不淹旬，寻已从吉。然汉章不受讥，明德不损名，愿陛下察之。"魏主曰："朕所以眷恋衰绖，不从所议者，实情不能忍，岂徒苟免嗤嫌而已哉！"群臣又言："春秋烝尝，事难废阙。"魏主曰："先朝恒以有司行事。朕蒙慈训，始亲致敬。今昊天降罚，人神丧恃，想宗庙之灵，亦辍歆祀。脱行飨荐，恐乖冥旨。且平时公卿每称四海晏安，礼乐日新，可以参美唐、虞。今乃欲苦夺朕志，使不逾于魏、晋，何耶？"李彪曰："今虽治安，然江南未宾，漠北不臣，臣等犹怀不虞之虑耳。"魏主曰："鲁公带经从戎，晋侯墨衰败敌，固圣贤所许。如有不虞，虽越绋无嫌，而况衰麻乎！岂可于晏安之辰豫念军旅之事，以废丧纪哉！

德行，但做皇帝也已经超过十二年了，这足以让亿万人民知道有朕了。在这样的日子，如果不能顺遂自己哀痛和怀念的心情，在感情和礼节上都将丧失殆尽，难道不是一件深为令人遗憾的事吗！"高闾说："杜预论述过，自古以来天子没有实行守丧三年的制度，认为汉文帝所制定的制度和古代制度不谋而合。所以，臣等才敢请求陛下遵循。"孝文帝说："太皇太后的遗书之所以那么说，你们各位之所以如此请求，都是担心我们会为此荒废了国家大事。如今朕不敢沉默不语，荒废对朝政的处理，只是打算穿着麻布丧服，取消马上改穿日常服装的制度，每逢初一和十五前往墓地凭吊。像杜预那样的观点，大概也是错误的。"秘书丞李彪说："汉明德马皇后抚养章帝长大成人，到后来明德马皇后去世，下葬后还不到十天，汉章帝就穿上了平常衣服。但是汉章帝并没有因此而受到讥讽，明德马皇后的声誉也没有受到损毁，愿陛下明察此事。"孝文帝说："朕之所以不愿意脱下丧服，接受你们的建议，实在是因为感情上无法忍受，哪里只是为了避免别人的讥讽呢！"文武群臣又说："春秋的宗庙祭祀是不应该停止和废弃的。"孝文帝说："自祖先立国以来，宗庙祭祀一直由有关部门办理。朕蒙受太皇太后的谆谆教诲，才开始亲自前往祭拜。如今，老天降灾惩罚我们，人神都丧失了可以依仗的对象，想来宗庙的神灵，也应该停止接受祭拜的香火。假如朕前去祭祀，恐怕也会违背冥冥之中的祖宗们的旨意。况且平常，各位公卿每每称赞，当今四海安宁和平，礼仪、音乐日新，可以和尧、舜及夏、商时代媲美。可现在却打算强迫改变朕的心愿，让朕不能超越魏、晋时代，这是为什么呢？"李彪说："如今虽然国家长治久安，但江南还有不肯臣服的吴人，漠北还有不愿称臣的胡虏，所以我们还都忧虑会发生什么不测之事。"孝文帝说："鲁公伯身穿丧服出兵作战，晋襄公把白色丧服染成黑色击败敌人，这些本也是圣贤们所允许的。如果有不测之事发生，即使越过牵引灵柩的绳索都没什么，更何况是要脱下麻布丧服呢！怎么能够在天下安宁的时候就能预料到即将发生战事，以至于废弃守丧之礼呢！

古人亦有称王者除衰而谅阇终丧者,若不许朕衰服,则当除衰拱默,委政冢宰。二事之中,唯公卿所择。"明根曰:"渊默不言,则大政将旷。仰顺圣心,请从衰服。"太尉丕曰:"魏家故事,尤讳之后三月,必迎神于西,禳恶于北,具行吉礼。"魏主曰:"若能以道事神,不迎自至;苟失仁义,虽迎不来。此乃平日所不当行,况居丧乎!朕在不言之地,不应如此喋喋,但公卿执夺朕情,遂成往复,追用悲绝。"遂乃号恸而入,群臣亦哭而出。

初,太后忌魏主英敏,恐不利于己,盛寒闭之,绝食三日,欲废之而立咸阳王禧。东阳王丕、仆射穆泰、尚书李冲固谏,乃止。魏主初无憾意,唯深德丕等。又有宦者谮魏主于太后,太后杖之数十,魏主默然受之。及太后殂,亦不复追问。

冬十月,齐以伏登之为交州刺史。

交州刺史房法乘专好读书,常属疾不治事,由是长史伏登之得擅权,改易将吏。法乘闻之,大怒,系登之于狱。登之厚赂法乘妹夫崔景叔,得出。因将部曲袭执法乘,囚之,启法乘心疾不任视事,诏以登之为刺史。

齐议铸钱,不果行。

初,太祖以南方钱少,更欲铸钱。奉朝请孔𫖮上言:"食货相通,理势自然。李悝云:'籴甚贵伤民,甚贱伤农。'

古人中也有君王在脱下丧服后就闭口不言了，一直到三年服丧期满，如果不允许朕穿丧服，那么朕当在脱下丧服之后沉默，将朝政交给宰相们处理。这两种情况，请你们选择一种。"游明根说："如果陛下沉默不言，那么国家政务将会被荒废。我们愿意顺从圣心，请您继续穿丧服。"太尉拓跋丕说："魏朝旧例，在人死之后忌讳的三个月过后，一定要向西迎奉神灵，向北祈祷消除灾祸，都需身穿吉服进行。"孝文帝说："如果能够用道义侍奉神灵，即使不迎，神灵自然会来的；如果丧失仁义道德，即使去迎奉，神灵也不会来。这说明平常就不应该那么做，何况是在守丧期间！朕在守丧之期，不应这样喋喋不休地说个不停，只是各位公卿执意要改变我的想法，才有了这些反复的争论，想来真让人悲痛欲绝。"于是号啕大哭，退入后宫，在座的群臣也哭着退了出来。

当初，太皇太后忌怕孝文帝的聪明机警，恐怕会对自己不利，就在严寒季节将他禁闭起来，三天不让进食，打算废掉他而另立咸阳王拓跋禧。东阳王拓跋丕、仆射穆泰、尚书李冲坚决劝谏后，冯太后才打消了这个想法。孝文帝对冯太后一点都不怨恨，只是深深地感谢拓跋丕等人。又有一位宦官在冯太后面前陷害孝文帝，冯太后下令打了孝文帝几十杖，孝文帝默默忍受。冯太后去世后，孝文帝也没有再追究这件事。

冬十月，南齐武帝任命伏登之为交州刺史。

交州刺史房法乘一味喜欢读书，常常借口有病而不理政事，因此，长史伏登之得以专权，调动更换将吏。房法乘听说后，非常气愤，将伏登之关入狱中。伏登之用厚礼贿赂房法乘的妹夫崔景叔，得以释放。于是，伏登之率领自己的部下袭击房法乘，将他抓起来关进狱中，向朝廷奏报，说房法乘犯了心脏病，不能胜任，于是，武帝诏令任伏登之为交州刺史。

南齐打算铸钱，但最终没有实行。

当初，南齐高帝认为南方钱币短缺，打算重新铸钱。奉朝请孔觊上书认为："货物与钱币相互交换，这是自然而然的发展趋势。李悝说：'米太贵会伤害老百姓，太低贱又会伤害农夫。'

三吴岁被水潦而籴不贵,是钱少,非谷贱,此不可不察也。铸钱之弊,在轻重屡变。重钱患难用,而难用为累轻。轻钱弊盗铸,而盗铸为祸深。民所以为盗铸,严法不能禁者,由上惜铜爱工,谓钱为无用之器,务欲数多而易成,不详虑其为患也。夫民之趋利,如水走下。今开其利端,从以重刑,是导其为非而陷之于死也。汉铸轻钱,巧伪者多。及铸五铢,民计其费不能相偿,私铸益少。此不惜铜不爱工之效也。宋文帝铸四铢,至景和钱益轻,虽有周郭,而熔冶不精,于是盗铸纷纭而起,不可复禁,此惜铜爱工之验也。凡铸钱,与其不衷,宁重无轻。自汉至宋五百余年,制度世有兴废,而不变五铢者,明其轻重可法、得货之宜故也。自铸四铢,又不禁民剪凿,为祸既博,钟弊于今,岂不悲哉!自晋氏不铸钱,后经寇戎水火,所失岁多,士农工商皆丧其业。愚以为宜如旧制,大兴熔铸,钱重五铢,一依汉法。严断剪凿,轻小破缺无周郭者,悉不得行。官钱小者,销以为大,利贫良之民,塞奸巧之路。钱货既均,百姓乐业,市道无争,衣食滋殖矣。"太祖然之,使州郡大市铜炭。会晏驾,

三吴地区接连发生水灾而米却不贵，是因为钱币太少，而不是米价低贱，这不能不加以考察。铸造钱币的弊病，在于钱币的轻重多变。钱重了担心它不便流通，但这带来的损害不大。钱轻的弊病在于容易被盗铸，而盗铸带来的灾祸却很深。百姓之所以盗铸，连严格的法令都不能禁绝，是因为官府珍惜用铜，又不精心加工，认为钱币是没有用处的东西，就务必要让它数量多而且容易铸成，却没有仔细考虑这样做所带来的祸患。百姓追逐钱利，就好像水往低处流一样。如今打开了人们盗铸钱币、追求厚利的缺口，却又要将他们处以重刑，这是在引导他们犯法，然后将他们置于死地。汉朝时，钱币铸造得很轻，伪造钱币的人很多。后来铸造了五铢钱，百姓计算了盗铸的费用太高，无法获利，于是民间盗铸者越来越少。这就是不吝啬铜和不惜精工铸造的效果。宋文帝铸造四铢钱，到景和年间，钱越发见轻，虽然钱币周边还有轮廓，但冶炼不够精细，于是盗铸又纷纷而起，不能禁止，这就是吝啬用铜，又不能精工细做的结果。大凡铸造钱币，如果不能适中，则宁可取其重，而不取其轻。从汉代到刘宋时期，历时五百多年，各代制度有立有废，但自始至终一直使用五铢钱，其中的原因在于人们明白五铢钱轻重适中、交易方便。自从刘宋文帝铸造四铢钱之后，又不禁止百姓削凿钱币，于是造成的灾祸就非常大，流弊至今，这难道不是一件悲哀的事吗！自从晋朝不铸造钱币以来，经过盗劫、战乱、水灾、火灾，钱币每年都大量地损耗掉了，致使士人、农夫、工人、商贾都丧失了他们的工作。我认为，应该依照以前的制度，由官府大量铸造钱币，钱的重量为五铢，全都依照汉朝的办法。严格禁止剪凿损毁钱币，那些轻小破碎、没有轮廓的钱币，都不能流通使用。官府铸造的钱币，如果有过于细小的，应予销毁，改铸成标准的大钱，这样既有利于贫穷安分的老百姓，又堵塞了投机盗铸的奸诈之徒的邪路。钱币和货物能够等值，百姓就能安居乐业，集市道路上就不会发生纷争，衣食也会逐渐丰足起来了。"高帝认为此说有理，就下令各州郡大量购买黄铜、煤炭，准备铸钱。但正赶上高帝去世，

事寝。

是岁，益州行事刘悛言："严道铜山旧铸钱处，可以经略。"齐主从之。顷之，以功费多而止。

齐免前坐却籍戍边者。

齐自校籍谪戍，百姓怨望。至是乃诏："自宋昇明以前，皆听复注，其谪役者各许还本。此后有犯，严加剪治。"

高车遣使如魏。

辛未（491）　齐永明九年，魏太和十五年。

春正月，魏主始听政。　齐太庙加荐亵味，别祀于清溪故宅。

诏太庙四时之祭：荐宣皇帝，起面饼、鸭臛；孝皇后，笋、鸭卵；高皇帝，肉脍、菹羹；昭皇后，茗、粣、炙鱼，皆所嗜也。齐主梦太祖谓己："宋氏诸帝常在太庙从我求食，可别为吾致祠。"乃命豫章王妃庾氏四时祠于清溪故宅，用家人礼。

二月，齐遣使如魏。

散骑常侍裴昭明、侍郎谢竣如魏吊，欲以朝服行事，主客曰："吊有常礼，以朱衣入凶庭，可乎？"昭明等曰："受命本朝，不敢辄易。"往返数四。魏主命著作郎成淹与之言。昭明曰："魏朝不听使者朝服，出何典礼？"淹曰："羔裘玄冠

此事就被搁置了。

这一年,益州行事刘俊又上言说:"严道的铜山有一处过去铸钱的地方,可以经营利用。"武帝同意了这个请求。不久,由于开支太大又停了下来。

南齐武帝诏令赦免被贬谪到边境戍边的罪犯。

南齐自从整理户籍、贬谪作奸犯科之徒以来,老百姓怨声载道。于是武帝诏令:"自从宋昇明年以前犯罪的人,都允许他们恢复户籍,其中被贬谪到边境戍边的人,允许自己返回自己的故乡。此后如果再犯,将严厉惩治。"

高车派遣使者出使北魏。

辛未(491)　齐永明九年,北魏太和十五年。

春正月,北魏孝文帝开始处理朝廷政务。　南齐皇家祖庙加供非正式供物,并在清溪旧宅里另外祭祀。

齐武帝诏令皇家祖庙四季的供品为:在宣皇帝灵牌前供奉面饼和鸭肉羹;孝皇后灵牌前供奉笋和鸭蛋;高皇帝灵牌前供奉细肉和肉酱粥;昭皇后灵牌前供奉清茶、粽子和烤鱼,这些都是他们生前所喜食的东西。武帝梦见高帝对他说:"宋朝的各位皇帝常常在太庙里向我要食物,你可以另外找一个地方祭祀我。"于是,武帝命令豫章王萧嶷的妃子庾氏,在春夏秋冬四季于清溪旧宅里祭祀祖父母和父母,按照家祭的礼节进行。

二月,南齐派使节出使北魏。

南齐散骑常侍裴昭明、侍郎谢竣前往北魏去吊唁冯太后,准备穿在本国平常的官服去行礼,北魏的主客官说:"吊丧有一定的礼节,穿着红色的官服进入祭堂,这怎么可以呢?"裴昭明等人说:"我们受命于本国朝廷,不敢轻易更换自己的服装。"这样反复争论了很多次。孝文帝派著作郎成淹去和裴昭明等人辩论。裴昭明说:"魏朝不许外国来的使者穿本国的官服,这样的规定出自哪一部经典?"成淹说:"一个人身穿羔羊皮袍、头上戴着朝冠

不以吊,此童稚所知也。"昭明曰:"齐高皇帝之丧,魏遣李
彪来吊,初不素服,齐朝亦不以为疑,何今日而见逼邪?"淹
曰:"齐不能行亮阴之礼,逾月即吉。彪不得主人之命,固
不敢以素服往厕其间。今皇帝仁孝,居庐食粥,岂得以此
方彼乎!"昭明曰:"三王不同礼,孰能知其得失!"淹曰:"然
则虞舜、高宗非邪?"昭明、竣相顾而笑曰:"非孝者无亲,何
可当也!"乃对曰:"吊服唯主人裁之,然违本朝之命,返必
获罪矣。"淹曰:"使彼有君子,卿将命得宜,且有厚赏。若
无君子,卿出而光国,得罪何伤! 自当有良史书之。"乃以
衣、帻给之。魏主嘉淹之敏,迁侍郎,赐绢百匹。

三月,魏主谒永固陵。

魏主谒陵逾月,设荐于太和庙,始进蔬食,追感哀哭,
终日不饭。

魏自正月不雨至于夏四月。

自正月不雨至于是月,有司请祈百神,帝曰:"成汤遭
旱,以至诚致雨,固不在曲祷山川。今普天丧恃,幽显同
哀,何宜遽行祀事! 唯当责躬以待天谴。"

魏遣使如齐。

魏遣员外散骑常侍李彪等聘于齐,齐为置燕设乐。彪
辞曰:"主上孝思罔极,兴坠正失。朝臣虽除衰绖,犹以素

是不可以前去吊丧的,这是一个小孩都明白的道理。"裴昭明说:
"齐高皇帝去世时,北魏派李彪前去吊丧,他最初没穿白色丧服,
齐朝也没有认为有什么不合适,为什么今日如此逼迫我们?"成
淹说:"齐国不能遵守居丧之礼,安葬一个月后,就穿上了平日的
衣服。李彪没有得到齐朝主人的命令,所以不敢穿着白色丧服
前往祭堂。如今我们皇上仁义孝敬,住在简陋的房子里,吃着稀
粥,这怎么可以和你们相比呢!"裴昭明说:"夏、商、周三代礼仪
各不相同,有谁能判断他们各自的得失呢!"成淹说:"如此说来,
难道虞舜、商代高宗的做法都不对吗?"裴昭明和谢竣相视一笑
说:"责怪别人孝行的人,说明他的心中没有亲情的观念,我们哪
里能这样做呢!"于是二人又说:"丧服只有请主人给我们裁制,
可这样做违背了我们朝廷的使命,回去之后一定会被治罪。"成淹
说:"假如你们国家有君子,你们这次出使很好地完成了使命,将
会得到厚赏。如果没有君子,你们此行为国家争得了荣誉,即使
被治罪,可这又有什么关系呢! 这件事自然会被优秀的史官记载
下来。"于是给了裴昭明等人吊丧用的丧服和帽子。孝文帝称赞
成淹的聪敏,提升他为侍郎,赏赐给他一百匹绢。

三月,北魏孝文帝拜谒永固陵。

孝文帝拜谒永固陵一个月之后,在太和庙设置祭品,然后才
开始吃了点儿蔬菜,追思冯太后,悲哀痛苦,一整天没有吃饭。

北魏自正月至夏四月一直没有下雨。

自从正月开始不下雨,一直持续到夏四月,有关部门请祈祷
百神,孝文帝说:"商代汤王遭到旱灾时,用他的至诚感动上天
下了雨,所以,本不在于曲意祈祷山河百川。如今普天之下都丧
失了可以依仗的人,阴间阳世同声哀悼,怎么可以马上去祭祀百
神! 我们只有反省自己,等待上天对我们的惩罚。"

北魏派人出使齐国。

北魏派遣员外散骑常侍李彪等人前来聘问,南齐朝廷为他
们置办宴席、安排礼乐。李彪推辞说:"我们皇上孝思无穷无尽,
振兴以前遗失的典章制度。朝臣虽已脱下丧服,但还穿着白色

服从事,是以使臣不敢承奏乐之赐。"从之。彪凡六奉使,齐主甚重之。将还,亲送至琅邪城,命群臣赋诗以宠之。

魏作明堂、太庙。 **五月,魏主更定律令,亲决疑狱。**

魏主更定律令于东明观,亲决疑狱,命李冲议定轻重,润色辞旨,然后书之。冲忠勤明断,加以慎密,为魏主所委,情义无间,旧臣贵戚,莫不心服,中外推之。

秋七月,魏定庙祧之制。

诏曰:"烈祖有创业之功,世祖有开拓之德,宜为祖宗,百世不迁。平文之功少于昭成,而庙号太祖,道武之功高于平文,而庙号烈祖,于义未允。今尊烈祖为太祖,以世祖、显祖为二祧,余皆以次而迁。"

八月,魏正祀典。

先是,魏常以正月吉日于朝廷设幕,中置柏树,设五帝座而祠之。又有探策之祭,魏主皆以为非礼,罢之。移道坛于桑乾之阴,改曰崇虚寺。诏曰:"国家飨祀诸神,凡一千二百余处,今欲减省,务从简约。朝日、夕月,皆欲以二分之日于东、西郊行礼。然月有余闰,行无常准。若一依分日,或值月于东而行礼于西,序情即理,不可施行。昔秘

衣服处理事务,所以我们不敢接受朝廷奏乐的赏赐。"南齐朝廷接受了他的意见,没有赏赐。李彪前后一共六次奉命出使齐国,齐武帝对他十分尊重。李彪将要回国的时候,武帝亲自把他送到琅邪城,并命令各位大臣赋诗送给李彪,以此来表示对李彪的宠爱。

北魏兴建明堂、太庙。　　五月,北魏孝文帝修定法律,亲自裁决有疑问的诉讼案件。

孝文帝在东明观修定法律,亲自裁决疑案,命令李冲裁定刑罚轻重,对条文加以润色,然后抄写下来。李冲忠诚勤奋,明智果断,加上又谨慎周密,所以深受孝文帝的信赖和倚重,二人之间情投意合,没有隔阂,朝廷旧臣贵戚没有不对他心服口服的,上下内外对他也一致推崇。

秋七月,北魏议定先帝庙号、灵位的高低顺序。

孝文帝下诏说:"道武帝有开创大业的功劳,太武帝有开拓国土的贡献,应该追尊他们为祖宗,百代祭祀他们,永远不废。平文帝的功绩比昭成帝小,但他的庙号却是太祖,道武帝的功绩比平文帝高,但他的庙号却是烈祖,这些在道义上都是不公平的。现在,尊奉烈祖为太祖,把世祖、显祖灵位迁移,作为远祖,其余的都按照顺序迁移灵位。"

八月,北魏改正祭祀典礼。

在此之前,北魏经常于正月吉利之日在朝廷设立帷帐,中间摆上柏树,供奉五位先帝的牌位,然后祭祀他们。另外还有一种向先祖问取治国之策的祭祀,孝文帝认为这些都不合乎礼仪,所以取消了这几种祭祀活动。下令将道教祭坛迁移到桑乾河南岸,改称为崇虚寺。孝文帝下诏说:"国家祭祀诸神的场所,共有一千二百多处,现在打算减少,务必以俭省为主。朝日和夕月的祭祀,大家都主张在春分、秋分之日分别在平城的东郊和西郊进行。可是,每个月的天数不一样,因此无法固定日子。如果按春分、秋分的日子来定,有时会赶上月亮在东方,而祭祀却在西方进行,这样无论于人情还是道理上,都不可施行。过去秘

书监薛谓等以为朝日以朔,夕月以朒,卿等以为如何?"游明根等请如谓说,从之。

魏旧制:宗庙四时之祭皆用中节。至是诏用孟月择日而祭。旧制:每岁祀天于西郊,魏主与公卿从二千余骑,戎服绕坛,谓之蹋坛。明日戎服登坛,祀毕,又绕坛,谓之绕天。至是亦罢之。

九月,魏主祥祭于庙。冬十月,谒永固陵。十一月,魏主禫祭,遂祀圜丘、明堂,飨群臣,迁神主于新庙。

有司上言,求卜祥日,诏曰:"筮日求吉,既乖敬事之志,又违永慕之心,今直用晦日。"前一日夜宿于庙,帅群臣哭已,易服缟冠、革带、黑履,侍臣易服黑介帻、白绢单衣、革带、乌履,遂哭尽乙夜。明日易祭服,缟冠素纰、白布深衣、绳履,侍臣去帻易帕。既祭,出庙立哭,久之,乃还。

十月,谒永固陵,毁瘠犹甚。司空穆亮谏曰:"王者为天地所子,为万民父母,未有子过哀而父母不戚,父母忧而子独悦豫者也。今和气不应,风旱为灾,愿陛下袭轻服,御常膳,庶使天人交庆。"诏曰:"孝悌之至,无所不通。今飘风旱气,皆诚慕未浓,幽显无感也。所言过哀之咎,谅为未

书监薛谓等人认为,可以在每月初一早上行朝日之祭,每月初三晚上行夕月之祭,你们认为这个办法如何?"游明根等人请求按薛谓的办法实行,孝文帝表示同意。

北魏旧制:皇家宗庙春夏秋冬四时的祭祀都在中节进行。现在,孝文帝诏令到每季的第一个月,选择一天进行祭祀。另有旧制:每年在平城西郊祭天,北魏皇帝与各位公卿大臣共二千多人,身穿战服,骑马绕祭坛,称为蹋坛。第二天,身穿战服登上祭坛,向上天行礼完毕,再次绕坛,称为绕天。这种祭天方式到现在也被孝文帝取消。

九月,北魏孝文帝在皇家宗庙祥祭。冬十月,祭拜永固陵。十一月,孝文帝举行丧服之祭,然后到平城南郊祭天,又到明堂祭祀,设宴款待文武百官,将供奉祖先的牌位迁入新建的皇家宗庙。

有关部门上书孝文帝,请求占卜吉日,孝文帝下诏说:"用占卜的方法来选定吉日,既有违恭敬的意向,又伤害永远思念亲人的心情,现在直接选在每月的最后一天。"在祭祀的第一天晚上,孝文帝住在皇家宗庙里,率领文武百官哀哭完毕,然后换上祭服,戴上素色帽子,腰束皮带,脚穿黑鞋,其余的文武官员们也都换上祭服,戴上黑帽,穿上白色绢丝单衣,腰束皮带,脚穿黑鞋,一直哀哭到二更。第二天,孝文帝脱下带有白色镶边的素色帽子,穿上上下一体用白布做成的衣服以及黑色麻绳鞋等祭祀服装,文武官员们也都脱下黑帽,换上白帽。祭祀典礼完成之后,孝文帝出了宗庙,站在那里痛哭了很久才回宫。

十月,孝文帝拜谒永固陵,因过度哀伤,身体非常瘦弱。司空穆亮劝谏说:"君王是天地的儿子,万民的父母,从来没有儿子过于悲伤而父母心中不难受的,也没有父母忧虑而儿子却高兴快乐的。如今,我国气候多变,狂风大旱造成大灾,诚愿陛下能改穿轻便服装,正常吃饭,以使上天和百姓交相庆幸。"孝文帝下诏说:"孝敬父母与友爱兄弟到了至诚的地步,就会无所不通。如今的狂风大旱,都是因为我的诚心不够深笃,所以阴间和阳间还都没有被感动。说这些灾难是由于哀痛所致,恐怕不太合

衰。"十一月,禫祭,始服衮冕。易黑介帻,素纱深衣,拜陵
而还。冬至,祀圜丘,遂祀明堂,临太华殿,服通天冠,绛纱
袍,以飨群臣,乐县而不作。服衮冕辞太和庙,帅百官奉神
主迁于新庙。

魏正官品,考牧守。 十二月,高丽王琏卒。

琏寿百余岁。魏主为之制素委貌,布深衣,举哀于东
郊,策谥曰康。孙云嗣立。

魏主始迎春于东郊。 魏置乐官。

初,魏世祖克统万及姑臧,获雅乐器服工人。其后乐
工浸尽,音制多亡。至是始命有司访民间晓音律者议定雅
乐,当时无能知者。然金石、羽旄之饰,稍壮丽于往时矣。
乃诏置乐官,命中书监高闾参定。

齐《律》书成。

初,晋张斐、杜预共注《律》三十卷,自泰始以来用之。
《律》文简约,或一章之中,两家所处,生杀顿异,临时斟酌,
吏得为奸。齐主留心法令,诏狱官详正旧注,删定郎王植
集定奏之。诏公卿参议,竟陵王子良总其事,众不能壹者
制旨平决。是岁,书成。廷尉孔稚珪以为:"《律》文虽定,
苟用失其平,则冤魂犹结。古之名流多有法学,今之士子

适。"十一月,孝文帝举行丧服之祭,穿上了平常的衣服和帽子。又换上黑帽,身穿白色一体的衣服,祭拜完冯太后的陵墓后返回宫中。到了冬至那天,孝文帝前往祭坛祭天,又到明堂进行祭祀,然后登临太华殿,头戴通天帽,身穿朱红袍,设宴款待文武百官,设置了乐器,但没有演奏。孝文帝身穿礼服,头戴冕旒,辞别太和庙,率领文武百官把供奉祖先的牌位迁入新修建的皇家宗庙之中。

北魏制定官员等级制度,考核州郡首领。　十二月,高丽国王高琏去世。

高琏享年一百多岁。北魏孝文帝制作了委貌冠和上下一体的布衣服,穿上在平城东郊为高琏举行哀悼典礼,赠谥号康。高琏的孙子高云继承王位。

北魏孝文帝开始到平城东郊举行迎春典礼。　北魏设置乐官。

当初,北魏太武帝攻克统万和姑臧,缴获了雅乐乐器、乐服和乐师。后来乐师逐渐死去,乐谱也大都散失。现在,孝文帝开始命令有关部门,到民间查访通晓音律的人,商议制定雅乐,但当时已经没有人能懂了。不过金银、宝石、羽毛旗帜之类的装饰,比以前各个时代都要壮丽一些。于是,孝文帝诏命设置乐官,命令中书监高闾参与审定音乐。

南齐《律》书修订完成。

当初,西晋的张斐、杜预共同对三十卷的《律》书进行了注解,从晋武帝泰始年间以来就一直使用。《律》书行文简约,有时在一章之中,张斐和杜预的注解正好相反,审判官在使用时,临时斟酌选择,使官吏们有机会贪赃枉法。齐武帝留心法令,诏令狱官详细订正张斐和杜预的旧注,由删定郎王植集中这些订正之后上奏朝廷。武帝诏令公卿讨论修正,由竟陵王萧子良负责全面工作,对于大家意见不能统一的地方,奏报武帝裁决。这一年,《律》书修订完毕。廷尉孔稚珪上书认为:"《律》文虽然已经定了下来,但是如果使用起来时并不公平,那么必然还会有人变成冤魂。古代的知名人士大都了解法律规章,而如今的读书人

莫肯为业。纵有习者，世议所轻，将恐此书永沦走吏之手矣。今若置《律》助教，国子有欲读者策试擢用，庶几士流劝慕。"诏从之，事竟不行。

魏以咸阳王禧为司州牧。

魏冀州刺史咸阳王禧入朝，州民三千人诣阙，言禧有惠政，请世祚冀州。诏曰："利建虽古，未必今宜。经野由君，理非下请。"乃以禧为司州牧。

魏以宦者符承祖为悖义将军，封佞浊子。

初，魏太后宠任宦者符承祖，官至侍中，赐以不死之诏。太后殂，承祖坐赃应死，魏主原之，削职禁锢，除悖义将军，封佞浊子。月余卒。承祖方用事，亲姻争趋附以求利。其从母杨氏为姚氏妇，独否，常谓承祖之母曰："姊虽有一时之荣，不若妹有无忧之乐。"与之衣服，多不受。强与之，则曰："我夫家世贫，美衣服使人不安。"不得已，或受而埋之。与之奴婢，则曰："我家无食，不能饲也。"常著弊衣，自执劳苦。承祖遣车迎之，不肯起，强使人抱置车上，则大哭曰："尔欲杀我！"由是符氏内外号为"痴姨"。及承祖败，有司执其二姨至殿庭，其一姨伏法。魏主见姚氏姨贫弊，特赦之。

魏封李安祖等四人为侯。

却没有谁肯把研究执行法律作为事业。即使有人研究学习,也会被世人所轻视,如此下去,恐怕这部《律》书会永远沦落在那些供奔走的小吏手中。现在如果能设立《律》文助教,国子学校的学生中有想要研究法律的,就可以经过考试,提升任用他们,这样才能对读书人有所鼓励和吸引。"武帝诏令按孔稚珪的建议去办,但此事最终没有实行。

北魏孝文帝任命咸阳王拓跋禧为司州牧。

北魏冀州刺史、咸阳王拓跋禧朝见孝文帝,冀州州民三千人请求孝文帝,说拓跋禧在任清廉,推行德政,请允许他世代承袭冀州刺史的官职。孝文帝下诏说:"古代虽有世袭制度,但未必适用于今天。分疆割土由君王做主,从道理上说,不是下民的请求所能决定的。"于是改任拓跋禧为司州牧。

北魏孝文帝任命宦官符承祖为悖义将军,并封他为伥浊子。

当初,北魏冯太后宠信宦官符承祖,使他官至侍中,并赐给他一道免死的诏令。冯太后去世后,符承祖因为贪赃应被处死,孝文帝赦免了他,只是撤了他的官职,将他关了起来,还给了他一个悖义将军的官职,封他为伥浊子。一个多月后,符承祖去世。符承祖当权时,他的亲戚们争相前来依附,以谋求私利。他的姨母杨氏嫁给了姚家,只有她不这样做,并经常对符承祖的母亲说:"姐姐你虽有一时的荣华富贵,却不如妹妹我有无忧无虑的乐趣。"她的姐姐送给她衣服时,她大都不肯收下。如果强行给她,她就说:"我夫家世代贫穷,穿上华丽的衣服会让我们内心不安。"实在不得已收下了,也还是把它们埋了起来。送给她奴仆和婢女,她就说:"我家缺乏粮食,不能养活他们。"她经常穿着破旧的衣服,干起活来不辞劳苦。符承祖派车去接她,她不肯上车,符承祖让人强抱她上车,她就大哭说:"你想要杀我!"从此,符家里里外外的人都叫她为"痴姨"。符承祖事发后,有关部门将符承祖的两个姨妈抓了起来,送上宫殿,其中一位姨妈被斩首。孝文帝见到姚氏姨妈如此贫穷,就特别赦免了她。

北魏孝文帝封赐李安祖等四人为侯。

李惠之诛也,思皇后之昆弟皆死。惠从弟凤亦坐他事死。子安祖等四人逃匿,遇赦乃出。既而魏主访舅氏存者,得安祖等,皆封侯,加将军。既而谓曰:"王者设官以待贤才,由外戚而举者,季世之法也。卿等既无异能,且可还家。自今外戚无能者视此。"时人皆以为魏主待冯氏太厚,待李氏太薄,高闾尝以为言,不听。

壬申(492) 齐永明十年,魏太和十六年。

春,魏主始祀明堂。

魏主宗祀显祖于明堂,以配上帝,遂登灵台以观云物,降居青阳左个,布政事。自是每朔行之。

魏定行次为水德。

魏主命群臣议行次。高闾议以为:"帝王莫不以中原为正统,不以世数为与夺、善恶为是非。晋承魏为金,赵承晋为水,燕承赵为木,秦承燕为火。秦之既亡,魏乃称制,且魏得姓,出于轩辕。臣愚以为宜为土德。"李彪等以为:"神元与晋武往来通好,至于桓、穆,志辅晋室,是则司马祚终而拓跋受命。昔秦并天下,汉犹比之共工,卒继周为火德。况刘、石、苻氏,地褊世促,岂可舍晋而为土邪?"穆亮等皆附其议。乃诏为水德,祖申、腊辰。

李惠被诛杀时,他的女儿思皇后的亲兄弟也都被处死。李惠的堂弟李凤也因其他事而被处死。他的儿子李安祖等四人逃亡躲藏起来,遇到大赦时,才得以露面。不久,孝文帝寻访舅父家仍活在世上的亲人,查出了李安祖等人,全都给他们封了侯爵,加授将军官衔。不久,孝文帝对他们四人说:"君王设立官职,是要任用贤能之士,以皇亲国戚而被举官,是末朝乱世才有的事。你们既然没有特别的才能,可暂时回家。从此以后,凡是外戚没有才能的人,都按此处理。"当时的人们都认为孝文帝待冯太后家太优厚,而待李氏家太苛刻。高闾曾就此事提过意见,孝文帝没有听从。

壬申(492) 齐永明十年,北魏太和十六年。

春,北魏孝文帝开始在明堂祭祀。

孝文帝在明堂祭祀献文帝,把他的牌位放在上帝牌位旁边,然后登上灵台,观察天气,下来后,留在东堂北部偏殿,处理朝政。从此以后,每月初一都举行这项活动。

北魏确定继承晋王朝为水德。

孝文帝命令文武百官讨论水、木、金、火、土五行的顺序问题。高闾认为:"历代帝王们都把中原作为正统之本,把传世多少作为竞争的对象,把善恶作为是非的标准。晋继承曹魏为金德,赵继承晋为水德,燕继承赵为木德,秦继承燕为火德。秦灭亡之后,北魏正式建立,而且拓跋的姓氏出自轩辕帝那里。臣认为,魏应该是土德。"李彪等人认为:"我们的神元皇帝和晋武帝友好往来,到了桓帝和穆帝,他们仍然一心辅佐晋王朝,这说明司马氏的命运告终之后,由拓跋氏接受天命,建立王业。以前,秦王朝统一天下,汉王朝把秦王比作共工,最终继承了周王朝,为火德。何况刘渊、石勒、苻氏所建立的王朝,国土狭小,世代短促,我朝怎么能够舍弃晋王朝,而定为土德呢?"穆亮等人都同意李彪的意见。于是,孝文帝诏令北魏继承晋朝为水德,规定年初第一个申日祭祀祖先,年终最后一个辰日,举行腊祭。

魏罢租课。 **魏诏疏属异姓王公递降一等。**

魏宗室及功臣子孙封王者众。诏:"自非烈祖之胄,余王皆降为公,公降为侯,而品如旧。"唯上党王长孙观,以其祖有大功,特不降。丹阳王刘昶封齐郡公,号宋王。

魏主初朝日于东郊。
自是朝日、夕月皆亲之。
魏修尧、舜、禹、周公、孔子之祀。
祀尧于平阳,舜于广宁,禹于安邑,周公于洛阳,皆令牧守执事。其宣尼之庙祀于中书省,改谥曰文圣尼父,亲行拜祭。
夏四月,魏班新律。 **齐大司马、太傅、豫章王嶷卒。**

嶷性仁谨廉俭,不事财贿。斋库失火,烧荆州还资,评直三千余万,杖主局数十而已。疾笃,遗令诸子曰:"才有优劣,位有通塞,运有贫富,此自然之理,无足以相陵侮也。"及卒,第库无见钱,敕月给钱百万。谥曰文献。

齐以竟陵王子良为扬州刺史。 **秋七月,吐谷浑遣子入朝于魏。**
初,魏主召吐谷浑王伏连筹入朝,不至,而修洮阳、泥和二戍置兵焉。魏遣兵伐之,拔二戍。及冯后之丧,使人告哀,伏连筹拜命又不恭,群臣请讨之,魏主不许。又请还其贡物,魏主曰:"贡物乃人臣之礼,今而不受,是弃绝之,

北魏罢免赋税。 **北魏孝文帝诏令王公中不是烈祖后裔者，其爵位递降一等。**

北魏皇室及功臣子孙有很多人被封王爵。孝文帝下诏说："除了烈祖的后裔，其余王爵都降为公，公降为侯，品级不变。"只有上党王长孙观因为祖先立过大功，所以，特别照顾不降爵位。丹阳王刘昶降为齐郡公，另外加号宋王。

北魏孝文帝开始在平城东郊主持祭日仪式。

从此以后，祭日、祭月仪式，孝文帝都亲自主持。

北魏修正尧、舜、禹、周公、孔子的祭祀办法。

在平阳祭祀尧，在广宁祭祀舜，在安邑祭祀禹，在洛阳祭祀周公，这些祭祀都要由当地牧守主持进行。孔子庙的祭祀在中书省举行，将孔子的谥号改为文圣尼父，孝文帝亲自主持祭拜。

夏四月，北魏颁布新修订的《律令》。 **南齐大司马、太傅、豫章王萧嶷去世。**

萧嶷性情仁善恭谨，廉洁节俭，不求金钱贿赂。他自己家的库房发生火灾，将他从荆州带回的资产烧了，估计约值三千多万，他不过责令打了负责库房的人几十棍而已。他病重时，立遗嘱命令各个儿子说："才能有优劣之分，官位有亨通阻塞之别，运气有贫穷富足的不同，这是自然而然的道理，你们都不必仗势欺人。"等他去世之后，家里没有一点现钱，武帝下令每月接济他家一百万钱。赠谥号为文献。

齐武帝任命竟陵王萧子良为扬州刺史。 **秋七月，吐谷浑王派他的儿子前往北魏朝见。**

当初，孝文帝诏令吐谷浑王伏连筹前来朝见，伏连筹没有来，却修筑了洮阳、泥和两个边城，并派兵戍守。北魏派兵讨伐吐谷浑，占领了洮阳、泥和两个城池。等到冯太后去世时，北魏派人前往吐谷浑报丧，伏连筹听到这个消息时，态度不恭，因此，文武百官请求发兵讨伐吐谷浑，孝文帝没有批准。臣属们又请求将吐谷浑进贡的东西还回去，孝文帝说："贡品是臣下呈给君王的礼物，如今不予接受，就是表示要断绝与他们之间的关系，

彼虽欲自新，其路无由矣。"因命归洮阳、泥和之俘。于是
吐谷浑遣其世子贺虏头入朝于魏。

魏遣使如齐。

魏散骑常侍宋弁聘于齐。及还，魏主问："江南何如？"
弁曰："萧氏父子无大功于天下，既以逆取，不能顺守。政
令苛碎，赋役繁重，朝无股肱之臣，野有愁怨之民。其得没
身幸矣，非贻厥孙谋之道也。"

**八月，魏败柔然于大碛。   柔然杀其可汗伏名敦。
魏主养老于明堂。**

魏司徒尉元、大鸿胪卿游明根累表请老。魏主引见，
赐元玄冠、素衣，明根委貌、青纱单衣，而遣之。至是亲养
老于明堂，以元为三老，明根为五更。帝再拜三老，亲袒割
牲，执爵而馈。肃拜五更，且乞言焉，元、明根劝以孝友化
民。又养国老、庶老于阶下。禄三老以上公，五更以元卿。

九月，魏主谒永固陵。

魏主以太后再期，哭于永固陵左，终日不辍声，凡二日
不食。

冬，齐遣使如魏。

魏主甚重齐人，亲与谈论，顾谓群臣曰："江南多好
臣。"侍臣李元凯对曰："江南多好臣，岁一易主；江北无好
臣，百年一易主。"魏主甚惭。

他们虽然打算改过自新,也无路可走了。"所以孝文帝下令将在洮阳、泥和俘获的吐谷浑人遣返回去。于是,吐谷浑王伏连筹派他的世子贺虏头前往北魏朝见。

北魏派使节出使南齐。

北魏散骑常侍宋弁前往南齐聘问。回国后,孝文帝问他:"江南形势如何?"宋弁说:"萧氏父子对国家没有大功,既然他们是以不正当的手段获取了政权,那么他们也就不能用德政来守住江山。他们政令苛刻琐碎,赋役繁重,朝廷内没有可以支撑江山的大臣,田野上却充满了哀愁怨愤的百姓。萧氏能得以保持终身已经是万幸的了,他所采取的措施不是为子孙万代所考虑的。"

八月,北魏军队在大沙漠击败柔然。　　**柔然杀死伏名敦可汗。**　　**北魏孝文帝在明堂举行送老臣回乡养老的典礼。**

北魏司徒尉元和大鸿胪卿游明根因年纪已老,多次上书请求辞职。孝文帝接见他们,赏赐尉元黑色帽子、白色衣服,游明根委貌冠帽和青纱单衣,然后送他们回家养老。现在,孝文帝亲自在明堂主持了送老臣回乡养老的典礼,任命尉元为三老,游明根为五更。孝文帝向三老尉元叩拜两次,亲自挽袖露臂,切下祭肉,举起酒杯向他敬酒。向五更游明根作揖,并请他们对朝政提出意见,尉元和游明根劝谏孝文帝用孝敬父母、友爱兄弟之道教化百姓。又在台阶下主持敬老仪式,向庶老和国老致敬。发给三老上公的俸禄,发给五更元卿的俸禄。

九月,北魏孝文帝拜谒永固陵。

孝文帝因为冯太后去世两周年,在永固陵西侧痛哭,整天哭声不断,两天都没有吃饭。

冬,南齐派使节出使北魏。

孝文帝对齐国使节很尊重,亲自和他们谈话,并回头对身边的众位大臣说:"江南有很多优秀的官员。"他的使臣李元凯回答说:"江南有很多优秀的官员,但他们几乎每年更换一次皇帝;江北没有优秀的官员,但一百年左右才换一次皇帝。"孝文帝非常惭愧。

齐诏太子家令沈约撰《宋书》。

约撰《宋书》,疑立《袁粲传》。齐主曰:"袁粲自是宋室忠臣。"约又多载宋世祖、太宗诸鄙渎事。齐主曰:"孝武事迹,不容顿尔。我昔经事明帝,卿可思讳恶之义。"于是多所删除。

魏南阳公郑羲卒。

羲尝为西兖州刺史,在州贪鄙。及卒,尚书奏谥曰宣,诏以羲虽有文业,而治阙廉清,可谥文灵。

癸酉(493)　齐永明十一年,魏太和十七年。

春正月,齐以陈显达为江州刺史,崔慧景为豫州刺史。

显达自以门寒位重,每迁官,常有愧惧之色,戒其子勿以富贵陵人。而诸子多事豪侈,显达曰:"麈尾、蝇拂,是王、谢家物,汝不须捉此。"取而烧之。

初,齐主造露车三千乘,欲步道取彭城,魏人知之。而刘昶亦数泣诉于魏主,乞处边戍,招集遗民,以雪私耻。魏主乃于淮、泗间大积马刍。齐主闻之,以慧景为豫州刺史。

齐太子长懋卒。

齐主晚年好游宴,尚书曹事分送太子省之,由是威加内外。太子性奢靡,治堂殿、园囿过于上宫,而莫敢以闻者。及卒,齐主乃见其服玩,大怒,敕皆毁除。太子素恶西昌侯鸾,尝曰:"我殊不喜此人,不解其故,当由其福薄故

南齐武帝诏令太子家令沈约撰写《宋书》。

沈约在撰写《宋书》时,不能确定是否写《袁粲传》。武帝说:"袁粲当然是宋室的忠臣。"沈约又记载了刘宋孝武帝和明帝许多卑鄙荒淫的事。武帝说:"孝武帝的事迹,不能这样写。我过去曾侍奉过明帝,你应该想到为尊者讳的大义。"于是,沈约删去了许多。

北魏南阳公郑羲去世。

郑羲曾任西兖州刺史,任职期间贪婪卑鄙。郑羲去世后,尚书上奏追谥他为宣,孝文帝下诏说郑羲虽然在文学上很有水平,但为政却不能廉洁清白,可赠谥号为文灵。

癸酉(493) 齐永明十一年,北魏太和十七年。

春正月,南齐武帝任命陈显达为江州刺史,崔慧景为豫州刺史。

陈显达认为自己出身寒门,却担任要职,所以每次升官时,他都面有惭愧恐惧之色,并且告诫他的儿子,不要依仗自己的富贵而欺凌他人。但他的儿子们却大都生活豪华奢侈,陈显达说:"麈尾、蝇拂这样的东西,是王家、谢家那样的人家才应使用的,你们不需要拿着它。"然后就把这些东西拿过来烧了。

当初,齐武帝制造了三千辆没有顶篷的车辆,打算从陆路攻取彭城,北魏得知了这一情况。而刘昶又多次在北魏孝文帝面前哭诉,乞求派他到边境戍守,召集刘宋遗民,以报仇雪恨。于是孝文帝就在淮河、泗水之间大量存贮喂马的草料。齐武帝听说了这个消息后,就任命崔慧景为豫州刺史,以防备魏军入侵。

南齐太子萧长懋去世。

齐武帝晚年喜欢游乐饮宴,就将尚书各曹事务交给太子处理,因此萧长懋的威望及于朝廷内外。萧长懋生性奢靡,他修建的殿堂、花园超过了武帝的宫殿,而没有人敢把这一切告诉武帝。他去世后,武帝才见到了他那些奢华的服饰、玩物,极为愤怒,下令全部销毁。萧长懋素来讨厌西昌侯萧鸾,他曾说:"我特别不喜欢这个人,不知道这是什么缘故,大概是因为他的福分浅

也。"及鸾得政,太子子孙无遗焉。

二月,魏主始耕藉田。　齐雍州刺史王奂有罪伏诛。

奂恶宁蛮长史刘兴祖,诬其构扇山蛮,杀之。齐主大怒,遣中书舍人吕文显、曹道刚收奂,敕镇西司马曹虎会之。奂子彪素凶险,奂不能制,辄发州兵闭门拒守。奂门生郑羽叩头启奂,乞迎台使,奂曰:"我不作贼,欲先遣启自申。正恐曹、吕辈小人相陵藉,故且闭门自守耳。"彪遂出与虎战,兵败走归。司马黄瑶起、宁蛮长史裴叔业起兵攻奂,斩之,执彪及弟爽、弼,并诛之。彪弟肃独得脱,奔魏。

夏四月,齐主立其孙昭业为太孙。
东宫文武悉改为太孙官属。
五月,魏主亲录囚徒。
魏主谓司空穆亮曰:"自今朝廷政事,日中以前,卿等自先论议,日中以后,朕与卿等共决之。"
秋七月,魏主立其子恂为太子。　魏诏大举伐齐。

魏主以平城地寒,六月雨雪,风沙常起,将迁都洛阳。恐群臣不从,乃议大举伐齐,欲以胁众。命太常卿王谌筮之,遇《革》,魏主曰:"'汤、武革命,顺乎天而应乎人',吉孰大焉!"任城王澄曰:"陛下奕叶重光,帝有中土。今出师而得革命之象,未为全吉也。"魏主厉声曰:"社稷我之社稷,任城欲沮众邪?"澄曰:"社稷虽为陛下之有,臣为社稷之

吧。"到后来萧鸾专政,将太子的子孙全部诛杀。

二月,北魏孝文帝开始举行扶犁耕田典礼。   南齐雍州刺史王奂因罪被杀。

王奂讨厌宁蛮长史刘兴祖,诬陷他勾结煽动山中蛮族而杀了他。齐武帝大怒,派中书舍人吕文显、曹道刚前去逮捕王奂,命令镇西司马曹虎与吕文显等人会合。王奂的儿子王彪平日凶狠奸诈,王奂都管不了他,王彪派出雍州兵士关闭城门,据城抗拒。王奂的门生郑羽向王奂叩头请求,让他前去迎接朝廷派来的官员,王奂说:"我没有叛乱,打算预先派人向皇上申诉。正是因为害怕曹道刚、吕文显等一些奸诈小人的欺凌侮辱,才暂时关闭城门防守罢了。"于是,王彪出城与曹虎率领的军队作战,结果被打败,逃回城里。司马黄瑶起和宁蛮长史裴叔业在雍州发动兵变,进攻王奂,并斩了他,逮捕了王彪及他的弟弟王爽、王弼,全部斩首。只有王彪的另一位弟弟王肃得以逃脱,投奔北魏。

夏四月,南齐武帝立他的孙子萧昭业为皇太孙。

太子宫内的文武官属,全部改为太孙的官属。

五月,北魏孝文帝亲自审查囚犯案卷。

孝文帝对司空穆亮说:"从现在开始,朝廷政事,在中午以前,由你们自己先讨论,中午过后,朕和你们一块讨论裁决。"

秋七月,北魏孝文帝立皇子拓跋恂为太子。   北魏孝文帝诏令大举征伐南齐。

孝文帝因为平城气候寒冷,六月还在下雪,而且经常刮起风沙,所以打算迁都洛阳。但他担心文武大臣们不同意,于是提出大举征伐南齐,打算以此来胁迫众人。他命令太常卿王谌占卜,得到《革》卦,孝文帝说:"'商汤王和周武王进行变革,既顺应上天之命,又顺乎百姓之心',没有比这更吉祥的了!"任城王拓跋澄说:"陛下继承了先祖留下的大业,使之发扬光大,并拥有了中原的土地。如今要出师征伐,却得到了革命的象辞,不能完全说是吉利。"孝文帝严厉地说:"社稷是我的社稷,任城王难道要打算阻止大家吗?"拓跋澄说:"社稷虽然为陛下所有,而我是社稷之

臣,安可知危而不言耶!"

魏主还宫,召澄,屏人谓曰:"平城用武之地,非可文治。移风易俗,其道诚难。朕欲因此迁宅中原,卿以为何如?"澄曰:"陛下欲卜宅中土以经略四海,此周、汉之所以兴隆也。"魏主曰:"北人习常恋故,必将惊扰,奈何?"澄曰:"非常之事,故非常人之所及。陛下断自圣心,彼亦何所能为!"魏主曰:"任城,吾之子房也。"于是戒严。齐主闻之,亦发扬、徐民丁,广设召募以备之。

齐主赜殂,太孙昭业立,以竟陵王子良为太傅,萧鸾为尚书令。

中书郎王融自恃人地,三十内望为公辅。尝夜直省中,抚案叹曰:"为尔寂寂,邓禹笑人!"行逢朱雀桁开,喧溅不得进,捶车壁叹曰:"车前无八驺,何得称丈夫!"竟陵王子良爱其文学,特亲厚之。融见齐主有北伐之志,数上书奖劝,因大习骑射。及闻有魏师,子良于东府募兵,板融宁朔将军,使典其事。融倾意招纳,得江西伧楚数百人。会齐主不豫,诏子良甲仗入侍,太孙间日参承。齐主疾甚,暂绝,太孙未入。融欲矫诏立子良,诏草已立。会及太孙来,融戎服绛衫,于中书省阁口断其仗,不得进。顷之,齐主复苏,问太孙所在,召入,以朝事委仆射西昌侯鸾而殂。融以

臣,怎么可以知道危险而不说呢!"

孝文帝回到皇宫,召见拓跋澄,命令左右侍从退下,对他说:"平城是一个用武之地,不宜于以文教治国。移风易俗,这条路确实很难走。朕打算借大军南下征伐之势,将京都迁到中原,你以为怎么样?"拓跋澄说:"陛下打算把京城迁到中原,以扩大国土,征服四海,这也正是周朝和汉朝兴旺发达的原因。"孝文帝说:"北方人留恋旧的生活方式,他们一定会惊恐骚扰,怎么办?"拓跋澄说:"这不是一件平常的事,因而就不是平常的人所能做得到的。陛下的这个决定出自圣心,他们又能有什么办法呢!"孝文帝说:"任城王真是我的张子房呀!"于是下令中外戒严。齐武帝听说这件事后,诏令征发扬州、徐州男子入伍,广泛招募士兵,以防备北魏入侵。

齐武帝萧赜去世,皇太孙萧昭业继位,任命竟陵王萧子良为太傅,萧鸾为尚书令。

中书郎王融依仗才能和门第,认为自己不到三十岁就可以官至公辅。有一次,他曾在宫中值夜,抚案叹息说:"沦落到这等寂寞的地步,真是要被邓禹所耻笑了!"有一次,他路过朱雀桥,正赶上朱雀桥打开浮桥,行人拥挤,不能前进,他手捶车厢叹息说:"车前没有八匹大马开道,怎么能称得上是大丈夫!"竟陵王萧子良喜爱王融的文才,对他加以特别厚待。王融发现武帝有北伐的志向,就多次上书鼓动,并努力学习骑马射箭。听说北魏军队要来进犯,萧子良在东府招募兵马,任命王融为宁朔将军,让他主持这件事。王融尽力招收人马,召集了长江以西的几百名楚人。正赶上齐武帝身体不适,命令萧子良全副武装入宫侍奉,皇太孙萧昭业每隔一天就要前来问候。武帝病情加重,气息暂绝,而萧昭业还没有入宫。王融打算假传圣旨,立萧子良为帝,他已将诏书的草稿拟好。正好此时萧昭业入宫,王融身穿戎服红衣,站在中书省厅前堵住东宫卫队,不让他们入宫。过了一会儿,武帝又醒了过来,问皇太孙在哪里,于是召入太孙及其卫队,武帝把朝政托付给了仆射、西昌侯萧鸾,然后气绝身亡。王融命令

子良兵禁诸门,鸾闻之,驰至云龙门,不得进,鸾曰:"有敕召我!"排之而入,奉太孙登殿,命左右扶出子良。融知不遂,释服还省,叹曰:"公误我矣。"

世祖留心政事,务总大体,严明有断,郡县久于其职,长吏犯法,封刃行诛。故永明之世,百姓丰乐,贼盗屏息。然颇好游宴,华靡之事,常言恨之,未能顿遣。鸾性俭素,居官名严能,世祖重之。遗诏子良辅政,鸾知尚书事。子良素仁厚,不乐世务,乃更推鸾。齐主昭业少养于子良妃袁氏,慈爱甚著。及王融有谋,遂深忌之。以子良居中书省,使郎将潘敞领仗屯太极西阶以防之。既成服,诸王皆出,子良乞停至山陵,不许。称遗诏,以鸾为尚书令,子良为太傅。鸾通调,省御府池田、邸治,减关市征税。先是,鸾原之诏,多无事实,督责如故。及是恩信两行,众皆悦之。

魏山阳公尉元卒。

谥曰景桓。

魏主发平城。

魏主发平城南伐,步骑三十余万。使太尉丕与广陵王羽留守,羽曰:"太尉宜专节度,臣正可为副。"魏主曰:"老者之智,少者之决,汝无辞也。"

齐中书郎王融有罪伏诛。

萧子良的军队把守宫城各门，萧鸾听说之后，立即赶到云龙门，但被守门士兵挡住，萧鸾说："皇上有诏令召我！"推开士兵闯了进来，拥立皇太孙登基即位，并命令左右侍从把萧子良扶了出来。王融知道自己的图谋不能实现，只好脱下军服，返回中书省，叹息着说："萧子良耽误我了。"

武帝在位时，用心朝政，总揽全局，严明果断，郡守县令都能长期任职，地方长官犯法，就封刀派人诛杀犯法者。所以，在永明年间，百姓富足安乐，盗贼不敢出没。但武帝非常喜欢游乐饮宴，对于华美奢侈的生活，他常说很痛恨，却不能断绝。萧鸾生性节俭朴素，居官以严厉能干而闻名，武帝很器重他。武帝留下遗诏，让萧子良辅政，萧鸾为知尚书事。萧子良向来仁爱宽厚，不喜欢处理各种事务，于是就特别推荐萧鸾。郁林王萧昭业从小由萧子良的正室袁氏抚养，袁氏对他非常慈爱关心。到王融谋立萧子良后，他就对萧子良深深忌恨起来。因为萧子良住在中书省，郁林王就派郎将潘敞率领兵士守在太极殿西阶，以防备萧子良。等齐武帝的遗体入殓后，诸位王公走出宫中，萧子良请求允许他守在这儿等到下葬那天，未被答应。郁林王声称奉武帝遗诏，任命萧鸾为尚书令，萧子良为太傅。下令免除粟米、布帛及其他杂调，百姓所欠赋税也予以免除，减省御府和无用的田庄、水池、宅第、冶炼铸造场，减少关卡税收。在此之前，免除赋税的诏令大都没有实施，还像以前一样严催征收。现在才恩信并行，老百姓都很高兴。

北魏山阳公尉元去世。

谥号为景桓。

北魏孝文帝从平城出发。

孝文帝从平城出发，进行南伐，率领步兵、骑兵三十多万。他命令太尉拓跋丕和广陵王拓跋羽留守平城，拓跋羽说："太尉应该全权负责，臣可以担任副手。"孝文帝说："年老者深谋远虑，年轻者坚决果断，你就不要推辞了。"

南齐中书郎王融因有罪被诛杀。

齐主昭业性辩慧,美容止,而矫情饰诈,阴怀鄙慝,与左右群小共衣食,同卧起。始从竟陵王子良在西州,文惠太子每禁节之。昭业密就富人求钱,夜开后阁,淫宴诸营署。师史仁祖、侍书胡天翼相谓曰:"若言之二宫,则其事未易。若为异人所殴及犬物所伤,岂直罪止一身,亦当尽室及祸。"相继自杀,二宫不知也。所爱左右,皆逆加官爵,疏于黄纸,使囊盛带之,许南面之日,依此施行。

侍疾居丧,忧容号毁,裁还私室,即欢笑酣饮,常令女巫铸祀速求天位。世祖有疾,与何妃书,作一大喜字,而三十六小喜字绕之。世祖不知,以为必能负荷大业,临终执其手曰:"若忆翁,当好作!"遂殂。大敛始毕,悉呼世祖诸伎备奏众乐。即位十余日,即收王融下廷尉。融求援子良,子良忧惧,不敢救。遂赐死,时年二十七。

初,融欲与东海徐勉相识,勉谓人曰:"王君名高望促,难可轻弊衣裾。"太学生魏准为融所赏,常劝融立子良。太学生虞羲、丘国宾窃相谓曰:"竟陵才弱,王中书无断,败在眼中矣。"及融诛,召准诘问,惶惧而死,举体皆青,时人以为胆破。而勉由是知名。

九月,齐主追尊其父为文帝。
庙号世宗。

齐郁林萧昭业王生性聪明善辩，容貌举止都很高雅，但惯于伪装矫饰，表面和善，内心却阴险卑鄙，他和左右一群小人衣食不分，连睡觉也在一起。开始时，他跟随竟陵王萧子良在西州，文惠太子经常管束他。他偷偷地向富人要钱，并且在晚上打开后阁门，到各个军营中去荒淫欢宴。他的老师史仁祖和侍书胡天翼商议说："如果把这件事报告给皇上或皇太子，这就不是一件小事了。如果他被别人打了，或者被狗咬伤了，岂止是我们自身要获罪，恐怕全家都要被牵连遭祸。"于是二人相继自杀，但武帝和皇太子却不知道。萧昭业对宠爱的左右侍从，都预先加封官爵，写在黄纸上，让他们装在口袋里，随身携带，答应在他登基之后，照此执行。

他在侍奉太子和武帝养病及后来守丧期间，面带愁容，悲泣哀号，可一回到家里，就欢笑畅饮，并且经常命令女巫祈祷，让自己早日登基。武帝有病后，他给何妃写信，中间写了一个大喜字，在大喜字周围写了三十个小喜字。武帝并不知道他的这些所作所为，认为他一定能够承担起国家大业，临终之前拿着他的手说："如果还想念你的祖父的话，你就应当好好干！"说完就去世了。武帝的遗体刚刚入殓完毕，他就将武帝的那些歌舞伎都叫来，让他们演奏各种音乐。即位十多天，就逮捕了王融，交付给廷尉审判。王融向萧子良求救，萧子良忧虑害怕，不敢相救。于是，齐主萧昭业赐王融自杀，这年王融二十七岁。

当初，王融打算结交东海人徐勉，徐勉对人说："王君的名望很高，但轻浮狂躁，很难和他荣辱共处。"太学生魏准为王融所赏识，常劝王融拥戴萧子良为帝。太学生虞羲和丘国宾二人私下议论说："萧子良才能柔弱，王融又短于果断，恐怕他们的失败就在眼前。"等王融被诛杀后，萧昭业召魏准责问，魏准惊慌恐惧而死，死后整个身子都发青，当时人们认为这是因为他的胆被吓破了。而徐勉却因为拒绝与王融交往知名天下。

九月，南齐萧昭业追尊其父亲文惠太子为文皇帝。

庙号为世宗。

魏主至洛阳,罢兵。

魏主至肆州,见道路民有跛眇者,停驾慰劳,给衣食终身。大司马安定王休执军士为盗者,将斩之,魏主遇,欲赦之,休曰:"陛下亲御六师,将远清江表,今始行至此,而小人已为攘盗,不斩之,何以禁奸!"帝曰:"诚如卿言。然王者时有非常之泽,可特赦之。"既而谓司马冯诞曰:"大司马执法严,诸君不可不慎。"于是军中肃然。

至并州,刺史王袭治有声迹,魏主嘉之。袭教民多立铭道侧,虚称其美,魏主怒,降袭号二等。九月,至洛阳,诣故太学观《石经》。霖雨不止,诏诸军前发。魏主戎服执鞭,乘马而出。群臣稽颡于马前曰:"今者之举,天下所不愿,臣不知陛下独行,何之?臣等敢以死请。"魏主大怒曰:"吾方经营天下,期于混壹,而卿等屡疑大计,斧钺有常,卿勿复言!"策马将出,于是安定王休等并殷勤泣谏。魏主乃谕群臣曰:"今者兴发不小,动而无成,何以示后!苟不南伐,当迁都于此,王公以为何如?欲迁者左,不欲者右。"安定王休等相帅如右。南安王桢进曰:"'成大功者不谋于众',今陛下苟辍南伐之谋,迁都洛邑,此臣等之愿,苍生之幸也。"群臣皆呼万岁。时旧人虽不愿内徙,而惮于南伐,无敢言者,遂定迁都之计。李冲曰:"愿陛下暂还代都,俟经营毕功,然后临之。"魏主曰:"朕将巡省州郡,至邺小停,

北魏孝文帝到达洛阳,解除戒严。

孝文帝到达肆州,看见路上老百姓有腿瘸眼瞎的,就停车安抚,又供给他们终身的衣食。大司马安定王拓跋休逮捕了偷盗的士兵,打算将他们斩首,被孝文帝遇上,准备赦免他们,拓跋休说:"陛下亲自统率六军,将要远征江南,如今刚刚走到这里,这些小人就干起了抢劫盗窃的事,不杀他们,怎么能禁止人们干坏事!"孝文帝说:"的确像你说的那样。但君王时常有意外的恩泽,可以特别赦免他们。"接着又对司马冯诞说:"大司马执法严厉,你们不可不慎重从事。"于是军队纪律为此森严起来。

到达并州后,因为并州刺史王袭有良好的声誉和成绩,孝文帝赞扬了他。王袭让老百姓在道路两侧竖起很多石碑,虚假地称赞王袭的德政,孝文帝大怒,将王袭的称号贬降了两级。九月,孝文帝抵达洛阳,前往以前的太学观看《石经》。雨下个不停,孝文帝诏令各路大军继续前进。孝文帝身穿军服,手持马鞭,骑马出发。众位大臣跪在马前不断叩拜,说:"现在的举动,全国上下都不愿意,臣等不知道陛下一个人走,将要到什么地方去? 臣等斗胆,冒死向陛下请求。"孝文帝大怒说:"我正在筹划征服天下,期望海内一统,而你们多次怀疑这个重大决策,杀人的斧钺就在这里常备,你们不要再说什么!"说着又策马准备出发,于是安定王拓跋休等人恳切地哭泣劝谏。孝文帝这才告诉群臣说:"这次出动的军队规模不小,如果没有成就,拿什么让后人看! 如果不再向南征伐,就应当把京都迁到这里,你们以为怎么样? 同意迁都的人站在左边,不同意迁都的人站在右边。"安定王拓跋休等人相继站在了右边。南安王拓跋桢向前一步,说:"'干成大事的人,不向众人讨取计谋',如今,如果陛下放弃南伐的计划,迁都洛阳,这正是臣等所希望的事,也是天下老百姓的一大幸事。"众位大臣都高呼万岁。当时,国人虽然不愿南迁,但又害怕向南征伐,所以没有人敢说什么,于是,确定了迁都大计。李冲说:"希望陛下暂时回到代都,等一切事情准备好后,再莅临新都。"孝文帝说:"我将要到各个州郡巡视,到邺城小停,

春首即还，未宜归北。"乃遣任城王澄还平城，谕留司百官，曰："此真所谓'革'矣，王其勉之！"又使将军于烈还镇平城。

魏关中乱，讨平之。

北地民支西聚众数千，起兵于长安北，遣使告齐梁州刺史阴智伯，智伯遣兵数千应之。秦、雍七州民皆响震，众至十万，各守堡壁以待齐救。魏河南王干及穆亮与战，皆不利。西等进向长安，卢渊、薛胤等拒击，大破之，降者数万。渊唯诛首恶，余悉不问。获西斩之。

冬十月，魏营洛都。

魏主征穆亮，使与尚书李冲、将作大匠董尔经营洛都。设坛于滑台城东，以告行庙。任城王澄至平城，众始闻迁都，莫不惊骇。澄援引古今，徐以晓之，众乃开伏。澄还报，魏主喜曰："向非任城，事不成矣。"

魏以王肃为辅国将军。

王肃见魏主于邺，陈伐齐之策。魏主与之言，不觉促席移晷。自是器遇日隆，人莫能间。或屏左右，语至夜分，自谓相得之晚。时魏主方议兴礼乐，变华风，凡威仪文物，多肃所定。

齐益州刺史刘悛坐赃禁锢。

初，悛罢广、司二州，倾赀以献世祖，家无留储。在益州作金浴盆，余物称是。及齐主即位，以悛所献减少，怒，

明年开春就返回，不宜先回北方。"于是，派遣任城王拓跋澄返回平城，向留守在那里的文武百官宣布此事，孝文帝对任城王说："今日真是上次占卜所说的'革'了，你要努力!"又命令将军于烈回平城镇守。

北魏关中百姓动乱，朝廷派军讨伐平定。

北地平民支酉聚集了几千人，在长安城北发动叛乱，并派使者向南齐梁州刺史阴智伯报告，阴智伯派出几千名将士前往接应。秦州、雍州等七州百姓都受到震动，响应者多达十万，他们分别据守在城堡里，等待南齐派兵救援。北魏河南王拓跋干和穆亮与乱民作战，都被击败。支酉等人又向长安进发，卢渊、薛胤等人进行抗击，大败支酉，有几万人投降。卢渊只杀了几个首恶，其余的人一概不予追究。捕获支酉，将其斩首。

冬十月，北魏营建新都洛阳。

孝文帝征召穆亮，命令他和尚书李冲、将作大匠董尔一同营建洛阳都城。在滑台城东建造祭坛，向供奉的随军祖宗神位禀告迁都之事。任城王拓跋澄回到平城，大家才知道迁都的事，没有不感到震惊的。拓跋澄援引古今的事，慢慢地加以开导解释，大家才想通而接受了。拓跋澄返回滑台向孝文帝汇报，孝文帝高兴地说："不是任城王，这件事就办不成了。"

北魏孝文帝任命王肃为辅国将军。

王肃在邺城晋见孝文帝，陈述讨伐南齐的计策。孝文帝和他交谈着，不知不觉地把自己的座位向前移动。从此以后，孝文帝对王肃的器重和待遇一天比一天隆重，没有人能够离间。孝文帝有时还让左右侍从退下，和王肃单独谈话到半夜，自认为相见恨晚。当时，孝文帝正打算振兴礼乐，将鲜卑人的传统习惯改变成和汉人的一样，凡是有关礼仪制度，大都让王肃制定。

南齐益州刺史刘悛因贪污被监禁。

当初，刘悛被免除广、司二州刺史，将所有资财都献给武帝，家里没有一点积蓄。在益州时曾制作金浴盆，其余物品也与此相称。郁林王即位后，因为刘悛进献的东西减少，郁林王就很生气，

欲杀之。西昌侯鸾救之得免，犹禁锢终身。

甲戌（494） 齐主昭业隆昌元，昭文延兴元，高宗明帝萧鸾建武元年，魏太和十八年。

春正月，齐以随王子隆为抚军将军。

西昌侯鸾将谋废立，引萧衍与同谋。荆州刺史随王子隆性温和，有文才，鸾欲征之，恐其不从。衍曰："随王虽有美名，其实庸劣。既无智谋之士，爪牙唯仗司马垣历生、武陵太守卞白龙尔。二人唯利是从，若啖以显职，无有不来，随王止须折简耳。"鸾从之。征二人，并至。续召子隆为抚军将军。豫州刺史崔慧景，高、武旧将，鸾疑之，以衍为宁朔将军，戍寿阳。慧景惧，白服出迎，衍抚安之。

魏主南巡，祭比干墓。

魏主过比干墓，祭以太牢，自为文曰："呜呼介士，胡不我臣！"

齐萧鸾杀直阁将军周奉叔。

齐主昭业宠幸中书舍人綦毋珍之、朱隆之、直阁将军曹道刚、周奉叔、宦者徐龙驹等。有司相语云："宁拒至尊敕，不可违舍人命。"龙驹常居含章殿，南面画敕，左右侍直与齐主不异。齐主自山陵之后，即与左右微服游走市里，掷涂、赌跳，作诸鄙戏。世祖聚钱及金帛不可胜计，未期岁，用垂尽。西昌侯鸾数谏，不从，心忌鸾，欲除之。以卫

打算杀了他。由于西昌侯萧鸾的搭救,刘悛虽免于一死,但仍然被终身监禁。

齐明帝

甲戌(494) 齐主萧昭业隆昌元年,萧昭文延兴元年,齐高宗明帝萧鸾建武元年,北魏太和十八年。

春正月,南齐朝廷任命随王萧子隆为抚军将军。

西昌侯萧鸾打算废除郁林王,另立皇帝,于是就叫萧衍一起密谋。荆州刺史随王萧子隆性情温和、颇有文才,萧鸾想要调用他,但又担心他不听从。萧衍说:"随王虽然美名在外,其实才能平庸低劣。他的身边没有智谋之士,武将也只依靠司马垣历生和武陵太守卞白龙而已。垣历生和卞白龙属唯利是从,如果用显要的官职引诱他们,没有不来的道理,随王也就只需一封书信即可请到。"萧鸾听从了他的话。于是征召垣历生和卞白龙,二人一起来了。接着又征召萧子隆为抚军将军。豫州刺史崔慧景是高帝、武帝的旧将,萧鸾对他有所怀疑,于是任命萧衍为宁朔将军,戍守寿阳。崔慧景害怕了,穿着白衣出城迎接萧衍,萧衍对他进行安抚。

北魏孝文帝南下巡视,祭扫比干陵墓。

孝文帝经过比干的陵墓,用牛、羊、猪三牲祭于墓前,亲自撰写祭文说:"呜呼! 这样的耿直之士,为什么不是我的大臣呢!"

南齐萧鸾诛杀直阁将军周奉叔。

郁林王宠幸中书舍人綦毋珍之、朱隆之、直阁将军曹道刚、周奉叔、宦官徐龙驹等人。朝中官员互相谈论说:"宁可抗拒圣旨,也不可违背中书舍人的命令。"徐龙驹经常住在含章殿中,面朝南坐,批阅公文,左右侍奉,与皇帝没有什么两样。郁林王自从登基之后,就和左右侍从穿上便服在闹市中游走,扔掷泥巴、比赛跳高,做各种粗鄙的游戏。武帝生前聚敛钱财及金银布帛不可胜计,而郁林王即位不到一年,就挥霍殆尽。西昌侯萧鸾多次劝谏,郁林王不但不从,反而忌恨萧鸾,打算把他除掉。因为卫

尉萧谌、征南咨议萧坦之,皆祖父旧人,甚亲信之。何后亦淫泆,与左右杨珉通,齐主恣之。斋阁夜开,无复分别。鸾遣坦之入奏诛珉,何后流涕救之,坦之固请,齐主不得已而许之。鸾又启诛徐龙驹,齐主亦不能违,而心忌鸾益甚。谌、坦之见齐主狂纵日甚,恐祸及己,乃更劝鸾废立,阴为耳目,齐主不之觉也。

周奉叔恃勇挟势,陵轹公卿。鸾忌之,使二人说齐主出奉叔为外援,以为青州刺史。将之镇,称敕召入,殴杀之。齐主为南郡王时,杜文谦为侍读。至是尝说綦毋珍之曰:"天下事可知,不早为计,吾徒无类矣。"珍之曰:"计将安出?"文谦曰:"先帝旧人多见摈斥,召而使之,谁不慷慨!若密报奉叔,使杀萧谌,则宫内之兵皆为我用,勒兵入尚书斩萧令,两都伯力耳。"珍之不能用。及鸾杀奉叔,并收杀之。

魏以韩显宗为中书侍郎。
显宗上书曰:"窃闻舆驾今夏不巡三齐,当幸中山。蚕麦方急,何以堪命!愿早还北京,以省诸州供张之苦。洛阳宫殿故基,皆魏明帝所造,前世已讥其奢,宜加裁损。北都富室,竞以第舍相尚。宜因迁徙,为之制度。端广衢路,通利沟渠。陛下还洛阳,轻将从骑。王者于闺闼之内犹施

尉萧谌、征南咨议萧坦之都是祖父的旧臣,所以郁林王就特别亲近信赖他们。何皇后也非常淫荡,和郁林王的侍从杨珉私通,而郁林王又特别宠纵她。皇宫门户彻夜洞开,与外边没有什么分别。萧鸾派遣萧坦之前去奏请诛杀杨珉,何皇后流泪相救,萧坦之坚持请求,郁林王不得已,只好同意。萧鸾又启奏诛杀徐龙驹,郁林王也不得不违心同意,但心中越来越忌恨萧鸾。萧谌、萧坦之见郁林王一天比一天狂荡放纵,害怕祸害及身,就反过来劝说萧鸾废掉郁林王,另立新帝,二人私下成了萧鸾的耳目,而郁林王却没有察觉。

周奉叔依仗自己的勇武和被皇帝所宠,肆意凌辱朝中公卿大臣。萧鸾对他特别忌恨,指使萧谌和萧坦之去向郁林王建议,把周奉叔安排到外地去任职,于是周奉叔被任命为青州刺史。在他将要前去上任时,萧鸾称皇帝有令,把他召到官署,殴杀了他。郁林王为南郡王时,杜文谦曾是他的侍读。现在,杜文谦曾游说綦毋珍之说:"天下之事已不难预料,如果不早日做好准备,我们这些人恐怕会有大灾了。"綦毋珍之说:"有什么办法呢?"杜文谦说:"先帝的旧臣多被排斥,如今召他们回来加以任用,谁会不慷慨任之!如果密告周奉叔,让他杀掉萧谌,那么宫内的卫兵就都可以为我们所用,然后派兵进入尚书省,斩杀萧鸾,只需两个刽子手就可以办到。"綦毋珍之没有听从。等到萧鸾杀死周奉叔以后,也把綦毋珍之和杜文谦二人抓起来一并杀掉。

北魏孝文帝任命韩显宗为中书侍郎。

韩显宗上书说:"我听说陛下今年夏天出行,不是巡视三齐地区,就是巡视中山。如今正是蚕麦收获的农忙季节,您大驾光临,百姓如何忍受得了!希望陛下早日回到北都平城,以节省各州供奉的费用。洛阳宫殿的旧基,都是魏明帝所建造的,前代人们已批评他的奢侈,我们应该缩小规模。北都平城的富豪大户,竞相以宅第的豪华相比,应该利用迁都的机会,在这方面定一个制度。同时,都城的道路要拓宽加直,水渠也要加以疏通。陛下返回洛阳时,跟随的保卫人员太少。皇帝住在宫中时,都要施行

警跸,况涉履山河而不加三思乎! 至于景昃而食,夜分而寝,又非所以啬神养性,保无疆之祚也。伏愿陛下垂拱司契而天下治矣。"魏主颇纳之。显宗,麒麟之子也。显宗又言:"州郡贡察,徒有秀孝之名,而无其实,朝廷但检其门望,不复弹坐。如此则可令别贡门望,何假冒秀孝之名哉! 夫门望者,乃其父祖之遗烈,何益于时! 益于时者,贤才而已。苟有其才,虽屠钓奴虏,圣主不耻以为臣;苟非其才,虽三后之胤,坠于皂隶矣。议者或云:'世无奇才,不若取以门望。'此亦失矣。岂可以世无周、召,遂废宰相邪! 但当校其寸长、铢重者先叙之,则贤才无遗矣。

"又,刑罚之要,在于明当,不在于重。今内外之官,欲邀当时之名,争以深酷为无私,迭相敦厉,遂成风俗。陛下居九重之内,视人如赤子,百司分万务之任,遇下如仇雠。是则尧、舜止一人,而桀、纣以千百。和气不至,盖由于此。

"又,昔周居洛邑,犹存宗周,汉迁东都,京兆置尹。《春秋》之义,邑有宗庙曰'都'。况代京,陵庙所托,王业所基,而可同之郡国乎! 谓宜建畿置尹,一如故事。古者四民异居,欲其业专志定也。太祖创基,日不暇给,然犹分别士庶,不令杂居,工伎屠沽,各有攸处,但不设科禁,久而混淆。今闻洛邑居民之制,专以官位相从,不分族类。夫官位

警戒保卫,况且外出巡视河山呢? 不可不加以三思! 至于陛下您到日头偏西才吃饭,半夜才入寝,这些都不是修身养性以保万寿无疆的良策。诚愿陛下无为而治,只问重要事务,如此则天下大治。"孝文帝采纳了他的很多建议。韩显宗是韩麒麟的儿子。

韩显宗又上言说:"各州郡所推荐的秀才、孝廉,徒有其名而无其实,朝廷只看他们的出身门第,而不弹劾他们的假冒之罪。如果这样,那么可以命令州郡另以门第高低为推荐标准,何必假冒秀才、孝廉之名呢! 门第名望,是他们父祖的功业,于现在又有什么用处! 有益于现在的是贤才。如果真正有才能,即使像姜太公那样屠牛于朝歌,钓于渭滨,或如箕子那样身为奴隶,周文王、武王也都引为臣子,并不以此为耻;如果没有才能,即使他身为夏、商、周三代之王的后代,也照样让他从事仆隶差役。有人可能会说:'世上没有奇才,不如以门第名望取士。'这也是不对的。难道可以因为世上没有周公、召公那样的人,于是就废除宰相的职位吗? 只要一个人比众人有一寸之长、一铢之重,就应当先选用他,那么贤才就不会遗漏了。

"另外,刑罚的关键,在于运用得当,不在于求重。如今朝廷内外的官员,都想获得一时的名声,争相以严酷表示自己的无私,互相攀比,于是成为一种风气。陛下您住在深宫之内,视百姓如赤子,而百官分担着各种职责,对待百姓如仇敌。所以尧、舜只有一人,而桀、纣则有成百上千,天下失和,原因正在于此。

"另外,过去周成王居于洛阳,仍保存丰镐为故都,东汉迁都洛阳,而仍在长安置京兆尹。根据《春秋》之义,有宗庙的地方叫'都'。况且平城是宗庙和皇陵所在地,是朝廷王业的根基,怎么能把它等同于一般的州郡呢! 我认为应该如旧例,在平城置京兆尹。古代士、农、工、商分别居住,以使他们能各专其业、各安其志。太祖道武帝创基立国时,每天都没有闲暇之时,仍然不忘区别士族与庶族,不让他们杂居,工匠、伎人、屠夫、商贩等各有所处,但没有制定禁令,时间一长,就互相杂混居住了。现在听说洛阳居民居住制度专以官位来划分,而不分士族庶族。官职

无常,朝荣夕悴,则是衣冠、皂隶不日同处矣。借使一里之内,或习歌舞,或讲《诗》《书》,纵群儿随其所之,则必不弃歌舞而从《诗》《书》矣。故使工伎之家习士人风礼,百年难成;士人之子效工伎容态,一朝而就。此乃风俗之原,不可不察。况今迁徙之初,皆是公地,分别工伎,在于一言,有何可疑而阙盛美?

"又,南人昔有淮北,侨置郡县,仍而不改,名实难辨,宜皆厘革,小者并合,大者分置。君人者以天下为家,不可有所私。比来颁赍,动以千计。若分以赐鳏寡孤独,所济实多。今直以与亲近之臣,殆非周急不继富之谓也?"魏主善之。

三月,魏主还平城。

魏主至平城,使群臣更论迁都利害。燕州刺史穆罴曰:"今四方未定,未宜迁都。且征伐无马,将何以克?"魏主曰:"厩牧在代,何患无马!"尚书于果曰:"先帝以来,久居于此,一旦南迁,众情不乐。"平阳公丕曰:"迁都大事,当讯之卜筮。"魏主曰:"昔周、召圣贤,乃能卜宅。今无其人,卜之何益!且:'卜以决疑,不疑何卜!'黄帝卜而龟焦,天老曰'吉',黄帝从之。然则至人之知未然,审于龟矣。王者以四海为家,或南或北,何常之有!朕之远祖,世居北

不是一成不变的，有时朝得夕失，这样，就会使衣冠之士和仆隶之家不久就杂居一处了。假如在同一里居之内，有的人家演习歌舞，有的人家讲读《诗》《书》，这样，即使让孩子们选择自己的爱好，那么就一定不能放弃歌舞而学习《诗》《书》。所以，如果让工匠、伎人之家学习士人的礼俗，一百年也难以学成；而要让士人的子弟仿效工匠、伎人的言谈举止，一个早上就可以学成。这是风俗礼仪的根本所在，不可不明察。况且如今正是迁徙开始之时，洛阳到处都是空地，使工匠、伎人等人分别居住，一句话就可以办到，有什么可以迟疑的而使如此盛美之事不能实行呢？

"另外，南朝过去占有淮北时，在那里设置了侨郡侨县，如今这一情况仍然没有加以改变，以致名实难辨，应该全部加以核实改定，小的合并，大的分开设置。君主以天下为家，不可有所偏私。近来的赏赐，动辄以千数计。如果把这些钱物分别赏赐给鳏寡孤独的人，就一定能救助许多人。现在只是赏赐给那些亲近的大臣们，这不正好违背了君子周济人以急需而不帮助富人的说法了吗？"孝文帝非常同意他的意见。

三月，北魏孝文帝返回平城。

孝文帝到达平城后，让文武百官再次讨论迁都的利害关系。燕州刺史穆罴说："如今四方还没有平定，所以不宜迁都。况且征伐时没有战马，怎么能克敌制胜呢？"孝文帝说："养马的地方在代州，何愁没有马呢！"尚书于果说："自从太祖道武帝以来，就一直居住在这里，一旦南迁，众人会产生不满的情绪。"平阳公拓跋丕说："迁都这样的大事，应当通过卜筮来决定。"孝文帝说："古代的周公、召公是圣贤之人，所以才能卜问宅居。如今已经没有他们这样的圣贤了，卜筮有什么用处！况且古人说：'卜筮是为了解决疑问，没有疑问，何必占卜！'黄帝卜筮时，龟甲被烧焦了，黄帝的臣子天老说是'吉'，黄帝就相信了。然而，至美至善的完人要知道尚未发生的事情，是通过龟卜而知晓的。君王以四海为家，或南或北，哪里会常居一地呢！朕的远祖，世代居住在北方

荒,平文始都东木根山,昭成更营盛乐,道武迁平城。朕幸属胜残之运,何为独不得迁乎?"群臣乃不敢言。

夏四月,魏罢西郊祭天。 齐竟陵王子良以忧卒。

五月朔,日食。 魏遣使如齐。
魏遣散骑常侍王清石聘于齐。清石世仕江南,魏主谓曰:"卿勿以南人自嫌。彼有知识,欲见则见,欲言则言。凡使人以和为贵,勿迭相矜夸,见于辞色,失将命之体也。"

秋七月,魏以宋王刘昶都督吴越楚诸军事,镇彭城。

魏以宋王刘昶为大将军,镇彭城。以王肃为府长史。昶不能抚接义故,卒无成功。
魏安定王休卒。
自卒至殡,魏主三临其第。葬日送之出郊,恸哭而返。

齐萧鸾弑其君昭业,而立新安王昭文,自为骠骑大将军、录尚书事,封宣城公。
鸾既诛徐龙驹、周奉叔,而尼媪外入者,颇传异语。中书令何胤以后之从叔,为齐主昭业所亲,使直殿省。与谋诛鸾,胤不敢当,依违谏说,齐主意复止。乃谋出鸾于西州,中敕用事,不复关咨于鸾。是时,萧谌、萧坦之握兵权,仆射王晏总尚书事。鸾以废立之谋告晏及丹阳尹徐孝嗣,皆从之。骠骑录事乐豫谓孝嗣曰:"外传籍籍,似有伊、周之事。君蒙武帝殊常之恩,荷托附之重,恐不得同人此举。

荒地,到平文皇帝时才建都于东木根山,昭成皇帝又营建了盛乐都城,道武皇帝时迁都平城。朕幸运地赶上了以教化治理天下的时代,为什么就不能迁都呢?"于是众位大臣都不敢再说什么。

夏四月,北魏撤销西郊祭天仪式。 南齐竟陵王萧子良因忧郁成疾而去世。

五月初一,出现日食。 北魏派使节出使南齐。

北魏派遣散骑常侍王清石前去南齐聘问。王清石世代在江南为官,孝文帝对他说:"你不要因为是南方人而有所顾虑。他们那里有谁与你相识,想见面就见面,想说什么就说什么。作为使节,要以和为贵,不要矜持夸耀,从言谈举止中表现出来,不然就失去了奉命出使的意义了。"

秋七月,北魏孝文帝任命宋王刘昶为都督吴越楚诸军事,镇守彭城。

孝文帝任命宋王刘昶为大将军,镇守彭城。又任命王肃为府长史。刘昶没能安抚接洽过去的部属,最终没有取得成功。

北魏安定王拓跋休去世。

自去世到出殡,孝文帝三次来到他的府中。下葬那天,孝文帝亲自送灵枢到郊外,然后恸哭返回。

南齐萧鸾杀其皇帝萧昭业,另立新安王萧昭文为帝,自任为骠骑大将军、录尚书事,封宣城公。

萧鸾诛杀徐龙驹、周奉叔之后,一些进宫的尼姑们纷纷传说萧鸾心怀不忠。中书令何胤是何皇后的堂叔,受到郁林王的亲宠,被安排在殿省值班。郁林王和他共谋诛杀萧鸾,但何胤不敢担当此事,又不顾郁林王的意图而反复劝说,郁林王这才打消了念头。于是,又谋划派遣萧鸾到西州任职,朝廷政务、诏令都不再咨问于萧鸾。这时候,萧谌、萧坦之掌握着兵权,仆射王晏总领尚书事。萧鸾把废掉郁林王、另立新帝的计谋告诉王晏及丹阳尹徐孝嗣,二人都表示赞同。骠骑录事乐豫对徐孝嗣说:"外面纷纷传言,说萧鸾打算像伊尹、周公那样摄政。您承蒙武帝不同寻常的恩遇,被委以重任,恐怕不能同别人一起发动这样的事情。

人笑褚公,至今齿冷。"孝嗣不能从。直阁将军曹道刚疑外间有异,密有处分,谋未能发。鸾虑事变,以告坦之,坦之驰谓谌曰:"废天子,古来大事。闻道刚等转已猜疑,卫尉明日若不就事,无所复及。弟有百岁母,岂能坐听祸败!正应作余计耳。"谌惶遽从之。

鸾使谌先入,遇道刚及朱隆之,皆杀之。鸾引兵入云龙门。齐主闻变,犹为手敕呼萧谌。俄而谌引兵入阁,齐主拔剑自刺,不入。舆接而出,行至西弄,弑之。舆尸出殡徐龙驹宅,葬以王礼。诸嬖幸皆伏诛。以太后令追废昭业为郁林王,迎立新安王昭文。吏部尚书谢瀹方与客棋,闻变竟局还卧,竟不问外事。大匠虞悰窃叹曰:"王、徐遂缚袴废天子,天下岂有此理邪!"朝臣被召入宫。国子祭酒江敩至云龙门,托药发,吐车中而去。鸾欲引中散大夫孙谦为腹心,使兼卫尉,给甲仗百人。谦不欲与之同,辄散甲士,鸾亦不之罪也。

新安王即位,年十五。以西昌侯鸾为骠骑大将军、录尚书事、扬州刺史,封宣城郡公。

齐以始安王遥光为南郡太守。

遥光,鸾兄子也。鸾有异志,遥光赞成之。鸾欲树置亲党,故用为南郡守,而不之官。

九月,魏主考绩,黜陟百官。

人们对褚渊当年的所作所为,至今还耻笑不止啊。"徐孝嗣不能听从。直阁将军曹道刚怀疑外面将有变化发生,秘密进行布置,但没能执行。萧鸾担心事情有变故,就把自己的想法告诉了萧坦之,萧坦之骑马急告萧谌说:"废除天子,自古以来就是一件大事。听说曹道刚等人已经对我们有所猜疑,您如果明天还不行动,恐怕就不会再有机会了。我有百岁老母在堂,岂能坐等灾祸临头呢!所以不能不为以后做打算。"萧谌心中不安,就匆忙答应了。

萧鸾派萧谌先进入宫中,正遇上了曹道刚及朱隆之,就杀了他们。萧鸾率兵进入云龙门。郁林王听到外面有变故,还写诏令传唤萧谌前来相救。不一会儿,萧谌就领兵进入阁内,郁林王拔剑自杀,但所进不深。萧谌用轿把他从阁内抬出,抬到阁边夹道,把他杀掉。尸体运出宫,灵柩停在徐龙驹的府中,用亲王的礼仪加以安葬。郁林王的其他宠臣统统被杀。萧鸾以太后的名义追封萧昭业为郁林王,迎立新安王萧昭文为皇帝。吏部尚书谢瀹正和客人下围棋,听说宫中发生事变,但还是下完了一局棋,然后回室中躺下休息了,竟然没有问一下外面发生的事情。大匠卿虞悰私下叹息说:"王晏、徐孝嗣如此轻易地就把皇帝废掉了,天下哪有这样的道理呢!"朝中大臣都被召进宫中。国子祭酒江敩行至云龙门时,借口药性发作,在车中呕吐一阵,然后返了回去。萧鸾想让中散大夫孙谦成为自己的心腹,就让他兼任卫尉,派给他一百人的卫士。但孙谦却不想与萧鸾同流,就把那些甲士打发走了,萧鸾也没有因此而怪罪他。

新安王萧昭文即位,时年十五岁。任命西昌侯萧鸾为骠骑大将军、录尚书事、扬州刺史,封宣城郡公。

南齐朝廷任命始安王萧遥光为南郡太守。

萧遥光是萧鸾哥哥的儿子。萧鸾有废立之谋,萧遥光十分赞成。萧鸾想要树置亲党,所以任命他为南郡太守,但他却没有到任。

九月,北魏孝文帝考评官员政绩,罢免或任命各级官员。

初,魏主诏:"三载考绩,即行黜陟。各令当曹考其优劣为三等,其上下二等仍分为三。六品已下,尚书重问,五品已上,亲与公卿论之,上上者迁,下下者黜,中者守本任。"于是亲临朝堂,黜陟百官,谓诸尚书未尝献可替否,进贤退不肖。录尚书事广陵王羽无勤恪之声,有阿党之迹,而令、仆、左右丞不能相导,罢黜削禄有差。任城王澄以神志骄傲,解少保。尚书于果以不勤事削禄。余皆面数其过而行之。

又谓陆叡曰:"人言:'北俗质鲁,何由知书!'然今知书者甚众,顾学与不学耳。朕修百官,兴礼乐,其志固欲移风易俗,使卿等子孙渐染美俗,闻见广博耳!"

齐宣城公鸾杀鄱阳王锵等七人。

宣城公鸾权势益重,中外皆知其蓄不臣志。鄱阳王锵每诣鸾,鸾语及家国,言泪俱发,锵以此信之。宫台之内皆属意于锵,制局监谢粲说锵及随王子隆曰:"二王但出天子置朝堂,夹辅号令,粲等闭城上仗,谁敢不同! 东城人正共缚送萧令耳。"子隆欲定计,锵意犹豫。命驾将入,复还与母别,日暮不成行。典签告之,鸾遣兵杀锵及子隆、谢粲等。时太祖诸子,子隆最壮大,有才能,故鸾尤忌之。

当初,北魏孝文帝下诏说:"每三年对官员们的政绩进行一次考评,然后进行罢免或提升。分别命令负责考评的有关官员,把考评者分为优劣三等,其中上等和下等仍然再分为三等。六品以下的官员,由尚书复核审查,五品以上的,朕亲自与各位公卿一起评议,上上者升官,下下者罢免,中等的原任不变。"于是孝文帝亲临朝堂,宣布对百官的罢免或提升情况,他指责诸位尚书从来没有向皇帝建议过一件事情的可行与不可行,没有推荐过贤才之士,也没有撤换过不称职的人。录尚书事、广陵王拓跋羽没有勤勉为政、恪守本职的声誉,却有结党营私的行迹,而尚书令、仆射及左右丞相不能对他加以引导,所以分别被罢官减禄。任城王拓跋澄因为骄傲自大,被解除少保之职。尚书于果因为不勤于职守,被削减俸禄。对其他大臣都当面指责他们的过失,分别加以削禄罢官。

孝文帝又对陆叡说:"有人说:'北方人的风俗质朴粗犷,怎么会变得知书达礼呢!'但是现在知书有学的人很多,这完全在于好学与不好学而已。朕整顿百官,振兴礼乐,其用意便是在于移风易俗,使你们的子孙后代逐渐习染良好的风俗习惯,见识才能广博呀!"

南齐宣城公萧鸾诛杀鄱阳王萧锵等七人。

宣城公萧鸾权势日增,朝廷内外都知道他心里蓄藏着篡夺皇位的志向。鄱阳王萧锵每次去拜见他,他都声泪俱下地谈论国家大事,萧锵因此很信任他。朝廷上下都倾向于萧锵,制局监谢粲游说萧锵和随王萧子隆说:"二位王爷只需把皇帝带到朝堂上,左右辅佐发号施令,我和其他人关闭城门,带领卫士守在这里,谁敢不听命令!恐怕东府里的人会乖乖地把萧鸾缚送过来。"萧子隆想定下这样一个计谋,但萧锵却犹豫不决。萧锵下定决心之后,命令备车入宫,但又回来和母亲告别,一直到天黑还没有出发。萧锵的典签知道这一计谋就向萧鸾告发了此事,于是萧鸾派兵杀死萧锵、萧子隆和谢粲等人。当时,武帝的儿子中数萧子隆强壮高大,且有才能,所以萧鸾尤其忌恨他。

　　江州刺史晋安王子懋闻二王死，欲起兵，谓防阁陆超之曰："事成则宗庙获安，不成犹为义鬼。"董僧慧曰："此州虽小，宋孝武尝用之。若举兵向阙以请郁林之罪，谁能御之！"子懋母阮氏在建康，密遣迎之，阮氏报其同母兄于瑶之为计。瑶之驰告鸾，鸾遣军主裴叔业与瑶之先袭寻阳。子懋部曲多雍州人，皆勇跃愿奋。叔业畏之，遣瑶之说子懋曰："还都正当作散官，不失富贵也。"子懋既不出兵，众情稍沮。参军于琳之说叔业取子懋，叔业遣将随之，拔白刃入斋，子懋骂曰："小人！何忍行此！"琳之以袖障面，使人杀之。王玄邈执董僧慧，将杀之，僧慧曰："晋安举义，仆实预谋，死不恨，愿大敛毕，退就鼎镬。"玄邈义之，白鸾免死。子懋子昭基，九岁，以方二寸绢为书，参其消息。僧慧视之曰："郎君书也！"悲恸而卒。于琳之劝陆超之逃亡，超之曰："人皆有死，此不足惧！吾若逃亡，非唯孤晋安之眷，亦恐田横客笑人。"玄邈等欲因以还都，超之端坐俟命。超之门生谓杀超之当得赏，密自后斩之，头坠而身不僵。玄邈厚加殡敛，门生亦助举棺，棺坠，压其首，折颈而死。

　　鸾遣将军王广之袭南兖州刺史安陆王子敬，斩之。又遣徐玄庆西上，害荆州刺史临海王昭秀。行事何昌㝢曰：

江州刺史、晋安王萧子懋听说萧鸾杀了二王，打算起兵讨伐，他对防阁陆超之说："事情如果能够成功则朝廷会得以安定，如果失败了，我们也虽死犹荣。"董僧慧说："江州虽然狭小，但宋孝武帝曾从这里起事，并获得成功。如果我们举兵入朝，讨伐萧鸾杀死郁林王的大罪，有谁能够抵抗呢！"萧子懋的母亲阮氏住在建康，他就秘密派人前往，打算把她接过来，阮氏把情况告诉了自己的同母哥哥于瑶之，与他计谋。于瑶之却立即告诉了萧鸾，萧鸾派遣军主裴叔业和于瑶之先袭寻阳。萧子懋的部下大都是雍州人，都自告奋勇，跃跃欲试。裴叔业害怕了，派于瑶之去游说萧子懋说："你如果现在回到京城，正好可以做一个闲官，仍然不失荣华富贵呀。"萧子懋就不再发兵，部下的情绪渐渐有所沮丧。参军于琳之劝说裴叔业捉拿萧子懋，裴叔业就派将士跟随于琳之，手持刀剑进入萧子懋的住处，萧子懋大骂于琳之说："无耻小人，怎么能忍心干出这样的事呢！"于琳之用衣袖挡住自己的脸，让人杀死了萧子懋。王玄邈抓住了董僧慧，将要杀他，董僧慧说："晋安王举义起兵，我确实参与了谋划，死而无怨，现在只求在晋安王的大殓之礼举行之后，我自会就身鼎镬，以求一死。"王玄邈觉得他非常义气，就把情况告诉了萧鸾，董僧慧才免于一死。萧子懋的儿子萧昭基当时才九岁，他用二寸见方的丝帛写成一封书信，打听董僧慧的消息。董僧慧看到丝书之后，说："这是小公子写的信啊！"于是悲恸不止，气绝身亡。于琳之劝陆超之逃跑，陆超之说："人都有一死，没有什么可畏惧的！我如果逃亡了，不但让晋安王的家眷孤单无援，而且恐怕还要受到田横门客们的耻笑。"王玄邈等人想把陆超之押解京都，陆超之端坐不动，等着他们行动。陆超之的门生以为杀了他一定能受赏，就偷偷地从后面杀了他，但他的头虽然落地了，身子却没有倒下去。王玄邈对他加以厚葬，那个门生也来帮助举起棺材，不料棺材突然坠下，压住了门生的脑袋，折颈而死。

萧鸾派将军王广之袭击南兖州刺史、安陆王萧子敬，杀了他。又派徐玄庆西上杀害荆州刺史、临海王萧昭秀。行事何昌寓说：

"仆受朝廷意寄,翼辅外藩。殿下未有愆失,何容即以相付邪! 若朝廷必须殿下,当自启闻,更听后旨。"昭秀由是得还建康。鸾以孔琇之行郢州事,使杀郢州刺史晋熙王铣。琇之辞不许,遂不食而死。裴叔业进向湘州,欲杀南平王锐,防阁周伯玉大言于众曰:"此非天子意。今斩叔业,举兵匡社稷,谁敢不从!"典签叱左右斩之。遂杀锐,又杀铣及南豫州刺史宜都王铿。

冬十月,齐宣城公鸾自为太傅、扬州牧,进爵为王。

宣城公鸾谋继大统,多引名士与参筹策。侍中谢朏心不愿,乃求出为吴兴太守。至郡,致酒数斛,遗其弟吏部尚书瀹曰:"可力饮此,勿豫人事!"

鸾虽专政,人情未服。自以胛有赤志,以示王洪范,而谓之曰:"人言此是日月相,卿幸勿泄!"洪范曰:"公日月在躯,如何可隐? 当转言之!"

齐宣城王鸾杀衡阳王钧等四人。

桂阳王铄与鄱阳王锵齐名,锵好文章,铄好名理,时称为鄱、桂。锵死,铄不自安,至东府见鸾,还,谓左右曰:"向录公见接,殷勤不已,而面有惭色,欲杀我也。"是夕,遇害。

江夏王锋有才行,鸾尝与之言:"遥光才力可委。"锋曰:"遥光之于殿下,犹殿下之于高皇,卫宗庙,安社稷,实有攸寄。"鸾失色。及杀诸王,锋遗鸾书,诮责之。鸾深惮之,使兼祠官于太庙,夜遣兵收之。锋手击数人,皆仆地,然后死。遣茹法亮杀巴陵王子伦。子伦性英果,时镇琅

"我受朝廷所托,辅助临海王。殿下并没有什么过失,如何让我把殿下交给你呢!如果朝廷一定要殿下回去,我自会陈奏,等待皇上的圣旨。"萧昭秀因此得以返回建康。萧鸾委任孔琇之主管郢州事务,想让他杀死郢州刺史、晋熙王萧銶。孔琇之坚决推辞而不从,于是绝食而死。裴叔业来到湘州,打算杀掉南平王萧锐,防阁周伯玉大声对众人说:"这并不是天子的命令。现在,我要斩了裴叔业,起兵匡扶江山,谁敢不从!"典签喝退左右的人,斩了周伯玉。于是,萧锐、萧銶及南豫州刺史、宜都王萧铿相继被杀。

冬十月,南齐宣城公萧鸾自封为太傅、扬州牧,进爵位为王。

宣城公萧鸾谋划篡取皇位,广为招揽名士参与筹划。侍中谢朏心里不愿意,于是就请求出任吴兴太守。他到任之后,给担任吏部尚书的弟弟谢瀹送去几斛酒,说:"可以尽量多喝酒,不要参与人事斗争!"

萧鸾虽然大权在握,但人们并不服气。他的肩胛上有一个红色的痣,就亮出来给王洪范看,对他说:"人们都说这是日月之相,你一定不要往外泄露!"王洪范说:"您的身上有日月,怎么能隐瞒不说呢?应当转告别人!"

南齐宣城王萧鸾杀害衡阳王萧钧等四人。

桂阳王萧铄和鄱阳王萧锵名气相等,萧锵爱好文章,萧铄喜爱名理之学,当时人称之为鄱、桂。萧锵死后,萧铄感到不安,他到京府去见萧鸾,回来后,对左右侍从说:"萧鸾接见我时十分殷勤,但是面有愧色,一定是想要杀我。"当天晚上,萧铄被害。

江夏王萧锋德才兼备,萧鸾曾对他说:"萧遥光很有才干,可以委以重任。"萧锋说:"萧遥光之于殿下,正如殿下之于高帝,保护宗庙,安定社稷,确实可以寄予希望。"萧鸾大惊失色。等到萧鸾杀诸王时,萧锋给萧鸾写信,对他嘲讽斥责。萧鸾因此非常害怕萧锋,就让萧锋在太庙中兼任祠官,在夜里派兵去庙中逮捕他。萧锋徒手击倒了好几个人,但最终还是被杀了。萧鸾派茹法亮去杀巴陵王萧子伦。萧子伦性情英勇果敢,当时正镇守琅

邪,有守兵。鸾恐不肯就死,以问典签华伯茂,伯茂曰:"今若以兵取之,恐不可即办。若委伯茂,一夫力耳。"乃自执鸩逼之,子伦正衣冠,出受诏,谓法亮曰:"先朝昔灭刘氏,今日理数固然。君是身家旧人,今衔此使,当由事不获已。此酒非劝酬之爵。"因仰之而死,时年十六。法亮及左右皆流涕。

初,诸王出镇,皆置典签,主帅一方之事,悉以委之。时入奏事,刺史美恶专系其口,莫不折节奉之。于是威行州部,大为奸利。武陵王晔为江州,性烈直,不可干,典签赵渥之谓人曰:"今出都易刺史!"及见世祖,盛毁之,晔遂免还。南海王子罕戍琅邪,欲暂游东堂,典签姜秀不许。子罕泣谓母曰:"儿欲移五步亦不得,与囚何异!"永明巴东之乱,世祖谓群臣曰:"子响遂反!"戴僧静曰:"诸王都自应反,岂唯巴东!"上问其故,对曰:"天王无罪,而一时被囚,取一杯浆,亦咨签帅,签帅不在,则竟日忍渴。诸州唯闻有签帅,不闻有刺史,何得不反!"

及鸾诛诸王,皆令典签杀之,无能拒者。孔珪闻之,流涕曰:"若不立签帅,故当不至于此。"鸾亦深知其弊,乃诏:"自今诸州有事,密以奏闻,勿遣典签入都。"自是典签之任浸轻矣。

魏主发平城。
魏以太尉东阳王丕为太傅、录尚书事,留守平城。魏主

邪，拥有守兵。萧鸾担心他不肯屈服被杀，就问典签华伯茂怎么办，华伯茂说："现在如果派兵去杀他，恐怕不能马上办成。如果把这件事交给我来办，只需一人之力就可以了。"于是，华伯茂就亲自端上毒酒，逼迫萧子伦喝下，萧子伦正了一下自己的衣服、帽子，出来接受诏书，并对茹法亮说："先前太祖灭杀刘氏，今日的情况也是天数所定，理所当然。你是事奉过武帝的旧人，今日领命而来，当是身不由己。这酒绝不是平常应酬的酒。"于是一仰而尽，时年十六岁。茹法亮和周围的人都流下了眼泪。

　　当初，诸王出镇州郡，都配置典签官，凡地方之事全部委任其统管。典签经常入朝奏告情况，刺史的美恶全凭典签的一张嘴怎么说，于是刺史及其下属无不对典签曲意奉承。于是，典签威霸一州，大干奸邪不法之事。武陵王萧晔担任江州刺史，性情刚烈爽直，不可冒犯，典签赵渥之对人说："我现在就入京奏请换掉刺史！"赵渥之见了武帝，大肆毁谤萧晔，于是萧晔果然被免职，召回京城。南海王萧子罕戍守琅邪，想去东堂一游，但典签姜秀不准许。萧子罕哭着对母亲说："儿子我想移动五步都不能，这与囚禁有什么区别！"永明年间，巴东王萧子响杀死了刘寅等人，武帝对众大臣说："萧子响这是要谋反！"戴僧静说："诸王本来都应该谋反，岂止是巴东王一个！"武帝问他其中的原因，戴僧静回答说："这些亲王并无罪过，却时时被囚禁，要一杯水都要请示典签，如果典签不在，就只好整日忍渴。各州只知道有典签，而不知道有刺史，他们怎能不反！"

　　到萧鸾诛杀诸位亲王时，都命典签去杀，诸王中竟没有一个人能抗拒。孔珪听到这个情况后，流着眼泪说："如果不设立典签，肯定不会弄到这种地步。"萧鸾也深知设立典签的弊端，于是诏令："从现在开始，各州有什么事情，可秘密奏报朝廷，不要派典签进京。"从此，典签这一职务的作用才逐渐减弱。

　　北魏孝文帝从平城出发。
　　魏任命太尉东阳王拓跋丕为太傅、录尚书事，留守平城。孝文帝

亲告于太庙,使高阳王雍、于烈奉迁神主于洛阳,遂发平城。

齐宣城王鸾废其君昭文为海陵王,而自立。

齐主昭文在位,起居饮食,皆咨宣城王鸾而后行。至是鸾以皇太后令废昭文为海陵王而自立。以王敬则为大司马,陈显达为太尉。尚书虞悰称疾不陪位,齐主鸾欲引参佐命,使王晏谕之。悰曰:"主上圣明,公卿戮力,宁假朽老以赞惟新乎? 不敢闻命!"因恸哭。朝议欲纠之,徐孝嗣曰:"此亦古之遗直。"乃止。

齐禁牧守荐献。

诏:"藩牧守宰,或有荐献,事非任土,悉加禁断。"

魏禁蛮毋得侵掠齐境。

诏曰:"缘边之蛮多掠南土,父子乖离,室家分绝。朕方荡一区宇,子育万姓。若苟如此,南人岂知德哉! 可禁蛮民,勿有侵暴。"

十一月,齐以始安王遥光为扬州刺史,闻喜公遥欣为荆州刺史。 齐主立其子宝卷为太子。 魏主至洛阳。 魏置牧场于河阳。

魏主敕将军宇文福行牧地。福表石济以西,河内以东,距河凡十里。魏主自代徙杂畜置其地,使福掌之。畜无耗失,以为司卫监。初,世祖平统万及秦、凉,以河西水草丰美,用为牧地,畜甚蕃息,马至二百余万匹,橐驼半之,牛羊无数。及高祖置牧场于河阳,常畜戎马十万匹。每岁

亲自去太庙祝告,派高阳王拓跋雍和于烈奉迁神主到洛阳,然后从平城出发。

南齐宣城王萧鸾废皇帝萧昭文,封他为海陵王,自立为皇帝。

萧昭文虽然身居帝位,但起居饮食都要向宣城王萧鸾请示,得到批准后方可行事。现在,萧鸾假借皇太后的命令,废除萧昭文的皇位,封他为海陵王,而自立为皇帝。他任命王敬则为大司马,陈显达为太尉。尚书虞悰借口自己生病,不愿意陪侍萧鸾,萧鸾想拉他辅佐自己开创帝业,就派王晏前去请他。虞悰说:"主上圣明,有众多公卿尽力辅佐,为什么要用我这样的老朽之人来赞助新皇帝呢? 我不敢从命!"说完,恸哭不止。朝中议论想要追究虞悰,徐孝嗣说:"他这样也是古代耿直之士的遗风。"于是不再追究。

南齐禁止牧守上贡礼品。

南齐明帝诏令:"各地州郡长官时常给朝廷上贡礼品,今后除了当地的土产外,其余一律加以禁止。"

北魏禁止边境蛮人不得对南齐进行侵掠。

北魏孝文帝诏令:"边境上的蛮人,经常抢掠南齐人,致使他们父子相离,家破人亡。朕正在统一天下,像对子女一样安抚百姓。如果这样,南方人怎么能知道我们的仁德呢! 所以,要对那些蛮人加以禁止,不许继续抢劫掠夺。"

十一月,南齐明帝任命始安王萧遥光为扬州刺史,闻喜公萧遥欣为荆州刺史。 齐明帝立皇子萧宝卷为太子。 北魏孝文帝到达洛阳。 北魏在河阳设置牧场。

北魏孝文帝命令将军宇文福规划选定牧场。宇文福奏称石济以西、河内以东,距黄河十里方圆之地为牧场。孝文帝命令从代地迁移各种牲畜到这里牧养,由宇文福负责。迁移中,牲畜没有耗损丢失,所以,任命宇文福为司卫监。早先,太武帝平定统万以及秦、凉等地,因为河西水草丰富茂美,就开辟为牧场,牲畜繁殖非常兴旺,马匹增至二百多万匹,骆驼一百多万匹,牛羊无数。到孝文帝时,又在河阳设置牧场,经常养牧战马十万匹。每年

自河西徙牧并州,稍复南徙,欲其渐习水土,不至死伤,而河西之牧愈蕃。及正光以后,皆为寇盗所掠,无孑遗矣。

齐主鸾弑海陵王。

鸾诈称王有疾,数遣御师瞻视,因而殒之。

魏赐郢州刺史韦珍谷帛。

珍在州有声绩,魏主赐以骏马、谷帛。珍集境内孤贫者散与之,谓之曰:"天子以我能抚绥卿等,故赐以谷帛,吾何敢独有之!"

十二月,魏禁胡服。

魏主欲变易旧风,诏禁民胡服,国人不悦。散骑常侍刘芳、黄门侍郎郭祚,皆以文学见亲礼,大臣贵戚皆不平。帝使陆凯私谕之曰:"至尊但欲询访前世法式耳,终不亲彼而相疏也。"众意乃稍解。

魏主自将伐齐。

魏主以齐主自立,谋大举伐之。会边将言,齐雍州刺史曹虎遣使请降,乃分遣诸将出兵应接。以尚书卢渊督襄阳前锋,渊辞,不许。渊曰:"恐曹虎为周鲂耳。"魏主欲自将伐齐,引公卿入议。镇南将军李冲曰:"臣等正以迁都草创,人思少安。为内应者未得审谛,不宜轻动。"魏主曰:"彼降款虚实,诚未可知。若其虚也,朕巡抚淮甸,访民疾苦,使彼知君德之所在,有北向之心。若其实也,今不以时应接,则失乘时之机,孤归义之诚,败朕大略矣。"任城王澄

从河西将马匹迁移到并州放牧一段时间,然后再迁移到南边牧场放牧,使它们逐渐熟悉水土,不至于死伤,而河西的牲畜繁殖更加兴旺。到正光年间以后,这些牲畜都被盗寇掠夺而去,所剩无几。

南齐明帝杀死海陵王萧昭文。

明帝诈称海陵王有病,几次派御医前去探视,最终害死海陵王。

北魏孝文帝赏赐谷帛给郢州刺史韦珍。

韦珍在州内名声高,有政绩,孝文帝赐给他骏马、谷物、布帛等物。韦珍把州内孤独贫困者招集在一起,把这些东西散发给他们,对他们说:"天子因为我能安抚你们,所以赏赐给我谷物、布帛,我怎么敢独自享用呢!"

十二月,北魏禁止国人穿着胡服。

孝文帝想改革旧风,发布诏令,禁止国人穿胡服,国人大都不乐意。散骑常侍刘芳、黄门侍郎郭祚,都以文学水平高而被孝文帝亲近,其他的大臣贵戚们心中不平。孝文帝派陆凯私下对他们说:"皇上只是想通过他们二人了解一些古代的法度罢了,永远不会亲近他们而疏远你们。"这些人的不平才稍稍缓解。

北魏孝文帝亲自率军征伐南齐。

孝文帝借口齐明帝自立为皇帝,谋划大举征伐南齐。正好赶上边将报告齐雍州刺史曹虎派使节来请求投降,于是分别派遣几位将领出兵,前去接应。任命尚书卢渊督帅襄阳前锋诸军,卢渊推辞不去,没有得到批准。卢渊说:"恐怕曹虎是像周鲂一样诈降。"孝文帝想要亲自率军征伐南齐,召集公卿大臣讨论此事。镇南将军李冲说:"我们认为迁都刚开始进行,诸事尚处于草创阶段,人人都想有一段安定的时期。我们对作为内应的曹虎并没有细加审查,了解其真实情况,所以不宜轻举妄动。"孝文帝说:"曹虎投降一事真假如何,确实还难以断定。如果他投降是假的,朕可以借此行巡抚淮水一带,访问百姓疾苦,使那里的老百姓知道朕的德政之所在,让他们产生归顺之心。如果曹虎投降一事是真的,现在如果不及时加以接应,就会失去时机,有负他归属本朝的一片诚心,毁坏朕的宏大战略。"任城王拓跋澄

曰："虎无质任,使不再来,诈可知也。今新迁之民,扶老携幼,居无一椽之室,食无甑石之储。冬月垂尽,东作将起,而驱之使擐甲执兵,泣当白刃,殆非歌舞之师也。且诸军已进,待平樊、沔,然后顺动,亦何晚之有!今率然轻举,上下疲劳,恐挫损天威,更成贼气,非策之得者也。"穆亮及诸公卿皆以为宜行。澄谓亮曰:"公辈平居论议,不愿南征,何得对上即为此语!面背不同,岂大臣之义乎!"冲曰:"任城可谓忠于社稷。"然魏主竟不从。遂发洛阳,诏诸将所获男女皆放还南。曹虎果不降。

乙亥(495) 齐建武二年,魏太和十九年。

春二月,魏主攻钟离,不克。遣使临江数齐主之罪而还。

齐遣将军王广之、萧坦之、沈文季,督诸军以拒魏。魏徐州刺史拓跋衍攻钟离,齐徐州刺史萧惠休拒守,间出袭,击破之。魏大将军刘昶、将军王肃攻义阳,齐司州刺史萧诞拒之。肃屡破诞兵。昶性褊躁,御军严暴,人莫敢言。参军阳固苦谏,昶怒,欲斩之,使当攻道。固志意闲雅,临敌勇决,昶始奇之。

二月,魏主至寿阳,众号三十万。道遇甚雨,命去盖。见军士病者,亲抚慰之。遣使呼城中人,齐豫州刺史丰城公遥昌使参军崔庆远出问师故,魏主曰:"齐主何故废立?"

说:"曹虎没有派来人质,使者也没有再来,显而易见是诈降。如今从平城迁来的老百姓,扶老携幼,尚无一间房屋可以居住,没有储备一点食物。冬季将过去,春耕生产即将开始,反而要驱使他们披甲执刀,不得不面对敌人的刀枪,这恐怕不是当年武王伐纣的前歌后舞的正义之师。而且各路军队已经进发,等到他们平定樊、沔之后,我们再顺势而发,也为时不晚! 如今轻举妄动,举国疲劳,恐怕会有损于我朝的天威,长了敌人的志气,这绝不是一个妥善之计。"但穆亮和其他各位公卿都认为应该行动。拓跋澄对穆亮说:"你们各位私下议论时,都不愿南征,为什么面对皇上时却又表示同意呢! 如此阳奉阴违,难道就是作为一个大臣所应有的道义吗!"李冲说:"任城王可以说对国家忠心耿耿。"但孝文帝对此竟不能听从。于是,北魏大军从洛阳出发,孝文帝诏令诸将把掠夺来的南人都放回去。曹虎果然没有投降。

乙亥(495)　齐建武二年,北魏太和十九年。

春正月,北魏孝文帝率军攻打钟离,没有攻克。于是派人到达江边,向南齐守将数说齐明帝的各种罪恶,然后撤军。

南齐派遣将军王广之、萧坦之、沈文季督领各路大军,以抵抗北魏的入侵。北魏徐州刺史拓跋衍率部攻打钟离,南齐徐州刺史萧惠休据城抵抗,并且不时地派兵出城袭击魏军,将其击败。北魏大将军刘昶、将军王肃进攻义阳,遭到南齐司州刺史萧诞的抵抗。王肃屡次击败萧诞的军队。刘昶性格暴躁,对下属严酷残暴,部下没人敢说话。参军阳固苦苦劝谏,刘昶大怒,想斩了他,便令他做先锋攻城。阳固性情闲雅,临阵却勇敢果断,刘昶感到很惊奇。

二月,孝文帝率军抵达寿阳,号称有三十万人。路中遇上大雨,孝文帝命令去掉自己的伞盖。他看见军中有生病的士兵,便亲自去安抚慰问。孝文帝派人去呼唤寿阳城中的齐人出来对话,齐豫州刺史、丰城公萧遥昌派参军崔庆远出来质问魏军出兵来犯的理由,孝文帝说:"齐主为什么要废去皇帝而自立呢?"

庆远曰："废昏立明,古今非一,未审何疑?"魏主曰:"卿主若不忘忠义,何以不立近亲而自取之乎?"庆远曰:"霍光亦舍近亲而立宣帝,唯其贤也。"魏主曰:"霍光何以不自立?"庆远曰:"非其类也。主上正可比宣帝耳,安得比光!且若然者,武王伐纣而不立微子,亦为贪天下乎?"魏主大笑。赐庆远酒馔、衣服而遣之。

魏主循淮而东,民皆安堵,租运属路,遂至钟离。齐遣将军崔慧景救之。刘昶、王肃众号二十万,堑栅三重,并力攻义阳。王广之不敢进。黄门侍郎萧衍间道夜发,径上贤首山,魏人不敢逼。黎明,城中望见援军,遣长史王伯瑜出攻魏栅,因风纵火,衍等自外击之,魏解围去,追击破之。

魏主欲南临江,会司徒冯诞卒,乃遣使临江数齐主罪恶而还。魏主欲筑城置戍于淮南,赐相州刺史高闾玺书问之。闾表对曰:"昔世祖以回山倒海之威,步骑数十万,南临瓜步,诸郡尽降,而盱眙小城,攻之不克。班师之日,兵不戍一城,土不辟一廛,夫岂无人?以为大镇未平不可守小故也。夫壅水者先塞其原,伐木者先断其本,本原尚在,而攻其末流,终无益也。寿阳、盱眙、淮阴,淮南之本原也,三镇不克其一,而留守孤城,少置兵则不足以自固,多置兵

崔庆远说:"废掉昏君,另立明主,古今以来也不是就这一次,不知道有什么疑问呢?"孝文帝说:"你们现在的皇帝萧鸾如果还没有忘掉忠义,为什么不从前帝近亲中选择一个人立为皇帝,而要自居皇位呢?"崔庆远说:"汉代的霍光也曾舍弃汉武帝的近亲而另立宣帝,只是因为宣帝有贤德。"孝文帝说:"霍光为什么不自立为帝呢?"崔庆远说:"因为霍光不是皇族子弟。我们现在的皇上正可以比作汉宣帝,怎么能把他和霍光相比呢!而且如果按你说的那样,当年武王伐纣,没有立纣王的庶兄微子,而是自立江山,也就是贪求天下了?"孝文帝大笑。赏赐崔庆远酒菜和衣服,把他送了回去。

孝文帝沿着淮河东下,沿路百姓都安居乐业,前来纳送粮草的人挤满了道路,于是,大军到达钟离。南齐明帝派遣将军崔慧景救援钟离。刘昶、王肃率领号称二十万的大军,在军营周围挖掘埋立了三层沟堑栅栏,并且猛攻义阳。齐将王广之前来救援,却不敢前进。黄门侍郎萧衍顺小道在夜里出发,直接登上贤首山,魏军不敢逼近他们。黎明时,义阳城中守军望见援军到了,就派长史王伯瑜出城攻打北魏栅栏,借风力焚烧了它,萧衍率军从外围攻击,魏军只好撤退,齐军追击,大破敌军。

孝文帝打算南进至长江北岸,恰逢司徒冯诞去世,孝文帝就派人到达江边,向南齐守军数说明帝的各种罪恶,然后撤回。孝文帝打算在淮南修筑城堡,置兵戍守,就赐给相州刺史高闾一封盖有玉玺印的信,问他对此事的看法。高闾上表回答说:"过去,世祖皇帝以排山倒海的攻势,率领步、骑兵数十万,南临瓜步,刘宋各州郡全部投降,然而只有盱眙这座小城,却攻了很长时间没有攻下来。班师回朝的时候,没有留下兵马驻守任何一座城池,也没有开辟一亩土地,难道是没有人力吗?这是因为没有平定那些重要城镇,所以不能去镇守那些小地方。堵水要先塞住它的源头,伐木要先断其根本,如果本源尚在而只攻其末流,最终也不会有成效。寿阳、盱眙、淮阴,是淮南的本源。如果不攻克其中之一,而要留守其他孤城,置兵少了不足以自守,置兵多了

则粮运难通。大军既还,士心孤怯。夏水盛涨,救援甚难。以新击旧,以劳御逸,若果如此,必为敌擒。天时尚热,雨水方降,愿陛下踵世祖之成规,旋辕洛邑,蓄力观衅,布德行化,中国既和,远人自服矣。"尚书令陆叡上表,以为:"长江浩荡,彼之巨防。南土郁蒸,夏多疾病。而迁鼎草创,庶事甫尔。兵徭并举,圣王所难。驱罢弊之兵,讨坚城之虏,将何以取胜乎!愿早还洛邑,使根本深固,然后命将出师,何忧不服?"魏主从之。

齐人据渚邀断津路。魏军主奚康生缚筏积柴,因风纵火,依烟直进,飞刀乱斫,齐兵遂溃。魏主使前将军杨播将步卒三千、骑五百为殿。时春水方长,齐兵大至,战舰塞川。播结陈于南岸以御之,诸军尽济。齐兵四集围播,播为圆阵以御之,身自搏战,所杀甚众。相拒再宿,军中食尽,围兵愈急。魏主在北岸,以水盛不能救。既而水减,播引精骑历齐舰大呼曰:"我今欲渡,能战者来!"遂拥众而济。播,椿之兄也。

时魏使者卢昶等犹在建康,齐人饲以蒸豆。昶惧,食之。谒者张思宁辞气不屈,死于馆下。及还,魏主让昶曰:

则粮草难以运到。大部分兵力回去之后，留下守城的士卒们一定会孤单害怕。如果遇上夏天，河水猛涨，救援起来非常困难。以我方新来的守城之兵，在忙于防御的情况下抗击齐军的轮番进攻，如果真是这样，一定会被齐军攻破城池，擒捉守城将士。现在天气还热，雨季就要到来，诚愿陛下像世祖皇帝那样，调转车辕，返回洛阳，积蓄力量，等待机会，布施仁义教化，国内安定祥和，远方的人自然会归附的。"尚书令陆叡上表，指出："长江之水浩浩荡荡，是齐国的防守要地。江南热气郁盛，夏季必然多发疾病。而我朝迁都不久，一切还都处于草创阶段，万事都刚刚开始。现在百姓既要出兵打仗，又要从事各种劳役，就是圣王也难以两者兼固。驱使如此疲惫之兵，讨伐据守坚固城池的敌人，拿什么来取胜呢！希望陛下早日撤兵，回到洛阳，先把基础打牢，然后再遣兵调将，出师征伐，何愁不能征服敌人呢？"孝文帝采纳了他们二人的建议。

　　齐军占据了淮河中的一个小洲，断绝了魏军的撤退道路。北魏军主奚康生缚扎了一些木筏子，在上面堆上柴草，顺风纵火，兵卒借着烟火的掩护，奋勇向前，挥刀乱砍，河洲上的齐军纷纷溃逃。孝文帝命令前将军杨播率领步兵三千、骑兵五百殿后。当时正是春水方涨之际，南齐军队大批追来，战船塞满河中。杨播在淮河南岸布阵以抗击齐军，北魏各路大军全部渡过了河。齐军从四面八方围住了杨播，杨播布出圆阵与齐军周旋，他自己亲自上阵搏杀，斩杀无数敌人。一直抵抗到第三天，军中食物已经吃完，而南齐围兵的进攻越来越厉害。孝文帝在北岸观望，因为水流太急而无法派兵救援。过了一会儿，水流稍缓，杨播率领精骑兵登上南齐停泊在水中的战船，大声喊道："我现在要渡河，有敢于战斗的请上来！"于是率领众兵渡过淮河。杨播，是杨椿的哥哥。

　　当时北魏使者卢昶等人还在建康，齐人把豆子蒸熟让他们吃。卢昶非常害怕，吃了下去。但谒者张思宁义正辞严，宁死也不受屈辱，最后死在客馆之中。回到北魏后，孝文帝责备卢昶说：

"人谁不死，何至自同牛马，屈身辱国！纵不远惭苏武，独不近愧思宁乎！"乃黜为民。

魏太师冯熙卒。

熙卒于平城。平阳公丕不乐南迁，与陆叡表请魏主还临熙葬。帝曰："开辟以来，安有天子远奔舅丧者乎？今经始洛邑，岂宜妄相诱引，陷君不义！付法官贬之！"仍迎熙枢葬洛阳。

夏四月，魏围齐南郑，不克而还。

魏主之在钟离也，梁州刺史拓跋英请以州兵会击汉中，许之。齐梁州刺史萧懿遣部将尹绍祖等将兵据险，立五栅以拒之。英曰："彼帅贱，莫相统一。我选精卒并攻一营，彼必不相救。若克一营，四营皆走矣。"乃急攻一营，拔之，四营俱溃，乘胜长驱，进逼南郑。懿遣其将姜脩击英，英掩击，尽获之。将还，齐军继至，将士已疲，大惧，欲走。英故缓辔徐行，神色自若，登高望敌，东西指麾，状若处分，然后整列而前。齐军疑有伏，迁延引退，英追击，破之，遂围南郑。禁将士毋得侵暴，远近悦附，争供租运。城中恟惧。参军庾域封题空仓数十，指示将士曰："此粟皆满，足支二年，但努力坚守。"众心乃安。会魏主召英还，英使老弱先行，自将精兵为后拒，遣使与懿别。懿以为诈，英去二

"人谁没有一死,何至于如此贪生怕死到了把自己等同于牛马的程度,这样屈身辱国! 即使不远愧于汉代不屈的使节苏武,难道无愧于眼前的张思宁吗!"于是罢免卢昶的官职,贬为平民。

北魏太师冯熙去世。

冯熙在平城去世。由于平阳公拓跋丕不愿意南迁洛阳,就与陆叡一起上表请求孝文帝返回平城参加冯熙的葬礼。孝文帝说:"自从盘古开天地以来,哪里有天子大老远地赶去为舅舅奔丧的事呢? 如今正在营建洛阳,你们怎么可以妄自以此引诱于朕,陷朕于不义之地! 交付法官贬斥!"于是,孝文帝仍然诏令将冯熙的灵柩安葬于洛阳。

夏四月,魏军围攻南齐的南郑,没有攻克,然后撤回。

孝文帝在钟离的时候,梁州刺史拓跋英请求率领州兵会同其他魏军袭击汉中,孝文帝准许。南齐梁州刺史萧懿派遣部将尹绍祖等率兵占据险要之处,构筑了五座营栅,以抵抗魏军。拓跋英说:"他们的主帅出身低贱,不能统一协调作战。我挑选精兵集中攻打他们的一个营栅,其他各营一定不会来救援。如果攻克一个营栅,其余四个就都会逃走了。"于是,率领士兵急攻一个营栅,一举攻克,其余四营溃逃,魏军乘胜追击,进逼南郑。萧懿派部将姜脩抗击拓跋英,拓跋英设下伏兵,出其不意发动攻击,擒获了姜脩及其部属。拓跋英率兵返回时,齐军相继赶到,由于魏军将士已经十分疲惫,所以非常惧怕,准备逃走。但拓跋英故意骑马缓行,神色自若,登上高处,瞭望敌情,并且用手势东西指挥,做出部署兵力的样子,然后列队前进。齐军怀疑拓跋英设有伏兵,就掉头撤回,拓跋英率军追击,大破齐军,于是围攻南郑。拓跋英禁止将士侵掠百姓,所以远近争相归附,纳运粮草。南郑城中乱成一团,人人自危。参军庾域把已经空了的数十个粮仓贴上封条,指给将士们说:"这里面都装满了粮食,足够支用两年,你们只管努力坚守。"军心才稍稍安定。正好此时孝文帝命令拓跋英撤军,拓跋英让老弱病伤者先撤,自己率领精兵殿后,并派使者去向萧懿告别。萧懿以为其中有诈,直到拓跋英撤走两

日,乃遣将追之。英下马与战,懿兵不敢逼而返。英入斜谷,会天大雨,士卒截竹贮米,执炬火于马上炊之。先是,懿遣人诱说仇池诸氏,使起兵断英运道及归路。英勒兵奋击,且战且前,矢中英颊,卒全军还仇池,讨叛氏,平之。英,桢之子。懿,衍之兄也。

英之攻南郑也,魏主诏雍、泾、岐州发兵六千人戍南郑,俟克城则遣之。李冲谏曰:"秦川险厄,地接羌、夷。西师出后,氏、胡叛逆,运粮擐甲,迄兹未已。今复豫差戍卒,悬拟山外。脱攻不克,徒动民情,连结胡夷,事或难测。辄依旨密下刺史,待克郑城,然后差遣。然西道险厄,单径千里,今欲深戍绝界之外,孤据群贼之中,敌攻不可猝援,食尽不可运粮。古人有言:'虽鞭之长,不及马腹。'南郑于国,实为马腹也。今钟离、寿阳,密迩未拔,赭城、新野,跬步不降。东道既未可以近力守,西藩宁可以远兵固!若果欲置者,臣恐终以资敌也。"魏主从之。

魏主如鲁城,祠孔子,封其后为崇圣侯。

魏主如鲁城,亲祠孔子,拜孔氏四人、颜氏二人官,仍选诸孔宗子一人封崇圣侯,奉孔子祠。命修其墓,更建碑铭。将如碻磝,命谒者仆射成淹具舟楫,欲自泗入河,泝流

天后,他才派兵追击。拓跋英下马和齐军交战,萧懿的追兵不敢近前,折返而回。拓跋英率军进入斜谷,赶上天下大雨,将士们截了竹子,把米装在竹筒里,骑在马上用火把其烧成饭。在此之前,萧懿派人去劝诱仇池的各个氐族部落,让他们发兵截断拓跋英运送粮草和后撤的道路。拓跋英率兵奋力反击,且战且退,流箭击中了拓跋英的面颊,但全军最后还是回到仇池,并且讨伐平定了反叛的氐族部落。拓跋英,是拓跋桢的儿子。萧懿,是萧衍的哥哥。

拓跋英攻打南郑时,孝文帝诏令雍、泾、岐三州发兵六千人准备去戍守南郑,等攻下南郑就派他们前去。李冲劝谏说:“秦川一带地势险恶,又与羌、夷部族接境。自从拓跋英率军西征之后,氐、胡部落起兵反叛。而为西征大军运送粮草的士兵,至今还疲于奔命。现在又准备预先派遣戍守南郑的军队,使他们孤守秦岭山外。如果不能攻克南郑,就会使当地百姓产生动乱,使他们与胡、夷部落互相串通,那样事情的后果就难以预测了。等到攻下南郑,再依照圣旨密令这三州的刺史派遣戍守军队,也不为迟。但是,通往西边的道路十分险恶,只能单车行走的路就有千里之遥,如今想要在遥远的敌境内孤守一座城池,敌人发起进攻,我们不能马上增援,粮食吃完了不能马上得到补给。古人有言:‘鞭子虽然长,但抽不到马腹里去。’南郑对于我们国家来说,实际上就是马腹呀。如今,钟离、寿阳离我们很近都还没有攻克,赭城、新野距我们也不过半步之遥,却也不可占领。东边的这些地方离得很近,尚且不能守住,西边南郑离得那么远,又怎么可能固守呢!如果一定要置兵戍守南郑,我恐怕那里最终会被攻破而帮助了敌人。”孝文帝听从了李冲的建议。

北魏孝文帝到达鲁城,祭祀孔子,封孔子的后裔为崇圣侯。

孝文帝到达鲁城,亲自祭拜孔子庙,封孔氏四人、颜氏两人为官,并选择孔子的嫡系后代长子一人封为崇圣侯,掌管祭祀孔子的事。又命令修缮孔子墓,重建碑铭。在快到达碻磝时,孝文帝命令谒者仆射成淹准备舟船,想乘船从泗水进入黄河,溯流而上,

还洛。淹谏:"以河流悍猛,非万乘所宜乘。"魏主曰:"我以平城无漕运之路,故京邑民贫。今迁洛阳,欲通四方之运,而民犹惮河流之险,故朕有此行,所以开百姓之心也。"

魏攻齐赭阳,齐击败之。

魏城阳王鸾等攻赭阳,围守百余日,诸将欲不战以疲之。李佐独昼夜攻击,士卒死者甚众。齐遣右卫率垣历生救之。诸将欲退,佐独逆战而败。历生追击,大破之。魏主降封鸾为定襄县王,削户五百,佐削官爵,徙瀛州。

五月,魏广川王谐卒。

谐卒,魏主曰:"古者,大臣之丧有三临之礼。魏、晋以来,王公之丧,哭于东堂。自今诸王之丧,期亲三临,大功再临,小功缌麻一临,罢东堂之哭。广川王于朕,大功也。"将大敛,素服、深衣往哭之。

魏主至洛阳。　魏减冗官之禄。　六月,魏禁胡语,求遗书,法度量。

魏主欲变北俗,谓群臣曰:"卿等欲朕远追商、周,为欲不及汉、晋邪?"咸阳王禧对曰:"群臣愿陛下度越前王耳。"魏主曰:"然则当变风易俗,当因循守故邪?"对曰:"愿圣政日新。"魏主曰:"为止于一身,为欲传之子孙邪?"对曰:"愿传之百世。"魏主曰:"然则必当改作,卿等不得违也。"对曰:"上令下从,其谁敢违!"魏主曰:"夫'名不正,言不顺,则礼乐不可兴'。"于是下诏:"断诸北语,一从正音,违者免

返回洛阳。成淹劝谏说:"黄河水流湍急,陛下您不宜乘船。"
孝文帝说:"我认为平城没有水路来运送粮食,所以京城百姓很
贫困。如今迁都洛阳,准备开通四方运输,但百姓们还是害怕
黄河水流险恶,所以朕才决定由水路返回,以此解除百姓的顾
虑。"

北魏军队进攻南齐赭阳,被齐军击败。

北魏城阳王拓跋鸾等人进攻赭阳,围攻一百多天,将领们打
算不再进攻,以包围的办法使城内守军疲惫而屈服。只有李佐
独自率部昼夜攻城,将士战死者非常多。齐明帝派遣右卫率垣
历生前往救援。北魏的将领们想要撤退,只有李佐率部迎战,大
败。垣历生乘胜追击,大破魏军。孝文帝降封拓跋鸾为定襄县
王,削夺禄户五百户,李佐被削去官职,流放到瀛州。

五月,北魏广川王拓跋谐去世。

拓跋谐去世后,孝文帝说:"古时候,大臣去世后,君主有亲
临三次之礼。魏、晋以来,王公去世,君主哭于东堂。从今以后,
凡是朕应服丧一年的亲属王公去世,朕要行亲临三次之礼,应服
九个月丧的亲临两次,应服五个月和三个月丧的亲临一次,停止
东堂之哭。广川王去世,朕要服九个月丧。"广川王的大殓之礼
将要举行时,孝文帝身穿素服、深衣前去哭吊。

北魏孝文帝回到洛阳。 **北魏减去冗官的俸禄。** **六月,
北魏禁止使用鲜卑语,搜求民间遗书,改革度量之法。**

孝文帝打算改变北方风俗,对群臣说:"你们各位是希望朕
远追商、周呢,还是想让朕连汉、晋都比不上呢?"咸阳王拓跋禧
回答说:"我们希望陛下能超越前代君王。"孝文帝说:"那是应该
改变风俗呢,还是因循守旧呢?"拓跋禧回答说:"愿意使我朝圣
政日新。"孝文帝说:"只是自己实行呢,还是希望传之于子孙后
代呢?"回答说:"愿意传之于百世之后。"孝文帝说:"那么就一
定要加以变革,你们不得违背命令。"回答说:"上令下从,有谁敢
违抗呢!"孝文帝说:"所谓'名不正,言不顺,则礼乐不可兴'。"于
是下诏:"从现在起禁止使用鲜卑语,全部改用汉语,违抗者罢免

官。"又诏求遗书,秘阁所无,而有益于时用者,加以优赏。又诏改用长尺大斗,其法依汉志为之。

齐杀其领军萧谌及西阳王子明等。

齐主之废郁林王也,许萧谌以扬州,既而除南徐州刺史。谌恃功干政,所欲选用,辄命尚书申论。齐主闻而忌之,以其弟诞、谏方将兵拒魏,隐忍不发。至是杀之,并其诸弟及西阳王子明、南海王子罕、邵陵王子贞。

秋八月,魏置羽林、虎贲。

凡十五万人。

魏立国子太学、四门小学。   魏以薛聪为直阁将军。

魏主游华林园,观故景阳山,侍郎郭祚请复修之。魏主曰:"魏明帝已失之于前,朕岂可袭之于后乎!"魏主好读书,手不释卷,又善属文,诏策皆自为之。好贤乐善,情如饥渴。所与游接,常寄以布素之意,如李冲、李彪、高闾、王肃之徒,皆以文雅见亲,贵显用事。制礼作乐,郁然可观,有太平之风焉。治书侍御史薛聪,弹劾不避强御,魏主或欲宽贷,聪辄争之。魏主每曰:"朕见聪不能不惮,况诸人乎!"自是贵戚敛手。累迁直阁将军,魏主外以德器遇之,内以心膂为寄,亲卫禁兵,委聪管领。时政得失,动辄匡谏,而厚重沉密,外莫窥其际。每欲进以名位,辄苦让不受。魏主亦雅相体悉,谓之曰:"卿天爵自高,固非人爵之

官职。"孝文帝又诏令搜求民间遗书,凡是朝廷秘阁中所没有而又有益于时用者,对献书者厚加赏赐。又诏令改用长尺、大斗,度量之法依照《汉书》中的制度。

南齐明帝诛杀领军萧谌及西阳王萧子明等人。

齐明帝废除郁林王时,许诺任命萧谌为扬州刺史,但事成后却任命他为南徐州刺史。萧谌自恃有功,干预朝政,他想选用什么人,就命令尚书为他说话。明帝知道后忌恨于他,但因为他的弟弟萧诞、萧诔正在率兵抵抗北魏,就隐恨于心头而不表现出来。到这时,明帝诛杀了他和他的弟弟们以及西阳王萧子明、南海王萧子罕、邵陵王萧子贞。

秋八月,北魏设置羽林军、虎贲军。

共有兵士十五万人。

北魏设立国子学、太学和四门小学。　北魏孝文帝任命薛聪为直阁将军。

孝文帝游赏华林园,观看过去留下的景阳山,侍郎郭祚请求重新修复它。孝文帝说:"魏明帝已经因为过度奢侈失之于前,朕怎么可以步其后尘呢!"孝文帝喜好读书,手不释卷,又擅长写文章,各种诏令、策书都是自己撰写。他还爱好贤才、善士,求贤之心,如饥似渴。凡是与他交往接近的,他总是对他们寄以普通人的情意,如李冲、李彪、高闾、王肃等人,都因文雅有才而受到他的亲近,并且都身居要职,显贵一时。他制礼作乐,成效郁然可观,颇有太平盛世之风。治书侍御史薛聪在弹劾不平时,从不畏避强暴,孝文帝有时想宽容,他总是和孝文帝进行争辩。孝文帝经常说:"朕见了薛聪都不能不害怕,何况其他人呢!"因此贵戚不敢妄动。薛聪官至直阁将军,孝文帝对外表示是重用他的德行才气,而在内心则把他视为心腹,让他掌管宫中禁兵。对于当时的朝政得失,薛聪动辄加以匡正劝谏,而他为人做事又慎重严密,所以外人无从知道他的内心边际。孝文帝总是想要晋升他的名分地位,可他也总是苦苦辞让,不愿接受。对此孝文帝也表示能理解,对他说:"你天爵自高,本来就不必再用所谓的人爵

所能荣也。"

九月，魏六宫文武迁于洛阳。 魏以高阳王雍为相州刺史。

魏主戒雍曰："作牧亦易亦难。'其身正不令而行'，所以易；'其身不正，虽令不从'，所以难。"

冬十月，魏诏州牧考官属得失，品第以闻。 十一月，魏主祀圜丘。

魏主引诸儒议圜丘礼。李彪建言："鲁人将有事于上帝，必先有事于泮宫。请前一日告庙。"从之。

十二月，魏班品令，赐冠服。

魏主见群臣于光极堂，宣下品令。光禄勋于烈子登引例求选官，烈表曰："圣明之朝，理应廉让，而登引人求进，是臣素无教训，乞行黜落！"魏主曰："此乃有识之言，不谓烈能办此。"乃引见登，谓曰："以卿父有谦逊之美、直士之风，进卿校尉。"魏主谓群臣曰："国家从来有一事可叹：臣下莫肯公言得失是也。夫人君患不能纳谏，人臣患不能尽忠。自今朕举一人，如有不可，卿等直言其失。若有才能而朕所不识，卿等亦当举之。得人有赏，不言有罪。"

齐修晋诸陵，增置守卫。 魏行太和五铢钱。

先是魏人未尝用钱，魏主始命铸之。是岁，鼓铸粗备，诏公私用之。

而引以为荣了。"

九月,北魏六宫嫔妃及文武百官迁到洛阳。 北魏孝文帝任命高阳王拓跋雍为相州刺史。

孝文帝告诫拓跋雍说:"作为一州之长也容易也难。'自己行为端正,就是不用法令,别人也会遵从',所以就容易;'自己行为不端,即使颁下法令,别人也不会听从',所以就难。"

冬十月,北魏孝文帝诏令各州刺史考察本州官员政绩,根据得失分出等级,上报朝廷。 十一月,孝文帝在圜丘祭天。

孝文帝召集群儒讨论祭天之礼。李彪建议说:"过去,鲁国人如果有事要祈告上帝,一定先在泮宫中祈祷。我请求提前一日祭告于太庙。"孝文帝采纳了这个建议。

十二月,北魏孝文帝宣布实行九品制,并赐给群臣冠服。

孝文帝在光极堂接见群臣,宣布实行九品制。光禄勋于烈的儿子于登依照旧例请求升官,于烈上表说:"今值圣明之朝,为臣应该清廉谦让,但于登却引据旧例,要求晋升,都是我平常对他教育不严才致如此,乞请皇上罢免我的官职!"孝文帝说:"这是有识之言,没有想到于烈能这样做。"于是,孝文帝召见于登,对他说:"因为你的父亲有谦逊的美德、正直的人格,所以晋升你为校尉。"孝文帝对群臣说:"一个国家从来都有一件事情让人叹息:臣属们不肯公开谈论朝政得失。一国之君,患在不能采纳劝谏;而作为臣属,患在不能尽心尽忠。从今天开始,朕每推举一个人,如果有不合适的,你们可以直言其失。如果有才能之士而朕没有发现,你们也应当加以推荐。能推荐人才者有赏,知而不言者有罪。"

南齐修缮晋代各帝陵墓,并增设守陵卫士。 北魏开始使用太和五铢钱。

在此之前,北魏人不使用钱币,从孝文帝开始,才命令铸造钱币。这一年,已铸造得大体齐备,于是孝文帝诏令公私各方开始使用太和五铢钱。

丙子（496）　齐建武三年，魏太和二十年。

春正月，魏改姓元氏，初定族姓。

魏主下诏，以为："北人谓'土'为'拓'，'后'为'跋'。魏之先出于黄帝，以土德王，故为拓跋氏。夫土者，黄中之色，万物之元也，宜改姓元氏。诸功臣旧族自代来者，姓或重复，皆改之。"

魏主雅重门族，以范阳卢敏、清河崔宗伯、荥阳郑羲、太原王琼四姓，衣冠所推，咸纳其女以充后宫。又更为六弟聘室，而以前所纳者为妾媵。又诏以："代人穆、陆、贺、刘、楼、于、嵇、尉八姓勋著当世，位尽王公，勿充猥官，一同四姓。其旧为部落大人，而三世官在给事已上，若本非大人而三世官在尚书已上者皆为姓。其大人之后而官不显，若本非大人而官显者皆为族。"时赵郡诸李，人物尤多，故世之言高华者，以五姓为首。

魏主与群臣论选调，李冲曰："未审张官列位，为膏粱之弟乎，为致治乎？"魏主曰："欲为治耳。"冲曰："然则今日何为专取门品，不拔才能乎？"魏主曰："君子之门，借使无当世之用，要自德行纯笃，朕故用之。"冲曰："傅说、吕望岂可以门地得之！"魏主曰："非常之人，旷世乃有一二耳。"李彪曰："鲁之三卿孰若四科？"韩显宗曰："陛下岂可以贵袭贵，以贱袭贱！"魏主曰："必有高明卓然、出类拔萃者，朕亦不拘此制。"

丙子（496） 齐建武三年,北魏太和二十年。

春正月,北魏改姓为元,并开始确定显族大姓。

北魏孝文帝发布诏令,认为:"北方人称'土'为'拓',称'后'为'跋'。魏朝的祖先是黄帝的后代,以土德而称王,所以称拓跋氏。土是黄中之色,万物之元,所以应该改姓氏为'元'。诸位功臣旧族中凡是从代京迁来的,其姓氏如果有重复的,一律改姓为元。"

孝文帝看重名门望族,因为范阳人卢敏、清河人崔宗伯、荥阳人郑羲、太原人王琼四姓门族,在士大夫中最受推崇,所以特别选他们的女儿进入后宫。孝文帝又诏令为六个弟弟重新聘娶妻室,而把他们以前所纳取的改为小妾。又诏令:"代京人中的穆、陆、贺、刘、楼、于、嵇、尉八姓,功勋称著于世,位至王公,不能让他们充任低下的官职,应当同卢、崔、郑、王四姓一样对待。那些过去为部落大人,而三代以来官职在给事以上的,或者不是大人,而三代以来官职在尚书以上的,都要确定其姓。大人的后代,但是官职不显要的,或者本不是大人之后,但官职显要的,都要确定其族。"当时,赵郡李姓诸门中,著名人物尤其多,所以世人谈论门第高贵,都推卢、崔、郑、王、李五姓为首。

孝文帝与群臣们谈论选派官员的事情,李冲说:"不知道分官列位,是为了那些膏粱子弟呢,还是为了治理国家呢?"孝文帝说:"当然是为了治理国家。"李冲说:"那么现在为什么专门选取门第出身,而不选拔贤才呢?"孝文帝说:"出身于名门望族的人,即使没有为当世所用的才能,但终究在德行方面纯洁笃实,所以朕选用他们。"李冲说:"傅说、吕望这样的人,难道可以凭门第出身得到吗!"孝文帝说:"这样的旷世奇才,多少代才会有一两个人而已。"李彪说:"对于鲁国的三卿季孙、孟孙、叔孙氏与孔门四科德行、言语、政事、文学人才,是选择前者,还是选择后者呢?"韩显宗说:"陛下岂能使贵者世袭为贵者,贱者永远为贱者!"孝文帝说:"如果有才识高明、卓越不凡的出类拔萃之士,朕也不拘泥于这一制度。"

二月，魏诏群臣听终三年丧。　三月，魏宴群臣及国老、庶老于华林园。

诏："国老，黄耇已上，假中散大夫、郡守；耆年已上，假给事中、县令。庶老，直假郡、县，各赐鸠杖、衣裳。"诏："诸州中正各举民望，五十已上守素衡门者，授以令、长。"

齐诏去乘舆金银饰。

齐主志慕节俭，故有是诏。太官尝进裹蒸，齐主曰："我食此不尽，可四破之，余充晚食。"又尝用皂荚，以余渧授左右曰："此可更用。"太官元日上寿，有银酒枪，齐主欲坏之，王晏等咸称盛德。卫尉萧颖胄曰："朝廷盛礼，莫若三元。此器旧物，不足为侈。"齐主不悦。后遇曲宴，银器满席，颖胄曰："陛下前欲坏酒枪，恐宜移在此器。"齐主甚惭。

齐主躬亲细务，纲目亦密，于是郡县及六署、九府常行职事，莫不启闻取决。文武勋旧，皆不归选部，亲近凭势，互相通进。南康侍郎钟嵘上书言："古者，明君揆才颁政，量能授职，三公坐而论道，九卿作而成务，天子唯恭己南面而已。"齐主不怿，谓太中大夫顾暠曰："钟嵘何人？欲断朕机务！"对曰："钟嵘虽位末名卑，而所言或有可采。且繁碎职事，各有司存，今人主总而亲之，是人主愈劳而人臣愈逸，所谓'代庖人宰而为大匠斫'也。"齐主不顾而言他。

二月，北魏孝文帝诏令群臣实行守丧三年的制度。 三月，北魏孝文帝在华林园宴请群臣以及贵族、士人中的退休老人。

孝文帝诏令："贵族中的退休老人，黄发高寿以上的，给予中散大夫、郡守的名誉职位；年龄在六十岁以上的，给予给事中、县令的名誉职位。士人中的老人，直接给予郡、县的虚职，分别赐给以鸠鸟为饰的玉杖和衣裳。"又诏令："各州的中正各自推荐本地有德行而为人所尊重的人，年龄在五十以上而家境贫寒的，授以令、长之职。"

南齐明帝诏令去掉官员所乘车子上面的金银装饰。

明帝一心崇尚节俭，所以颁布了这个诏令。负责膳食的太官曾向他进献了一种名叫裹蒸的食品，明帝说："我一次吃不完一个，可以把它分成四块，剩下的晚上再吃。"还有一次，他使用皂荚洗浴，指着用过的皂荚水对侍从们说："这个还可以使用。"太官在正月初一给明帝上寿，使用了一个用银子制作的酒铛，明帝想要毁掉它，王晏等人都称赞他品德高尚。卫尉萧颖胄说："朝廷最隆重的节日，莫若正月初一。这个酒铛是过去所做，算不上奢侈。"明帝很不高兴。后来，有一次宫中设宴，席上有许多银制器皿，萧颖胄说："陛下先前想要毁掉酒铛，恐怕应该毁掉的是这些银器。"明帝甚感惭愧。

明帝事必躬亲，要求烦琐，因此各郡县及朝中六署、九府的日常事务，也必须征得他的旨令才能办理。文武官员中的功臣和旧臣的选拔任用，不归吏部管理，而是凭借亲戚关系，互相提拔。南康侍郎钟嵘上书说："古时候，圣明的国君根据属下的才能分派事情，量能授官，三公坐而论道，九卿具体分工执行，天子只是恭身修己，无为而治。"明帝不高兴，对太中大夫顾暠说："钟嵘是什么人？竟想干涉朕的事务！"顾暠回答说："钟嵘虽地位低下，名声卑微，但他所言或许有可采纳之处。况且那些繁重琐碎的事务，分别有职能部门办理，作为一国之主，都要亲自处理，就会导致陛下越来越劳累，而臣属越来越清闲的局面，正所谓'代替庖人宰割，代替大匠砍削'。"明帝没有理睬，却另换了其他话题。

魏诏汉、魏、晋诸陵皆禁樵苏。　夏五月，魏主祭方泽。秋七月，魏主废其后冯氏。

初，文明太后欲其家贵重，简冯熙女入掖庭，得幸。未几有疾，还家为尼。及太后殂，魏主立熙少女为后。既而其姊疾愈，思之，复迎入宫，拜左昭仪。后宠浸衰。昭仪因谮而废之。后素有德操，遂居瑶光寺，为练行尼。

魏旱。

魏主以久旱，不食三日。群臣请见，魏主遣舍人辞焉，且问来故。王肃对曰："今四郊雨已沾洽，独京城微少。庶民未乏一餐，而陛下辍膳三日，臣下惶惶，无复情地。"魏主使应之曰："朕不食数日，犹无所感。比来中外皆言四郊有雨，朕疑其欲相宽勉，未必有实。方将遣使视之，果如所言，即当进膳，如其不然，朕何以生为，当以身为万民塞咎耳！"是夕，大雨。

八月，魏太子恂有罪，废为庶人。

恂不好学，体素肥大，苦河南地热，常思北归。魏主赐之衣冠，恂常私著胡服。中庶子高道悦数切谏，恂恶之，谋轻骑奔平城，手刃道悦于禁中。魏主大骇，引见群臣，议欲废之。太傅穆亮、少保李冲免冠谢。帝曰："大义灭亲，古人所贵。恂欲违父逃叛，跨据恒、朔，天下之恶孰大焉！若不去之，乃社稷之忧也。"乃废恂为庶人，置于河阳无鼻城，

北魏孝文帝诏令禁止在汉、魏、晋各代皇帝陵墓旁打柴割草。　夏五月,孝文帝在方泽祭地。　秋七月,孝文帝废掉皇后冯氏。

当初,冯太后想让她的家族富贵显赫,选择冯熙的一个女儿进宫为妃,得到了孝文帝的宠幸。但她不久身染疾病,回家削发为尼。冯太后死后,孝文帝又立冯熙的小女儿为皇后。不久,皇后的姐姐病愈,孝文帝思念她,又把她迎入宫内,拜封为左昭仪。从此,皇后逐渐失去了孝文帝的宠爱。左昭仪又诬陷中伤她,孝文帝废掉了她。皇后素有德行,被废之后,就居住在瑶光寺中为尼,修炼戒行。

北魏遭受旱灾。

孝文帝因为久旱无雨,停止进食三天。群臣请求晋见,孝文帝派中书舍人去推辞不见,并问他们请见的原因。王肃回答说:"现在郊外四周已经大雨连绵了,只有京城下得很小。但平民百姓都没有少吃一餐,陛下却绝食三天,臣下们惶惶不安,无以自处。"孝文帝派中书舍人去回答说:"朕几天不吃饭,上天还是没有什么感应。最近,朝廷内外都说郊外四面有雨了,朕怀疑这是为了宽慰朕心,未必属实。朕正要派人前去查看,如果真的是和众人所言相同,朕立即用膳,如若不然,朕还有什么理由活下去,当以身体替老百姓承担上天的惩罚!"这天晚上,天降大雨。

八月,北魏太子元恂因有罪被贬为庶人。

元恂不好学习,身体一向肥胖,受不了夏天河南的炎热,经常想着回到北方去。孝文帝赐给他衣服帽子,他却常常私下穿着胡服。中庶子高道悦多次恳切劝谏,元恂非常厌恶他,于是密谋骑马逃回平城,并亲手把高道悦杀死在宫中。孝文帝知道后大吃一惊,召见群臣,商议废掉太子。太傅穆亮、少保李冲摘去帽子,叩头谢罪,请求宽宥太子。孝文帝说:"大义灭亲,是为古人看重的一件事。元恂想要违背父命而逃跑叛乱,跨据恒、朔两州,天下还有比这更大的罪恶吗!如果不废掉他的太子之位,必将成为国家的忧患。"于是将元恂贬为庶人,安置在河阳无鼻城,

以兵守之。

冬十月，魏吐京胡反，州兵讨平之。

魏吐京胡反，诏元彬行汾州事，讨破之。胡去居等六百余人保险不服，彬请兵二万以讨之。魏主大怒曰："小寇何有发兵之理！若不克者，先斩刺史，然后发兵！"彬大惧，身先将士，讨平之。

魏置常平仓。　魏恒州刺史穆泰、定州刺史陆叡谋反，魏主遣任城王澄讨禽之。

初，魏文明太后欲废魏主，穆泰切谏而止，由是有宠。及魏主南迁，所亲任者多中州儒士，宗室及代人往往不乐。泰出为定州刺史，自陈久病，土温则甚，乞为恒州，魏主为之徙恒州刺史陆叡为定州，以泰代之。泰至，叡未发，遂相与谋作乱，推阳平王颐为主。颐伪许之，而密以闻。任城王澄有疾，帝召见，谓曰："穆泰谋为不轨。今迁都甫尔，北人恋旧，南北纷扰，朕洛阳不立也。此大事非卿不能办，强为我北行。傥其微弱，直往擒之，若已强盛，可承制发并、肆兵击之。"遂授澄节。

行至雁门，太守夜告泰已引兵西就阳平，澄遽令进发。右丞孟斌曰："事未可量，宜依敕召兵，然后徐进。"澄曰："泰既谋乱，应据坚城，而更迎阳平，度似势弱。既不相拒，发兵非宜。但速往镇之，民心自定。"乃倍道兼行。先遣御史李焕单骑入代，晓谕泰党，示以祸福，皆莫为之用。泰攻

并派兵看守他。

冬十月,北魏吐京胡人反叛,孝文帝派遣州兵讨平叛乱。

北魏吐京胡人反叛,孝文帝诏令元彬代管汾州事务,率兵讨伐。胡人去居等六百余人据险不服,元彬请求朝廷发兵两万人去讨伐。孝文帝大怒说:"区区小寇,哪有朝廷发兵的道理! 如果不能攻克,就先斩杀刺史,然后发兵!"元彬非常害怕,身先士卒,讨平叛乱。

北魏设置常平仓。 北魏恒州刺史穆泰、定州刺史陆叡发动叛乱,孝文帝派遣任城王元澄率兵讨伐,擒获穆泰、陆叡。

当初,北魏冯太后想要废掉孝文帝,穆泰苦苦劝谏,冯太后才打消了这个想法,穆泰因此得到了孝文帝的宠信。孝文帝南迁洛阳后,所亲近信任的大多是中州儒士,皇族及代京人对此很不高兴。穆泰出任定州刺史,但他自陈长期有病,在气候暖湿的地方更加严重,所以请求到恒州去,于是孝文帝调恒州刺史陆叡为定州刺史,另任穆泰为恒州刺史。穆泰到达恒州后,陆叡还没有前去定州,于是二人密谋叛乱,推举阳平王元颐为主。元颐假装同意,却暗中把情况奏报朝廷。此时,任城王元澄有病在身,孝文帝召见他,说:"穆泰图谋不轨。如今刚刚迁都,北方人恋旧不止,如此南北纷扰,朕在洛阳恐不能立足。这样的大事,非您不能办理,所以还需要你勉强为我北行一次。如果他们的势力还比较微弱,就直接擒拿,如果他们势力已经强盛,就按我的旨意发并、肆两州兵力去讨伐他们。"于是授予元澄符节。

元澄到达雁门时,太守夜间前来报告,说穆泰已经率兵往西投靠阳平王了,元澄立即命令出发。右丞孟斌说:"事情还难以估量,应该依照圣旨召集兵力,然后再慢慢进发。"元澄说:"穆泰既然已经发动叛乱,理应据守坚城,但现在却去投靠阳平王,想来他的势力不强。他既然不和我们抗拒,发兵就不太合适。我们只需速速前去镇压,民心自然安定。"于是加快速度前进。元澄先派御史李焕独自骑马进入平城,告诫穆泰的同党,对他们讲明祸福利害,于是,这些人都不再听从穆泰的调遣。穆泰攻打

焕,不克而走,追擒之。澄至,穷治党与,收陆叡系狱,民间帖然。

魏除逋亡缘坐法。

初,魏主以有罪徙边者多逋亡,乃制一人逋亡,合门充役。光州刺史崔挺谏曰:"善人少,恶人多。若一人有罪,延及合门,则司马牛受桓魋之罚,柳下惠婴盗跖之诛,岂不哀哉!"魏主从之。

李焕,不能取胜,就掉头逃跑,李焕追上擒获了他。元澄到达之后,深入肃清参与叛乱的同党,拘捕陆叡,将其投入监狱,民间安定如常。

北魏废除罪犯逃亡、全家充当劳役的株连制度。

当初,因为流放到边远地区的罪犯大多逃亡,孝文帝就制定法令,规定一人逃亡,全家充当劳役。光州刺史崔挺劝谏说:"天下善人少,恶人多。如果一人有罪而株连全家,那么司马牛就要因其兄桓魋而被惩罚,柳下惠也会因其弟盗跖而牵连被杀,这样岂不悲哀!"孝文帝听从了他的意见。

资治通鉴纲目卷二十九

起丁丑(497)齐高宗建武四年、魏高祖太和二十一年,尽甲申(504)梁高祖天监三年、魏世宗正始元年。凡八年。

丁丑(497)　齐建武四年,魏太和二十一年。

春正月,魏主立其子恪为太子。　齐主杀其尚书令王晏,以徐孝嗣为尚书令。

初,晏为世祖所宠任,及齐主谋废郁林王,晏即欣然推奉。及齐主即位,晏自谓佐命新朝,事多专决,齐主恶之。始安王遥光劝齐主诛晏,齐主曰:"晏于我有功,且未有罪。"遥光曰:"晏尚不能为武帝,安能为陛下乎!"齐主默然。晏意望开府,数呼相工自视,云当大贵。又好与宾客屏人语。齐主闻之,疑晏欲反,遂召晏于华林省诛之,并北中郎司马萧毅。毅奢豪好弓马,故齐主因事陷之。

郁林王之将废也,晏从弟思远谓晏曰:"兄荷世祖厚恩,今一旦赞人如此事,彼以权计相须,未知将来何以自立! 若及此引决,犹可保全门户,不失后名。"晏曰:"方啖粥,未暇此事。"及拜骠骑,谓子弟曰:"隆昌之末,阿戎劝吾自裁,若从其语,岂有今日!"思远遽应曰:"如阿戎所见,今犹未晚也。"思远知齐主意已疑异,乘间谓曰:"时事稍异,

丁丑（497） 齐建武四年，魏太和二十一年。

春正月，北魏立孝文帝之子元恪为太子。 南齐明帝杀尚书令王晏，任命徐孝嗣为尚书令。

当初，王晏被南齐武帝所宠信，等到南齐明帝谋划废掉郁林王时，王晏立即欣然奉和，拥戴他举事。明帝即位后，王晏自认为对新朝有创业之功，处理政事常常独断专行，明帝很厌恶他。始安王萧遥光劝明帝杀掉王晏，明帝说："王晏对我立有功劳，况且他没有罪过。"萧遥光说："王晏对武帝尚且不能效忠，怎么能为陛下效忠！"明帝听后默然不语。王晏的心意是想得到开府的待遇，几次唤来相师为他相面算命，都说他将会大贵。他又喜欢与宾客私下密谈。明帝听说这些事，怀疑王晏想要谋反，便将王晏传召到华林园，将他斩首，一同被杀的还有北中郎将萧毅。萧毅生性奢侈豪爽，喜爱骑射，所以明帝借这件事罗织罪名将他杀掉。

郁林王将要被废的时候，王晏的堂弟王思远对王晏说："兄长你曾身受武帝的厚恩，现在一旦帮助别人做这样的事，在那个人来说或许可以因一时需要而利用你，但不知兄长这样做了之后，将来何以自立！如果你现在自杀，还可以保全门户，不玷污身后的名声。"王晏说："我正在吃粥，没有时间考虑这些事。"等到被任命为骠骑将军，王晏对子弟说："隆昌末年，阿戎劝我自杀，如果听了他的话，怎么能有今日！"王思远立刻回应说："依阿戎我来看，现在照我说的去做仍然不晚。"王思远知道明帝心中已经猜疑王晏，乘便对王晏说："现在事情已渐渐有了变化，

兄亦觉不？凡人多拙于自谋而巧于谋人。"晏不应。思远退，晏方叹曰："世乃有劝人死者！"旬日而败。

晏外弟阮孝绪亦知晏必败，逃匿不见。尝食酱美，问知得于晏家，吐而覆之。及晏败，人为之惧，孝绪曰："亲而不党，何惧之有！"卒免于罪。

二月，魏主如平城，穆泰、陆睿伏诛，新兴公丕以罪免死为民。

魏主至平城，引见穆泰、陆睿之党问之，无一人称枉者，时人皆服任城王澄之明。泰伏诛，睿死于狱，宥其妻子徙辽西。

初，魏主迁都，变易旧俗，新兴公丕不乐。及变衣冠，而丕独胡服于其间。太子恂将迁洛阳，丕子隆与穆泰等密谋留恂，因举兵断关，规据陉北。丕在并州，隆等以其谋告之。丕口虽折难，心颇然之。至是，有司奏隆、超皆泰党，罪当族，丕应从坐。魏主以丕尝受诏许以不死，听免死为民，杀隆、超。

初，丕及陆睿与仆射李冲、领军于烈，俱受不死之诏。睿既诛，魏主赐冲、烈诏曰："睿之反逆，既异余犯，虽欲矜恕，如何可得？然犹听自死，免其孥戮。丕连坐应死，特恕为民。朕本期始终而彼自弃绝，故此别示，想无致怪。谋反之外，皎如白日耳。"

兄长也察觉到了没有？人们大多不善于为自己谋划而巧于谋算别人。"王晏默不作声。王思远退下后，王晏才叹息道："世上竟有劝人去死的人！"十日之后王晏被杀。

王晏的表弟阮孝绪也知道王晏一定会败亡，逃避起来不和他相见。他曾经食用酱，觉得味道很美，经询问知道是从王晏家得来的，便立刻吐了出来，并将剩下的全部倒掉。及至王晏事败，别人因为他与王晏的关系为他害怕，阮孝绪说："虽是亲戚，但却不是一党，有什么可害怕的呢！"最终没有受到牵连。

二月，北魏孝文帝到达平城，穆泰、陆睿因罪被杀，新兴公元丕有罪免死，被黜为平民。

北魏孝文帝到达平城，召见穆泰、陆睿的党羽讯问，没有一个人说自己冤枉，当时人都敬服任城王元澄的明断。穆泰被杀，陆睿死于狱中，他的妻子儿女被免掉死罪，迁徙至辽西。

当初，北魏孝文帝迁都，变易鲜卑人的陈规陋俗，新兴公元丕对此不满。等到孝文帝命令百官人等改着汉装，元丕却单单穿着胡服处于其间。太子元恂将要迁往洛阳，元丕之子元隆和穆泰等人密谋，使元恂留于平城，乘势发动军队阻断关隘，占据陉北地区。元丕时在并州，元隆等人将他们的谋划告诉元丕。元丕口中虽然责难他们，但心中却很是赞同。这时，有关部门奏称元隆、元超都是穆泰一党，其罪过应当处以灭族的重刑，元丕应依连坐法同样治罪。孝文帝因为元丕曾经接受过诏令，被许以不死，准许他免于死罪，只黜免他为平民，杀掉元隆、元超。

当初，元丕与陆睿及尚书仆射李冲、领军将军于烈，一同接受免死的诏令。陆睿被杀后，孝文帝赐与李冲、于烈诏书说："陆睿的反叛，既不同于其他的罪过，虽然想怜悯宽恕他，又怎么能做到？但仍然准许他自尽，并免掉他妻子儿女的死罪。元丕理当连坐处死，特加宽恕，黜免他为平民。朕本来期望与他们始终如一，然而他们却自己弃绝于朕，所以朕特别告诉你们，想来不会使你们奇怪。除了谋反一事之外，朕与你们之间的诺言皎如白日。"

又以北方酋长及侍子畏暑,听秋朝洛阳,春还部落,时人谓之"雁臣。"

三月,魏主杀其故太子恂。

恂既废,颇自悔过。中尉李彪表恂复与左右谋逆,魏主赐恂死。

魏宋王刘昶卒。　魏主还洛阳。

魏主至龙门,遣使祀夏禹。至蒲坂,祀虞舜。至长安,遣使祀周文王、武王于丰、镐。遂还洛阳。

秋七月,魏立昭仪冯氏为后。

后欲母养太子恪。恪母高氏暴卒。

八月,魏主自将伐齐。

魏发河北五州兵二十万,以伐齐。假彭城王勰中军大将军,辞曰:"昔陈思求而不允,愚臣不请而得,何否泰之相远也?"魏主笑曰:"二曹以才名相忌,吾与汝以道德相亲。"齐主闻有魏师,遣军主胡松助戍赭阳,鲍举助戍舞阴。

氐帅杨灵珍叛魏。

魏以氐帅杨灵珍为南梁州刺史。灵珍举州降齐,袭魏武兴王杨集始,集始窘急,亦降于齐。魏遣李崇讨之。

九月,魏主攻齐南阳,不克。

初,魏荆州刺史薛真度攻齐南阳,太守房伯玉击败之。魏主怒,以南阳小郡,志必灭之。至是引兵攻之,众号百万,袭宛,克之。伯玉婴内城拒守,魏主遣中书舍人孙延景数之曰:"卿事武帝蒙殊常之宠,不能建忠致命,而尽节于

孝文帝又因为北方的各部落酋长及侍子害怕炎热,准许他们秋季来洛阳朝见,次年春季返还部落,时人称之为"雁臣"。

三月,北魏孝文帝杀掉前太子元恂。

元恂被废以后,对自己的罪过颇为悔恨。御史中尉李彪上表奏报元恂又与其左右谋划反叛,孝文帝赐元恂自尽。

北魏宋王刘昶去世。   北魏孝文帝返回洛阳。

孝文帝到达龙门,派遣使者祭祀夏禹。到达蒲坂,祭祀虞舜。到达长安,派遣使者到丰、镐去祭祀周文王、周武王。于是回到洛阳。

秋七月,北魏立昭仪冯氏为皇后。

冯皇后打算亲自抚养太子元恪。元恪的生母高氏突然去世。

八月,北魏孝文帝亲自率领军队讨伐南齐。

北魏征发河北地区五个州的士卒二十万,用来讨伐南齐。孝文帝使彭城王元勰暂代中军大将军之职,元勰辞让说:"从前陈思王曹植请求率兵出征而未被批准,愚臣却不请而得到此任,为什么人境遇的顺利与坎坷相差如此之远呢?"孝文帝笑着说:"曹丕、曹植兄弟二人以才气名望而相互猜忌,我与你以道德而相互亲密无间。"南齐明帝听说北魏军队来攻,派遣军主胡松帮助戍守赭阳,鲍举帮助戍守舞阴。

氐人首领杨灵珍背叛北魏。

北魏任命氐人首领杨灵珍为南梁州刺史。杨灵珍拥据南梁州投降南齐,进袭北魏武兴王杨集始,杨集始形势窘迫,也投降南齐。北魏派遣李崇率军进讨杨灵珍。

九月,北魏进攻南齐南阳,没能攻克。

当初,北魏荆州刺史薛真度进攻南齐南阳,南阳太守房伯玉击败魏军。北魏孝文帝发怒,认为南阳是一小郡,下决心一定将它攻灭。这时孝文帝便率领大军进攻南阳,号称有将士百万,进攻宛城,一举将其外城攻破。房伯玉环绕宛城内城坚守御敌,孝文帝派遣中书舍人孙延景为使者去责备房伯玉说:"你事奉武帝时蒙受特别的宠信,但却不能舍命建忠,反而为他的仇敌尽忠

其仇，罪一也。顷年薛真度来，卿伤我偏师，罪二也。今銮辂亲临，不面缚麾下，罪三也。"宛城东南有桥，魏主过之，伯玉使勇士数人，衣班衣，戴虎头帽，伏于窦下，突出击之，魏主人马俱惊，召善射者射杀之，乃得免。

魏伐氐，克武兴，杨灵珍奔齐。

李崇槎山分道，出氐不意，表里袭之，群氐散归。灵珍战败，遂克武兴，灵珍奔还汉中。齐以为武都王。魏主闻之，喜曰："使朕无西顾之忧者，李崇也。"以崇为梁州刺史，安集其地。

冬十一月，魏主围新野，遂败齐兵于沔北。

魏主至新野，齐太守刘思忌拒守。攻之不克，筑长围以守之。韩显宗屯赭阳，胡松引蛮兵攻其营，显宗力战，破之，斩其裨将。显宗至新野，魏主谓曰："卿破贼斩将，殊益军势。朕方攻坚城，何为不作露布？"对曰："顷闻王肃获贼二三人，驴马数匹，皆为露布，臣常哂之。近虽得摧丑虏，擒斩不多。尤而效之，其罪弥大。"魏主益贤之。齐主诏徐州刺史裴叔业救雍州，叔业启称："北人不乐远行，惟乐钞掠。若侵虏境，则司、雍之寇自然分矣。"从之。叔业引兵攻虹城，获男女四千余人。齐主复遣中庶子萧衍、尚书崔慧景救雍州。齐将军韩秀方等十五将皆降于魏，魏败齐兵于沔北。

效力，这是你的第一条罪状。近年薛真度率军南来，你损伤我的偏师，这是你的第二条罪状。现在我车驾亲临，你自己不倒缚双手来投降，这是你的第三条罪状。"宛城东南有一座桥，孝文帝经过时，房伯玉派遣数名勇士，穿上斑纹衣服，头戴虎头帽子，埋伏在桥孔之下，向孝文帝一行发动突然袭击，孝文帝和他的坐骑都受到惊吓，忙唤善射的人用箭将他们射死，这才得免于祸。

北魏讨伐氐人，攻克武兴，杨灵珍逃奔南齐。

李崇进讨杨灵珍，于路砍山伐木而行，大出氐人意料，北魏军内外夹击，众氐人溃散逃归。杨灵珍与魏军接战失败，魏军于是攻克武兴，杨灵珍逃回汉中。南齐封杨灵珍为武都王。孝文帝闻知李崇取胜，高兴地说："使朕没有西顾之忧的就是李崇。"任命李崇为梁州刺史，安定聚拢当地百姓。

冬十一月，北魏孝文帝围困新野，于是在沔水以北击败南齐军队。

孝文帝率军抵达新野，南齐新野太守刘思忌凭城守御。北魏军未能攻克，便修筑长围严密防守，围困新野。北魏韩显宗率军屯于赭阳，南齐胡松率领蛮兵进攻韩显宗的军营，韩显宗奋力搏战，击破齐军，斩杀胡松偏将。韩显宗率军到达新野，孝文帝对他说："你攻破敌军斩杀其将，大长了我军的兵威。朕正在进攻坚城，你为何不用敞封的文书公开传送捷报，以鼓舞士气？"韩显宗回答说："最近听说镇南将军王肃擒获敌兵二三个，驴马三两匹，都要用敞封的文书公开报捷，臣常常讥笑他这种做法。近日我虽然得以挫败敌人，但斩杀擒获却并不多。如果我责备他而又效法他，那罪过就更大了。"孝文帝更加赞赏他的贤德。南齐明帝诏令徐州刺史裴叔业救援雍州，裴叔业启奏说："北方的人不愿意远行，只愿意抄略抢夺。如果我们进攻敌人境内，那么司、雍二州的敌军自然会分散撤回。"齐明帝采纳了他的建议。裴叔业率军进攻虹城，俘获男女人口四千余人。齐明帝又派遣太子中庶子萧衍、尚书崔慧景救援雍州。南齐将军韩秀方等十五位将领都投降北魏，北魏军在沔水以北击败南齐军队。

十二月，齐侵魏太仓口，魏豫州刺史王肃败之。

齐将军鲁康祚侵魏太仓口，魏豫州刺史王肃使长史傅永将甲士三千击之。齐魏夹淮而军，相击十余里。永曰："南人好夜斫营，必于淮中置火以记浅处。"乃夜分兵为二部，伏于营外，又以瓢贮火，密使人于深处置之，戒曰："见火起，则亦然之。"是夜，康祚等果引兵斫永营，伏兵夹击之，康祚等走趣淮水。火既竞起，不知所从，溺死及斩首数千级。裴叔业侵魏楚王戍，肃复令永击之。永将心腹一人驰诣楚王戍，令填外堑，夜伏战士千人于城外。晓而叔业等至城东，部分将置长围。永伏兵击其后军，破之，叔业自将精兵数千救之。永登门楼，望叔业南行数里，即开门击其营，大破之。叔业进退失据，遂走。左右欲追之，永曰："吾弱卒不满三千，彼精甲犹盛，非力屈而败，自堕吾计中耳。既不测我之虚实，足使丧胆，俘此足矣！"魏主遣谒者就拜永汝南太守。永有勇力，好学能文。魏主常叹曰："上马能击贼，下马作露板，唯傅修期耳！"

齐以刘季连为益州刺史。

曲江公遥欣好武事，齐主以诸子尚幼，内仗遥欣，处倚后弟刘暄、内弟江祏，故以始安王遥光为扬州，遥欣为荆州。而遥欣在江陵多招材勇，厚自封殖，齐主恶之。南郡

十二月,南齐军入侵北魏太仓口,北魏豫州刺史王肃击败南齐军。

南齐将军鲁康祚侵犯北魏太仓口,北魏豫州刺史王肃命长史傅永率领甲士三千进攻南齐军。南齐与北魏分别于淮水两岸安营,二军相距十余里。傅永说:"南人喜欢在夜间偷袭攻营,一定会在淮水中设置火把以便指明水浅之处。"于是连夜分手下将士为两部,埋伏在军营之外,又命人用瓢盛上油料火种,暗中派人放置在水深之处,并吩咐说:"看到火起,便也点燃它。"当天夜里,鲁康祚等人果然率兵来偷袭傅永的军营,北魏伏兵齐出夹击,鲁康祚等败逃至淮水岸边。由于傅永派去的人已将火点起,鲁康祚等人不知什么地方适合渡河,于是淹死及被北魏军斩首的有数千人。裴叔业率军进犯北魏楚王戍,王肃再命傅永率军进击。傅永带心腹一人飞驰至楚王戍,命令填平戍城的外壕,乘夜在城外埋伏将士一千人。天亮时分,裴叔业等率军进至城东,安排部署军队准备修筑长围。傅永设置的伏兵从后边向裴叔业军发动进攻,击破其后军,裴叔业亲自率领数千精兵援救后军。傅永登上城楼,见裴叔业南行数里之后,便命令开门进攻裴叔业的军营,大破其军。裴叔业进退失据,收军逃回。傅永手下的将士还想要追击,傅永说:"我方只有不满三千的疲弱士卒,对方的兵势仍很强盛,他们不是因力量不足而致败,只是落入了我的计谋之中而已。他们既不知道我方的虚实,已足以让他们丧胆,我们俘获这些人、物已经足矣!"孝文帝派遣使者到傅永驻地任命他为汝南太守。傅永勇武有胆力,好学能写文章。孝文帝常常感叹说:"上马能击贼,下马能写公开报捷的奏表,只有傅修期一人而已。"

南齐任命刘季连为益州刺史。

南齐曲江公萧遥欣喜好军事,南齐明帝因为几个儿子尚年幼,在内亲中倚仗萧遥欣,外亲中依靠皇后之弟刘暄、内弟江祏,所以任命始安王萧遥光为扬州刺史,萧遥欣为荆州刺史。然而萧遥欣在江陵广招勇士,多聚物品资财,明帝心中厌恶。南郡

太守刘季连密表遥欣有异迹,齐主乃以季连为益州刺史,使据遥欣上流以制之。

高昌弑其君马儒。

是岁,高昌王马儒遣使入贡于魏,求内徙。魏主遣韩安保迎之,割伊吾之地五百里以居儒。高昌人恋土,不愿东迁,杀儒立麴嘉为王,复臣于柔然。

戊寅(498)　齐永泰元年,魏太和十二年。

春正月,魏拔新野,齐沔北守将皆弃城走。

魏攻新野,拔之,缚刘思忌,问之曰:"今欲降未?"思忌曰:"宁为南鬼,不为北臣!"乃杀之。于是沔北大震,湖阳、赭阳戍主及南乡太守相继南遁。舞阴戍主黄瑶起为魏所获,魏主以赐王肃,肃脔而食之。

齐主杀其河东王铉等十人。

齐主有疾,以近亲寡弱,而高武子孙犹有十王,欲尽除之,以问太尉陈显达,对曰:"此等何足介虑!"以问始安王遥光,遥光以为当以次施行。遥光每与齐主屏人久语毕,齐主索香火,呜咽流涕,明日必有所诛。会齐主疾甚,暴绝,遥光遂杀河东王铉、南康王子琳等十人,于是太祖、世祖及世宗诸子皆尽矣。铉等已死,乃使公卿奏其罪,请诛之,下诏不许,再奏,然后许之。南康侍读江泌哭子琳,泪尽,继之以血,亲视殡葬毕,乃去。

太守刘季连秘密上表，奏称萧遥欣图谋不轨，有异常的举动，明帝于是任命刘季连为益州刺史，使他占据萧遥欣的上游，以控制萧遥欣。

高昌人杀其君主马儒。

这一年，高昌王马儒派遣使者来向北魏进贡，请求内徙。北魏孝文帝派遣韩安保前去迎接，割划出伊吾之地五百里使马儒率国人居住。高昌人留恋故土，不愿意东迁，杀掉马儒，立麹嘉为国王，又臣服于柔然。

戊寅（498） 齐永泰元年，魏太和十二年。

春正月，北魏攻占新野，南齐沔水以北各城守将全都弃城逃跑。

北魏进军攻克新野，生擒太守刘思忌，问他说："现在想不想投降？"刘思忌说："我宁做南方的鬼，不做北方的臣！"北魏将他杀掉。于是南齐沔水以北地区大震，湖阳、赭阳戍主及南乡太守相继向南逃跑。舞阴戍主黄瑶起被北魏俘获，北魏孝文帝将他赐与王肃，以使他为父报仇，王肃将黄瑶起用刀割碎后吞吃下肚。

南齐明帝杀掉南齐河东王萧铉等十人。

明帝身患疾病，因为他自己的近亲人少力孤，而高帝、武帝的子孙尚有十位藩王，明帝想将他们全部除掉，便就这件事询问太尉陈显达，陈显达回答说："这些人哪里值得陛下忧虑！"明帝又拿这件事去问始安王萧遥光，萧遥光认为应当一个一个地依次除掉。萧遥光每次与明帝屏退左右长时间地交谈后，明帝如果索取香火，呜咽落泪，第二天一定有所诛杀。正巧此时明帝病情加重，昏迷过去，萧遥光便杀掉河东王萧铉、南康王萧子琳等十人，于是高帝、武帝及文惠太子的儿子们全部被诛灭干净。萧铉等人死了以后，明帝才命公卿百官上奏其罪，公卿百官上表请求诛杀他们，明帝假意下诏不许，公卿百官再奏，这才批准。南康王的侍读江泌痛哭萧子琳，泪水干了以后，眼中流出血来，亲自照料萧子琳的殡葬等事以后才离去。

二月，魏人克宛。三月，败齐兵于邓城。

魏人拔宛北城，房伯玉面缚出降。三月，崔慧景至襄阳，沔北五郡已没。慧景与萧衍，及军主刘山阳、傅法宪等帅五千余人进行邓城，魏数万骑奄至，诸军登城拒守。时将士蓐食轻行，皆有饥惧之色。慧景于南门拔军去，诸军不相知，相继皆遁。山阳断后死战，且战且却。魏兵夹路射之，士卒赴沟死者相枕。山阳苦战，魏兵乃退。诸军皆还襄阳。魏主以十万众围樊城，曹虎闭门自守。魏主去如悬瓠。

魏攻齐义阳，齐围魏涡阳以救之。义阳围解，齐师亦溃。

魏镇南将军王肃攻义阳，齐裴叔业围涡阳以救之。魏南兖州刺史孟表守涡阳，粮尽，食草木皮叶。魏主使将军傅永、刘藻、高聪等救涡阳，叔业进击，大破之，斩首万级，俘三千余人，获器械、杂畜、财物以千万计。王肃请更遣军救涡阳，魏主曰："少分兵则不足制敌，多分兵则禁旅有阙，卿审图之！义阳当止则止，当下则下，若失涡阳，卿之过也！"肃乃解义阳之围，与统军杨大眼、奚康生等救涡阳。叔业见魏兵盛，夜引兵退。明日，士众奔溃，魏人追之，杀伤不可胜数。

魏中尉李彪免。仆射李冲卒。

彪家世孤微，初游代都，以李冲好士，倾心附之。冲亦重其材学，礼遇甚厚，公私汲引。及为中尉，弹劾不避贵

二月，北魏人攻占宛城。三月，北魏军在邓城击败南齐军队。

北魏人攻克宛城北城，南齐南阳太守房伯玉倒缚双臂出城投降。三月，南齐崔慧景军进至襄阳，沔水以北的五郡已经陷落。崔慧景与萧衍及军主刘山阳、傅法宪等人率领五千余人进军邓城，北魏数万骑兵突然杀到，南齐诸军登城御敌。当时南齐将士只在早晨简单地吃过饭，随即轻装急进，因此都有饥疲恐惧之色。崔慧景在南门撤军退走，其他军队互不相知，也都相继逃走。刘山阳率军断后，拼力死战，且战且退。北魏将士于道路两侧左右夹射，南齐士卒落入壕沟而死的人互相枕压。刘山阳奋力苦战，北魏军队方才退走。南齐诸军全部退回襄阳。北魏孝文帝率十万军队围攻樊城，南齐樊城守将曹虎闭门自守。孝文帝去往悬瓠。

北魏进攻南齐义阳，南齐派军进攻北魏涡阳以救援义阳。北魏军对义阳的围困解除，南齐军队也溃散逃跑。

北魏镇南将军王肃进攻义阳，南齐裴叔业进兵围困涡阳，以此来吸引北魏军队，救助义阳。北魏南兖州刺史孟表镇守涡阳，粮食用尽，城内将士用草木、树皮、树叶充饥。北魏孝文帝派遣将军傅永、刘藻、高聪等人率军往救涡阳，裴叔业率军进击，大破北魏援军，斩首万人，俘虏三千余人，缴获器械、杂畜、财物数以千万计。王肃请求再派遣军队救援涡阳，孝文帝说："如果分出少量兵力前往则不足以战胜敌人，如果多分出兵力担任禁卫的力量便会不足，你要审慎谋划！对义阳的攻击如果应该停止便停止，如果能够攻克便将它攻克，倘若丢掉涡阳，那是你的过失。"王肃于是解除对义阳的包围，与统军杨大眼、奚康生等人率军往救涡阳。裴叔业见北魏军势甚盛，在夜间率军撤退。次日，南齐士卒奔逃溃乱，北魏人随后追击，杀伤南齐士卒不计其数。

北魏御史中尉李彪被免官。尚书仆射李冲去世。

李彪家世孤贫，初到代都游历时，由于李冲喜爱士人，便倾心依附于他。李冲也看重李彪的才学，对他给予很高的礼遇，公私两方面都尽力提携。等到李彪出任御史中尉后，纠举弹劾不避权

戚,魏主贤之,以比汲黯。彪自以结知人主,不复藉冲,稍稍疏之,唯公坐敛袂而已,无复宗敬之意,冲浸衔之。

及魏主南伐,彪与冲及任城王澄共掌留务。彪性刚豪,多所乖异,数与冲争辨,形于声色。自以身为法官,他人莫能纠劾,事多专恣。冲不胜忿,乃积其前后过恶,上表劾之,请付廷尉。魏主览表,叹怅久之,曰:"道固可谓溢矣,而仆射亦为满也。"有司处彪大辟,魏主宥之,除名而已。冲雅性温厚,及收彪之际,瞋目大呼,投折几案。詈辱肆口,遂发病荒悸,言语错谬,医不能疗,或以为肝裂,旬余而卒。魏主哭之,悲不自胜。

冲勤敏强力,久处要剧,终日视事,未尝厌倦,才四十而发白。兄弟六人,少多忿竞。及冲贵,禄赐皆与共之,更成敦睦。然多援引族姻,私以官爵,一家岁禄万匹,人以此少之。

魏以彭城王勰为宗师
魏以勰为宗师,使督察宗室,有不率教者以闻。

夏四月,齐大司马王敬则反会稽,至曲阿,败死。

贵,北魏孝文帝把他看作贤德之人,将他比作汉代的汲黯。李彪也自以为得到了皇帝的赏识和信任,不再需要倚仗李冲,便渐渐地疏远他,只是在因公事见到李冲时整理衣袖,表示一下敬意,对他不再有当年那种尊崇恭敬的样子,李冲对他渐渐产生了怨恨之心。

等到北魏孝文帝率军南伐,李彪与李冲及任城王元澄共同掌管留守各项事务。李彪生性刚强豪爽,处理事情多有违逆怪异之处,数次与李冲争辩,常常疾言厉色,恶语相加。他自以为本身是执法官员,别人无法纠举弹劾,因此做事专横武断,任意而行。李冲不胜其忿,便积聚李彪前后所犯的错误过失,上表弹劾,请求将他交付廷尉治罪。孝文帝看到李冲的表章,叹息怅然良久,说:"李道固可以说是过分了,但仆射李冲也算是做到头了。"有关部门判处李彪死刑,孝文帝将他赦免,只削去了他的官籍。李冲性情娴雅,温和敦厚,但等到逮捕讯问李彪的时候,他竟双目圆睁,大喊大叫,抛掷折断几案。李冲对李彪随意侮辱、破口大骂,于是发病,精神失常,说话颠三倒四,语无伦次,医药不能治疗,有人认为他是急怒导致肝裂,十多天后便去世了。孝文帝听说李冲去世,难过痛哭,悲不自胜。

李冲聪敏勤奋,精力过人,长期处于政务繁忙的重要职位,终日处理公务,从来没有厌倦过,因为操劳尽职,刚刚四十岁就有了白发。他兄弟加起来一共有六个人,小时候互相之间常常争吵闹气。等到李冲富贵以后,所得的俸禄赏赐都与他们共享,兄弟之间抛弃前嫌,和睦相处。然而他喜欢提拔任用他的族人和亲戚,以私情授与他们官爵,一家一年的俸禄即达万匹之多,人们因此看不起他。

北魏任命彭城王元勰为宗师。

北魏任命元勰为宗师,命他监督检查宗室成员,有不遵从教导的向朝廷奏报。

夏四月,南齐大司马王敬则在会稽起兵反叛,军至曲阿,兵败身死。

　　齐大司马会稽太守王敬则,自以高、武旧将,心不自安。齐主外虽礼之,而内实相疑,闻其衰老,且居内地,故得少宽。敬则世子仲雄善琴,齐主以蔡邕焦尾琴借之。仲雄作《懊侬歌》,曰:"常叹负情侬,郎今果行许。"又曰:"君行不净心,那得恶人题!"齐主愈猜愧。会疾病,乃以张瓌为平东将军、吴郡太守,以防敬则。敬则闻之,曰:"东今有谁,只是欲平我耳。东亦何易可平!吾终不受金罂!"金罂,谓鸩也。

　　徐州行事谢朓,敬则子婿也。敬则子幼隆遣人告之,朓执其使以闻。敬则五官王公林劝敬则急送启赐儿死,单舟星夜还都。敬则不应,召山阴令王询问:"发丁可得几人?"询称"县丁猝不可集",敬则怒,将出斩之。公林又谏曰:"凡事皆可悔,惟此事不可悔,官讵不更思!"敬则唾其面曰:"我作事,何关汝小子!"遂举兵反。前中书令何胤,隐居若邪山,敬则欲劫以为尚书令。长史王弄璋等谏曰:"何令高蹈,必不从。不从,便应杀之。举大事先杀名贤,事必不济。"乃止。胤,尚之之孙也。

　　敬则以奉南康侯子恪为名,子恪亡走,未知所在。始安王遥光遂劝齐主尽诛高、武子孙,于是悉召入宫,孩幼者与乳母俱入,须三更,当尽杀之。子恪徒跣自归,二更达建阳门,而齐主眠不起,中书舍人沈微孚与左右单景隽谋少留其事。须臾,齐主觉,景隽启子恪已至。齐主惊问曰:

南齐大司马会稽太守王敬则自以为是南齐高帝、武帝的旧将，心中不安。南齐明帝虽表面上对他以礼相待，但内心却对他很猜疑，听说他年老体衰，又居于内地，所以才稍稍心宽了些。王敬则的世子王仲雄擅长抚琴，明帝将蔡邕的焦尾琴借给他弹奏。王仲雄弹了一首《懊侬歌》，歌唱道："常常叹息负心的人，郎君现在果然这样做。"又唱道："你的心不纯洁，怎能怪人议论！"明帝听后更加惭愧、猜忌。恰巧明帝病重，便任命张瑰为平东将军、吴郡太守，以防备王敬则。王敬则听到这个消息，说："东方现在有谁，只是想消灭我罢了。东方又岂是那么容易平定的！我最终也不会接受那金罂！"金罂是指毒杀人的鸩酒。

徐州行事谢朓是王敬则的女婿。王敬则的儿子王幼隆派人将这些情况告诉谢朓，谢朓把他派来的人扣押起来并将此事奏报明帝。王敬则的五官掾王公林劝王敬则急速呈报奏章，请求赐准自己的儿子自杀，然后自己乘一单舟星夜返回京师。王敬则没有答应，召来山阴县令王询问道："如果征发民丁，可以得到多少人？"王询称"县内的民丁一时无法征集"，王敬则发怒，要将他推出斩首。王公林又劝谏说："凡事都可以后悔，唯独这件事不可以后悔，您何不再考虑考虑？"王敬则口唾王公林的脸说："我做事情，与你这小子有什么相干！"于是起兵反叛。南齐前中书令何胤隐居在若邪山，王敬则想劫持他出山任尚书令。长史王弄璋等人劝谏他说："何令清高隐居，一定不会依从。既不依从，就应该杀掉他。但举大事而先杀名贤，事情一定不会成功。"王敬则这才罢休。何胤是何尚之的孙子。

王敬则以奉戴南康侯萧子恪为名，萧子恪闻知后逃走，不知去向。始安王萧遥光劝明帝将高帝、武帝的子孙全部杀掉，于是明帝把他们悉数召入宫中，幼小者与乳母一同入宫，准备到三更时，将他们一起杀掉。萧子恪一个人赤足步行逃回，二更时分到达建阳门，但明帝还在睡觉未起，中书舍人沈徽孚便与明帝的心腹侍从单景儁商议，决定先不动手而稍稍等待一下。过了一会，明帝醒来，单景儁奏报萧子恪已经来了。明帝大吃一惊，问道：

"未邪？未邪？"景儁具对。齐主抚床曰："遥光几误人事！"乃赐王侯供馔，明日，悉遣还第。

敬则帅实甲万人过浙江，张瓌遣兵拒之。闻鼓声皆散走，瓌逃民间。敬则以旧将举事，百姓担篙荷锸，随之者十余万。至武进陵口，恸哭而过。曲阿令丘仲孚谓吏民曰："贼乘胜虽锐，而乌合易离。今若收船舰，凿长冈埭，泻渎水以阻其路。得留数日，台军必至，如此，则大事济矣。"以是敬则军不得进。

五月，齐主诏前军司马左兴盛、将军胡松等筑垒于曲阿长冈，敬则急攻之，台军不能敌，欲退而围不开，各死战。松引骑兵突其后，敬则军大败，斩之。

是时齐主疾已笃，敬则仓猝东起，朝廷震惧。太子宝卷急装欲走。敬则闻之，喜曰："檀公三十六策，走为上策，计汝父子惟有走耳！"

晋陵民以附敬则应死者甚众。太守王瞻言："愚民易动，不足穷法。"许之，所全活以万数。

谢朓以功迁吏部郎，三让不许。中书疑朓官未及让，祭酒沈约曰："近世小官不让，遂成恒俗。谢今所让又别有意。夫让出人情，岂关官之大小耶！"朓妻常怀刃欲刺朓，朓不敢相见。

"还没有动手吧？还没有动手吧？"单景儁将事情前后经过全部告诉明帝。明帝以手拍床说："萧遥光几乎耽误了人家的大事！"于是赐诸王侯酒食，第二天，命他们都返回自己的府第中去。

王敬则率领甲士一万人渡过浙江，张瓌派遣军队抵御王敬则。但张瓌派去的军队一听到战鼓便全部溃散逃走，张瓌逃亡于民间。王敬则以南齐老将的身份起事，百姓都扛着竹篙、担着铁锹跟随，人数多达十余万。王敬则进至武进陵口，想起高帝的恩宠，放声痛哭而过。曲阿县令丘仲孚对本县的官吏、百姓们说："贼兵虽然乘胜而来兵势很盛，但他们不过是乌合之众，容易离散。现在如果把船舰收集起来，然后决开长冈坝，放泄河水阻断他们的道路。只要能使他们耽搁几日，朝廷军队一定会来到，如能这样，大事就可以成功了。"因此王敬则军到这里后不能继续前进。

五月，明帝诏令前军司马左兴盛、将军胡松等人在曲阿长冈修筑堡垒，王敬则指挥军队发动猛攻，朝廷军队不能抵敌，想要退兵，但却不能冲出包围，只好各自拼力死战。胡松率领骑兵突击王敬则军的背后，王敬则军大败，朝廷军队斩杀王敬则。

当时明帝的病情已经很重，王敬则猝然在东方起兵反叛，朝廷上下震动恐惧。太子萧宝卷换上戎装准备逃跑。王敬则听说，高兴地说："檀公三十六计，走为上计，我想你们父子也只有逃走了！"

晋陵的百姓因为依附王敬则，应被判处死罪的人很多。晋陵太守王瞻上言明帝说："百姓愚昧，容易被煽动，不值得严加治罪。"明帝采纳了他的建议，因此保全性命的百姓数以万计。

谢朓因功迁任尚书吏部郎，他三次上表辞让，明帝不许。中书官员疑惑谢朓升任的官位还够不上辞让的级别，国子祭酒沈约说："近世以来小的官职都不辞让，于是成为惯例。谢朓现在辞让是另有一番意思。他的辞让是出于人情的考虑，哪里在于官职的大小呢！"谢朓的妻子常常身怀利刃想要刺杀谢朓，为父报仇，谢朓因此不敢与她相见。

秋七月，魏省宫掖费用以给军赏。

魏彭城王勰表以一岁国秩、职俸、亲恤裨军国之用。魏主乃诏损皇后私府之半，六宫嫔御、五服男女供恤亦减半，在军者三分省一，以给军赏。

齐以萧衍为雍州刺史。　齐主鸾殂，太子宝卷立。

齐主性猜多虑，简于出入，竟不郊天。又深信巫觋，每出先占利害。东出云西，南出云北。初有疾，甚秘之，至是殂。遗诏："以徐孝嗣为尚书令，沈文季、江祐为仆射，江祀为侍中，刘暄为卫尉，军政事委陈太尉，众事委孝嗣、遥光、坦之、江祐，大事与文季、祀、暄参怀，心膂之任可委刘悛、萧惠休、崔慧景。"太子宝卷即位，恶灵在太极殿，欲速葬，徐孝嗣固争，得逾月。每当哭，辄云喉痛。太中大夫羊阐入临，无发，俯仰帻脱。宝卷辍哭大笑，谓左右曰："秃鹙啼来乎！"

八月，高车叛魏。九月，魏主自齐引兵还，讨降之。

魏发高车兵南伐，高车惮远役，奉袁纥树者为主，相帅北叛。魏主遣将军宇文福讨之，大败而还。更命江阳王继讨之。寻闻齐高宗殂，下诏称："礼不伐丧。"引兵还，北伐高车。会得疾，甚笃，彭城王勰内侍医药，外总军国之务，远近肃然，人无异议。又密为坛于汝水之滨，告天地及显

秋七月,北魏削减皇宫的开支,将省下的财物用作军中的赏赐。

魏彭城王元勰上表,请求献出一年的封国租税收入、官职俸禄及亲恤收入以补贴国家的军事费用。北魏孝文帝于是诏令减少皇后私人开支一半,六宫妃嫔、五服之内的宗室成员的供恤费用也减少一半,正在军中的则减少三分之一,用节省下来的财物用于军中赏赐。

南齐任命萧衍为雍州刺史。　南齐明帝萧鸾去世,太子萧宝卷即皇帝位。

明帝性情猜疑多虑,深居简出,登极后竟然没去南郊祭祀上天。又深信巫师鬼神,每次外出先要占卜吉凶利害。明明往东,偏要宣称往西;明明向南,却偏要宣称向北。刚刚患病的时候,严格保密,生怕别人知道,到这时去世。明帝遗诏说:"任命徐孝嗣为尚书令,沈文季、江祏为尚书仆射,江祀为侍中,刘暄为卫尉,军政大事委托给太尉陈显达,朝廷众多的事务委托给徐孝嗣、萧遥光、萧坦之、江祏,朝中重要大事要与沈文季、江祀、刘暄商议决定,关键机要之任可以委托于刘悛、萧惠休、崔慧景。"太子萧宝卷即皇帝位,他不喜欢把明帝的灵柩停在太极殿,想尽快安葬,徐孝嗣竭力坚持,才使灵柩停期超过一月。每当哭灵的时候,萧宝卷都推说自己喉咙疼痛。太中大夫羊阐入宫祭奠,他没有头发,在灵前痛哭,前仰后合,头巾脱落。萧宝卷止住哭声放声大笑,对左右说:"秃鹙哭着来了吗!"

八月,高车背叛北魏。九月,北魏孝文帝率领军队北还,讨伐高车迫使其投降。

北魏征发高车兵南伐,高车人畏惧到远方充役,拥戴袁纥树者为首领,相率反叛北还。孝文帝派遣将军宇文福率军进讨,结果大败而回。又命江阳王元继率军进讨。孝文帝不久听说南齐明帝去世,下诏称:"依照礼法,不讨伐有丧事的国家。"于是率军返回,北伐高车。正巧孝文帝患病,甚为严重,彭城王元勰在内侍奉医药,在外总理军国大事,远近肃然有序,人人没有异议。元勰又秘密在汝水之滨设置祭坛,祷告天地及北魏献文帝的

祖,乞以身代。魏主疾有间,十一月至邺。江阳王继上言:
"高车顽昧,避役逃遁,若悉追戮,恐遂扰乱,请遣使推捡,
斩魁首一人,余加慰抚,若悔悟从役,即令赴军。"从之。于
是叛者往往自归,继先遣人慰谕树者,树者亡入柔然,寻自
悔,相帅出降。魏主善之,曰:"江阳可大任也。"遂班师。

己卯(499)　齐主萧宝卷永元元年,魏太和二十三年。

春正月,齐遣太尉陈显达帅师伐魏。

显达督将军崔慧景等军四万击魏,欲复雍州诸郡,魏
遣将军元英拒之。

魏主还洛阳。

魏主谓任城王澄曰:"朕离京以来,旧俗少变不?"对
曰:"圣化日新。"魏主曰:"朕入城见车上妇人,犹戴帽著小
袄,何谓日新?"对曰:"著者少,不著者多。"帝曰:"任城,此
何言也! 必欲使满城尽著耶?"澄与留守官皆免冠谢。

魏后冯氏有罪,退处后宫。

魏主连年在外,冯后私于宦官高菩萨。魏主还洛,收
菩萨等案问,具伏。以文明太后故,不忍废,赐后辞诀,入
居后宫,诸嫔御奉之犹如后礼,惟命太子不复朝谒而已。
初,冯熙以太后兄尚公主,生三女,二为皇后,一为昭仪,

神灵，请求由自己来代替孝文帝承受病痛。孝文帝病势稍见好转，十一月到达邺城。江阳王元继上奏说："高车顽固愚昧，为逃避兵役而反叛远遁，如果将他们全部捉拿杀掉，恐怕会因此带来更大的变乱，请求朝廷派遣使者到各镇推问查考，只斩罪魁祸首一人，对其余的人加以安慰抚恤，如果他们能悔悟愿意充役，便让他们从军。"孝文帝采纳了他的建议。于是反叛的人纷纷自己返回，元继先派人去安慰劝谕袁纥树者，袁纥树者逃往柔然，随即后悔，率领部众出降。孝文帝对元继的做法非常赞赏，说："江阳王可以委以大任。"于是班师返回洛阳。

齐东昏侯

己卯（499）　齐东昏侯萧宝卷永元元年，魏太和二十三年。

春正月，南齐派遣太尉陈显达率领军队讨伐北魏。

陈显达督率将军崔慧景等四万军队进攻北魏，想要收复雍州诸郡，北魏派遣将军元英率军抵御。

北魏孝文帝回到洛阳。

孝文帝对任城王元澄说："朕离开京师后，旧风俗稍稍有所变化没有？"元澄回答说："圣明的教化日新月异。"孝文帝说："朕入城后见到车上坐的妇人，仍然头戴帽子身穿小袄，这怎么能说日新月异呢？"元澄又回答说："如此穿戴的人少，不这样穿戴的人多。"孝文帝说："任城王，你这是什么话！一定要使满城的人都如此穿戴吗？"元澄与其他留守官员都脱帽谢罪。

北魏皇后冯氏有罪，贬退居于后宫。

北魏孝文帝连年在外，冯皇后与宦官高菩萨私通。孝文帝返回洛阳后，逮捕高菩萨等人逐一审问，他们全部招供认罪。孝文帝由于文明太后的缘故，不忍心废掉冯皇后，准许她告辞诀别，然后入居后宫，众妃嫔仍然依照皇后的礼节侍奉他，只是命令太子不要再去拜见她。当初，冯熙以文明太后之兄的身份娶北魏公主为妻，生有三个女儿，其中二人做了皇后，一人身为昭仪，

贵宠冠群臣，赏赐累巨万。熙为太保，子诞为司徒，修为侍中，聿为黄门郎。侍郎崔光尝谓聿曰："君家富贵太盛，终必衰败。"聿曰："君无故诅我何也？"光曰："不然，物盛必衰，此天地之常理，若以古事推之，不可不慎。"后岁余，修以罪黜，诞、熙卒，幽后废，聿亦摈弃，冯氏遂衰。

魏以彭城王勰为司徒。　二月，齐师取魏马圈、南乡。三月，魏主自将御之，齐师败绩。

齐陈显达与魏元英战，屡破之，攻马圈城四十日，城中食尽，突围走。显达入城，将士竞取城中绢，遂不穷追。又遣军进击南乡，拔之。魏主谓任城王澄曰："显达侵扰，不亲行无以制之。"遂发洛阳。崔慧景攻魏顺阳，魏主遣将军慕容平城救之。

时魏主久疾，彭城王勰常居中，侍医药，昼夜不离左右，饮食必先尝而后进，蓬首垢面，衣不解带。魏主以勰为都督中外诸军事，勰辞曰："臣侍疾无暇，安能治军？愿更请一王，使总军要，臣得专心医药。"魏主曰："吾病如此，深虑不济，安六军，保社稷者，皆凭于汝，何容更请人乎？"

命广阳王嘉断均口，邀齐兵归路。齐兵大败，以乌布幔盛显达，数人担之，间道南走。魏收军资亿计，班赐将士，追奔至汉水而还。士卒死者三万余人。

显达之北伐也，军入沔均口，冯道根曰："沔均迅急，易进难退，魏若守隘，则首尾俱急，不如悉弃船于酂城，陆道

于是冯氏贵宠冠于群臣之上，所得赏赐累计有巨万之多。冯熙官至太保，其子冯诞为司徒，冯修为侍中，冯聿为黄门侍郎。黄门侍郎崔光曾对冯聿说："您家富贵太过头了，最终一定会衰亡败落。"冯聿说："您为什么无缘无故地诅咒我呢？"崔光说："不是诅咒你，凡事物盛极必衰，这是天地间的自然常理，如果用古时的事情来推求，不能不谨慎。"此后一年多，冯修因为有罪被黜免，冯诞、冯熙去世，冯皇后被废，冯聿也遭摒弃，冯氏家族于是衰落。

北魏任命彭城王元勰为司徒。　二月，南齐军队攻取北魏马圈、南乡等地。三月，北魏孝文帝亲自率军御敌，南齐军队大败。

南齐陈显达与北魏元英交战，屡次击败元英军，攻打马圈四十日，城中北魏守军粮食用尽，弃城突围而逃。陈显达率军进入马圈城，手下将士争着夺取城中的丝绢，便没能继续追击。陈显达又派军攻克南乡。孝文帝对任城王元澄说："陈显达前来侵扰，我不亲自出征便没有办法制服他。"于是率军自洛阳进发。南齐崔慧景进攻北魏顺阳，孝文帝派遣将军慕容平城往救。

当时孝文帝久病在床，彭城王元勰常常居于宫中，侍奉医药，昼夜不离左右，凡有饮食一定自己先尝后才进与孝文帝享用，由于辛劳焦虑，元勰蓬首垢面，衣不解带。孝文帝任命元勰为都督中外诸军事，元勰辞让说："臣在陛下身边侍奉疾病没有空闲，怎么能够统理军事呢？希望陛下再延请一位藩王，命他总理军要，臣也能一心侍奉医药。"孝文帝说："我的病到了如此地步，很忧虑不能治愈了，安定六军、保全国家的事，都要依靠你了，哪里容我再去延请别人呢？"

命令广阳王元嘉截断均口，堵住南齐军队的归路。南齐军队大败，用黑色布幔兜盛陈显达，几人担抬着他，从小路南逃。北魏缴获军械资财数以亿万计，都分赐给将士，追击南齐败军至汉水后返回。南齐士卒死亡三万余人。

陈显达北伐进军时，大军从沔均口北上，冯道根劝他说："沔均水水流湍急，前进容易，后退困难，北魏军如果守住隘口，我方军队首尾都会受挫，因此不如将船舰全部放弃置于酂城，从陆路

步进，列营相次，鼓行而前，破之必矣。”不从。道根以私属
从军。及显达夜走，道根每及险要，辄停马指示之，众赖以
全。显达素有威名，至是大损。御史奏免显达官，不许，更
以为江州刺史。崔慧景亦弃顺阳走还。

夏四月，魏主宏殂于谷塘原，冯氏诛死，太子恪立。

魏主疾甚，北还至谷塘原，谓司徒勰曰：“吾病殆必不
起，天下未平，嗣子幼弱，社稷所倚，唯在于汝。霍子孟、诸
葛孔明以异姓犹受顾托，况汝亲贤，可不勉之！”勰泣曰：
“臣以至亲，久参机要，宠灵辉赫，海内莫及，今复任以元
宰，总握机政，震主之声，取罪必矣。陛下爱臣，更为未尽
始终之美。”魏主默然久之，乃手诏太子曰：“汝叔父勰清
规懋德，松竹为心，吾百年后，其听勰辞蝉冕，遂其冲挹之
性。”又谓勰曰：“后宫久乖阴德，吾死后可赐自尽，葬以后
礼。”遂以北海王详为司空，王肃为尚书令，广阳王嘉为左
仆射，宋弁为吏部尚书，与太尉禧、仆射澄六人辅政。四
月，殂于谷塘原。

高祖友爱诸弟，始终无间，尝从容谓咸阳王禧等曰：
“我后子孙邂逅不肖，汝等观望，可辅则辅之，不可辅则取
之，勿为他人有也。”亲任贤能，从善如流，精勤庶务，朝夕
不倦，常曰：“人主患不能处心公平，推诚于物，能是二者，
则胡、越之人皆可使如兄弟矣。”用法严于大臣，无所容贷，

步行前进，列置营垒前后相接，擂鼓直进，一定能击败敌军。"陈显达不肯采纳。冯道根是以私属的身份从军。等到陈显达于夜间逃走，冯道根每到险要之处，都要停马给众人指示路径，南齐众将士凭赖冯道根才得以保全退回。陈显达素来享有威名，至此威望大减。御史官员奏请罢免陈显达的官职，朝廷不许，改任他为江州刺史。崔慧景也放弃顺阳逃回。

夏四月，北魏孝文帝元宏于谷塘原去世，皇后冯氏因罪被杀，太子元恪即皇帝位。

孝文帝病势沉重，北还至谷塘原，对司徒元勰说："我的病大概是好不了了，现在天下没有平定，太子年幼，国家社稷的依靠，就全在你身上了。从前霍子孟、诸葛孔明以异姓的身份尚且接受托孤之命，何况你是亲族贤能，能不勉力为之吗！"元勰哭着说："臣以至亲的身份，长期参预朝廷机要，所受的宠信恩遇，海内没有人能比得上，现在又委臣以首辅之任，总领朝廷军政机要，这种威震君主的名声，一定会带来灾祸。陛下宠爱臣下，但恐怕未能尽始终如一之美。"孝文帝默然良久，于是亲笔写诏书给太子说："你的叔父元勰清规美德，其淡泊心志如同松柏翠竹，我离开人世以后，准许他辞去官职，以顺从他恬淡谦冲的心愿。"又对元勰说："后宫冯氏长期以来违背妇道，我死之后，可赐她自尽，用皇后的礼节安葬她。"于是任命北海王元详为司空，王肃为尚书令，广阳王元嘉为尚书左仆射，宋弁为吏部尚书，命他们与太尉元禧、尚书右仆射元澄共六人一同辅佐朝政。四月，孝文帝在谷塘原去世。

孝文帝对他的几个弟弟非常友爱，始终亲密无间，曾经从容地对咸阳王元禧说："我死之后，子孙一旦不争气，你们弟兄观察，如果可以辅佐就辅佐，如果不可辅佐便取而代之，不要让天下被别人占有。"亲近任用贤能之人，善于纳谏，从善如流，勤于事务，专精为政，从早到晚，从不疲倦，常说："君主忧虑的是不能用心公平、诚心待人，如能做到这两点，即使是远方的胡、越之人也都可以成为兄弟。"对于大臣执法非常严格，从不宽纵姑息，

然人有小过,常多阔略。郊庙之祭,未尝不亲其礼,每出巡游,有司奏修道路,辄曰:"粗修桥梁,通车马而已,勿去草划令平也。"在淮南行兵,如在境内,禁士卒无得践伤粟稻,或伐民树,皆留绢偿之。宫室非不得已不修,衣冠浣濯而服之,鞍勒铁木而已。幼多力善射,及年十五,遂不复畋猎,常谓史官曰:"时事不可以不直书,人君威福在己,无能制之者,若史策复不书其恶,将何所畏忌耶?"

彭城王勰与任城王澄谋以陈显达去尚未远,秘不发丧,徙御卧舆。勰出入神色无异,遣使奉诏征太子,密以凶问告留守于烈。烈处分行台,举止无变。太子至鲁阳,遇梓宫,乃发丧即位。以遗诏赐冯后死。

东宫官属多疑勰有异志,密防之。而勰推诚尽礼,卒无间隙。咸阳王禧至,谓勰曰:"汝此行不唯勤劳,亦实危险。"勰曰:"兄年长识高,故知有夷险,彦和握蛇骑虎,不觉艰难。"禧等闻冯后死,相谓曰:"设无遗诏,亦当去之,岂可令失行妇人宰制天下,杀我辈也!"

魏以彭城王勰为骠骑大将军,都督冀、定七州军事。

魏主恪欲以彭城王勰为相,勰屡陈遗旨,请遂素怀,魏主对之悲恸。勰恳请不已,乃以为定州刺史,犹固辞,不

然而如果人们犯有小的过失,常常宽大不予治罪。凡是天地、宗庙的祭祀,没有一次不亲自参加,每次外出巡游,有关部门奏请修治道路,他总是说:"粗略地修理一下桥梁,只要能使车马通过就可以了,不要除去杂草、平整路面。"在淮南地区用兵时,就如同在本国境内一样,禁止士卒践踏损伤粟、稻,有时砍伐百姓的树木,都留下丝绢作为补偿。所住宫室不到万不得已时不准修理,衣服冠帽反复洗涤后仍然穿用,乘马的鞍、勒只用铁、木制成。幼年时力大善射,等到十五岁时,便不再到野外射猎,常常对史官说:"当代的事情不能不如实记录,君主任意作威作福,没有什么能克制他,如果史书再不如实记录他的过恶,那他还有什么可畏惧的呢?"

彭城王元勰与任城王元澄商议,由于南齐陈显达离去还不远,决定先不发布孝文帝的死讯,将孝文帝的遗体移于可以躺卧的车驾之上。元勰出入内外神色如常,派遣使者持奉诏令征召太子火速赶来,并将孝文帝的死讯秘密告诉留守洛阳的于烈。于烈分别安排随同太子奔丧及留守的人选,举止言行一如往常。太子元恪赶至鲁阳,与孝文帝的灵柩相遇,随即发布孝文帝去世的消息,登基即帝位。元勰等用孝文帝的遗诏赐冯皇后自尽。

太子东宫的官属大多怀疑元勰怀有异心,暗中严加防范。然而元勰以诚心相待,对他们尽情尽礼,终于与之和睦相处,没造成丝毫的隔阂。咸阳王元禧来到鲁阳,对元勰说:"你此行不仅仅是辛劳,也实在是危险。"元勰说:"兄长年纪大见识高,所以知道有危险,彦和我握蛇骑虎,没有觉得有什么艰难。"元禧等人听说冯皇后已死,互相交谈说:"假设没有遗诏,也要除掉她,怎么可以让这品行有亏的妇人去统治天下,杀害我们呢!"

北魏任命彭城王元勰为骠骑大将军和都督冀、定等七州诸军事。

北魏宣武帝元恪想任命彭城王元勰为宰相,元勰屡次陈奏孝文帝遗诏,请求实现自己的夙愿,宣武帝面对他痛哭。元勰恳切请求不已,宣武帝便任命他为定州刺史,元勰仍辞让,宣武帝不

许,乃之官。

魏仆射任城王澄免。

澄以王肃羁旅而位加己上,诬以谋叛。案验不实,坐免。

魏主追尊其母高氏为后。

魏主追尊皇妣高氏为文昭皇后,配享高祖,封后兄肇为平原公,显为澄城公。数日之间,富贵赫奕。

秋八月,齐主杀其仆射江祏、侍中江祀。始安王遥光起兵东城,右将军萧坦之讨平之。

齐主自在东宫,不好学,唯嬉戏无度。及即位,不与朝士相接,专亲信宦官及左右御刀、应敕等。是时,扬州刺史始安王遥光、尚书令徐孝嗣、右仆射江祏、右将军萧坦之、侍中江祀、卫尉刘暄更直内省,分日帖敕。雍州刺史萧衍闻之,谓从舅张弘策曰:"六贵同朝,势必相图,乱将作矣。"乃密修武备,招聚骁勇以万数,多伐材竹,沉之檀溪,积茅如冈阜。

时衍兄懿罢益州还,行郢州事。衍使弘策说懿曰:"六贵比肩,争权相图,主上媟近左右,剽轻忍虐,嫌忌积久,必大行诛戮。始安欲为赵王伦,形迹已见,然性猜量狭,徒为祸阶。萧坦之忌克陵人,徐孝嗣听人穿鼻,江祏无断,刘暄暗弱,一朝祸发,中外土崩。郢州控带荆、湘,雍州士马精强,世治则竭诚本朝,世乱则足以匡济。若不早图,后悔无

许,于是赴任就职。

北魏尚书仆射、任城王元澄被免官。

元澄因为王肃是投奔北魏的南方人而官位却在自己之上,心中不平,于是诬陷王肃密谋反叛。经过调查验证,元澄所告不实,因此被免去官职。

北魏宣武帝追尊他的母亲高氏为皇后。

宣武帝追尊母亲高氏为文昭皇后,配享孝文帝,封文昭皇后的兄长高肇为平原公,高显为澄城公。高氏在数日之间,便富贵显赫。

秋八月,南齐皇帝萧宝卷杀掉尚书仆射江祏、侍中江祀。始安王萧遥光在东城起兵,右将军萧坦之率军进讨,平定萧遥光。

南齐皇帝自从在东宫做太子时就不爱学习,整天只是嬉戏玩耍,毫无节制。等到即位以后,不与朝廷百官见面,专门亲近信任宦官和左右御刀、应敕等人。当时,扬州刺史始安王萧遥光、尚书令徐孝嗣、尚书右仆射江祏、右将军萧坦之、侍中江祀、卫尉刘暄等六人轮流在内省值班,分别于当值的日子以自己的意思签发敕命。雍州刺史萧衍听说此事,对从舅录事参军张弘策说:"现在六贵同朝,他们之间势必要互相谋算,变乱将要出现了。"于是秘密修整武备,招募骁勇之士上万名,又大量砍伐竹子、树木,沉于檀溪之中,积聚茅草如同山陵。

当时萧衍的兄长萧懿刚刚被免去益州刺史的职位回来,仍然行郢州事。萧衍让张弘策去游说萧懿,张弘策说:"朝中六贵比肩,互相争权谋划对方,皇上亲近左右,轻浮残忍,凶悍暴虐,他对六贵一定会生猜忌之心,时间长了,便必定要大行杀戮。始安王萧遥光想要充当晋代赵王司马伦那样的角色,形迹已经显露,但他性情多疑气量狭小,只能白白成为灾祸之由。萧坦之妒贤忌能、盛气凌人,徐孝嗣任人摆布,江祏优柔寡断,刘暄糊涂软弱,一旦灾祸发生,朝廷内外必将土崩瓦解。郢州在地势上可以控制荆、湘二州,雍州则兵强马壮,天下太平则尽忠竭力拥护朝廷,天下大乱则足以匡济天下。如果不早做谋划,到时后悔就来

及。”弘策又自说懿曰："以卿兄弟英武，天下无敌，据郢、雍二州为百姓请命，废昏立明，易于反掌，此桓、文之业也，勿为竖子所欺，取笑身后。"懿不从。

齐主稍欲行意，而江祏执制坚确。左右茹法珍等亦每为所裁抑，无不切齿。祏以齐主失德浸彰，议废之而立江夏王宝玄。刘暄尝为宝玄郢州行事，执事过刻，宝玄恚曰："舅殊无渭阳情。"暄由是忌宝玄，不同祏议。谋于始安王遥光，遥光自以年长，意欲自取，以微旨动祏。祏亦以少主难保，劝祏立遥光。祏意回惑，以问萧坦之。坦之时居丧起复，谓祏曰："明帝立已非次，天下至今不服，若复为此，恐四方瓦解也。"遂还宅行丧。

遥光遣所亲刘沨致意于谢朓，欲引以为党，朓不答。顷之，遥光以朓兼卫尉。朓惧，即以其谋告左兴盛，又说刘暄曰："始光一旦南面，则刘沨、刘晏居卿今地，但以卿为反覆人耳。"暄驰告遥光及祏。收朓付廷尉，死狱中。

暄又以遥光若立，则己失元舅之尊，不肯同祏议，故祏迟疑，久不决。遥光大怒，遣左右刺暄。暄觉之，遂发祏谋，齐主收祏、祀杀之。自是无所忌惮，益自恣，日夜与近习于后堂，鼓叫戏马，常以五更就寝，日晡乃起。台阁奏

不及了。"张弘策又亲自劝说萧懿说："以你兄弟二人的英武,天下无敌,占据郢、雍二州为天下百姓请命,废掉昏君拥立明主,易如反掌,这是像齐桓公、晋文公那样的大业,希望不要被无名之辈所欺,身后被人耻笑。"萧衍不肯听从。

南齐皇帝渐渐想要按照自己的意思行事,但江祏总是坚决地加以限制。左右幸臣茹法珍也常常受到江祏的阻拦和压制,这些人对江祏怀恨在心,无不咬牙切齿。江祏因为南齐皇帝的失德劣行日益显露,商议废掉他改立江夏王萧宝玄为帝。刘暄曾经担任萧宝玄的郢州行事,办理事情过于苛刻,萧宝玄曾经生气地说:"舅父太没有舅舅的情分了。"刘暄因此忌讳萧宝玄,不同意江祏的建议。江祏又与始安王萧遥光商议,萧遥光自以为年长,想自己做皇帝,便从侧面向江祏暗示了这个意思。江祀也认为年少的皇帝难以保住,劝江祏拥立萧遥光。江祏心中犹豫,便去询问萧坦之。萧坦之当时正在为母亲守丧,朝廷刚刚召他起复任职,他对江祏说:"明帝立为皇帝,已经没有按照继位的次序,天下人到现在还对此不服,如果再做这样的事,我恐怕天下将会土崩瓦解。"于是又返回家中为母亲守丧去了。

萧遥光派遣亲信刘沨向吏部郎谢朓致意,想将他引为自己的同党,谢朓没有作答。不久,萧遥光命谢朓兼任卫尉。谢朓害怕,便将江祏谋立萧遥光的事情报告了太子右卫率左兴盛,又警告刘暄说:"始安王一旦登上帝位,那么刘沨、刘晏就会居于你现在的位置,而只把你当作反复无常的人。"刘暄立刻将这件事告诉了萧遥光和江祏。萧遥光等将谢朓逮捕送交廷尉治罪,谢朓死于狱中。

刘暄又认为如果萧遥光立为皇帝,自己会失去帝舅的尊贵,不肯赞同江祏的建议,因此江祏迟疑,久久不能决定。萧遥光大怒,派遣手下人去刺杀刘暄。刘暄发觉,便去告发江祏的阴谋,南齐皇帝将江祏、江祀逮捕杀掉。从此,南齐皇帝无所忌惮,更加任意而行,昼夜与亲近幸臣在后堂作乐,擂鼓喊叫,驰马嬉戏,常常玩乐至五更才去就寝,睡到下午方才起床。尚书省的文案

案，月数十日乃报，或不知所在。五省黄案皆为宦者裹鱼肉还家。

遥光素有异志，与其弟荆州刺史遥欣密谋举兵，将发而遥欣卒。江祏诛，遥光惧，阳狂称疾，不复入台。谋举兵，以讨刘暄为名，夜遣数百人破东冶出囚，于尚方取仗。将军垣历生说遥光夜攻台，烧城门，遥光狐疑不敢出。向晓有诏，召徐孝嗣屯卫宫城，萧坦之率台军讨遥光。遥光遣历生出战，台军屡败。遥光谘议萧畅潜出诣台自归，众情大沮。垣历生出战，因弃稍降，至夜城溃。遥光扶匐床下，军人牵出斩之。以孝嗣为司空，文季、坦之为仆射。

魏南徐州刺史沈陵奔齐。

魏徐州刺史、京兆王愉年少，军府事皆决于长史卢渊。渊知南徐刺史沈陵将叛，敕诸城潜为之备，屡以闻于魏朝，不听。陵遂杀将佐，帅宿豫之众奔齐。滨淮诸戍以有备得全。郡县捕送陵党，渊抚而赦之，众心乃安。

闰月，齐主杀其仆射萧坦之、领军刘暄。

江祏等既败，齐主左右捉刀、应敕之徒皆恣横用事，时人谓之“刀敕”。萧坦之刚狠而专，嬖倖畏而憎之。至是，齐主遣兵围其宅而杀之。茹法珍等谮刘暄有异志，齐主曰：“暄是我舅，岂应有此！”直阁徐世标曰：“明帝犹灭武帝之后，舅焉可信耶？”遂亦杀之。初，高宗临殂以隆昌事戒齐主曰：“作事不可在人后。”故齐主数与近习谋诛大臣，皆

奏章，一个月或数十天才有回报，有时竟然不知去向。尚书五省的文案都被宦官包裹鱼肉回家。

萧遥光一直心怀异志，与他的弟弟荆州刺史萧遥欣密谋起兵，将要动手时萧遥欣去世。江祏被杀，萧遥光害怕，便假装发狂称疾，不再入朝。萧遥光再谋起兵，以声讨刘暄为名，于夜间派遣数百人攻进东冶，释放囚徒，又从尚方夺取兵器。将军垣历生劝说萧遥光乘夜进攻宫城，焚烧城门，萧遥光狐疑不敢出兵。天将亮时皇帝下诏，召徐孝嗣屯卫宫城，命萧坦之率领朝廷军队讨伐萧遥光。萧遥光派遣垣历生出战，几次击败朝廷军队。萧遥光的谘议参军萧畅偷偷逃出归顺朝廷，萧遥光手下将士士气大衰。垣历生出战，乘势丢弃长矛投降，到当天夜里东府城崩溃。萧遥光伏于床下，朝廷军的将士将他拖出斩首。南齐任命徐孝嗣为司空，沈文季、萧坦之为尚书左、右仆射。

北魏南徐州刺史沈陵投奔南齐。

北魏徐州刺史、京兆王元愉年纪小，军府的事情都由长史卢渊做主决定。卢渊得知南徐州刺史沈陵将要反叛，告诫属下各城暗中加以防备，并屡次将此事上报北魏朝廷，朝廷没有回报。沈陵于是杀掉身边将佐，率宿豫的军队投奔南齐。北魏沿淮水设置的诸戍所由于事先有所准备得以保全。郡县逮捕送上沈陵党羽，卢渊慰抚一番后，将他们免罪释放，于是人心才安定下来。

闰八月，南齐皇帝杀掉尚书仆射萧坦之、领军将军刘暄。

江祏等人败亡以后，南齐皇帝的左右侍从捉刀、应敕之辈都恣意横行，当时人称他们为"刀敕"。萧坦之刚愎自用，那些宠幸的人都害怕而憎恨他。到这时，南齐皇帝派遣军队包围了萧坦之的宅第将他杀掉。茹法珍等人诬陷刘暄有不轨之心，南齐皇帝说："刘暄是我的舅舅，怎么会做这种事！"直阁将军徐世标说："明帝与武帝是堂兄弟，他还杀尽武帝的后代，舅舅哪里可以信赖？"于是也将刘暄杀掉。当初，南齐明帝临去世的时候用隆昌年间的事情告诫现在的皇帝萧宝卷说："做事不能落在他人之后。"所以南齐皇帝数次与身边宠幸谋划诛杀大臣，每次都是

发于仓卒,决意不疑。于是大臣人人莫敢自保。

九月,魏主谒长陵。

欲引白衣吴人茹皓同车,皓奋衣将登,给事黄门侍郎元匡进谏,魏主推之使下,皓失色而退。

冬十月,齐主杀其司空徐孝嗣、将军沈文季。

孝嗣以文士不显同异,故名位虽重,犹得久存。中郎将许准为孝嗣陈说事机,劝行废立。孝嗣迟疑,须齐主出游,闭城门,召百僚集议废之。沈文季自托老疾,不预朝权。侍中沈昭略谓之曰:“叔父行年六十,为员外仆射,欲求自免,岂可得乎?”文季笑而不应。至是,齐主召孝嗣、文季、昭略入华林省,使茹法珍赐以药酒。昭略怒,骂孝嗣曰:“废昏立明,古今令典,宰相无才,致有今日!”

十二月,齐太尉陈显达举兵袭建康,败死。

显达自以高、武旧将,当高宗之世,内怀危惧,深自贬损,常乘朽弊车,道从卤簿,止用羸小者十数人。及齐主立,显达弥不乐在建康,得江州甚喜。有疾不治,既而自愈。闻齐主屡诛大臣,传云当遣兵袭江州,乃举兵,令长史庾弘远等与朝贵书,数齐主罪恶,云欲奉建安王为主。齐主以崔慧景为平南将军,督众军击显达,将军胡松据梁山,左兴盛屯杜姥宅。

十二月,显达发寻阳,败胡松于采石,建康震恐。兴盛帅诸军拒之,显达潜军夜渡,袭宫城不克,退走,台军追斩

突然动手，毫不迟疑。于是南齐大臣人人自危，无法保全性命。

九月，北魏宣武帝拜谒长陵。

宣武帝想让没有官职的吴地人茹皓与他同乘一车，茹皓撩起衣服准备上车，给事黄门侍郎元匡进前劝谏，宣武帝又手推茹皓让他下车，茹皓脸色大变而退。

冬十月，南齐皇帝杀掉司空徐孝嗣、将军沈文季。

徐孝嗣由于是个文士且处事圆滑，所以虽然他名位很高，仍能长久保全，没被除掉。虎贲中郎将许准为徐孝嗣陈说形势关键，劝他废掉南齐皇帝萧宝卷，另立新帝。徐孝嗣迟疑不决，等到南齐皇帝出游的时候，关闭城门，召集百官商议废掉他。沈文季推托自己年老多病，不参预朝政。侍中沈昭略对他说："叔父年龄六十，又身为员外尚书仆射，想求免祸自保，难道能办得到吗？"沈文季笑而不答。到这时，南齐皇帝召徐孝嗣、沈文季、沈昭略入华林省，命茹法珍赐与他们毒酒。徐昭略大怒，骂徐孝嗣说："废掉昏君，另立明主，这是古今的美好事典，宰相没有才能，所以有今日之事！"

十二月，南齐太尉陈显达起兵进攻建康，兵败身死。

陈显达因为自己是南齐高帝、武帝的旧将，在明帝朝时，心存危念恐惧，十分谦卑克制，常常乘坐破旧的车辆，出行时的导从仪仗，只用矮小瘦弱的十几个人。等到南齐皇帝萧宝卷即位后，陈显达很不愿意留在建康，被任命为江州刺史，非常高兴。他曾经患病不治，但不久自己康复。他闻知南齐皇帝屡屡诛杀大臣，又听说朝廷将要派军袭击江州，便在江州起兵，命令长史庾弘远等人给朝中权贵写信，列数南齐皇帝罪恶，声称准备拥立建安王萧宝寅为帝。南齐皇帝任命崔慧景为平南将军，命他督率诸军进攻陈显达，将军胡松屯据梁山，左兴盛驻屯杜姥宅。

十二月，陈显达自寻阳进军，在采石击败了胡松，京师建康震动恐惧。左兴盛率领诸军抵御陈显达军，陈显达暗中率军在夜间渡江，袭击宫城未能攻克，于是退走，朝廷军队追击将他斩

之。庾弘远被执，临刑，索帽著之曰："子路结缨，吾不可以不冠而死。"谓观者曰："吾非贼，乃是义兵，为诸君请命耳。陈公太轻事，若用吾言，天下将免涂炭。"其子子曜抱父乞代，并杀之。

　　齐主既诛显达，益自骄恣，渐出游走，又不欲人见之，每出，先驱斥所过人家，唯置空宅，犯者应手格杀。一月凡二十余出，出辄不言定所，常以三四更中，鼓声四出，火光照天，幡戟横路，士民震惊，啼号塞道。四民废业，樵苏路断，吉凶失时，乳妇寄产，或舆病弃尸，不得殡葬。尝至沈公城，有一妇人临产不能去，因剖其腹，视其男女。又好担幢，侍御满侧，逞诸变态，曾无愧色。尝著织成裤褶，金薄帽，执七宝稍，急装缚裤，乘马驱驰，略不暇息。

　　魏以郭祚为吏部尚书。
　　王肃为魏制官品百司，皆如江南之制。凡九品，品各有二。侍中郭祚兼吏部尚书，清谨重惜官位，每有铨授，虽得其人，必徘徊久之，然后下笔，曰："此人便已贵矣。"人以是多怨之，然所用者无不称职。

　　庚辰（500）　齐永元二年，魏世宗宣武帝恪景明元年。
　　春正月，齐豫州刺史裴叔业以寿阳叛，降于魏。魏遣司徒、彭城王勰镇之。

首。庾弘远被捉,临被处死时,要来冠帽戴上说:"从前子路临死要把冠缨结好,我不能不着冠帽而死。"又对观看的人说:"我不是反贼,而是义兵,是在为各位请命。陈公做事太轻率,他如果能用我的意见,天下将可以免去灾难痛苦。"他的儿子庾子曜抱着父亲请求代父去死,一同被杀。

南齐皇帝杀掉陈显达后,更加骄横胡行,渐渐开始出宫游逛,他不愿让人看见,每当外出时,便先把所到之处的居民驱赶干净,而只留下空宅,如发现违令不走的立即杀掉。一月要出行二十余次,出行前总是不说清具体的去处,常常在夜里三四更的时候出行,使得鼓声四起,火光照天,旌幡枪戟横路,士人百姓震惊,哭啼喊叫之声充塞道路。于是京师之中,士、农、工、商四民无法正常从业,砍柴打草的道路阻断,婚丧之事不能依时正常进行,哺乳婴儿和等待分娩的妇女常常在外边寄寓或生产,有的人抬着病人求医死在路上,无法殡葬。他曾经出行至沈公城,有一位妇女因临产无法离去,便命人剖开产妇的肚腹,看是男孩还是女孩。他又爱好耍弄幢幡,皇家侍卫肃立满侧,他却耍弄幢幡做出各种姿势,竟丝毫不觉羞愧。他曾经身穿丝织的骑装衣裤,头戴金片制成的帽子,手持七宝长矛,依戎装束紧裤脚,乘马四处驱驰,一会儿也不休息。

北魏任命郭祚为吏部尚书。

王肃为北魏制定官品和朝廷各级机构,都仿照江南的制度。官品共分九品,每品又分为正、从二级。侍中郭祚兼任吏部尚书,清正谨慎,珍惜官位,每当铨选授官,即使人选合适,也一定要考虑再三,然后再下笔批复,还说:"这个人从此便富贵了。"人们因为这一点都很怨恨他,然而经他任用的官员却没有一个不称职的。

庚辰(500) 齐永元二年,魏世宗宣武帝元恪景明元年。

春正月,南齐豫州刺史裴叔业拥据寿阳反叛,投降北魏。北魏派遣司徒、彭城王元勰镇守寿阳。

叔业闻齐主数诛大臣,心不自安,遣人至襄阳问萧衍曰:"天下大势可知,恐无复自存之理,不若回面向北,不失作河南公。"衍报曰:"群小用事,岂能及远! 唯应送家还都,以安慰之。若意外相逼,当勒马、步,直出横江以断其后,则天下之事一举可定。若欲北向,彼必遣人相代,以河北一州相处,河南公宁可复得耶?"叔业沉疑未决,乃遣其子芬之入建康为质,亦遣信诣魏豫州刺史薛真度,问以入魏可不之宜。真度劝其早降,叔业遂遣使奉表降魏。魏遣骠骑大将军彭城王勰、将军王肃帅步、骑十万赴之。复以彭城王勰为司徒,领扬州刺史,镇寿阳。叔业寻卒。

三月,齐巴西乱,讨平之。　魏败齐师于寿阳,遂取合肥、建安。

齐豫州刺史萧懿遣司马陈伯之等溯淮而上,以逼寿阳。魏彭城王勰、王肃击,大破之,进攻合肥,擒齐将李叔献。统军宇文福言于勰曰:"建安淮南重镇,彼此要冲,得之则义阳易图,不得则寿阳难保。"勰然之,使福攻建安,建安降。

夏四月,齐遣将军崔慧景将兵讨寿阳,慧景还兵,奉江夏王宝玄逼建康,兵败皆死。

齐主遣平西将军崔慧景将水军讨寿阳,自出送之,召慧景单骑而进,裁交数言,拜辞而去。既出,喜甚,过广陵数十里,会诸军主曰:"吾荷三帝厚恩,当顾托之重,幼主昏狂,朝廷坏乱,危而不扶,责在今日,欲与诸君共建大功以

裴叔业听说皇帝屡次诛杀大臣,心中不安,派人到襄阳问雍州刺史萧衍说:"天下大势已经可以预知,恐怕不会再有保住自己的可能了,不如回头归顺北方,至少还可以做个河南公。"萧衍回报说:"现在朝廷中群小掌权,怎么能长远得了! 你唯一恰当的做法是将家眷送回京师,以此来稳住他们。如果他们一旦逼迫你,便应当率领骑兵、步兵,直出横江以隔断他的后路,那样,天下的事情便可一举而定。如果要投奔北方,他们一定会派遣别人代替你的职务,而将黄河以北的一个州交与你,河南公难道还能得到吗?"裴叔业因此迟疑不决,便派自己的儿子裴芬之去京师建康做人质,同时也派人给北魏豫州刺史薛真度送信,询问他是否可以归顺北魏及归降事宜。薛真度劝他及早投降,裴叔业便派遣使者奉表投降北魏。北魏派遣骠骑大将军彭城王元勰、将军王肃率步兵、骑兵十万人前去接应。北魏又任命彭城王元勰为司徒,兼任扬州刺史,镇守寿阳。裴叔业不久去世。

　　三月,南齐巴西发生叛乱,益州刺史派兵进讨平定叛乱。北魏在寿阳击败南齐军队,于是攻占合肥、建安。

　　南齐豫州刺史萧衍派遣司马陈伯之等人率军逆淮水而上,进逼寿阳。北魏彭城王元勰、王肃进击,大破南齐军,随之进攻合肥,生擒南齐将领李叔献。统军宇文福向元勰进言说:"建安是淮南重镇,对双方都是要冲之地,如果我们攻占它便易于进攻义阳,如不能攻占就难以保住寿阳。"元勰以为是,命宇文福进攻建安,南齐建安守将投降。

　　夏四月,南齐派遣将军崔慧景率军进攻寿阳,崔慧景回军,拥立江夏王萧宝玄进逼建康,兵败,二人都被杀死。

　　南齐皇帝派遣平西将军崔慧景率领水军进攻寿阳,并亲自出城送行,召崔慧景单人匹马入他所在的帷幕之内. 崔慧景仅与他交谈数句,便叩拜辞别而去。崔慧景出来之后,非常高兴,过了广陵几十里后,会集各军主说:"我蒙受三位先帝的厚恩,身当托孤辅政的重任,现在年幼的君主昏庸狂乱,朝廷纲纪败坏,危险而不加扶持,责任就在于现在,我想与各位一同建立大功以

安社稷,何如?"众皆响应。于是还军向广陵,司马崔恭祖纳之。

齐主遣左兴盛督诸军以讨之,慧景济江,遣使奉江夏王宝玄为主。宝玄斩其使,而密与相应,分部军众,随慧景向建康,攻竹里,拔之。万副兒说景慧曰:"今平路皆为台军所断,不可议进,惟宜从蒋山龙尾上,出其不意耳。"慧景从之,分遣千余人鱼贯缘山,自西岩夜下,鼓叫临城。台军惊散,宫门闭。慧景引众围之。左兴盛走逃淮渚,慧景擒杀之。

时豫州刺史萧懿将兵在小岘,齐主遣密使告之。懿方食,投箸而起,自采石济江。恭祖先劝慧景遣二千人断西岸兵,令不得渡,不从。至是请击懿军,又不许,独遣崔觉将数千人渡南岸,战败。恭祖掠得东宫女伎,觉逼夺之。恭祖积忿恨,诣城降,众心离坏。慧景将腹心数人潜去,从者于道稍散,为人所杀。宝玄逃亡,数日乃出,齐主杀之。

初,慧景欲交处士何点,点不顾。及围建康,逼召点。点往赴之,日谈佛义,不及军事。慧景败,齐主欲杀点,萧畅曰:"点若不诱贼共讲,未易可量,以此言之,乃应得封。"齐主乃止。点,胤之兄也。

齐以萧懿为尚书令。　齐曲赦建康、徐、兖。

先是,崔慧景既平,诏赦其党。而嬖倖用事,诬富家为贼党,杀而籍其资。或谓中书舍人王咺之曰:"赦书无信,

安定国家,怎么样?"众军将全都响应。崔慧景于是率军返回广陵,司马崔恭祖接纳他入城。

南齐皇帝派遣左兴盛督率诸军进讨,崔慧景渡过长江,派遣使者拥奉江夏王萧宝玄为主。萧宝玄斩其来使,而暗中与之相应,分派部署军队,跟随崔慧景向建康进军,攻克竹里。万副兒劝崔慧景说:"现在平坦大路都被朝廷军阻断,不能从那里进军,只能从蒋山的盘旋山路上进军,可以出其不意。"崔慧景采纳了意见,分调出一千余人命他们鱼贯缘山而上,夜间从西坡冲下,擂鼓呐喊逼临城下。朝廷军队惊恐溃散,宫门关闭。崔慧景率领士卒包围宫城。左兴盛逃至淮水渚上,崔慧景将他抓住杀掉。

当时豫州刺史萧懿率军屯于小岘,南齐皇帝派遣密使告诉他这件事。萧懿正在吃饭,接到消息,立刻扔下筷子站起来,率军从采石渡过长江救援京师。崔恭祖在先曾劝崔慧景派遣二千人隔断长江西岸来军,使其不能渡江,崔慧景没有采纳。这时崔恭祖又请求进攻萧懿军,崔慧景又不肯采纳,只是派遣崔觉率数千人渡河到南岸,崔觉随即战败。崔恭祖掳得东宫的女艺人,崔觉威逼他,将女艺人抢走。崔恭祖对崔觉积怨已久,便投奔宫城归降朝廷,于是崔慧景军人心涣散。崔慧景率心腹数人暗中逃走,跟随的人一路逐渐散去,崔慧景被人杀死。萧宝玄逃亡在外,几天后才出来,南齐皇帝将他杀掉。

当初,崔慧景想与隐士何点交结,何点不理睬。等到他包围建康的时候,逼迫何点来见。何点只好去见他,每日与他谈论佛经教义,不谈军事。崔慧景败亡后,南齐皇帝想杀掉何点,萧畅说:"何点如果不诱引崔慧景一起讲论经义,事情的发展还难以预料,由此说来,何点应该受封赏。"南齐皇帝这才罢手。何点是何胤的兄长。

南齐任命萧懿为尚书令。　　南齐特赦建康、徐州、兖州。

先前,崔慧景平定以后,朝廷下诏赦免了他的党羽。但南齐皇帝的宠幸小人们专权,诬陷有钱人家为贼党,诛杀后再没收他们的财产。有人对中书舍人王咺之说:"朝廷的赦令没有信用,

人情大恶。"咺之曰:"正当复有赦耳。"由是再赦,而嬖幸贪虐如初。是时,齐主所宠左右凡三十一人、黄门十人。直阁徐世标素被委任,其党茹法珍、梅虫儿等与之争权,谮杀之。自是二人用事,并为外监,口称诏敕。王咺之专掌文翰,与相唇齿。

齐主呼所幸潘贵妃父宝庆及法珍为阿丈,虫儿及营兵俞灵韵为阿兄,数往诸刀敕家游宴。宝庆恃势作奸,富人悉诬以罪,延及亲邻,皆尽杀其男口。奄人王宝孙年十三四,号"伥子",最有宠,参预朝政,咺之、虫儿之徒亦下之,控制大臣,移易诏敕,乃至骑马入殿,诋诃天子。公卿见之,莫不慑息焉。

秋八月,齐攻魏寿阳,魏人击败之,遂取淮南地。

初,齐将军陈伯之再攻寿阳,魏彭城王勰拒之。汝阴太守傅永将郡兵救寿阳,伯之防淮口甚固,永去淮口二十余里,牵船上汝水南岸,直南趣淮,夜进入城。勰喜甚,曰:"吾北望已久,恐洛阳难可复见,不意卿能至也。"令永引兵入城。永曰:"永来欲以却敌,若如教旨,乃是与殿下同受攻围,岂救援之意?"遂军于城外。至是,勰与永并势击伯之于肥口,大破之。伯之遁还,淮南遂入于魏。魏主召勰还,以王肃为扬州刺史。

齐后宫火。

齐后宫火。时嬖幸之徒皆号为鬼,有赵鬼者,能读《西京赋》,言于齐主曰:"柏梁既灾,建章是营。"齐主乃大起芳

人们怨声载道。"王咺之说:"正要再发赦令。"因此朝廷再颁赦令,但宠幸小人贪财暴虐如初。当时,南齐皇帝所宠幸的左右侍从共三十一人,黄门宦官有十人。直阁将军徐世标向来深得信任,他的党羽茹法珍、梅虫儿与他争权,陷害而使他被杀。从此茹法珍、梅虫儿二人专权,都担任外监的职位,他们的话便称作皇帝的诏令敕命。王咺之专门掌管文书,与茹、梅二人形同唇齿。

南齐皇帝称所宠幸潘贵妃的父亲潘宝庆及茹法珍为阿丈,称梅虫儿及营兵俞灵韵为阿兄,数次去各"刀敕"家游玩饮宴。潘宝庆仗恃权势作奸枉法,是富人便诬陷他有罪,并殃及其亲戚邻居,将这些人家中的男人全部杀掉。宦官王宝孙年纪十三四岁,号称"伥子",最受南齐皇帝宠信,常常参预朝政,即使王咺之、梅虫儿之徒也要让他几分,他控制朝廷大臣,更改变易皇帝诏令敕命,甚至竟然骑马进入殿内,呵斥天子。公卿百官见到他,无不惊恐,屏息不敢出声。

秋八月,南齐进攻北魏寿阳,北魏军队击败南齐军,于是攻占淮南地区。

起初,南齐将军陈伯之率军再攻寿阳,北魏彭城王元勰率军抵御。北魏汝阴太守傅永率领郡兵援救寿阳,陈伯之防卫淮口甚为坚固,傅永进军至淮口二十余里时,牵拉船只上汝水南岸,直接往南去淮水,于夜间进入寿阳城中。元勰见傅永来到极为高兴,说:"我向北张望已经很久了,恐怕再也见不到洛阳了,想不到你能来。"命令傅永带领将士进城。傅永说:"我来是想击退敌人,如果听从您的吩咐,那是与殿下一起受敌人的围困,哪里是救援的道理?"便将军队驻扎在城外。到这时,元勰与傅永合军一起进攻陈伯之于肥口,大破其军。陈伯之逃回江南,淮南地区于是被北魏占据。北魏宣武帝召回元勰,任命王肃为扬州刺史。

南齐后宫失火。

南齐后宫失火。当时南齐皇帝的宠幸小人们都号称鬼,有一个叫赵鬼的人,能诵读《西京赋》,他对南齐皇帝说:"柏梁台既已烧毁,便应该兴建建章宫。"南齐皇帝于是大兴土木,兴建芳

乐、主寿等诸殿，以麝涂壁，刻画装饰，穷极绮丽。役者自
夜达晓，犹不副速。后宫服御极选珍奇，凿金为莲华以帖
地，令潘妃行其上，曰："此步步生莲华也！"嬖倖因缘为奸
利，课一输十。百姓困尽，号泣道路。

冬十月，齐主杀其尚书令萧懿。

萧懿之入援也，萧衍使所亲驰说懿曰："诛贼之后，则
有不赏之功，当明君贤主，尚或难立，况于乱朝，何以自
免？若贼灭之后，勒兵入宫，行伊、霍故事，此万世一时也。
如其不尔，便托外拒，遂还历阳。若但放兵受其厚爵，高而
无民，必生后悔。"长史徐曜甫亦苦劝之，懿并不从。

崔慧景死，懿为尚书令，弟畅为卫尉，掌管钥。时齐主
出入无度，或劝懿因其出门举兵废之，懿不听。嬖臣茹法
珍等惮懿，说齐主曰："懿将行隆昌故事。"齐主然之。曜甫
知之，密具舟江渚，劝懿奔襄阳。懿曰："自古皆有死，岂有
叛走尚书令耶！"至是，齐主赐懿药于省中。懿且死，曰：
"家弟在雍，深为朝廷忧之。"懿弟偘皆亡匿于里巷，无人发
之者，唯融捕得，被诛。

魏以彭城王勰为司徒、录尚书事。

勰雅好恬素，不乐势利，高祖重其事干，故委以权任。
虽有遗诏，复为魏主所留，固辞不免，常凄然叹息。勰为人

乐、主寿等宫殿,用麝香涂抹墙壁,雕画装饰,极尽奢华富丽。服劳役的人通宵达旦地干,仍然达不到南齐皇帝所要求的速度。后宫妃嫔的服饰都选用极其珍奇稀罕之物,又用黄金凿成莲花形贴在地上,命潘贵妃在上边行走,说:"这是步步生莲花呀!"宠幸小人利用他穷奢极欲的机会为自己谋求奸利,常常需要一成而让百姓交纳十成的东西。百姓因此贫穷困苦,没有活路,号哭于道路之上。

冬十月,南齐皇帝杀尚书令萧懿。

萧懿入援京师的时候,萧衍派他的亲信飞马去劝萧懿说:"你诛灭盗贼之后,便立下了无法奖赏的大功,这种情况在明君贤主之世,尚且不一定能自保,何况在昏乱之朝,你怎么能够得免于祸? 如果在盗贼消灭之后,率兵入宫,做前世伊尹、霍光废掉昏君那样的事情,这是千载难逢的良机。如果不这样做,那便以抵御外寇为托辞,返回历阳。倘若放弃兵权接受高官厚爵,位高而手下无民可使,一定会后悔。"长史徐曜甫也苦苦相劝,萧懿都不肯采纳。

崔慧景败死之后,萧懿出任尚书令,他的弟弟萧畅出任卫尉,掌管宫门钥匙。当时南齐皇帝出入皇宫没有节制,有人劝萧懿乘他出宫时起兵废掉他,萧懿不听。幸臣茹法珍等人忌惮萧懿,便劝南齐皇帝说:"萧懿将要做隆昌年间废掉君主那样的事情。"南齐皇帝认为说得很对。徐曜甫得知这件事,暗中在长江小洲上准备船只,劝萧懿投奔襄阳。萧懿说:"自古以来人皆有死,哪里有反叛逃走的尚书令!"到这时,南齐皇帝在尚书省赐与萧懿毒酒。萧懿临死之际,说:"家弟萧衍在雍州,深为朝廷担忧。"萧懿的弟弟和侄儿都逃亡躲藏在民间,没有人告发他们,只有萧融被抓获杀死。

北魏任命彭城王元勰为司徒、录尚书事。

元勰生性恬静淡泊,不好权势名利,北魏孝文帝看重他的才干,所以委以他重任。后虽有孝文帝遗诏,仍为宣武帝挽留任职,一再辞让未能如愿免于仕宦,常为此凄然叹息。元勰长相俊

美风仪,好文史,小心谨慎,未尝有过,虽闲居独处,亦无惰容,爱敬儒雅,倾心礼待,清正俭素,门无私谒。

十一月,齐雍州刺史萧衍起兵襄阳。行荆州事萧颖胄亦以南康王宝融起兵江陵。

初,齐主疑衍有异志,使直后郑植往刺之。衍知之,置酒于其弟宁蛮长史绍叔家,谓曰:"朝廷遣卿见图,今日乃可取良会也。"及闻懿死,夜召张弘策等入宅定议。明日集僚佐,谓曰:"昏主暴虐,当与卿等共除之。"是日建牙集众,得甲士万余人、马千余匹、船三千艘。出檀溪竹木装舰,葺之以茅,事皆立办。

时南康王宝融为荆州刺史,长史萧颖胄行府州事。齐主遣将军刘山阳就颖胄兵袭襄阳。衍知其谋,遣参军王天虎诣江陵,遍与州府书,声云山阳西上,并袭荆、雍,颖胄疑未决。山阳至巴陵,衍复令天虎赍书与颖胄及其弟颖达,谓张弘策曰:"用兵之道,攻心为上。近天虎往,人皆有书,今段乘驿。止有两函与行事兄弟,云天虎口具。彼间人问天虎而无所说,必谓行事与天虎共隐其事。则行事进退无以自明,必入吾谋内,是驰两空函定一州矣。"

山阳果迟回不上。颖胄大惧,夜呼参军席阐文、柳忱闭斋定议。阐文曰:"萧雍州蓄养士马,非复一日,必不可制,就能制之,岁寒复不为朝廷所容。今若杀山阳,与雍州

美,仪表风度优雅,爱好文史,平时小心谨慎,从未有过错失,即使闲居独坐,也从没有懈惰的神情,敬重儒雅之士,倾心以礼相待,清廉正直,节俭朴素,家门之内没有因私事拜见他的人。

十一月,南齐雍州刺史萧衍在襄阳起兵。行荆州事萧颖胄也拥奉南康王萧宝融在江陵起兵。

当初,南齐皇帝怀疑萧衍有不轨之心,命令直后郑植去刺杀他。萧衍知道了这件事,便在郑植的弟弟宁蛮长史郑绍叔家设置酒宴,对郑植说:"朝廷派遣你来谋害我,今天正是可以下手的良机。"等到闻知萧懿被杀的消息,萧衍连夜召集张弘策等人到他家中谋定计划。第二天召集手下僚佐,对他们说:"昏君暴虐,应当与你们这些人并力除掉他。"随即于当天竖起大旗集结将士,得到甲士一万余人、战马一千余匹、船只三千艘。萧衍又令人捞出檀溪中的竹子、树木装造战舰,上以茅草扎成船篷,诸事都立时办就。

当时南康王萧宝融为荆州刺史,长史萧颖胄行府州事。南齐皇帝派遣将军刘山阳去统带萧颖胄手下军队进袭襄阳。萧衍探知他的打算,派遣参军王天虎去往江陵,给州府官员每人一封信,声称刘山阳西上,是要一同袭击荆、雍二州,萧颖胄见信后迟疑不决。刘山阳进至巴陵,萧衍又命王天虎送信给萧颖胄和他的弟弟萧颖达,萧衍对张弘策说:"用兵之道,以攻心为上。最近王天虎去江陵,每人都送信一封,而这次让他乘驿马送信。只有两封书信给萧颖胄兄弟,信中称由王天虎口头讲述。那边的人询问王天虎时,王天虎没有什么可说,一定会认为是萧颖胄与王天虎一同将事情隐瞒起来。这样,萧颖胄将会进退两难而无法证明解释,一定会落入我的计谋之中,这是送两封空函而由此平定一州。"

刘山阳果然迟疑徘徊不敢进军。萧颖胄大为恐惧,连夜唤来参军席阐文、柳忱关门密议,决定对策。席阐文说:"萧衍在雍州招兵买马,已经不是一天了,一定无法制服他,即使能够制服他,最终也还不能为朝廷所容。现在如果杀掉刘山阳,与雍州

举事,立天子以令诸侯,则霸业成矣。山阳既不信我,今斩
送天虎,则彼疑可释,至而图之,罔不济矣。"忱曰:"朝廷
狂悖日滋,雍州之事,且藉以相毙耳。独不见萧令君乎?
前事之不忘,后事之师也。"颖胄亦劝颖胄从阐文等计。诘
旦,颖胄谓天虎曰:"卿与刘辅国相识,今不得不借卿头。"
乃斩天虎,送山阳。山阳大喜,单车诣颖胄,颖胄伏兵斩
之。乃以南康王宝融教纂严,以萧衍都督前锋,颖胄都督
行留诸军事。

颖胄有器局,既举大事,虚心委己,众情归之。送刘山
阳首于萧衍,且言年月未利,当须明年二月进兵。衍曰:
"举事之初,所藉者一时骁锐之心,事事相接,犹恐疑怠,若
顿兵十旬,粮用自竭,若童子立异,则大事不成。况处分已
定,安可中息哉!昔武王伐纣,行逆太岁,岂复待年月乎?"
遂表劝宝融称尊号,不许。

十二月,颖胄及司马夏侯详移檄建康、州郡,数齐主及
梅虫儿、茹法珍罪恶,遣将军杨公则向湘州,参军邓元起向
夏口。夏侯详之子宣为殿中主帅,自建康亡归,称奉宣德
太后令:"南康王纂承皇祚,方俟清宫,未即大号,可封十郡
为宣城王、相国、荆州牧,选百官。"太后,海陵王之母也,废
居宣德宫,故宣假而称之。竟陵太守曹景宗遣人说衍迎宝
融正尊号,然后进军,衍不从。王茂谓张弘策曰:"今以南
康置人手中,彼挟天子以令诸侯,节下前进,为人所使。此
岂他日之长计乎!"弘策以告衍,曰:"若前涂大事不捷,故

萧衍一同起事，拥立天子以号令诸侯，那就可以建立霸业了。刘山阳既然已经不信任我，现在如果杀掉王天虎把首级送给刘山阳，他就会消除疑虑，等他到达时再向他下手，事情没有不成功的。"柳忱说："皇帝昏狂悖乱日益严重，他讨伐雍州萧衍，只是借此让我们两州互相残杀罢了。您难道没见到尚书令萧懿的事吗？前事不忘，后事之师。"萧颖达也劝萧颖胄按照席阐文等人的谋划行事。第二天，萧颖胄对王天虎说："你与刘山阳认识，现在不得不借你的头用一用。"于是斩杀王天虎，将首级送与刘山阳。刘山阳见状大喜，乘单车去见萧颖胄，萧颖胄设伏兵将他杀掉。于是以南康王萧宝融的名义，下令戒严，任命萧衍为都督前锋诸军事，萧颖胄为都督行留诸军事。

萧颖胄富有才识气量，举大事以后，谦恭虚心，屈己待人，深得人心。于是他将刘山阳的首级送给萧衍，并说年月不吉利，等明年二月再行进军。萧衍回复说："起兵之初，所凭借的是一时的勇猛锐气，件件事情紧密相接，还恐怕出现疑虑懈怠的事，倘若停兵一百天无所作为，粮食物资耗尽，那时即使有一幼童提出异议，便会使大事无法成功。何况现在部署安排已定，怎么可以半途而废呢！从前周武王讨伐商纣，是逆岁星而动，难道还要等待年月吗？"于是上表劝萧宝融登极称帝，萧宝融不许。

十二月，萧颖胄与司马夏侯详向京师建康及各州郡发送檄文，历数皇帝及梅虫儿、茹法珍的罪恶，派遣将军杨公则进军湘州，参军邓元起进军夏口。夏侯详的儿子夏侯亹在朝廷任殿中主帅，从建康逃回，称奉宣德太后的诏令："南康王萧宝融应继承皇位，现在要等待清除皇宫，未即大位之前，可封与他十郡为宣城王、相国、荆州牧，选置百官。"太后是海陵王的母亲，被废居于宣德宫，所以夏侯亹假借她的名义称令。竟陵太守曹景宗派人劝说萧衍迎立萧宝融即帝位，然后进军，萧衍不听。王茂对张弘策说："现将南康王放于别人手中，他可以挟天子以令诸侯，节下大人前进，不过为别人驱使。这难道是将来的长久之计吗！"张弘策将这番话告诉萧衍，萧衍说："如果下一步大事不能成功，当

自兰艾同焚；若其克捷，则威振四海，谁敢不从？岂碌碌受人处分者耶！"

初，陈显达、崔慧景之乱，上庸太守韦睿曰："陈虽旧将，非命世才，崔颇更事，懦而不武，其赤族宜矣。定天下者，殆必在吾州将乎？"乃遣二子自结于萧衍。及衍起兵，睿帅郡兵二千倍道赴之。冯道根居母丧，亦帅乡人子弟来赴。齐主闻刘山阳死，诏将军薛元嗣等送郢州刺史张冲，使拒西师，又使将军房僧寄守鲁山。

辛巳（501）　齐和帝宝融中兴元年，魏景明二年。
春正月，齐南康王宝融称相国。萧衍发襄阳。

齐南康王称相国，以萧颖胄为左长史，萧衍为征东将军。萧衍发襄阳，留弟伟总府州事，憺守垒城。

魏彭城王勰归第。以咸阳王禧为太保，北海王详为大将军、录尚书事，于烈为领军。

魏太尉咸阳王禧不亲政务，骄奢贪淫，魏主恶之。禧遣奴就领军于烈求羽林、虎贲，烈以无诏拒之。禧复遣谓烈曰："我，天子叔父，身为元辅，有所求须，与诏何异？"烈厉色曰："烈非不知王之贵也，奈何使私奴索天子羽林？烈头可得，羽林不可得！"禧怒，以烈为恒州刺史，烈遂称疾不出。北海王详密以禧过恶白帝，且言彭城王勰大得人情，

然是要玉石俱焚；如果能够成功，我便将威震四海，谁敢不遵从？哪里会碌碌无为地受别人摆布呢！"

当初，陈显达、崔慧景作乱之时，上庸太守韦睿说："陈显达虽是沙场老将，但却不是命世之才；崔慧景经历丰富，但却懦弱缺乏勇武之气，他们被灭族也是理所当然的。将来安定天下的人，大概必定要应在我们的刺史身上吧？"于是派遣他的两个儿子主动与萧衍交结。待到萧衍起兵，韦睿率郡兵二千人兼程前进去响应萧衍。冯道根在家为母亲守丧，也率领乡人子弟来投奔萧衍。南齐皇帝听说刘山阳已死，派遣将军薛元嗣等人率兵运粮一百四十余船送给郢州刺史张冲，命他抵御西边萧衍等人的军队，又命将军房僧寄镇守鲁山。

齐和帝

辛巳（501） 齐和帝萧宝融中兴元年，魏景明二年。

春正月，南齐南康王萧宝融称相国。萧衍自襄阳进军。

南齐南康王称相国，任命萧颖胄为左长史，萧衍为征东将军。萧衍自襄阳进军，留下他的弟弟萧伟总领府州各项事务，萧憺镇守垒城。

北魏彭城王元勰卸任返归宅第。北魏任命咸阳王元禧为太保，北海王元详为大将军、录尚书事，于烈为领军。

北魏太尉元禧不亲自处理政务，骄奢淫逸，贪得无厌，北魏宣武帝很厌恶他。元禧派遣家奴去向领军将军于烈索取皇家侍卫羽林、虎贲，于烈以没有诏令而拒绝。元禧又派人去对于烈说："我是天子的叔父，身为朝廷首辅，有所需求，这与皇帝的诏令有什么区别呢？"于烈疾言厉色地说："于烈我不是不知道王爷的尊贵，但怎么能派自己的奴仆来索要天子的羽林？于烈头可以让您得到，但羽林不能让您得到！"元禧恼怒，任命于烈为恒州刺史，以将他赶出朝廷，于烈于是称病不出。北海王元详暗地里将元禧的过失恶行报告宣武帝，而且说彭城王元勰大得人心，

不宜久辅政。帝然之，诏勰以王归第，禧进位太保，详为大将军、录尚书事，复以于烈为领军，军国大事皆得参焉。

魏主时年十六，不能亲决庶务，委之左右，于是倖臣茹皓、赵修及外戚高肇等始用事，魏政浸衰。修尤亲幸，旬月间累迁至光禄卿。每迁官，魏主亲至其宅设宴，王公皆从。

二月，齐萧衍围郢城。

齐萧衍至竟陵，命王茂、曹景宗为前军。至汉口，诸将议并兵围郢，分兵袭西阳、武昌。衍曰："汉口不阔一里，箭道交至，房僧寄以重兵固守，与郢城为犄角，若悉众前进，僧寄必绝我军后。不若遣王、曹诸军济江，与荆州军合，以逼郢城，吾自围鲁山以通沔汉，使郧城、竟陵之粟方舟而下，江陵、湘中之兵相继而至，兵多食足，何忧两城之不拔？天下之事，可以卧取之耳。"乃使茂等济江。张冲遣兵迎战，茂等击破之，冲婴城自守。景宗遂据石桥浦，连军相续，下至加湖。衍筑汉口城，以守鲁山。杨公则举湘州之众会于夏口，萧颖胄命荆州诸军皆受公则节度，以刘坦行湘州事。坦先尝在湘州，多旧恩，迎者属路。下车选吏诣十郡，发民运租米三十余万斛以助荆、雍之军，由是资粮不乏。三月，张冲病卒，将军薛元嗣与冲子孜、内史程茂等共守郢城。

三月，齐相国、南康王宝融废其君宝卷为涪陵王而自立。

不应该让他长时间地辅理朝政。宣武帝认为元详说得很对,诏令元勰以彭城王的身份回府第休养,不再参预朝政,晋升元禧为太保,任命元详为大将军、录尚书事,又重新任命于烈为领军将军,可以参预军国大事。

宣武帝当时十六岁,不能亲自处理政务,因此委托给左右侍从处理,于是宠幸小臣茹皓、赵修及外戚高肇等开始掌权,北魏朝政渐渐衰败。赵修尤其得到宣武帝的宠幸,一个月之间,几次升迁至光禄卿。他每升一次官,宣武帝都要亲自到他的宅第去设宴祝贺,王公百官都随从前往。

二月,南齐萧衍包围郢城。

南齐萧衍进至竟陵,命令王茂、曹景宗为前军。进至汉口,众将计议合兵包围郢城,再分兵进袭西阳、武昌。萧衍说:"汉口水面宽不过一里,两岸敌兵箭支可以交叉射至,房僧寄以重兵固守鲁山,与郢城互为犄角,我们如果全军进攻郢城,房僧寄一定断阻我军的后路。不如派遣王茂、曹景宗诸军渡过长江,与荆州军会合,以进逼郢城,我自己率军包围鲁山以通沔、汉水路,使郢城、竟陵的粮食能从水路顺流而下,江陵、湘中的军队也可以相继而至,那时兵多粮足,还怕这两座城池不被攻克吗?天下大事,便可以卧而取之了。"于是命令王茂等军渡过长江。张冲派遣军队迎战,王茂等击败来军,张冲凭城固守。曹景宗于是占据石桥浦,军队前后相接,直至加湖。萧衍修筑汉口城,以控制鲁山。杨公则率领湘州的军队至夏口会师,萧颖胄命令荆州众军都接受杨公则调遣指挥,任命刘坦为行湘州事。刘坦先前曾在湘州居住过,有很多旧相识和受过他恩惠的人,这时迎接他来湘州的人沿途不断。他到职后选择吏员分到所属十郡去,征发百姓运送租米三十余万斛,以资助荆、雍二州的军队,因此军中粮食不缺。三月,张冲因病去世,将军薛元嗣与张冲的儿子张孜、内史程茂等人共守郢城。

三月,南齐相国、南康王萧宝融废他的君主萧宝卷为涪陵王,而自立为帝。

齐南康王宝融即位于江陵,改元,以萧颖胄为尚书令、荆州刺史,萧衍为左仆射、征东大将军、都督征讨诸军,假黄钺,夏侯详为中领军,封庶人宝卷为涪陵王。宝卷以陈伯之为江州刺史,西击荆、雍。四月,萧衍出沔,命王茂等逼郢城。薛元嗣不敢出,诸将欲攻之,衍不许。

夏五月,魏咸阳王禧谋反,伏诛。

魏主既亲政事,嬖倖擅权。禧意不自安,与妃兄李伯尚、氏王杨集始等谋反,会魏主出猎北邙,禧欲发兵,众情不壹,至晡遂散。集始既出,即驰至北邙告之,魏主仓猝不知所为。左中郎将于忠曰:"臣父留守,必无所虑。"魏主遣忠驰观之。于烈已分兵严备,使忠还奏曰:"此属猖狂,不足为虑。愿陛下清跸徐还,以安物望。"魏主遂还。烈遣直阁叔孙侯收禧,赐死于第,以其家财分赐高肇、赵修之家及中外百官。魏主以禧无故而反,由是益疏忌宗室。

齐巴东、巴西郡遣兵击荆州。

巴西太守鲁休烈、巴东太守萧惠训不从萧颖胄之命,惠训遣子璝将兵击颖胄,颖胄遣刘孝庆屯峡口拒之。

齐涪陵王遣军救郢州,屯加湖。

齐涪陵王宝卷遣军主吴子阳、陈虎牙等救郢州,屯巴口。六月,西台遣席阐文劳萧衍军,赍萧颖胄等议谓衍曰:"今顿兵两岸,不并军围郢,定西阳、武昌,取江州,此机已失,莫若请救于魏。"衍曰:"汉口路通荆、雍,控引秦、梁,粮

南齐南康王萧宝融在江陵即皇帝位,改换年号,任命萧颖胄为尚书令、荆州刺史,萧衍为尚书左仆射、征东大将军、都督征讨诸军事,假黄钺,夏侯详为中领军,封庶人萧宝卷为涪陵王。萧宝卷任命陈伯之为江州刺史,命令他西进攻打荆、雍二州。四月,萧衍率军出沔水,命王茂等人进逼郢城。守将薛元嗣不敢出战,众将想要攻城,萧衍不许。

夏五月,北魏咸阳王元禧谋反,被杀。

北魏宣武帝亲临政事以后,宠幸专权。元禧心中不安,与王妃的哥哥李伯尚、氐王杨集始等人密谋反叛,恰巧宣武帝出城去北邙山射猎,元禧想要发兵,但众人意见不一,直至下午仍未有结果,遂各自散去。杨集始出来后,立即飞马赶往北邙山去向宣武帝告密,宣武帝听说后惊惶失措,不知如何办才好。左中郎将于忠说:"臣的父亲于烈留守京师,一定不会有什么忧虑的事情。"宣武帝便派遣于忠骑马赶回城内观望。这时于烈已经分派兵将严加戒备,命于忠回去启奏宣武帝说:"这些家伙虽然猖狂,不值得忧虑。希望陛下起驾,慢慢还宫,以安定人心。"宣武帝于是返回京师城内。于烈派遣直阁将军叔孙侯逮捕元禧,宣武帝赐他在府第中自尽,将他的家财分赐给高肇、赵修之家及朝廷内外百官。宣武帝因为元禧无缘无故而谋反,因此对宗室成员更加猜忌、疏远。

南齐巴东、巴西二郡派遣军队进攻荆州。

巴西太守鲁休烈、巴东太守萧惠训不肯听从萧颖胄的命令,萧惠训派遣他的儿子萧璝率领军队进攻萧颖胄,萧颖胄派遣刘孝庆驻扎峡口,抵御萧璝。

南齐涪陵王萧宝卷派军救援郢州,屯于加湖。

南齐涪陵王萧宝卷派遣军主吴子阳、陈虎牙等人救援郢州,屯于巴口。六月,萧宝融方面的朝廷派遣席阐文慰劳萧衍军,带去萧颖胄等人建议,对萧衍说:"现在我方军队停于长江两岸,不合军包围郢城,平定西阳、武昌,攻取江州,战机已失,不如向北魏求救。"萧衍说:"汉口路通荆、雍二州,控制秦、梁二州,粮

运资储,仰此气息,所以兵压汉口,连结数州。今若并军围郢,又分兵前进,鲁山必阻沔路,扼吾咽喉,粮运不通,自然离散,何以持久?邓元起欲以三千兵往取寻阳,彼若知机,一说士足矣。脱距王师,固非三千兵所能下也。进退无据,未见其可。西阳、武昌,取之即得。然既得之后,即应镇守,不减万人,粮储称是,卒无所出。脱东军有上者,以万人攻一城,两城势不得相救。若我分军应援,则首尾俱弱,如其不遣,孤城必陷,一城既没,相次土崩,大事去矣。若郢州既拔,席卷沿流,西阳、武昌自然风靡。丈夫举事,欲清天步,拥数州之兵以诛群小,悬河注火,奚有不灭?岂容北面请救戎狄,以示弱于天下!卿为我辈白镇军:前途攻取,但以见付,但借镇军靖镇之耳。"子阳等进军加湖,去郢三十里,筑垒自固。房僧寄病卒,众推军主孙乐祖代守鲁山。

秋七月,齐雍州刺史张欣泰谋立建安王宝寅,不克而死。

齐涪陵王宝卷作芳乐苑,山石皆涂以五采,望民家有好树美竹,则毁墙撤屋而徙之。于苑中立市,使宫人宦者共为裨贩,以潘贵妃为市令,自为录事。小有得失,妃则与杖。又好巫觋,左右诈云见先帝大嗔,不许数出。宝卷大怒,拔刀寻之,既不见,乃缚菰为高宗形,北向斩之,县首苑门。

食辎重的运输补给，全靠从这里通过，所以要用重兵控制汉口，连结数州。现在如果合军包围郢城，再分兵前进，鲁山的敌军一定阻断沔水通路，扼住我军咽喉，粮运一旦不通，军队自然要离散，这样如何能持久？邓元起想以三千将士去攻取寻阳，对方如果懂得时态发展，派一名说客去就足够了。如果对方一定要抗拒王师，当然不是三千人马所能攻取的。那就会进退失据，我没有见到可以这样做的道理。西阳、武昌二地，只要想攻取立刻便可得到。然而得到之后，就必须派军镇守，两城所须兵力，至少要一万人，粮食物资也要达到与此相应的数量，一时之间难以筹措得到。如果东边朝廷军西上，用一万人进攻一城，两城之间无法互相救应。假若我军分兵援救，那首尾兵力都会被削弱，假若不派兵相救，孤城一定会陷落，一城陷落，其他城便要相继瓦解崩溃，那样，大事也就失败了。而倘若我们攻克郢城以后，席卷沿途敌军，西阳、武昌自然闻风归顺。大丈夫起兵举事，是为了清除通向朝廷的道路，拥握数州雄兵以诛灭群小，就像悬倒河水去浇注燃火，哪里有不熄灭的呢？哪里用面朝北方向戎狄求救，以示弱于天下呢！你为我们禀告镇军将军萧颖胄：下一步的攻取之事，尽管交付我们，只是需要借镇军将军的威名镇定局面罢了。"吴子阳等进军加湖，在距离郢城三十里处，修筑堡垒自固。房僧寄患病去世，众人推举军主孙乐祖接替他镇守鲁山。

秋七月，南齐雍州刺史张欣泰密谋拥立建安王萧宝寅为帝，未能成功而死。

南齐涪陵王萧宝卷修建芳乐苑，苑中山石都涂上五彩颜色，见到百姓家有好树、美竹，便拆墙毁屋将这些树、竹运回苑中。他在芳乐苑设立市场，命令宫女、宦官一起充当小贩，命潘贵妃为市令，他自己充当市场录事。如果谁小有过失，潘贵妃便下令用木杖责打。他又喜好巫师之术，左右假称说见到他的父亲明帝十分恼怒的样子，并说不许他屡次出宫游荡。萧宝卷大怒，拔刀要寻找明帝的鬼魂，找不到便用草扎成明帝的样子，面向北方将草人斩首，将首级悬挂于苑门之上。

雍州刺史张欣泰与弟欣时密谋结胡松及王灵秀、鸿选等诛诸奸倖，废宝卷。会宝卷遣中书舍人冯元嗣救郢，茹法珍、梅虫儿、李居士、杨明泰送之于中兴堂。欣泰等使人于坐杀元嗣、明泰，伤虫儿，居士、法珍等散走。灵秀诣石头，迎建安王宝寅向台城，百姓数千人皆空手随之。欣泰闻事作，驰入宫，会法珍得返，闭门上仗。鸿选亦不敢发。宝寅至杜姥宅，日已暝，人皆溃去，宝寅亦逃，三日乃出。宝卷复其爵位。欣泰与胡松皆被诛。

齐萧衍克加湖，鲁山、郢城降。

齐萧衍使王茂、曹仲宗等乘水涨袭加湖，加湖溃。于是郢、鲁二城相视夺气。鲁山乏粮，将奔夏口，萧衍断其走路，孙乐祖以城降。程茂、薛元嗣亦以郢城降。郢城之初围也，士民男女近十万口，闭门二百余日，疾疫流肿，死者什七八。茂、元嗣议降，使张孜为书与衍。张冲故吏房长瑜曰："前使君忠贯昊天，郎君但当坐守画一，以荷析薪。若天运不与，当幅巾待命，下从使君。今从诸人之计，非惟郢州士女失高山之望，亦恐彼所不取也。"孜不能用。萧衍以韦睿行郢府事，收瘗死者，而抚其生者，郢人遂安。

诸将欲顿军夏口，衍以为宜乘胜直指建康，张弘策、庾域亦以为然。衍命众军即日上道，缘江至建康，凡矶、浦、村落，军行宿次，立顿处所，弘策逆为图画，如在目中。

魏扬州刺史安国侯王肃卒。

雍州刺史张欣泰与他的弟弟张欣时密谋联络胡松及王灵秀、鸿选等人擒杀诸奸幸小人,废掉萧宝卷。恰巧萧宝卷派遣中书舍人冯元嗣救援郢城,茹法珍、梅虫儿、李居士、杨明泰等人在中兴堂给他送行。张欣泰等派人在座位上杀掉冯元嗣、杨明泰,击伤梅虫儿,李居士、茹法珍等人逃走。王灵秀去石头城迎接建安王萧宝寅到宫城去,百姓数千人都徒手相随。张欣泰听说已经动手,急驰入宫,正好此时茹法珍返回皇宫,命令关闭城门,集合禁卫军守护皇宫。鸿选在殿内也没敢动手。萧宝寅走到杜姥宅,天色已晚,随从的人们尽皆散去,萧宝寅也自己逃走,三天后才敢出来。萧宝卷恢复了他的爵位,没有问罪。张欣泰与胡松都被杀掉。

南齐萧衍攻克加湖,鲁山、郢城投降。

南齐萧衍命令王茂、曹仲宗等人乘水涨之机袭击加湖,加湖守军溃散。于是郢城、鲁山二城守军的士气大为衰落。鲁山缺乏粮食,守军准备逃奔夏口,萧衍派军截断其逃跑的道路,孙乐祖献城投降。程茂、薛元嗣也献出郢城投降。郢城刚刚被围的时候,士人百姓有男女近十万口,闭城二百余日,瘟疫流行,死去的人占十之七八。程茂、薛元嗣商议投降,命张孜写信给萧衍。张冲的故吏房长瑜对张孜说:"令尊先使君忠心直贯云天,郎君你只应该像令尊一样忠心不二,以不负令尊的重托。如果天运已变,也应该改换便装待命,追随先使君于地下。现在听从众人之言,不仅仅使郢州士人男女对你失去景仰之心,也恐怕萧衍瞧你不起。"张孜不能采纳。萧衍任命韦睿为行郢州府事,韦睿收葬死去的人们,安抚活下来的百姓,郢州人心于是安定。

众将打算停军驻于夏口,萧衍认为应该乘胜直接进攻建康,张弘策、庾域也认为应该进军。萧衍于是命令各军当天即行上路,沿江直趋建康,沿途凡矶、浦、村落,行军之中可以宿营用餐、停留休息的地方,张弘策都事先有所安排画成地图,如同亲眼见到一样。

北魏扬州刺史安国侯王肃去世。

初，肃以父死非命，四年不除丧。高祖曰："三年之丧，贤者不敢过。"命肃以祥禫之礼除丧。然肃犹素服，不听乐终身，至是卒于寿阳，谥曰"宣简"。

齐杀其宁朔将军崔偃。

崔慧景之死也，其少子偃逃潜得免。及西台建，以偃为宁朔将军。偃上书曰："臣惟高宗之孝子忠臣而昏主之贼臣乱子者，江夏王与陛下、先臣与镇军是也。虽成败异术，而所由同方。陛下初登至尊，与天合符，天下纤芥之屈，尚望陛下申之。况先帝之子，陛下之兄，所行之道，即陛下所由哉！此尚不恤，其余何冀？岂可幸小民之无识而罔之！若使晓然知其情节，相帅而逃，陛下将何以应之哉！"事寝不报。

偃又上疏曰："近冒陈江夏之冤，非敢以父子之亲而伤至公之义，诚不晓圣朝所以然之意。若以狂主虽狂，而实是天子，江夏虽贤，而实是人臣，先臣奉臣逆君为不可，未审今之严兵劲卒方指象魏者，其故何哉？臣谨案，镇军将军臣颖胄、中领军臣详，皆社稷之臣也，同知先臣股肱江夏，匡济王室，天命未遂，主亡与亡，而不为陛下瞥然一言，知而不言不忠，不知而不言不智。臣言毕矣，乞就汤镬。然先臣之忠有识所知，南、董之笔千载可期，亦何待陛下屈申而为褒贬？顾小臣惓惓之愚，为陛下计耳。"齐主优诏报之，寻收下狱杀之。

当初,王肃因为父亲死于非命,四年不除去丧服。北魏孝文帝说:"三年守丧之期,即使是圣贤也不敢超过。"命令王肃用祥禫之礼除去丧服。但王肃仍然身着素色衣服,终身不听音乐,到这时在寿阳去世,谥号称宣简。

南齐杀掉其宁朔将军崔偃。

崔慧景被杀的时候,他的小儿子崔偃因潜逃得免于死。等到江陵的萧宝融朝廷建立后,任命他为宁朔将军。崔偃上书说:"臣思量:是明帝的忠臣孝子而又是昏君萧宝卷的乱臣贼子的人,便是江夏王萧宝玄与陛下、先父与镇军将军萧颖胄。虽然成败的结果不同,但所追求的东西是一样的。陛下刚刚登上帝位,符合天意,天下微小的冤屈,还希望陛下能够昭雪。况且江夏王是明帝之子,陛下之兄,他所走过的路,就是陛下现在所正经由的路呢!像这种情况都得不到体恤优抚,其余的人还能有什么希望?怎么可以因为小民没有见识而欺骗他们!如果他们一下知道了事情的真情,相率逃亡的话,陛下将如何来应付呢!"奏章呈上后,被搁置,没有答复。

崔偃又上书说:"最近臣冒昧地陈奏江夏王的冤枉,并不是敢以父子的亲情而损害以公至上的道理,实在是因为不明白圣朝这样做的意思。假若是因为昏狂之主虽然昏狂,而毕竟是天子,江夏王虽然贤德,而毕竟是臣子,所以先父拥戴臣子叛逆君主是不可以的,那么不知道现在的精兵劲卒正在直向朝廷宫阙而进,又是什么缘故呢?臣谨慎地思考,镇军将军臣子萧颖胄、中领军臣子夏侯详,都是陛下的社稷之臣,他们都知道先父辅佐江夏王,匡扶济助王室,天命未遂,与主一同赴难而亡,但他们却不肯在陛下面前为臣父偶尔进上一言,知而不言,那是不忠,不知因而不言,那是不智。臣的话讲完了,请求就汤镬一死。然而先父的忠心,有识之士所尽知,南史、董狐那样的史笔,千载可期,又何须陛下屈伸己意来加以褒贬呢?不过是小臣我拳拳之愚为陛下考虑罢了。"南齐皇帝萧宝融下诏好言慰抚,但随即将崔偃逮捕入狱杀掉。

八月,齐萧衍克寻阳。

初,齐涪陵王宝卷遣陈伯之镇江州,以为吴子阳等声援。子阳等既败,萧衍曰:"用兵未必须实力,所听威声耳。今陈虎牙狼狈奔归,寻阳人情理当恂惧,可传檄而定也。"乃命搜囚俘,得伯之幢主苏隆之,厚加赐与,使说伯之,许即用为江州。隆之返命,虽许归附,而云大军未须遽下。衍曰:"伯之意首鼠,及其犹豫,急往逼之,势不得不降。"乃引兵下至寻阳,伯之束甲请罪。初,巴东之乱,司马席恭祖不从见杀。至是,其子谦为新蔡太守,从伯之镇寻阳。闻衍东下,曰:"我家世忠贞,有陨不二。"伯之杀之。衍以伯之为江州刺史,虎牙为徐州刺史。

齐巴东巴、西军至上明。

齐鲁休烈、萧璝破峡口,进至上明。江陵大震。萧颖胄恐,驰告萧衍,令遣杨公则还援根本。衍曰:"公则溯流上江陵,何能及事?休烈等乌合之众,寻自退散,政须少时持重耳。良须兵力,两弟在雍,指遣往征,不为难至。"颖胄乃遣蔡道恭拒璝。

九月,齐萧衍引兵东下。

齐主宝融诏萧衍,若定京邑,得以便宜从事。衍留郑绍叔守寻阳,引兵东下,谓曰:"卿,吾之萧何、寇恂也。"比克建康,绍叔督江、湘粮运,未尝乏绝。

魏筑洛阳诸坊。

八月，南齐萧衍攻克寻阳。

当初，南齐涪陵王萧宝卷派遣陈伯之镇守江州，以作为吴子阳等人的声援。吴子阳等人失败后，萧衍说："用兵不一定非要凭实力，也要凭借威风声势。现在陈虎牙狼狈逃归，寻阳一定会人心惶惶，传去一纸檄文便可平定。"于是命令搜检关押的俘虏，得到陈伯之的幢主苏隆之，对他厚加赏赐，命他去游说陈伯之，许诺陈伯之，如果归顺，便立即授与他江州刺史的职位。苏隆之回来复命，陈伯之虽然答应归顺，但说萧衍大军不必匆忙之间便即东下。萧衍说："陈伯之现在是迟疑不定，我们应乘他犹豫不决之时，立刻进军逼迫，他就不得不投降。"于是率军沿江东下至寻阳，陈伯之束甲归降。当初，巴东发生叛乱之时，镇西司马席恭祖因不从叛乱被杀。这时，他的儿子席谦任新蔡太守，随陈伯之镇守寻阳。席谦听说萧衍东下，说："我家世代忠贞，宁死不叛。"陈伯之将他杀掉。萧衍任命陈伯之为江州刺史，陈虎牙为徐州刺史。

南齐巴东、巴西两郡军队进抵上明。

南齐鲁休烈、萧璝击败峡口守军，进抵上明。江陵方面大震。萧颖胄害怕，命人飞骑告诉萧衍，让他派杨公则回军援救根本之地。萧衍说："杨公则现在溯江而上，前往江陵，哪里来得及相救？鲁休烈等人不过是乌合之众，很快便会自己退走散去，现在所需的正是要保持一段时间的稳定沉着。如果实在需要军队的话，我的两个弟弟就在雍州，您调遣征召，他们前去增援并不困难。"萧颖胄于是派遣蔡道恭抵御萧璝。

九月，南齐萧衍率军东下。

南齐和帝萧宝融诏令萧衍，如果平定京师建康，可以不经请示，根据实际情况适宜与否随己意行事。萧衍留下郑绍叔镇守寻阳，自己率军东下，临行前他对郑绍叔说："你就是我的萧何、寇恂。"等到萧衍攻克建康后，郑绍叔督掌江、湘二州粮运，从未短缺。

北魏修筑洛阳街坊。

魏司州牧、广阳王嘉请筑洛阳三百二十三坊,各方三百步,曰:"虽有暂劳,奸盗永息。"诏发畿内夫五万人筑之,四旬而罢。

魏立后于氏。

烈弟劲之女也。

冬十月,齐萧衍围建康。

衍既克江、郢,涪陵王宝卷游骋如故。闻至近道,乃聚兵为固守之计。衍遣曹景宗等进顿江宁,李居士自新亭选精骑薄之,景宗奋击破之,因乘胜而前。新亭城主江道林引兵出战,被擒。衍至新林,遣吕僧珍据白板桥,李居士帅锐卒万人直来薄垒。僧珍曰:"吾众少,不可逆战,可勿遥射,须至堑里,当并力破之。"俄而皆越堑,拔栅。僧珍分人上城,矢石俱发,自帅马、步三百人出其后,城上人复逾城而下,内外奋击,居士败走。衍诸弟皆自建康自拔赴军。

十月,宝卷遣将军王珍国、胡虎牙将精兵十万陈于朱雀航南,王宝孙持白虎幡督战,开航背水,以绝归路。衍军小却,王茂下马,单刀直前,其甥韦欣庆执铁缠矟以翼之,冲击东军,应时而陷。曹景宗纵兵乘之,吕僧珍纵火焚营,将士皆殊死战,鼓噪震天地。珍国等不能抗,宝孙切骂诸将,将军席豪发愤突陈而死,军遂大溃。衍军长驱至宣阳门,诸将移营稍前。

宝卷将军徐元瑜以东府城降,李居士以新亭降。衍镇石头,宝卷闭门自守。衍命诸军筑长围守之,遣弟秀镇京

北魏司州牧、广阳王元嘉请求在洛阳修筑三百二十三个街坊,每个街坊各方圆三百步,他说:"百姓虽然有暂时的劳累,可是奸人盗贼却可以永远止息绝迹。"朝廷下诏征发京畿地区的民夫五万人修筑街坊,四十天后修筑完毕。

北魏立于氏为皇后。

于皇后是于烈的弟弟于劲的女儿。

冬十月,南齐萧衍包围建康。

萧衍攻克江、郢二州之后,南齐涪陵王萧宝卷出游驰骋如故。等到听说萧衍军已经临近,才集聚将士筹划固守之计。萧衍派遣曹景宗等军进驻江宁,李居士从新亭挑选精锐骑兵进逼江宁,曹景宗率军奋勇搏杀击破李居士军,随即乘胜前进。新亭城主江道林率军出战,被萧衍军生擒。萧衍来到新林,派遣吕僧珍占据白板桥,李居士率领精锐士卒一万人直向吕僧珍军的营垒扑来。吕僧珍说:"我军人少,不可出垒迎战,也不要远射敌人,等他们进至堑壕之内,再全力痛击他们。"一会儿,李居士军都越过堑壕,动手拔除营栅木栏。吕僧珍分派部分士卒上城,飞箭乱石同时发射,自己率领马、步士卒三百人迂回到敌军背后,这时城上士卒也越城而下,内外奋勇夹击,李居士战败逃走。萧衍的几个弟弟都从建康逃出投奔于萧衍军中。

十月,萧宝卷派遣将军王珍国、胡虎牙率领精兵十万在朱雀浮桥南列阵,王宝孙持白虎幡督战,打开浮桥背水布阵,以断绝军队归路。两军交战,萧衍军稍稍后退,王茂下马,单刀前进,他的外甥韦欣庆手执铁缠长矛左右保护,冲击敌军,刹那间即攻破敌阵。曹景宗挥军乘势而进,吕僧珍纵水烧营,萧衍将士都拼死力战,战鼓喊杀声惊天动地。王珍国等不能抵挡,王宝孙痛骂众将,将军席豪发愤向前冲击对方军阵而战死,王珍国等军于是大乱溃散。萧衍军长驱而进至宣阳门,众将移营向前推进。

萧宝卷的将军徐元瑜将东府城献出,投降萧衍,李居士也献出新亭投降。萧衍坐镇石头,萧宝卷关闭宫城城门固守。萧衍命令各军修筑长围困住宫城,派遣自己的弟弟萧秀镇守京

口,恢镇破墩,从弟景镇广陵。

十一月,魏以北海王详为司徒。

初,详欲夺彭城王勰司徒,故谮而黜之。又以司空长史于忠鲠直,忿之。忠曰:"人生自有定分,若应死于王手,避亦不免,若其不尔,王不能杀。"忠以讨咸阳王禧功,封魏郡公,迁武卫将军。详因忠表让,劝魏主诏停其封,优进太府卿。

齐尚书令、巴东公萧颖胄卒。

颖胄以萧璝与蔡道恭相持不决,忧愤而卒。夏侯详秘之,征兵雍州,萧憺将兵赴之。璝等亦闻建康已危,众惧而溃,及鲁休烈皆降。详乃发颖胄丧,赠丞相,谥"献武"。于是众望尽归于衍,详请与憺共参军国,诏以详为仆射、荆州刺史,憺行府州事。

魏以任城王澄都督淮南军事。

魏镇南将军元英上书曰:"萧宝卷骄纵日甚,虐害无辜,其雍州刺史萧衍扫土兴兵,顺流东下,唯有孤城,更无重卫,乃皇天授我之日,旷载一逢之秋,此而不乘,将欲何待?臣乞躬帅步、骑三万,直指沔阴,据襄阳之城,断黑水之路,长驱南出,进拔江陵,则三楚可收,岷、蜀断绝,又命扬、徐声言俱举。建业穷蹙,文轨可齐,一爽此期,则并吞无日矣。"不报。车骑大将军源怀亦言:"广陵、淮阴观望得失,宜东西齐举以成席卷之势。若使萧衍克济,上下同心,岂惟后图之难,亦恐扬州危逼。何则?寿春之去建康才七

口,萧恢镇守破墩,堂弟萧景镇守广陵。

十一月,北魏任命北海王元详为司徒。

当初,元详想要夺走彭城王元勰的司徒官位,所以陷害元勰使他被黜免。他又因司空长史于忠性格鲠直,心中怨恨。于忠曾对元详说:"人的一生自有定分,如果我应死于王爷的手中,逃避也终不能免,如果不是这样,王爷也杀不了我。"于忠因为讨灭咸阳王元禧的功劳,封魏郡公,迁升武卫将军。元详利用于忠辞让的机会,劝北魏宣武帝取消对于忠的赐封,优进他为太府卿。

南齐尚书令、巴东公萧颖胄去世。

萧颖胄因为萧璝与蔡道恭相持不下不能取胜,忧愤而死。夏侯详封锁消息,向雍州征兵,萧憺率军往赴。萧璝等人也听说建康已经很危急,众人恐惧溃散,萧璝与鲁休烈等都投降。夏侯详这才发布萧颖胄去世的消息,追赠丞相官号,赐谥号为献武。于是人心全都归向萧衍,夏侯详请求与萧憺共同参预军国大事,南齐和帝诏令任命夏侯详为尚书仆射、荆州刺史,萧憺为行府州事。

北魏任命任城王元澄为都督淮南诸军事。

北魏镇南将军元英上书说:"萧宝卷骄横放纵日甚一日,虐杀残害无辜,他手下的雍州刺史萧衍倾巢举兵,顺流东下,只剩下襄阳孤城,而且没有重兵守护,这是皇天把它授与我们的日子,是千载难逢的大好时机,出现这种机会不去利用,还要等待什么? 臣乞请率领步、骑将士三万人,直进沔水以南地区,据有襄阳之城,阻断黑水之路,长驱向南,进军攻克江陵,那样就可以收取三楚之地,隔断其岷、蜀通路,再命令扬、徐二州声言一起进兵。那样建康就会穷迫无路,而我就可以统一天下,如果错过这个机会,那吞并南方就没有日子了。"朝廷没有答复。车骑大将军源怀也言称:"广陵、淮阴二地都在坐观萧衍与萧宝卷双方的成败,我们应该东西一同进兵以便形成席卷之势。倘若萧衍成功的话,其上下一心,不仅仅以后难以图取,也恐怕我方扬州会受到他的威逼。为什么呢? 因为扬州治所寿春距离建康才七

百里,彼若内外无虞,君臣分定,乘舟藉水,倏忽而至,未易当也。"魏主乃以任城王澄为都督淮南诸军事、扬州刺史,使为经略,既而不果。怀,贺之子也。

魏东豫州刺史田益宗侵齐,战于赤亭,齐人败绩。

魏东豫州刺史田益宗上表曰:"萧氏君臣交争,无暇外维州镇,请使两荆之众西拟随、雍,扬州之卒顿于建安,二豫之军直据南关,不过十旬,克之必矣。"元英又奏:"义阳孤绝,密迩王土,若失此不取,恐为深患。"魏主从之。益宗遂侵齐,齐建宁太守黄天赐与战,败绩。

十二月,齐人弑涪陵王宝卷,萧衍入建康,以太后令追废宝卷为东昏侯,自为大司马,承制。

齐崔慧景之逼建康也,涪陵王宝卷拜蒋子文神为钟山王,及衍至,又尊为灵帝,迎入后堂,使巫祷祀。悉以军事委王珍国,时城中实甲犹七万人。宝卷常于殿中骑马出入,以金银为铠胄,饰以孔翠,昼眠夜起,一如平常。及长围既立,屡战不胜,尤惜金钱,不肯赏赐。雕镂杂物,倍急于常,众情怨怠,皆思早亡,莫敢先发。

法珍、虫儿说宝卷曰:"大臣不留意,使围不解,宜悉诛之。"珍国及其副张稷惧祸,谋弑宝卷,使后阁舍人钱彊夜开云龙门,珍国、稷引兵入殿,御刀丰勇之为内应。宝卷方

百里,对方如果内外没有忧患,君臣名分确定,乘舟顺水,突然而至,是不容易抵挡的。"宣武帝于是任命任城王元澄为都督淮南诸军事、扬州刺史,使他筹划部署南进之事,但随之便搁置,没有实施。源怀是源贺的儿子。

北魏东豫州刺史田益宗侵犯南齐,两军在赤亭交战,南齐军队大败。

北魏东豫州刺史田益宗上表说:"萧氏君臣相争,顾不上外边州镇的防护,请求陛下命令荆州与东荆州二州的军队向西进攻随、雍,扬州的军队驻屯建安,豫州与东豫州的军队直进占据南关,像这样不过一百来天,一定能够战胜他们。"元英又上奏说:"敌城义阳孤绝无援,又紧接我大魏王土,如果失去这次机会不去攻占它,恐怕以后要有大的忧患。"北魏宣武帝采纳他的意见。田益宗于是侵犯南齐,南齐建宁太守黄天赐与北魏军交战,大败。

十二月,南齐人杀掉涪陵王萧宝卷,萧衍进入建康,以宣德太后诏令的名义追废萧宝卷为东昏侯,自己任大司马,可以秉承皇帝旨意发布命令。

南齐崔慧景进逼建康的时候,涪陵王萧宝卷封拜蒋子文神为钟山王,等到萧衍军至,又尊称它为灵帝,将其神像迎入后宫,命令巫师祭祀祈祷。将军事全部委托与王珍国,当时建康城中的武装将士还有七万人。萧宝卷经常骑马出入殿中,用金银做成铠甲头盔,上边饰以孔雀毛和翡翠,他仍然昼眠夜起,一如平常。等到城外对方长围已经修起,屡战不能取胜,仍然爱惜金钱,不肯发放赏赐。宫中所有金银雕镂物品,比平常催逼的时间还要快上一倍,众人心中怨恨懈怠,都盼望他早日灭亡,但没有谁敢先行动手。

茹法珍、梅虫儿劝萧宝卷说:"大臣不尽心办事,使台城的围困不能解除,应该将他们全杀掉。"王珍国和他的副手张稷害怕灾祸临头,密谋杀掉萧宝卷,命后阁舍人钱彊夜间打开云龙门,王珍国、张稷率兵入殿中,御刀丰勇之做他们的内应。萧宝卷正

在含德殿作笙歌，兵入斩之。稷召仆射王亮等，令百僚署笺，以黄油裹宝卷首，遣博士范云等送诣石头。右卫将军王志叹曰："冠虽弊，何可加足？"取庭中树叶挼服之，伪闷不署名。衍览笺无志名，心嘉之。志，僧虔之子也。

衍与云有旧，即留参帷幄。亮在朝，以依违取容。衍至新林，百僚皆间道送款，亮独不遣。城中出者多被劫剥，杨公则独率麾下亲卫送之。衍使张弘策先入清官，封府库、图籍。时城内珍宝委积，弘策禁勒部曲，秋毫无犯，收潘妃及法珍、虫儿、咺之等四十一人，皆以属吏。

以宣德太后令，追废宝卷为东昏侯，以衍为大司马、录尚书事，依晋武陵王遵承制故事，百僚致敬，以王亮为长史。衍入屯阅武堂，下令大赦，凡昏制谬赋、淫刑滥役，悉皆除荡。潘妃有国色，衍欲留之，以问领军王茂，茂曰："亡齐者此物，留之恐贻外议。"乃并法珍等诛之，以宫女二千分赉将士。

齐大司马衍执豫州刺史马仙琕、吴兴太守袁昂，既而释之。

齐萧衍之东下也，豫州刺史马仙琕拥兵不附。衍使其故人姚仲宾说之，仙琕先为设酒，乃斩于军门以徇。衍围宫城，州郡皆请降，吴兴太守袁昂独拒之不受命。昂，觊之子也。衍使江革为书与昂曰："竭力昏主，未足为忠，家门屠灭，非所谓孝，岂若翻然改图，自招多福！"昂复书曰：

在含德殿听笙歌弹唱，兵士入内将他斩首。张稷召来尚书仆射王亮等人，命令百官在信笺上签上名字，用黄油包裹萧宝卷的首级，派遣国子博士范云等人送往石头。右卫将军王志叹息道："冠帽虽然破敝，怎么可以用脚践踏？"取庭院中树叶揉碎服下，假装昏迷，没有签名。萧衍观看信笺，见没有王志的名字，心中嘉许。王志是王僧虔的儿子。

萧衍与范云有旧交，便把他留下充任幕僚。王亮在朝，对人察言观色、见风使舵，以博取朝廷的欢心。萧衍来到新林，百官都派人抄近路去向他表示忠心，唯独王亮没派人去。从台城出来的人大多被劫掠，只有杨公则亲自率领部下护送。萧衍命张弘策先入台城清理皇宫，封存府库、图籍。当时城内珍宝财物堆积，张弘策约束部下，秋毫无犯，逮捕潘妃及茹法珍、梅虫儿、王咺之等四十一人，将他们都交与有关官吏。

萧衍以宣德太后诏令的名义，追废萧宝卷为东昏侯，并任命自己为大司马、录尚书事，依照晋代武陵王司马遵秉承皇帝旨意发布命令的旧例行事，百官向萧衍致敬，萧衍任命王亮为长史。萧衍进驻阅武堂，下令大赦天下，凡是昏乱的制度、荒谬的税赋、滥用的刑罚、过度的徭役，全部废除。潘妃天姿国色，萧衍想将她留下，询问领军将军王茂，王茂回答说："灭亡齐的正是这个人，留下她恐怕会遭外面议论。"于是将潘妃及茹法珍等人一同杀掉，将宫女二千人分别赏赐给将士。

南齐大司马萧衍擒拿豫州刺史马仙琕、吴兴太守袁昂，随即将他们放掉。

南齐萧衍率领军队东下的时候，豫州刺史马仙琕拥兵自守，不肯归附萧衍。萧衍派马仙琕的故友姚仲宾去劝他归顺，马仙琕先为姚仲宾设酒宴，然后把他在军门斩首示众。萧衍围攻宫城，各州郡纷纷请求投降，只有吴兴太守袁昂守御境内而不肯归顺。袁昂是袁颉的儿子。萧衍命江革给袁昂写了一封信，信中说："为昏庸的君主竭尽全力，不能算是忠，家门被灭族，不能算孝，岂如翻然回首，另谋他图，为自己多招来福运呢！"袁昂复信说：

"一餐微施,尚复投隙,况食人之禄而顿忘一旦,非惟物议不可,亦恐明公鄙之,所以踌躇,未遑荐璧。"武康令傅映谓昂曰:"昔太尉遭元嘉之祸,开辟未有,故杀身以明节。司徒当寄托之重,理无苟全,故不愿夷险以循名义。今嗣主昏虐不悛,荆、雍协举,天人之意,亦可知矣。愿明府深虑,无取后悔。"及建康平,衍使豫州刺史李元履巡抚东土,敕曰:"袁昂道素之门,世有忠节,天下须共容之,勿以兵威陵辱。"元履至,宣衍旨,昂亦不请降,开门撤备而已。

仙琕闻台城不守,号泣谓将士曰:"我受人任寄,义不容降,君等皆有父母,我为忠臣,君为孝子,不亦可乎?"乃悉遣兵出降,余壮士数十闭门独守。俄而兵入,仙琕令士皆持满,兵不敢近。日暮,仙琕乃投弓曰:"诸军但来见取,我义不降。"乃槛送石头。衍释之,使待袁昂至,俱入,曰:"今天下见二义士。"皆厚遇之。

齐大司马衍入镇殿中。　齐始兴内史王僧粲袭湘州,不克。

僧粲自称湘州刺史,引兵袭长沙。去城百余里,长沙人皆欲走,行事刘坦悉聚其舟焚之,遣军拒僧粲,战数不利。前镇军钟玄绍刻日翻城应僧粲。坦闻其谋,阳为不知,因理讼至夜,而城门遂不闭以疑之,玄绍未发。明旦诣坦,问其故。坦久留与语,密遣亲兵收其家书,具得本末,

"一餐一饭那样微小的施舍,尚且还要杀身相报,何况食用人家的俸禄而一旦忘却,这不仅仅是要招人非议,也恐怕明公您鄙视我,所以才迟疑,没有来得及献璧归顺。"武康县令傅映对袁昂说:"从前令叔父袁太尉遭元嘉之乱,是开天辟地以来没有过的事情,所以杀身以表明自己的气节。令尊袁司徒身受寄托重任,从道义上不能苟且图全,所以不顾艰险以殉名节道义。现在继位的皇帝昏庸暴虐不知悔改,荆、雍二州协力举兵,上天与人们的意向,也可以知道了。希望明府您仔细考虑,不要后悔。"等到建康平定,萧衍命豫州刺史李元履巡视抚慰东部地区,吩咐他说:"袁昂出身道德清正之门,世代有忠节,天下都应当容纳,不要用兵势武力欺凌他。"李元履到吴兴,宣告萧衍的命令,袁昂仍不请降,只是打开城门撤除守备而已。

马仙琕听说台城失守,失声痛哭,对将士们说:"我接受朝廷的委任托付,从道义上不能投降,你们各位都有父母,我做忠臣,你们做孝子,不也可以吗?"于是命士卒全部出降,只剩下壮士数十人关闭城门自守。一会儿对方将士攻入城中,马仙琕命令士卒都拉满弓箭瞄准,对方士卒不敢逼近。到天色晚了时,马仙琕才扔下手中的弓箭说:"各位尽管来拿我,我守义不降。"于是军士抓住他,用槛车送往石头。萧衍将马仙琕释放,命人带进袁昂,三人一同进来后,萧衍说:"让天下人见一见这两位义士。"对他们都给与优厚的待遇。

南齐大司马萧衍入镇殿中。　南齐始兴内史王僧粲袭击湘州,未能攻克。

王僧粲自称湘州刺史,率军袭击长沙。离城百余里远时,长沙人都想逃走,行事刘坦将全部舟船集聚起来烧掉,派遣军队抵御王僧粲,几次交战都没能取胜。前镇军钟玄绍定好日期,准备翻越城墙接应王僧粲。刘坦听说他的阴谋,假装不知道,于是审理案件到深夜,也不关闭城门,以疑惑钟玄绍,钟玄绍没敢动手。次日清晨,钟玄绍拜见刘坦,询问缘故。刘坦留下他与他长时间交谈,暗中派遣亲兵搜查他家的书信,尽知其谋叛始末,

于坐斩之,焚其文书,余党无所问,州郡遂安。建康平,杨公则还州,僧粲等散走。公则克己廉慎,轻刑薄赋。顷之,湘州户口几复其旧。

壬午（502） 齐中兴二年,梁高祖武帝萧衍天监元年,魏景明三年。

春正月,齐大司马衍迎宣德太后入官称制。二月,衍自为相国,封梁公,加九锡。

初,衍与范云、沈约、任昉同在竟陵王西邸。至是,引云为谘议,约为司马,昉为记室,参谋议。谢朓、何胤先弃官居家,衍奏征为军谘祭酒,朓、胤皆不至。

衍内有受禅之志,沈约进曰:"齐祚已终,明公当承其远,虽欲谦光,不可得已。"衍曰:"吾方思之。"约曰:"公初建于樊、沔,此时应思,今王业已成,何所复思?若天子还都,公卿在位,则君臣分定,无复异心。岂复有人方更同公作贼?"衍然之,召云等告之,云对略同约旨。衍曰:"卿明早将休文更来。"云出语约,约曰:"卿必待我。"云许诺,而约先期入。衍命草具其事,约乃出怀中诏书并诸选置。云至殿门,不得入。约出,问曰:"何以见处?"约举手向左,云笑曰:"不乖所望。"有顷,大司马召云入,曰:"我起兵三年

于是在座位上将他斩首,将他的书信全部烧掉,所有余党一律不予追究,州郡于是得以安定。建康平定以后,杨公则返回湘州,王僧粲等人溃散逃走。杨公则能够克制自己,廉洁谨慎,在湘州减轻刑罚,少征赋税。不久,湘州的户口人数已将近战乱之前的数目。

梁武帝

壬午(502)　齐中兴二年,梁高祖武帝萧衍天监元年,魏景明三年。

春正月,南齐大司马萧衍迎接宣德太后入宫听政。二月,萧衍自任相国,封梁公,加以九锡的殊礼。

当初,萧衍与范云、沈约、任昉同在竟陵王西邸交好,感情亲密。这时,萧衍便任用范云为大司马谘议参军,沈约为骠骑司马,任昉为记室参军,使他们参与谋议。谢朓、何胤二人先前弃官在家中闲居,萧衍奏请征召他们出任军谘祭酒,二人都没有就任。

萧衍暗中有取代南齐称帝的心思,沈约对他说:"齐的皇祚国运已经结束了,明公您应当承受其大运,即使您想谦逊礼让,也是不可能做到的。"萧衍说:"我正在考虑这件事。"沈约说:"明公您当时在樊城、沔水一带刚刚起兵的时候,那时应该思考,现在王业已经建成,还有什么可考虑的?如果天子返回京师,公卿百官各自就位,那么君臣之间的名分便已确定,人们不会再有异心。难道还有人在那时候与您一起去做反贼吗?"萧衍认为他说得很对,召来范云等人告诉他们,范云等人的答对大体与沈约相同。萧衍说:"你明早与沈休文一起再来这里。"范云出去告诉沈约,沈约说:"明早你一定要等我。"范云许诺,但第二天沈约自己先提前进去见萧衍。萧衍命他草拟关于代齐称帝的诏书,沈约于是从怀中掏出早已准备好的诏书及各部门的人选安排。范云来至殿门,被卫兵阻挡不能进去。等到沈约出来后,范云问他说:"对我如何安排?"沈约举手向左,范云笑着说:"没有让我失望。"一会儿,大司马萧衍召范云入内,对他说:"我起兵已经三年

矣,诸将不为无功。然成帝业者,卿二人也。"

乃诏进衍位相国、扬州牧,封十郡为梁公,备九锡,置百司。

梁公衍杀齐湘东王宝晊。

宝晊颇好文学。衍忌之,称其谋反,并其弟宝览、宝宏皆杀之。

梁以沈约为仆射,范云为侍中。

梁公衍纳东昏余妃,颇妨政事,范云以为言,未从。云与将军王茂同入见,云曰:"昔沛公入关,妇女无所幸,此范增所以畏其志大也。今明公始定建康,海内想望风声,奈何袭乱亡之迹,以女德为累乎?"茂起拜曰:"云言是也,公必以天下为念,不宜留此。"梁公默然。云即请以余氏赉茂,梁公许之,赐云、茂钱各百万。

梁公衍进爵为王。 三月,梁王衍杀齐邵陵王宝攸等三人,鄱阳王宝寅出奔魏。

衍杀齐邵陵王宝攸、晋熙王宝嵩、桂阳王宝贞,鄱阳王宝寅穿墙夜出,遁匿山涧,昼伏宵行,抵寿阳之东城。魏戍主杜元伦驰告任城王澄,澄以车马侍卫迎之,待以客礼。宝寅请丧君斩衰之服,澄以丧兄齐衰之服给之,仍帅官僚赴吊,宝寅居处有礼,澄深器重之。

齐主发江陵,以萧憺都督荆、湘六州军事。

齐主东归,以萧憺为荆州刺史。荆州军旅之后,公私空乏,憺厉精为治,广屯田,省力役,存问兵死之家,供其乏困。自以少年居重任,谓佐吏曰:"政之不臧,士君子所

了,众将不能说是没有功劳,然而成就帝业的,是你们二人。"

于是宣德太后诏令晋升萧衍为相国、扬州牧,赐十郡土地封为梁公,备置九锡的殊礼,设置百官。

梁公萧衍杀南齐湘东王萧宝晊。

萧宝晊颇爱好文学。萧衍猜忌萧宝晊,声称他谋反,将他与他的弟弟萧宝览、萧宝宏一齐杀掉。

梁任命沈约为尚书仆射,范云为侍中。

梁公萧衍收纳东昏侯的余妃,颇妨碍政事,范云以此劝谏,萧衍没有听从。于是范云与将军王茂一同入见,范云说:"从前沛公刘邦入关,对于妇女无所临幸,这是范增所以畏惧他有远大志向的原因。现在明公您刚刚平定建康,海内百姓想望敬仰您的名声,怎么可以承袭乱国亡身的行迹,被一个女人连累呢?"王茂起身下拜说:"范云讲的话很对,您一定要以天下大事为念,不应该留这个女人在身边。"梁公萧衍默然不语。范云这时请求萧衍将余妃赐与王茂,萧衍答应,并赐范云、王茂钱各一百万。

梁公萧衍进爵位为王。　三月,梁王萧衍杀掉南齐邵陵王萧宝攸等三人,鄱阳王萧宝寅出逃,投奔北魏。

萧衍杀掉南齐邵陵王萧宝攸、晋熙王萧宝嵩、桂阳王萧宝贞,鄱阳王萧宝寅破墙乘夜逃出,逃匿在山涧之中,白天隐藏,夜间赶路,抵达北魏寿阳的东城。北魏戍主杜元伦飞马驰告任城王元澄,元澄派出车马侍卫去迎接,用招待宾客的礼节对待他。萧宝寅请求穿君主去世所应穿的斩衰之服,元澄给他兄长去世时所应穿的齐衰之服,并率手下官属僚佐去吊唁,萧宝寅居丧期间,行止合乎礼法,元澄对他极为器重。

南齐和帝萧宝融自江陵出发,东归建康,任命萧憺为都督荆、湘六州诸军事。

南齐和帝东归,任命萧憺为荆州刺史。荆州经过战乱之后,官家和百姓两方面财用都非常缺乏,萧憺励精为治,广开屯田,减省力役,慰抚战死战士的家属,供应救济他们的贫困。他自认为年纪轻而居于重位,对手下的官佐说:"现在政治不良,大家都

宜共惜。吾今开怀,卿其无隐。"于是人人得尽意。民有讼者,皆立前待符教,决于俄顷,曹无留事,荆人大悦。

夏四月,梁王衍称皇帝,废齐主为巴陵王,迁太后于别宫,封拜其功臣有差。

齐主至姑孰,下诏禅位于梁。四月,宣德太后遣尚书令亮等奉玺绶诣梁宫。梁王即位于南郊,赠兄懿为丞相,封长沙王,谥曰"宣武",奉和帝为巴陵王,宫于姑孰,奉宣德太后为齐文帝妃,封文武功臣,车骑将军夏侯详等十五人为公、侯,以王亮为尚书令,王莹为中书监,沈约为仆射,范云为吏部尚书。

梁主衍弑巴陵王于姑孰,齐御史中丞颜见远死之。

梁主欲以南海郡为巴陵国,徙王居之。沈约曰:"不可慕虚名而受实祸。"梁主额之,乃遣所亲郑伯禽诣姑孰,以生金进王。王曰:"我死不须金,醇酒足矣。"乃饮沉醉,伯禽就摺杀之。王之镇荆州也,琅邪颜见远为录事参军,及即位,为御史中丞。既禅位,见远不食数日而卒。梁主闻之曰:"我自应天从人,何预天下士大夫事?而颜见远乃至于此。"

梁立赎刑条格。　梁以萧宝义为巴陵王。

宝义幼有废疾,不能言,故独得全,使奉齐祀。齐南康侯子恪及弟祁阳侯子范尝因事入见,梁主从容谓曰:"天下公器,非可力取,苟无期运,终必败亡。宋孝武性猜忌,兄弟粗有令名者皆鸩之,朝臣以疑似枉死者相继。然或疑而

应该感到痛惜。我现在开诚布公,你们畅所欲言不要隐瞒。"于是人人得以充分表达自己的意见。百姓有诉讼官司时,萧憺使他们立于前边等待判决,都在顷刻之间便予裁决,各部门没有积压之事,荆州人大为悦服。

夏四月,梁王萧衍称皇帝,废齐和帝为巴陵王,迁宣德太后到别宫,封拜功臣各有不同。

齐和帝至姑孰,下诏禅让帝位于梁王。四月,宣德太后派遣尚书令王亮等人持奉皇帝玺绶送往梁王宫。梁王萧衍在建康南郊即皇帝位,追赠兄长萧懿为丞相,封长沙王,赐与谥号称"宣武",封齐和帝为巴陵王,在姑孰设立王宫,封宣德太后为南齐文帝妃,封文武功臣,车骑将军夏侯详等十五人被封为公、侯,任命王亮为尚书令,王莹为中书监,沈约为尚书仆射,范云为吏部尚书。

梁武帝萧衍在姑孰杀掉巴陵王萧宝融,南齐御史丞颜见远以死殉巴陵王。

梁武帝想以南海郡为巴陵国,迁徙巴陵王居住在那里。沈约说:"不可因贪慕虚名而遭受实祸。"梁武帝点头称许,于是命亲信郑伯禽去往姑孰,拿生金给巴陵王让他吞服。巴陵王说:"我死用不着生金,有醇酒就可以了。"于是饮酒直至酩酊大醉,郑伯禽上前将他杀死。巴陵王镇守荆州的时候,琅邪人颜见远出任他的录事参军,等到他即位后,颜见远任御史中丞。巴陵王禅位于梁后,颜见远绝食数日而死。梁武帝听说这件事后,说:"我接受禅让是应天意顺人心,于天下士大夫有什么妨碍?而颜见远竟然会做出这样的事。"

萧梁制订赎刑条文。　　萧梁封赐萧宝义为巴陵王。

萧宝义自幼残疾,不能讲话,因此唯独他得以保全性命,使他奉祀南齐祖先。南齐南康侯萧子恪及他的弟弟祁阳侯萧子范曾经因事入见梁武帝,梁武帝随便地对他们说:"天下为天下人所共有,不是单靠力量就可谋求的,如果没有运数,最终必定失败。宋孝武帝性情猜忌,兄弟中稍有点好名声的都被他毒杀,朝臣因为被怀疑冤枉而死的前后相继。然而有的虽然被怀疑,却

不能去,或不疑而卒为患。我初平建康,人皆劝我除卿辈以壹物心,于时行之,谁谓不可! 正以江左以来,代谢之际,必相屠灭,感伤和气,所以国祚不长。又我与卿宗属未远,情同一家,岂可遽如路人? 且建武涂炭卿门,我起义兵,非惟自雪门耻,亦为卿兄弟报仇,自取天下于明帝家,非取之于卿家也。曹志,魏武之孙,为晋忠臣。况卿今日犹是宗室,我方坦然相期,卿无复怀自外之意。”子恪兄弟凡十六人,皆仕梁清显,竟以寿终。

梁征谢朏、何胤、何点,不至。

梁征谢朏、何胤为光禄大夫,何点为侍中,胤、点终不就。

梁置谤木、肺石函。

梁主诏:“公车府谤木、肺石傍各置一函,若肉食莫言,欲有横议投谤木函,若有功劳才器、冤沉莫达者,投肺石函。”梁主身服浣濯之衣,常膳唯以菜蔬,每简长吏,务选廉平,皆召见于前,勖以政道。小县令有能迁大县,大县有能迁二千石。由是廉能莫不知劝。

魏灭鲁阳蛮。

鲁阳蛮围魏湖阳,将军李崇击破之,徙万余户于幽、并、六镇。寻叛,南走,所在追讨,比及河,杀之皆尽。

五月,盗入梁宫,捕得,伏诛。

齐东昏侯嬖臣孙文明等夜帅其徒作乱,烧神虎门、总章观,杀卫尉张弘策,军司马吕僧珍以宿卫兵拒之,不能

没有办法把他除去,有的没被怀疑,却最终成为后患。我刚刚平定建康的时候,人们都劝我除去你们兄弟以使人们不再生二心,当时如果那样做,谁能说不可以! 正因为自从江左建立起王朝以来,改朝换代之际,一定要互相屠灭,感伤天地之间的和气,所以国运都不能长久。再者我与你们的宗属关系并不很远,情同一家,怎么可以一下子就成为路人? 况且齐明帝在建武年间屠杀你家满门,我兴起义兵,不仅仅是自己洗刷家门耻辱,也是为你们兄弟报仇,所以我是从明帝家夺取来的天下,不是从你们家夺取来的。曹志是魏武帝的孙儿,但却是晋的忠臣。何况你们现在还是宗室,我正要坦诚相待,你们不要再心怀见外之心。"萧子恪兄弟共十六人,都仕梁任清显之职,最后都得以善终。

萧梁征召谢朏、何胤、何点,没有到任。

萧梁朝廷征召谢朏、何胤为光禄大夫,何点为侍中,何胤、何点最终没有就任。

萧梁设置谤木、肺石信箱。

梁武帝诏令:"在公车府谤木、肺石旁各放置一个箱子,如果在职官员没有谈到,而百姓平民想对朝政有所议论的,可以把其意见放入谤木旁的箱子内;如果有功劳才干、冤枉委屈不能申达的,把其申诉投入肺石旁的箱子内。"梁武帝平时身穿反复洗过的衣服,每天的饭食只是蔬菜,每当选用地方县令,一定挑选廉洁公正的人,都要亲自召见他们,勉励他们以为政之道。小县县令有才能的迁升大县县令,大县县令有才能的迁升郡守。因此廉洁才能之士莫不勤勉尽力。

北魏攻灭鲁阳蛮人。

鲁阳蛮人包围北魏湖阳,将军李崇进兵击败他们,将蛮人一万余户迁徙至幽、并等州及六镇。蛮人随即反叛南归,北魏朝廷命令各地追赶讨杀,蛮人逃至黄河边时,被全部诛杀。

五月,叛贼攻入萧梁皇宫,禁卫将士将其抓获杀掉。

南齐东昏侯幸臣孙文明等人乘夜率徒众作乱,焚烧神虎门、总章观,杀死卫尉张弘策,前军司马吕僧珍率宿卫兵抵御,不能

却。将军王茂、张惠绍引兵赴救,讨捕,悉诛之。

梁江州刺史陈伯之反,兵败奔魏。

伯之目不识书,与夺决于主者。邓缮有旧恩于伯之,伯之以为别驾。河南褚緭居建康,素薄行,仕宦不得志,频造尚书范云,云不之礼。緭怒,投伯之,大见亲狎。伯之又以朱龙符为参军,并乘伯之愚暗,恣为奸利。梁主遣人代缮,伯之不受命,缮于是日夜说伯之反,緭等共赞成之。伯之乃集府州僚佐谓曰:"奉齐建安王教,帅江北义勇十万,已次六合。我荷明帝厚恩,誓死以报。"即命纂严,使缮诈为萧宝寅书,以示僚佐。召临川内史王观为长史,观不应命。豫章太守郑伯伦起兵拒守。诏以王茂为江州刺史,帅众讨之。伯之谓緭等曰:"今先平豫章,然后席卷北向,以扑饥疲之众,不忧不济。"六月,引兵趣豫章,攻不能下。王茂军至,伯之表里受敌,遂败走,间道渡江,与虎牙及緭等俱奔魏。

六月,梁益州刺史刘季连反。

梁主以邓元起为益州刺史,遣左右送刘季连子弟三人入蜀谕旨。季连受命,饬还装,元起始得之官。初,季连为南郡,不礼于元起。都录朱道琛有罪,季连欲杀之,逃匿得免。至是,道琛为元起典签,请先使检校资粮,缘路奉迎,元起许之。道琛既至,言语不恭,见人器物辄夺之,有不获者,语曰:"会当属人,何须苦惜!"于是军府大惧,谓元起

击退他们。将军王茂、张惠绍率军援救,进击抓获他们,将他们全部杀掉。

萧梁江州刺史陈伯之反叛,兵败投奔北魏。

陈伯之目不识丁,政务处理由主管官吏决定。邓缮对陈伯之有旧恩,陈伯之任用他为别驾。河南人褚缇居于建康,素来品行不良,仕途很不得意,屡次拜访吏部尚书沈云以求任用,但范云不曾给予礼遇。褚缇恼怒,投奔陈伯之,大得宠信亲近。陈伯之又任用朱龙符为参军,于是褚缇与朱龙符二人乘陈伯之愚昧不明,横行枉法,共谋私利。梁武帝派遣人代替邓缮,陈伯之不肯接受,邓缮于是日夜劝说陈伯之反叛,褚缇等人共同附和。陈伯之于是召集府州僚佐对他们说:"我接到齐建安王的命令,他率领江北的义勇军十万,已经到了六合。我身受齐明帝的厚恩,誓死相报。"便下令戒严,命褚缇假冒萧宝寅名义写信一封,交与众僚佐观看。陈伯之召临川内史王观为长史,王观不肯受命。豫章太守郑伯伦起兵拒守。梁武帝下诏任命王茂为江州刺史,命他率领军队进讨陈伯之。陈伯之对褚缇等人说:"现在先平定豫章,然后席卷北进,扑灭王茂饥饿疲困之众,不愁不能成功。"六月,陈伯之率军南进豫章,攻打豫章城未能克。王茂军这时已经抵达,陈伯之腹背受敌,战败逃走,从小路渡过长江,与陈虎牙及褚缇等一同投奔北魏。

六月,萧梁益州刺史刘季连反叛。

梁武帝任命邓元起为益州刺史,派遣左右侍从送前益州刺史刘季连的子弟三人入蜀地宣谕圣旨。刘季连接受了命令后,收拾返回的行装,邓元起始得去赴任。当初,刘季连任南郡太守,对邓元起有无礼的行为。都录朱道琛有罪,刘季连要将他杀掉,朱道琛逃走躲藏起来而得免于死。到这时,朱道琛担任邓元起的典签,他请求先期去检核资粮是否充足,以便沿路奉迎,邓元起同意了他的请求。朱道琛到了益州后,言语无礼,见到别人的器物就夺取过来,如果有人不给,他就对人说:"反正就要归于别人,何必这样珍惜呢!"于是军府中人人大为恐惧,都说邓元起

至必诛季连,祸及党与。季连亦惧,乃召兵算之,有精甲十万,叹曰:"据天险之地,握此强兵,进可以匡社稷,退不失作刘备,舍此安之!"遂召佐史,矫称齐宣德太后令,聚兵复反,收道琛杀之。元起至巴西,太守朱士略纳之。

蜀民投附,新故三万余人,粮食乏。或说之曰:"蜀土政慢,民多诈疾,若检巴西一郡籍注,因而罚之,所获必厚。"元起然之。涪令李膺谏曰:"使君前有严敌,后无继援,山民始附,于我观德。若纠以刻薄,民必不堪,众心一离,虽悔无及。膺请出图之,不患资粮不足也。"元起曰:"善。"膺退,帅富民上军资米,得三万斛。

秋八月,梁定正雅乐。

梁主素善钟律,欲厘正雅乐,乃自制四器,名之为"通"。每通施三弦,黄钟弦用二百七十丝,长九尺,应钟弦用一百四十二丝,长四尺七寸四分差强,中间十律,以是为差。因以通声转推月气,悉无差违,而还得相中。又制十二笛,黄钟笛长三尺八寸,应钟笛长二尺三寸,中间十律,以是为差。以写通声,饮古钟玉律,并皆不差。于是被以八音,施以七声,莫不和韵。先是,宫悬止有四镈钟,杂以编钟、编磬、衡钟,凡十六虡。至是,始设十二镈钟,各有编钟、编磬,凡三十六虡,而去衡钟,四隅植建鼓。

冬十一月,梁主立其子统为太子。

统生五岁,能遍诵"五经"。

梁大旱,饥。

到任后一定会诛杀刘季连,并连及党羽。刘季连也惧怕,便核查兵员情况,有精兵十万,他叹息道:"我据有天险之地,手握强兵进可以匡扶国家,退也不失成为刘备,离开这儿能到哪里去!"于是召来佐史,假称南齐宣德太后令,聚集士卒造反,逮捕朱道琛将他杀掉。邓元起进抵巴西,巴西太守朱士略迎他入城。

蜀地百姓听说邓元起到来,纷纷前来归附,新旧士卒共达三万余人,粮食短缺。有人劝邓元起说:"蜀地政令懈怠,很多百姓假称有病逃避赋税,如果核查巴西一郡的户籍,乘便处罚他们,所获物资一定非常丰厚。"邓元起同意。涪县县令李膺劝谏说:"使君您前有大敌,后边没有援兵,山民刚刚归附,正在观望我们如何行事。如果待他们太刻薄,百姓一定无法接受,人心一旦离散,即使后悔也来不及了。李膺我请求出去想办法解决,不用怕资粮不足。"邓元起说:"好。"李膺回去后率领富裕百姓呈上军资粮米,共达三万斛。

秋八月,萧梁定正雅乐。

梁武帝素来精通钟律,想要整理制定雅乐,于是自己设计制造四种乐器,称之为"通"。每通上施三弦,黄钟弦用二百七十丝,长九尺,应钟弦用一百四十二丝,长四尺七寸四分略多一点,中间十律,以这个为差额。于是用通奏出的声音推断月气,都没有一点儿差错,而反过来推算也能相合。梁武帝又制作十二种笛,黄钟笛长三尺八寸,应钟笛长二尺三寸,中间十律,以这个为差额。以十二笛之声校于通之声,与古钟玉律比对,都丝毫不差。于是以此被以金、石、丝、竹、匏、土、革、木八音,施以宫、商、角、徵、羽、变宫、变羽七声,没有一个不和韵的。先前,皇宫四面悬挂的只有四口镈钟,再杂以编钟、编磬、衡钟,共十六座钟架。到这时,开始设置十二口镈钟,各配有编钟、编磬,共三十六座钟架,而去除衡钟,在四角上安放四面大鼓。

冬十一月,萧梁立皇子萧统为太子。

萧统五岁时,便能背诵"五经"。

萧梁境内大旱,发生饥荒。

是岁,江东大旱,米斗五千,民多饿死。

癸未(503) 梁天监二年,魏景明四年。

春正月,梁以沈约、范云为左、右仆射,尚书令王亮废为庶人。 **刘季连降梁。**

成都城中食尽,人相食,刘季连计无所出。梁主遣主书宣诏受季连降,季连肉袒请罪。邓元起迁季连于城外,俄而造焉,待之以礼。季连谢曰:"早知如此,岂有前日之事!"元起送季连诣建康,入东掖门,数步一稽颡,梁主笑曰:"卿欲慕刘备,而曾不及公孙述,岂无卧龙之臣耶?"赦为庶人。

夏四月,魏以萧宝寅为齐王。

宝寅伏于魏阙之下,请兵伐梁,虽暴风大雨,终不暂移。会陈伯之降魏,亦请兵自效。魏以宝寅为扬州刺史、丹阳公、齐王,礼赐甚厚,配兵一万,令屯东城,以伯之为江州刺史,屯阳石,俟秋冬大举。宝寅明当拜命,恸哭至晨,过期犹绝酒肉,悴色粗衣,未尝嬉笑。

梁班新律。

初,梁主命删定郎蔡法度损益旧律,至是书成,诏班行之。

五月,梁仆射范云卒。以左丞徐勉、将军周舍同参国政。

云尽心事上,知无不为,临繁处剧,精力过人。及卒,众谓沈约宜当枢管。上以约轻易,不如尚书左丞徐勉,乃以勉及右卫将军周舍同参国政。舍雅量不及勉,而清简过

这一年,江东发生大旱灾,买一斗米须钱五千,很多百姓饿死。

癸未(503) 梁天监二年,魏景明四年。

春正月,萧梁朝廷任命沈约、范云为尚书左、右仆射,尚书令王亮被黜免为庶人。 刘季连投降萧梁朝廷。

成都城中粮食用尽,人们相食,刘季连走投无路,一点儿办法也想不出。梁武帝派遣主书宣谕诏令,准许刘季连投降,刘季连袒露上身请罪归降。邓元起将刘季连迁往城外,随之又去拜访他,以礼相待。刘季连谢罪说:"早知道您如此相待,哪里有前头的事呢!"邓元起送刘季连去建康,刘季连进入东掖门,数步一叩拜,梁武帝笑着说:"你想要追慕刘备,却竟不如公孙述,难道是因为没有诸葛孔明那样的臣子吗?"赦免刘季连为平民。

夏四月,北魏封赐萧宝寅为齐王。

萧宝寅跪伏于北魏朝廷之下,请求出兵讨伐萧梁,即使来了暴风大雨,也不暂移一步。正好此时陈伯之投降北魏,也请求配与军队自效,讨伐萧梁。于是北魏任命萧宝寅为扬州刺史,封丹阳公、齐王,给予他优厚的礼遇和赏赐,配与军队一万,命他驻屯东城;任命陈伯之为江州刺史,驻屯阳石,等待秋冬大举南进。萧宝寅次日将受任命,前一天痛哭至清晨,过了一年的丧期后,仍然不肯食用酒肉,平时面容憔悴,身穿粗布衣,从不嬉笑。

萧梁颁行新律。

起初,梁武帝命令删定郎蔡法度增删修改旧律,到这时新律修成,梁武帝诏令颁行新律。

五月,萧梁尚书仆射范云去世。梁武帝命令尚书左丞徐勉、右卫将军周舍共同参理朝政。

范云全心全意事奉梁武帝,凡是所知道的事情没有不去办理的,身处繁忙纷乱的政务之中,精力过人。等到范云去世后,众人都认为应该由沈约来掌管朝廷中枢。但是梁武帝认为沈约轻率浮躁,不如尚书左丞徐勉,于是命令由徐勉与右卫将军周舍共同参理朝政。周舍的气量风度不如徐勉,但清正简要超过

之,两人俱称贤相。勉每有表奏,辄焚其稿。舍豫机密二十余年,国史、诏诰、仪体、法律、军旅谋谟皆掌之,与人言谑终日,而竟不泄机事,众尤服之。

梁断郡县献奉。

断诸郡县献奉二宫,唯诸州及会稽许贡任土,若非地产,亦不得贡。

六月,魏发兵伐梁。

魏任城王澄表称:"萧衍频断东关,欲令巢湖泛溢,以灌淮南诸戍。寿阳去江五百余里,众庶惶惶,并惧水害。请豫勒诸州纂集士马,首秋大集,应机经略,虽混壹不能必果,江西自是无虞矣。"魏发六州二万人,仲秋毕会,并寿阳先兵三万,委澄经略。

梁以谢朏出为司徒。

朏逃窜逾年,一旦轻舟自出诣阙,以为司徒、尚书令。朏辞脚疾不堪拜谒,角巾自舆诣云龙门谢,诏乘小车就席。明日,梁主幸其宅,宴语尽欢。朏固陈本志,不许。朏素惮烦,不省职事,众颇失望。

秋七月,魏复盐池之禁。

魏既罢盐池之禁,而其利皆为富强所专,乃复收之。

魏以彭城王勰为太师。

魏主以勰为太师,勰固辞。魏主赐诏敦谕,又为家人书,祈请恳至。勰不得已,受命。

冬十月,魏都督元英攻梁义阳,拔数城,攻阜陵,不克。

徐勉，二人都被称为贤相。徐勉每有表章奏上，都把草稿烧掉。周舍参与机密二十余年，国史、诏诰、仪礼、法律、军旅谋划决策等都由他掌管，与人言谈玩笑终日，而最终不会泄露朝廷机要，众人尤其佩服他这一点。

萧梁禁断郡县的进贡献奉。

梁武帝诏令禁止各郡县向两宫进贡献奉，只许各州及会稽郡进贡各自土产，如果不是当地生产的，也不许进贡。

六月，北魏发兵讨伐萧梁。

北魏任城王元澄上表奏称："萧衍频频阻断东关，想使巢潮泛滥，以灌我淮水以南的各关戍。寿阳距离长江五百余里，百姓惶惶不安，都惧怕水害来临。请求预先命令各州集合战士马匹，等到七月汇聚集中，相机谋划南进，虽然统一大业未必能完成，江西却可以没有忧患了。"北魏征发六州士卒二万人，定于仲秋八月全部集中，连同寿阳原有兵力三万，都交由元澄指挥。

萧梁任命谢朏为司徒。

谢朏逃窜一年多后，某一天乘小船自己出来去往京师建康，梁武帝任命他为司徒、尚书令。谢朏推辞患有足疾不堪拜谒之事，头戴角巾自己驾车至云龙门谢恩，梁武帝诏令他乘小车赴席。次日，梁武帝临幸谢朏宅第，与他饮酒交谈，尽欢而散。谢朏一再陈述自己不想入仕的心愿，梁武帝不许。谢朏素来害怕烦劳，不问政事，众人颇为失望。

秋七月，北魏恢复关于盐池的禁令。

北魏废除关于盐池的禁令后，盐池的利益却都被豪强富户所垄断，于是又将盐池收归国家所有。

北魏任命彭城王元勰为太师。

北魏宣武帝任命彭城王元勰为太师，元勰坚决辞让。宣武帝赐与他诏书敦促开导，又以亲属身份给他写家书，恳切祈请。元勰不得已，接受任命。

冬十月，北魏都督元英进攻萧梁义阳，攻破城市数座，进攻阜陵，未能攻克。

梁司州刺史蔡道恭闻魏军将至,遣将军杨由帅城外居民保贤首山,为三栅。英勒军围之,栅民斩由降魏。任城王澄命统军党法宗分兵击东关,拔关要、颍川、大岘三城,白塔、牵城、清溪皆溃。法宗等进拔焦城,破淮陵。先是,梁遣冯道根戍阜陵。初到,修城隍,远斥候,如敌将至,众颇笑之。道根曰:"怯防勇战,此之谓也。"城未毕,法宗等奄至,众皆失色。道根命大开门,缓服登城,选精锐出战,破之。魏人见其意思闲缓,战又不利,遂引去。梁乃以道根为豫州刺史。

魏以仆射源怀为行台,巡北边。

魏既迁洛阳,北边荒远,因以饥馑,百姓困弊。乃加仆射源怀行台,使持节巡行北边,赈贫乏,考殿最,事之得失,先决后闻。怀通济有无,饥民赖之。沃野镇将于祚,后之世父,与怀通婚。时于劲方用事,势倾朝野。祚颇有受纳,怀将入镇,祚郊迎道左,怀不与语,即劾奏免官。怀朔镇将元尼须与怀旧交,贪秽狼籍。置酒谓怀曰:"命之长短系卿之口。"怀曰:"今日源怀与故人饮酒之坐,非鞫狱之所也。明日公庭,始为使者检镇将罪状之处耳。"竟案抵罪。怀又奏:"边镇事少而置官猥多,沃野一镇,自将以下八百余人,请一切五分损二。"魏主从之。

梁吉翂请代父死,梁主赦之。

萧梁司州刺史蔡道恭听说北魏军队将要杀到,派遣将军杨由率领城外居民保卫贤首山,修筑三重栅栏以为防守之用。元英率领军队围住贤首山,守卫栅栏的百姓斩杀杨由投降北魏。北魏任城王元澄命令统军党法宗分兵进攻东关,攻克关要、颍川、大岘三城,白塔、牵城、清溪等地梁军也都溃散。党法宗等人进军攻克焦城,大破淮陵。先前,萧梁派遣冯道根戍守阜陵。他刚刚到任的时候,修治城壕,远远派出侦察哨兵,如同敌人将要来到一样,众人都讥笑他。冯道根说:"防御就像胆怯一样,临战则要求勇敢,说的就是这种做法。"城防尚未修治完毕,党法宗等人突然杀到,众人都大惊失色。冯道根命令大开城门,身穿宽绰的官服登城,派遣精锐士卒出战,击败来敌。北魏人见冯道根神色悠闲,自己初战又不利,便撤军退走。萧梁朝廷便任命冯道根为豫州刺史。

北魏任命尚书仆射源怀为行台,巡视北边。

北魏迁都洛阳后,北方边境地区远离京师,逐渐荒凉,因而出现饥荒,百姓困苦疲敝。于是北魏宣武帝加任尚书仆射源怀为行台,让他持节巡行北方边境,赈济贫困百姓,考核官吏政绩优劣,事情的得失,允许他先决断处理,然后上报朝廷。源怀到北边后,使百姓有无之间互相流通救助,饥民有所依赖。沃野镇将于祚,是于皇后的伯父,与源怀是姻亲。当时于劲正当掌权之时,势倾朝野。于祚颇有贪赃受贿行为,源怀将要进入沃野镇时,于祚到郊外去迎候,源怀不与他讲话,当即弹劾上奏免去他的官职。怀朔镇将元尼须与源怀是旧交,贪赃枉法,声名狼藉。他设酒食宴请源怀,对源怀说:"我命的长短,就系于您口。"源怀说:"今天是源怀与故人饮酒的地方,不是审案问狱的处所。明日公庭之上,才是使者我检查镇将罪状的地方。"最终查实他的罪行予以处罚。源怀又上奏:"边镇事情稀少而设置官员过多,沃野一镇,自镇将以下共有八百余人,请求一律减去五分之二。"宣武帝采纳了他的意见。

萧梁吉翂请求代替父亲去死,梁武帝赦免了他们父子二人。

冯翊吉翂父为原乡令，为奸吏所诬，逮诣廷尉，罪当死。翂年十五，枻登闻鼓，乞代父命。梁主以其幼，疑人教之，使廷尉卿蔡法度讯之。翂曰："囚虽愚幼，岂不知死之可惮！顾不忍见父极刑，故求代之，此非细故，奈何受人教耶！"法度乃更和颜诱之，终无异辞。法度以闻，上乃宥其父罪。丹阳尹王志欲以岁首举充纯孝，翂曰："异哉王尹，何量翂之薄乎！父辱子死，道固当然，若翂当此举，乃是因父取名，何辱如之！"固拒而止。

魏散骑常侍赵修有罪伏诛。

修恃宠骄恣，为众所嫉，高肇从而构之。中尉甄琛、黄门郎李凭、廷尉王显素谄附修，惧连及，助肇攻之。魏主命尚书元绍检讯，下诏暴其奸恶，免死，鞭一百，徙敦煌为兵。甄琛、王显监罚，欲令必死，密加鞭至三百，即召驿马缚置鞍中，急驱之，行八十里，乃死。魏主闻之，责元绍不重闻，绍曰："修之佞幸，为国深蠹，臣不因衅除之，恐陛下受万世之谤。"魏主以其言正，不罪也。明日，甄琛、李凭坐修党免官。散骑常侍高聪与修尤亲狎，以谄事高肇，独得免。

甲申（504） 梁天监三年，魏正始元年。

春正月，梁袭魏寿阳，不克。

梁将军姜庆真乘魏任城王在外，袭寿阳，据其外郭。任城太妃孟氏勒兵登陴，激厉文武，安慰新旧，劝以赏罚，

冯翊人吉翂的父亲是原乡县令,因受奸吏诬陷,被逮捕交付廷尉,按罪应当处死。吉翂当时十五岁,击打朝堂外的登闻鼓,请求代父亲去死。梁武帝因他年纪幼小,怀疑是别人教他这样做的,便命令廷尉卿蔡法度审问他。吉翂说:"因犯我虽然年幼愚昧,但怎么不知道死的可怕!不过是不忍见到父亲遭受极刑,所以请求代替,这不是什么小事,怎么会受人教唆呢!"蔡法度于是改用和颜悦色的态度来诱导他,吉翂最终没有其他的回复。蔡法度将情况上报,梁武帝于是赦免吉翂父亲的死罪。丹阳尹王志想在年初推举吉翂充纯孝之选,吉翂说:"奇怪呀,王尹,为什么将吉翂看得如此之肤浅呢!父亲受辱,儿子去死,道理本来应该是这样的,如果吉翂我身当这个推举,那是凭借父亲而求取名声,什么耻辱能比得上这个呢!"坚决拒绝而使王志中止此事。

北魏散骑常侍赵修有罪被杀。

赵修仗恃北魏宣武帝对他的宠爱骄横胡行,被众人所忌恨,高肇顺势构陷赵修。中尉甄琛、黄门郎李凭、廷尉卿王显素来诌附赵修,他们害怕被牵连,便帮助高肇攻击赵修。北魏宣武帝命令尚书元绍核验讯问案情,下诏公布赵修的奸恶行为,免其死罪,鞭打一百下,谪往敦煌充兵。甄琛、王显监督鞭刑,想让赵修必定死掉,便秘密将鞭刑加至三百下,等到行完鞭刑后,立即召来驿马将他捆缚在马鞍之上,命令急速驰马上路,行走八十里后,赵修才死去。宣武帝闻知后,责备元绍不再次向他奏闻,元绍说:"赵修以奸佞而得宠幸,是国家的大害,我不乘机除掉他,恐怕陛下会遭受后代万世的毁谤。"宣武帝因为元绍的话正直,没有怪罪他。次日,甄琛、李凭因受赵修牵连获罪,被免去官职。散骑常侍高聪与赵修尤为亲近,但因为巴结高肇,独独他得以免罪。

甲申(504) 梁天监三年,魏正始元年。

春正月,萧梁袭击北魏寿阳,没能攻克。

萧梁将军姜庆真乘任城王在外,袭击寿阳,攻占外城。任城太妃孟氏率兵登墙,激励文武官吏,慰抚新旧将士,以赏罚鼓励他们,

将士咸有奋志。太妃亲巡城守，不避矢石。萧宝寅引兵至，合击之，庆真败走。

魏攻梁钟离，梁遣兵救之，大败。

魏任城王澄攻梁钟离，梁主遣将军张惠绍等将兵送粮，澄遣将军刘思祖邀之，战于邵阳，大败梁兵，俘惠绍等十将，杀虏士卒殆尽。尚书论思祖功，应封千户侯。侍中元晖求二婢于思祖，不得，事遂寝。诏澄："以四月淮水将涨，南军得时，勿昧利以取后悔。"会大雨，淮水暴涨，澄引还寿阳，军还狼狈，失亡四千余人。军司贾思伯为殿，澄曰："仁者必有勇，于军司见之矣。"思道托以失道，不伐其功。

夏五月，魏司徒、北海王详有罪幽死。

详骄奢好声色，贪冒无厌，请托公行，中外嗟怨。将军茹皓以巧思有宠于魏主，弄权纳贿，详亦附焉。高肇本出高丽，时望轻之，魏主专委以事。肇忌详位居其上，欲去之，乃谮之云："详、皓谋逆。"四月，魏主召中尉崔亮使弹详、皓，诏赐皓死，宥详，免为庶人，徙太府寺，围禁之。详遂暴卒。

先是，有献鸡雏四翼四足者，诏以问侍中崔光。光上表曰："汉元帝时，有雌鸡伏子，渐化为雄，冠距鸣将。又有雄鸡生角，刘向以为小臣执政之象，石显伏诛之效也。灵帝时，南宫寺雌鸡欲化为雄，但头冠未变，蔡邕以为鸡身已

于是将士们都有奋勇杀敌之志。孟太妃亲自巡视城池的防守，顾不上躲避对方的弓箭石块。萧宝寅率军来到，与寿阳驻军合力攻击萧梁军，姜庆真战败退走。

北魏任城王元澄进攻萧梁钟离，萧梁派遣军队去救援，萧梁军大败。

北魏任城王元澄进攻萧梁钟离，梁武帝派遣将军张惠绍等人率军往钟离运送粮食，元澄派遣将军刘思祖截击张惠绍军，二军战于邵阳，北魏军大败萧梁军，擒获张惠绍等十名将领，将对方士卒几乎全部斩杀或俘虏。尚书省评定刘思祖的功劳，应该封以千户侯。侍中元晖曾向刘思祖索要二个婢女，没有得到，因此从中阻挠，刘思祖封赏之事便被搁置。宣武帝诏令元澄说："四月淮水将要上涨，南朝军队得其天时，不要贪利以使自己后悔。"正好赶上天降大雨，淮水暴涨，元澄率军返回寿阳，军队撤回时非常狼狈，失踪逃亡的有四千余人。军司贾思伯为大军殿后，元澄说："仁者一定有勇，于军司身上可以见到了。"贾思伯推托自己迷路，不宣扬自己的功劳。

夏五月，北魏司徒、北海王元详有罪，幽禁而死。

元详骄横奢侈喜好声色，贪得无厌，请托之事公然而行，朝廷内外怨声载道。将军茹皓因为心思灵巧得到北魏宣武帝的宠信，弄权受贿，元详也附和他。高肇本来出身于高丽，当时人们都很轻视他，宣武帝将政事专委于高肇一人。高肇因元详位居其上，想除掉他，便诬陷他说："元详、茹皓密谋反叛。"四月，宣武帝召见御史中尉崔亮，命他弹劾元详、茹皓，诏令赐茹皓死，宽恕元详，黜免他为庶人，将他迁徙太府寺居住，命人围禁不许随便出入。元详于是突然去世。

早先，有人进献长有四翼四足的鸡雏，宣武帝就此事下诏询问崔光。崔光上表说："汉元帝时，有雌鸡孵小鸡，渐渐地变成了雄鸡，鸡冠足距，鸣叫称王。又有雄鸡生角，刘向认为是小臣执政的征象，即后来石显伏罪被杀的效验。汉灵帝时，南宫寺的雌鸡将要变成雄鸡，但是头冠尚未变化，蔡邕认为鸡身已经

变,未至于头,而上知之,将有其事而不遂成之象也,若应之不精,政无所改,头冠或成,为患滋大。是后黄巾破坏四方,天下遂大乱。今之鸡状虽与汉不同,而其应颇相类,诚可畏也。翼、足众多,亦群下相扇助之象,雏而未大,足羽差小,其势尚微,易制御也。臣闻灾异之见所以示吉凶,明君睹之而惧,乃能致福,暗主睹之而慢,所以致祸,或者今亦有自贱而贵关预政事,如前世石显之比者邪!愿陛下进贤黜佞,则妖弭庆集矣。"后数日,皓等伏诛,魏主由此愈重光。高肇说魏主使羽林虎贲守诸王第,殆同幽禁,彭城王勰切谏不听。勰志尚高迈,避事家居,而出无山水之适。处无知己之游,独对妻子,常郁郁不乐。

梁司州刺史蔡道恭卒。

魏人围梁义阳,城中兵不满五千人,食才支半岁。魏军攻之,昼夜不息,道恭随方抗御,应手摧却,相持百余日,斩获不可胜计。魏军惮之,将退。会道恭疾笃,呼从弟灵恩、兄子僧勰及诸将佐,谓曰:"汝等当以死固节,无令吾没有遗恨。"众皆流涕。道恭卒,灵恩摄行州事,代之城守。

魏大旱。

魏大旱,邢峦奏:"昔者明王重粟帛,轻金玉,何则?粟帛养民而安国,金玉无用而败德故也。先帝深鉴奢泰,务崇节俭,至以纸绢为帐帘,铜铁为辔勒,府藏之金裁给而已。逮景明初,贡篚相继,商估交入,金玉常有余,国用常

变化,头还未变,而皇上已经知道,这是将要出事但不能成功的征象,如果应对不精细恰当,政治无所改变,头冠一旦变成,为患就更大了。此后黄巾军破坏四方,天下于是大乱。现在鸡的形状虽然与汉时不同,但其应和颇为相似,确实很可怕。这只鸡雏翼、足众多,也是众多小人互相煽动的征象,现在鸡雏尚未长大,足、羽还比较小,说明其势力还很微小,容易制服。臣听说灾异的出现是用来显示吉凶的,圣明的君主见到灾异而害怕,所以能招来福气,愚暗的君主见到灾异而无所警惕,所以招致灾祸,或许现在也有本身从低贱而至显贵的人干预政事,就像前世石显一类的人吧!希望陛下进用贤良黜退奸佞,那便会使妖邪消失、吉庆聚集。"此后数日,茹皓等人被杀,宣武帝因此更加敬重崔光。高肇劝说宣武帝派羽林、虎贲卫士守卫诸王府第,几乎形同监禁,彭城王元勰一再劝谏,宣武帝不听。元勰志趣清高淡泊,躲避繁杂人事在家闲居,而出外从不游山玩水。居家没有知己之间的交游,单独与妻子相对,常闷闷不乐。

萧梁司州刺史蔡道恭去世。

北魏人围攻萧梁义阳,城中守军不满五千人,粮食只能支用半年。北魏军攻打义阳,昼夜不停,蔡道恭随敌变化以相应办法迎敌,举手之间便将北魏军击败,与之相持百余日,斩杀俘虏不可胜计。北魏军害怕,准备退兵。正巧蔡道恭病重,唤来堂弟蔡灵恩、侄儿蔡僧勰及众将佐,对他们说:"你们应当用死来保住气节,不要让我死有遗恨。"众人都泪流满面。蔡道恭去世,蔡灵恩代理州中事务,代替蔡道恭守城。

北魏发生大旱灾。

北魏发生大旱灾,邢峦上奏说:"从前圣明的君王重视粮食布帛,轻视金玉,为什么呢?这是因为粮食布帛能够养育百姓而安定国家,金玉无用而败坏道德的缘故。先帝深以奢侈安逸为鉴,尽力崇尚节俭,以至于用纸绢作为帷帐,用铜铁制作辔头和勒口,府库中贮藏之金仅仅足用而已。及至景明初年,进贡的贵重物品前后相继,商贾纷纷前来,金玉常常有余,国家费用却常

不足。苟非为之分限,但恐岁计不充,自今请非要须者,一切不受。"魏主纳之。

秋七月,梁甬城降魏。 八月,梁义阳降魏,魏立元英为中山王。

魏人闻蔡道恭卒,攻义阳益急。梁遣将军马仙琕救之,转战而前,兵势甚锐。元英结垒士雅山,分命诸将伏于四山,示之以弱。仙琕乘胜直掩英营,英伪北以诱之,至平地,纵兵击之。统军傅永擐甲执槊,突陈横过,梁兵射永,洞其左股,永拔箭复入,仙琕败走。永复与诸军追之,尽夜而返,时年七十余矣,军中莫不壮之。仙琕尽锐决战,一日三交,皆大败而返。蔡灵恩势穷,遂降于魏。三关戍将亦弃城走。英使司马陆希道为露板,嫌其不精,命傅永改之,永不增文彩,直为之陈列军事处置形要而已。英深赏之曰:"观此经算,虽有金城汤池,不能守矣。"魏立英为中山王。梁卫尉郑绍叔忠于事上,所知无隐,善则推功于上,不善则引咎归己。梁主以是亲之,诏于南义阳置司州,移镇关南,以绍叔为刺史。绍叔立城隍,缮器械,广田积谷,招集流散,百姓安之。魏置郢州于义阳,以司马悦为刺史。

九月,魏筑九城于北边。

柔然侵魏,魏诏车骑大将军源怀行北边,指授规略,以便宜从事。怀至云中,柔然遁去。怀以为用夏制夷,莫如

常不足。如果不做一定的限制，只恐怕国家每年的经费不足支用，请从今以后凡不是国家必须要用的东西，一律不予接受。"北魏宣武帝采纳了他的建议。

秋七月，萧梁甬城投降北魏。　八月，萧梁义阳投降北魏，北魏封元英为中山王。

北魏人听说蔡道恭去世，进攻义阳更加猛烈。萧梁派遣将军马仙琕救援，马仙琕率军转战向前，兵势甚锐。北魏元英在士雅山结筑营垒，分别命令众将埋伏在四面山上，做出力量寡弱的样子。马仙琕乘胜直攻元英营垒，元英假装败退以引诱他，等到进入平地，挥军向马仙琕展开反击。北魏统军傅永身穿铠甲手执长矛，突入敌阵横向而过，萧梁士卒用弓箭射中傅永，贯通他的左大腿，傅永拔出箭矢，再次杀入敌阵，马仙琕军战败逃走。傅永又与诸军追击，整整一夜后才返回，当时他已经七十多岁，军中没有人不佩服他的壮勇。马仙琕集中他所有的精锐部队与北魏军决战，一日三次交战，都大败而回。蔡灵恩形势危困，便投降了北魏。萧梁三关戍将也弃城而逃。元英命司马陆希道撰写公开报捷的奏章，待陆希道写就后，元英嫌他写得不精，命令傅永修改，傅永没有增加文章的文采，只是直接陈列军事上的安排布置及形势关键而已。元英看后非常赞赏，说："观看这种谋略筹划，敌人即使有金城汤池，也无法守住。"北魏封赐元英为中山王。萧梁卫尉郑绍叔忠心事奉梁武帝，所知道的事对梁武帝毫无隐瞒，有好事便将功劳归于梁武帝，不好的事情便将罪责归于自己身上。梁武帝因为这一点非常亲近他，诏令在南义阳设置司州，将治所移于关南，任命郑绍叔为司州刺史。郑绍叔到任后，修筑城壕，修缮军用器械，开垦田地积畜粮食，招集流亡离散的人口，百姓安居乐业。北魏在义阳设置郢州，任命司马悦为刺史。

九月，北魏在北方边境地区修筑九座城池。

柔然侵犯北魏，北魏诏令车骑大将军源怀巡行北方边境地区，指挥部署谋划攻守等事情，都准许他根据情况自行决定。源怀到达云中，柔然逃走。源怀认为以中原民族制服异族，没有比

城郭,还至恒、代,案视要害之地,欲东西为九城,及储粮积仗之宜,犬牙相救之势,凡五十八条。表上之曰:"今定鼎成周,去北遥远,代表诸国,颇或外叛,仍遭旱饥,戎马甲兵,十分阙八。宜准旧镇,东西相望,令形势相接,筑城置戍,分兵要害,劝农积粟。警急之日,随便剪讨,彼游骑之寇,终不敢攻城,亦不敢越城南出。如此,北方无忧矣。"魏主从之。

魏诏群臣议乐。

高祖诏高闾、公孙崇考定雅乐,久之未就,会高祖殂,高闾卒。景明中,崇上所调金石及书。至是,魏主始命八座以下议之。

冬十一月,魏营国学。

时魏学业大盛,燕、齐、赵、魏间教授者不可胜数,弟子著录,多者千余人。州举茂异,郡贡孝廉,每年逾众。

梁除赎刑法。   十二月,魏更定律令。

诏殿中郎等议定律令,彭城王勰等监之。

利用城池更有效的了,返回恒、代二州,视察巡行要害之地,准备从东至西修筑九座城池,以及储存粮食和存放兵器的适宜之处,以成犬牙交错互相救助之势,共提出建议五十八条。写成表章上奏说:"现在以洛阳为京师,距离北边遥远,前代都以北的各部落,有一些外叛的,又连续遭受旱灾饥荒,战马甲兵,十缺其八。应该比照旧镇,在东西相望,并使形势互相连接的地方,修筑城池设置关戍,分兵镇守要害,鼓励他们从事农耕积聚粮食。在有军情警报之日,便可以随时进兵讨伐,柔然游骑之寇,最终不敢进攻城池,也不敢超越城池南进。像这样,北方就没有忧患了。"北魏宣武帝听从了他的意见。

北魏诏令群臣议定雅乐。

北魏孝文帝曾诏令高闾、公孙崇考定雅乐,很长时间未能完成,正好赶上孝文帝驾崩,高闾去世。景明年间,公孙崇呈上他所调金石乐器以及乐书。到这时,北魏宣武帝开始命令尚书八座以下官员议定雅乐。

冬十一月,北魏营建国学。

当时北魏兴学之风大盛,燕、齐、赵、魏等地之间课徒教授者不可胜数,弟子登记在册的,最多的有一千多人。各州举荐茂异,各郡选举孝廉,每年都比上一年多。

萧梁废除赎刑法。　　十二月,北魏改定法令。

北魏宣武帝诏令殿中郎等人议定法令,彭城王元勰等人监督。